国家社科基金
后期资助项目

老龄化背景下职工医疗保险基金可持续性研究

LAOLINGHUA BEIJING XIA
ZHIGONG YILIAO BAOXIAN JIJIN KECHIXUXING YANJIU

曾 益 ◎著

陕西新华出版
陕西人民出版社

图书在版编目（CIP）数据

老龄化背景下职工医疗保险基金可持续性研究／曾益著. -- 西安：陕西人民出版社，2024. -- ISBN 978-7-224-15690-4

Ⅰ.F842.684

中国国家版本馆 CIP 数据核字第 20247NG981 号

责任编辑：金倬名　赵宏超
责任校对：常颖凡
整体设计：周国宁

老龄化背景下职工医疗保险基金可持续性研究

作　　者	曾　益
出版发行	陕西人民出版社
	（西安市北大街 147 号　邮编：710003）
印　　刷	广东虎彩云印刷有限公司
开　　本	787 毫米×1092 毫米　1/16
印　　张	24
字　　数	450 千字
版　　次	2024 年 12 月第 1 版
印　　次	2024 年 12 月第 1 次印刷
书　　号	ISBN 978-7-224-15690-4
定　　价	78.00 元

国家社科基金后期资助项目出版说明

后期资助项目是国家社科基金设立的一类重要项目，旨在鼓励广大社科研究者潜心治学，支持基础研究多出优秀成果。它是经过严格评审，从接近完成的科研成果中遴选立项的。为扩大后期资助项目的影响，更好地推动学术发展，促进成果转化，全国哲学社会科学工作办公室按照"统一设计、统一标识、统一版式、形成系列"的总体要求，组织出版国家社科基金后期资助项目成果。

全国哲学社会科学工作办公室

导　言

截至2020年底,我国城镇职工基本医疗保险(以下简称"职工医保")基金累计结余25323.51亿元,其中统筹基金和个人账户分别累计结余15396.56亿元和9926.95亿元,可见我国职工医保基金财务运行状况较好。然而,如果转换一个视角,情况并不乐观。我国人口老龄化程度呈现不断上升的趋势,2020年65岁及以上人口占总人口的比重上升至13.5%,比2000年和2010年分别高出6.54和4.63个百分点。老年人口的人均医疗费用高于年轻人口的人均医疗费用,随着人口老龄化程度的上升,未来我国职工医保基金是否还会有如此高额的结余? 我国职工医保基金是否具备可持续性? 本研究运用精算模型和代际核算方法,从收支平衡和代际平衡的视角,模拟分析我国职工医保基金的可持续性,以期促进我国"全民医保"体系的完善,进一步实现"健康中国"的战略目标。

本研究各章节的内容安排如下:

第一章为绪论,对本研究的选题背景、研究目的、研究意义、国内外相关研究动态、研究思路、研究方法、研究的创新点等进行详细的介绍和说明。

第二章为相关概念界定与理论基础。首先,本研究对相关概念进行界定,包括人口老龄化、医疗保险和基金可持续性等关键概念;其次,本研究对医疗保险的相关基础理论进行回顾和总结,包括医疗保险的需求理论、医疗保险的道德风险理论和社会(医疗)保险基金收支平衡理论。

第三章为我国职工医保的发展路径和运行现状。首先,本研究对我国职工医保的发展路径进行回顾,即公费医疗和劳保医疗制度向职工医保制度的转变;其次,本研究对职工医保的运行现状进行描述,包括职工医保的参保现状、筹资现状和基金的财务运行状况。截至2023年,

31个省(自治区、直辖市,除港澳台①)职工医保的统筹基金和个人账户均存有累计结余。但不能忽视的是,职工医保基金支出的年平均增长率已快于基金收入的年平均增长率,基金支付压力已凸显。

第四章为基于收支平衡视角的我国职工医保基金可持续性评估。首先,本研究依据队列要素法建立人口预测模型,并对死亡率、妇女生育率、迁移人口数量等参数进行计算和说明,设定了高、中、低三套方案,对我国未来的人口老龄化程度进行预测;其次,建立职工医保基金精算模型,并对实际缴费率、平均工资增长率、人均医疗费用增长率(人均统筹基金支出增长率)等相关参数进行计算与说明;最后,运用精算模型并代入相关参数,得到全国和各省(自治区、直辖市)职工医保统筹基金的财务运行状况和可持续运行状况。综上可得到如下结论:(1)根据人口高、中、低方案的测算,当职工医保基金为全国统筹时,统筹基金将在2028年左右出现当期赤字,之后当期赤字会逐年扩大,至2034年左右将出现累计赤字,如果不采取有效措施,累计赤字金额将会逐年扩大,2050年累计赤字金额将为644196.16亿—662712.37亿元,2050年累计赤字率将为832.26%~1099.19%,因此全国职工医保统筹基金还可持续运行12年(2022—2034)。(2)当职工医保基金为省(自治区、直辖市)级统筹时,大部分东部省(直辖市)的职工医保统筹基金出现当期赤字的时点将在2026—2032年,出现累计赤字的时点将在2026—2039年;大部分中部省的职工医保统筹基金出现当期赤字的时点将在2022—2027年,出现累计赤字的时点将在2025—2039年;大部分西部省(自治区、直辖市)的职工医保统筹基金出现当期赤字的时点将在2022—2030年,出现累计赤字的时点将在2024—2034年。(3)东部省(直辖市)职工医保统筹基金的平均可持续运行时间为15.3—15.9年,中部省职工医保统筹基金的平均可持续运行时间为6.13—6.75年,西部省(自治区、直辖市)职工医保统筹基金的平均可持续运行时间为13—13.25年。所以,平均来看,东部省(直辖市)职工医保统筹基金的可持续运行能力最强,西部省(自治区、直辖市)次之,中部省最差。

按照现行的政策规定,从收支平衡的视角来说,全国和各省(自治区、直辖市)的职工医保基金或不具备可持续性,为提高职工医保基金的可持续性,第五章仍然从收支平衡的视角,运用精算模型分析五项政策

---

① 本研究所得数据均不包含台湾地区、香港特别行政区和澳门特别行政区,下文不再赘述。

调整方案对职工医保基金可持续性的影响，结果显示：(1)男女退休年龄分别延迟至65岁和60岁能使全国和各省(自治区、直辖市)职工医保统筹基金出现累计赤字的时点分别推迟6年和3—8年；男女退休年龄均延迟至65岁能使全国和各省(自治区、直辖市)职工医保统筹基金出现累计赤字的时点分别推迟8年和5—12年。(2)社保征收体制改革对职工医保的征缴率没有显著影响，因此社会保险费征收体制改革或许不会对全国和各省(自治区、直辖市)职工医保基金的财务运行状况和可持续性产生任何影响。(3)如果考虑提高缴费率，全国和各省(自治区、直辖市)的实际缴费率必须分别提高至17.11%~18.74%和8.88%~35.77%才能保证职工医保统筹基金在2050年前具备充足的偿付能力；如果考虑让退休职工参与缴费，全国和大部分省(自治区、直辖市)的实际缴费率必须提高至10.56%~11.19%和8.08%~20.06%才能保证职工医保统筹基金在2050年前具备充足的偿付能力。(4)扩大医保覆盖面将使全国职工医保统筹基金出现累计赤字的时点提前两年，2050年累计赤字率将由832.26%~1099.19%提高至1006.01%~1325.14%；对于各省(自治区、直辖市)来说，有21—24个省(自治区、直辖市)职工医保统筹基金出现累计赤字的时点将提前1—8年，其他7—10个省(自治区、直辖市)职工医保统筹基金出现累计赤字的时点将不会发生变化。(5)个人账户与统筹基金合并能使全国和各省(自治区、直辖市)职工医保统筹基金出现累计赤字的时点分别推迟3年和1—15年。(6)如果考虑将上述五项政策进行组合，政策效果非常好，比单独实施某一项政策的效果都要好，而且企业、在职职工和退休职工的缴费压力也有所缓解，在中方案和高方案下，全国职工医保的缴费率可以降低0.1%~0.31%。

以上都是从收支平衡的视角来考察职工医保基金的可持续性。然而，退休职工消费40%甚至70%及以上的医疗费用，全部由在职职工的缴费来支付，从而形成职工医保费用的"代际转移"，因而本研究再从代际平衡的视角来考察我国职工医保基金的可持续性。第六章首先对代际核算方法的相关研究和原理进行介绍，其次对代际核算方法中的参数(如生产率、增长率、贴现率、医保缴费率等)进行说明和计算，最后对我国职工医保基金的代际平衡状况进行核算。可得到如下结论：(1)即使从医疗保险代际平衡的视角考察，我国职工医保基金也是不可持续的，且无法实现代际平衡。根据人口高、中、低方案的测算，未来代(即2022年及以后参加职工医保的人)的人均代际账户值(即他一生中医疗保险缴费和获得的基本医疗费用补偿额的精算现值)为288391.51—318748.51元，是现存代（2021年开始参加职工医保的人）的人均代际账户值（为 −466239.24元）的−68.37%~−61.85%，两者相差−168.37%~−161.85%，也就是说这套没有实现代际平衡的医疗保险基金虽然可以减轻财政的负担，却是以加重未来参保人员的负担为代价。（2）如果以各省（自治区、直辖市）为研究对象，除安徽、江西、河南和湖南（这4个省的现存代和未来代的人均代际账户均为负值，因而这4个省的职工医保参保人员并未承担任何的负担）外，其余27个省（自治区、直辖市）的职工医保基金也无法实现代际平衡，这27个省（自治区、直辖市）职工医保基金的运行也是以加重未来代的负担为代价的。

接着，第七章分析各项政策调整方案对职工医保基金代际平衡状况的影响，结果显示：延迟退休年龄对职工医保基金的代际不平衡状况基本没有影响；社保征收体制改革对职工医保基金的代际不平衡状况没有影响；提高现有职工医保的缴费率会加重职工医保基金的代际不平衡状况；退休职工参与缴费会缩小职工医保的代际不平衡状况，但是影响并不大；扩大职工医保覆盖面能够缩小职工医保的代际不平衡状况，而且其产生的效应是五项政策中最大的；个人账户与统筹基金合并不仅不会缩小职工医保的代际不平衡状况，反而会加重代际不平衡状况。上述五项政策的组合能够缩小职工医保基金的代际不平衡状况，是值得推荐的政策组合。

第八章给出本研究的结论，相关的政策启示，包括尽快提高"全面两孩"和"全面三孩"生育意愿、积极宣传延迟退休年龄的益处、给予退休职工一定的政策保障、加大社会医疗保险费的征收力度、控制医疗费用的增长速度，以及明确财政对医疗保险的责任。

当使用2010—2020年中国家庭追踪调查（CFPS）公布的微观数据来预测人均医疗费用，并带入精算模型，全国职工医保统筹基金将分别于2030年和2037年左右出现当期赤字和累计赤字。根据人口高、中、低方案的测算，大部分省（自治区、直辖市）职工医保统筹基金出现累计赤字的时点较宏观数据延迟1—7年，这是因为微观数据预测的人均医疗费用增长率较宏观数据预测的人均医疗费用增长率低0.08%~1.11%。

再次采用微观数据从收支平衡视角分析政策调整对职工医保基金可持续性的影响，仍可以得到如下结论：（1）延迟退休年龄能改善职工医保基金财务运行状况；（2）社保征收体制改革不会对职工医保基金财务运行状况产生影响；（3）为改善职工医保基金财务运行状况，需要提高职工医保缴费率；（4）扩大医保覆盖面反而会使得职工医保基金出现累计赤字时点提前；(5)个人账户与统筹基金合并能改善职工医保基金财务运行状况；(6)上述五项政策组合的效果好于单独实施某项政策的效果，而且企业、在职职工和退休职工的缴费压力也有所缓解；(7)从代际平衡视角，全国和各省(自治区、直辖市)职工医保基金仍不具备可持续性，五项政策组合可以缩小全国和各省(自治区、直辖市)职工医保基金的代际不平衡状况。可以看出，虽然微观数据的拟合度仅为5.3%，但这并不影响本研究的总体结论，本研究的结论较为稳健。

目 录

第一章 绪 论 ··· 1
  第一节 研究背景 ·· 1
  第二节 研究目的与意义 ·· 6
    一、研究目的 ·· 6
    二、研究意义 ·· 6
  第三节 研究动态 ·· 7
    一、人口老龄化对社会医疗保险基金可持续性的影响 ········ 8
    二、政策调整对社会医疗保险基金可持续性的影响 ·········· 9
    三、文献评述 ··· 11
  第四节 研究思路与研究方法 ································· 12
    一、研究思路 ··· 12
    二、研究方法 ··· 14
  第五节 研究创新点 ·· 16

第二章 相关概念界定和理论基础 ···························· 17
  第一节 相关概念界定 ··· 17
    一、人口老龄化 ·· 17
    二、医疗保险 ··· 18
    三、基金可持续性 ··· 20
  第二节 理论基础 ·· 21
    一、医疗保险需求理论 ····································· 21
    二、医疗保险的道德风险理论 ···························· 24
    三、基金收支平衡理论 ····································· 25

第三章 我国职工医保的发展路径和运行现状 ············· 31
  第一节 我国职工医保的发展路径 ··························· 31
    一、"公费医疗"和"劳保医疗"时期 ···················· 31
    二、"职工医保"时期 ······································· 33

第二节 我国职工医保的运行现状分析 ……………………… 37
　　一、职工医保的参保现状 ……………………………………… 37
　　二、职工医保的筹资现状 ……………………………………… 40
　　三、职工医保基金的财务运行现状 …………………………… 49
第四章 基于收支平衡视角的我国职工医保基金可持续性评估 ……… 62
第一节 人口预测模型 ……………………………………………… 62
　　一、模型原理 …………………………………………………… 62
　　二、人口预测模型构建 ………………………………………… 64
　　三、人口预测模型参数设定与说明 …………………………… 68
　　四、人口预测结果 ……………………………………………… 81
第二节 精算模型 …………………………………………………… 87
　　一、精算假设 …………………………………………………… 88
　　二、精算模型构建 ……………………………………………… 89
　　三、精算模型参数计算与说明 ………………………………… 91
第三节 全国和各省(自治区、直辖市)职工医保基金可持续性
　　　　评估 …………………………………………………………… 107
　　一、全国职工医保基金的可持续性评估 ……………………… 108
　　二、东部11个省(直辖市)职工医保基金可持续性评估 …… 111
　　三、中部8个省职工医保基金可持续性评估 ………………… 116
　　四、西部12个省(自治区、直辖市)职工医保基金可持续性评估
　　　　………………………………………………………………… 120
第四节 微观数据的证据 …………………………………………… 125
　　一、变量选取与描述性统计结果 ……………………………… 126
　　二、微观数据下的职工医保基金可持续性评估 ……………… 127
第五节 小　结 ……………………………………………………… 136
第五章 基于收支平衡视角的政策调整对职工医保基金可持续性的影响
　　　　………………………………………………………………… 138
第一节 延迟退休年龄对职工医保基金可持续性的影响 ……… 139
　　一、政策1.1：男女退休年龄分别延迟至65岁和60岁 …… 142
　　二、政策1.2：男女退休年龄均延迟至65岁 ………………… 149
第二节 社保征收体制改革对职工医保基金可持续性的影响 … 156
　　一、社保征收体制改革历程 …………………………………… 156
　　二、社保征收体制改革对职工医保征缴率的影响 …………… 159
　　三、征收体制改革对职工医保基金可持续性的影响 ………… 162

第三节　变动缴费政策对职工医保基金可持续性的影响 ……… 164
　　一、政策3.1：提高缴费率 …………………………………… 164
　　二、政策3.2：退休职工参与缴费 …………………………… 166
第四节　扩大医保覆盖面对职工医保基金可持续性的影响 ……… 171
　　一、扩大医保覆盖面对职工医保参保人口和退职比的影响
　　　　……………………………………………………………… 171
　　二、扩大医保覆盖面对人均统筹基金支出增长率的影响 … 175
　　三、扩大医保覆盖面对全国职工医保基金可持续性的影响
　　　　……………………………………………………………… 176
　　四、扩大医保覆盖面对各省(自治区、直辖市)职工医保基金
　　　　可持续性的影响 …………………………………………… 178
第五节　个人账户与统筹基金合并对职工医保基金可持续性的
　　　　影响 …………………………………………………………… 182
　　一、精算模型 …………………………………………………… 183
　　二、个人账户与统筹基金合并对全国职工医保基金可持续
　　　　性的影响 …………………………………………………… 184
　　三、个人账户与统筹基金合并对各省(自治区、直辖市)职工
　　　　医保基金可持续性的影响 ………………………………… 187
第六节　多种政策组合对职工医保基金可持续性的影响 ………… 192
　　一、政策组合1下的精算平衡缴费率 ……………………… 192
　　二、政策组合2下的精算平衡缴费率 ……………………… 194
第七节　微观数据的证据：政策调整效应分析 ……………………… 196
第八节　小　结 …………………………………………………………… 201

第六章　基于代际平衡视角的我国职工医保基金可持续性评估 ……… 203
　第一节　代际核算方法的原理 ………………………………………… 204
　　一、代际核算方法的相关研究 ………………………………… 204
　　二、代际核算方法分析 ………………………………………… 206
　　三、假设和数据计算 …………………………………………… 208
　第二节　职工医保基金的代际平衡分析 ……………………………… 209
　　一、全国职工医保基金的代际平衡状况 ……………………… 209
　　二、各省(自治区、直辖市)职工医保基金的代际平衡状况
　　　　……………………………………………………………… 211
　　三、微观数据的证据 …………………………………………… 214
　第三节　小　结 …………………………………………………………… 214

第七章　基于代际平衡视角的政策调整对职工医保基金可持续性的影响 …………………………………………………………… 217

  第一节　延迟退休年龄对职工医保基金代际平衡的影响 ……… 217
    一、政策1.1：男女性退休年龄分别延迟至65岁和60岁 … 217
    二、政策1.2：男女性退休年龄均延迟至65岁 …………… 222
  第二节　社保征收体制改革对职工医保基金代际平衡的影响 … 226
    一、全国职工医保基金的代际平衡状况 ………………… 226
    二、各省(自治区、直辖市)职工医保基金的代际平衡状况 ……………………………………………………………… 228
  第三节　变动缴费政策对职工医保基金代际平衡的影响 ……… 231
    一、政策3.1：提高缴费率 ………………………………… 231
    二、政策3.2：退休职工参与缴费 ………………………… 235
  第四节　扩大医保覆盖面对职工医保基金代际平衡的影响 …… 239
    一、全国职工医保基金的代际平衡状况 ………………… 239
    二、各省(自治区、直辖市)职工医保基金的代际平衡状况 ……………………………………………………………… 240
  第五节　个人账户与统筹基金合并对职工医保基金代际平衡的影响 …………………………………………………………… 243
    一、全国职工医保基金的代际平衡状况 ………………… 243
    二、各省(自治区、直辖市)职工医保基金的代际平衡状况 ……………………………………………………………… 244
  第六节　多种政策组合对职工医保基金代际平衡的影响 ……… 247
  第七节　微观数据的证据 …………………………………………… 250
    一、全国职工医保基金的代际平衡状况 ………………… 250
    二、各省(自治区、直辖市)职工医保基金的代际平衡状况 ……………………………………………………………… 251
  第八节　小　结 ……………………………………………………… 254

第八章　结论与启示 …………………………………………………… 255
  第一节　结　论 ……………………………………………………… 255
  第二节　启示与研究展望 …………………………………………… 257
    一、政策启示 ………………………………………………… 257
    二、研究展望 ………………………………………………… 259

附表：部分省(自治区、直辖市)人口死亡率情况 …………………… 260
参考文献 ………………………………………………………………… 364

第一章 绪 论

第一节 研究背景

我国于 2009 年基本实现"全民医疗保险"(以下简称"全民医保")①，是 21 世纪我国社会保障和医疗卫生事业改革的一项重大成就。我国社会医疗保险体系由城镇职工基本医疗保险制度和城乡居民基本医疗保险制度(以下分别简称"职工医保"和"居民医保")组成。截至 2020 年底，社会医疗保险参保人数为 13.61 亿人②，覆盖我国约 96.4%(=13.61/14.1178×100%)的人口。然而，我国社会医疗保险基金却存有高额累计结余(详见表 1-1 至表 1-4)。截至 2020 年底，社会医疗保险基金累计结余 31373.39 亿元，其中职工医保基金累计结余 25323.51 亿元(统筹基金和个人账户的累计结余分别为 15396.56 亿元和 9926.95 亿元③)，累计结余率为 162.07%；居民医保基金④累计结余 6049.88 亿元⑤，累计结余率为 67.12%。相较于居民医保基金，职工医保基金的结余水平更高(以累计结余金额和累计结余率为判断标准)。总体来看，我国职工医保基金和居民医保基金的财务运行状况较好。

---

① 根据 2010 年《中国统计年鉴》，2009 年社会医疗保险参保人数达到 12.34 万人，参保率为 92.5%，基本实现了"全民医保"目标。

②③⑤ 数据来源：《2020 年全国医疗保障事业发展统计公报》。

④ 2016 年 1 月 3 日颁布的《国务院关于整合城乡居民基本医疗保险制度的意见》(国发〔2016〕3 号)将城镇居民基本医疗保险制度和新型农村合作医疗制度整合为城乡居民基本医疗保险制度。国家医疗保障局成立(2018 年)后，开始公布城乡居民基本医疗保险的各项数据。2017 年及以前，城镇居民基本医疗保险和新型农村合作医疗的数据是分开公布的，其中，城镇居民基本医疗保险的各项数据由人力资源和社会保障部公布，新型农村合作医疗的各项数据由国家卫生健康委员会(原卫生部)公布。

表 1-1 2002—2020 年城镇职工基本医疗保险基金财务运行状况

单位：亿元

年份	基金收入	基金支出	当期结余	累计结余	累计结余率(%)
2002	607.78	409.36	198.42	450.71	74.16
2003	890.00	653.90	236.10	670.60	75.35
2004	1140.50	862.20	278.30	957.90	83.99
2005	1405.30	1078.70	326.60	1278.10	90.95
2006	1747.10	1276.74	470.36	1752.38	100.30
2007	2214.20	1551.70	662.50	2441.00	110.23
2008	2855.50	2019.70	835.80	3303.60	115.69
2009	3420.30	2630.10	790.20	4055.00	118.56
2010	3955.40	3271.60	683.80	4741.00	119.86
2011	4945.00	4018.00	927.00	5683.00	114.92
2012	6062.00	4868.00	1194.00	6884.00	113.56
2013	7061.60	5829.90	1231.70	8129.30	115.12
2014	8037.90	6696.60	1341.30	9449.80	117.57
2015	9083.50	7531.50	1552.00	10997.10	121.07
2016	10273.70	8286.70	1987.00	12971.70	126.26
2017	12278.30	9466.90	2811.40	15851.00	129.10
2018	13259.28	10504.92	2754.36	18605.38	138.50
2019	15845.00	12663.00	3182.00	22554.00	142.34
2020	15624.61	12833.99	2790.62	25323.51	162.07

数据来源：2002—2017 年《人力资源和社会保障事业发展统计公报》和 2018—2020 年《全国医疗保障事业发展统计公报》。

注：当期结余＝基金收入－基金支出；累计结余率＝累计结余/基金收入×100%；下同。

表 1-2 2018—2020 年城乡居民基本医疗保险基金财务运行状况

单位：亿元

年份	基金收入	基金支出	当期结余	累计结余	累计结余率(%)
2018	6973.94	6284.51	689.43	4332.94	62.13
2019	8575.00	8191.00	384.00	5143.00	59.98
2020	9014.01	8115.27	898.74	6049.88	67.12

数据来源：2018—2020 年《全国医疗保障事业发展统计公报》。

注：表中数据为 2018 年国家医疗保障局成立之后开始公布城乡居民基本医疗保险的各项数据。

表1-3 2007—2017年城镇居民基本医疗保险基金财务运行状况

单位：亿元

年份	基金收入	基金支出	当期结余	累计结余	累计结余率(%)
2007	43.00	10.10	32.90	36.00	83.72
2008	154.93	63.89	91.04	128.80	83.13
2009	251.59	167.30	84.29	220.70	87.72
2010	353.53	266.54	86.99	306.00	86.56
2011	594.20	413.10	181.10	497.00	83.64
2012	877.00	675.00	202.00	760.00	86.66
2013	1186.60	971.10	215.50	987.00	83.18
2014	1649.30	1437.00	212.30	1195.00	72.45
2015	2109.40	1780.60	328.80	1545.70	73.28
2016	2810.50	2480.40	330.10	1992.60	70.90
2017	5653.30	4954.80	698.50	3534.60	62.52

数据来源：2007—2017年《人力资源和社会保障事业发展统计公报》。

注：2017年及以前城镇居民基本医疗保险的数据仍由人力资源和社会保障部公布。

表1-4 2004—2015年新型农村合作医疗基金财务运行状况

单位：亿元

年份	基金收入	基金支出	当期结余	累计结余	累计结余率(%)
2004	40.32	26.37	13.95	13.92	34.52
2005	75.36	61.75	13.61	27.48	36.46
2006	213.61	155.81	57.80	85.29	39.93
2007	427.61	346.63	80.98	166.65	38.97
2008	784.85	662.31	122.54	289.24	36.85
2009	944.29	922.92	21.37	311.06	32.94
2010	1308.93	1187.84	121.09	431.59	32.97
2011	2048.38	1710.20	338.18	768.99	37.54
2012	2483.43	2408.00	75.43	845.69	34.05
2013	2972.21	2908.00	64.21	909.90	30.61
2014	3024.22	2890.40	133.82	1043.72	34.51
2015	3286.60	2993.50	293.10	1336.82	40.67

数据来源：2005—2016年《中国统计年鉴》。

注：2016年及以后国家卫生健康委员会(原卫生部)不再公布新型农村合作医疗的各项数据。

然而，如果转换一个视角，情况则不容乐观。2000年我国65岁及以上人口占总人口的比重达到6.96%①，接近7%，也就是说我国于2000年基本进入人口老龄化社会②。截至2020年底，我国65岁及以上人口占总人口的比重上升至13.5%③，分别比2000年和2010年高出6.54%和4.63%。可见，我国人口老龄化程度正处于不断加深的趋势。人口老龄化程度的加深对人力资本市场、宏观经济发展、财政收支平衡等具有消极影响(彭希哲和胡湛，2011④)。在此背景下，作为关系国计民生的社会保障体系(尤其是社会养老保险体系和社会医疗保险体系)遭遇严峻挑战，即社会养老保险基金和社会医疗保险基金支付压力逐步上升，可持续性逐步受到质疑⑤。以城镇职工基本医疗保险基金为例，2002—2020年城镇职工基本医疗保险基金支出的年平均增长速度(21.09%)已快于基金收入的年平均增长速度(19.77%)。以城镇居民基本医疗保险基金为例，2007—2017年城镇居民基本医疗保险基金支出的年平均增长速度(85.81%)

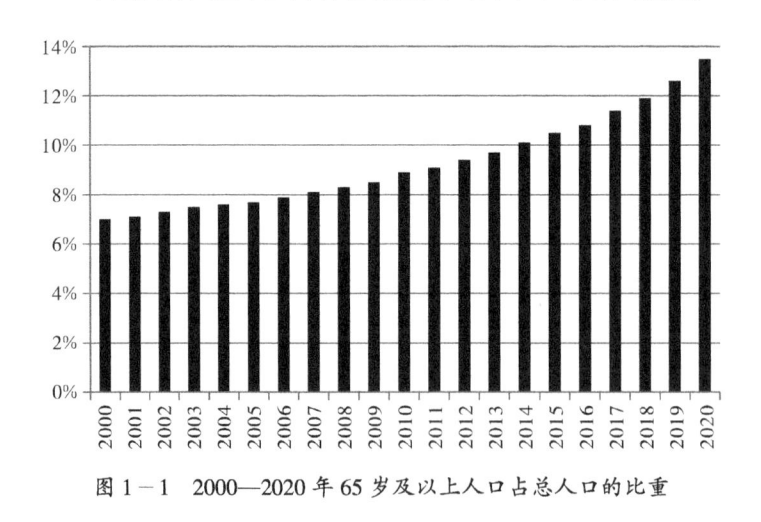

图1-1 2000—2020年65岁及以上人口占总人口的比重

数据来源：2011—2020年《中国统计年鉴》和《第七次全国人口普查公报(第五号)》。
注：65岁及以上人口占总人口比重=65岁及以上人口/总人口。

---

① 数据来源：2001年《中国统计年鉴》。
② 根据联合国标准，当一个国家或地区60岁及以上人口占总人口的比重达到10%，或者65岁及以上人口占总人口的比重达到7%，即意味着这个国家或地区进入人口老龄化社会。
③ 数据来源：《第七次全国人口普查公报(第五号)》。
④ 彭希哲，胡湛. 公共政策视角下的中国人口老龄化[J]. 中国社会科学，2011(3)：121-138.
⑤ 由于老年人口的人均医疗费用高于年轻人口的人均医疗费用，人口老龄化程度的上升使得总医疗费用增加，从而社会医疗保险基金支出增加，进而也会带来社会医疗保险基金支付压力的上升。

同样快于基金收入的年平均增长速度(62.89%)。可见，随着人口老龄化程度加深，我国社会医疗保险基金的支付压力①逐步凸显，需寻找有效途径来提高基金可持续性或改善基金财务运行状况。

在人口老龄化程度加深的背景下，我国社会医疗保险基金可持续性面临着三方面的压力：第一，老年人口占总人口比重的增加使社会医疗保险基金的支出增加，但是年轻人口占总人口比重的下降又会减少社会医疗保险基金的收入②，社会医疗保险基金收入和支出出现不匹配的状况。第二，人均医疗费用的增长速度已超过人均工资收入或人均GDP（人均国内生产总值）的增长速度③，按照现阶段社会医疗保险的筹资标准和支付方式④，社会医疗保险基金的总量很难满足医疗费用的快速增长。第三，在资金和资源有限的情况下，无论是政府财政还是雇主（用人单位）都无法长期按照人均医疗费用的增长速度来增加投入。因而，在人口老龄化程度加深的背景下，我国社会医疗保险基金是否还会有如此高额的结余，社会医疗保险基金是否具备可持续性⑤是值得探讨的问题，这是本研究的核心研究问题。本研究运用人口预测模型、精算模型和代际核算模型，并计算相关参数，基于收支平衡和代际平衡⑥的视角，以城镇职工基本医疗保险基金为例⑦，对上述问题进行回答，以期促进我国"全民医保"体系的完善，为实现"健康中国"的战略目标⑧提供实证依据。

---

① 2004—2015年新型农村合作医疗基金支出的年平均增长速度(53.75%)也快于基金收入的年平均增长速度(49.19%)。

② 以城镇职工基本医疗保险为例，退休职工不再缴纳医疗保险费，退休职工的个人账户收入从在职职工的缴费中划入。

③ 2010年及以后我国的人均卫生费用增长率一直高于人均GDP增长率。这一现象还会在本研究的第四章第二节予以论述。

④ 现阶段，社会医疗保险基金按照"以收定支"的原则和"总额预付制"的方式给付待遇，但是对于超过"总额预付"的费用，医保经办机构仍会按比例支付医疗费用给医疗服务提供机构。在筹资原则方面，社会医疗保险基金应按照"以支定收"或"现收现付"的原则确定筹资费率。

⑤ 社会医疗保险基金可持续是社会医疗保险制度可持续的前提，只有基金可持续，才能保证制度可持续。

⑥ 收支平衡和代际平衡的相关概念将分别在第二章、第四章和第六章予以论述。

⑦ 与居民医保制度相比，职工医保基金的运行更加成熟，所以本研究以职工医保作为研究对象。

⑧ 《"健康中国2030"规划纲要》指出要"健全基本医疗保险稳定可持续筹资和待遇水平调整机制，实现基金中长期精算平衡"。

第二节 研究目的与意义

一、研究目的

本研究的目的在于分析人口老龄化程度加深对职工医保基金可持续性和偿付能力[①]的影响,将会对以下几个问题给予回答:第一,在人口老龄化程度加深和退休职工不参与缴费的情况下,未来职工医保基金的收入、支出、当期结余和累计结余金额将如何变化。第二,基于收支平衡的视角,人口老龄化程度加深是否会影响职工医保基金可持续性,即按照现有的筹资模式和医疗费用的支付方式,目前职工医保基金的当期结余和累计结余是否能够支付未来的职工医疗费用。第三,退休职工消费高比例的医疗费用[②],而这些医疗费用将由在职职工承担,因而我国职工医保基金能否实现代际平衡,是衡量职工医保基金可持续性的另一项重要途径。第四,若职工医保基金出现偿付危机(即不具备可持续性),本研究还会展开一系列政策模拟研究,以期找出能改善职工医保基金财务运行状况(即推迟职工医保基金出现累计赤字的时点且减少职工医保基金的累计赤字金额,或累计赤字的时点不变但能减少职工医保基金的累计赤字金额)和缩小代际不平衡状况(或不加重代际不平衡状况)的最佳方案,以期促进职工医保乃至整个"全民医保"体系的完善,进一步实现"健康中国"的战略目标。

二、研究意义

(一)理论意义

本研究以人口老龄化程度加深为背景,对我国职工医保基金可持续性进行系统的定量分析,既考虑职工医保基金可持续性和全民医保的经济社会建设目标,又考虑医疗费用快速增长下对未来人群缴费压力的影响,完整地提出一套评估职工医保基金可持续性乃至全民医保基金可持

[①] 偿付能力是指社会医疗保险基金能否满足医疗服务需求,而可持续性不仅包括社会医疗保险基金是否具备充足的偿付能力,还包括社会医疗保险基金出现偿付危机后,如何改善偿付能力以保证社会医疗保险基金的可持续性。

[②] 这一内容将在本研究第六章进行探讨。

续性的分析框架、分析体系和分析模型，分析模型主要包括医疗保险精算模型和代际核算方法。而且，本研究也首次将代际核算方法引入职工医保基金可持续性的分析之中，以考察职工医保基金的代际平衡状况，这也是本研究的一项理论贡献，且这一方法不仅可以用于分析职工医保基金，还可以用于分析居民医保基金甚至整个社会保险基金（包含社会养老保险基金、失业保险基金、工伤保险基金），可以用于完善我国的全民医保体系乃至整个社会保障体系。

（二）实践意义

对于覆盖50%左右人口[①]的医疗保险制度，以及我国运行比较完善的社会医疗保险制度[②]，职工医保是否具备基金可持续性关系着广大职工和人民群众的"看病""救命"问题和医疗费用偿付问题；职工医保基金可持续性研究对于进一步完善我国职工医保制度、全民医保体系、社会保险体系乃至整个社会保障体系都有着积极的作用，关系着全社会的和谐稳定发展。

本研究的实践意义在于描绘未来职工医保基金的财务运行状况（收支运行状况）、可持续运行状况以及代际平衡状况，为政府部门（特别是医疗保障部门、人力资源和社会保障部门、卫生健康部门）和政策制定者在完善职工医保政策方面提供实证支持。不仅如此，在城乡医疗保险制度统筹的背景下，职工医保基金的可持续运行状况是未来我国全民医保基金可持续运行状况的一个缩影，或可为我国全民医保体系的完善提供一个指导方向。同时，本研究还应用精算模型和代际核算方法模拟和评估一系列改善职工医保基金可持续运行状况和代际平衡状况的政策方案，从实证分析角度为政府和政策制定者找出最佳的解决方案，以期为实现"健康中国"的战略目标提供实证参考。

第三节 研究动态

关于社会医疗保险基金可持续性的研究，现有的研究主要考察人口

[①] 这一结果可参见本研究第四章中的分析结论，职工医保覆盖城镇就业人口和城镇离退休人员，而剩余的人口将由居民医保覆盖，其中居民医保覆盖未参加职工医保的城镇和农村人口（其中一半左右的参保人口为儿童、学生等）。虽然，2020年职工医保只覆盖24.24%（=34223/141178×100%）左右的人口，但按照职工医保参保率的递增情况及城镇化率的发展进程，职工医保未来会覆盖50%左右的人口。

[②] 相较于居民医保制度，无论在筹资模式、医疗费用报销模式和医疗费用的支付方式等方面，职工医保制度都是比较完善和成熟的。

老龄化对社会医疗保险基金财务运行状况的影响，以及相关政策调整对社会医疗保险基金财务运行状况或可持续性的影响。上述研究都是从收支平衡的视角，考察社会医疗保险基金可持续性，少有从代际平衡的视角来考察社会医疗保险基金可持续性。研究动态如下所述。

一、人口老龄化对社会医疗保险基金可持续性的影响

自2000年我国进入人口老龄化社会，国内学者陆续分析老龄化与医疗费用的关系。虽然有学者（王华，2012[①]；王超群，2013[②]；吕国营等，2020[③]）认为老龄化对医疗费用的增长几乎没有影响，但是大部分学者（程杰和赵文，2010[④]；余央央，2011[⑤]；范兆媛和周少甫，2015[⑥]；李乐乐等，2017[⑦]；杨昕等，2018[⑧]）还是得出老龄化显著推进医疗费用增长的结论。可见，大部分国内学者发现老龄化是导致医疗费用增长的主要因素之一。

老龄化程度上升使得医疗费用快速增长，社会医疗保险基金主要支付参保人员的医疗费用，进而社会医疗保险基金支出增加。曾益等（2012）模拟城镇职工基本医疗保险统筹基金的财务运行状况，发现基金将于2033年开始出现累计赤字，此后累计赤字规模逐年扩大。[⑨] 杨燕绥和于淼（2014）认为我国城镇职工基本医疗保险缴费率还处于较低水平，维持基金收支平衡将遇到较大挑战，基金不宜用于支付老年人的护理费

[①] 王华. 人口老龄化与医疗卫生费用关系的地区间比较[J]. 医学与社会，2012(10)：4-12.

[②] 王超群. 中国人均卫生费用增长的影响因素分解[J]. 保险研究，2013(8)：115-127.

[③] 吕国营，周万里，王超群. 人口老龄化、临近死亡时间与医疗费用支出——基于中国老年人健康影响因素跟踪调查的实证分析[J]. 中国卫生政策研究，2020，13(5)：1-9.

[④] 程杰，赵文. 人口老龄化进程中的医疗卫生支出：WHO成员国的经验分析[J]. 中国卫生政策研究，2010(4)：54-62.

[⑤] 余央央. 老龄化对中国医疗费用的影响——城乡差异的视角[J]. 世界经济文汇，2011(5)：64-79.

[⑥] 范兆媛，周少甫. 经济增长与老龄化对医疗费用增长的空间效应分析[J]. 中国卫生经济，2016(6)：62-64.

[⑦] 李乐乐，杨燕绥. 人口老龄化对医疗费用的影响研究——基于北京市的实证分析[J]. 社会保障研究，2017(3)：27-39.

[⑧] 杨昕，左学金，王美凤. 前瞻年龄视角下的人口老龄化及其对我国医疗费用的影响[J]. 人口研究，2018，42(2)：84-98.

[⑨] 曾益，任超然，李媛媛. 中国基本医疗保险制度财务运行状况的精算评估[J]. 财经研究，2012(12)：26-37.

用。① 虞斌(2015)以浙江省为例，模拟该省职工医保基金财务运行情况，得出医保基金分别在2027年和2034年开始出现当期赤字和累计赤字。② 袁涛和李冰健(2019)以湖北省为例，发现即使职工医保实现省级统筹，统筹基金仍将在2027年和2030年开始出现当期赤字和累计赤字。③ 冯莉和杨晶(2019)利用精算模型对我国职工医保基金偿付能力进行评估，结果显示医保基金将分别于2024年和2033年开始出现当期赤字和累计赤字。④ 曾益等(2019)运用精算模型分析得出我国城镇职工基本医疗保险基金将于2038年出现累计赤字，2070年的累计赤字金额将达261.6万亿元。⑤

二、政策调整对社会医疗保险基金可持续性的影响

在人口老龄化程度加深的背景下，如果不引入任何改善基金财务运行状况的政策，社会医疗保险基金不具备可持续性，那么哪些政策可以改善社会医疗保险基金的财务运行状况？通过总结国内外文献可知，政策调整方案包括延迟退休年龄、调整缴费率与待遇水平等。延迟退休年龄可以增加社会医疗保险基金特别是职工医保基金的收入，调整缴费率同样对社会医疗保险基金收入产生影响，调整待遇水平则会对社会医疗保险基金支出产生影响。

(一)延迟退休年龄对社会医疗保险基金可持续性的影响

关于延迟退休年龄对社会医疗保险基金可持续性影响的文献并不多。在国外，社会医疗保险的缴费人员为全部参保人员，但在国内，城乡居民基本医疗保险的缴费人员仍是全部参保人员，城镇职工基本医疗保险的缴费人员为参保在职职工(并非所有的参保人员，参保退休职工并不缴费)。因此，国外少有研究关注延迟退休年龄对社会医疗保险基金可持续性的影响，而国内少部分学者模拟分析了延迟退休年龄对城镇职工基本医疗保险基金财务运行状况和可持续性的影响，未将城乡居民基本医疗

---

① 杨燕绥，于淼. 人口老龄化对医疗保险基金的影响分析[J]. 中国医疗保险，2014(10)：12-15.
② 虞斌. 人口老龄化背景下浙江省城镇职工基本医疗保险基金可持续性研究[J]. 财政研究，2015(6)：29-36.
③ 袁涛，李冰健. 省级统筹视角下职工医保基金财务可持续性分析[J]. 学习与实践，2019(6)：96-106.
④ 冯莉，杨晶. 城镇职工基本医疗保险基金可持续性评估——基于延迟退休和全面二孩政策调整的考察[J]. 财经问题研究，2019(8)：122-129.
⑤ 曾益，周娅娜，杨思琦，等. 老龄化背景下城镇职工基本医疗保险基金财务运行状况的精算预测——对"全面二孩"政策效应的评估[J]. 中国卫生政策研究，2019，12(1)：9-18.

保险基金纳入分析。何文炯等（2009）分析延迟退休年龄对城镇职工基本医疗保险统筹基金收支余额的影响，发现当男女法定退休年龄向后推迟4年，统筹基金当期余额开始变负的时间将向后推迟5年。① 史若丁和汪兵韬（2011）发现延迟退休年龄和控制医疗费用增长仅能将医疗保险基金开始出现累计赤字的时点推迟3年，其还认为增加缴费率的改革方案更加有效。② 幸超（2018）运用精算模型研究发现，与现行退休政策相比，延迟退休年龄后，城镇职工基本医疗保险统筹基金累计赤字开始出现的时点将推迟6或12年，2060年累计赤字将减少至264259.52亿元或197542.08亿元。③ 殷俊等（2019）认为2038年及以前调整生育政策是降低医保统筹基金赤字规模最主要的手段，2039年以后延迟退休年龄是最主要的手段。④ 封进和王贞（2019）同样认为延迟退休可以促进城镇职工基本医疗保险基金实现收支平衡。⑤ 赵建国和刘子琼（2020）提倡调整个人账户与延迟退休年龄相组合的方案。⑥ 可见，国内学者均认为延迟退休年龄能改善城镇职工基本医疗保险基金的财务运行状况，⑦ 并提高基金可持续性。

（二）调整缴费率与待遇水平对社会医疗保险基金可持续性的影响

随着我国社会医疗保险基金支付压力的上升，已有学者提出以提高社会医疗保险缴费率来改善社会医疗保险基金财务运行状况，从而提高社会医疗保险基金可持续性，但此类研究并不多。邓大松和杨红燕（2003）认为当人均医疗费用增长率快于人均工资增长率时，2050年城镇职工基本医疗保险缴费率应提高16.28%~17.8%，以维持统筹基金收支

---

① 何文炯，徐林荣，傅可昂，等. 基本医疗保险"系统老龄化"及其对策研究[J]. 中国人口科学，2009（2）：74-83.
② 史若丁，汪兵韬. 人口老龄化对城镇基本医疗保险基金冲击的分析[J]. 改革与开放，2011（21）：22-23.
③ 幸超. 延迟退休对城镇职工医保基金收支平衡的影响——基于统筹账户的精算模型模拟分析[J]. 湖南农业大学学报（社会科学版），2018，19（3）：84-91.
④ 殷俊，田勇，薛惠元. 全面二孩、延迟退休对职工医保统筹基金收支平衡的影响——以生育保险和职工医保合并实施为背景[J]. 统计与信息论坛，2019，34（5）：60-68.
⑤ 封进，王贞. 延迟退休对城镇职工医保基金平衡的影响——基于政策模拟的研究[J]. 社会保障评论，2019（2）：109-121.
⑥ 赵建国，刘子琼. 延迟退休、个人账户调整与城镇职工医疗保险基金可持续运行[J]. 社会保障研究，2020（1）：11-22.
⑦ 幸超. 延迟退休对城镇职工医保基金收支平衡的影响——基于统筹基金的精算模型模拟分析[J]. 湖南农业大学学报（社会科学版），2018，19（3）：84-91.

平衡。[①] 史若丁和汪兵韬(2011)也发现增加缴费率的改革方案更有效[②]。李亚青和申曙光(2011)[③]、文裕慧等(2015)[④]认为为缓解社会医疗保险基金支付压力,可以考虑让退休职工缴纳医疗保险费。

三、文献评述

人口老龄化是全球性的问题,作用于经济、社会与政治等各层面,对社会医疗保险基金可持续性同样会产生深远的影响。基于此,国内外学者在"健康中国"和人口老龄化程度加深的背景下,研究社会医疗保险基金可持续运行状况如何变化并提出应对策略,随后评估各项应对策略对社会医疗保险基金可持续性的影响程度。然而,现有的研究还存在以下几个问题:

第一,大部分国内研究是以全国为单位,少有研究以省(自治区、直辖市)为单位,分析31个省(自治区、直辖市)的城镇职工基本医疗保险基金可持续性。本研究不仅分析我国城镇职工基本医疗保险基金可持续性,还将31个省(自治区、直辖市)引入分析,重点研究城镇职工基本医疗保险基金可持续性,并分析各种可能的政策调整方案对城镇职工基本医疗保险基金可持续性的影响,以期为政府提供相应的定量决策参考。

第二,大部分国内外学者采用精算模型来模拟社会医疗保险基金的财务运行状况(即从收支平衡的视角考察社会医疗保险基金的可持续性),但是精算模型的参数设定(如经济增长率、人口参数、基金保值增值率、实际缴费基数、人均医疗费用增长率等)较为随意,并未结合实际的运行状况。基于此,本研究的参数选取在考虑政策规定的基础上,结合全国和31个省(自治区、直辖市)的实际运行状况,使结果更加精确和稳健,并对相关参数进行敏感性分析,以增强本研究的可信度。

第三,已有较多研究分析各项政策调整方案对社会医疗保险基金的影响,其中研究延迟退休年龄对社会医疗保险基金可持续性影响的文献

---

① 邓大松,杨红燕. 老龄化趋势下基本医疗保险筹资费率测算[J]. 财经研究,2003(12):36-44.
② 史若丁,汪兵韬. 人口老龄化对城镇基本医疗保险基金冲击的分析[J]. 改革与开放,2011(21):22-23.
③ 李亚青,申曙光. 退休人员不缴费政策与医保基金支付风险——来自广东省的证据[J]. 人口与经济,2011(3):70-77.
④ 文裕慧. 城镇职工基本医疗保险退休人员适当缴费研究[J]. 现代管理科学,2015(10):91-93.

较多，而研究其他政策效应的研究偏少。不仅如此，较多研究仅研究单项政策的效应，而多项政策组合（如延迟退休年龄政策与扩面政策的组合）效应的研究较少，基于此，本研究提出多种政策调整方案，不仅分析单项政策的效应，还分析多项政策组合的效应，以期综合考察各项政策的效应，便于提高我国城镇职工基本医疗保险基金可持续性，为实现"健康中国"的战略目标贡献定量研究结果。

第四，大多数研究均是从收支平衡的视角考察社会医疗保险基金可持续性，较少有研究从代际平衡的视角考察社会医疗保险基金可持续性。本研究不仅从收支平衡的视角，运用精算模型考察我国城镇职工基本医疗保险基金可持续性，还从代际平衡的视角，运用代际核算方法（Generational Accounting Mehtod）分析我国城镇职工基本医疗保险基金可持续性，以期从两个视角来验证我国城镇职工基本医疗保险基金是否具备可持续性。

第四节　研究思路与研究方法

本研究的研究对象为职工医保基金。现阶段，职工医保的统筹层次为地（市）级，《中华人民共和国国民经济和社会发展第十四个五年规划和2035年远景目标纲要》（以下简称《"十四五"规划纲要》）指出："做实基本医疗保险市级统筹，推动省级统筹。"可见职工医保统筹层次上升至省（自治区、直辖市）已是大势所趋，因此本研究以31个省（自治区、直辖市）为分析单位，分析模型是建立在31个省（自治区、直辖市）数据的基础之上，结论也是基于31个省（自治区、直辖市）数据的分析结果。

一、研究思路

本研究以我国职工医保基金的高额结余和人口老龄化这两个不争的事实作为研究背景，提出研究问题，即在人口老龄化程度不断加深的背景下我国职工医保基金是否具备可持续性。随后，本研究将按照以下四部分展开分析：

（一）基于收支平衡视角的我国职工医保基金可持续性评估

在人口老龄化程度加深的背景下，以实证研究为主，运用精算模型，测算职工医保基金的收支运行状况（财务运行状况）和基金累计结余的变化趋势，从而推导出基金累计结余能够维持的年限（即可持续运行时间），

即职工医保基金何时出现当期赤字,何时出现累计赤字,这部分将会重点研究:

1. 以人口统计学方法和生命表为主,运用第六次全国人口普查资料①,建立预测未来人口和参保人口变动的模型,对未来我国人口老龄化程度以及职工医保基金内的"退休比"进行详细的分析。

2. 运用"增长因子"方法测算未来人均医疗费用的增长率(人均统筹基金支出),得出人口老龄化程度的变化对人均医疗费用增长率的影响。

3. 以上述方法预测出的参保人口和人均医疗费用增长率等数据,建立测算职工医保基金未来财务运行状况的精算模型,描绘出未来职工医保基金的收入、支出、当期结余(或当期赤字)和累计结余(或累计赤字)状况。

(二)基于收支平衡视角的政策调整对职工医保基金可持续性的影响

以实证分析为主,若职工医保基金出现累计赤字,则运用上述的精算模型开展政策模拟分析,重点研究延迟退休年龄、提高缴费率、退休职工缴纳医疗保险费、社会保险费征收体制改革、扩大职工医保覆盖面、个人账户与统筹基金合并等对职工医保基金的影响,考察这些政策能否推迟职工医保基金出现累计赤字的时点和减少职工医保基金的累计赤字金额,即能否改善职工医保基金的财务运行状况。

(三)基于代际平衡视角的我国职工医保基金可持续性评估

在人口老龄化程度加深和退休职工不缴费的背景下,参保退休职工消费大部分的医疗费用,在职职工缴纳的医疗保险费大部分会转移给退休职工,使得代际之间的负担存在不公平,同时也加剧未来经济发展的负担。因而本研究会利用代际核算方法对我国职工医保基金的代际平衡状况进行分析,即从代际平衡的视角衡量我国职工医保基金可持续性,接着分析延迟退休年龄、提高缴费率、退休职工缴纳医疗保险费、社会保险费征收体制改革、扩大职工医保覆盖面、个人账户与统筹基金合并等政策调整方案对职工医保基金代际平衡状况的影响,而后对以上几项政策再次进行评估,评估的依据是以该项政策是否缩小代际不平衡状况(或不加重代际不平衡状况)为标准。

(四)结论与政策建议

在该部分,本研究会对全书的结论进行总结和归纳,然后再提出合

---

① 本书将在第四章详细介绍为何不使用2015年"1%人口抽样调查数据"和第七次全国人口普查数据。

适的政策建议和研究启示，以提高我国城镇职工基本医疗保险基金的可持续性，为完善我国的全民医保体系乃至整个社会保障体系提供实证指导和政策建议，以期实现"健康中国"的战略目标。

二、研究方法

(一) 基本医疗保险精算模型

根据我国职工医保政策规定，职工医保基金分为(社会)统筹基金(现收现付制)和个人账户(完全积累制)，统筹基金累计结余额的精算模型根据以下原理进行设定：统筹基金的累计结余额等于未来各年统筹基金收入与统筹基金支出之差(含利息①)与基年②累计结余额(含利息)的加总。未来各年统筹基金收入＝未来各年参保在职职工人数×未来各年人均缴费额，未来各年人均缴费额＝未来各年职工平均工资(法定缴费基数)×法定缴费率×基金收入划入统筹基金的比例，未来各年职工平均工资＝基年职工平均工资×(1+增长率)，未来各年统筹基金支出＝未来各年参保职工人数×未来各年人均统筹基金支出，未来各年人均统筹基金支出＝基年人均统筹基金支出×(1+增长率)。人均统筹基金支出增长率采用"增长因子"方法进行计算。

对于个人账户，由于其是完全积累式，且根据政策规定个人账户当期最大支付额为个人账户余额，即一旦个人账户资金使用完毕，剩余的费用将由个人负担，也就是说资金无法在不同个人账户间流动和调剂。因而本研究无法通过直接加总各年个人账户收入与个人账户支出之差和利息得到个人账户的累计结余额，所以本研究采用的方法是：依次推算未来各年不同年龄段人群个人账户的平均余额，得到未来各年各年龄段人群个人账户的平均余额，加总后得到未来各年个人账户的累计结余额。③ 不过计算每个年龄段人群个人账户的平均余额时，需要考虑各个年龄段人群的医疗消费权重，这是因为每个年龄段人群患病概率和消费的医疗服务量不同，本研究使用的医疗消费权重来自中国卫生费用核算小

---

① 利息的计息方式可以详见第五章，如果基金累计结余额转变为负值，基金不再计息。
② 目前，《中国劳动统计年鉴》公布的各省(自治区、直辖市)统筹基金和个人账户的累计结余额数据截至2018年，因而本研究所指的基年为2018年。
③ 由于个人账户并无共济功能，每个人的个人账户余额一定大于等于0，所以每年的个人账户余额一定为正，那么个人账户永远不会出现亏空现象，因而本研究第四章重点考察职工医保的统筹基金，个人账户在第五章进行考察。

组等(2000)①的数据。

本书第四章主要对职工医保统筹基金进行分析。精算模型所使用的数据均来自公开数据，包括未来各年《中国统计年鉴》《中国劳动统计年鉴》《中国卫生和计划生育统计年鉴》《中国人口和就业统计年鉴》《人力资源和社会保障事业发展统计公报》《全国社会保险情况》《医疗保障事业发展统计公报》等，具体数据来源情况详见本研究各章的分析。上述数据均为宏观数据，第四章至第七章还会使用微观数据对宏观数据的实证结论进行进一步的验证。

(二)人口预测方法

职工医保基金收支运行状况(财务运行状况)的测算是一个总量预测。不仅如此，职工医保基金的代际核算也需掌握分年龄、性别的人口信息。因此，本研究按照队列要素法(Cohort Component Method)的原理建立人口预测模型，根据本年的分年龄、性别的人口数和死亡率可以得到下一年分年龄、性别的人口数，根据本年育龄(15—49岁)妇女人数和对应的妇女生育率可以得到下一年新出生的婴儿数(即0岁人口)，再考虑农村向城镇迁移的情况，即可以得到分年龄、性别、城乡人口数。

(三)代际核算方法

在退休职工不缴费的情况下，退休职工的医疗费用大多由在职职工来承担，因而形成代际间的财富转移，所以本研究应用奥尔巴赫(Auerbach，1991)②提出的代际核算方法对我国职工医保基金的代际平衡状况进行核算。代际核算方法最重要的部分是对现存代和未来代进行界定，本研究参照国际通行做法，将2020年及以后参加职工医保人口定义为未来代，将2019年开始参加职工医保人口定义为现存代。

(四)定性分析方法

目前，我国基本实现全民医保，除职工医保外，居民医保的运行不是很完善。因而，本研究会采用定性分析法提出适合我国国情的建议，促进我国职工医保基金及全民医保体系的可持续发展，以期实现"健康中国"的战略目标。

---

① 中国卫生费用核算小组，等. 中国卫生总费用历史回顾和发展预测[J]. 卫生软科学，2000(5)：202-213.

② AUERBACH A J, J GOKHALE J, KOTLIKOFF L J. Generational accounts: a meaningful alternative to deficit accounting [J]. Tax policy and the economy, 1991 (5): 55-110.

第五节 研究创新点

本研究的创新点体现在如下四个方面：

第一，在研究视角上，本研究不仅从传统的收支平衡视角来考察职工医保基金可持续性，而且从医疗保险代际平衡这一全新的视角来考察职工医保基金可持续性，以进一步验证我国职工医保基金是否具备可持续性和充足的偿付能力。

第二，在研究方法上，本研究依据职工医保的政策规定和保险原理构造核算我国职工医保基金（乃至整个社会医疗保险体系）财务运行状况的精算模型，可以应用于各统筹地区医保基金的核算与审计和医保政策的改革。同时，本研究首次将代际核算方法应用于职工医保基金的代际负担平衡分析，丰富和扩展了代际核算方法的应用。

第三，在具体的参数设置和估计上，本研究采用不同于已有文献的做法，通过测算实际缴费基数、人均统筹基金增长率等替代政策规定，从而使本研究的结论更加准确和稳健，一定程度上避免高估或低估精算分析结果。

第四，在政策效应评估上，本研究并不仅仅定性探讨各种政策所带来的效应，而是运用精算模型和代际核算方法对各种政策方案进行效应评估，考察各种政策调整方案对职工医保基金财务运行状况和职工医保基金代际平衡状况的影响，以期找出既能改善职工医保基金财务运行状况（推迟职工医保基金出现累计赤字的时点或者减少累计赤字率），又能缩小代际不平衡状况（或不加重代际不平衡状况）的合理的政策解决方案。

第二章 相关概念界定和理论基础

第一节 相关概念界定

一、人口老龄化

人口老龄化(Population Aging)是总体人口范围内中老年人口所占的比例不断增加或青少年人口比例不断减少的过程。人口学上一般把年满60岁或65岁的人口称为"老年人口",年满80岁的人口称为"高龄人口",0—14岁的人口称为"青少年人口"。

造成人口老龄化的直接原因是出生率和死亡率的降低。死亡率降低首先表现在婴幼儿及低年龄组别死亡率的下降,当下降到一定程度时,医疗卫生事业的发展也会带来老年人口死亡率的大幅度下降,人口平均预期寿命逐渐延长,老年人口占总人口的比重就逐步上升。然而,决定人口老龄化的最主要的因素还是出生率的降低,这样随着时间的推移,少年儿童占总人口的比重开始下降,相应地,老年人口占总人口的比重则不断上升,人口日趋老龄化。依据人口老龄化主要是由生育率下降所引起的,还是由死亡率下降所引起的,可将其分为"生育率主导"型(Fertility-dominated)人口老龄化和"死亡率主导"型(Mortality-dominated)人口老龄化。前者又被称为"底部老龄化"或"相对老龄化",后者又被称为"顶端老龄化"或"绝对老龄化"[1]。

人口老龄化还取决于迁移流动人口的规模及迁移流动人口的年龄构成。当迁出人口中青壮年所占比例较大时,老龄化程度与速度将加深、加快;反之,当迁入人口中青壮年所占比例较大时,老龄化程度与速度

---

[1] 张运刚. 人口老龄化背景下的中国养老保险制度[M]. 成都:西南财经大学出版社,2005:5-16.

将降低、减速。但是,人口老龄化最根本的原因还是经济的发展和社会的进步。①

如何衡量人口老龄化的程度呢?根据联合国的标准,当一个国家或地区60岁及以上老年人口占人口总数的比例超过10%,或者65岁及以上老年人口占人口总数的比例超过7%,即意味着这个国家或地区的人口处于老龄化社会(Ageing Society)②。老龄化社会是人口老龄化的结果,也是经济发展与社会进步在人口方面的综合反映。60岁及以上人口或65岁及以上人口占总人口的比重越高,人口老龄化程度越高。与人口老龄化紧密相连的一个概念是人口高龄化,即老年人口中高龄老人所占比例不断上升的过程,可用80岁及以上人口占60岁及以上人口的比重来反映。

二、医疗保险

从医疗保险所保的范围来看,可以分为广义的医疗保险和狭义的医疗保险。国际上一般将医疗保险称为"Health Insurance",即"健康保险",它是人身保险的一个组成部分,所包含的内容要比医疗保险广,包括死亡、人身伤害和疾病保险。发达国家的健康保险不仅补偿疾病给人们带来的医疗费用等直接经济损失,还补偿由疾病导致的收入下降等间接经济损失。有些国家的健康保险也包含了预防保健、健康促进等方面的内容。狭义的医疗保险单指对疾病和意外伤害发生后所导致的医疗费用的补偿,称为"Medical Insurance"。然而广义和狭义的医疗保险概念之间并无严格的界限,只是保险范围和程度的差异。从我国的现状来看,医疗保险主要是狭义的概念。广义医疗保险中的疾病预防等内容在我国定位为国家和地方政府所提供的公共卫生服务。③

本研究中的医疗保险是指以社会保险形式建立的,为公民提供因疾病所需医疗费用资助的一种保险制度。它是通过国家立法,强制性由国家、单位、个人集资建立医疗保险基金,当个人因病获得必须的医疗服务时,由社会医疗保险机构提供医疗费用补偿时的一种社会医疗保险。对超出上述范围的医疗保险,称为补充医疗保险或商业医疗保险。社会医疗保险、社会养老保险、失业保险、工伤保险、生育保险和长期护理

---

① 张运刚. 人口老龄化背景下的中国养老保险制度[M]. 成都:西南财经大学出版社,2005:5-16.
② 郭金龙,周小燕. 长寿风险及管理研究综述[J]. 金融评论,2013(2):111-122.
③ 仇雨临. 医疗保险[M]. 北京:中国劳动社会保障出版社,2008:7-11.

保险共同构成了我国的社会保险体系。

社会医疗保险作为社会保险的一个项目，具有社会保险的强制性、互助共济性、福利性、社会性等基本特征。与此同时，由于疾病风险和医疗服务的特殊性，医疗保险又有着不同于其他社会保险项目的个性特点。[①]

(一) 普遍性

理论上讲，社会医疗保险是社会保险各个项目中保障对象最广泛的一个保险项目，其覆盖对象是全体社会成员。因为疾病风险是每个人在生命周期的每一个阶段都可能遭遇并难以回避的。不像生育、失业、工伤、老年等风险，只发生在某个年龄或时间阶段。

(二) 不确定性

医疗保险的不确定性来源于疾病风险与医疗服务的不确定性。虽然每个人在每个年龄阶段都可能遭遇疾病风险，但是具体到特定个人的特定时期是不确定的，比如，是否会发生疾病(生病)以及疾病可能带来的身体与经济上的损失大小。因而，医疗保险提供的补偿也是不确定的、缺乏规律的。不像养老保险、失业保险等其他社会保险项目，能提供有规律性的定额补偿。

(三) 服务性

医疗保险具有服务性特征。在医疗保险中仅由保险机构对被保险人给予经济补偿是不够的，必须由医疗服务提供方(一般是医疗机构)对被保险人的疾病给予诊治，对症下药，才能真正化解被保险人的疾病风险。而其他的社会保险项目则以货币补偿方式为主。一般的社会保险项目只涉及社会保险机构、被保险人两方主体。

(四) 医疗保险与公共卫生服务相结合的社会效益与经济效益的有效性

疾病风险具有群体性和社会性，而且许多疾病可以通过预防措施避免其发生，或降低发病人数及延迟发病时间。例如，通过预防接种、健康教育(即公共卫生服务的一部分)可降低部分传染病的发生概率。因此，如果医疗保险能够提供低成本、高效果的预防保健服务，不仅能够有效地促进居民健康水平的提高，而且还能够降低医疗费用，从而减少医疗保险基金的支出。例如，2021—2022年全民接种新冠病毒疫苗的费用就是由医疗保险基金和财政共同承担的。

---

① 邓大松，杨红艳. 医疗保险与生育保险[M]. 北京：人民出版社，2013：5-15.

三、基金可持续性

可持续性即可持续发展，社会医疗保险基金可持续性即社会医疗保险基金的可持续发展。本研究首先介绍可持续性（可持续发展）的概念。可持续发展指的是"既满足当代人的需求，又不损害子孙后代满足其需求能力的发展"。其定义体现了以下几个原则：（1）公平性原则，即在资源利用、机会选择上力求代内横向公平与代际纵向公平；（2）共同性原则，可持续发展是全人类的共同事业，这需要各国家与地区的联合行动；（3）永续性，根据资源与环境的承载力适时调整和控制经济与社会发展的节奏，这是实现可持续发展的重要保证。资源使用与保护并举，讲求质与量的经济增长与发展方式，保护环境支撑力不受破坏，方有人类存续的时空。可持续发展的核心是发展，这要求实现生态效益、经济效益与社会效益动态的有机结合与协调。其中，人口是可持续发展的基础条件和主体，而以人为本，实现人的全面发展是可持续发展的应有之义，也是目前我国科学发展观的核心。

根据可持续性（可持续发展）的定义，社会医疗保险基金可持续性是指依法筹集形成的社会医疗保险基金收入，既能满足当代人的医疗服务需求，又不对子孙后代满足医疗服务需求产生危害，医疗服务需求由社会医疗保险基金支出予以保障。根据这一定义，本研究既可以从收支平衡视角，又可以从代际平衡视角，来判断社会医疗保险基金的可持续性。收支平衡视角是指在一段时间内，社会医疗保险基金的收入流是否大于等于社会医疗保险基金的支出流（即是否存有累计结余），如果为是，代表社会医疗保险基金具备可持续性；如果为否，代表社会医疗保险基金不具备可持续性。收支平衡视角的社会医疗保险基金可持续性对应于定义之中的"能满足当代人的医疗服务需求"。收支平衡的理论基础详见本研究第二章的"社会医疗保险基金收支平衡理论"相关内容。

代际平衡是指每代人经过生产增长率调整后向政府缴纳的医疗保险费减去从政府获得的医疗费用报销额的精算现值相等，简言之，就是每代人在医疗保险方面从政府获得一个相同大小的账单，这个账单可正可负。如果能够达到代际平衡，则现有的社会医疗保险基金是可持续的；如果达不到代际平衡，那现有的社会医疗保险基金可持续性将受到质疑，社会医疗保险基金不可持续，未来代的利益将会受到损害。代际平衡视角的社会医疗保险基金可持续性对应于定义之中的"不对子孙后代满足医疗服务需求产生危害"。社会医疗保险基金的代际平衡状况是运用

Auerbach 等(1991)①提出的代际核算方法进行评估的,但是代际核算方法是一种定量研究方法,并非是一项理论,所以本研究将在第六章介绍代际核算方法,并以此评估我国城镇职工基本医疗保险基金的代际平衡状况。

第二节 理论基础

一、医疗保险需求理论

假定一个个体是风险规避型的(即在既定收入水平下,减少一单位的收入带来的要大于增加一单位收入带来的愉悦),那么其效用曲线是如图 2-1 所示的凸曲线。图 2-1 中用 W 表示收入,用 U 表示效用,那么利用图 2-1 可以分析个人的效用随着医疗保险的购买所发生的变化。

(一)购买医疗保险与不购买医疗保险

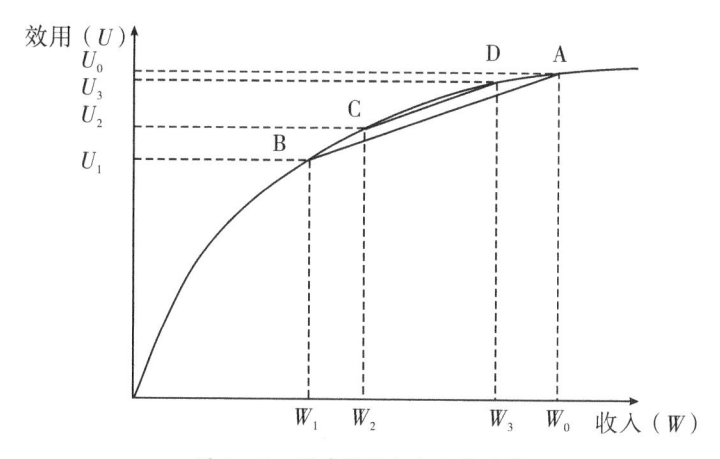

图 2-1 医疗保险与个人效用图

假设存在一份医疗保险,其只能补偿部分的医疗费用支出。假设个体初始收入是 W_0,此时其对应的个体效用为 U_0。由于疾病的发生是不确定的,假设发生的概率为 P,则不发生的概率为 $1-P$。当疾病发生时,

---

① AUERBACH A J, GOKHALE J, KOTLIKOFF L J. Generational accounts: a meaningful alternative to deficit accounting [C]// Tax policy and the economy, 1991 (5): 55-110.

其收入减少为 W_1；而疾病不发生时，不需要支付医疗费用，其收入仍然为 W_0。因此，对于一个没有购买医疗保险的个体而言，其面临的期望效用为 $E(U)=P \cdot U_1+(1-P) \cdot U_0$，即为图2-1中线段 AB 上，当疾病发生概率增大时，越靠近 B 点，反之越靠近 A 点。在个体购买了医疗保险的情况下，当疾病发生时，由于医疗保险的补偿其收入为 W_2；当疾病不发生时，其收入为 W_3。因此对于一个购买了医疗保险的个体而言，其面临的期望效用为 $E(U)=P \cdot U_2+(1-P) \cdot U_3$，即为图2-1中线段 CD 上，当疾病发生概率增大时，越靠近 C 点，反之越靠近 D 点。

因此，在没有购买医疗保险的情况下，个体的收入和效用面临着极大的不确定性，风险很高；而购买了医疗保险之后，其期望效用值要高于没有购买医疗保险的情况。

(二)大病冲击下最优医疗保险量的选择

进一步假设疾病冲击为 L，医疗保险的赔偿额为 R，医疗保险的保费率为 r。则在有医疗保险的情况下，当个体疾病发生时，其收入为 $W_0-L+R-R \cdot r$；当疾病不发生时，其收入为 $W_0-R \cdot r$。因此从一般意义上来看，在有医疗保险的情况下，个体面临的期望效用为：

$$E(U)=P \cdot U_{生病}+(1-P) \cdot U_{不生病}$$
$$=P \cdot U(W_0-L+R-R \cdot r)+(1-P) \cdot U(W_0-R \cdot r)$$

(2-1)

为了使个体期望效用最大化，利用公式(2-1)对医疗保险补偿额 R 求一阶导数，并使其等于0，即 $\frac{\partial E(U)}{\partial R}=0$。最终得到如下的等式：

$$P \cdot U'_+ \cdot (1-r)=(1-P) \cdot U'_- \cdot r \quad (2-2)$$

公式(2-2)的左边等于个体获得医疗保险赔偿的边际收益，而等式右边等于购买医疗保险的边际成本，即边际收益等于边际成本，至此得到了个体期望效用最大化的必要条件。

而当疾病风险较大时，即 L 增加，此时边际收益增加，而边际成本不变，最终会导致最优医疗保险需求量 R 增加。

因此，从个体来看，最优医疗保险需求量取决于疾病风险的大小，如果疾病风险较大，则个体最有效的选择应该是增加医疗保险的需求量。

(三)医疗保险对风险的分摊

医疗保险是一种减少损失的经济机制，从个人和社会两个角度来看，定义不同。从个人角度来看，保险使得个人能够以小额成本（保险费)替代大额不确定性损失;从社会角度来看,保险将数量足够多的同质危险集合到一起,将其视为一个整体进行损失预测。保险体系的运行是基于对损失的准确预测,而对损失的预测必须依赖于大数法则。如果损失预测准确并依据此收取适当的保费,就可以事先预算损失成本,并予以分摊,用确定的、小金额的保险费支出来替代不确定、大金额的损失。

假设存在一个医疗保险,保险人承保了 n 个风险同质、相互独立的参保者,设随机变量 ζ_1,ζ_2,$\cdots$,ζ_n 分别表示这 n 个参保者的疾病损失额(疾病发生的情况下产生的费用),则 ζ_1,ζ_2,$\cdots$,ζ_n 相互独立具有相同的分布(设都与 ζ 的分布相同),每个参保者的期望损失额为 $E\zeta$,根据大数法则,当 n 充分大时,每个参保者的平均实际损失数额 $\frac{\zeta_1+\zeta_2+\cdots+\zeta_n}{n}$ 与 $E\zeta$ 有较大偏差的可能性很小。但是如果本研究按照每个参保者的预期损失额 $E\zeta$ 收费,那么根据中心极限定理,当 n 充分大时,保险人收取的费用总额不足以赔付未来损失的概率为:

$$P\{\zeta_1+\zeta_2+\cdots+\zeta_n > nE\zeta\}$$

$$=P\left\{\frac{\zeta_1+\zeta_2+\cdots+\zeta_n}{n}-E\zeta > 0\right\}$$

$$=P\left\{\frac{\frac{\zeta_1+\zeta_2+\cdots+\zeta_n}{n}-E\zeta}{\sqrt{\text{var}(\frac{\zeta_1+\zeta_2+\cdots+\zeta_n}{n})}} > 0\right\}$$

$$\approx 1-\Phi(0)=1-\frac{1}{2}=\frac{1}{2} \qquad (2-3)$$

即若按 $E\zeta$ 收费,那么保险人发生入不敷出的概率为 1/2,这对保险人来说是很不安全的。如果保险人收取的保险费比预期损失额 $E\zeta$ 略高一些,如 $E\zeta+\varepsilon$($\varepsilon>0$),根据切比雪夫大数法则,有:

$$\lim_{n\to+\infty}P\left\{\left|\frac{\zeta_1+\zeta_2+\cdots+\zeta_n}{n}-E\zeta\right|<\varepsilon\right\}=1 \qquad (2-4)$$

即当 n 充分大时,则:

$$\left\{\left|\frac{\zeta_1+\zeta_2+\cdots+\zeta_n}{n}-E\zeta\right|<\varepsilon\right\} \qquad (2-5)$$

几乎为必然事件,因此:

$$n(E\zeta + \varepsilon) = nE\zeta + n\varepsilon > nE\zeta + n\left|\frac{\zeta_1 + \zeta_2 + \cdots + \zeta_n}{n} - E\zeta\right|$$

$$\geqslant nE\zeta + n\frac{\zeta_1 + \zeta_2 + \cdots + \zeta_n}{n} - nE\zeta$$

$$= \zeta_1 + \zeta_2 + \cdots + \zeta_n \tag{2-6}$$

即保险人收取的总额大于所有赔付的总额。因此，可以看出，保险人只需要收取比预期损失额 $E\zeta$ 略高 ε 的保险费（$E\zeta + \varepsilon$）可以实现整个保险系统的收支平衡，并且略有结余；而参保者只需要缴纳保险费（$E\zeta + \varepsilon$）就可以应对并分散自身可能面临的风险。

二、医疗保险的道德风险理论

医疗保险市场存在着很严重的信息不对称[1]和信息不确定[2]，即医疗保险市场的失灵，市场失灵具体表现为道德风险（Moral Hazard）和逆向选择（Adverse Selection），其中逆向选择主要表现在商业医疗保险市场，社会医疗保险不存在逆向选择[3]，因而逆向选择理论与本研究无关。然而，无论是商业医疗保险还是社会医疗保险，均面临道德风险问题，因而本研究需回顾医疗保险中的道德风险理论。

道德风险是指个人倾向于过度购买或过度消费由他人全额或部分支付的产品或服务，例如个人会选择比全额支付时消费更多的医疗服务。道德风险和医疗保险的风险分散目标是相违背的。医疗保险是有价值的，它使人们的收入从不需要的人转移到有需要的人，但这种转移是不完美的，因为使人们增加了对医疗服务的消费。因此，这产生了医疗保险政策设计中固有的问题：即保险机构必须在"风险分散中得到的收益"和"道德风险产生的成本"之间进行权衡。道德风险不仅可以表现为过度消费医疗服务（一般称作"事后道德风险"），也可以表现为参保人不再重视自己的健康（一般称作"事前道德风险"），例如参保人减少健康行为（锻炼等）。

---

[1] 信息不对称：指一方掌握的信息多于另外一方所掌握的信息，从而形成双方的信息不对称。在医疗保险市场中，信息不对称具体表现为保险公司对投保人的患病史、家族患病史、个人的身体状况不解，为应对信息不对称，保险公司在投保人投保时给予一定的观察期（一般为90天或180天）。

[2] 信息不确定：指双方所掌握的信息是不确定的，在医疗保险市场，信息不确定具体表现为：如投保人可能对青霉素过敏，但是保险公司和投保人均不清楚。

[3] 社会医疗保险强制要求全民参保，因而社会医疗保险消除了逆向选择，但是社会医疗保险无法消除道德风险。

为限制参保人的道德风险(主要是事后道德风险),保险经办机构一般会实行以下几项政策:起付线(Deductible)、共付率(Coinsurance Rate)和封顶线(Stop-loss Amount)。起付线是指由保险机构规定医疗费用支付的最低标准,起付线以下的医疗费用由被保人自付;共付率是指在起付线至封顶线之间被保人所需自付医疗费用的比例;封顶线是指当个人自付的医疗费用达到封顶线时(即个人自付费用的最大值),保险机构会承担剩余的医疗费用,被保人无须自付任何医疗费用。

然而,以我国为例,封顶线是针对社会医疗保险机构的,当个人自付的医疗费用达到封顶线时,个人将承担剩余的医疗费用,社会医疗保险机构不再为其进行支付。除这三项手段以外,保险机构还会加以其他限制,例如,保险机构会规定最大的住院天数为8天,一生的医疗费用不能超过100万元,这些政策可能会减少医疗服务的消费,但也可能会排斥高(疾病)风险的参保人。一般来说,这些方式也会在社会医疗保险机构中予以应用,以限制参保人的道德风险,但是社会医疗保险不会排斥高风险的参保人。

三、基金收支平衡理论

如前所述,本研究首先从收支平衡视角考察我国城镇职工基本医疗保险基金可持续性,因此本研究还需要介绍社会医疗保险基金收支平衡理论,从而为本研究的开展提供坚实的理论基础。社会医疗保险基金收支平衡理论的实质与保险精算收支平衡原理相同,保险精算收支平衡原理主要指保险人在保险期间纯保费收入的现值与保险金赔付的现值相等(孟生旺等,2016)[1]。本研究将结合社会医疗保险的发展历史,对社会医疗保险基金收支平衡理论进行回顾和总结,并介绍社会医疗保险基金收支平衡理论的应用。

最早的社会医疗保险制度建立于德国。[2] 由于疾病风险与医疗服务治疗效果的不确定性,医疗保险并不像养老保险等其他社会保险项目一样,提供有规律性的定额补偿,而是对医疗费用进行比例补偿。不仅如此,由于疾病风险的不确定性,医疗保险只能是短期保险,即当年参保,当年享受医疗保险待遇。因此,自德国建立社会医疗保险制度起,大多数国家均采用"现收现付"(Pay-as-you-go)的方式来运作社会医疗保险基金。

---

[1] 孟生旺,张连增,刘乐平. 精算学基础[M]. 北京:中国人民大学出版社,2016:6-15.
[2] 邓大松,杨红艳. 医疗保险与生育保险[M]. 北京:人民出版社,2013:5-15.

"现收现付"是指不考虑资金储备，只从当前社会医疗保险基金收支平衡的需要，来确定企业和个人的社会医疗保险缴费率的筹资模式，即当期收取保费，当期支付医疗保险待遇，也即"以支定收"[约翰逊(Johansson，2000)][1]。

图2-2 "现收现付"式社会医疗保险基金运作流程

如图2-2所示，在"现收现付"式的社会医疗保险基金运作模式下，政府向企业和个人收取医疗保险费，形成社会医疗保险基金收入，用于报销参保人的医疗费用(即给付社会医疗保险基金支出)，整个环节尽量实现社会医疗保险基金收支平衡，即基金收入大于等于基金支出，用公式表示如下：

$$I \geqslant E+C \quad (2-7)$$

I表示社会医疗保险基金收入，E表示社会医疗保险基金支出，C表示基金运行过程中的各项管理费用。当社会医疗保险基金收入大于或等于社会医疗保险基金支出与各项管理费用之和时，社会医疗保险基金账户会有当期结余或刚好实现收支平衡，这意味着社会医疗保险基金可以正常运行，具备可持续性[萨扬和基拉(Sayan & Kiraci, 2001)][2]。当社会医疗保险基金收入小于社会医疗保险基金支出与各项管理费用之和时，则发生财务(当期)赤字。当社会医疗保险基金出现当期赤字，并不代表社会医疗保险基金不具备可持续性，还需考察社会医疗保险基金是否留存累计结余，如果上年度留存的累计结余可以弥补本年度的当期赤字，则代表社会医疗保险基金还可持续运行，具备可持续性；反之，如果上年度留存的累计结余不可以弥补本年度的当期赤字，则代表

---

[1] JOHANSSON P O. Properties of actuarially fair and pay-as-you-go health insurance schemes for the elderly. An OLG model approach[J]. Journal of health economics, 2000 19(4): 477-498.

[2] SAYAN S, KIRACI A. Parametric pension reform with higher retirement ages: A computational investigation of alternatives for a pay-as-you-go-based pension system[J]. Journal of economic dynamics and control, 2001, 25(6-7): 951-966.

社会医疗保险基金不可持续运行，不具备可持续性[约翰逊(Johansson, 2000)]①。

社会医疗保险产生之初，社会医疗保险经办机构主要采用按服务项目付费(Fee-for-service)的方式向医疗服务提供者(医院)支付参保者(患者)的医疗费用，即患者消费多少医疗费用，社会医疗保险经办机构向医院支付等额的医疗费用，产生了患者道德风险和医生道德风险，推动了医疗费用的快速增长，再加之人口老龄化因素的影响，较多国家的社会医疗保险基金出现了收不抵支甚至累计赤字的现象，甚至有些国家为了保证社会医疗保险基金的收支平衡，不断提高社会医疗保险缴费率[布雷耶(Breyer, 2004)]②。为了应对上述问题，新加坡于1965年建立"储蓄保障"型的社会医疗保险[亨克和博查德(Henke & Borchardt, 2003)]③，新加坡的社会医疗保险基金运作模式由"现收现付"式转向了"完全积累"式(Fully-funded system)。

"完全积累"式的社会医疗保险基金是指参保人通过在工作期对医疗保险个人账户(亦称"医疗储蓄账户")进行财富积累，从而应对疾病风险，并在发生医疗消费后得到资金补偿，其本质是参保人在一生之中的纵向收支平衡，属于个人产权，即"以收定支"[约翰逊(Johannsson, 2003)]④。参保人使用个人账户中的资金购买或消费医疗服务时，不足的部分由自己垫付。因此，"完全积累"式的社会医疗保险基金不存在基金是否具备可持续性的问题或基金亏损的问题[加格等(Garg, 2019)]⑤。然而，由于"完全积累"式的社会医疗保险基金无法在参保人之间实现互助共济，因此除了我国以外，几乎没有国家借鉴新加坡的"完全积累"式的社会医疗保险基金运作模式。

为了规避"现收现付"式社会医疗保险基金和"完全积累"式社会医疗

---

① JOHANSSON P O. Properties of actuarially fair and pay-as-you-go health insurance schemes for the elderly. An OLG model approach[J]. Journal of health economics, 2000, 19(4): 477-498.

② BREYER F. How to finance social health insurance: issues in the German reform debate[J]. The geneva papers on risk and insurance-issues and practice, 2004, 29(4): 679-688.

③ HENKE K D, BORCHARDT K. Capital funding versus pay-as-you-go in health-care financing reconsidered[J]. CESifo DICE report, 2003, 1(3): 3-8.

④ JOHANNSSEN W. Demographic developments, full funding and self-regulation: The foundations of the social health insurance of the future[J]. The geneva papers on risk and insurance – issues and practice, 2003, 28(2): 351-367.

⑤ GARG S, CHOWDHURY S, SUNDARARAMAO T. Utilisation and financial protection for hospital care under publicly funded health insurance in three states in Southern India[J]. BMC Health services research, 2019, 19(1): 1-11.

保险基金的问题或缺点，我国在1998年建立城镇职工基本医疗保险制度时，采用部分积累式的方式运作社会医疗保险基金，即同时借鉴了德国、新加坡等国家的社会医疗保险基金运作方式[罗斯纳(Rösner, 2004)][1]。在该方式下，基金由统筹基金与个人账户共同组成，称之为"统账结合"，统筹基金为"现收现付"式，个人账户为"完全积累"式。上述分析已经表明城镇职工基本医疗保险个人账户不会出现基金亏损问题，因此本研究仅探讨城镇职工基本医疗保险基金的统筹基金部分，统筹基金的收支平衡条件如公式(2-7)所示，此处不再赘述。我国城镇职工基本医疗保险基金是否具备可持续性取决于"现收现付"式的统筹基金。

邓大松和杨红燕(2003)的研究是国内较早使用社会医疗保险基金收支平衡理论的文献，其以"以支定收"的理论思路，并基于我国老龄化发展趋势预测数据、近20年人均工资与人均医疗费用实际数据等资料，分别考虑了人均医疗费用占人均工资比率不变和增长两种情况下，对2000—2050年城镇职工基本医疗保险缴费率增长状况进行了测算，得出2050年的预期缴费率(亦称"收支平衡缴费率"或"精算平衡缴费率")为6.78%~7.41%(不变条件)或16.28%~17.80%(增长条件)。[2] 王晓燕和宋学锋(2004)同样基于社会医疗保险基金收支平衡理论，通过对在职职工人均医疗费用增长率、年平均工资增长率、人口负担比、基金投资率等参数做出假设，建立三种测算(预测)模型，得出城镇职工基本医疗保险基金会在2014年、2019年或2020年出现入不敷出；[3] 与现实情况相比，这一预测结果略显悲观。何文炯等(2009)将社会医疗保险基金收支平衡理论与寿险精算理论(主要是生命表理论)相结合，首次提出了"基本医疗保险系统老龄化"这一概念，研究"系统老龄化"对基本医疗保险基金收支状况的影响，其根据寿险精算理论预测人口数量，并以Z市社会医疗保险中心提供的数据和社会医疗保险基金收支平衡理论进行测算分析。[4] 基于上述文献基础，较多文献运用社会医疗保险基金收支平衡理

---

[1] RÖSNER H J. China's health insurance system in transformation: preliminary assessment, and policy suggestions[J]. International social security review, 2004, 57(3): 65-90.

[2] 邓大松, 杨红燕. 老龄化趋势下基本医疗保险筹资费率测算[J]. 财经研究, 2003 (12): 39-44.

[3] 王晓燕. 老龄化过程中的医疗保险基金使用现状及平衡能力分析[J]. 统计与预测, 2004(2): 20-22.

[4] 何文炯, 徐林荣, 傅可昂等. 基本医疗保险"系统老龄化"及其对策研究[J]. 中国人口科学, 2009(2): 74-83+112.

论和精算模型，分析社会医疗保险基金的财务运行状况，包括宋世斌（2010）①、曾益等（2012）②、封进和王贞（2019）③、王京捷和郭有德（2021）④。

通过社会医疗保险基金收支平衡理论和上述文献[盖朗等（Guerard，2011）⑤、斯特朗费尔德和马利索娃（Štrangfeldová & Mališová，2021）⑥]，影响城镇职工基本医疗保险基金收支运行状况的因素可以归纳为如下三类：基金收入、基金支出和基金利息。影响基金收入的因素包括参保在职职工人数、在职职工平均工资、实际缴费率、基金收入划入统筹基金和个人账户的比例。影响基金支出的因素包括参保职工人数（包括参保在职职工人数和参保退休职工人数）、人均医疗费用和报销比例，其中人均医疗费用又与基准期的人均医疗费用和未来的人均医疗费用增长率相关。基金利息则由基金的累计结余和利率决定。

由于我国职工医保基金的统筹基金和个人账户部分是分开运营的，因而在模拟基金累计结余的变化趋势时，一定要考虑基金收入划入统筹基金和个人账户的比例。由于人口老龄化程度会影响人均医疗费用（影响人均医疗费用的增长率），因而本研究在基金预测中会引入人口老龄化因素。综合考虑以上因素，本研究对职工医保基金收入、支出、收支差额和累计结余额进行精算建模，模拟并预测其未来的发展变化趋势，建模原理如图2-3所示。

在人口老龄化程度加深的背景下，老年人的非健康老龄化成为社会医疗保险基金支出增加的重要原因。加强社会医疗保险基金预算与运行管理，必须坚持"收支平衡"或"精算平衡"原则，由于社会医疗保险基金管理需要考虑到人口转变、工资水平等各方面因素，精算模型成为预测

---

① 宋世斌. 我国社会医疗保险体系的隐性债务和基金运行状况的精算评估[J]. 管理世界，2010(8)：169-170.

② 曾益，任超然，李媛媛. 中国基本医疗保险制度财务运行状况的精算评估[J]. 财经研究，2012，38(12)：26-37.

③ 封进，王贞. 延迟退休年龄对城镇职工医保基金平衡的影响——基于政策模拟的研究[J]. 社会保障评论，2019，3(2)：109-121.

④ 王京捷，郭有德. 统账结构调整政策对城镇职工医疗保险基金可持续运行的影响[J]. 社会保障研究，2021(4)：57-67.

⑤ GUERARD Y, WIENER M, ROKX C, et al. Actuarial costing of universal health insurance and coverage in Indonesia: Options and preliminary results[M]. World bank, 2011.

⑥ ŠTRANGFELDOVÁ J, MALIŠOVÁ D. Application of actuarial modeling to determine the rate of health insurance in solidary health care systems: a case of Slovakia[J]. Administration & public management review, 2021 (37): 90-102.

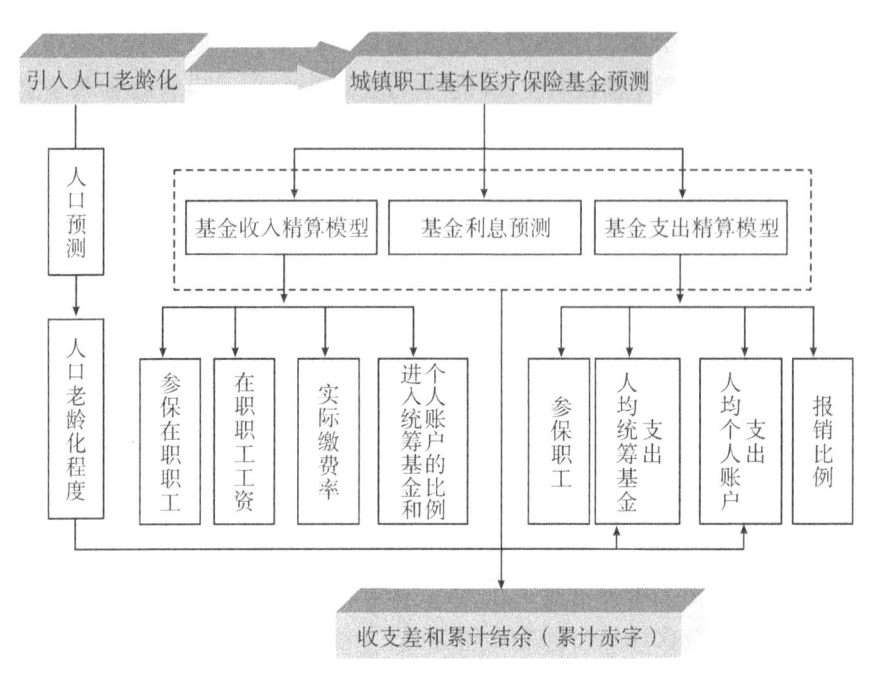

图 2-3 城镇职工基本医疗保险基金收支运行状况的影响因素

各项医疗保险基金财务运行状况的有效方法。采用精算模型，从收支平衡视角，探讨我国职工医保基金可持续性具有现实意义。第六章将重点探讨我国职工医保基金的代际平衡。

第三章 我国职工医保的发展路径和运行现状

第一节 我国职工医保的发展路径

现阶段，我国社会医疗保险体系包括职工医保制度和居民医保制度，上述两项制度分别建立于1998年和2016年，其中居民医保制度由城镇居民基本医疗保险制度和新型农村合作医疗制度合并（统筹）而来，其中新型农村合作医疗制度建立于2003年，城镇居民基本医疗保险制度建立于2007年。在这些制度建立之前，我国的社会医疗保险制度经历了一系列的转变和发展。由于本研究的对象仅限于职工医保，因而下面仅对职工医保的发展路径进行分析和介绍。

一、"公费医疗"和"劳保医疗"时期

新中国成立以来，覆盖城镇职工（包含国家机关和事业单位工作人员）的医疗保险制度为劳保（即劳动保险）医疗制度和公费医疗制度。劳保医疗制度是对企业[1]职工实行免费[2]，对职工家属实行减半收费[3]的一种企业医疗保险制度，其产生的标志是1951年2月26日中央人民政府政务院（现国务院）颁布的《中华人民共和国劳动保险条例》，劳保医疗制度出台的时间距新中国成立的时间（1949年10月1日）不足两年。另外一项制度——公费医疗制度是我国对机关和事业单位工作人员以及大专院校

---

[1] 这里的企业范围包括雇用工人与职员人数在100人以上的国营、公私合营、私营及合作社经营的工厂、矿场及其附属单位与业务管理机关和铁路、航运、邮电的各企业单位及附属单位。

[2] 工人与职员患病或非因工负伤，应在该企业医疗所、医院或特约医院医治，其治疗费、住院费及普通药费，均由企业行政方面或资方负担；贵重药费、就医路费及住院时的膳食费均由本人自理。

[3] 工人与职员供养的直系亲属患病时，可在该企业医疗所、医院或特约医院免费诊治，普通药费减半，贵重药费、就医路费、住院费、住院时的膳食费及其他一切费用，均由本人自理。

学生①实行的一种免费的医疗卫生保健制度，其经费由国家财政预算拨款，由各级政府卫生行政部门设立公费医疗管理机构统管，或享受单位自管，个人实报实销。公费医疗制度产生的标志为1952年6月27日政务院颁布的《关于全国各级人民政府、党派、团体及所属事业单位的国家工作人员实行公费医疗预防的指示》，公费医疗制度出台的时间距新中国成立的时间不足三年，距劳保医疗制度出台的时间也就一年多。

然而，劳保医疗和公费医疗制度在运行过程中出现了一系列的问题，主要表现为以下几个方面：

第一，医疗保险的覆盖率低。原有的公费医疗、劳保医疗和农村合作医疗（即"老农合"）仅覆盖全国20%~25%的人口，仍有75%~80%的广大人口尤其是农民没有医疗服务保障。② 1993年国家第一次卫生服务调查数据显示，1993年参加公费医疗、劳保医疗和合作医疗的人口占总人口的比重分别为5.76%、13.54%和7.74%，③ 三种社会医疗保险的覆盖人口占总人口的比重累计为27.04%，仍有72.96%的人口没有参加任何社会医疗保险制度。

第二，劳保医疗没有体现企业之间的风险分担。医疗经费以企业为单位提取，自行管理、使用，实际是"企业自我保险"，企业承受医疗风险的能力有限，尤其是中小企业、亏损企业和老企业更是如此。

第三，医疗保险筹资机制不健全。一方面，国家和单位对职工医疗费用包揽过多，职工个人不缴纳任何保险费用，没有体现权利和义务对等的原则；另一方面，没有科学的经费提取标准、提取办法和调整机制，公费医疗受财政状况的影响较大，劳保医疗经费提取标准和比例多年不变，致使经费严重不足，超支现象严重。

第四，医疗保险费用支付方式不合理，缺乏有效的费用控制机制。一方面，公费医疗和劳保医疗实行的是按服务项目付费（FFS, Fee-for-service）的方式，对医疗服务的供方缺乏有效的费用控制机制；另一方面，公费医疗和劳保医疗承担被保人大部分的医疗费用，使得被保人过度消费医疗服务，加速医疗费用的快速上涨（见图3-1），例如1979年至1993年，人均卫生费用的年平均增长率为15.56%，而人均GDP的年平均增长

---

① 享受范围和对象主要包括各级政府、党派、人民团体、文化、教育、科研、卫生等事业单位的工作人员和离退休人员。此外，二等乙级以上革命残疾军人、国家正式核准设置的高等学校学生也享受公费医疗待遇。

② 仇雨临. 医疗保险[M]. 北京：中国劳动社会保障出版社，2008：7-11.

③ 中华人民共和国卫生部. 国家卫生服务研究——1993年国家卫生服务总调查分析报告[M]. 北京：中国协和医科大学出版社，1994：5-6.

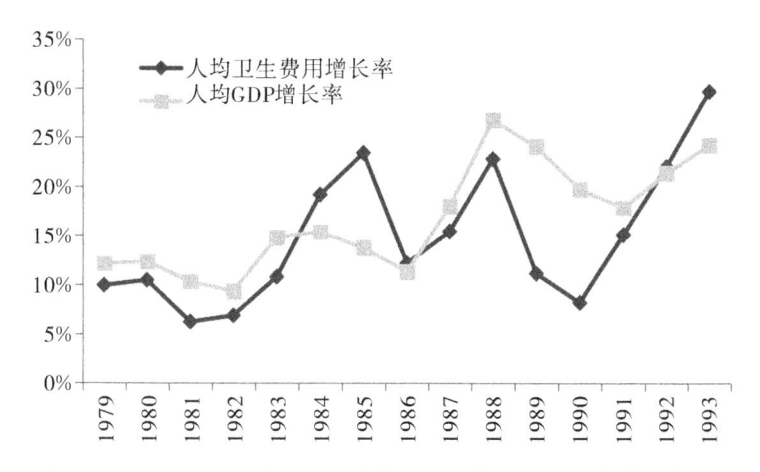

图 3-1　1979—1993 年人均卫生费用和人均 GDP 的平均增长率(%)

数据来源：历年《中国卫生和计划生育统计年鉴》和《中国统计年鉴》，增长率由笔者根据原始数据计算。

率为 13.76%，人均卫生费用增长率比人均 GDP 的增长率快近 2 个百分点。虽然人均卫生(医疗)费用增长率高于人均 GDP 增长率属于正常现象，但是按照这一速度增长，医疗体系将不堪重负。

第五，医疗保险与医疗服务不配套。一方面，公费医疗、劳保医疗的医疗服务机构分属卫生部门和企业(主管部门为劳动部门，现为人力资源和社会保障部门)两个系统，不利于实行区域卫生规划和行业管理，也难以避免医疗资源的重复配置和浪费；另一方面，公费医疗和劳保医疗都没有建立分级转诊制度。

第六，公费医疗和劳保医疗制度不统一，带来诸多弊端。公费医疗和劳保医疗制度的主管单位不同，致使保险政策和法令规章的制定、执行、修订及改革难以协调一致，行政效率低下；两种模式各自运行；两种制度实施的管理方法不同，对被保险人显失公平，而且需要两套管理机构和人员，管理成本高，形成了资源上的浪费。

二、"职工医保"时期

为消除以上弊端，我国进行了一系列(社会)医疗保险制度的改革。1991 年，深圳市率先进行医疗保险制度改革，成立深圳市医疗保险管理局；1994 年，在深圳市南山区率先开展个人账户与社会统筹基金(即"统账结合"模式)相结合的医疗保险试点工作；1996 年 7 月 1 日，正式开始实施社会统筹基金与个人账户相结合的医疗保险改革方案。

1994年，国务院选择江西省九江市和江苏省镇江市作为医疗保险综合改革的试点城市(俗称"两江试点")，这两个城市也开始试行"统账结合"的社会医疗保险模式，其"统账结合"模式为"通道式"，即医疗费用先从个人账户中支付，个人账户用完后，再由个人自付年工资的5%，进入社会统筹基金支付段(也即报销段)。随后，以海南省为代表的省(自治区、直辖市)对"两江试点"的"统账结合"模式进行修正，由"通道式"改为"板块式"，即个人账户支付普通门(急)诊费用，而社会统筹基金报销住院费用和门诊大病费用，两者互不挤占。

1998年12月14日《国务院关于建立城镇职工基本医疗保险制度的决定》(国发〔1998〕44号)的出台标志着城镇职工基本医疗保险制度的出台，职工医保的参保对象为城镇所有用人单位(包括企业、机关、事业单位、社会团体、民办非企业单位)职工，部分乡镇企业职工和城镇个体经济组织业主及其从业人员。

国发〔1998〕44号文件对职工医保基金的内容做了如下的规定：(1)筹资费率(法定缴费率)：医疗保险费率由用人单位和职工共同缴纳，用人单位缴费率应控制在职工工资总额的6%左右，职工缴费率一般为本人工资收入的2%，法定缴费率合计为8%；(2)账户模式：职工个人缴纳的医疗保险费全部计入个人账户，用人单位缴费的30%计入个人账户，剩余部分计入统筹基金；(3)支付标准[①]：起付标准(也称"起付线"，为当地职工年平均工资的10%左右)以下的医疗费用，从个人账户中支付或由个人自付；起付标准以上、最高支付限额(也称"封顶线"，为当地职工年平均工资的4倍左右[②])以下的医疗费用，主要从统筹基金中支付，个人也要负担一定比例；超过最高支付限额的医疗费用，可以通过商业医疗保险等途径解决。

目前职工医保基金已经实施20余年，表3-1汇总了历年职工医保的参保情况。可以看出，参加职工医保的总人数一直呈上升趋势，从1998年的1877.64万人上升至2020年的34423万人，大约上升18.33倍，其中参保在职职工人数从1998年的1508.66万人上升至2020年的25398万人，大约上升16.83倍，参保退休职工人数从1998年的368.98万人上升至2020年的9025万人，大约上升24.46倍。然而，从参保率情况来

---

① 一般来说，大部分地区实行的统账结合模式为"板块式"，即个人账户主要用于支付门急诊费用，社会统筹基金主要用于支付住院费用。

② 根据《国务院办公厅关于印发深化医药卫生体制改革2012年主要工作安排的通知》(国办发〔2012〕20号)，职工医保政策范围内统筹基金最高支付限额提高到当地职工年平均工资的6倍及以上。

看，职工医保并未实现全覆盖，1998年在职职工的参保率仅为6.98%，其间在职职工参保率一直呈上升趋势，但至2020年也仅为54.89%，这说明至今仍有45.11%的城镇就业人口未被覆盖至职工医保这一系统之中。造成以上现象的原因是很多私营企业(如民营企业、外资企业等)为节约用工成本，并未为职工办理医疗保险参保登记和缴费登记，而且很多灵活就业人员(含个体工商户)选择参加居民医保，而不参加职工医保。退休职工的参保率一直呈上升趋势，从1998年的10.27%上升至2008年的88.41%，这说明职工医保已基本覆盖城镇离退休人员。

表3-1 城镇职工基本医疗保险参保情况(1998—2020年)

年份	参保总人数(万人)	参保在职职工(万人)	参保退休职工(万人)	城镇就业人数(万人)	城镇离退休人员(万人)	在职职工参保率(%)	退休职工参保率(%)
1998	1877.64	1508.66	368.98	21616.00	3593.60	6.98	10.27
1999	2065.31	1509.41	555.90	22412.00	3726.90	6.73	14.92
2000	3786.95	2862.78	924.17	23151.00	3875.80	12.37	23.84
2001	7285.91	5470.74	1815.17	24123.00	4017.75	22.68	45.18
2002	9401.20	6925.80	2475.40	25159.00	4222.80	27.53	58.62
2003	10901.70	7974.90	2926.80	26230.00	4523.43	30.40	64.70
2004	12403.60	9044.40	3359.20	27293.00	4671.87	33.14	71.90
2005	13782.90	10021.70	3761.20	28389.00	5088.21	35.30	73.92
2006	15731.80	11580.30	4151.50	29630.00	5280.20	39.08	78.62
2007	18020.00	13420.00	4600.00	30953.00	5472.20	43.36	84.06
2008	19995.63	14987.74	5007.89	32103.00	5664.20	46.69	88.41
2009	21937.40	16410.50	5526.90	33322.00	—	49.25	—
2010	23734.67	17791.16	5943.51	34687.00	—	51.29	—
2011	25227.10	18948.48	6278.62	35914.00	—	52.76	—
2012	26486.00	19861.00	6624.00	37102.00	—	53.53	—
2013	27443.10	20501.30	6941.90	38240.00	—	53.61	—
2014	28296.00	21041.30	7254.80	39310.00	—	53.53	—
2015	28893.10	21362.00	7531.20	40410.00	—	52.86	—
2016	29532.00	21720.00	7812.00	41428.00	—	52.43	—
2017	30322.70	22288.40	8034.30	42462.00	—	52.49	—
2018	31673.00	23300.00	8373.00	43419.00	—	54.02	—
2019	32925.00	24224.00	8700.00	44247.00	—	54.75	—
2020	34423.00	25398.00	9025.00	46271.00	—	54.89	—

数据来源：历年《中国统计年鉴》《中国劳动统计年鉴》《人力资源和社会保障事业发展统计公报》和《全国医疗保障事业发展统计公报》。

注：自2006年起，《中国劳动统计年鉴》不再公布城镇离退休人员数，2006—2008年离退休人员数来源于：顾昕. 全民医保的新探索[M]. 社会科学文献出版社，2010：17-21. 在职职工参保率=参保在职职工/城镇就业人数×100%；退休职工参保率=参保退休职工/城镇离退休人员×100%。

国发〔1998〕44号文件规定职工医保的总缴费率为8%，从表3-2可以看出，虽然职工医保的人均筹资额呈现上升趋势，但是大多数年份的实际缴费率低于8%，仅1999年、2002年、2003年、2004年、2005年、2006年和2017年的实际缴费率达到或者超过8%。可能的原因在于：（1）部分企业仅按照职工的基本工资而非所有的货币工资来缴费①；（2）并非所有城镇职工都参加职工医保；（3）大部分地区都规定，平均工资低于社会平均工资60%的参保人按照社会平均工资的60%来缴费，平均工资高于社会平均工资300%的人按照社会平均工资的300%来缴费，这也导致我国职工医保的实际缴费率并不等于8%。

表3-2 城镇职工基本医疗保险筹资水平（1998—2020年）

年份	基金收入（亿元）	参保在职职工（万人）	人均筹资（元）	上年度城镇职工平均工资（元）	实际缴费率（%）	征缴率（%）
1998	60.6	1508.7	401.67	6444	6.23	77.92
1999	89.9	1509.4	595.60	7446	8.00	99.99
2000	170.0	2862.8	593.82	8319	7.14	89.23
2001	383.6	5470.7	701.19	9333	7.51	93.91
2002	607.8	6925.8	877.59	10834	8.10	101.25
2003	890.0	7974.9	1116.00	12373	9.02	112.75
2004	1140.5	9044.4	1261.00	13969	9.03	112.84
2005	1405.3	10021.7	1402.26	15920	8.81	110.10
2006	1747.1	11580.3	1508.68	18200	8.29	103.62
2007	2214.0	13420.0	1649.78	20856	7.91	98.88
2008	2886.0	14987.7	1925.58	24721	7.79	97.37
2009	3420.3	16410.5	2084.21	28898	7.21	90.15
2010	3955.4	17791.2	2223.23	32244	6.90	86.19
2011	4945.0	18948.5	2609.71	36539	7.14	89.28
2012	6062.0	19861.0	3052.21	41799	7.30	91.28
2013	7061.6	20501.3	3444.46	46769	7.36	92.06
2014	8037.9	21041.3	3820.06	51483	7.42	92.75
2015	9083.5	21362.0	4252.18	56360	7.54	94.31
2016	10273.7	21720.0	4730.06	62029	7.63	95.32

① 国发〔1998〕44号文件并未对作为职工医保缴费基数的"工资收入"进行明确的界定。

续表

年份	基金收入（亿元）	参保在职职工（万人）	人均筹资（元）	上年度城镇职工平均工资（元）	实际缴费率（%）	征缴率（%）
2017	12278.3	22288.4	5508.83	67569	8.15	101.91
2018	13259.3	23300.0	5690.68	74318	7.66	95.72
2019	15845.0	24224.0	6541.03	82413	7.94	99.21
2020	15624.6	25398.0	6151.91	90501	6.80	84.97

数据来源：历年《中国统计年鉴》《中国劳动统计年鉴》《人力资源和社会保障事业发展统计公报》和《全国医疗保障事业发展统计公报》。

注：人均筹资=基金收入/参保在职职工人数；实际缴费率=人均筹资/上年度城镇职工平均工资×100%；征缴率=实际缴费率/征收缴费率，其中职工医保的法定缴费率为8%。上年度城镇职工平均工资为职工医保的法定缴费基数。

从职工医保征缴率来看，1999年、2002年、2003年、2004年、2005年、2006年和2017年的征缴率达到或者超过100%，其余16个年份的征缴率大多介于70%~90%，2020年的征缴率为84.97%，这与2020年实施的社保费减免政策相关，具体文件为《国家医保局 财政部 税务总局关于阶段性减征职工基本医疗保险费的指导意见》（医保发〔2020〕6号）。职工医保征缴率未达到100%的原因也在于用人单位"逃费漏费"，然而这一现象将在社会保险费交由税务部门统一征收后得到改变，有待进一步的实证研究。

第二节 我国职工医保的运行现状分析

一、职工医保的参保现状

表3-3汇总了2005年全国和各省（自治区、直辖市）城镇退休人员（退休职工）的参保率，从中可以看出，全国的退休职工参保率为73.92%，参保率最高的是上海，达到94.69%，最低的是吉林，为46.56%，有27个省（自治区、直辖市）的退休职工参保率达到60%及以上，有19个省（自治区、直辖市）的退休职工参保率达到70%及以上，有12个省（自治区、直辖市）的退休职工参保率达到80%及以上。可见，退休职工的参保情况还是比较理想的，大部分的城镇离退休人员参加了职工医保。

表 3-3 2005 年全国和各省(自治区、直辖市)退休职工参保率

地区	退休职工参保率(%)	地区	退休职工参保率(%)	地区	退休职工参保率(%)
全国	73.92	浙江	92.40	重庆	81.42
北京	80.69	安徽	72.80	四川	80.12
天津	86.81	福建	83.60	贵州	64.53
河北	65.27	江西	51.83	云南	75.71
山西	56.97	山东	70.57	西藏	81.97
内蒙古	93.81	河南	65.18	陕西	71.76
辽宁	73.26	湖北	53.67	甘肃	61.26
吉林	46.56	湖南	77.96	青海	80.18
黑龙江	67.32	广东	69.92	宁夏	78.80
上海	94.69	广西	68.46	新疆	84.77
江苏	92.54	海南	69.69	—	—

数据来源：2006 年《中国劳动统计年鉴》。

注：退休职工参保率=参保退休职工人数/城镇离退休人员数×100%；参保退休职工人数和退休职工人数来源于 2006 年《中国劳动统计年鉴》；自 2006 年起，《中国劳动统计年鉴》不再公布离退休人员数(城镇)，因而本研究只能提供 2005 年及以前的数据。

表 3-4 显示了 2002 年和 2010 年全国和各省(自治区、直辖市)职工医保参保人数情况。从中可以看出，所有省(自治区、直辖市)职工医保的参保人数(包括参保在职职工和参保退休职工人数)均呈上升趋势。

再看职工医保的参保率，2002 年全国在职职工的参保率为 27.53%，最高的是上海，为 91.76%，最低的是重庆，仅为 13.66%。2010 年全国在职职工的参保率为 55.28%，最高的是北京，为 102.64%[①]，最低的是广西，仅为 32.15%，有 22 个省(自治区、直辖市)的在职职工参保率低于 60%，有 17 个省(自治区、直辖市)的在职职工参保率低于 50%，有 4 个省(自治区、直辖市)的在职职工参保率低于 40%。可见，相较于退休职工参保率，在职职工的参保率是偏低的，这主要是因为一部分人口参加了居民医保而未参加职工医保，还有可能是因为许多私有企业的雇主并未为职工购买社会医疗保险，从而降低企业的运行成本。

---

① 这可能是因为统计口径的不一致，导致北京的职工医保参保率计算出来大于 100%。

表 3-4 2002 和 2010 年全国和各省(自治区、直辖市)职工医保参保人数

地区	2002年参保人数(万人) 合计	在职职工	退休人员	2002年在职职工参保率(%)	2010年参保人数(万人) 合计	在职职工	退休职工	2010年在职职工参保率(%)
全国	9401.2	6925.8	2475.4	27.53	23734.67	17791.16	5943.51	55.28
北京	321.1	207.9	113.2	32.83	1063.66	848.52	215.14	102.64
天津	250.3	146.5	103.8	62.50	469.98	312.51	157.47	78.38
河北	330.4	257.4	73.0	39.36	848.01	610.00	238.01	40.09
山西	216.7	167.2	49.5	40.09	562.01	422.00	140.01	58.96
内蒙古	221.7	167.5	54.2	46.58	433.55	308.90	124.65	51.23
辽宁	619.0	430.3	188.7	50.71	1408.68	944.58	464.10	75.14
吉林	176.9	137.1	39.8	31.20	550.15	370.26	179.89	60.45
黑龙江	392.8	284.6	108.2	40.82	873.71	595.34	278.38	69.06
上海	694.9	449.0	245.9	91.76	1405.94	1017.13	388.82	92.48
江苏	690.9	507.7	183.2	59.29	1848.26	1405.06	443.20	56.02
浙江	423.4	306.4	117.0	47.20	1344.42	1117.62	226.80	56.45
安徽	273.4	207.8	65.6	36.95	598.46	429.20	169.26	38.96
福建	230.0	175.3	54.7	40.13	546.56	425.90	120.66	39.17
江西	106.6	83.9	22.7	22.21	532.13	365.59	166.54	43.07
山东	625.6	506.1	119.5	47.89	1541.27	1224.60	316.67	49.51
河南	537.5	422.3	115.2	50.81	957.40	698.69	258.70	43.12
湖北	338.1	257.5	80.6	38.44	847.76	607.99	239.77	48.67
湖南	398.1	289.8	108.3	50.80	777.39	540.49	236.90	43.01
广东	717.7	598.9	118.8	50.48	3000.04	2685.56	314.48	70.24
广西	201.8	147.7	54.1	38.71	413.52	290.53	123.00	32.15
海南	52.5	41.0	11.5	37.89	166.92	123.68	43.24	65.33
重庆	58.7	40.7	18.0	13.66	406.20	280.60	125.60	42.86
四川	480.6	330.5	150.2	51.12	1051.94	703.63	348.31	47.54
贵州	94.6	68.0	26.6	28.38	293.52	205.33	88.19	42.73
云南	238.4	173.4	65.0	49.47	414.77	293.34	121.43	37.33
西藏	—	—	—	—	23.51	16.88	6.63	49.03
陕西	261.8	196.7	65.1	38.53	474.16	322.92	151.25	43.67
甘肃	124.1	98.1	26.0	39.76	290.22	204.36	85.86	51.94
青海	51.1	34.8	16.3	49.71	78.73	53.51	25.22	47.57
宁夏	36.7	26.6	10.1	33.97	94.09	67.72	26.36	47.49
新疆	148.1	112.5	35.6	34.30	417.73	298.75	118.98	70.60

数据来源：历年《中国统计年鉴》和《中国劳动统计年鉴》。

注：在职职工参保率=参保在职职工人数/城镇就业人数×100%；2002年西藏数据为缺失值，本研究未进行计算；《中国统计年鉴》公布的各省(自治区、直辖市)的城镇就业人数相加并不等于全国的数据，数据质量受到一定的质疑，因而本研究并未计算其他年份在职职工的参保率。

二、职工医保的筹资现状

(一) 各省 (自治区、直辖市) 职工医保的法定缴费率

如上所述，国发[1998]44 号文件规定我国职工医保的缴费率为 8%，其中用人单位的缴费率为 6%，职工的缴费率为 2%。然而，国家给予了各省 (自治区、直辖市) 和各市 (州) 调整法定缴费率的权限。事实上，各市 (州) 的职工医保法定缴费率并不完全遵照所属省 (自治区、直辖市) 级层面的指导费率，那么如何获得各省 (自治区、直辖市) 职工医保的法定缴费率呢？第一，手动搜集各市 (州) 2002—2019 年职工医保法定缴费率数据，所有市 (州) 的职工医保法定缴费率均在分析期间内 (2002—2019 年) 发生过变动；第二，通过 2003—2020 年《中国城市统计年鉴》获得 2002—2019 年各市 (州) 常住人口数量数据，并计算得出 2002—2019 年各市 (州) 常住人口数量占所属省 (自治区、直辖市) 常住人口数量的比重；第三，依据常住人口数量占比和各市 (州) 职工医保法定缴费率数据，计算得出各省 (自治区、直辖市) 按常住人口数量加权平均的职工医保法定缴费率。

从表 3-5 可以看出，2002—2019 年只有少部分省 (自治区、直辖市) 的法定缴费率为 8%，即内蒙古和青海；其他省 (自治区、直辖市) 的法定缴费率均高于 8%，最高者为上海，2002—2012 年上海法定缴费率为 12%，2013—2015 年上海法定缴费率为 11%，2016 年上海法定缴费率为 10%，2017—2019 年上海法定缴费率为 9.5%。

然而，如上所述，为降低用人成本，部分用人单位不会遵缴，会选择"逃费漏费"[①]，所以本研究还需分析各省 (自治区、直辖市) 的实际缴费率和职工医保的征缴率。

---

① 彭雪梅，刘阳，林辉. 征收机构是否会影响社会保险费的征收效果？——基于社保经办和地方税务征收效果的实证研究[J]. 管理世界，2015(6)：63-71.

表3-5 2002—2019年各省(自治区、直辖市)职工医保法定缴费率

单位:%

地区	2002	2003	2004	2005	2006	2007	2008	2009	2010	2011	2012	2013	2014	2015	2016	2017	2018	2019
北京	11.00	11.00	11.00	11.00	11.00	11.00	11.00	11.00	11.00	11.00	11.00	11.00	11.00	11.00	11.00	11.00	11.00	11.00
天津	11.00	11.00	11.00	11.00	11.00	11.00	11.00	11.00	11.00	11.00	11.00	12.00	12.00	12.00	12.00	12.00	12.00	12.00
河北	8.78	8.78	8.78	8.78	8.78	8.78	8.78	8.78	8.78	8.92	8.92	8.92	8.92	8.96	8.93	9.00	9.00	9.00
山西	8.10	8.10	8.10	8.10	8.10	8.10	8.10	8.10	8.10	8.10	8.25	8.15	8.26	8.26	8.26	8.26	8.26	8.26
内蒙古	8.00	8.00	8.00	8.00	8.00	8.00	8.00	8.00	8.00	8.00	8.00	8.00	8.00	8.00	8.00	8.00	8.00	8.00
辽宁	8.00	8.00	8.00	8.00	8.00	8.00	8.00	8.00	8.00	9.72	9.78	10.00	10.00	10.00	10.00	10.00	10.00	10.00
吉林	8.00	8.00	8.00	8.00	8.00	8.00	8.00	8.00	8.00	8.10	8.30	8.10	8.10	8.10	8.10	8.10	8.10	8.10
黑龙江	9.36	9.36	9.36	8.58	9.58	9.58	9.58	9.57	9.57	9.57	9.50	9.50	9.50	9.50	9.50	9.50	9.50	9.50
上海	12.00	12.00	12.00	12.00	12.00	12.00	12.00	12.00	12.00	12.00	12.00	11.00	11.00	11.00	10.00	11.00	11.00	11.00
江苏	9.00	9.00	9.00	9.00	9.00	9.00	9.00	9.88	9.88	9.96	10.00	10.14	11.00	11.00	11.00	11.00	11.00	11.00
浙江	9.36	9.36	9.36	9.58	9.58	9.58	9.58	9.57	9.57	9.57	9.57	9.57	9.58	9.59	9.59	9.59	9.63	9.63
安徽	9.94	9.94	9.94	9.94	9.94	9.94	9.94	9.95	9.95	9.92	9.92	9.92	9.92	9.81	9.81	9.81	9.81	9.81
福建	9.67	9.67	9.67	9.67	9.67	9.67	9.67	9.67	9.67	9.67	9.67	9.67	9.67	9.67	9.50	9.50	9.50	9.50
江西	8.28	8.28	8.28	8.28	8.28	8.28	8.28	8.28	8.28	8.28	8.28	8.28	8.28	8.28	8.28	8.28	8.28	8.28
山东	9.29	9.29	9.29	9.29	9.29	9.29	9.29	9.29	9.29	9.29	9.29	9.29	9.29	9.29	9.29	9.29	9.29	9.29
河南	8.41	8.41	8.41	8.40	8.40	8.40	8.40	8.40	8.43	8.44	8.45	8.43	8.43	8.41	8.41	8.41	8.46	8.46

续表

地区	2002	2003	2004	2005	2006	2007	2008	2009	2010	2011	2012	2013	2014	2015	2016	2017	2018	2019
湖北	8.38	8.43	8.43	8.44	8.44	8.44	8.58	8.69	8.91	9.26	9.45	9.45	9.50	9.58	9.58	9.83	9.94	9.94
湖南	8.18	8.18	8.28	8.28	8.37	8.37	8.37	8.21	8.66	8.86	9.10	9.44	9.69	9.69	9.69	9.82	9.82	9.82
广东	8.42	8.39	8.39	8.52	8.52	9.84	10.22	9.99	10.10	9.56	9.58	9.53	9.50	8.74	8.06	7.91	7.92	7.92
广西	8.32	8.32	8.42	8.42	8.47	8.47	8.49	8.49	8.58	8.58	8.96	9.00	9.00	9.00	9.33	9.31	9.12	9.12
海南	8.00	8.00	8.00	8.00	8.00	8.00	8.00	8.00	9.00	9.00	10.00	10.00	10.00	10.00	10.00	10.00	10.00	10.00
重庆	10.00	10.00	10.00	10.00	10.00	10.00	10.00	10.00	10.00	10.00	10.00	10.00	10.00	10.00	9.50	9.50	10.50	10.50
四川	8.90	8.90	8.90	8.90	8.90	8.90	8.90	8.90	8.90	8.90	8.90	8.90	8.90	9.02	9.02	9.02	9.02	9.02
贵州	9.30	9.30	9.30	9.30	9.30	9.30	9.30	9.30	9.30	9.00	8.85	8.85	8.85	8.85	8.85	8.85	8.85	8.85
云南	10.25	10.25	10.25	10.25	10.25	10.25	10.25	10.25	10.25	10.25	10.25	10.31	10.31	10.13	10.13	10.13	10.13	10.13
西藏	9.00	9.00	9.00	9.00	9.00	9.00	9.00	9.00	9.00	9.00	9.00	9.00	9.00	9.00	9.00	9.00	9.00	9.00
陕西	8.09	8.09	8.09	8.09	8.09	8.09	8.09	8.09	8.09	8.09	8.09	8.09	8.09	8.09	8.09	8.09	8.09	8.09
甘肃	8.07	8.07	8.07	8.07	8.07	8.07	8.07	8.07	8.07	8.07	8.07	8.07	8.07	8.07	8.07	8.07	8.07	8.07
青海	8.00	8.00	8.00	8.00	8.00	8.00	8.00	8.00	8.00	8.00	8.00	8.00	8.00	8.00	8.00	8.00	8.00	8.00
宁夏	8.00	8.00	8.00	8.00	8.00	8.00	8.00	8.00	8.00	8.00	8.00	10.00	10.00	10.00	10.00	10.00	10.00	10.00
新疆	8.32	8.32	8.32	8.32	8.32	8.32	8.39	8.39	8.39	8.39	8.39	8.39	8.39	8.39	8.39	8.39	8.39	8.39

数据来源：各省（自治区、直辖市）人力资源和社会保障厅（局）或医疗保障局网站。

(二)各省(自治区、直辖市)职工医保的实际缴费率

表3-6反映了我国31个省(自治区、直辖市)职工医保实际缴费率的状况。从表3-6可知,2002—2019年,职工医保实际缴费率的最大值发生在2017年,为江西的23.06%;职工医保实际缴费率的最小值发生在2002年,为山西的3.07%。最大值与最小值相差19.99个百分点,职工医保实际缴费率的差异巨大。

从各省(自治区、直辖市)2002至2019年的均值来看,青海的平均实际缴费率最高,为12.56%,仅次于青海的省为云南(12.51%)、新疆(11.03%)、西藏(10.13%);最小值为广东(5.19%),另外江西(7.63%)、河南(7.65%)、江苏(7.64%)、北京(7.18%)、浙江(7.14%)、吉林(7.07%)等的职工医保实际缴费率均不高;具体到省(自治区、直辖市)后,实际缴费率在地区间的差异更为明显,青海、云南、新疆、西藏等西部地区远高于东部广东、江西、北京等地区。这一结果将在下文得到印证,即东部地区职工医保实际缴费率低于西部地区职工医保实际缴费率。

职工医保实际缴费率的分区域状况,主要是先根据各省(自治区、直辖市)的职工医保实际缴费率,然后再将其分为东、中、西部取均值得到;目的是更好地考察我国职工医保实际缴费率在地区间的差异。表3-7反映了我国职工医保中、东、西部地区实际缴费率的状况。1988年,职工医保政策规定的缴费率为80%。在2002年至2019年,东部地区实际缴费率最大值为2017年的10.8%,最小值为2010年的6.73%,实际缴费率高于8%的年份只有2002年、2003年、2004年、2005年、2017年。中部地区实际缴费率最大值为2017年的16.36%,最小值为2002年的5.88%,只有4年的实际缴费率高于8%,分别为2016年、2017年、2018年和2019年。西部地区最大值为2017年的15.22%,最小值为2002年的7.64%,2003—2019年的实际缴费率高于8%,仅2002年的实际缴费率低于8%。

进一步,东部地区18年以来的实际缴费率的平均值为7.76%,西部地区的实际缴费率的均值为9.64%;西部地区的实际缴费率明显高于东部地区。然而,东部地区的医疗资源集中度和福利水平均高于西部地区,且东部地区的法定缴费率也普遍高于西部地区,如:上海14%,北京11%,南京11%,武汉10%,银川8%,乌鲁木齐8%,青海6%,但西部地区的实际缴费率却高于东部地区,从而可以推断,西部地区的职工医保基金可持续性较强。

表 3-6　2002—2019 年各省（自治区、直辖市）职工医保的实际缴费率

单位：%

地区	2002	2003	2004	2005	2006	2007	2008	2009	2010	2011	2012	2013	2014	2015	2016	2017	2018	2019	平均值
北京	10.31	10.34	10.30	8.19	7.22	6.34	5.97	5.66	6.02	5.98	6.30	6.38	6.20	6.30	6.60	6.93	6.89	7.39	7.18
天津	8.21	8.22	8.48	8.20	7.45	7.66	7.40	6.96	7.50	7.11	7.86	8.09	9.11	9.61	9.67	11.73	8.86	8.63	8.38
河北	7.25	8.91	8.73	9.08	8.94	9.01	9.14	8.96	8.42	8.51	9.18	9.43	9.68	10.03	10.34	20.08	9.37	9.90	9.72
山西	3.07	5.66	7.31	7.85	7.58	7.92	8.65	6.69	6.73	7.12	7.62	7.46	7.33	7.58	7.60	14.57	8.56	8.47	7.65
内蒙古	5.84	6.37	6.86	7.86	7.60	7.64	8.50	7.87	7.53	8.00	8.25	8.55	8.58	8.42	9.19	14.74	9.19	9.23	8.35
辽宁	6.20	6.79	7.70	7.87	8.09	7.90	7.89	7.83	7.00	6.89	6.97	7.13	7.07	7.41	7.57	9.17	8.52	8.95	7.61
吉林	5.31	5.66	6.61	6.92	6.14	5.98	7.02	7.99	5.45	6.69	6.99	6.96	7.14	7.55	8.55	9.47	7.80	8.98	7.07
黑龙江	3.93	4.98	8.00	7.79	7.52	7.70	8.40	9.43	7.17	8.46	8.74	8.72	8.96	9.18	10.05	16.77	11.04	11.31	8.79
上海	9.25	11.05	10.85	11.09	6.78	6.23	5.64	4.96	4.90	6.02	7.14	7.84	7.33	7.43	7.85	11.65	8.45	9.41	7.99
江苏	8.53	9.24	8.40	7.89	7.88	8.00	7.94	7.18	6.74	6.75	7.02	6.88	6.74	6.96	7.09	9.95	7.19	7.21	7.64
浙江	7.45	8.46	7.55	7.51	6.97	6.95	7.10	6.14	6.71	6.37	7.10	6.49	6.69	6.71	6.93	9.88	6.84	6.66	7.14
安徽	6.46	7.61	8.00	8.56	8.22	8.16	8.04	7.02	6.39	6.58	6.49	6.63	6.72	6.82	7.19	10.06	7.82	7.46	7.46
福建	9.89	10.71	10.97	10.13	9.72	10.06	11.64	8.68	8.30	8.57	7.42	7.46	7.35	7.33	7.00	11.63	6.97	7.40	8.96
江西	8.02	6.10	6.40	6.07	5.38	6.10	5.97	6.51	5.82	5.59	6.18	6.27	6.73	6.98	7.53	23.06	9.26	9.29	7.63
山东	6.86	7.74	8.00	8.36	8.18	7.96	7.61	6.77	6.82	7.19	7.47	7.34	7.27	7.33	7.69	12.51	8.22	8.72	7.89
河南	6.77	7.00	6.82	7.03	6.33	6.45	6.55	6.01	6.22	6.26	6.48	6.75	7.10	7.27	7.39	20.44	8.26	8.51	7.65

第三章 我国职工医保的发展路径和运行现状

续表

地区	2002	2003	2004	2005	2006	2007	2008	2009	2010	2011	2012	2013	2014	2015	2016	2017	2018	2019	平均值
湖北	7.03	8.43	9.61	9.88	9.15	8.58	8.07	7.61	6.76	7.12	6.86	7.43	7.61	8.04	8.33	16.59	8.89	9.13	8.62
湖南	6.44	8.07	8.17	9.12	8.32	8.57	8.33	8.52	6.59	7.33	7.29	7.81	8.32	8.62	9.45	19.96	9.43	9.16	8.86
广东	6.92	8.04	6.80	6.08	6.17	4.86	4.59	4.20	3.87	4.24	4.23	4.35	4.48	4.39	4.42	6.21	4.64	4.85	5.19
广西	6.96	11.19	9.32	9.39	9.19	9.04	8.77	7.87	8.51	9.36	9.19	8.80	8.92	8.85	8.74	16.32	8.72	8.81	9.33
海南	9.55	8.97	8.37	7.48	7.77	7.59	7.60	9.95	7.79	7.20	6.06	5.84	6.92	6.87	6.93	9.06	7.15	7.53	7.70
重庆	7.64	6.29	9.65	9.90	10.83	10.90	11.03	8.57	7.95	7.99	8.65	8.31	8.23	8.66	8.62	13.76	8.38	7.80	9.06
四川	8.51	9.18	9.76	10.39	9.71	9.78	9.86	9.18	9.71	9.32	8.51	8.45	8.48	8.43	8.36	14.99	8.10	7.58	9.35
贵州	6.11	7.37	7.44	7.34	8.12	7.65	7.98	7.71	7.63	8.27	7.56	7.24	7.06	7.66	7.81	9.41	8.18	8.17	7.71
云南	11.75	11.51	11.87	11.81	12.39	12.79	13.46	12.90	11.33	11.32	11.19	11.24	11.23	11.44	11.61	24.20	11.74	11.47	12.51
西藏	—	10.39	10.85	5.14	8.92	10.54	8.09	9.89	11.01	10.25	10.80	10.29	10.47	11.38	9.64	12.38	10.13	12.02	10.13
陕西	3.65	5.30	7.93	7.46	7.71	7.17	9.12	9.17	8.37	7.17	7.53	7.97	8.09	9.00	8.44	11.24	9.34	8.82	7.97
甘肃	6.39	6.89	7.01	6.93	8.26	8.15	8.73	8.40	8.07	9.13	9.51	10.09	9.13	9.02	9.36	20.33	9.00	9.13	9.09
青海	8.73	7.02	10.63	10.91	12.67	14.07	14.31	12.93	13.60	12.92	12.68	12.36	12.65	12.41	12.63	16.96	14.75	13.88	12.56
宁夏	6.60	10.60	8.13	8.41	8.92	8.00	7.48	7.23	7.48	7.02	6.92	8.58	8.80	8.61	10.52	15.97	9.51	8.85	8.76
新疆	11.91	11.26	11.36	11.61	11.56	12.03	11.05	10.87	10.64	10.48	10.27	10.67	10.74	10.81	10.85	12.39	10.02	10.10	11.03

数据来源：职工医保基金收入、参保在职职工人数和上年度城镇职工平均工资均来源于历年《中国统计年鉴》和《中国劳动统计年鉴》。

注：实际缴费率＝职工医保基金收入／(参保在职职工人数×上年度城镇职工平均工资)×100%。

表 3-7 分地区职工医保实际缴费率

单位：%

年份	东部	中部	西部
2002	8.22	5.88	7.64
2003	8.95	6.69	8.62
2004	8.74	7.62	9.23
2005	8.35	7.90	8.93
2006	7.74	7.33	9.66
2007	7.50	7.43	9.82
2008	7.50	7.63	9.86
2009	7.03	7.47	9.38
2010	6.73	6.39	9.32
2011	6.80	6.89	9.27
2012	6.98	7.08	9.26
2013	7.02	7.26	9.38
2014	7.17	7.49	9.36
2015	7.31	7.76	9.56
2016	7.46	8.26	9.65
2017	10.80	16.36	15.22
2018	7.55	8.88	9.76
2019	7.88	9.04	9.66
均值	7.76	7.96	9.64

注：表中的东部地区职工医保实际缴费率，为东部各省（直辖市）职工医保实际缴费率的平均值；西部和中部地区亦同。

通过各省（自治区、直辖市）职工医保法定缴费率和实际缴费率的情况，本研究经计算得到了2002—2019年各省（自治区、直辖市）职工医保的征缴率。从表3-8可以看出，大部分省（自治区、直辖市）职工医保的征缴率在70%~95%，部分省（自治区、直辖市）职工医保的征缴率高于100%（主要看均值），如河北、内蒙古、黑龙江、广西、四川、云南、西藏、甘肃、青海和新疆，剩余21个省（自治区、直辖市）的征缴率低于100%，其中广东的征缴率均值最低为59%。如上所述，这一现象将在社会保险费（含医疗保险费）交由税务部门统一征收后得到改变。

第三章 我国职工医保的发展路径和运行现状

表3-8 2002—2019年各省(自治区、直辖市)职工医保的征缴率

单位:%

地区	2002	2003	2004	2005	2006	2007	2008	2009	2010	2011	2012	2013	2014	2015	2016	2017	2018	2019	平均值
北京	93.70	93.97	93.61	74.47	65.68	57.63	54.30	51.44	54.69	54.38	57.30	58.03	56.38	57.32	60.04	62.98	62.65	67.22	65.32
天津	74.66	74.71	77.13	74.55	67.73	69.64	67.27	63.29	68.19	64.64	71.45	67.45	75.95	80.05	80.57	97.76	73.84	71.93	73.38
河北	82.51	101.50	99.39	103.35	101.83	102.62	104.09	102.01	95.88	95.39	102.97	105.72	108.45	111.94	115.78	223.13	104.13	109.98	109.48
山西	37.87	69.96	90.29	96.99	93.61	97.86	106.76	82.63	83.08	87.97	92.31	91.57	88.76	91.83	92.08	176.54	103.70	102.61	93.69
内蒙古	73.00	79.64	85.74	98.29	94.96	95.55	106.31	98.36	94.09	99.99	103.19	106.91	107.30	105.24	114.87	184.20	114.92	115.39	104.33
辽宁	77.54	84.87	96.23	98.31	101.17	98.75	98.62	97.85	87.53	70.85	71.30	71.33	70.73	74.13	75.67	91.69	85.23	89.47	85.63
吉林	66.42	70.69	82.64	86.45	76.76	74.74	87.77	99.81	68.07	82.62	84.23	85.94	88.15	93.25	105.59	116.88	96.31	110.83	87.62
黑龙江	49.18	62.26	100.03	97.40	93.94	96.27	104.98	117.84	89.66	105.74	92.01	91.83	94.27	96.66	105.83	176.49	116.23	119.09	100.54
上海	77.04	92.10	90.43	92.43	56.51	51.92	46.98	41.33	40.83	50.19	59.48	71.24	66.63	67.55	78.49	122.60	88.94	99.05	71.87
江苏	94.75	102.66	93.36	87.72	87.60	88.84	88.24	72.60	68.17	67.80	70.14	67.79	61.27	63.28	64.46	90.48	65.32	65.52	77.78
浙江	79.56	90.38	80.67	78.38	72.74	72.53	74.11	64.10	70.05	66.55	74.18	67.74	69.84	70.01	72.29	103.11	71.00	69.13	74.80
安徽	64.98	76.55	80.43	86.09	82.62	82.09	80.81	70.61	64.28	66.36	65.44	66.87	67.76	69.49	73.28	102.51	79.71	75.98	75.33
福建	102.30	110.73	113.42	104.79	100.53	103.97	120.35	89.75	85.82	88.62	76.66	77.10	75.96	75.76	73.68	122.42	73.36	77.95	92.95
江西	96.81	73.63	77.28	73.29	64.97	73.72	72.07	78.62	70.26	67.56	74.62	75.70	81.32	84.33	90.99	278.53	111.91	112.28	92.11
山东	73.81	83.32	86.10	89.97	87.96	85.60	81.94	72.83	73.42	77.44	80.36	79.02	78.19	78.91	82.82	134.69	88.52	93.82	84.93
河南	80.50	83.32	81.18	83.59	75.35	76.72	77.93	71.55	73.80	74.24	76.76	80.01	84.17	86.40	87.83	242.92	97.58	100.54	90.80

续表

地区	2002	2003	2004	2005	2006	2007	2008	2009	2010	2011	2012	2013	2014	2015	2016	2017	2018	2019	平均值
湖北	83.94	100.07	114.03	117.09	108.37	101.70	94.03	87.54	75.89	76.84	72.63	78.65	80.10	83.86	86.90	168.80	89.46	91.85	95.10
湖南	78.70	98.55	98.63	110.14	99.51	102.47	99.51	103.75	76.11	82.71	80.13	82.80	85.84	88.91	97.55	203.26	96.05	93.30	98.77
广东	82.19	95.82	80.99	71.35	72.50	49.41	44.90	42.05	38.32	44.30	44.13	45.59	47.11	50.23	54.87	78.50	58.50	61.25	59.00
广西	83.66	134.55	110.64	111.42	108.54	106.82	103.28	92.77	99.19	109.03	102.59	97.76	99.18	98.37	93.67	175.40	95.57	96.56	106.61
海南	119.34	112.10	104.66	93.45	97.08	94.87	94.99	124.42	86.51	80.01	60.62	58.42	69.17	68.70	69.26	90.60	71.51	75.30	87.28
重庆	76.38	62.94	96.49	98.95	108.30	109.05	110.34	85.66	79.55	79.86	86.54	83.11	82.28	86.61	90.74	144.83	79.82	74.26	90.87
四川	95.60	103.05	109.63	116.71	109.06	109.81	110.68	103.12	109.06	104.66	95.58	94.84	95.18	93.45	92.63	166.08	89.81	84.03	104.61
贵州	65.73	79.26	79.96	78.88	87.27	82.31	85.80	82.87	82.00	91.86	85.48	81.81	79.74	86.51	88.30	106.32	92.48	92.35	84.94
云南	114.64	112.34	115.83	115.17	120.87	124.76	131.27	125.89	110.53	110.42	109.17	109.02	108.91	113.02	114.67	239.00	115.95	113.31	122.49
西藏	—	115.44	120.54	57.12	99.09	117.12	89.94	109.90	122.34	113.85	119.96	114.38	116.37	126.49	107.15	137.59	112.59	133.56	112.55
陕西	45.07	65.46	98.06	92.15	95.25	88.58	112.67	113.32	103.42	88.66	93.09	98.52	99.95	111.18	104.26	138.92	115.45	109.06	98.50
甘肃	79.14	85.38	86.85	85.87	102.40	101.03	108.16	104.04	99.97	113.15	117.84	124.99	113.09	111.78	115.93	251.90	111.47	113.13	112.56
青海	109.08	87.81	132.82	136.43	158.41	175.90	178.86	161.58	169.99	161.56	158.47	154.53	158.07	155.13	157.81	211.95	184.34	173.49	157.01
宁夏	82.53	132.55	101.67	105.14	111.55	100.03	93.50	90.33	93.50	87.81	69.23	85.76	88.06	86.09	105.16	159.71	95.08	88.47	98.68
新疆	143.18	135.32	136.57	139.46	138.88	144.59	131.65	129.47	126.81	124.87	122.41	127.08	127.93	128.76	129.26	147.57	119.41	120.39	131.87

注：征缴率＝实际缴费率/法定缴费率×100%。

三、职工医保基金的财务运行现状

(一)各省(自治区、直辖市)职工医保基金的收支运行现状

如第一章所述,在全国层面,职工医保基金支出的年平均增长率已快于基金收入的年平均增长率,那么在省(自治区、直辖市)级层面,职工医保基金的收支运行状况如何?如表3-9所示,各省(自治区、直辖市)的收支运行状况较好,即2002—2019年各省(自治区、直辖市)的职工医保基金收入均大于基金支出。然而,如果分析基金收入和基金支出的年平均增长率,各省(自治区、直辖市)的情况不容乐观。

从表3-9可以看出,除北京、上海和海南外,剩余28个省(自治区、直辖市)职工医保基金支出的年平均增长率均快于基金收入的年平均增长率,例如2002—2019年山西职工医保基金支出的年平均增长率(34.32%)比基金收入的年平均增长率(27.80%)高6.52个百分点,西藏职工医保基金支出的年平均增长率(30.81%)比基金收入的年平均增长率(26.09%)高4.72个百分点。

虽然北京、上海和海南这三个省(直辖市)的职工医保基金支出的年平均增长率慢于基金收入的年平均增长率,但是这三个省(直辖市)职工医保基金支出的年平均增长率已与基金收入的年平均增长率相差无几。可见,大多数省(自治区、直辖市)职工医保基金的支付压力已经逐步显现出来,职工医保基金的可持续问题非常值得研究。

表 3-9　2002—2019 年各省（自治区、直辖市）职工医保基金的收支运行状况

单位：亿元

地区	2002 收入	2002 支出	2003 收入	2003 支出	2004 收入	2004 支出	2005 收入	2005 支出	2006 收入	2006 支出	2007 收入	2007 支出	2008 收入	2008 支出	2009 收入	2009 支出
北京	41.05	36.46	68.10	54.44	89.19	73.90	102.01	77.74	127.38	96.56	155.14	112.78	191.25	133.08	237.94	207.88
天津	17.21	12.45	19.53	20.40	25.03	27.17	32.25	31.16	41.09	35.65	54.77	41.43	66.52	56.13	85.29	83.82
河北	16.28	10.28	26.69	17.88	35.51	25.92	49.57	37.52	60.15	45.02	75.12	57.09	98.12	71.17	128.74	90.71
山西	4.16	1.55	10.29	4.90	18.16	11.26	25.60	15.75	32.22	21.00	44.58	29.15	61.96	42.46	70.18	53.22
内蒙古	8.07	5.33	11.49	8.58	15.17	11.80	21.58	15.76	27.08	20.05	35.14	24.71	49.33	33.14	60.12	44.62
辽宁	27.08	15.51	38.03	26.26	53.72	39.81	68.56	55.19	91.45	66.63	114.92	84.22	150.62	108.46	195.93	143.31
吉林	6.39	3.16	9.91	7.07	14.83	10.21	17.98	13.42	24.34	16.20	30.70	21.46	45.96	27.85	63.57	38.02
黑龙江	9.98	6.32	15.48	11.24	34.67	26.81	42.32	33.24	55.99	37.73	69.91	46.46	93.17	61.29	129.23	81.33
上海	90.41	72.37	121.56	117.06	134.29	119.45	151.08	146.44	170.57	156.12	202.83	179.58	236.49	212.03	268.46	231.13
江苏	51.27	35.42	73.32	55.55	94.40	69.35	117.99	90.60	154.61	107.73	203.52	133.71	263.90	178.39	291.45	231.07
浙江	37.39	20.42	58.92	33.87	67.60	45.05	84.08	56.79	100.64	72.29	129.42	74.91	188.88	121.58	201.56	157.24
安徽	10.62	6.63	16.87	11.62	22.38	16.19	30.37	23.87	39.87	27.81	51.15	36.80	67.85	45.28	75.88	57.28
福建	20.83	12.50	26.49	16.69	33.97	22.30	40.44	25.98	47.49	30.99	61.20	35.92	86.71	51.00	86.79	67.17
江西	5.40	3.98	8.05	6.17	12.43	9.20	14.52	11.28	16.70	12.83	26.82	15.19	38.85	22.01	49.71	33.42
山东	34.73	27.20	48.69	36.30	62.17	49.24	82.07	63.17	108.14	77.65	135.85	101.85	175.70	128.80	203.81	168.55

续表

地区	2002 收入	2002 支出	2003 收入	2003 支出	2004 收入	2004 支出	2005 收入	2005 支出	2006 收入	2006 支出	2007 收入	2007 支出	2008 收入	2008 支出	2009 收入	2009 支出
河南	22.62	13.17	28.34	19.59	33.24	24.76	41.48	30.53	48.01	35.71	63.88	44.78	84.99	57.79	100.89	74.33
湖北	15.61	8.09	24.85	14.16	34.37	22.11	41.55	29.63	52.58	37.16	61.74	46.12	80.56	61.25	101.02	77.26
湖南	17.96	12.64	27.19	20.16	34.24	27.21	45.33	33.88	51.89	37.84	67.13	46.49	85.26	62.09	110.37	76.40
广东	65.02	35.68	100.97	57.31	117.55	76.31	141.80	93.32	180.94	109.49	229.81	136.82	287.85	177.24	319.41	236.96
广西	9.33	5.30	19.05	10.86	21.65	15.21	25.94	17.62	30.32	19.45	39.23	23.03	49.46	29.82	56.21	40.16
海南	3.26	2.49	4.06	3.33	4.90	4.27	5.94	5.23	7.31	6.62	9.35	7.56	12.92	9.65	24.22	13.13
重庆	2.96	2.05	5.52	3.86	15.61	7.70	20.71	13.51	28.83	19.84	37.72	24.82	53.78	31.98	55.86	41.26
四川	27.95	18.27	36.68	26.98	47.49	33.47	62.38	43.03	74.81	50.51	95.02	62.51	125.35	82.61	147.41	111.27
贵州	3.74	1.81	6.93	3.83	8.91	6.57	11.77	8.56	16.47	12.08	20.87	15.12	30.40	19.78	36.87	26.76
云南	21.47	15.05	27.62	22.70	32.51	27.10	38.77	33.59	46.53	37.47	58.37	44.40	69.77	51.76	86.55	67.41
西藏	0.99	0.22	1.09	1.12	1.25	1.47	1.65	1.60	2.96	1.35	4.47	2.62	5.52	3.70	7.56	4.58
陕西	6.54	4.39	12.26	9.27	21.71	15.26	24.03	17.71	30.30	23.19	34.79	26.04	58.22	43.14	75.66	51.82
甘肃	6.23	4.57	8.69	7.22	10.80	8.60	12.31	11.17	17.79	14.01	22.48	17.64	33.00	22.63	39.23	30.51
青海	3.92	2.51	3.92	2.51	6.64	5.08	7.83	6.28	10.29	7.41	15.04	10.21	17.84	13.16	20.47	16.16
宁夏	1.83	1.14	4.37	2.22	4.33	3.41	5.82	4.30	8.18	5.10	9.67	6.82	11.87	8.49	14.04	11.29
新疆	13.78	9.69	25.02	20.71	31.81	26.02	37.58	30.87	42.18	35.26	53.60	41.40	63.38	51.91	75.87	62.06

数据来源：历年《中国劳动统计年鉴》。

续表

地区	2010 收入	2010 支出	2011 收入	2011 支出	2012 收入	2012 支出	2013 收入	2013 支出	2014 收入	2014 支出	2015 收入	2015 支出	2016 收入	2016 支出	2017 收入	2017 支出
北京	296.78	285.68	375.30	374.50	500.40	497.40	601.71	598.36	682.70	648.40	786.30	719.40	912.10	776.59	1065.80	920.10
天津	105.47	94.37	117.50	109.40	137.70	121.10	159.07	156.93	204.60	185.10	235.20	203.90	263.48	225.82	357.50	274.20
河北	145.83	109.94	172.40	133.00	213.20	161.20	242.62	196.47	270.90	212.80	304.70	237.00	351.57	272.39	749.60	616.50
山西	80.83	66.36	106.30	84.10	141.00	104.20	160.90	128.22	167.40	146.40	178.50	154.00	186.98	170.06	371.70	322.90
内蒙古	71.38	58.68	89.10	77.00	110.50	94.90	132.82	114.41	146.50	127.80	154.10	129.20	179.93	147.99	311.90	268.00
辽宁	205.74	175.55	242.80	219.40	286.60	259.60	326.80	296.41	351.30	329.90	383.60	369.60	405.01	383.43	496.90	464.00
吉林	52.88	45.35	72.60	57.90	89.80	71.90	102.69	89.66	118.30	95.80	135.50	117.10	163.67	123.12	195.60	174.50
黑龙江	113.31	95.39	147.10	118.50	163.50	145.20	187.39	169.96	210.40	192.80	229.80	213.00	258.24	237.73	433.60	387.50
上海	316.69	286.99	406.00	312.80	524.80	348.50	600.58	394.13	648.70	452.00	733.10	501.90	849.70	554.02	1404.40	729.40
江苏	339.76	270.11	421.70	337.80	531.20	418.30	610.35	495.36	697.50	585.50	781.90	665.70	868.02	733.89	1368.70	1149.40
浙江	280.25	223.92	335.90	242.00	453.20	310.80	491.55	373.11	604.10	444.60	687.00	503.50	754.99	565.29	1234.10	989.50
安徽	81.39	69.61	107.90	89.10	130.20	110.10	156.69	125.58	173.60	147.60	193.70	168.80	218.44	177.31	339.80	269.40
福建	101.35	84.09	126.80	99.60	155.00	115.00	190.05	132.97	215.40	157.50	243.50	183.80	258.81	206.61	478.60	382.40
江西	52.53	42.55	59.40	50.50	77.20	63.50	94.48	76.40	111.90	93.80	126.70	100.70	149.17	120.43	474.90	341.60
山东	247.98	209.86	315.30	262.20	388.20	311.00	443.29	366.31	501.60	430.40	563.20	507.10	658.51	569.12	1194.80	1094.20
河南	118.96	97.69	141.30	118.60	175.00	143.50	211.69	167.71	235.50	204.10	268.00	227.50	296.11	239.61	894.20	753.90

续表

地区	2010 收入	2010 支出	2011 收入	2011 支出	2012 收入	2012 支出	2013 收入	2013 支出	2014 收入	2014 支出	2015 收入	2015 支出	2016 收入	2016 支出	2017 收入	2017 支出
湖北	111.50	95.10	150.30	123.10	167.30	154.80	195.12	183.82	219.50	216.70	265.80	236.40	299.07	259.63	697.40	578.60
湖南	97.22	94.84	122.10	110.90	142.10	125.50	169.46	149.64	199.40	168.40	230.70	187.00	275.78	213.75	676.40	561.10
广东	377.94	275.89	494.80	362.00	574.40	411.80	679.01	510.53	774.40	580.60	859.30	653.30	975.79	717.40	1565.00	1245.00
广西	70.01	53.05	91.90	71.40	101.00	85.50	108.79	97.46	128.90	112.60	147.90	127.20	173.99	137.63	374.70	264.60
海南	24.01	18.75	31.50	23.70	35.10	29.40	39.62	33.54	43.50	35.20	48.90	39.80	57.42	42.88	83.30	60.50
重庆	69.12	55.24	91.80	70.70	120.80	87.30	143.60	131.04	171.60	155.80	204.10	185.40	221.96	203.06	410.60	392.20
四川	195.18	142.60	247.80	182.10	277.30	223.70	323.14	271.42	383.00	309.00	434.80	356.10	493.06	386.55	1023.20	762.70
贵州	44.23	35.16	57.40	44.90	65.80	60.50	76.31	74.14	88.30	86.70	112.00	97.20	131.32	111.03	186.40	143.30
云南	89.70	79.43	108.20	88.10	126.50	105.30	142.01	122.52	160.80	139.60	179.20	156.80	204.25	167.63	503.20	406.80
西藏	9.06	5.93	10.20	7.00	12.30	8.00	14.03	10.53	17.00	12.90	20.30	14.30	26.67	15.88	39.50	21.90
陕西	81.56	58.68	90.40	71.80	109.30	84.30	137.81	102.97	154.00	126.50	184.20	149.60	190.73	159.88	287.70	246.00
甘肃	44.82	34.19	54.80	45.80	63.90	58.40	80.22	76.23	83.10	75.80	91.00	80.60	103.27	88.00	248.40	224.60
青海	24.42	17.32	27.20	22.20	32.00	25.60	35.93	32.03	42.30	36.00	46.70	38.90	50.93	42.44	69.10	51.60
宁夏	17.26	13.67	20.10	16.60	24.10	18.80	33.21	24.88	39.10	31.70	40.40	35.60	53.64	48.06	93.10	85.80
新疆	88.24	75.56	109.00	91.90	135.40	110.30	170.66	127.17	192.60	154.70	213.60	171.10	241.10	189.44	301.40	239.30

数据来源：历年《中国劳动统计年鉴》。

续表

地区	2018 收入	2018 支出	2019 收入	2019 支出	年平均增长率(%) 收入	年平均增长率(%) 支出
北京	1209.00	974.70	1483.60	1226.10	23.49	22.97
天津	308.10	277.90	333.00	303.70	19.04	20.67
河北	416.90	334.10	504.70	390.00	22.38	23.84
山西	246.50	211.80	269.30	234.40	27.80	34.32
内蒙古	215.60	175.90	245.50	197.80	22.25	23.68
辽宁	492.60	460.00	548.80	505.60	19.36	22.75
吉林	175.50	148.50	205.30	166.00	22.64	26.23
黑龙江	308.30	268.60	341.40	302.10	23.10	25.54
上海	1119.30	809.50	1356.60	891.80	17.27	15.92
江苏	1141.40	911.10	1336.40	1091.80	21.14	22.34
浙江	1011.20	786.50	1154.50	950.50	22.36	25.35
安徽	309.50	229.20	351.00	266.20	22.85	24.26
福建	325.00	249.40	373.40	297.50	18.51	20.50
江西	214.20	154.90	237.10	190.90	24.92	25.57
山东	873.40	720.20	1041.90	867.00	22.15	22.59
河南	414.20	352.60	487.30	408.50	19.79	22.39

续表

地区	2018 收入	2018 支出	2019 收入	2019 支出	年平均增长率(%) 收入	年平均增长率(%) 支出
湖北	429.00	365.10	513.10	427.40	22.81	26.28
湖南	364.00	274.00	406.40	325.60	20.14	21.06
广东	1345.60	997.60	1656.60	1281.30	20.98	23.45
广西	234.30	171.90	276.50	221.60	22.06	24.55
海南	78.90	52.00	98.00	67.10	22.17	21.39
重庆	288.70	271.00	320.20	274.50	31.72	33.39
四川	667.40	486.90	753.70	574.80	21.39	22.49
贵州	185.80	133.90	219.10	163.10	27.06	30.33
云南	289.30	219.10	324.30	254.20	17.32	18.09
西藏	37.60	19.10	50.90	21.40	26.09	30.81
陕西	290.30	207.20	323.00	257.90	25.78	27.07
甘肃	125.90	107.50	148.60	124.10	20.51	21.43
青海	72.90	52.50	80.70	61.50	19.47	20.70
宁夏	63.90	48.00	71.50	52.00	24.05	25.19
新疆	283.70	235.80	333.10	266.90	20.61	21.54

数据来源：历年《中国劳动统计年鉴》。

注：年平均增长率为2002—2019年间的年平均增长率。

(二) 各省(自治区、直辖市)职工医保基金的结余现状

表3-10显示了全国和各省(自治区、直辖市)2018年职工医保基金(包括统筹基金和个人账户)的累计结余情况①。可以看出,累计结余最多的是广东,高达2455.40亿元,最少的是宁夏,为80.70亿元;统筹基金结余最多的仍是广东,为1728.90亿元,最少的是青海,为38.30亿元;个人账户结余最多的是上海,为904.00亿元,最少的是北京,为1.30亿元。

由于累计结余受到基金收入或基金支出的影响比较大,因而本研究采用累计结余率(=累计结余/基金收入×100%)来再次衡量各省(自治区、直辖市)累计结余的水平。从表3-10可以看出,上海的累计结余率最高,为213.47%,北京的累计结余率最低,为66.66%;统筹基金累计结余率最高的是西藏,为270.39%,最低的是重庆,为26.44%;个人账户累计结余率最高的是福建,为263.85%,最低的是北京,为0.27%。可见,不论是统筹基金还是个人账户,大部分省(自治区、直辖市)的结余水平还是偏高的。然而,如第一章所述,不能忽视人口老龄化程度的加深对职工医保基金可持续性的影响。表3-11显示了2008—2017年各省(自治区、直辖市)职工医保统筹基金的累计结余情况。

表3-10 2018年全国和各省(自治区、直辖市)职工医保基金累计结余情况

地区	累计结余(亿元)			累计结余率(%)		
	总计	统筹基金	个人账户	总计	统筹基金	个人账户
全国	18750.00	11466.00	7284.00	138.50	139.13	137.51
北京	805.90	804.60	1.30	66.66	110.92	0.27
天津	242.80	123.70	119.20	78.81	66.92	96.72
河北	688.50	419.00	269.40	165.15	167.51	161.55
山西	331.20	121.80	209.40	134.36	82.35	212.37
内蒙古	280.20	165.80	114.50	129.96	128.17	132.65
辽宁	439.20	219.70	219.40	89.16	74.33	111.35
吉林	273.00	182.50	90.50	155.56	173.31	128.92

---

① 2020年《中国劳动统计年鉴》并未显示2019年各省(自治区、直辖市)职工医保基金的累计结余情况,因此本研究只汇总了2018年各省(自治区、直辖市)职工医保基金的累计结余情况。

续表

地区	累计结余(亿元) 总计	累计结余(亿元) 统筹基金	累计结余(亿元) 个人账户	累计结余率(%) 总计	累计结余率(%) 统筹基金	累计结余率(%) 个人账户
黑龙江	360.30	177.90	182.40	116.87	96.17	147.91
上海	2389.40	1485.50	904.00	213.47	221.19	201.91
江苏	1583.90	824.00	759.90	138.77	120.32	166.44
浙江	1708.00	1192.40	515.60	168.91	196.53	127.47
安徽	405.20	241.10	164.00	130.92	129.83	132.47
福建	610.20	267.20	343.00	187.75	137.03	263.85
江西	289.80	181.20	108.60	135.29	140.99	126.75
山东	933.60	764.90	168.70	106.89	145.96	48.29
河南	558.00	278.20	279.80	134.72	111.94	168.88
湖北	402.40	128.90	273.50	93.80	50.08	159.38
湖南	476.90	198.60	278.30	131.02	90.93	191.14
广东	2455.40	1728.90	726.50	182.48	214.14	134.98
广西	333.70	156.00	177.60	142.42	110.97	189.50
海南	124.90	116.70	8.30	158.30	246.51	26.30
重庆	235.20	45.80	189.40	81.47	26.44	164.01
四川	1070.50	701.20	369.30	160.40	175.11	138.34
贵州	193.50	86.60	107.00	104.14	77.68	143.97
云南	369.30	176.40	192.90	127.65	101.62	166.70
西藏	81.70	61.00	20.70	217.29	270.39	137.63
陕西	382.60	191.80	190.60	131.79	110.17	164.14
甘肃	135.50	80.20	55.30	107.63	106.17	109.81
青海	99.70	38.30	61.40	136.76	87.56	210.56
宁夏	80.70	69.60	11.10	126.29	181.53	43.43
新疆	408.60	220.90	143.30	144.03	129.77	126.28

数据来源：累计结余和基金收入来源于2018年《中国统计年鉴》和《中国劳动统计年鉴》。

注：累计结余率(总计)＝累计结余(总计)/基金收入(总计)×100%，统筹基金累计结余率＝统筹基金累计结余/统筹基金收入，个人账户累计结余率＝个人账户累计结余/个人账户收入；统筹基金收入＝基金收入×0.6，个人账户收入＝基金收入×0.4，这一比例的取值可详见本研究第四章，这里不再赘述。

表3-11 2008—2017年各省(自治区、直辖市)职工医保基金累计结余情况

单位：亿元

地区	2008 总计	2008 统筹基金	2008 个人账户	2009 总计	2009 统筹基金	2009 个人账户	2010 总计	2010 统筹基金	2010 个人账户	2011 总计	2011 统筹基金	2011 个人账户	2012 总计	2012 统筹基金	2012 个人账户
北京	191.09	188.89	2.20	180.48	177.80	2.60	191.59	188.45	3.14	192.40	188.70	3.70	189.40	188.70	0.70
天津	36.21	27.55	8.66	37.70	29.90	7.80	48.78	30.67	18.11	56.90	24.50	32.40	73.60	26.10	47.50
河北	104.20	56.64	47.56	141.50	83.00	58.50	177.37	105.78	71.59	216.80	130.30	86.50	268.70	163.50	105.20
山西	75.10	37.70	37.40	91.90	45.50	46.40	106.40	49.52	56.88	128.60	57.20	71.40	165.40	74.60	90.80
内蒙古	51.97	35.93	16.04	67.50	46.80	20.70	80.17	54.64	25.53	92.30	62.80	29.50	108.40	67.20	41.20
辽宁	158.08	109.74	48.34	210.70	150.50	60.20	242.05	171.55	70.50	265.40	181.40	84.00	292.40	188.90	103.50
吉林	57.25	39.65	17.60	82.80	61.60	21.20	90.31	65.27	25.04	105.10	74.40	30.60	128.80	91.70	37.10
黑龙江	105.43	67.14	38.29	157.00	110.40	46.60	174.90	117.65	57.25	203.40	131.90	71.50	221.80	141.00	80.80
上海	136.40	-9.61	146.01	173.70	-6.70	180.40	203.43	-22.13	225.56	296.60	3.50	293.10	473.00	79.40	393.60
江苏	310.08	191.57	118.51	369.90	228.00	141.90	439.60	264.17	175.43	523.50	308.20	215.30	636.40	373.20	263.20
浙江	261.18	204.84	56.34	305.30	234.80	70.50	361.63	269.38	92.25	455.70	333.50	122.20	598.10	439.50	158.60
安徽	75.26	49.24	26.02	93.90	61.90	32.00	105.68	67.49	38.19	124.10	77.80	46.30	144.20	90.30	53.90
福建	133.24	80.48	52.76	152.80	88.80	64.00	169.99	89.50	80.49	197.20	96.80	100.40	237.30	110.20	127.10
江西	43.63	27.62	16.01	60.50	40.10	20.40	70.43	46.48	23.95	79.40	48.90	30.50	93.00	56.80	36.20
山东	175.61	123.15	52.46	210.60	149.80	60.80	248.77	177.77	71.00	301.90	220.40	81.50	379.20	289.80	89.40
河南	105.14	61.30	43.84	131.60	78.60	53.00	152.99	87.15	65.84	177.10	96.80	80.30	214.80	113.90	100.90

续表

地区	2008 总计	2008 统筹基金	2008 个人账户	2009 总计	2009 统筹基金	2009 个人账户	2010 总计	2010 统筹基金	2010 个人账户	2011 总计	2011 统筹基金	2011 个人账户	2012 总计	2012 统筹基金	2012 个人账户
湖北	97.65	66.89	30.76	121.40	84.10	37.30	137.81	90.91	46.90	165.40	104.40	61.00	177.90	103.10	74.80
湖南	96.97	53.98	42.99	130.80	80.50	50.30	133.21	72.48	60.73	144.40	71.10	73.30	161.00	70.80	90.20
广东	492.59	383.12	109.47	575.30	437.70	137.60	677.76	499.08	178.68	810.60	604.80	205.80	973.80	723.40	250.40
广西	75.81	44.06	31.75	91.80	52.90	38.90	108.75	60.68	48.07	143.00	72.80	70.20	147.50	74.90	72.60
海南	9.64	8.30	1.34	20.80	18.00	2.80	26.23	22.68	3.55	34.10	30.20	3.90	39.70	35.40	4.30
重庆	61.02	39.55	21.47	75.60	48.20	27.40	89.64	58.05	31.59	110.80	67.50	43.30	146.70	82.20	64.50
四川	169.02	117.55	51.47	205.20	145.60	59.60	257.74	185.65	72.09	323.40	231.40	92.00	377.00	262.30	114.70
贵州	32.39	17.79	14.60	42.50	24.10	18.40	51.53	28.39	23.14	64.10	35.50	28.60	69.30	33.00	36.30
云南	70.69	35.55	35.14	89.80	49.60	40.20	100.07	52.34	47.73	120.10	61.80	58.30	141.30	71.30	70.00
西藏	5.85	4.52	1.33	8.90	6.90	2.00	11.96	9.25	2.71	15.20	11.90	3.30	22.40	16.20	6.20
陕西	49.89	30.01	19.88	73.70	47.10	26.60	96.72	58.72	38.00	115.30	67.00	48.30	140.40	79.50	60.90
甘肃	27.40	19.57	7.83	36.30	26.60	9.70	46.77	33.54	13.23	55.90	40.10	15.80	61.40	43.50	17.90
青海	20.77	10.61	10.16	25.00	12.10	12.90	32.14	15.12	17.02	37.10	17.20	19.90	43.60	18.00	25.60
宁夏	14.93	9.41	5.52	17.60	10.80	6.80	21.26	13.09	8.17	24.80	14.40	10.40	30.00	17.30	12.70
新疆	59.13	28.48	30.65	72.80	36.20	36.60	85.52	43.74	41.78	102.70	50.80	51.90	127.70	61.00	66.70

数据来源：历年《中国统计年鉴》和《中国劳动统计年鉴》。

续表

地区	2013 总计	2013 统筹基金	2013 个人账户	2014 总计	2014 统筹基金	2014 个人账户	2015 总计	2015 统筹基金	2015 个人账户	2016 总计	2016 统筹基金	2016 个人账户	2017 总计	2017 统筹基金	2017 个人账户
北京	192.70	191.90	0.80	227.10	226.20	0.90	293.98	293.03	0.95	429.49	428.51	0.98	571.60	570.60	1.00
天津	75.70	13.60	62.10	80.30	2.40	77.90	111.59	18.01	93.58	149.25	39.09	110.16	212.70	97.90	114.80
河北	315.50	191.10	124.40	373.60	229.80	143.80	441.25	271.33	169.92	512.70	314.84	197.86	605.50	369.00	236.50
山西	198.10	86.30	111.80	219.10	90.20	128.90	243.52	98.81	144.71	260.43	101.95	158.48	288.80	111.20	177.60
内蒙古	126.80	73.80	53.00	148.90	87.30	61.60	169.25	104.05	65.20	201.19	125.68	75.51	240.50	153.00	87.50
辽宁	322.80	201.10	121.70	344.20	207.60	136.60	358.20	203.82	154.38	379.77	211.57	168.20	406.70	212.80	193.90
吉林	141.90	100.00	41.90	164.30	117.40	46.90	179.18	121.98	57.20	219.73	147.92	71.81	238.10	160.60	77.50
黑龙江	239.30	147.90	91.40	256.80	153.10	103.70	273.53	154.46	119.07	294.83	155.37	139.46	320.60	161.90	158.70
上海	679.40	163.40	516.00	876.10	271.20	604.90	1107.31	569.66	537.65	1402.99	770.56	632.43	2079.60	1299.10	780.50
江苏	751.50	433.60	317.90	863.40	487.40	376.00	979.59	538.30	441.29	1111.79	590.01	521.78	1282.90	681.50	601.40
浙江	716.50	514.40	202.10	876.10	620.10	256.00	1059.60	745.63	313.97	1249.29	869.82	379.47	1481.20	1034.40	446.80
安徽	175.20	106.90	68.30	201.30	123.00	78.20	226.15	135.31	90.84	267.28	158.92	108.36	323.90	194.10	129.80
福建	294.40	136.50	157.90	352.20	160.80	191.40	411.94	184.40	227.54	464.14	202.36	261.78	534.70	231.70	303.00
江西	111.20	67.30	43.90	129.20	78.10	51.10	155.21	95.18	60.03	183.95	115.31	68.64	230.40	146.70	83.70
山东	456.10	357.30	98.80	527.40	411.60	115.80	581.96	458.04	123.92	671.39	545.77	125.62	780.40	632.50	147.90
河南	265.80	140.40	125.40	297.20	149.90	147.30	337.82	161.95	175.87	397.85	188.00	209.85	494.70	249.30	245.40

续表

地区	2013 总计	2013 统筹基金	2013 个人账户	2014 总计	2014 统筹基金	2014 个人账户	2015 总计	2015 统筹基金	2015 个人账户	2016 总计	2016 统筹基金	2016 个人账户	2017 总计	2017 统筹基金	2017 个人账户
湖北	189.20	91.30	97.90	192.60	78.80	113.80	222.06	81.64	140.42	262.23	92.82	169.41	338.50	114.30	224.20
湖南	180.90	74.00	106.90	211.80	83.50	128.30	255.51	104.35	151.16	317.54	128.52	189.02	389.30	161.80	227.50
广东	1142.30	840.50	301.80	1336.90	981.30	355.60	1542.92	1127.76	415.16	1801.30	1302.90	498.40	2107.50	1505.50	602.00
广西	158.80	77.20	81.60	175.10	82.20	92.90	195.75	89.85	105.90	231.55	103.94	127.61	278.50	129.80	148.70
海南	45.90	41.00	4.90	54.20	48.00	6.20	63.27	57.53	5.74	77.81	70.25	7.56	98.10	89.80	8.30
重庆	152.90	69.60	83.30	168.70	69.20	99.50	187.40	70.28	117.12	206.29	67.85	138.44	217.50	58.20	159.30
四川	430.60	288.00	142.60	504.60	340.10	164.50	583.22	365.04	218.18	689.76	426.43	263.33	890.00	579.40	310.60
贵州	71.50	27.70	43.80	73.10	23.10	50.00	87.95	29.12	58.83	108.24	34.38	73.86	141.60	53.10	88.50
云南	160.70	78.60	82.10	181.90	84.70	97.20	204.32	90.93	113.39	240.94	107.08	133.86	299.10	137.70	161.40
西藏	25.90	18.50	7.40	30.00	21.40	8.60	36.01	24.97	11.04	46.79	32.58	14.21	63.20	45.80	17.40
陕西	175.70	94.50	81.20	203.20	107.00	96.30	238.63	128.87	109.76	262.14	137.82	124.32	305.00	153.70	151.30
甘肃	75.20	51.40	23.80	71.60	44.80	26.80	82.12	49.54	32.58	97.38	58.24	39.14	117.00	69.60	47.40
青海	47.50	17.60	29.90	53.80	19.20	34.60	61.58	21.81	39.77	70.06	23.86	46.20	87.90	30.80	57.10
宁夏	38.30	22.80	15.50	45.60	29.10	16.50	50.49	34.57	15.92	56.06	46.01	10.05	64.80	55.60	9.20
新疆	171.20	88.40	82.80	209.10	108.50	100.60	255.82	138.08	117.74	307.48	173.71	133.77	360.70	207.80	152.90

数据来源：历年《中国统计年鉴》和《中国劳动统计年鉴》。

第四章 基于收支平衡视角的我国职工医保基金可持续性评估

第一节 人口预测模型

一、模型原理

人口预测是整个职工医保基金财务运行状况预测过程的第一步。在精算理论中,对于人口的生存和死亡规律,主要通过构造生命表和生存模型进行分析。本研究采用队列要素法(Cohort Component Method),以2010年第六次全国人口普查数据为基础数据,对全国和31个省(自治区、直辖市)未来30年(2020—2050年)的分年龄、性别、城乡的人口数量进行预测。根据队列要素法,可以用每一年的分年龄(0—100岁)、性别、城乡的人口数和死亡率得到下一年的分年龄(1—100岁)、性别、城乡的人口数;用育龄妇女的人口数量(15—49岁的女性)和对应的妇女生育率获得新生儿的数量(即0岁人口,设定男女性别比后,可以获得分性别的新生儿的数量);最后考虑农村人口向城镇迁移[分为本省(自治区、直辖市)农村人口向本省(自治区、直辖市)城镇迁移、外省(自治区、直辖市)农村人口向本省(自治区、直辖市)城镇净迁移和本省(自治区、直辖市)农村人口向外省(自治区、直辖市)城镇净迁移]的情况以及城镇人口省(自治区、直辖市)际间迁移[即外省(自治区、直辖市)城镇人口向本省(自治区、直辖市)城镇净迁移]的情况,即可以得到未来各年的分年龄、性别、城乡的人口数。在下文的分析中,本研究均会对死亡率、生育率和迁移模式设置三套方案(情形),以考察人口的变动对本研究结论的影响。

截至撰写本稿前,由于第七次全国人口普查的分年龄别数据尚未对外公布,现阶段最新的人口普查数据或人口抽样调查数据为2010年第六次全国人口普查数据和2015年1%人口抽样调查数据①。本研究使用2010年第六次人口普查数据对人口数量进行预测，而未使用最新的2015年1%人口抽样调查数据主要是因为2010年人口普查数据与2015年1%人口抽样调查数据存在一定的出入。2010年的0—100岁人口数量是2015年的5—100岁人口数量，采用队列要素方法，按照2010年的人口数据预测2015年的人口数量，再与2015年的人口数量抽样值进行对比，得到如表4-1的结果。可见，各年龄段的人口数量预测值与抽样值之间存在差距，最大可达45.03%，也就是说，2015年1%人口抽样调查数据存在一定的误差。考虑到人口普查是全样本调查②，准确度较高，因此本研究仍使用2010年第六次全国人口普查数据对人口数量进行预测。

表4-1 2015年人口数量预测值与2015年人口数量抽样值的差距

单位：人

年龄	绝对数差距	变化幅度	年龄	绝对数差距	变化幅度	年龄	绝对数差距	变化幅度
5	-1432290	-10.42%	21	-852193	-4.53%	37	-39893	-0.21%
6	-7425	-0.05%	22	1311609	6.30%	38	-139668	-0.77%
7	109926	0.70%	23	1615246	7.77%	39	-93770	-0.45%
8	437746	2.87%	24	1763862	8.18%	40	-65077	-0.31%
9	678690	4.45%	25	372430	1.33%	41	113241	0.50%
10	-236051	-1.60%	26	345076	1.30%	42	48040	0.20%
11	229579	1.55%	27	-351894	-1.44%	43	-22564	-0.09%
12	140182	1.04%	28	-706943	-2.75%	44	-167712	-0.67%
13	-45561	-0.33%	29	-674630	-2.98%	45	337164	1.24%
14	-256181	-1.79%	30	-436198	-2.19%	46	-46363	-0.19%
15	916716	6.33%	31	2876	0.01%	47	68816	0.26%
16	-422004	-3.02%	32	-68	0.00%	48	-86168	-0.41%
17	-535727	-3.47%	33	-134145	-0.60%	49	-305079	-1.28%
18	166930	1.09%	34	111910	0.57%	50	133384	0.56%
19	-275797	-1.73%	35	147970	0.78%	51	-20776	-0.09%
20	-4131600	-22.89%	36	-103980	-0.52%	52	-143823	-0.54%

① 2015年1%人口抽样调查数据公布的全国总人口数量已按抽样比进行了转换；例如2015年1%人口抽样调查的总人口数量为1300万人，那么按抽样比进行转换，总人口数量为13亿人（=1300万人/1%）。
② 人口普查长表数据的抽样比为10%，从统计学的意义上来讲，其准确度也应高于2015年1%抽样调查数据。

续表

年龄	绝对数差距	变化幅度	年龄	绝对数差距	变化幅度	年龄	绝对数差距	变化幅度
53	21731	0.11%	69	147123	1.59%	85	243305	9.96%
54	84369	0.76%	70	68326	0.82%	86	180571	10.18%
55	189752	1.37%	71	144133	1.83%	87	200770	12.08%
56	-28526	-0.23%	72	122560	1.72%	88	177689	13.73%
57	28807	0.18%	73	133451	1.94%	89	165060	16.42%
58	-32366	-0.18%	74	193223	2.86%	90	132774	15.46%
59	-19555	-0.12%	75	186409	2.93%	91	130685	19.90%
60	-86513	-0.50%	76	142448	2.68%	92	87726	17.92%
61	112694	0.66%	77	206660	3.59%	93	71787	19.47%
62	99813	0.64%	78	196993	3.79%	94	60761	21.06%
63	80377	0.52%	79	223333	4.59%	95	59801	28.21%
64	205443	1.56%	80	258957	5.88%	96	38744	28.36%
65	11428	0.09%	81	282793	7.21%	97	31500	30.66%
66	13680	0.11%	82	262058	7.05%	98	30521	41.03%
67	143672	1.35%	83	192159	6.41%	99	25210	45.03%
68	118945	1.18%	84	223814	8.88%	100	-5217	-11.98%

数据来源：2015年1%人口抽样调查数据。

注：绝对数差距=2015年人口数量预测值-2015年人口数量抽样值；变化幅度=绝对数差距/2015年人口数量抽样值。

二、人口预测模型构建

(一) 自然增长人口数量预测

当年分年龄、性别、城乡的自然增长人口数量等于上一年分年龄、性别、城乡的常住人口数量乘以生存概率（=1-死亡概率），具体表达式如下：

$$l_{t,x}^{m,u} = l_{t-1,x-1}^{m,u} \times (1 - q_{x-1}^{m,u}), 1 \leq x \leq 100 \quad (4-1)$$

$$l_{t,x}^{f,u} = l_{t-1,x-1}^{f,u} \times (1 - q_{x-1}^{f,u}), 1 \leq x \leq 100 \quad (4-2)$$

$$l_{t,x}^{m,r} = l_{t-1,x-1}^{m,r} \times (1 - q_{x-1}^{m,r}), 1 \leq x \leq 100 \quad (4-3)$$

$$l_{t,x}^{f,r} = l_{t-1,x-1}^{f,r} \times (1 - q_{x-1}^{f,r}), 1 \leq x \leq 100 \quad (4-4)$$

其中 $l_{t,x}^{m,u}$ 和 $l_{t,x}^{m,r}$ 分别为 t 年 x 岁城镇和农村自然增长男性人口数[1]；

---

[1] 自然增长人口是指不考虑人口迁移情况下，由死亡率和妇女生育率共同决定的人口。当出生人数大于死亡人数时称为"人口正增长"，当死亡人数大于出生人数时称为"人口负增长"。

$l_{t,x}^{f,u}$ 和 $l_{t,x}^{f,r}$ 分别为 t 年 x 岁城镇和农村自然增长女性人口数;$q_x^{m,u}$ 和 $q_x^{m,r}$ 分别为 x 岁城镇和农村男性人口死亡概率;$q_x^{f,u}$ 和 $q_x^{f,r}$ 分别为 x 岁城镇和农村女性人口死亡概率。

(二)新生人口数量预测

根据队列要素法,新生人口数量等于育龄妇女人数乘以对应的妇女生育率,而这里的育龄妇女人数要使用育龄妇女平均人数,育龄为 15—49 岁,具体表达式如下:

$$P_{t,x}^{f,u} = \frac{1}{2} \times (l_{t,x}^{f,u} + l_{t+1,x}^{f,u}) = \frac{1}{2} \times [l_{t,x}^{f,u} + l_{t,x-1}^{f,u} \times (1 - q_{x-1}^{f,u})] \qquad (4-5)$$

$$P_{t,x}^{f,r} = \frac{1}{2} \times (l_{t,x}^{f,r} + l_{t+1,x}^{f,r}) = \frac{1}{2} \times [l_{t,x}^{f,r} + l_{t,x-1}^{f,r} \times (1 - q_{x-1}^{f,r})] \qquad (4-6)$$

$$B_t^u = \sum_{x=15}^{49} P_{t,x}^{f,u} \times f_{t,x}^u = \frac{1}{2} \times \sum_{x=15}^{49} \{[l_{t,x}^{f,u} + l_{t,x-1}^{f,u} \times (1 - q_{x-1}^{f,u})] \times f_{t,x}^u\} \qquad (4-7)$$

$$B_t^r = \sum_{x=15}^{49} P_{t,x}^{f,r} \times f_{t,x}^u = \frac{1}{2} \times \sum_{x=15}^{49} \{[l_{t,x}^{f,r} + l_{t,x-1}^{f,r} \times (1 - q_{x-1}^{f,r})] \times f_{t,x}^r\} \qquad (4-8)$$

$$l_{t,0}^{m,u} = B_t^u \times sr_t^u \qquad (4-9)$$

$$l_{t,0}^{f,u} = B_t^u - l_{t,0}^{m,u} \qquad (4-10)$$

$$l_{t,0}^{m,r} = B_t^r \times sr_t^r \qquad (4-11)$$

$$l_{t,0}^{f,r} = B_t^r - l_{t,0}^{m,r} \qquad (4-12)$$

其中 $P_{t,x}^{f,u}$ 和 $P_{t,x}^{f,r}$ 分别为 t 年 x 岁城镇和农村女性平均人口数(自然增长);$f_{t,x}^u$ 和 $f_{t,x}^r$ 分别为 t 年 x 岁城镇和农村妇女生育率;B_t^u 和 B_t^r 分别为 t 年城镇和农村新出生的婴儿数(即 0 岁人口数);sr_t^u 和 sr_t^r 分别为 t 年城镇和农村新出生婴儿的性别比[①]。

(三)考虑人口迁移情况的人口数量预测

根据农村人口和城镇人口是"净迁入"还是"净迁出",本研究综合考虑四种情况,给出四种人口预测模型,具体如下:

情况一:农村人口和城镇人口均为"净迁入"的省

城镇常住人口等于自然增长的城镇人口数加上本省农村人口向本省城镇迁移的人口数加上外省农村人口向本省城镇净迁移的人口数再加上外省城镇人口向本省城镇净迁移的人口数;农村常住人口等于自然增长的农村人口数减去本省农村人口向本省城镇迁移的人口数,具体表达式

---

① 性别比=男性人口数/女性人口数,一般认为出生婴儿性别比在 1.04—1.06:1(平均值为 1.05:1)比较正常。

如下：

$$L_{t,x}^{m,u} = l_{t,x}^{m,u} + R_{t,x}^{m,b} + R_{t,x}^{m,w} + I_{t,x}^{m,w} \qquad (4-13)$$

$$L_{t,x}^{f,u} = l_{t,x}^{f,u} + R_{t,x}^{f,b} + R_{t,x}^{f,w} + I_{t,x}^{f,w} \qquad (4-14)$$

$$L_{t,x}^{m,r} = l_{t,x}^{m,r} - R_{t,x}^{m,b} \qquad (4-15)$$

$$L_{t,x}^{f,r} = l_{t,x}^{f,r} - R_{t,x}^{f,b} \qquad (4-16)$$

情况二：农村人口为"净迁入"、城镇人口为"净迁出"的省

情况二中的人口预测模型与情况一中的人口预测模型在表达式上是一致的，这里不再赘述。与情况一不同的是，情况二中的外省城镇人口向本省城镇净迁移的人口数为负值。

情况三：农村人口为"净迁出"、城镇人口为"净迁入"的省

城镇常住人口等于自然增长的城镇人口数加上本省农村人口向本省城镇迁移的人口数再加上外省城镇人口向本省城镇净迁移的人口数；农村常住人口等于自然增长的农村人口数减去本省农村人口向本省城镇迁移的人口数再加上外省农村人口向本省城镇净迁移的人口数，其中外省农村人口向本省城镇净迁移的人口数为负值，具体表达式如下：

$$L_{t,x}^{m,u} = l_{t,x}^{m,u} + R_{t,x}^{m,b} + I_{t,x}^{m,w} \qquad (4-17)$$

$$L_{t,x}^{f,u} = l_{t,x}^{f,u} + R_{t,x}^{f,b} + I_{t,x}^{f,w} \qquad (4-18)$$

$$L_{t,x}^{m,r} = l_{t,x}^{m,r} - R_{t,x}^{m,b} + R_{t,x}^{m,w} \qquad (4-19)$$

$$L_{t,x}^{f,r} = l_{t,x}^{f,r} - R_{t,x}^{f,b} + R_{t,x}^{f,w} \qquad (4-20)$$

情况四：农村人口和城镇人口均为"净迁出"的省

情况四中的人口预测模型与情况三中的人口预测模型在表达式上是一致的，这里不再赘述。与情况三不同的是，情况四中的外省城镇人口向本省城镇净迁移的人口数为负值。

其中 $L_{t,x}^{m,u}$ 和 $L_{t,x}^{m,r}$ 分别为 t 年 x 岁城镇和农村男性常住人口数；$L_{t,x}^{f,u}$ 和 $L_{t,x}^{f,r}$ 分别为 t 年 x 岁城镇和农村女性常住人口数；$R_{t,x}^{m,b}$ 和 $R_{t,x}^{f,b}$ 分别为 t 年 x 岁本省农村人口向本省城镇迁移的男性和女性人口数[1]；$R_{t,x}^{m,w}$ 和 $R_{t,x}^{f,w}$ 分别为 t 年 x 岁外省农村人口向本省城镇净迁移[2]的男性和女性人口数；$I_{t,x}^{m,w}$ 和

---

[1] 本研究假设不存在城镇向农村迁移的情况，即不存在"逆向迁移"情况，因而本省农村向本省城镇迁移的人口数大于0。

[2] 外省农村人口向本省城镇净迁移的人口数=外省农村人口向本省城镇迁移的人口数-本省农村人口向外省城镇迁移的人口数。该数值可正可负，如果大于0，代表外省农村人口向本省城镇迁移的人口数多于本省农村人口向外省城镇迁移的人口数，则该省属于农村人口"净迁入"省；如果小于0，代表外省农村人口向本省城镇迁移的人口数小于本省农村人口向外省城镇迁移的人口数，则该省属于农村人口"净迁出"省。

$f_{t,x}^w$ 分别为 t 年 x 岁外省城镇人口向本省城镇净迁移的男性和女性人口数①。

通过第六次全国人口普查长表数据,根据上述四种情况的定义,本研究将31个省(自治区、直辖市)进行分类,其中农村人口和城镇人口均为"净迁入"的省(自治区、直辖市)有14个,农村人口为"净迁入"、城镇人口为"净迁出"的省(自治区、直辖市)有1个,农村人口为"净迁出"、城镇人口为"净迁入"的省(自治区、直辖市)有1个,农村人口和城镇人口均为"净迁出"的省(自治区、直辖市)有15个(详见表4-2)。

表4-2 各省(自治区、直辖市)人口迁移分类表

分类	省(自治区、直辖市)	分类	省(自治区、直辖市)
情况一	北京	情况四	河北
	天津		吉林
	内蒙古		黑龙江
	辽宁		安徽
	上海		江西
	江苏		山东
	浙江		河南
	福建		湖北
	广东		湖南
	海南		广西
	西藏		重庆
	青海		四川
	宁夏		贵州
	新疆		陕西
情况二	山西		甘肃
情况三	云南	—	

注:情况一为农村人口和城镇人口均为"净迁入";情况二为农村人口为"净迁入"、城镇人口为"净迁出";情况三为农村人口为"净迁出"、城镇人口为"净迁入";情况四为农村人口和城镇人口均为"净迁出"。该表根据第六次全国人口普查数据整理。

---

① 外省城镇人口向本省城镇净迁移的人口数=外省城镇人口向本省城镇迁移的人口数-本省城镇人口向外省城镇迁移的人口数。该数值可正可负,如果大于0,代表外省城镇人口向本省城镇迁移的人口数多于本省城镇人口向外省城镇迁移的人口数,则该省属于城镇人口"净迁入"省;如果小于0,代表外省城镇人口向本省城镇迁移的人口数小于本省城镇人口向外省城镇迁移的人口数,则该省属于城镇人口"净迁出"省。

三、人口预测模型参数设定与说明

本研究设置人口预测的"高、中、低"三套方案，在高方案下，死亡率偏低，生育率偏高，迁移人口偏多；在低方案下，死亡率偏高，生育率偏低，迁移人口偏少；中方案的参数设置介于高方案和低方案之间。

(一) 死亡率

死亡率是人口预测中的一个重要参数，也是编制生命表的一个重要参数，根据2010年第六次全国人口普查的数据[①]，本研究可以通过2010年的死亡人数和生存人数计算出全国和各省（自治区、直辖市）分年龄、性别、城乡的人口死亡概率[②]。然而，由于人口普查存在一定的漏报和误差，本研究通过人口普查实际数据计算出来的死亡概率并非真实的死亡概率，要对该死亡概率进行一定的修正，即死亡概率修匀，这里本研究采用蒋正华(1983)[③]提出的自修正迭代算法(JPOP-1算法)[④]对死亡概率进行修匀。随后，本研究搜集历次人口普查、历次1%人口抽样调查和每年1次的1‰人口抽样调查的死亡率数据，采用Lee-carter模型预测2020—2050年全国和各省（自治区、直辖市）分年龄、性别、城乡的人口死亡率。表4-3显示了2010年全国分年龄、性别、城乡的死亡率情况，并以此作为人口死亡率的中方案。通过对比2000年第五次全国人口数据和2010年第六次全国人口普查数据，本研究发现与第五次全国人口普查公布的死亡率相比，第六次全国人口普查公布的死亡率降低了5%左右，因此本研究设定死亡率的高方案为中方案的95%，即高方案的死亡率比中方案低5%，死亡率的低方案为中方案的1.05倍，即低方案的死亡率比中方案高5%。死亡率的高、中、低方案设定详见表4-3。2010年31个省（自治区、直辖市）的分年龄、性别、城乡的死亡率设定详见附表一，本研究给出了高、中、低三套方案。

[①] 第六次全国人口普查数据来源于：http://www.stats.gov.cn/tjsj/pcsj/rkpc/6rp/indexch.htm。

[②] 第六次全国人口普查数据只公布各省（自治区、直辖市）五年段的人口死亡率（即0岁、1—4岁、5—9岁、10—14岁……），为后续预测的方便，本研究假设各省（自治区、直辖市）五年段内的各单年龄别死亡率之间的倍数关系与全国保持一致。以5—9岁为例，$_4p_5 = p_5 \times p_6 \times p_7 \times p_8$，其中$_4p_5$是已知的，本研究假设各省（自治区、直辖市）$p_6/p_5$、$p_7/p_5$和$p_8/p_5$的比值关系与全国一致，从而可以求出各省（自治区、直辖市）的单年龄别死亡率（即0岁、1岁、2岁……）。不过以上测算要建立在死亡率均已经完成的情况下。

[③] 蒋正华. JPOP-1人口预测模型[J]. 西安交通大学学报，1983(8)：111-114.

[④] 自修正迭代算法(JPOP-1算法)为中国乃至世界各国人口生命表研制奠定坚实的科学基础，这种算法可以直接利用某次人口普查的数据制作出完全生命表。

表4-3 2010年全国分年龄、性别、城乡死亡率高、中、低方案设定情况

单位:%

年龄	低方案				中方案				高方案			
	城镇男性	城镇女性	农村男性	农村女性	城镇男性	城镇女性	农村男性	农村女性	城镇男性	城镇女性	农村男性	农村女性
0	0.2813	0.2835	0.5078	0.5450	0.2679	0.2700	0.4836	0.5190	0.2545	0.2565	0.4594	0.4931
1	0.0753	0.0692	0.1534	0.1396	0.0717	0.0659	0.1461	0.1329	0.0682	0.0626	0.1388	0.1263
2	0.0393	0.0356	0.0943	0.0791	0.0374	0.0339	0.0898	0.0754	0.0355	0.0322	0.0853	0.0716
3	0.0298	0.0238	0.0693	0.0541	0.0284	0.0226	0.0660	0.0516	0.0269	0.0215	0.0627	0.0490
4	0.0242	0.0194	0.0571	0.0427	0.0231	0.0185	0.0543	0.0407	0.0219	0.0176	0.0516	0.0386
5	0.0232	0.0173	0.0511	0.0405	0.0221	0.0165	0.0487	0.0386	0.0210	0.0156	0.0462	0.0367
6	0.0205	0.0148	0.0507	0.0342	0.0196	0.0141	0.0483	0.0326	0.0186	0.0134	0.0459	0.0310
7	0.0212	0.0138	0.0491	0.0295	0.0202	0.0131	0.0468	0.0281	0.0192	0.0125	0.0445	0.0267
8	0.0205	0.0132	0.0472	0.0288	0.0195	0.0126	0.0450	0.0274	0.0185	0.0120	0.0427	0.0260
9	0.0209	0.0128	0.0490	0.0278	0.0199	0.0122	0.0467	0.0265	0.0189	0.0116	0.0444	0.0251
10	0.0218	0.0139	0.0534	0.0330	0.0208	0.0132	0.0508	0.0314	0.0197	0.0126	0.0483	0.0298
11	0.0221	0.0141	0.0490	0.0312	0.0210	0.0134	0.0467	0.0298	0.0200	0.0128	0.0444	0.0283
12	0.0231	0.0140	0.0500	0.0293	0.0220	0.0133	0.0476	0.0279	0.0209	0.0126	0.0453	0.0265
13	0.0225	0.0127	0.0504	0.0306	0.0214	0.0121	0.0480	0.0291	0.0204	0.0115	0.0456	0.0277
14	0.0241	0.0134	0.0554	0.0297	0.0229	0.0127	0.0528	0.0283	0.0218	0.0121	0.0501	0.0269
15	0.0250	0.0131	0.0679	0.0354	0.0238	0.0125	0.0646	0.0337	0.0226	0.0119	0.0614	0.0320
16	0.0232	0.0124	0.0774	0.0382	0.0221	0.0118	0.0738	0.0363	0.0210	0.0112	0.0701	0.0345
17	0.0265	0.0137	0.0890	0.0425	0.0252	0.0130	0.0848	0.0405	0.0240	0.0124	0.0806	0.0385
18	0.0284	0.0141	0.0935	0.0436	0.0270	0.0134	0.0890	0.0415	0.0257	0.0127	0.0846	0.0394
19	0.0290	0.0128	0.1041	0.0437	0.0276	0.0122	0.0991	0.0416	0.0262	0.0116	0.0942	0.0395
20	0.0337	0.0143	0.1174	0.0499	0.0321	0.0136	0.1118	0.0475	0.0305	0.0129	0.1062	0.0452
21	0.0339	0.0154	0.1158	0.0481	0.0323	0.0147	0.1103	0.0458	0.0307	0.0140	0.1048	0.0435
22	0.0370	0.0178	0.1205	0.0499	0.0353	0.0169	0.1147	0.0476	0.0335	0.0161	0.1090	0.0452
23	0.0411	0.0189	0.1231	0.0514	0.0392	0.0180	0.1172	0.0490	0.0372	0.0171	0.1114	0.0465
24	0.0441	0.0197	0.1306	0.0544	0.0420	0.0188	0.1244	0.0518	0.0399	0.0178	0.1182	0.0492
25	0.0436	0.0187	0.1381	0.0584	0.0415	0.0178	0.1316	0.0557	0.0394	0.0169	0.1250	0.0529
26	0.0441	0.0197	0.1331	0.0569	0.0420	0.0188	0.1268	0.0542	0.0399	0.0179	0.1205	0.0515
27	0.0456	0.0216	0.1384	0.0621	0.0434	0.0205	0.1318	0.0592	0.0413	0.0195	0.1252	0.0562
28	0.0475	0.0224	0.1542	0.0623	0.0452	0.0213	0.1468	0.0593	0.0430	0.0202	0.1395	0.0564

续表

年龄	低方案 城镇男性	低方案 城镇女性	低方案 农村男性	低方案 农村女性	中方案 城镇男性	中方案 城镇女性	中方案 农村男性	中方案 农村女性	高方案 城镇男性	高方案 城镇女性	高方案 农村男性	高方案 农村女性
29	0.0498	0.0229	0.1554	0.0676	0.0474	0.0218	0.1480	0.0644	0.0450	0.0207	0.1406	0.0612
30	0.0530	0.0249	0.1706	0.0788	0.0505	0.0237	0.1625	0.0751	0.0480	0.0225	0.1544	0.0713
31	0.0580	0.0268	0.1801	0.0818	0.0553	0.0255	0.1716	0.0779	0.0525	0.0243	0.1630	0.0740
32	0.0643	0.0285	0.1850	0.0807	0.0612	0.0271	0.1761	0.0769	0.0581	0.0257	0.1673	0.0731
33	0.0677	0.0294	0.1918	0.0834	0.0645	0.0280	0.1827	0.0794	0.0613	0.0266	0.1735	0.0755
34	0.0738	0.0349	0.2109	0.0993	0.0702	0.0332	0.2009	0.0945	0.0667	0.0316	0.1908	0.0898
35	0.0824	0.0358	0.2285	0.1002	0.0785	0.0341	0.2176	0.0954	0.0745	0.0324	0.2068	0.0906
36	0.0860	0.0395	0.2337	0.1051	0.0819	0.0376	0.2225	0.1001	0.0778	0.0357	0.2114	0.0951
37	0.0972	0.0442	0.2492	0.1115	0.0926	0.0421	0.2373	0.1061	0.0879	0.0400	0.2254	0.1008
38	0.1037	0.0477	0.2527	0.1141	0.0988	0.0454	0.2407	0.1086	0.0938	0.0431	0.2287	0.1032
39	0.1171	0.0520	0.2790	0.1241	0.1115	0.0495	0.2658	0.1182	0.1059	0.0471	0.2525	0.1123
40	0.1298	0.0621	0.3059	0.1422	0.1236	0.0592	0.2914	0.1354	0.1174	0.0562	0.2768	0.1287
41	0.1468	0.0679	0.3254	0.1513	0.1398	0.0647	0.3100	0.1441	0.1328	0.0614	0.2945	0.1369
42	0.1591	0.0747	0.3415	0.1578	0.1515	0.0712	0.3252	0.1503	0.1439	0.0676	0.3089	0.1428
43	0.1746	0.0800	0.3516	0.1615	0.1663	0.0762	0.3349	0.1538	0.1580	0.0724	0.3182	0.1461
44	0.1914	0.0912	0.3962	0.1869	0.1823	0.0869	0.3773	0.1780	0.1731	0.0825	0.3585	0.1691
45	0.2180	0.1055	0.4367	0.2061	0.2076	0.1005	0.4159	0.1963	0.1973	0.0954	0.3951	0.1865
46	0.2333	0.1097	0.4439	0.2090	0.2222	0.1045	0.4228	0.1990	0.2110	0.0993	0.4017	0.1891
47	0.2709	0.1298	0.5023	0.2388	0.2580	0.1236	0.4784	0.2275	0.2451	0.1175	0.4545	0.2161
48	0.2843	0.1349	0.5099	0.2447	0.2707	0.1285	0.4856	0.2330	0.2572	0.1220	0.4613	0.2214
49	0.3329	0.1553	0.5646	0.2792	0.3170	0.1479	0.5377	0.2659	0.3012	0.1405	0.5108	0.2526
50	0.3815	0.1813	0.6440	0.3300	0.3633	0.1726	0.6134	0.3143	0.3451	0.1640	0.5827	0.2986
51	0.3873	0.1916	0.6478	0.3398	0.3689	0.1824	0.6170	0.3236	0.3504	0.1733	0.5861	0.3075
52	0.4297	0.2063	0.7045	0.3646	0.4092	0.1964	0.6710	0.3472	0.3887	0.1866	0.6374	0.3299
53	0.4573	0.2221	0.7302	0.3882	0.4355	0.2115	0.6955	0.3697	0.4137	0.2009	0.6607	0.3512
54	0.4952	0.2491	0.8025	0.4334	0.4716	0.2373	0.7643	0.4128	0.4480	0.2254	0.7260	0.3921
55	0.5515	0.2745	0.8780	0.4742	0.5252	0.2614	0.8362	0.4516	0.4989	0.2484	0.7944	0.4290
56	0.5908	0.2954	0.9292	0.5059	0.5626	0.2814	0.8850	0.4819	0.5345	0.2673	0.8407	0.4578
57	0.6562	0.3309	1.0011	0.5534	0.6250	0.3151	0.9534	0.5271	0.5937	0.2994	0.9058	0.5007
58	0.7063	0.3572	1.0656	0.5946	0.6727	0.3402	1.0149	0.5663	0.6390	0.3232	0.9641	0.5379

续表

年龄	低方案 城镇男性	低方案 城镇女性	低方案 农村男性	低方案 农村女性	中方案 城镇男性	中方案 城镇女性	中方案 农村男性	中方案 农村女性	高方案 城镇男性	高方案 城镇女性	高方案 农村男性	高方案 农村女性
59	0.7929	0.4047	1.2009	0.6874	0.7552	0.3854	1.1437	0.6546	0.7174	0.3662	1.0865	0.6219
60	0.9056	0.4775	1.4034	0.8071	0.8625	0.4547	1.3365	0.7686	0.8194	0.4320	1.2697	0.7302
61	0.9271	0.4951	1.4130	0.8342	0.8829	0.4715	1.3457	0.7945	0.8388	0.4479	1.2784	0.7548
62	1.0641	0.5748	1.5856	0.9507	1.0134	0.5475	1.5101	0.9055	0.9628	0.5201	1.4346	0.8602
63	1.1528	0.6398	1.7117	1.0295	1.0979	0.6093	1.6302	0.9805	1.0430	0.5789	1.5487	0.9315
64	1.3396	0.7534	2.0000	1.2282	1.2758	0.7175	1.9048	1.1698	1.2120	0.6817	1.8096	1.1113
65	1.4373	0.8298	2.0840	1.3067	1.3689	0.7903	1.9847	1.2445	1.3004	0.7508	1.8855	1.1823
66	1.4935	0.8535	2.1922	1.3841	1.4224	0.8128	2.0878	1.3182	1.3513	0.7722	1.9834	1.2523
67	1.7667	1.0274	2.5873	1.6460	1.6826	0.9785	2.4641	1.5676	1.5984	0.9295	2.3409	1.4892
68	1.8956	1.1235	2.7642	1.7826	1.8054	1.0700	2.6326	1.6977	1.7151	1.0165	2.5009	1.6128
69	2.1838	1.2946	3.1856	2.0765	2.0798	1.2329	3.0339	1.9777	1.9758	1.1713	2.8822	1.8788
70	2.5210	1.5560	3.7474	2.4716	2.4010	1.4819	3.5689	2.3539	2.2809	1.4078	3.3905	2.2362
71	2.6800	1.6970	3.9540	2.6838	2.5524	1.6162	3.7657	2.5560	2.4248	1.5354	3.5774	2.4282
72	3.0404	1.9359	4.4511	3.0242	2.8956	1.8437	4.2392	2.8802	2.7508	1.7515	4.0272	2.7362
73	3.3135	2.1472	4.7652	3.2701	3.1557	2.0450	4.5383	3.1144	2.9979	1.9427	4.3114	2.9587
74	3.7434	2.4662	5.4138	3.6692	3.5652	2.3488	5.1560	3.4945	3.3869	2.2313	4.8982	3.3198
75	4.1724	2.7200	5.8998	3.9884	3.9737	2.5905	5.6188	3.7985	3.7750	2.4610	5.3379	3.6085
76	4.3913	2.9581	6.0139	4.1320	4.1822	2.8173	5.7275	3.9352	3.9731	2.6764	5.4412	3.7384
77	4.9714	3.4381	6.8611	4.7900	4.7346	3.2744	6.5344	4.5619	4.4979	3.1106	6.2076	4.3338
78	5.6744	3.9745	7.7423	5.4099	5.4042	3.7853	7.3736	5.1523	5.1340	3.5960	7.0049	4.8947
79	6.1396	4.4780	8.5987	6.1114	5.8472	4.2648	8.1892	5.8204	5.5549	4.0515	7.7797	5.5294
80	7.0680	5.2313	9.8120	7.0930	6.7314	4.9822	9.3448	6.7552	6.3948	4.7331	8.8775	6.4175
81	7.5794	5.7417	10.3633	7.6054	7.2185	5.4683	9.8698	7.2432	6.8576	5.1949	9.3763	6.8810
82	8.3618	6.4287	11.3986	8.4872	7.9636	6.1226	10.8558	8.0830	7.5654	5.8164	10.3130	7.6789
83	9.0532	7.0218	12.0938	9.0356	8.6221	6.6874	11.5179	8.6053	8.1910	6.3531	10.9420	8.1751
84	9.9914	7.8485	13.1032	9.9174	9.5156	7.4747	12.4792	9.4452	9.0399	7.1010	11.8553	8.9729
85	10.7886	8.5571	14.0309	10.5885	10.2748	8.1496	13.3628	10.0843	9.7611	7.7421	12.6946	9.5801
86	11.8140	9.5598	15.2579	11.6677	11.2514	9.1046	14.5313	11.1121	10.6889	8.6494	13.8048	10.5565
87	12.4466	10.2119	15.8146	12.3510	11.8539	9.7256	15.0615	11.7628	11.2612	9.2393	14.3085	11.1747
88	13.6453	11.5206	17.2259	13.6717	12.9955	10.9720	16.4056	13.0207	12.3457	10.4234	15.5853	12.3696

续表

年龄	低方案 城镇男性	低方案 城镇女性	低方案 农村男性	低方案 农村女性	中方案 城镇男性	中方案 城镇女性	中方案 农村男性	中方案 农村女性	高方案 城镇男性	高方案 城镇女性	高方案 农村男性	高方案 农村女性
89	15.0401	12.6490	19.1698	15.0706	14.3240	12.0466	18.2569	14.3529	13.6078	11.4443	17.3441	13.6353
90	16.6263	14.0722	21.0956	16.6587	15.8346	13.4021	20.0910	15.8654	15.0428	12.7319	19.0865	15.0721
91	16.7662	15.0815	21.3287	17.6089	15.9678	14.3634	20.3130	16.7704	15.1694	13.6452	19.2974	15.9319
92	17.9213	16.1855	22.7763	19.0343	17.0679	15.4148	21.6917	18.1279	16.2145	14.6440	20.6071	17.2215
93	17.5950	17.2512	23.1648	19.8158	16.7571	16.4297	22.0617	18.8722	15.9193	15.6082	20.9587	17.9286
94	18.2376	17.5258	23.0559	20.6787	17.3692	16.6912	21.9580	19.6940	16.5007	15.8567	20.8601	18.7093
95	18.0601	18.3547	23.5819	21.4797	17.2001	17.4807	22.4589	20.4568	16.3401	16.6067	21.3360	19.4340
96	17.1067	18.4682	22.9078	21.5875	16.2921	17.5887	21.8170	20.5595	15.4775	16.7093	20.7261	19.5316
97	14.4549	17.4638	21.3220	21.6817	13.7666	16.6322	20.3067	20.6493	13.0783	15.8006	19.2913	19.6168
98	13.1718	17.3096	21.6533	21.2321	12.5446	16.4853	20.6222	20.2210	11.9173	15.6611	19.5911	19.2100
99	15.1511	15.2104	20.1924	17.3401	14.4296	14.4861	19.2309	16.5144	13.7081	13.7618	18.2693	15.6887
100	100	100	100	100	100	100	100	100	100	100	100	100

数据来源：根据2010年第六次全国人口普查数据进行修匀处理，低方案下的死亡率为中方案的1.05倍，高方案下的死亡率为中方案的95%。

(二)妇女生育率

生育率是预测新生人口的一个重要参数，2010年第六次全国人口普查数据显示，我国妇女总和生育率①为1.18，低于生育更替水平②2.1，也低于原国家人口和计划生育委员会(现国家卫生健康委员会)所称的1.8左右的水平③。根据第六次全国人口普查数据，总和生育率最低的五个省(直辖市)分别是北京(0.71)、上海(0.74)、辽宁(0.74)、黑龙江(0.75)和吉林(0.76)；总和生育率最高的五个省(自治区)分别是广西(1.79)、贵州(1.75)、新疆(1.53)、海南(1.51)和安徽(1.48)，总和生育率最高地区是最低地区的2倍以上。

---

① 总和生育率：是分析研究平均每个妇女一生中生育多少个小孩数的指标，在其技术处理上是年龄别生育率之和。育龄妇女的育龄在15—49岁。

② 生育更替水平：指这样一个生育水平，同一批妇女生育儿女的数量恰好能替代她们本身，一旦达到生育更替水平，出生和死亡将趋于均衡。一般认为，总和生育率为2.1时，即达到生育更替水平。

③ 陈友华，胡小武.低生育率是中国的福音？——从第六次人口普查数据看中国人口发展现状与前景[J].南京社会科学，2011(8)：53-59.

第七次全国人口普查数据显示，2020年我国妇女总和生育率为1.3，这虽然已经包含了"全面二孩"政策的堆积效应，但并未包含"全面三孩"政策的堆积效应，所以本研究将"1.3"设置为低方案下的我国总和生育率。风笑天（2021）认为"全面三孩"政策出台后，我国总和生育率可以达到1.7[①]，因此本研究将"1.7"设置为中方案下的总和生育率。"2.1"是人口更替水平，因此本研究将"2.1"设置为高方案下的总和生育率，以考察这一情形对人口老龄化程度和人口总数的影响。据此，低方案下的生育率在第六次人口普查公布的生育率基础上放大1.1倍（=1.3/1.18），中方案下的生育率在第六次人口普查公布的生育率基础上放大1.44倍（=1.7/1.18），低方案下的生育率在第六次人口普查公布的生育率基础上放大1.78倍（=2.1/1.18），高、中、低方案下的总和生育率如表4-4和表4-5所示。

表4-4 2010年分地区、城乡的高、中、低方案下的妇女总和生育率

地区	第六次人口普查数据		低方案		中方案		高方案	
	城镇	农村	城镇	农村	城镇	农村	城镇	农村
北京	0.70	0.72	0.77	0.79	1.01	1.04	1.25	1.28
天津	0.84	1.24	0.92	1.36	1.21	1.79	1.50	2.21
河北	1.11	1.49	1.22	1.64	1.60	2.15	1.98	2.65
山西	0.94	1.26	1.03	1.39	1.35	1.81	1.67	2.24
内蒙古	1.00	1.17	1.10	1.29	1.44	1.68	1.78	2.08
辽宁	0.62	0.96	0.68	1.06	0.89	1.38	1.10	1.71
吉林	0.63	0.90	0.69	0.99	0.91	1.30	1.12	1.60
黑龙江	0.67	0.85	0.74	0.94	0.96	1.22	1.19	1.51
上海	0.73	0.81	0.80	0.89	1.05	1.17	1.30	1.44
江苏	0.94	1.27	1.03	1.40	1.35	1.83	1.67	2.26
浙江	0.96	1.18	1.06	1.30	1.38	1.70	1.71	2.10
安徽	1.16	1.78	1.28	1.96	1.67	2.56	2.06	3.17
福建	0.98	1.36	1.08	1.50	1.41	1.96	1.74	2.42
江西	1.19	1.54	1.31	1.69	1.71	2.22	2.12	2.74
山东	1.02	1.34	1.12	1.47	1.47	1.93	1.82	2.39
河南	1.12	1.43	1.23	1.57	1.61	2.06	1.99	2.55
湖北	1.10	1.61	1.21	1.77	1.58	2.32	1.96	2.87

① 风笑天. 三孩生育意愿预测须防范二孩研究偏差[J]. 探索与争鸣，2021（11）：80-89+178.

续表

地区	第六次人口普查数据		低方案		中方案		高方案	
	城镇	农村	城镇	农村	城镇	农村	城镇	农村
湖南	1.22	1.59	1.34	1.75	1.76	2.29	2.17	2.83
广东	0.92	1.52	1.01	1.67	1.32	2.19	1.64	2.71
广西	1.39	2.15	1.53	2.37	2.00	3.10	2.47	3.83
海南	1.24	1.81	1.36	1.99	1.79	2.61	2.21	3.22
重庆	0.96	1.59	1.06	1.75	1.38	2.29	1.71	2.83
四川	0.86	1.25	0.95	1.38	1.24	1.80	1.53	2.23
贵州	1.35	2.03	1.49	2.23	1.94	2.92	2.40	3.61
云南	1.13	1.57	1.24	1.73	1.63	2.26	2.01	2.79
西藏	0.79	1.14	0.87	1.25	1.14	1.64	1.41	2.03
陕西	0.90	1.21	0.99	1.33	1.30	1.74	1.60	2.15
甘肃	0.94	1.48	1.03	1.63	1.35	2.13	1.67	2.63
青海	1.12	1.56	1.23	1.72	1.61	2.25	1.99	2.78
宁夏	1.10	1.63	1.21	1.79	1.58	2.35	1.96	2.90
新疆	1.12	1.81	1.23	1.99	1.61	2.61	1.99	3.22

数据来源：第六次全国人口普查数据，http://www.stats.gov.cn/tjsj/pcsj/rkpc/6rp/indexch.htm。

表4－5 高、中、低方案下全国妇女生育率

年龄	低方案		中方案		高方案	
	城镇	农村	城镇	农村	城镇	农村
15	0.000045	0.000129	0.000059	0.000169	0.000073	0.000209
16	0.000311	0.001150	0.000407	0.001505	0.000503	0.001861
17	0.001478	0.004150	0.001934	0.005433	0.002391	0.006716
18	0.004314	0.010570	0.005647	0.013837	0.006980	0.017104
19	0.008177	0.017500	0.010705	0.022909	0.013232	0.028318
20	0.020580	0.041374	0.026941	0.054162	0.033302	0.066951
21	0.037231	0.065819	0.048739	0.086163	0.060247	0.106507
22	0.051537	0.077014	0.067467	0.100818	0.083397	0.124622
23	0.074438	0.093821	0.097445	0.122820	0.120453	0.151819
24	0.086777	0.095229	0.113599	0.124664	0.140421	0.154098
25	0.083737	0.085649	0.109619	0.112123	0.135501	0.138596
26	0.087124	0.080600	0.114054	0.105513	0.140983	0.130426
27	0.082104	0.067845	0.107481	0.088815	0.132858	0.109785
28	0.092624	0.069299	0.121254	0.090719	0.149883	0.112139
29	0.077556	0.059635	0.101528	0.078068	0.125500	0.096501
30	0.060379	0.051845	0.079041	0.067870	0.097704	0.083895

续表

年龄	低方案 城镇	低方案 农村	中方案 城镇	中方案 农村	高方案 城镇	高方案 农村
31	0.054159	0.046880	0.070899	0.061370	0.087639	0.075860
32	0.047971	0.042836	0.062798	0.056076	0.077625	0.069317
33	0.036275	0.031588	0.047488	0.041352	0.058700	0.051116
34	0.031641	0.028344	0.041421	0.037105	0.051201	0.045866
35	0.026794	0.022617	0.035076	0.029608	0.043358	0.036599
36	0.023064	0.019236	0.030193	0.025182	0.037322	0.031128
37	0.018932	0.015832	0.024784	0.020726	0.030636	0.025619
38	0.015690	0.013053	0.020540	0.017087	0.025389	0.021122
39	0.012361	0.009778	0.016182	0.012800	0.020003	0.015823
40	0.011089	0.009001	0.014517	0.011784	0.017944	0.014566
41	0.007815	0.006374	0.010230	0.008344	0.012645	0.010314
42	0.008557	0.006176	0.011201	0.008085	0.013846	0.009994
43	0.006017	0.004622	0.007876	0.006051	0.009736	0.007480
44	0.005401	0.004089	0.007071	0.005353	0.008740	0.006617
45	0.005278	0.003777	0.006909	0.004945	0.008541	0.006112
46	0.004530	0.003412	0.005931	0.004466	0.007331	0.005521
47	0.005594	0.003716	0.007323	0.004865	0.009052	0.006014
48	0.006268	0.004181	0.008205	0.005473	0.010143	0.006765
49	0.004152	0.002856	0.005435	0.003738	0.006719	0.004621

(三) 迁移人口

如上所述，本研究将迁移人口分为三类：本省(自治区、直辖市)农村人口向本省(自治区、直辖市)城镇迁移的人口、外省(自治区、直辖市)农村人口向本省(自治区、直辖市)城镇净迁移的人口以及外省(自治区、直辖市)城镇人口向本省(自治区、直辖市)城镇净迁移的人口。外省(自治区、直辖市)农村人口向本省(自治区、直辖市)城镇净迁移的人口和外省(自治区、直辖市)城镇人口向本省(自治区、直辖市)城镇净迁移的人口数值可正可负，如果数值为正，代表外省(自治区、直辖市)迁入的人口多于本省(自治区、直辖市)迁出的人口，如果数值为负，代表外省(自治区、直辖市)迁入的人口少于本省(自治区、直辖市)迁出的人口，因而各省(自治区、直辖市)的数值相加等于0，即这两项数值在各省(自治区、直辖市)之间呈现闭合状态，是一个封闭的系统。本省(自治区、直辖市)农村人口向本省(自治区、直辖市)城镇迁移的人口数值绝对为正，各省(自治区、直辖市)的本省(自治区、直辖市)农村人口向本省(自治区、直辖市)城镇迁移的人口以及各省(自治区、直辖市)的外省(自治区、直辖市)农村人口向本省(自治区、直辖市)城镇净迁移的人口(仅限于数值大于0的省)相加等于全国的农村人口向城镇迁移的人口，因而这两项人口数值会影响全国的城镇化率(＝城镇人口/总人口×100%)，而各省(自治区、直辖市)的外省(自治区、直辖市)城镇人口向本省(自治区、直辖市)城镇净迁移的人口数量并不会影响全国的城镇化率。

本研究依据第六次人口普查数据和相关研究，设置中方案下的迁移人口情况。根据发达国家的经验，城镇化率达到75%以后就较为稳定，本研究参照蒋云赟(2009)[①]的研究，假定农村人口向城镇迁移的规模为：2020—2024年为1000万人，2025—2029年为800万人，2030—2039年为600万人，2040—2049年为400万人，2050年为200万人。

根据第六次人口普查数据，本研究分析各省(自治区、直辖市)农村人口向城镇迁移的规模：

首先，农村人口向本省(自治区、直辖市)城镇迁移的规模[各省(自治区、直辖市)的加总]大约是农村人口向外省(自治区、直辖市)城镇迁移的规模(数值大于0的省的加总)的2倍，也就是说农村人口向本省(自治区、直辖市)城镇迁移的规模占总迁移人口的2/3左右，在测算中本研究按照这一比重进行分摊。

其次，河北、吉林、黑龙江、安徽、江西、山东、河南、湖北、湖南、广西、重庆、四川、贵州、云南、陕西和甘肃这16个省(自治区、直辖市)属于农村人口"净迁出"省(自治区、直辖市)，即这些省(自治区、直辖市)的外省(自治区、直辖市)农村人口向本省(自治区、直辖市)城镇净迁移的人口数值为负，剩余15个省(自治区、直辖市)为农村人口"净迁入"省(自治区、直辖市)，即这些省(自治区、直辖市)的外省(自治区、直辖市)农村人口向本省(自治区、直辖市)城镇净迁移的人口数值为正，在测算中本研究假设省(自治区、直辖市)的性质在未来不变。

再次，未来部分省(自治区、直辖市)的城镇化率非常高(90%～100%)，农村人口占该省(自治区、直辖市)人口的比重非常少，因此本研究假定2051年及以后北京、天津、山西、内蒙古、辽宁、吉林、黑龙江、上海、江苏、浙江、福建、广东、海南和宁夏这14个省(自治区、

---

① 蒋云赟. 我国企业基本养老保险的代际平衡分析[J]. 世界经济文汇，2009(1)：58-69.

直辖市)的本省(自治区、直辖市)农村人口不再向本省(自治区、直辖市)城镇迁移。

最后,本研究根据2010年各省(自治区、直辖市)农村人口向城镇迁移的规模占总迁移规模的比重计算未来各省(自治区、直辖市)农村人口向城镇迁移的规模,具体数值详见表4-6。

表4-6 各省(自治区、直辖市)的本省(自治区、直辖市)农村人口向本省(自治区、直辖市)城镇和外省(自治区、直辖市)农村人口向本省(自治区、直辖市)城镇净迁移的人口数(中方案)

单位:人

地区	2020—2024年 省内	2020—2024年 省外	2025—2029年 省内	2025—2029年 省外	2030—2039年 省内	2030—2039年 省外	2050年 省内	2050年 省外
全国	6766055	3233947	5412845	2587158	4059632	1940367	1353209	646789
北京	39923	216640	31938	173312	23954	129984	7985	43328
天津	22907	59415	18326	47532	13744	35649	4581	11883
河北	317786	-56428	254229	-45143	190672	-33857	63557	-11286
山西	376458	48082	301166	38466	225875	28849	75292	9616
内蒙古	309274	57323	247419	45858	185564	34394	61855	11465
辽宁	283011	37301	226409	29841	169806	22380	56602	7460
吉林	192324	-31613	153859	-25290	115394	-18968	38465	-6323
黑龙江	266032	-84545	212826	-67636	159619	-50727	53206	-16909
上海	19094	358402	15275	286721	11457	215041	3819	71680
江苏	485234	544885	388188	435908	291141	326931	97047	108977
浙江	294901	932147	235921	745718	176941	559288	58980	186429
安徽	228946	-555936	183157	-444748	137368	-333561	45789	-111187
福建	235224	216234	188179	172987	141134	129740	47045	43247
江西	168283	-222983	134627	-178386	100970	-133790	33657	-44597
山东	295184	-61542	236147	-49234	177110	-36925	59037	-12308
河南	273430	-442185	218744	-353748	164058	-265311	54686	-88437
湖北	314537	-206094	251629	-164875	188722	-123656	62907	-41219
湖南	192222	-263486	153778	-210789	115333	-158091	38444	-52697
广东	376727	580156	301382	464125	226036	348093	75345	116031
广西	217445	-134434	173956	-107547	130467	-80660	43489	-26887
海南	69216	21500	55373	17200	41530	12900	13843	4300
重庆	123436	-168113	98749	-134490	74062	-100868	24687	-33623
四川	451081	-453358	360865	-362686	270649	-272015	90216	-90672

续表

地区	2020—2024年 省内	2020—2024年 省外	2025—2029年 省内	2025—2029年 省外	2030—2039年 省内	2030—2039年 省外	2050年 省内	2050年 省外
贵州	246339	-323922	197071	-259138	147803	-194353	49268	-64784
云南	352186	-88500	281749	-70800	211312	-53100	70437	-17700
西藏	9889	8329	7911	6664	5933	4998	1978	1666
陕西	187590	-60770	150072	-48616	112554	-36462	37518	-12154
甘肃	102527	-80037	82021	-64030	61516	-48022	20505	-16007
青海	33936	826	27149	661	20361	496	6787	165
宁夏	105421	7629	84337	6103	63252	4577	21084	1526
新疆	175492	145078	140393	116062	105295	87047	35098	29016

注："省内"指本省(自治区、直辖市)农村人口向本省(自治区、直辖市)城镇迁移的人口数，"省外"指外省(自治区、直辖市)农村人口向本省(自治区、直辖市)城镇净迁移的人口数(该数值可正可负)；各省(自治区、直辖市)的外省(自治区、直辖市)农村人口向本省(自治区、直辖市)城镇净迁移的人口(仅限于数值大于0的省)相加等于全国总计数。

第六次全国人口普查数据显示，2006—2010年我国城镇人口跨省迁移规模为49338951人，即平均每年的城镇人口跨省迁移规模为9867790人(接近1000万人)，其中河北、山西、吉林、黑龙江、安徽、江西、山东、河南、湖北、湖南、广西、重庆、四川、贵州、陕西和甘肃这16个省(自治区、直辖市)属于城镇人口"净迁出"省(自治区、直辖市)，即这些省(自治区、直辖市)的外省(自治区、直辖市)城镇人口向本省(自治区、直辖市)城镇迁移的人口数值为负；剩余15个省(自治区、直辖市)为城镇人口"净迁入"省，即这些省(自治区、直辖市)的外省(自治区、直辖市)城镇人口向本省(自治区、直辖市)城镇迁移的人口数值为正。根据孙博和唐远志(2011)的研究，城镇人口的省际(跨省)迁移趋势将会减缓，本研究设定城镇人口跨省迁移的规模每5年减少100万，即2020—2024年为700万，2025—2029年为600万，2030—2034年为500万，2035—2039年为400万，2040—2044年为300万，2045—2049年为200万，2050年为100万，2051年及以后城镇人口不存在省际间的迁移。[①]

[①] 在测算中，本研究发现，对于一些城镇人口"净迁出"大省(如安徽省、河南省等)，2051年及以后如果再有人口向省(自治区、直辖市)外迁移，可能会出现某些年龄段的人口为负值，因而本研究假设2051年及以后不存在省际城镇人口迁移。同时，2051年及以后各省(自治区、直辖市)的经济差异会逐渐缩小，人口迁移规模也会逐渐减少，因而本研究的假设存在一定的合理性。

本研究同样假设各省(自治区、直辖市)外省城镇人口迁移至本省(自治区、直辖市)城镇的人口数占城镇省际人口迁移规模的比重不变,各省(自治区、直辖市)外省(自治区、直辖市)城镇人口迁移至各省(自治区、直辖市)城镇的人口数的测算结果见表4－7。

以上是对迁移人口的规模进行设定,本研究还需要对迁移人口的年龄结构比重进行设定。据1992年统计数据,20—49岁的青壮年占迁移人口的62.4%,迁移人口的年龄中位数为36.6岁。[1] 从目前城乡经济发展及生活状态来判断,年轻人口比重应该很高。为此,本研究假定未来的迁移人口年龄结构保持不变,即20—49岁的迁移人口占总迁移人口的比重为62%,1—19岁的迁移人口占总迁移人口的比重为19%(即0岁人口不迁移),50—89岁的迁移人口占总迁移人口的比重为19%。各单年龄别的迁移人口数等于该单年龄别人口数(如25岁的人口数)占对应年龄段人口数(如20—49岁的人口数)乘以该年龄段的迁移人口数(如20—49岁的迁移人口数)。

表4－7 全国及各省(自治区、直辖市)的外省(自治区、直辖市)城镇人口
向本省(自治区,直辖市)城镇净迁移的人口数(中方案)

单位:人

地区	2020—2024年	2025—2029年	2030—2034年	2035—2039年	2040—2044年	2045—2049年	2050年
全国	7000000	6000000	5000000	4000000	3000000	2000000	1000000
北京	866553	742758	618965	495173	371379	247587	123793
天津	359898	308484	257070	205656	154243	102828	51414
河北	－272552	－233616	－194680	－155744	－116808	－77872	－38936
山西	－42370	－36317	－30264	－24211	－18159	－12106	－6053
内蒙古	28569	24488	20407	16325	12244	8163	4081
辽宁	93419	80074	66728	53383	40037	26691	13346
吉林	－116296	－99682	－83068	－66455	－49841	－33227	－16614
黑龙江	－253782	－217528	－181273	－145019	－108764	－72509	－36255
上海	1082639	927976	773314	618651	463988	309325	154663
江苏	376604	322803	269003	215202	161402	107601	53801
浙江	1010173	865863	721552	577242	432931	288621	144310
安徽	－1022277	－876237	－730198	－584158	－438119	－292079	－146040

---

[1] 周渭兵. 社会养老保险精算理论、方法及其应用[M]. 北京:经济管理出版社,2004:5-7.

续表

地区	2020—2024年	2025—2029年	2030—2034年	2035—2039年	2040—2044年	2045—2049年	2050年
福建	281658	241421	201184	160947	120711	80474	40237
江西	-639251	-547930	-456608	-365286	-273965	-182643	-91322
山东	-112361	-96309	-80258	-64206	-48155	-32103	-16052
河南	-948039	-812605	-677170	-541736	-406302	-270868	-135434
湖北	-602415	-516356	-430297	-344237	-258178	-172119	-86059
湖南	-808457	-692963	-577469	-461975	-346481	-230988	-115494
广东	2673427	2291509	1909591	1527673	1145754	763836	381918
广西	-415944	-356523	-297103	-237682	-178262	-118841	-59421
海南	35040	30035	25029	20023	15017	10012	5006
重庆	-290522	-249019	-207516	-166013	-124510	-83006	-41503
四川	-906654	-777132	-647610	-518088	-388566	-259044	-129522
贵州	-325598	-279084	-232570	-186056	-139542	-93028	-46514
云南	3502	3002	2501	2001	1501	1001	500
西藏	12027	10309	8591	6873	5154	3436	1718
陕西	-113563	-97340	-81116	-64893	-48670	-32447	-16223
甘肃	-129920	-111360	-92800	-74240	-55680	-37120	-18560
青海	10474	8977	7481	5985	4489	2992	1496
宁夏	16930	14512	12093	9674	7256	4837	2419
新疆	149087	127789	106491	85192	63894	42596	21298

注：各省（自治区、直辖市）的外省（自治区、直辖市）城镇人口向本省（自治区、直辖市）城镇净迁移的人口相加等于0；全国总计数为数值大于0的省（自治区、直辖市）数值的加总。

上述设定为中方案下的迁移人口设定，本研究发现与第五次人口普查数据相比，第六次人口普查下的迁移人口数量下降约10%，因此本研究设定低方案下的迁移人口数量较中方案下降10%，即低方案下的迁移人口数量为中方案的90%；高方案下的迁移人口数量较中方案提高10%，即高方案下的迁移人口数量为中方案的1.1倍。各项方案的取值如表4-8所示：

表4-8 各项方案的取值

方案	死亡率	总和生育率	迁移人口
低方案（人口方案一）	中方案的1.05倍	1.3	中方案的0.9倍
中方案（人口方案二）	取自第六次人口普查	1.7	取自第六次人口普查
高方案（人口方案三）	中方案的0.95倍	2.1	中方案的1.1倍

注：总和生育率为全国层面的总和生育率。

四、人口预测结果

运用公式 4-1 至公式 4-21，并带入人口预测模型的各项参数，本研究对 2020—2050 年全国和各省（自治区、直辖市）的人口总数和老龄化程度进行了预测，具体结果如下。

（一）人口总数预测

从表 4-9 可以看出，在低方案下，2022 年我国人口总数约为 14.01 亿人[①]，2022 年以后人口总数呈上升趋势，直至 2024 年人口总数达到最高峰，约为 14.02 亿人，2025 年以后人口总数开始呈下降趋势，21 世纪中叶时（即 2050 年）的人口总数约为 12.23 亿人。

在中方案下，2022 年我国人口总数约为 14.46 亿人，2022 年以后人口总数呈上升趋势，直至 2029 年人口总数达到最高峰，约为 14.61 亿人，2030 年以后人口总数开始呈下降趋势，2050 年的人口总数约为 13.79 亿人。

在高方案下，2022 年我国人口总数约为 14.89 亿人，2022 年以后人口总数呈上升趋势，直至 2044 年人口总数达到最高峰，约为 15.53 亿人，2045 年以后人口总数开始呈下降趋势，2050 年的人口总数为 15.44 亿人。可以看出，高方案下的人口总数明显多于中方案，中方案的人口总数明显多于低方案。

城镇人口呈现先上升再下降的趋势，2050 年城镇人口为 8.89 亿—11.2 亿人，农村人口一直呈现下降趋势，这是由农村人口向城镇迁移造成的，是比较正常的现象。

从表 4-10 可以看出，与全国情况类似，大部分省（自治区、直辖市）的人口总数呈现先上升再下降的趋势，只是人口峰值出现的时点不尽相同。对于部分农村人口和城镇人口均为"净迁出"的省（自治区、直辖市），如吉林、黑龙江、湖南等，其人口总数一直呈现下降趋势，这也是很正常的现象，此处不再赘述。

---

① 不包括军人人数，下文如果没有特别说明，人口总数均不包括军人人数，这是因为受国家政策的影响，军人人数很难预测。

表4—9　2022—2050年全国人口总数的预测结果

单位：人

年份	低方案 总人口	低方案 城镇人口	低方案 农村人口	中方案 总人口	中方案 城镇人口	中方案 农村人口	高方案 总人口	高方案 城镇人口	高方案 农村人口
2022	1400785472	848351279	552434192	1445869080	888131427	557737653	1489429012	925401755	564027256
2023	1401676616	858603562	543073054	1450189258	901429219	548760039	1496982976	941438086	555544890
2024	1401844894	868396670	533448224	1453671876	914198848	539473028	1503584057	956878607	546705450
2025	1401393173	876053576	525339597	1456407577	924498705	531908872	1509391482	969696672	539694810
2026	1400357996	883321187	517036809	1458505114	934366283	524138831	1514510845	982042460	532468384
2027	1398740381	890193901	508546480	1459975596	943797685	516177912	1518966736	993914845	525051892
2028	1396526915	896644942	499881974	1460847775	952803030	508044745	1522760129	1005291489	517468640
2029	1393765411	902716040	491049372	1461138580	961395843	499742737	1525945548	1016226662	509718886
2030	1390526904	906726696	483800208	1460891303	967626064	493265239	1528618935	1024680319	503938616
2031	1386788652	910396939	476391713	1460224253	973534856	486689397	1531000310	1032851252	498149058
2032	1382578822	913747431	468831390	1459248118	979177841	480070278	1533320927	1040845545	492475382
2033	1377818224	916676768	461141456	1457917591	984536546	473381045	1535485264	1048548297	486936966
2034	1372541218	919256407	453284811	1456221392	989598945	466622447	1537512763	1056041874	481470889
2035	1366790663	921528571	445262091	1454164575	994376802	459787773	1539436401	1063376583	476059818
2036	1360524284	923448171	437076112	1451756315	998881869	452874447	1541255737	1070562881	470692855

续表

年份	低方案			中方案			高方案		
	总人口	城镇人口	农村人口	总人口	城镇人口	农村人口	总人口	城镇人口	农村人口
2037	1353742975	925000621	428742353	1449010171	1003118003	445892168	1543004135	1077633222	465370913
2038	1346394902	925985371	420409531	1445894698	1006893615	439001083	1544587009	1084335645	460251364
2039	1339058819	927131337	411927482	1443007327	1010979773	432027554	1546587009	1091550273	455145561
2040	1331211364	926200969	405010396	1439720212	1012802615	426917596	1548674535	1096546327	452128208
2041	1322736929	924772230	397964699	1435901607	1014172929	421728677	1550293592	1101186017	449107575
2042	1313743246	922916105	390827141	1431611796	1015137866	416473930	1551548931	1105484661	446064270
2043	1304176520	920539744	383636776	1426822249	1015677829	411144420	1552338310	1109308078	443030232
2044	1294087319	917670211	376417108	1421574818	1015811527	405763291	1552699422	1112681599	440017823
2045	1283409002	914250522	369158480	1415716788	1015355846	400360941	1552540046	1115544284	436995762
2046	1272258532	910387102	361871430	1409375010	1014440873	394934136	1551900525	1117934271	433966255
2047	1260648240	906063874	354584366	1402526104	1013028422	389497682	1550702614	1119763495	430939119
2048	1248567912	901292633	347275279	1395159415	1011126714	384032701	1548950431	1121080885	427869547
2049	1236094058	896016586	340077471	1387357034	1008667858	378689176	1546728446	1121806318	424922128
2050	1223111577	888560296	334551280	1378951157	1003702331	375248826	1543901294	1119908847	423992447

表4-10 各省(自治区、直辖市)人口总数的预测结果

单位:人

地区	低方案 2022	低方案 2035	低方案 2050	中方案 2022	中方案 2035	中方案 2050	高方案 2022	高方案 2035	高方案 2050
北京	34875166	44107089	46058869	37328114	48581673	52556553	39832708	53223019	59597764
天津	17940233	20133450	18610608	19931819	24056240	24683818	19818411	23527765	23545015
河北	72288229	67756048	59125747	74403375	71880238	67188926	76496127	76031603	76139156
山西	37816986	37029192	32843508	39006798	39286099	36749233	40193917	41568850	41034942
内蒙古	26905802	26728243	23609924	27756163	28349233	26327546	28610869	30000035	29268171
辽宁	44882876	41753109	33382164	45864423	43505685	35995860	46847911	45278472	38793327
吉林	25919462	22572982	17022616	25847781	22382914	16839251	26560644	23756833	19169514
黑龙江	34122498	27914720	19300922	34312373	28249872	20031728	34492189	28569084	20822486
上海	41889158	53208104	54871210	44722547	58356143	61993087	47608784	63678932	69637872
江苏	92606758	96245188	89110212	96388016	103274240	100311657	100207912	110501352	112586834
浙江	81496518	96834096	97855647	86289880	105887651	111546619	91173712	115277987	126525295
安徽	42278581	26296188	17630274	41813975	25441090	18359908	41250766	24321850	18723576
福建	45643720	49566526	47825383	47727068	53479611	54203239	49832266	57501655	61212159
江西	36580449	28841148	21527560	36779139	29415635	23567115	36926804	29885380	25761455
山东	96572643	90464042	77096705	99209736	95498203	86273255	101834955	100568432	96369254
河南	81807264	68326761	54040061	82892936	70722118	59903997	83892117	72956806	66276957
湖北	50051022	40324505	29978452	50732969	41505549	33023571	51364726	42609749	36367412
湖南	55265491	43747695	32434579	55824234	44929222	35843621	56318073	45983858	39537493
广东	155826425	188354750	195006102	165338798	206394271	222979651	174995051	224980266	253471768
广西	43382832	40425471	37606729	44611154	43259674	44362789	45794684	46053376	51895867
海南	10274987	11149994	11150730	10763605	12142902	12986688	11254657	13162328	15033914
重庆	23485905	17789543	12216345	23578619	18014953	13054976	23643980	18174409	13918470
四川	63841915	46782104	30199900	63796747	46837007	31456207	63685195	46739347	32760768
贵州	29790249	25504519	22058475	30325143	26892471	25892440	30804499	28187386	30096747
云南	48548178	48789442	45372327	50236489	52373512	52267604	51916299	56038872	60017778
西藏	3498951	3783448	3652496	3636835	4066288	4111720	3775382	4354173	4610424
陕西	36759583	33496195	27781354	37642938	35098736	30689427	38516108	36700784	33875558
甘肃	24625528	22347169	18939097	25240197	23557137	21428979	25841551	24764659	24205748
青海	6310111	6621693	6335582	6557201	7140207	7285308	6804505	7670517	8342272
宁夏	7251796	7704180	7457797	7552343	8313789	8545317	7852398	8932473	9739260
新疆	28246155	32193048	33010203	29757566	35272212	38490868	31281809	38436150	44564036

注：个别省(自治区、直辖市)高方案下的人口总数低于中方案和低方案，这是因为高方案下设置的迁移人口数量多于中方案和低方案，而个别省(自治区、直辖市)又是人口迁出大省，但这并不影响本研究的结果，且从全国层面来看，高方案下的人口数量始终多于中方案和低方案。

(二)老龄化程度预测

从表4-11可以看出,在低方案下,2022年65岁及以上人口占总人口的比重为15.14%,2022年以后65岁及以上人口占总人口的比重呈现上升趋势,直至2050年为31.71%。在中方案下,2022年65岁及以上人口占总人口的比重为14.68%,2022年以后65岁及以上人口占总人口的比重呈现上升趋势,直至2050年为28.32%。在高方案下,2022年65岁及以上人口占总人口的比重为14.25%,2022年以后65岁及以上人口占总人口的比重呈现上升趋势,直至2050年为25.40%。可见,高方案下的人口老龄化程度低于中方案和低方案。当死亡率降低,生育率提高,可以有效缓解人口老龄化。

表4-11 2022—2050年全国65岁及以上人口占总人口比重的预测结果

单位:%

年份	低方案	中方案	高方案
2022	15.14	14.68	14.25
2023	15.66	15.15	14.68
2024	15.91	15.36	14.85
2025	16.23	15.63	15.09
2026	16.34	15.70	15.13
2027	17.02	16.32	15.69
2028	18.13	17.36	16.66
2029	18.99	18.14	17.37
2030	19.87	18.94	18.11
2031	20.72	19.71	18.81
2032	21.38	20.29	19.32
2033	22.40	21.21	20.14
2034	23.26	21.97	20.81
2035	24.27	22.86	21.60
2036	25.11	23.59	22.23
2037	25.91	24.26	22.80
2038	26.64	24.86	23.29
2039	27.27	25.37	23.69
2040	27.78	25.76	23.97
2041	28.26	26.11	24.21

续表

年份	低方案	中方案	高方案
2042	28.54	26.28	24.29
2043	28.91	26.53	24.42
2044	29.30	26.78	24.57
2045	29.62	26.97	24.65
2046	29.99	27.21	24.77
2047	30.57	27.63	25.06
2048	30.93	27.85	25.16
2049	31.31	28.07	25.27
2050	31.71	28.32	25.40

从表4-12可以看出,各省(自治区、直辖市)65岁及以上人口占总人口的比重的变化趋势与全国基本一致。在低方案下,2050年所有省(自治区、直辖市)65岁及以上人口占总人口的比重均大于20%,其中黑龙江最高,为51.16%。在中方案下,2050年所有省(自治区、直辖市)65岁及以上人口占总人口的比重均大于16%,其中黑龙江最高,为48.17%。在高方案下,2050年所有省(自治区、直辖市)65岁及以上人口占总人口的比重均大于13%,其中黑龙江最高,为45.27%。可见,高方案下的人口老龄化程度同样低于中方案和低方案,此处不再赘述。

表4-12 各省(自治区、直辖市)65岁及以上人口占总人口比重的预测结果

单位:%

地区	低方案 2022	低方案 2035	低方案 2050	中方案 2022	中方案 2035	中方案 2050	高方案 2022	高方案 2035	高方案 2050
北京	13.15	20.50	32.37	12.68	19.49	30.03	12.26	18.60	27.94
天津	15.46	23.69	35.23	14.65	21.74	30.79	14.47	21.41	30.06
河北	15.98	24.65	28.76	15.47	23.09	25.02	15.00	21.69	21.82
山西	14.06	23.79	31.53	13.65	22.49	28.35	13.26	21.32	25.53
内蒙古	14.96	26.91	37.22	14.56	25.57	33.82	14.18	24.35	30.81
辽宁	20.41	33.44	42.70	20.02	32.25	40.02	19.64	31.15	37.52
吉林	18.75	34.22	44.88	18.62	33.91	43.77	18.19	32.18	39.16
黑龙江	19.02	36.40	51.16	18.79	35.54	48.17	18.57	34.71	45.27
上海	15.07	21.83	33.60	14.56	20.88	31.60	14.09	20.04	29.78

续表

地区	低方案 2022	低方案 2035	低方案 2050	中方案 2022	中方案 2035	中方案 2050	高方案 2022	高方案 2035	高方案 2050
江苏	16.95	25.94	32.93	16.43	24.57	30.05	15.95	23.33	27.48
浙江	13.98	22.39	31.81	13.53	21.23	29.31	13.11	20.20	27.09
安徽	22.98	43.45	40.51	17.58	33.12	29.69	17.28	31.94	24.37
福建	12.58	21.29	31.75	12.18	20.14	28.81	11.82	19.10	26.21
江西	13.82	23.55	29.58	13.43	21.99	24.56	13.06	20.55	20.24
山东	17.23	27.33	32.77	16.75	25.84	29.19	16.30	24.49	26.05
河南	15.15	24.17	26.75	14.72	22.61	22.65	14.32	21.19	19.15
湖北	17.45	30.88	35.91	17.01	29.26	30.99	16.59	27.78	26.70
湖南	17.00	28.56	32.36	16.56	26.87	27.21	16.16	25.32	22.81
广东	10.26	17.74	29.11	9.94	16.82	26.65	9.65	16.01	24.49
广西	13.54	19.95	22.70	13.01	18.19	18.40	12.52	16.67	15.01
海南	11.36	18.90	26.23	10.92	17.57	22.95	10.53	16.41	20.19
重庆	21.33	32.77	37.93	20.96	31.39	33.36	20.62	30.16	29.32
四川	20.00	32.38	40.37	19.72	31.27	36.02	19.45	30.25	31.99
贵州	13.74	20.14	21.50	13.21	18.25	16.89	12.71	16.61	13.33
云南	11.66	19.51	27.80	11.25	18.16	24.13	10.88	16.96	21.02
西藏	8.31	15.49	26.58	8.08	14.63	24.04	7.86	13.86	21.82
陕西	15.74	25.83	33.04	15.31	24.50	29.60	14.91	23.28	26.54
甘肃	13.89	24.13	28.48	13.45	22.57	24.57	13.03	21.16	21.22
青海	10.44	19.49	28.05	10.08	18.16	24.59	9.74	16.99	21.65
宁夏	11.13	19.43	28.61	10.75	18.20	25.38	10.40	17.12	22.63
新疆	10.24	18.23	26.45	9.87	17.00	23.35	9.53	15.94	20.74

第二节 精算模型

现阶段，职工医保的统筹层次为地（市）级，《"十四五"规划》指出"做实基本医疗保险市级统筹，推动省级统筹"，可见职工医保统筹层次上升至省（自治区、直辖市）乃至全国一级已是大势所趋，因此本研究以31个省（自治区、直辖市）为分析单位，分析模型是建立在31个省（自治区、直辖市）数据的基础之上，结论也是基于31个省（自治区、直辖市）

数据的分析结果。

由于个人账户并无共济功能，根据我国政策规定，一旦个人账户资金用完，个人将自付剩余的门诊医疗费用，所以全部参保人个人账户的余额不可能为负，个人账户总会有结余，即只要个人账户是实账管理[①]，个人账户基金永远是可持续的，因而本章的分析对象为具有共济功能的统筹基金，只介绍预测统筹基金变化趋势的精算模型以及各省（自治区、直辖市）统筹基金未来的变化趋势。下文如无特别说明，职工医保基金专指职工医保统筹基金。

一、精算假设

现阶段，我国职工医保的统筹层次为市（州）级，各市（州）之间的职工医保政策规定不尽相同，为研究方便，本研究做一系列简化处理：

1. 职工最初参加医疗保险的年龄为 20 岁[②]，最大生存年龄为 100 岁。

2. 男性职工退休年龄为 60 岁，女干部退休年龄为 55 岁，女工人退休年龄为 50 岁[③]。

3. 统筹基金的管理费用为 0。根据国发〔1998〕44 号文件的规定："社会保险经办机构的事业经费不得从基金中提取，由各级财政预算解决。"因此本研究可以认为职工医保统筹基金的管理费用为 0。

4. 职工医保"统账结合"模式为"板块式"，即个人账户支付门诊费用和需要自费的住院费用，统筹基金报销住院费用和门诊大病费用，两者之间互不挤占。我国职工医保"统账结合"模式可以分为"板块式"和"通道式"[④]，但是除镇江市、厦门市等少部分地区，全国大部分地区的"统账结合"模式均为"板块式"，因而本研究可以假设职工医保的"统账结合"模式为"板块式"。

5. 医疗费用的报销比例保持不变。目前，全国大部分地区医疗费用

---

① 实账管理是指基金管理者不会挪用个人账户基金里的资金，从而保证账户里永远都有资金。

② 根据《中华人民共和国劳动法》的规定，禁止用人单位招用未满 16 周岁的未成年人。因而，中国就业人口的法定最低年龄为 16 岁，但是 16 岁的人口的就业率并不高，而且城镇职工中的大部分人为大学毕业生，他们初次就业的年龄为 21～23 岁，因此本研究假设城镇职工最初参加医疗保险的年龄为 20 岁（蒋云赟，2009）。

③ 现行的退休年龄是参照《国务院关于安置老弱病残干部的暂行办法》和《国务院关于工人退休、退职的暂行办法》（国发〔1978〕104 号），男性 60 岁退休，女干部 55 岁退休，女工人 50 岁退休。在后文中，女工人和女干部的相关结果会统一为女性职工进行表述。

④ "通道式"是指医疗费用先从个人账户中支付，个人账户用完后，再由个人自付一定的额度，然后进入社会统筹基金支付段。

的报销比例均在70%及以上,扩展空间不大,而且世界卫生组织(WHO)认为70%的报销比例可以较好地抑制道德风险,而且许多实行社会保险型的发达国家(如德国、日本等)的医疗费用报销比例也在70%左右,因此本研究可以认为未来住院费用的报销比例保持不变①。

6. 精算分析的起始时间为2022年,结束于2050年,时长约为30年②。

二、精算模型构建

(一)统筹基金收入模型

t年职工医保统筹基金收入 = t年参保在职职工人数 × t年在职职工的平均工资 × t年职工医保的法定缴费率 × 征缴率 × 基金收入划入统筹基金的比例,具体的精算表达式为:

$$(AI)_t = \left(\sum_{x=20}^{59} N_{t,x}^m + \sum_{x=20}^{54} N_{t,x}^{fm} + \sum_{x=20}^{49} N_{t,x}^{fw} \right) \times \bar{w}_t \times R_t^1 \times zj_t \times R_t^2$$

$$= \left(\sum_{x=20}^{59} N_{t,x}^m + \sum_{x=20}^{54} N_{t,x}^{fm} + \sum_{x=20}^{49} N_{t,x}^{fw} \right) \times \bar{w}_{2021} \times \prod_{s=2022}^{t}(1+k_s^1) \times R_t^1 \times zj_t \times R_t^2 \quad (4-21)$$

其中$(AI)_t$为t年统筹基金的收入,$N_{t,x}^m$、$N_{t,x}^{fm}$和$N_{t,x}^{fw}$为t年x岁的参保男性、女干部和女工人人数,$\left(\sum_{x=20}^{59} N_{t,x}^m + \sum_{x=20}^{54} N_{t,x}^{fm} + \sum_{x=20}^{49} N_{t,x}^{fw} \right)$则代表$t$年的参保在职职工人数,$\bar{w}_t$为$t$年在职职工的平均工资(即法定缴费基数),$R_t^1$为$t$年职工医保法定缴费率,$zj_t$为$t$年职工医保征缴率,$R_t^2$为$t$年基金收入划入统筹基金的比例,$k_s^1$为$s$年在职职工平均工资的增长率(相对于$s-1$年的在职职工平均工资),$s$也代表时间,且$s \leq t$。

(二)统筹基金支出模型

t年职工医保统筹基金支出 = t年参保职工人数(含参保在职职工和参保退休职工) × t年人均统筹基金支出,t年人均统筹基金支出 = t年人均住院费用 × 住院费用的报销比例,具体的精算表达式为:

$$(AC)_t = \sum_{x=20}^{100}(N_{t,x}^m + N_{t,x}^{fm} + N_{t,x}^{fw}) \times \overline{PAC_t}$$

$$= \sum_{x=20}^{100}(N_{t,x}^m + N_{t,x}^{fm} + N_{t,x}^{fw}) \times \overline{m_{1,t}} \times u_t$$

---

① 本研究研究的是人口老龄化程度对医保基金运行状况的影响,并非是医疗保险报销比例对医保基金的影响,因此本研究可以假定未来医疗保险的报销比例不变,以剔除医疗保险报销比例对医疗费用和医保基金的影响,从而更精确地衡量人口老龄化程度对医保基金的影响。

② 众多学者进行预测分析时,时长一般都会保持在30年左右,即中长期预测。

$$= \sum_{x=20}^{100} (N_{t,x}^{m} + N_{t,x}^{fm} + N_{t,x}^{fw}) \times \overline{m_{1,2021}} \times \prod_{s=2022}^{t} (1 + k_s^2) \times f(u_t) \times u_t$$

(4-22)

其中 $(AC)_t$ 为 t 年统筹基金的支出，$\sum_{x=20}^{100} (N_{t,x}^{m} + N_{t,x}^{fm} + N_{t,x}^{fw})$ 则代表 t 年的参保职工人数，$\overline{PAC_t}$ 为 t 年人均统筹基金支出，k_s^2 为 s 年城镇职工人均住院费用的增长率(或人均统筹基金支出增长率)，$1 + k_s^2$ 为 s 年城镇职工人均住院费用的增加系数①，u_t 为 t 年职工医保住院费用的报销比例，$f(u_t)$ 为该报销比例对应的保险因子②。

根据统筹基金的收入和支出，统筹基金当期余额(或称收支差)的计算公式即为 $(AI)_t - (AC)_t$，如果 $(AI)_t - (AC)_t > 0$，则代表统筹基金存在当期结余；如果 $(AI)_t - (AC)_t < 0$，则代表统筹基金存在当期赤字。

(三)统筹基金累计结余额模型

根据以上精算建模原理和基金收入与支出预测模型，本研究构建预测统筹基金累计余额的精算模型。根据各省(自治区、直辖市)职工医保基金累计结余情况和收支情况，本研究构建对应的精算模型，假设 r 为银行活期存款利率③。

假设 2021 年的累计结余额为正，$T - 1$ 年及以前，统筹基金的收入>支出，而 T 年及以后，统筹基金的收入<支出，此时可能出现 $T + X - 1$ 年及以前，统筹基金的累计结余为正④，$T + X$ 年及以后，统筹基金的累计结余为负；即 $F_{2021} > 0$，当 $t = 2022, 2023, \cdots, T - 1$ 时，$(AI)_t > (AC)_t$，当 $t = T, \cdots, 2050$ 时，$(AI)_t < (AC)_t$，当 $t = 2022, 2023, \cdots, T + X - 1$ 时，$F_t > 0$，当 $t = T + X, \cdots, 2050$ 时，$F_{T+X} < 0$，如图 4-1 和图 4-2 所示。

---

① 该增加系数是指在住院费用的报销比例不变的情况下人均住院费用的增加系数，即 k_s^2 为住院费用的报销比例不变的情况下人均住院费用的增长率，下同。

② 本研究假设职工医保的报销比例不变，因此保险因子 $f(u_t)$ 为 1，所以人均医疗费用增长率 k_s^2 即为人均统筹基金支出的增长率。

③ 根据《国务院关于建立城镇职工基本医疗保险制度的决定》(国发〔1998〕44 号)，职工医保统筹基金的计息方式为：上年度结转的基金本息按 3 个月整存整取银行存款利率计息，当年筹集的部分按活期存款利率计息，但实际中，职工医保统筹基金并未按此规定计息，上年度结转的部分和本年度筹集的部分只按照活期存款利率计息，该情况将在第五章中进行详细的讨论。

④ 在该情况下，有可能出现在测算期内，统筹基金的累计结余额一直为正。

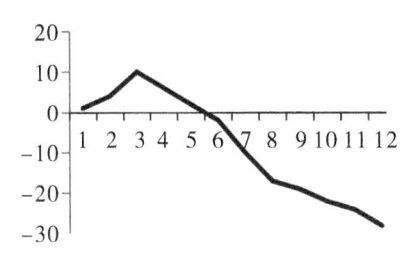

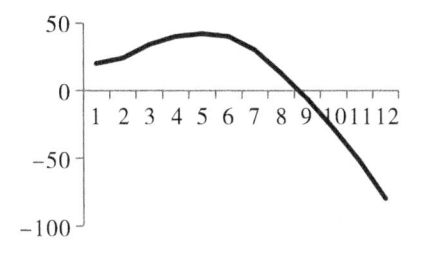

图 4-1 统筹基金收支差的变化趋势　　图 4-2 统筹基金累计余额的变化趋势

当 $t = 2022, 2023, \cdots, T+X-1$ 时，统筹基金的累计结余额为正，t 年统筹基金的累计余额等于 2021 年统筹基金的累计余额（含利息）与历年统筹基金的收支差（含利息）①的加总，具体的精算表达式为：

$$F_t = F_{2021} \times (1+r)^{t-2021} + \sum_{m=2022}^{t} \{[(AI)_m - (AC)_m] \times (1+r)^{t+1-m}\}$$

(4-23)

当 $t = T+X, \cdots, 2050$ 时，统筹基金的累计结余额为负，t 年统筹基金的累计结余额等于 $t-1$ 年统筹基金的累计结余额（应为负值，不计息）与 t 年统筹基金的收支差（不计息）②的加总，即 t 年统筹基金的累计结余额等于 $T+X-1$ 年统筹基金的累计结余额（不计息）与历年统筹基金收支差（不计息）的加总，化简后的精算表达式为：

$$\begin{aligned} F_t &= F_{t-1} + (AI)_t - (AC)_t \\ &= \cdots \\ &= F_{T+X-1} + \sum_{m=T+X}^{t} [(AI)_m - (AC)_m] \\ &= F_{2021} \times (1+r)^{T+X-2021} + \sum_{m=2022}^{T+X-1} \{[(AI)_m - (AC)_m] \times (1+r)^{T+X-m}\} + \\ &\quad \sum_{m=T+X}^{t} [(AI)_m - (AC)_m] \end{aligned}$$

(4-24)

三、精算模型参数计算与说明

(一)职工医保参保人数

参照队列要素法的原理，可以通过上一年的分年龄、性别的参保职

---

① 只要统筹基金的累计结余额为正，基金就会一直产生利息。
② 如果统筹基金的累计结余额为负（即统筹基金亏空），那么统筹基金将不再计息；即使统筹基金的收支差为正，其也是用来弥补以前的亏空额，不会产生利息。

工人口数和死亡率得到下一年的分年龄、性别的参保职工人口数(21岁及以上的参保职工人口数),而下一年新加入职工医保系统的人口为20岁的参保城镇就业人口和以前未参保而新参保的城镇就业人口,所以在预测新加入职工医保系统的人口时,本研究还需要确定各省(自治区、直辖市)历年的城镇就业人口(=城镇常住人口×就业率)和参保率。此外,一方面,假定2019年职工医保参保在职职工(25398万人)的年龄分布与2019年城镇就业人口①的年龄分布一致;另一方面,假定2019年参保退休职工(9025万人)与2019年退休年龄段城镇常住人口②的年龄分布一致。据此,本研究得到2019年分年龄、性别的参保职工数量。

根据历年的实际情况,并非所有的城镇就业人口都参加了职工医保,如表4-13所示,2010年全国仅55.28%的城镇就业人口参加了职工医保,除北京和上海外,其他省(自治区、直辖市)职工医保的在职职工参保率都不到90%,本研究以2010年的在职职工参保率和参保率的年增加值来设定各省(自治区、直辖市)未来在职职工的参保率,直至各省(自治区、直辖市)的参保率达到100%。同时本研究假设各年龄段的城镇就业人口的参保概率相同。

表4-13　2001和2010年全国和各省(自治区、直辖市)在职职工的参保率

地区	2001年 参保在职职工(人)	2001年 城镇就业人口(人)	2001年 参保率(%)	2010年 参保在职职工(人)	2010年 城镇就业人口(人)	2010年 参保率(%)	参保率年增加值(%)
全国	54707406	216642470	25.25	17791.1617	321856180	55.28	3.34
北京	1513232	5240430	28.88	848.5192	8266760	102.64	8.20
天津	928472	3028410	30.66	312.5139	3987190	78.38	5.30
河北	2210022	8379270	26.37	610.0009	15215600	40.09	1.52
山西	1228996	5023700	24.46	422.0006	7156850	58.96	3.83
内蒙古	1513460	4319380	35.04	308.8961	6029810	51.23	1.80
辽宁	2232049	9969370	22.39	944.5810	12571780	75.14	5.86
吉林	963753	5289590	18.22	370.2553	6125380	60.45	4.69
黑龙江	2190541	7250770	30.21	595.3359	8620080	69.06	4.32
上海	4415472	6877360	64.20	1017.1254	10998110	92.48	3.14

① 城镇就业人口=城镇常住人口×就业率,就业率数据来源于第六次人口普查数据。
② 退休年龄段:男性为60岁及以上,女干部55岁及以上,女工人50岁及以上。

续表

地区	2001年 参保在职职工(人)	2001年 城镇就业人口(人)	2001年 参保率(%)	2010年 参保在职职工(人)	2010年 城镇就业人口(人)	2010年 参保率(%)	参保率年增加值(%)
江苏	3425002	15792090	21.69	1405.0569	25082680	56.02	3.81
浙江	2526774	11947320	21.15	1117.6150	19798500	56.45	3.92
安徽	1791636	7341400	24.40	429.1961	11017230	38.96	1.62
福建	1326883	6730660	19.71	425.8950	10873490	39.17	2.16
江西	593927	4566740	13.01	365.5935	8487610	43.07	3.34
山东	4042242	18140350	22.28	1224.6016	24732920	49.51	3.03
河南	3654997	10231740	35.72	698.6934	16204340	43.12	0.82
湖北	2009131	10329760	19.45	607.9876	12492430	48.67	3.25
湖南	2679036	7634350	35.09	540.4889	12567810	43.01	0.88
广东	4603886	25022770	18.40	2685.5602	38232410	70.24	5.76
广西	1166592	5855630	19.92	290.5251	9035220	32.15	1.36
海南	323253	1335770	24.20	123.6824	1893210	65.33	4.57
重庆	270823	4570670	5.93	280.6015	6546570	42.86	4.10
四川	3092743	10289320	30.06	703.6305	14802340	47.54	1.94
贵州	242176	3761580	6.44	205.3266	4804850	42.73	4.03
云南	1400881	5078410	27.59	293.3422	7857880	37.33	1.08
西藏	0	253710	0.00	16.8807	344300	49.03	5.45
陕西	1819262	5023410	36.22	322.9170	7393740	43.67	0.83
甘肃	863283	2750080	31.39	204.3587	3934880	51.94	2.28
青海	257522	681450	37.79	53.5066	1124870	47.57	1.09
宁夏	132516	862730	15.36	67.7234	1426040	47.49	3.57
新疆	1288844	3063890	42.07	298.7505	4231300	70.60	3.17

注：参保率=参保在职职工人数/城镇就业人口数×100%；参保在职职工人数来源于《中国统计年鉴》，城镇就业人口数来源于第五次和第六次人口普查数据[1]；本研究采用2000年的城镇就业人口数代替2000年的城镇就业人口数[2]；参保率年增加值=(2010年参保率-2001年参保率)/9。

---

[1] 根据历年《中国统计年鉴》的相关数据，各省(自治区、直辖市)城镇就业人口数相加并不等于全国城镇就业人口数，例如2010年各省(自治区、直辖市)城镇就业人口数相加的值比全国城镇就业人口数少1亿人，因而本研究采用2000年第五次和2010年第六次人口普查的城镇就业人口数据来计算历年的参保率。

[2] 2001年《中国统计年鉴》并未公布2000年职工医保的参保人数，故本研究只计算2001年的参保率。

表4-14显示了2022—2050年城镇职工基本医疗保险参保职工人数的变化趋势。从中可以看出，在低方案和中方案下，参保城镇职工人数（由参保在职职工和参保退休职工构成）呈现先上升再下降的趋势；在高方案下，参保城镇职工人数一直呈现上升趋势。退职比一直呈现上升趋势，2050年低方案、中方案和高方案下的退职比分别为1.1206、1.0148和0.9336，也就是说，至2050年1位参保在职职工约抚养1位参保退休职工。2022、2035、2050年各省（自治区、直辖市）职工医保参保人数详见表4-15，此处不再赘述。

表4-14 2022—2050年全国城镇职工基本医疗保险参保人数预测结果

单位：人

年份	低方案 参保城镇职工	低方案 参保在职职工	低方案 参保退休职工	中方案 参保城镇职工	中方案 参保在职职工	中方案 参保退休职工	高方案 参保城镇职工	高方案 参保在职职工	高方案 参保退休职工
2022	444920805	340618253	104302552	454733238	349659789	105073449	463208649	357470241	105738408
2023	456018996	343154883	112864113	466586783	352734777	113852006	475645178	360940000	114705178
2024	467447270	347051800	120395470	478785711	357189326	121596385	488439089	365806339	122632750
2025	477410514	348748951	128661563	489384278	359270961	130113316	499573423	368209544	131363878
2026	487234339	350641452	136592887	499851318	361550462	138300856	510582301	370812277	139770024
2027	496546592	352603878	143942714	509813898	363909000	145904898	521093279	373501987	147591292
2028	505332415	352437364	152895051	519283996	364128230	155155766	531113860	374016422	157097438
2029	514011738	352737186	161274552	528653191	364821315	163831877	541038033	375012505	166025528
2030	520880570	350728119	170152451	536049934	363021496	173028438	548908153	373416984	175491169
2031	528677430	350147594	178529836	544387231	362665440	181721791	557728097	373276458	184451639
2032	536099157	349800464	186298694	553828654	364034255	189794400	569140063	376358721	192781343
2033	543338137	349137883	194200254	563191644	365157724	198033920	580509756	379199402	201310354

续表

年份	低方案 参保城镇职工	低方案 参保在职职工	低方案 参保退休职工	中方案 参保城镇职工	中方案 参保在职职工	中方案 参保退休职工	高方案 参保城镇职工	高方案 参保在职职工	高方案 参保退休职工
2034	550409832	348572288	201837544	572458419	366422826	206035594	591859690	382234079	209625611
2035	557151684	348392286	208759397	581419653	368088400	213331253	602962197	385718011	217244186
2036	563614598	347721153	215893444	590129143	369244061	220885081	613844861	388679686	225165176
2037	569681499	346771155	222910345	598474575	370108430	228366144	624400088	391343391	233056696
2038	575095618	345571827	229523791	606134212	370710449	235423763	634211858	393706553	240505305
2039	580002315	343782552	236219763	613247631	370666434	242581197	643427479	395374334	248053145
2040	583475847	341019169	242456678	618742317	369463154	249279163	650932428	395778159	255154270
2041	586465865	336991888	249473976	623710300	366903556	256806744	657873116	394743395	263129722
2042	589036941	331014981	258021960	628215717	362275037	265940680	664319007	391534679	272784328
2043	590989791	325909187	265080604	632068051	358540358	273527693	669990099	389166790	280823310
2044	592428564	319881286	272547277	635390463	353834155	281556309	675046489	385715367	289331123
2045	593284361	313075771	280208589	638060147	348257616	289802531	679408946	381337554	298071392
2046	593803995	307305406	286498589	640326933	343743481	296583452	683305079	378040399	305264679
2047	593995025	300575581	293419443	642227643	338210795	304016849	686809921	373684333	313125588
2048	593742955	293957308	299785647	643651386	332784130	310867256	689807945	369433105	320374840
2049	593123267	286985728	306137538	644667540	326968070	317699470	692363133	364764618	327598515
2050	591146845	278760588	312386257	644146513	319700803	324445710	693277468	358533920	334743549

注：参保城镇职工人数(参保总人数)=参保在职职工人数+参保退休职工人数，退职比=参保退休职工人数/参保在职职工人数。

表 4-15 各省（自治区、直辖市）城镇职工基本医疗保险参保人数预测结果

单位：人

地区	低方案 2022 参保城镇职工	低方案 2022 退职比	低方案 2035 参保城镇职工	低方案 2035 退职比	低方案 2050 参保城镇职工	低方案 2050 退职比	中方案 2022 参保城镇职工	中方案 2022 退职比	中方案 2035 参保城镇职工	中方案 2035 退职比	中方案 2050 参保城镇职工	中方案 2050 退职比	高方案 2022 参保城镇职工	高方案 2022 退职比	高方案 2035 参保城镇职工	高方案 2035 退职比	高方案 2050 参保城镇职工	高方案 2050 退职比
北京	18738566	0.278	25337283	0.508	28561170	1.139	19577583	0.269	27113593	0.491	31659300	1.050	20416539	0.260	28896454	0.476	34845410	0.978
天津	8499997	0.406	9986034	0.628	9868947	1.469	9254146	0.373	11654054	0.568	12767931	1.165	8983158	0.384	11028973	0.587	11715910	1.223
河北	12196050	0.427	16025178	0.578	18837756	0.944	12221531	0.427	16348662	0.563	20309353	0.833	12246923	0.426	16672496	0.548	21780784	0.747
山西	12255491	0.274	14765894	0.578	15656299	0.994	12519162	0.269	15384545	0.560	17041808	0.902	12782228	0.264	16006482	0.543	18451457	0.826
内蒙古	8242243	0.326	12180492	0.546	12877477	1.092	8452193	0.319	12780695	0.527	14101421	0.984	8661638	0.312	13385110	0.510	15427542	0.881
辽宁	19704946	0.560	20570619	0.908	18390501	1.499	19997473	0.551	21229494	0.878	19648859	1.369	20289434	0.541	21890612	0.851	20923488	1.262
吉林	8691182	0.499	8604143	1.023	7228887	1.832	8883562	0.488	8987891	0.977	7952237	1.572	8766722	0.495	8874411	0.978	7934880	1.513
黑龙江	12416816	0.548	11760091	1.163	9514922	1.939	12432458	0.547	11878012	1.141	9932258	1.732	12447932	0.546	11995645	1.120	10348910	1.561
上海	24887020	0.339	32948400	0.535	35882576	1.137	25931885	0.325	35277514	0.516	39602487	1.064	27076720	0.313	37613927	0.501	43415678	1.003
江苏	41796110	0.263	52460081	0.577	56019468	1.112	42971154	0.257	55136901	0.558	61198510	1.016	44145270	0.252	57825356	0.540	66489631	0.938
浙江	42149460	0.181	59589293	0.484	68442159	0.994	44173359	0.176	63791552	0.469	75804674	0.924	46196581	0.171	68011405	0.456	83376163	0.866
安徽	6352437	0.590	4557737	2.313	3813600	1.460	6014824	0.634	3909258	3.341	3326533	1.349	5678129	0.685	3253624	6.843	2724273	1.410
福建	13230738	0.217	22990072	0.419	27671478	0.986	13636467	0.212	24273156	0.407	30392725	0.904	14041929	0.208	25562218	0.396	33176673	0.837
江西	7461126	0.453	6825415	1.068	4884620	1.818	7176149	0.474	6371198	1.130	4660715	1.598	6891848	0.497	5911458	1.210	4392870	1.438
山东	28130018	0.303	35495683	0.656	35173960	1.247	28265837	0.302	36283305	0.639	37602361	1.111	28401338	0.301	37072982	0.622	40038869	1.003
河南	10136631	0.536	9710600	0.938	8425060	1.266	9881465	0.553	9366228	0.956	8491867	1.084	9626808	0.571	9016576	0.978	8509676	0.943

续表

地区	低方案 2022 参保城镇职工	低方案 2022 退职比	低方案 2035 参保城镇职工	低方案 2035 退职比	低方案 2050 参保城镇职工	低方案 2050 退职比	中方案 2022 参保城镇职工	中方案 2022 退职比	中方案 2035 参保城镇职工	中方案 2035 退职比	中方案 2050 参保城镇职工	中方案 2050 退职比	高方案 2022 参保城镇职工	高方案 2022 退职比	高方案 2035 参保城镇职工	高方案 2035 退职比	高方案 2050 参保城镇职工	高方案 2050 退职比
湖北	13673143	0.411	14153812	0.912	12233645	1.509	13498984	0.416	14044965	0.902	12703707	1.294	13324998	0.422	13932619	0.893	13147412	1.127
湖南	7929780	0.651	6903171	1.301	5177433	1.766	7691536	0.678	6554884	1.368	5066195	1.507	7453774	0.708	6201447	1.450	4907564	1.319
广东	81466720	0.162	112499837	0.453	129234148	1.078	84760563	0.159	119667526	0.441	142513010	0.994	88053682	0.156	126864031	0.431	156140598	0.925
广西	5602017	0.426	6785293	0.645	7780879	0.816	5528376	0.432	6756991	0.634	8283013	0.696	5454810	0.438	6726532	0.623	8764510	0.604
海南	3673542	0.263	4679037	0.512	5213549	0.922	3771480	0.258	4915651	0.495	5743525	0.836	3869313	0.253	5153618	0.480	6286488	0.767
重庆	7029631	0.389	6917147	1.007	5757061	1.497	6925512	0.395	6817231	1.004	5906824	1.295	6821528	0.402	6715664	1.003	6045372	1.134
四川	12685528	0.540	12749243	1.037	10085818	1.657	12464029	0.552	12406403	1.053	10135342	1.443	12242874	0.565	12059151	1.072	10155871	1.270
贵州	5881301	0.295	6569918	0.673	6609623	0.830	5836364	0.298	6594164	0.656	7058884	0.709	5791369	0.300	6617398	0.639	7505588	0.614
云南	7277489	0.311	10529349	0.508	13464714	0.790	7431098	0.305	10998947	0.492	14792152	0.716	7584375	0.300	11471354	0.477	16145598	0.656
西藏	791519	0.191	1038441	0.498	1143229	1.116	819162	0.186	1097155	0.483	1250213	1.032	846788	0.183	1156102	0.470	1359662	0.963
陕西	6360446	0.463	7390860	0.673	7918442	1.120	6391406	0.461	7546654	0.656	8484539	0.999	6422280	0.459	7702917	0.639	9052969	0.902
甘肃	4383522	0.389	5156354	0.724	4833923	1.249	4370845	0.390	5197524	0.710	5099889	1.102	4358179	0.391	5238453	0.697	5363614	0.984
青海	1275890	0.367	1697477	0.606	2039761	0.852	1297474	0.361	1763976	0.586	2231921	0.771	1319028	0.355	1830846	0.568	2427849	0.706
宁夏	2676647	0.211	3875631	0.480	4433619	0.842	2771385	0.206	4101360	0.464	4898142	0.763	2865912	0.201	4328565	0.450	5376291	0.696
新疆	9424798	0.260	12399099	0.557	13972122	0.934	9785776	0.253	13170164	0.537	15486116	0.858	10146543	0.246	13945774	0.519	17045870	0.796

注：退职比=参保退休职工人数/参保在职职工人数。

(二) 法定缴费率和征缴率

本研究采用2019年各省(自治区、直辖市)职工医保的法定缴费率作为未来各年各省(自治区、直辖市)职工医保的法定缴费率,并采用2002—2019年各省(自治区、直辖市)职工医保的平均征缴率作为未来各年各省(自治区、直辖市)职工医保的征缴率,如表4-16所示。

表4-16 各省(自治区、直辖市)职工医保的法定缴费率和平均征缴率

单位:%

地区	2019年法定缴费率	平均征缴率	地区	2019年法定缴费率	平均征缴率
北京	11.00	65.32	湖北	9.94	95.10
天津	12.00	73.38	湖南	9.82	98.77
河北	9.00	109.48	广东	7.92	59.00
山西	8.26	93.69	广西	9.12	106.61
内蒙古	8.00	104.33	海南	10.00	87.28
辽宁	10.00	85.63	重庆	10.50	90.87
吉林	8.10	87.62	四川	9.02	104.61
黑龙江	9.50	100.54	贵州	8.85	84.94
上海	9.50	71.87	云南	10.13	122.49
江苏	11.00	77.78	西藏	9.00	112.55
浙江	9.63	74.80	陕西	8.09	98.50
安徽	9.81	75.33	甘肃	8.07	112.56
福建	9.50	92.95	青海	8.00	157.01
江西	8.28	92.11	宁夏	10.00	98.68
山东	9.29	84.93	新疆	8.39	131.87
河南	8.46	90.80	—	—	—

(三) 基金收入划入统筹基金的比例

根据国发[1998]44号文件,个人缴费部分和用人单位缴费率部分的30%划入个人账户,其余部分划入统筹基金,即52.5%(=6×0.7/8×100%)的基金收入划入统筹基金,而47.5%左右的基金收入划入个人账户。由于大部分省(自治区、直辖市)的政策规定缴费率高于8%,因而大部分省(自治区、直辖市)基金收入划入统筹基金的比例要高于52.5%;根据2007—2010年全国社会保险情况和2018—2020年全国医疗保障事业

发展统计公报,60%左右的缴费额(基金收入)划入统筹基金。由于无法获得各省(自治区、直辖市)详细的统计资料,本研究同样假设各省(自治区、直辖市)基金收入划入统筹基金的比例均为60%。这一假设是成立的,因为根据调研资料,30%~50%的基金收入划入统筹基金,中间值为40%,见表4-17。

表4-17 2007—2020(部分)年全国基金收入划入统筹基金的比例

年份	基金(总收入(亿元)	统筹基金收入(亿元)	划入统筹基金的比例(%)
2007	2214.20	1332.00	60.16
2008	2855.50	1758.00	60.91
2009	3420.30	2099.00	61.37
2010	3955.40	2376.00	60.08
2011	4945.00	3015.00	60.97
2012	6062.00	3721.00	61.38
2018	13538.00	8241.00	60.87
2019	15845.00	10005.00	63.14
2020	15624.61	9221.61	59.02

资料来源:总收入和统筹基金收入数据来源于2007—2012年《全国社会保险情况》(人力资源和社会保障部发布,http://www.mohrss.gov.cn/SYrlzyhshbzb/zwgk/szrs/)和2018—2020年《全国医疗保障事业发展统计公报》。

注:基金收入划入统筹基金的比例=统筹基金收入/基金(总)收入×100%。

(四)城镇职工平均工资增长率

我国城镇职工平均工资(即法定缴费基数)增长率与人均GDP的增长率基本持平,但是我国未来的经济增长率存在不确定性,且已进入新常态的发展路径,因此本研究参照蒋云赟和易芬琳(2014)[1]、闫坤和刘陈杰(2015)[2]、曾益和李姝(2021)[3]的研究,设定2021—2030年为7%,2031—2040年为6%,2041—2050年为5%,各省(自治区、直辖市)城镇职工平均工资增长率的预测值等于未来全国城镇职工平均工资增长率乘

---

[1] 蒋云赟,易芬琳.农民工加入城镇医疗保险体系的方案探讨[J].经济科学,2014(5):79-89.
[2] 闫坤,刘陈杰.我国"新常态"时期合理经济增速测算[J].财贸经济,2015(1):17-26.
[3] 曾益,李姝.划转国有股能化解养老金支付危机吗?[J].财经理论与实践,2021,42(3):28-34.

以2001—2010年各省(自治区、直辖市)城镇职工平均工资增长率与2001—2010年全国城镇职工平均工资增长率的比值,具体预测结果详见图4-3。从中可以看出,随着年份的推移,各省(自治区、直辖市)之间的城镇职工平均工资增长率在不断缩小。各省(自治区、直辖市)职工平均工资增长率的平均值与全国基本一致,所以本研究的设定结果有一定的合理性。

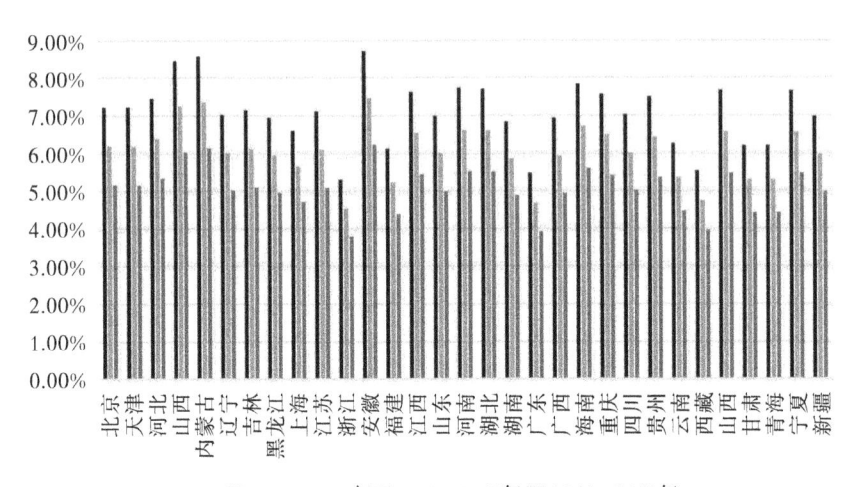

图4-3　2021—2050年各省(自治区、直辖市)职工平均工资增长率设定结果

(五)人均统筹基金支出增长率

人均统筹基金支出增长率是预测统筹基金变化趋势的重要参数,不同的学者对人均统筹基金支出增长率或者人均医疗费用增长率的设置也不尽相同,王晓燕和宋学锋(2004)设置人均货币工资增长率为15.9%,人均医疗费用增长率为23%,比人均货币工资增长率高7.1%[①];何文炯等(2009)设置人均统筹基金支出增长率比人均缴费工资增长率高1%[②]。那么实际中人均统筹基金支出增长率如何呢?根据第三次和第四次卫生服务调查,2003年和2008年的次均住院费用分别为9156元和10783元,住院费分别为5.9%和9.2%,因此2003年和2008年的人均住院费用分别

---

① 王晓燕,宋学锋.老龄化过程中的医疗保险基金:对使用现状及平衡能力的分析[J].预测,2004(6):5-9.
② 何文炯,徐林荣,傅可昂,等.基本医疗保险"系统老龄化"及其对策研究[J].中国人口科学,2009(2):74-83+112.

为 540.2 元(=9156×5.9%)和 992.04 元(=10783×9.2%),平均增长率为 12.93%[1],比 2003—2008 年的城镇职工平均工资增长率(14.63%)少近 1.7 个百分点,这与学者的假设不太相符[2],这是因为学者并未考虑人口结构因素对人均住院医疗费用的影响,所以本研究借鉴梅林(Mayhew,2000)[3]使用的"增长因子"方法,来分析人口老龄化对人均统筹基金支出产生的影响,以便更精确地衡量未来人均统筹基金支出的增长率,更好地预测未来统筹基金支出的变化趋势。下面本研究将对"增长因子"方法进行介绍,然后测算未来人均统筹基金支出增长率。

"增长因子"方法的特点是将人均医疗费用的增长率分解为几个独立的增长因素,这些因素包括人口老龄化、医疗技术的发展、疾病谱(疾病模式)的转变、治疗成本的变化等。而且假设各因素之间相互独立,没有重叠。基于该假设,人均医疗费用的变化与这些增长因素之间的关系可以表示为:

$$H(t) = H(0) \times \exp\left(t \sum_{i} r_i\right) \quad (4-25)$$

$H(0)$ 是基期的人均医疗费用,$H(t)$ 是时间 t 时的人均医疗费用,$t\sum_{i} r_i$ 为各因素带来的人均医疗费用增长率之和,本研究为分析人口结构(即人口老龄化因素)因素在其中的作用,将人口结构变化产生的影响,从其他影响因素中分离出来,也可称为人口因素的作用[4]。而其他所有的因素,如技术发展和医疗价格变化等加在一起代表剩余的增长因子,统称为非人口因素的作用。则模型的形式变为:

$$H(t) = H(0) \times \exp^{t(rp+ru)} \quad (4-26)$$

rp 代表人口结构变化带来的人均医疗费用增长率,ru 表示除人口结构因素(人口因素)以外的其他因素,即非人口因素变化带来的人均医疗费用增长率。

---

[1] 职工医保基金的政策也在不断完善中,以前统筹基金只能报销住院费用,因而这里可以用人均住院费用增长率替代人均统筹基金支出增长率。

[2] 何文炯等(2009)使用 Z 市医疗保险数据时,发现 2008—2010 年人均统筹基金支出增长率为 9.91%,而人均缴费工资增长率为 10.12%,即人均统筹基金支出增长率比人均缴费工资增长率还少 0.21%。

[3] MAYHEW L D. Health and elderly care expenditure in an aging world [R]. IIASA Research report, 2000.

[4] 人口因素可以分解为人口数量因素和人口结构因素,由于本研究考察的是人均住院医疗费用的增长率,因此不考虑人口数量对医疗费用增长的影响,而只考虑人口结构因素对医疗费用增长的影响。

如果用 $I(t)$ 表示人口结构的指数,即对 $e^{t \times rp}$ 用 $I(t)$ 来表示,则 rp 可以表示为:

$$rp(t) = \frac{1}{t} \ln I(t) \qquad (4-27)$$

进行展开后,ru 可以表示为:

$$ru(t) = \frac{1}{t} \ln \frac{H(t)}{H(0) I(t)} \qquad (4-28)$$

当时间 $t=0$ 时,假定指数 $I(0) = e^0 = 1$,将 $I(0)$ 代入公式(4-28),非人口因素带来的人均医疗费用增长率可以写为:

$$ru(t) = \frac{1}{t} \ln \frac{H(t)/I(t)}{H(0)/I(0)} \qquad (4-29)$$

所以 ru 可以解释为被人口结构指数标准化后的人均医疗费用增长率。与人口结构相关的人均医疗费用增长指数定义为:

$$I(t) = \frac{\sum_i p_i(t) C_i(t)}{\sum_i p_i(0) C_i(0)} \qquad (4-30)$$

$p_i(t)$ 为 t 年 i 年龄组的人口占总人口的比例,$C_i(t)$ 是年龄别相对医疗费用指数,在此情况下,$I(0)$ 也等于 1。所以:

$$rp(t) = \ln \frac{\sum_i p_i(t) C_i(t)}{\sum_i p_i(0) C_i(0)} / t \qquad (4-31)$$

下面本研究依次确定 $C_i(t)$ 和 $p_i(t)$ 的参数值,中国卫生费用核算小组等根据 1982 年和 1990 年全国第三次和第四次人口普查数据资料,以及卫生部 1993 年和 1998 年卫生服务调查结果,测算 1992 年和 1997 年全国各年龄组人口的人均医疗服务需求额,并以此为基础得到我国各年龄组的人均医疗消费权重(如图 4-4 所示)。本研究以图 4-4 中的结果来确定 $C_i(t)$ 的具体值,安德森和赫西(Anderson & Hussey,2000)[①]的一项研究表明,20 世纪 90 年代中期,65 岁及以上老年人口的人均医疗费用是 65 岁以下人口人均医疗费用的 2.7—2.8 倍,所以本研究采用 1997 年的人均医疗消费权重来确定 $C_i(t)$,而不采用平均值进行确定。$p_i(t)$ 通过职工医保的参保人数进行确定,采用如下公式:

---

① ANDERSON G F, Hussey P S. Population aging: a comparison among industrialized countries [J]. Health affairs, 2000, 19(3): 191-203.

$$p_{20\text{-}24}(t) = \frac{\sum_{x=20}^{24} (N_{x,t}^m + N_{x,t}^f)}{\sum_{x=20}^{100} (N_{x,t}^m + N_{x,t}^f)} \tag{4-32}$$

其他可以此类推。

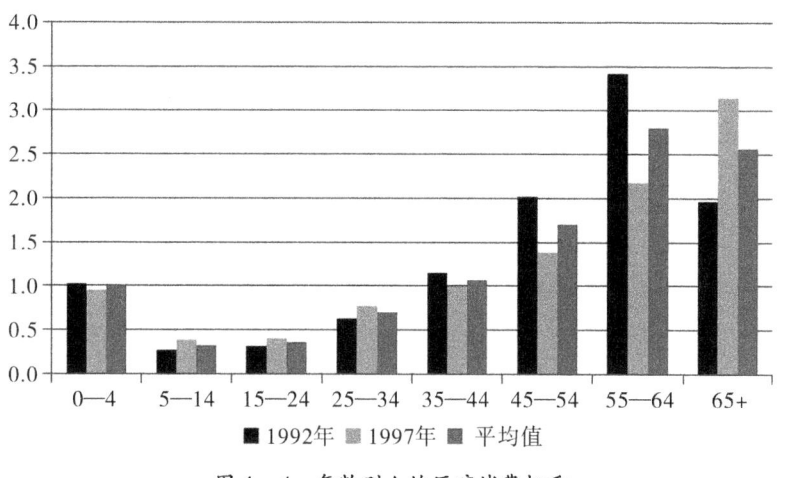

图4-4 年龄别人均医疗消费权重

数据来源：中国卫生费用核算小组，等. 中国卫生总费用历史回顾和发展预测[J]. 卫生软科学，2000(5)：202-213。

根据以上方法，并代入相关数值，本研究计算全国和各省（自治区、直辖市）人口结构变化带来的人均统筹基金支出增长率。从表4-18可以看出，人口结构的变化使得人均统筹基金支出出现正增长，推高人均统筹基金支出。在低方案下，2022—2050年人口结构的变化带来的人均统筹基金支出增长率为0.5%~1.33%；在中方案下，2022—2050年人口结构的变化带来的人均统筹基金支出增长率为0.41%~1.32%；在高方案下，2022—2050年人口结构的变化带来的人均统筹基金支出增长率为0.32%~1.31%。城镇职工参保人口的人口结构变化对人均统筹基金支出增长的影响先逐渐加大，随后开始减弱。各省（自治区、直辖市）的城镇职工人口结构变化带来的人均统筹基金支出增长率的变化趋势与全国基本一致。

表 4-18　2022—2050 年全国城镇职工人口结构变化带来的人均统筹基金支出增长率

单位:%

年份	低方案	中方案	高方案
2022	0.86	0.85	0.85
2023	1.17	1.16	1.16
2024	0.89	0.88	0.87
2025	1.14	1.14	1.13
2026	0.78	0.78	0.77
2027	1.16	1.16	1.15
2028	1.33	1.32	1.31
2029	1.06	1.06	1.05
2030	1.12	1.12	1.12
2031	0.99	0.99	0.99
2032	0.83	0.66	0.48
2033	1.12	0.94	0.76
2034	1.07	0.89	0.72
2035	1.14	0.95	0.78
2036	0.93	0.75	0.58
2037	1.02	0.87	0.73
2038	0.85	0.70	0.56
2039	0.76	0.62	0.49
2040	0.76	0.63	0.50
2041	0.83	0.70	0.57
2042	0.83	0.70	0.60
2043	0.86	0.74	0.62
2044	0.95	0.83	0.71
2045	0.96	0.83	0.72
2046	0.68	0.56	0.44
2047	0.73	0.64	0.55
2048	0.58	0.49	0.40
2049	0.50	0.41	0.32
2050	0.52	0.43	0.34

对于除人口因素之外的非人口因素带来的人均统筹基金支出增长率，1978—2000年，一直高于经济增长率(平均工资增长率)1%~2%。包括我国在内的发展中国家可以快速学习发达国家的医疗技术，所以非人口因

素带来的人均统筹基金支出增长率(或人均医疗费用增长率)还有增长空间,同时由于中国目前缺少有效的成本控制机制,这种增长可能会长时间保持。因此本研究假设非人口因素带来的人均统筹基金支出增长率比城镇职工平均工资增长率高1%,据此可以推算出未来人均统筹基金支出的增长率,详见表4-19。在低方案下,人均统筹基金支出增长率为6.50%~9.33%;在中方案下,人均统筹基金支出增长率为6.41%~9.32%;在高方案下,人均统筹基金支出增长率为6.32%~9.31%。可以看出,人口高方案下的人均统筹基金支出增长率最低,低方案下的人均统筹基金支出增长率最高,这是因为高方案下的人口老龄化程度最低,从而导致人均统筹基金支出增长率最低。

表4-19 2022—2050年全国城镇职工人均统筹基金支出增长率

单位:%

年份	低方案	中方案	高方案
2022	8.86	8.85	8.85
2023	9.17	9.16	9.16
2024	8.89	8.88	8.87
2025	9.14	9.14	9.13
2026	8.78	8.78	8.77
2027	9.16	9.16	9.15
2028	9.33	9.32	9.31
2029	9.06	9.06	9.05
2030	9.12	9.12	9.12
2031	7.99	7.99	7.99
2032	7.83	7.66	7.48
2033	8.12	7.94	7.76
2034	8.07	7.89	7.72
2035	8.14	7.95	7.78
2036	7.93	7.75	7.58
2037	8.02	7.87	7.73
2038	7.85	7.70	7.56
2039	7.76	7.62	7.49
2040	7.76	7.63	7.50
2041	6.83	6.70	6.57
2042	6.83	6.70	6.60

续表

年份	低方案	中方案	高方案
2043	6.86	6.74	6.62
2044	6.95	6.83	6.71
2045	6.96	6.83	6.72
2046	6.68	6.56	6.44
2047	6.73	6.64	6.55
2048	6.58	6.49	6.40
2049	6.50	6.41	6.32
2050	6.52	6.43	6.34

注：以上数值即为精算模型中的 k_m^2 的参数值，人均统筹基金支出增长率亦可称为人均住院费用增长率或人均医疗费用增长率。

根据《国务院办公厅关于全面推进生育保险和职工基本医疗保险合并实施的意见》（国办发〔2019〕10号），自2019年起生育保险与职工医保合并，不再单设生育保险，本研究在计算全国和各省（自治区、直辖市）职工医保基金支出时，将生育保险基金支出考虑在内。2018年人均统筹基金支出如表4-20所示，此处不再赘述。

表4-20 2018年城镇职工基本医疗保险人均统筹基金支出

地区	2018年参保职工人数(万人)	2018年基金收入(亿元)	2018年统筹基金收入(亿元)	2018年累计结余(亿元)	2017年累计结余(亿元)	2018年当期结余(亿元)	2018年统筹基金支出(亿元)	2018年人均统筹基金支出(元)
北京	1628.90	1209.00	725.40	804.60	570.60	234.00	491.40	3016.76
天津	575.30	308.10	184.86	123.70	97.90	25.80	159.06	2764.82
河北	1030.20	416.90	250.14	419.00	369.00	50.00	200.14	1942.73
山西	686.60	246.50	147.90	121.80	111.20	10.60	137.30	1999.71
内蒙古	505.30	215.60	129.36	165.80	153.00	12.80	116.56	2306.75
辽宁	1567.90	492.60	295.56	219.70	212.80	6.90	288.66	1841.06
吉林	576.00	175.50	105.30	182.50	160.60	21.90	83.40	1447.92
黑龙江	856.20	308.30	184.98	177.90	161.90	16.00	168.98	1973.60
上海	1523.30	1119.30	671.58	1485.50	1299.10	186.40	485.18	3185.06
江苏	2752.60	1141.40	684.84	824.00	681.50	142.50	542.34	1970.28
浙江	2277.00	1011.20	606.72	1192.40	1034.40	158.00	448.72	1970.66
安徽	854.60	309.50	185.70	241.10	194.10	47.00	138.70	1622.98
福建	853.10	325.00	195.00	267.20	231.70	35.50	159.50	1869.65

续表

地区	2018年参保职工人数(万人)	2018年基金收入(亿元)	2018年统筹基金收入(亿元)	2018年累计结余(亿元)	2017年累计结余(亿元)	2018年当期结余(亿元)	2018年统筹基金支出(亿元)	2018年人均统筹基金支出(元)
江西	573.70	214.20	128.52	181.20	146.70	34.50	94.02	1638.84
山东	2072.10	873.40	524.04	764.90	632.50	132.40	391.64	1890.06
河南	1265.10	414.20	248.52	278.20	249.30	28.90	219.62	1735.99
湖北	1054.00	429.00	257.40	128.90	114.30	14.60	242.80	2303.61
湖南	898.50	364.00	218.40	198.60	161.80	36.80	181.60	2021.15
广东	4170.70	1345.60	807.36	1728.90	1505.50	223.40	583.96	1400.15
广西	588.50	234.30	140.58	156.00	129.80	26.20	114.38	1943.59
海南	225.70	78.90	47.34	116.70	89.80	26.90	20.44	905.63
重庆	678.30	288.70	173.22	45.80	58.20	-12.40	185.62	2736.55
四川	1667.70	667.40	400.44	701.20	579.40	121.80	278.64	1670.80
贵州	432.00	185.80	111.48	86.60	53.10	33.50	77.98	1805.09
云南	506.90	289.30	173.58	176.40	137.70	38.70	134.88	2660.88
西藏	43.90	37.60	22.56	61.00	45.80	15.20	7.36	1676.54
陕西	674.40	290.30	174.18	191.90	153.70	38.20	135.98	2016.31
甘肃	331.60	125.90	75.54	80.20	69.60	10.60	64.94	1958.38
青海	99.40	72.90	43.74	38.30	30.80	7.50	36.24	3645.88
宁夏	131.90	63.90	38.34	69.60	55.60	14.00	24.34	1845.34
新疆	579.40	283.70	170.22	220.90	207.80	13.10	157.12	2711.77

注：统筹基金收入＝基金收入×0.6；2018年当期结余＝2018年累计结余－2017年累计结余；统筹基金支出＝统筹基金收入－当期结余；人均统筹基金支出＝统筹基金支出/参保职工人数。

第三节　全国和各省(自治区、直辖市)职工医保基金可持续性评估

本节对全国和各省(自治区、直辖市)职工医保基金可持续性的评估均是基于无政策干预的假设，如未延迟退休年龄、未实施社会保险费征收体制改革、未变动缴费政策、未让退休职工参与缴费、未扩大医保覆盖面、未合并个人账户与统筹基金等，本研究将在第五章详细分析政策

调整对职工医保基金可持续性的影响。

一、全国职工医保基金的可持续性评估

(一)统筹基金的收支运行状况

根据上文中的统筹基金收支预测精算模型和相关参数假设,本研究对 2022—2050 年间我国职工医保统筹基金收支情况进行测算①。由表 4 - 21 可见,在低方案下,2022—2050 年统筹基金的收入和支出均呈上升趋势,收入从 2022 年的 15257.68 亿元将扩大至 2050 年的 60291.09 亿元,大约上升 3.95 倍,平均增长率为 4.85%;支出规模从 2022 年的 12714 将亿元扩大至 2050 年的 139737.54 亿元,大约上升 10.99 倍,平均增长率为 8.62%。2022 年统筹基金的当期结余为 2543.68 亿元,此后当期结余出现下降趋势,至 2028 年统筹基金支出(24323.50 亿元)将超过统筹基金收入(23460.25 亿元),即 2028 年统筹基金将出现当期赤字,当期赤字为 863.25 亿元,如不采取有效措施,统筹基金的当期赤字状况会一直出现,当期赤字也会逐年扩大,2050 年当期赤字将为 79446.45 亿元。

在中方案下,收入从 2022 年的 15682.47 亿元将扩大至 2050 年的 69243.13 亿元,大约上升 4.42 倍,平均增长率为 5.26%;支出规模从 2022 年的 13001.83 亿元将扩大至 2050 年的 148683.95 亿元,大约上升 11.44 倍,平均增长率为 8.77%。2022 年统筹基金的当期结余为 2680.64 亿元,此后当期结余出现下降趋势,至 2028 年时统筹基金将出现当期赤字,当期赤字为 742.61 亿元,若不采取有效措施,当期赤字会逐年扩大,2050 年时当期赤字将为 79440.82 亿元。

在高方案下,收入从 2022 年的 16034.55 亿元将扩大至 2050 年的 77402.78 亿元,大约上升 4.83 倍,平均增长率为 5.58%;支出规模从 2022 年的 13244.71 亿元将扩大至 2050 年的 156284.66 亿元,大约上升 11.80 倍,平均增长率为 8.88%。2022 年统筹基金的当期结余为 2789.84 亿元,此后当期结余出现下降趋势,至 2028 年时统筹基金将出现当期赤字,当期赤字为 668.09 亿元,若不采取有效措施,当期赤字会逐年扩大,2050 年时当期赤字将为 78881.87 亿元。

---

① 这一测算结果是建立在职工医保基金的管理上升至全国统筹层次这一假设下,虽然我国职工医保基金管理并未上升至全国统筹层面,但这一测算结果对日后我国职工医保基金统筹层次的管理具有借鉴意义。

表4-21 2022—2050年全国职工医保统筹基金收支运行状况预测

单位：亿元

年份	低方案 收入	低方案 支出	低方案 收支差	中方案 收入	中方案 支出	中方案 收支差	高方案 收入	高方案 支出	高方案 收支差
2022	15257.68	12714.00	2543.68	15682.47	13001.83	2680.64	16034.55	13244.71	2789.84
2023	16421.78	14226.37	2195.41	16901.03	14563.31	2337.72	17293.29	14845.93	2447.36
2024	17742.63	15879.04	1863.59	18282.60	16271.17	2011.43	18719.48	16598.20	2121.28
2025	19043.63	17699.70	1343.93	19639.92	18151.19	1488.73	20121.15	18527.36	1593.79
2026	20454.13	19649.79	804.34	21111.80	20166.47	945.33	21641.17	20596.52	1044.65
2027	21971.70	21860.57	111.13	22696.76	22452.33	244.43	23278.87	22944.39	334.48
2028	23460.25	24323.50	-863.25	24258.57	25001.18	-742.61	24894.53	25562.62	-668.09
2029	25081.51	26983.95	-1902.44	25960.06	27757.36	-1797.30	26654.80	28395.80	-1741.00
2030	26637.00	29839.11	-3202.11	27587.88	30713.39	-3125.51	28339.98	31434.95	-3094.97
2031	28148.93	32704.59	-4555.66	29170.21	33684.19	-4513.98	29978.11	34492.67	-4514.56
2032	29766.33	35761.73	-5995.39	30991.08	36891.94	-5900.86	31987.27	37831.11	-5843.84
2033	31445.68	39187.14	-7741.46	32901.80	40493.11	-7591.31	34104.73	41581.57	-7476.85
2034	33227.41	42902.53	-9675.12	34942.25	44407.72	-9465.47	36377.79	45665.81	-9288.02
2035	35152.88	46961.16	-11808.28	37152.63	48690.05	-11537.42	38850.72	50141.08	-11290.36
2036	37136.60	51275.13	-14138.52	39446.90	53250.46	-13803.56	41432.16	54914.54	-13482.38
2037	39199.98	55984.60	-16784.63	41849.24	58256.20	-16406.96	44149.06	60174.94	-16025.88
2038	41329.32	60950.74	-19621.41	44348.31	63545.84	-19197.53	46985.17	65743.60	-18758.43
2039	43514.48	66243.91	-22729.43	46932.18	69193.18	-22261.01	49933.24	71695.24	-21762.00
2040	45693.22	71811.61	-26118.39	49520.63	75138.53	-25617.90	52908.77	77970.71	-25061.94
2041	47356.83	77106.23	-29749.40	51578.54	80815.32	-29236.79	55343.53	83977.97	-28634.44
2042	48786.28	82730.34	-33943.74	53415.27	86854.16	-33438.89	57571.74	90398.36	-32826.62
2043	50378.17	88698.98	-38320.81	55448.87	93273.24	-37824.38	60015.51	97202.39	-37186.87
2044	51858.18	95097.28	-43239.10	57397.80	100516.10	-42158.30	62384.96	104509.85	-42124.89
2045	53241.89	101860.41	-48618.52	59267.71	107460.63	-48192.92	64700.61	112251.64	-47551.03
2046	54831.18	108758.65	-53927.47	61383.88	114913.49	-53529.60	67298.14	120170.00	-52871.85
2047	56270.26	116120.41	-59850.15	63377.05	122910.01	-59532.97	69802.29	128703.77	-58901.48
2048	57742.81	123714.27	-65971.47	65442.25	131178.95	-65736.70	72415.71	137541.74	-65126.03
2049	59151.36	131621.04	-72469.69	67478.12	139809.09	-72330.96	75033.95	146775.44	-71741.49
2050	60291.09	139737.54	-79446.45	69243.13	148683.95	-79440.82	77402.78	156284.66	-78881.87

注：收支差=收入-支出，收支差大于0代表基金有当期结余，收支差小于0代表基金有当期赤字，下同。

(二)统筹基金的累计结余与可持续运行状况

无论何种方案,在2027年及以前,统筹基金的收支差一直为正,因而2027年及以前,统筹基金的累计结余额一直呈上升趋势(见表4-22),至2027年达到最高峰,为27745.17亿元,2028年及以后统筹基金将出现当期赤字,开始消耗之前的累计结余,所以2028年及以后累计结余额呈下降趋势,而且当期赤字逐年扩大。如果不采取有效措施,在三种方案下,统筹基金均将在2034年出现累计赤字。在低方案下,累计结余赤字规模为5681.97亿元,2034年及以后累计结余赤字规模逐年加大,2050年统筹基金累计赤字额将为662712.37亿元,2050年累计赤字率将为1099.19%,这表明在测算期内统筹基金的内源性融资不足以支付住院医疗费用支出。

在中方案下,2034年累计赤字规模为3840.69亿元,2034年及以后累计赤字规模逐年加大,2050年统筹基金累计赤字额将为654555.69亿元,2050年累计赤字率将为945.3%。在高方案下,2034年累计赤字规模为3840.69亿元,2034年及以后累计赤字规模逐年加大,2050年统筹基金累计赤字额将为644196.16亿元,2050年累计赤字率为832.26%。这表明在测算期内统筹基金的内源性融资不足以支付住院医疗费用支出。因此,全国职工医保统筹基金还可持续运行11年(2023—2034),2034年及以后会出现累计赤字。

综上可以看出,无论是在低方案、中方案还是高方案下,全国职工医保统筹基金出现当期赤字或累计赤字的时点没有变化或者没有太大的差别,这是因为虽然高、中、低方案下的人口总数和参保职工人数不一样。但是随着参保职工人数增加,享受医疗保险待遇的人数同样增加,两者相互抵消,抵消了人口总数的效应。在各省(自治区、直辖市)职工医保统筹基金财务运行状况的模拟之中,这一现象同样存在,原因不再赘述。

表4-22 2022—2050年全国职工医保统筹基金累计结余状况

单位:亿元

年份	低方案		中方案		高方案	
	累计结余	累计结余率(%)	累计结余	累计结余率(%)	累计结余	累计结余率(%)
2022	20780.18	136.19	21046.77	134.21	21259.98	132.59
2023	23090.47	140.61	23501.41	139.05	23825.87	137.78
2024	25078.83	141.35	25640.40	140.24	26076.89	139.30

续表

年份	低方案 累计结余	低方案 累计结余率(%)	中方案 累计结余	中方案 累计结余率(%)	高方案 累计结余	高方案 累计结余率(%)
2025	26554.87	139.44	27264.77	138.82	27809.03	138.21
2026	27496.00	134.43	28351.15	134.29	28997.95	133.99
2027	27745.17	126.28	28738.55	126.62	29479.10	126.63
2028	27016.33	115.16	28135.92	115.98	28955.06	116.31
2029	25239.46	100.63	26470.32	101.97	27350.14	102.61
2030	22147.53	83.15	23461.53	85.04	24376.44	86.01
2031	17679.84	62.81	19042.28	65.28	19961.19	66.59
2032	11742.87	39.45	13207.13	42.62	14187.95	44.35
2033	4021.42	12.79	5643.89	17.15	6744.66	19.78
2034	-5681.97	-17.10	-3840.69	-10.99	-2556.08	-7.03
2035	-17577.70	-50.00	-15455.00	-41.60	-13915.67	-35.82
2036	-31874.81	-85.83	-29404.85	-74.54	-27535.04	-66.46
2037	-48902.73	-124.75	-46040.87	-110.02	-43778.72	-99.16
2038	-68866.76	-166.63	-65564.60	-147.84	-62849.83	-133.77
2039	-92054.17	-211.55	-88264.73	-188.07	-85034.89	-170.30
2040	-118763.42	-259.91	-114452.05	-231.12	-110647.32	-209.13
2041	-149255.39	-315.17	-144407.28	-279.98	-139978.16	-252.93
2042	-184114.84	-377.39	-178735.40	-334.61	-173668.81	-301.66
2043	-223547.83	-443.74	-217642.58	-392.51	-211909.96	-353.09
2044	-268120.86	-517.03	-261712.93	-455.96	-255305.03	-409.24
2045	-318323.08	-597.88	-311455.38	-525.51	-304370.34	-470.43
2046	-374111.79	-682.30	-366809.91	-597.57	-359028.40	-533.49
2047	-436131.76	-775.07	-428474.59	-676.07	-420019.53	-601.73
2048	-504613.74	-873.90	-496682.35	-758.96	-487571.29	-673.29
2049	-579968.85	-980.48	-571858.38	-847.47	-562109.34	-749.14
2050	-662712.37	-1099.19	-654555.69	-945.30	-644196.16	-832.26

注：累计结余率=累计结余额/收入×100%，下同。

二、东部11个省(直辖市)职工医保基金可持续性评估

(一)职工医保统筹基金的当期赤字和累计赤字时点

按照以上的测算步骤，本研究模拟东部11个省(直辖市)职工医保统筹基金的运行状况。表4-23和表4-24归纳各东部省(直辖市)职工医

保统筹基金的运行状况。可以看出，在 2050 年及以前，东部 11 个省(直辖市)的职工医保统筹基金均会出现累计赤字，也就是说东部 11 个省(直辖市)的职工医保统筹基金在 2050 年及以前均不具备充足的偿付能力。

表 4-23　东部 11 个省(直辖市)职工医保统筹基金的
当期赤字时点和累计赤字时点

单位：年

地区	低方案		中方案		高方案	
	当期赤字时点	累计赤字时点	当期赤字时点	累计赤字时点	当期赤字时点	累计赤字时点
全国	2028	2034	2028	2034	2028	2034
北京	2032	2039	2032	2040	2033	2040
天津	2028	2034	2029	2036	2028	2035
河北	2032	2041	2032	2041	2033	2043
辽宁	2022	2026	2022	2026	2022	2026
上海	2033	2041	2033	2041	2033	2041
江苏	2030	2037	2030	2038	2030	2038
浙江	2026	2032	2026	2033	2026	2033
福建	2033	2040	2033	2040	2033	2041
山东	2027	2033	2027	2033	2027	2033
广东	2026	2033	2026	2033	2027	2033
海南	2049	—	—	—	—	—

注："—"是指基金未在 2050 年及以前出现当期赤字或累计赤字；当期赤字时点为当期赤字开始时点的简称，累计赤字时点为累计赤字开始时点的简称。

在低方案下，最早出现当期赤字的省(直辖市)为辽宁(2022 年)，最晚出现当期赤字的省(直辖市)为海南(2049 年)；最早出现累计赤字的省(直辖市)是辽宁(2026 年)，最晚出现累计赤字的省(直辖市)仍为海南(测算期内未出现累计赤字)，大部分东部省(直辖市)出现当期赤字的时点在 2026—2032 年(共 8 个，占 72.73%)，大部分东部省(直辖市)出现累计赤字的时点在 2026—2039 年(共 8 个，占 72.73%)。

在中方案和高方案下，最早出现当期赤字的省(直辖市)仍为辽宁(2022 年)，最晚出现当期赤字的省(直辖市)为海南(测算期内未出现当期赤字)；最早出现累计赤字的省(直辖市)是辽宁(2026 年)，最晚出现累计赤字的省(直辖市)仍为海南(测算期内未出现累计赤字)，大部分东部省(直辖市)出现当期赤字的时点在 2026—2032 年(共 8 个,占 72.73%),大部分东部省(直辖市)出现累计赤字的时点在 2026—2039 年(共 8 个,占 72.73%)。

在低方案下,与全国的情况进行对比,有 4 个东部省(直辖市)的职工医保统筹基金的当期赤字时点早于全国,分别为辽宁、浙江、山东和广东;有 1 个东部省(直辖市)的职工医保统筹基金的当期赤字时点与全国一致,即天津;有 6 个东部省(直辖市)的职工医保统筹基金的当期赤字时点晚于全国,分别是北京、河北、上海、江苏、福建和海南。因此,当期赤字时点早于全国的东部省(直辖市)个数占东部省(直辖市)总个数的 36.36%(=4/11×100%),当期赤字时点与全国一致的东部省(直辖市)个数占东部省(直辖市)总个数的 9.09%(=1/11×100%),当期赤字时点晚于全国的东部省(直辖市)个数占东部省(直辖市)总个数的 54.55%(=6/11×100%)。

再看各个东部省(直辖市)职工医保统筹基金的累计赤字时点,有 4 个东部省(直辖市)的职工医保统筹基金的累计赤字时点早于全国,分别为辽宁、浙江、山东和广东;有 1 个东部省(直辖市)的职工医保统筹基金的累计赤字时点与全国一致,即天津;有 6 个东部省(直辖市)的职工医保统筹基金的累计赤字时点晚于全国,分别是北京、河北、上海、江苏、福建和海南。因此,累计赤字时点早于全国的东部省(直辖市)个数占东部省(直辖市)总个数的 36.36%(=4/11×100%),累计赤字时点与全国一致的东部省(直辖市)个数占东部省(直辖市)总个数的 9.09%(=1/11×100%),累计赤字时点晚于全国的东部省(直辖市)个数占东部省(直辖市)总个数的 54.55%(=6/11×100%)。可见,大部分东部省(直辖市)的职工医保统筹基金的亏空时点晚于全国。

在中方案下,与全国的情况进行对比,有 4 个东部省(直辖市)的职工医保统筹基金的当期赤字时点早于全国,分别为辽宁、浙江、山东和广东;有 7 个东部省(直辖市)的职工医保统筹基金的当期赤字时点晚于全国,分别是北京、天津、河北、上海、江苏、福建和海南。因此,当期赤字时点早于全国的东部省(直辖市)个数占东部省(直辖市)总个数的 36.36%(=4/11×100%),当期赤字时点晚于全国的东部省(直辖市)个数占东部省(直辖市)总个数的 63.64%(=7/11×100%)。

再看各个东部省(直辖市)职工医保统筹基金的累计赤字时点,有 4 个东部省(直辖市)的职工医保统筹基金的累计赤字时点早于全国,分别为辽宁、浙江、山东和广东;有 7 个东部省(直辖市)的职工医保统筹基金的累计赤字时点晚于全国，分别是北京、天津、河北、上海、江苏、福建和海南。因此，累计赤字时点早于全国的东部省（直辖市）个数占东部省（直辖市）总个数的36.36%（=4/11×100%），累计赤字时点晚于全国的东部省（直辖市）个数占东部省（直辖市）总个数的63.64%（=7/11×100%）。可见，大部分东部省（直辖市）的职工医保统筹基金的亏空时点晚于全国。

在高方案下，与全国的情况进行对比，有4个东部省（直辖市）的职工医保统筹基金的当期赤字时点早于全国，分别为辽宁、浙江、山东和广东；有1个东部省（直辖市）的职工医保统筹基金的当期赤字时点与全国一致，即天津；有6个东部省（直辖市）的职工医保统筹基金的当期赤字时点晚于全国，分别是北京、河北、上海、江苏、福建和海南。因此，当期赤字时点早于全国的东部省（直辖市）个数占东部省（直辖市）总个数的36.36%（=4/11×100%），当期赤字时点与全国一致的东部省（直辖市）个数占东部省（直辖市）总个数的9.09%（=1/11×100%），当期赤字时点晚于全国的东部省（直辖市）个数占东部省（直辖市）总个数的54.55%（=6/11×100%）。

再看各个东部省（直辖市）职工医保统筹基金的累计赤字时点，有4个东部省（直辖市）的职工医保统筹基金的累计赤字时点早于全国，分别为辽宁、浙江、山东和广东；有7个东部省（直辖市）的职工医保统筹基金的累计赤字时点晚于全国，分别是北京、天津、河北、上海、江苏、福建和海南。因此，累计赤字时点早于全国的东部省（直辖市）个数占东部省（直辖市）总个数的36.36%（=4/11×100%），累计赤字时点晚于全国的东部省（直辖市）个数占东部省（直辖市）总个数的63.64%（=7/11×100%）。可见，大部分东部省（直辖市）的职工医保统筹基金的亏空时点晚于全国。

（二）职工医保统筹基金的累计赤字情况

在低方案下，如果职工医保统筹基金上升至全国统筹，职工医保还可持续运行12年（2022—2034年），从表4-24可以看出，辽宁职工医保统筹基金的可持续运行时间最短，为4年，海南职工医保统筹基金的可持续运行时间最长，为29年；有4个东部省（直辖市）职工医保统筹基金的可持续运行时间少于12年，有6个东部省（直辖市）职工医保统筹基金的可持续运行时间超过12年；平均来看，东部10个省（直辖市）职工医保统筹基金的可持续运行时间为15.30年，超过全国的12年。

表4-24同样显示了2050年各东部省（直辖市）职工医保统筹基金的

累计赤字额，其中广东的累计赤字额最高，为99318.72亿元，而海南并未出现累计赤字，仍存留累计结余为3090.46亿元。这10个东部省(直辖市)职工统筹基金的平均累计赤字额为39323.35亿元。

在中方案下，如果职工医保统筹基金上升至全国统筹，职工医保还可持续运行12年(2022—2034年)，从表4-24可以看出，辽宁职工医保统筹基金的可持续运行时间最短，为4年，海南职工医保统筹基金的可持续运行时间最长，为29年；有4个东部省(直辖市)职工医保统筹基金的可持续运行时间少于12年，有6个东部省(直辖市)职工医保统筹基金的可持续运行时间超过12年；平均来看，东部10个省(直辖市)职工医保统筹基金的可持续运行时间为15.60年，超过全国的12年。

表4-24同样显示了2050年各东部省(直辖市)职工医保统筹基金的累计赤字额，其中广东的累计赤字额最高，为102845.09亿元，而海南并未出现累计赤字，仍存留累计结余为3671.56亿元。这10个东部省(直辖市)职工统筹基金的平均累计赤字额为39556.22亿元。

表4-24 东部10个省(直辖市)职工医保统筹基金的累计赤字情况

地区	低方案 可持续运行时间(年)	低方案 2050年累计赤字额(亿元)	低方案 2050年累计赤字率(%)	中方案 可持续运行时间(年)	中方案 2050年累计赤字额(亿元)	中方案 2050年累计赤字率(%)	高方案 可持续运行时间(年)	高方案 2050年累计赤字额(亿元)	高方案 2050年累计赤字率(%)
全国	12	662712.37	1099.19	12	654555.69	945.30	12	644196.16	832.26
北京	17	39059.65	721.19	18	39443.44	629.79	18	39752.99	556.38
河北	19	10329.84	379.58	19	8577.90	275.78	21	6800.69	194.22
辽宁	4	25504.55	1693.45	4	25307.18	1491.18	4	25083.38	1325.16
上海	19	38351.54	626.07	19	38939.34	556.23	19	39495.67	499.43
江苏	15	55242.10	825.96	16	54366.49	710.27	16	53375.29	616.94
浙江	10	64906.23	1495.19	11	67826.36	1361.07	11	70697.68	1250.86
福建	18	17384.16	697.55	18	17115.68	599.35	19	16804.70	520.08
山东	11	46227.15	1431.36	11	44812.26	1219.37	11	43360.42	1051.39
广东	11	99318.72	1665.12	11	102845.09	1500.21	11	106283.93	1366.23
海南	29	-3090.46	-440.29	29	-3671.56	-453.55	29	-4271.08	-463.85
平均值	15.30	39323.35	909.52	15.60	39556.22	788.97	15.90	39738.36	691.68

注：可持续运行时间=累计赤字时点-2022；如果某省(自治区、直辖市)在测算期内未出现累计赤字，则代表该省(自治区、直辖市)在2051年及以后将出现累计赤字，基金可持续运行时间至少为30年(=2051-2021)；累计赤字率=累计赤字额/统筹基金当期收入=0-累计结余率；平均值为这10个东部省(直辖市)的平均值。

在高方案下,如果职工医保统筹基金上升至全国统筹,职工医保还可持续运行12年,从表4-24可以看出,辽宁职工医保统筹基金的可持续运行时间最短,为4年,海南职工医保统筹基金的可持续运行时间最长,为29年;有4个东部省(直辖市)职工医保统筹基金的可持续运行时间少于12年,有6个东部省(直辖市)职工医保统筹基金的可持续运行时间超过12年;平均来看,东部10个省(直辖市)职工医保统筹基金的可持续运行时间为15.90年,超过全国的12年。

表4-24同样显示了2050年各东部省(直辖市)职工医保统筹基金的累计赤字额,其中广东的累计赤字额最高,为106283.93亿元,而海南并未出现累计赤字,仍存留累计结余为4271.08亿元。这10个东部省(直辖市)职工统筹基金的平均累计赤字额为39738.36亿元。

三、中部8个省职工医保基金可持续性评估

(一)职工医保统筹基金的赤字和累计赤字时点

同样按照以上的测算步骤,本研究模拟中部8个省职工医保统筹基金的运行状况。从表4-25可以看出,在低方案下,在2050年及以前,中部8个省的职工医保统筹基金均会出现累计赤字,也就是说,中部8个省的职工医保统筹基金在2050年及以前均不具备充足的偿付能力。最早出现当期赤字的省为黑龙江、河南、湖北和湖南(2022年),最晚出现当期赤字的省为山西(2029年);最早出现累计赤字的省是黑龙江(2024年),最晚出现累计赤字的省仍为山西(2035年),大部分中部省出现当期赤字的时点在2022—2026年(共7个,占87.5%),大部分中部省出现累计赤字的时点在2025—2035年(共7个,占87.5%)。

与全国的情况进行对比,有7个中部省的职工医保统筹基金的当期赤字时点早于全国,分别为吉林、黑龙江、安徽、江西、河南、湖北和湖南;有1个中部省的职工医保统筹基金的当期赤字时点晚于全国,即山西。因此,当期赤字时点早于全国的中部省个数占中部省总个数的87.5%(=7/8×100%),当期赤字时点晚于全国的中部省个数占中部省总个数的12.5%(=1/8×100%)。

再看各个中部省职工医保统筹基金的累计赤字时点,有7个中部省的职工医保统筹基金的累计赤字时点早于全国,分别为吉林、黑龙江、安徽、江西、河南、湖北和湖南;有1个中部省的职工医保统筹基金的累计赤字时点晚于全国,即山西。因此,累计赤字时点早于全国的中部省个数占中部省总个数的87.5%(=7/8×100%),累计赤字时点晚于全国

的中部省个数占中部省总个数的 12.5%(=1/8×100%)。可见,大部分中部省的职工医保统筹基金的亏空时点早于全国。

表 4-25 中部 8 个省职工医保统筹基金的当期赤字时点和累计赤字时点

单位:年

地区	低方案		中方案		高方案	
	当期赤字时点	累计赤字时点	当期赤字时点	累计赤字时点	当期赤字时点	累计赤字时点
全国	2028	2034	2028	2034	2028	2034
山西	2029	2035	2029	2035	2029	2035
吉林	2023	2029	2024	2030	2024	2030
黑龙江	2022	2024	2022	2024	2022	2024
安徽	2026	2032	2025	2031	2024	2030
江西	2025	2031	2024	2030	2024	2030
河南	2022	2028	2022	2028	2022	2027
湖北	2022	2026	2022	2025	2022	2025
湖南	2022	2025	2022	2025	2022	2024

在中方案下,在 2050 年及以前,中部 8 个省的职工医保统筹基金均会出现累计赤字,也就是说中部 8 个省的职工医保统筹基金在 2050 年及以前均不具备充足的偿付能力。最早出现当期赤字的省为黑龙江、河南、湖北和湖南(2022 年),最晚出现当期赤字的省为山西(2029 年);最早出现累计赤字的省是黑龙江(2024 年),最晚出现累计赤字的省仍为山西(2035 年),大部分中部省出现当期赤字的时点在 2022—2025 年(共 7 个,占 87.5%),大部分中部省出现累计赤字的时点在 2025—2030 年(共 7 个,占 87.5%)。

与全国的情况进行对比,有 7 个中部省的职工医保统筹基金的当期赤字时点早于全国,分别为吉林、黑龙江、安徽、江西、河南、湖北和湖南;有 1 个中部省的职工医保统筹基金的当期赤字时点晚于全国,即山西。因此,当期赤字时点早于全国的中部省个数占中部省总个数的 87.5%(=7/8×100%),当期赤字时点晚于全国的中部省个数占中部省总个数的 12.5%(=1/8×100%)。

再看各个中部省职工医保统筹基金的累计赤字时点,有 7 个中部省的职工医保统筹基金的累计赤字时点早于全国,分别为吉林、黑龙江、安徽、江西、河南、湖北和湖南;有 1 个中部省的职工医保统筹基金的累计赤字时点晚于全国,即山西。因此,累计赤字时点早于全国的中部省个数占中部省总个数的87.5%(=7/8×100%),累计赤字时点晚于全国的中部省个数占中部省总个数的12.5%(=1/8×100%)。可见,大部分中部省的职工医保统筹基金的亏空时点早于全国。

在高方案下,在2050年及以前,中部8个省的职工医保统筹基金均会出现累计赤字,也就是说中部8个省的职工医保统筹基金在2050年及以前均不具备充足的偿付能力。最早出现当期赤字的省为黑龙江、河南、湖北和湖南(2022年),最晚出现当期赤字的省为山西(2029年);同样地,最早出现累计赤字的省是黑龙江和湖南(2024年),最晚出现累计赤字的省仍为山西(2035年),大部分中部省出现当期赤字的时点在2022—2024年(共7个,占87.5%),大部分中部省出现累计赤字的时点在2024—2030年(共7个,占87.5%)。

与全国的情况进行对比,有7个中部省的职工医保统筹基金的当期赤字时点早于全国,分别为吉林、黑龙江、安徽、江西、河南、湖北和湖南;有1个中部省的职工医保统筹基金的当期赤字时点晚于全国,即山西。因此,当期赤字时点早于全国的中部省个数占中部省总个数的87.5%(=7/8×100%),当期赤字时点晚于全国的中部省个数占中部省总个数的12.5%(=1/8×100%)。

再看各个中部省职工医保统筹基金的累计赤字时点,有7个中部省的职工医保统筹基金的累计赤字时点早于全国,分别为吉林、黑龙江、安徽、江西、河南、湖北和湖南;有1个中部省的职工医保统筹基金的累计赤字时点晚于全国,即山西。因此,累计赤字时点早于全国的中部省个数占中部省总个数的87.5%(=7/8×100%),累计赤字时点晚于全国的中部省个数占中部省总个数的12.5%(=1/8×100%)。可见,大部分中部省的职工医保统筹基金的亏空时点早于全国。

(二)职工医保统筹基金的累计赤字情况

在低方案下,如果职工医保统筹基金上升至全国统筹,职工医保还可持续运行12年(2022—2034年),从表4-26可以看出,黑龙江职工医保统筹基金的可持续运行时间最短,为2年,山西职工医保统筹基金的可持续运行时间最长,为13年;有7个中部省职工医保统筹基金的可持续运行时间少于12年,有1个中部省职工医保统筹基金的可持续运行时间超过12年;平均来看,中部8个省职工医保统筹基金的可持续运行时间为6.75年,早于全国的12年。

表4-26同样显示了2050年各中部省职工医保统筹基金的累计赤字

额，其中湖北的累计赤字额最高，为 30294.20 亿元，安徽累计赤字额最低，为 8167.85 亿元。这 8 个中部省职工统筹基金的平均累计赤字额为 15279.69 亿元。

表 4-26　中部 8 个省职工医保统筹基金的累计赤字情况

地区	低方案 可持续运行时间(年)	低方案 2050年累计赤字额(亿元)	低方案 2050年累计赤字率(%)	中方案 可持续运行时间(年)	中方案 2050年累计赤字额(亿元)	中方案 2050年累计赤字率(%)	高方案 可持续运行时间(年)	高方案 2050年累计赤字额(亿元)	高方案 2050年累计赤字率(%)
全国	12	662712.37	1099.19	12	654555.69	945.30	12	644196.16	832.26
山西	13	22518.03	836.61	13	21981.26	715.69	13	21378.56	617.43
吉林	7	9504.13	2126.18	8	9438.43	1743.49	8	9132.70	1651.86
黑龙江	2	20007.56	3107.85	2	19667.10	2720.08	2	19306.38	2402.92
安徽	10	8167.85	1418.66	9	7769.49	1477.66	8	7734.46	1842.94
江西	9	8928.50	2326.77	8	8171.62	2057.10	8	7498.30	1879.30
河南	6	12379.14	1447.88	6	11263.73	1202.13	5	10205.55	1013.17
湖北	4	30294.20	2220.14	3	28673.85	1850.01	3	27050.36	1563.43
湖南	3	10438.13	2711.54	3	9682.58	2329.40	2	8994.19	2066.04
平均值	6.75	15279.69	2024.45	6.50	14581.01	1761.95	6.13	13912.56	1629.64

注：可持续运行时间=累计赤字时点-2022；累计赤字率=累计赤字额/统筹基金当期收入=0-累计结余率；平均值为这 8 个中部省的平均值。

在中方案下，如果职工医保统筹基金上升至全国统筹，职工医保还可持续运行 12 年（2022—2034 年），从表 4-26 可以看出，黑龙江职工医保统筹基金的可持续运行时间最短，为 2 年，山西职工医保统筹基金的可持续运行时间最长，为 13 年；有 7 个中部省职工医保统筹基金的可持续运行时间少于 12 年，有 1 个中部省职工医保统筹基金的可持续运行时间超过 12 年；平均来看，中部 8 个省职工医保统筹基金的可持续运行时间为 6.50 年，早于全国的 12 年。

上表 4-26 同样显示了 2050 年各中部省职工医保统筹基金的累计赤字额，其中湖北的累计赤字额最高，为 28673.85 亿元，安徽累计赤字额最低，为 7769.49 亿元。这 8 个中部省职工医保统筹基金的平均累计赤字额为 14581.01 亿元。

在高方案下，如果职工医保统筹基金上升至全国统筹，职工医保还可持续运行 12 年（2022—2034 年），从表 4-26 可以看出，黑龙江和湖南职工医保统筹基金的可持续运行时间最短，为2年，山西职工医保统筹基金的可持续运行时间最长，为13年；有7个中部省职工医保统筹基金的可持续运行时间少于12年，有1个中部省职工医保统筹基金的可持续运行时间超过12年；平均来看，中部8个省职工医保统筹基金的可持续运行时间为6.13年，早于全国的12年。

上表4-26同样显示了2050年各中部省职工医保统筹基金的累计赤字额，其中湖北的累计赤字额最高，为27050.36亿元，江西累计赤字额最低，为7498.30亿元。这8个中部省职工统筹基金的平均累计赤字额为13912.56亿元。

四、西部12个省(自治区、直辖市)职工医保基金可持续性评估

(一)职工医保统筹基金的赤字和累计赤字时点

同样按照以上的测算步骤，本研究模拟西部12个省(自治区、直辖市)职工医保统筹基金的运行状况。从表4-27可以看出，在低方案下，2050年及以前，西部12个省(自治区、直辖市)的职工医保统筹基金均会出现累计赤字，也就是说西部12个省(自治区、直辖市)的职工医保统筹基金在2050年及以前均不具备充足的偿付能力。最早出现当期赤字的省(自治区、直辖市)为重庆、甘肃和青海(2022年)，最晚出现当期赤字的省(自治区、直辖市)为西藏(2043年)；同样地，最早出现累计赤字的省(自治区、直辖市)是重庆(2024年)，最晚出现累计赤字的省(自治区、直辖市)仍为西藏(测算期内未出现累计赤字)，大部分西部省(自治区、直辖市)出现当期赤字的时点在2022—2030年(共10个，占83.3%)，大部分西部省(自治区、直辖市)出现累计赤字的时点在2024—2034年(共8个，占66.67%)。

表4-27 西部12个省(自治区、直辖市)职工医保统筹基金的
当期赤字时点和累计赤字时点

单位：年

地区	低方案		中方案		高方案	
	当期赤字时点	累计赤字时点	当期赤字时点	累计赤字时点	当期赤字时点	累计赤字时点
全国	2028	2034	2028	2034	2028	2034
内蒙古	2030	2036	2030	2036	2030	2037
广西	2026	2033	2026	2033	2025	2033
重庆	2022	2024	2022	2024	2022	2023

续表

地区	低方案 当期赤字时点	低方案 累计赤字时点	中方案 当期赤字时点	中方案 累计赤字时点	高方案 当期赤字时点	高方案 累计赤字时点
四川	2030	2039	2029	2039	2029	2038
贵州	2028	2034	2028	2034	2028	2034
云南	2028	2034	2028	2035	2028	2035
西藏	2043	—	2044	—	2045	—
陕西	2025	2032	2025	2032	2025	2032
甘肃	2022	2028	2022	2028	2022	2028
青海	2022	2027	2022	2027	2022	2028
宁夏	2038	2048	2039	2049	2040	2050
新疆	2028	2034	2028	2034	2028	2034

注:"—"是指基金未在2050年及以前出现当期赤字或累计赤字。

与全国的情况进行对比,有5个西部省(自治区、直辖市)的职工医保统筹基金的当期赤字时点早于全国,分别为广西、重庆、陕西、甘肃和青海;有3个西部省(自治区、直辖市)的职工医保统筹基金的当期赤字时点与全国一致,即贵州、云南和新疆;有4个西部省(自治区、直辖市)的职工医保统筹基金的当期赤字时点晚于全国,分别为内蒙古、四川、西藏和宁夏。因此,当期赤字时点早于全国的西部省(自治区、直辖市)个数占西部省(自治区、直辖市)总个数的41.67%(=5/12×100%),当期赤字时点等于全国的西部省(自治区、直辖市)个数占西部省(自治区、直辖市)总个数的25%(=3/12×100%),当期赤字时点晚于全国的西部省(自治区、直辖市)个数占西部省(自治区、直辖市)总个数的33.33%(=4/12×100%)。

再看各个西部省(自治区、直辖市)职工医保统筹基金的累计赤字时点,有5个西部省(自治区、直辖市)的职工医保统筹基金的累计赤字时点早于全国,分别为广西、重庆、陕西、甘肃和青海;有3个西部省(自治区、直辖市)的职工医保统筹基金的累计赤字时点等于全国,分别为贵州、云南和新疆;有4个西部省(自治区、直辖市)的职工医保统筹基金的累计赤字时点晚于全国,即内蒙古、四川、西藏和宁夏。因此,累计赤字时点早于全国的西部省(自治区、直辖市)个数占西部省(自治区、直辖市)总个数的41.67%(=5/12×100%),累计赤字时点等于全国的西部省(自治区、直辖市)个数占西部省(自治区、直辖市)总个数的25%(=3/12×100%),累计赤字时点晚于全国的西部省(自治区、直辖市)总个数的33.33%(=4/12×100%)。可见,大部分西部省(自治区、直辖市)的职工医保统筹基金的亏空时点早于全国。

在中方案下,西部12个省(自治区、直辖市)的职工医保统筹基金在2050年及以前同样均不具备充足的偿付能力。最早出现当期赤字的省(自治区、直辖市)为重庆、甘肃和青海(2022年),最晚出现当期赤字的省(自治区、直辖市)仍为西藏(2044年);同样地,最早出现累计赤字的省(自治区、直辖市)是重庆(2024年),最晚出现累计赤字的省(自治区、直辖市)仍为西藏(测算期内未出现累计赤字),大部分西部省(自治区、直辖市)出现当期赤字的时点在2022—2030年(共10个,占83.3%),大部分西部省(自治区、直辖市)出现累计赤字的时点在2024—2034年(共7个,占58.33%)。

与全国的情况进行对比,有5个西部省(自治区、直辖市)的职工医保统筹基金的当期赤字时点早于全国,分别为广西、重庆、陕西、甘肃和青海;有3个西部省(自治区、直辖市)的职工医保统筹基金的当期赤字时点与全国一致,即贵州、云南和新疆;有4个西部省(自治区、直辖市)的职工医保统筹基金的当期赤字时点晚于全国,分别为内蒙古、四川、西藏和宁夏。因此,当期赤字时点早于全国的西部省(自治区、直辖市)个数占西部省(自治区、直辖市)总个数的41.67%(=5/12×100%),当期赤字时点等于全国的西部省(自治区、直辖市)个数占西部省(自治区、直辖市)总个数的25%(=3/12×100%),当期赤字时点晚于全国的西部省(自治区、直辖市)个数占西部省(自治区、直辖市)总个数的33.33%(=4/12×100%)。

再看各个西部省(自治区、直辖市)职工医保统筹基金的累计赤字时点,有5个西部省(自治区、直辖市)的职工医保统筹基金的累计赤字时点早于全国,分别为广西、重庆、陕西、甘肃和青海;有2个西部省(自治区、直辖市)的职工医保统筹基金的累计赤字时点等于全国,分别为贵州和新疆;有5个西部省(自治区、直辖市)的职工医保统筹基金的累计赤字时点晚于全国,即内蒙古、四川、云南、西藏和宁夏。因此,累计赤字时点早于全国的西部省(自治区、直辖市)个数占西部省(自治区、直辖市)总个数的41.67%(=5/12×100%),累计赤字时点等于全国的西部省(自治区、直辖市)个数占西部省(自治区、直辖市)总个数的16.67%(=2/12×100%),累计赤字时点晚于全国的西部省(自治区、直辖市)个数占西部省(自治区、直辖市)总个数的41.67%(=5/12×100%)。

在高方案下,西部12个省(自治区、直辖市)的职工医保统筹基金在

2050年及以前同样均不具备充足的偿付能力。最早出现当期赤字的省(自治区、直辖市)为重庆、甘肃和青海(2022年),最晚出现当期赤字的省(自治区、直辖市)仍为西藏(2045年);同样地,最早出现累计赤字的省(自治区、直辖市)是重庆(2023年),最晚出现累计赤字的省(自治区、直辖市)仍为西藏(测算期内未出现累计赤字),大部分西部省(自治区、直辖市)出现当期赤字的时点在2022—2030年(共10个,占83.3%),大部分西部省(自治区、直辖市)出现累计赤字的时点在2023—2034年(共7个,占58.33%)。

与全国的情况进行对比,有5个西部省(自治区、直辖市)的职工医保统筹基金的当期赤字时点早于全国,分别为广西、重庆、陕西、甘肃和青海;有3个西部省(自治区、直辖市)的职工医保统筹基金的当期赤字时点与全国一致,即贵州、云南和新疆;有4个西部省(自治区、直辖市)的职工医保统筹基金的当期赤字时点晚于全国,分别为内蒙古、四川、西藏和宁夏。因此,当期赤字时点早于全国的西部省(自治区、直辖市)个数占西部省(自治区、直辖市)总个数的41.67%(=5/12×100%),当期赤字时点等于全国的西部省(自治区、直辖市)个数占西部省(自治区、直辖市)总个数的25%(=3/12×100%),当期赤字时点晚于全国的西部省(自治区、直辖市)个数占西部省(自治区、直辖市)总个数的33.33%(=4/12×100%)。

再看各个西部省(自治区、直辖市)职工医保统筹基金的累计赤字时点,有5个西部省(自治区、直辖市)的职工医保统筹基金的累计赤字时点早于全国,分别为广西、重庆、陕西、甘肃和青海;有2个西部省(自治区、直辖市)的职工医保统筹基金的累计赤字时点等于全国,分别为贵州和新疆;有5个西部省(自治区、直辖市)的职工医保统筹基金的累计赤字时点晚于全国,即内蒙古、四川、云南、西藏和宁夏。因此,累计赤字时点早于全国的西部省(自治区、直辖市)个数占西部省(自治区、直辖市)总个数的41.67%(=5/12×100%),累计赤字时点等于全国的西部省(自治区、直辖市)个数占西部省(自治区、直辖市)总个数的16.67%(=2/12×100%),累计赤字时点晚于全国的西部省(自治区、直辖市)个数占西部省(自治区、直辖市)总个数的41.67%(=5/12×100%)。

(二)职工医保统筹基金的累计赤字情况

在低方案下,如果职工医保统筹基金上升至全国统筹,职工医保还可持续运行12年(2022—2034年),从表4-28可以看出,重庆职工医保统筹基金的可持续运行时间最短,为2年,西藏职工医保统筹基金的可持续运行时间最长,为29年;有8个西部省(自治区、直辖市)职工医保统筹基金的可持续运行时间少于或等于12年,有4个西部省(自治区、直辖市)职工医保统筹基金的可持续运行时间超过12年;平均来看,西部12个省(自治区、直辖市)职工医保统筹基金的可持续运行时间为13年,超过全国的12年。

表4-28同样显示了2050年各西部省(自治区、直辖市)职工医保统筹基金的累计赤字额,其中新疆的累计赤字额最高,为20099.48亿元,西藏自治区未出现累计赤字额,仍存留累计结余475.12亿元。这12个西部省(自治区、直辖市)职工统筹基金的平均累计赤字额为9140.42亿元。

表4-28 西部12个省(自治区、直辖市)职工医保统筹基金的累计赤字情况

地区	低方案 可持续运行时间(年)	低方案 2050年累计赤字额(亿元)	低方案 2050年累计赤字率(%)	中方案 可持续运行时间(年)	中方案 2050年累计赤字额(亿元)	中方案 2050年累计赤字率(%)	高方案 可持续运行时间(年)	高方案 2050年累计赤字额(亿元)	高方案 2050年累计赤字率(%)
全国	12	662712.37	1099.19	12	654555.69	945.30	12	644196.16	832.26
内蒙古	14	19899.18	794.56	14	19382.93	670.32	15	18376.24	550.86
广西	11	5776.01	630.57	11	4945.45	473.66	11	4122.00	352.78
重庆	2	18146.58	2599.24	2	17244.17	2212.67	1	16338.86	1904.23
四川	17	8448.07	903.51	17	7531.22	736.98	16	6648.26	603.31
贵州	12	6633.98	783.17	12	5866.98	605.74	12	5078.81	465.59
云南	12	11976.80	678.40	13	11591.74	572.90	13	11176.59	488.41
西藏	29	-475.12	-370.84	29	-566.19	-388.03	29	-659.83	-401.64
陕西	10	8956.43	892.00	10	8460.98	741.51	10	7952.74	621.58
甘肃	6	5980.81	1782.29	6	5743.77	1516.17	6	5503.54	1304.08
青海	5	3339.43	1080.28	5	3299.91	932.77	6	3255.67	814.93
宁夏	26	903.36	111.95	27	508.19	54.56	28	67.86	6.39
新疆	12	20099.48	954.14	12	20419.30	840.34	12	20708.21	748.47
平均值	13.00	9140.42	903.27	13.17	8702.34	747.47	13.25	8214.08	621.58

注:可持续运行时间=累计赤字时点-2022;如果某省(自治区、直辖市)在测算期内未出现累计赤字,则代表该省(自治区、直辖市)在2051年及以后会出现累计赤字,基金可持续运行时间至少为30年(=2051-2021);累计赤字率=累计赤字额/统筹基金当期收入=0-累计结余率;平均值为这12个西部省(自治区、直辖市)的平均值。

在中方案下,如果职工医保统筹基金上升至全国统筹,职工医保还可持续运行12年(2022—2034年),从表4-28可以看出,重庆职工医保

统筹基金的可持续运行时间最短,为2年,西藏职工医保统筹基金的可持续运行时间最长,为29年;有7个西部省(自治区、直辖市)职工医保统筹基金的可持续运行时间少于或等于12年,有5个西部省(自治区、直辖市)职工医保统筹基金的可持续运行时间超过12年;平均来看,西部12个省(自治区、直辖市)职工医保统筹基金的可持续运行时间为13.17年,超过全国的12年。

表4-28同样显示了2050年各西部省(自治区、直辖市)职工医保统筹基金的累计赤字额,其中新疆的累计赤字额最高,为20419.30亿元,西藏自治区未出现累计赤字额,仍存留累计结余566.19亿元。这12个西部省(自治区、直辖市)职工统筹基金的平均累计赤字额为8702.34亿元。

在高方案下,如果职工医保统筹基金上升至全国统筹,职工医保还可持续运行12年。重庆职工医保统筹基金的可持续运行时间最短,为1年,西藏职工医保统筹基金的可持续运行时间最长,为29年;有7个西部省(自治区、直辖市)职工医保统筹基金的可持续运行时间少于或等于12年,有5个西部省(自治区、直辖市)职工医保统筹基金的可持续运行时间超过12年;平均来看,西部12个省(自治区、直辖市)职工医保统筹基金的可持续运行时间为13.25年,超过全国的12年。

表4-28同样显示了2050年各西部省(自治区、直辖市)职工医保统筹基金的累计赤字额,其中新疆的累计赤字额最高,为20708.21亿元,西藏自治区未出现累计赤字额,仍存留累计结余659.83亿元。这12个西部省(自治区、直辖市)职工统筹基金的平均累计赤字额为8214.08亿元。

从以上的分析可以看出,在人口老龄化程度加深的背景下,职工医保统筹基金会出现当期赤字和累计赤字,其未来并不具备充足的偿付能力。然而,本研究可以发现大部分中部省职工医保统筹基金出现累计赤字的时点早于全国,而大部分东部省(直辖市)和西部省(自治区、直辖市)职工医保统筹基金出现累计赤字的时点晚于全国。东部省(直辖市)的职工医保基金可持续性最强,中部地区次之,西部地区最弱。

第四节 微观数据的证据

上述分析结果(特别是人均统筹基金支出增长率和统筹基金支出)均是基于历年《中国统计年鉴》《中国劳动统计年鉴》《中国卫生和健康统计年鉴》《人力资源和社会保障事业发展统计公报》《全国医疗保障事业发展

统计公报》等公布的宏观数据,预测人均统筹基金支出增长率时未采用微观数据进行预测,下文将采用微观数据对预测结果进行验证,提供微观数据上的支持。现阶段,可用的微观数据包括中国营养与健康调查数据(CHNS)、中国健康与养老追踪调查数据(CHARLS)、中国老年健康影响因素追踪调查(CLHLS)、中国家庭追踪调查数据(CFPS)等。中国营养与健康调查数据库的数据截至2015年,数据已较为陈旧,不适合本研究,中国健康与养老追踪调查数据和中国老年健康影响因素追踪调查的样本均为45岁及以上人口,也不适合本研究,但是中国家庭追踪调查数据库的数据截至2020年,且样本包含16岁及以上人口,适合本研究,因此本研究最终选取中国家庭追踪调查数据库的数据进行微观数据的验证。

一、变量选取与描述性统计结果

本研究数据来源于2010—2020年中国家庭追踪调查数据库的成人数据,主要研究对象为参加城镇职工基本医疗保险的人群。根据研究目的,本研究对数据进行了如下处理:第一,考虑到劳动力市场的最低年龄为16岁,故剔除15岁及以下样本;第二,剔除缺失值过多、关键变量缺失的样本和异常值。

为考察基本人口特征因素如何影响年度医疗费用,本研究采用2010—2020年的非平衡混合截面数据作为实证来源,且考虑到部分解释变量并非随时间变化,因此本研究运用混合OLS方法构建如下模型:

$$lsum\_medicost_{it} = \alpha_0 + \alpha_1 age_{it} + \alpha_2 gender_{it} + \alpha_3 edu\_year_{it} + \alpha_4 marry_{it} + \alpha_5 hukou_{it} + \alpha_6 lpincome_{it} + \alpha_7 w\_reimbursement_{it} + \varepsilon_{it}$$

(4-33)

其中,i代表数据集中的调查样本个体,t代表时间(2010—2020年);$lsum\_medicost_{it}$表示t年样本个体i的医疗费用,本研究采用对数化医疗费用作为被解释变量。医疗费用的影响因素包括年龄(age)、性别($gender$)、本人受教育年限(edu_year)、婚姻状况($marry$)、户口($hukou$)和对数化个人年收入($lpincome$)。根据格罗斯曼(Grossman)的健康资本理论,健康随着年龄的增长而折损,为了弥补健康折旧,理性人会采用医疗行为进行弥补,因此医疗费用会随着年龄发生变化,不同性别之间的健康折旧程度也会存在差异;而以受教育年限为代表的人力资本可以有效提高健康投资水平,进而影响医疗支出。考虑到我国城乡医疗水平存在差距,医疗费用支出水平也将受到影响,因此本研究选取户口性质作为解释变量。个人年收入直接影响了理性人的就医行为,医疗费用支出也会随之变化。ε_{it}代表随机误差项。同时,本研究还控制了年度效应(year)以剔除外生影响。

被解释变量为年度医疗费用开支。考虑到中国家庭追踪调查数据(CFPS)2010—2020年的成人问卷中仅少部分年份涉及门诊费用,因此本研究采取"住院总费用"作为医疗费用开支的代理变量,住院总费用包括近12个月检查、治疗、住宿、看护等各项费用。模型中年度医疗费用和个人年收入主要以对数形式展示。户口变量主要以农业户口和非农业户口区分。具体变量描述性统计结果见表4-29,此处不再赘述。

表4-29 变量描述性统计

	变量	样本量	均值	标准差	最小值	最大值	定义
被解释变量	lsum_medicost	2528	9.02	1.162	0	13.305	对数化医疗费用总额
控制变量	age	23068	46.776	15.994	16	99	年龄
	gender	23068	0.556	0.497	0	1	男性=1 女性=0
	marry	23069	2.086	0.773	1	5	婚姻状况(未婚=1、在婚=2、同居=3、离婚=4、丧偶=5)
	hukou	23003	0.206	0.405	0	1	农业户口=1 非农业户口=0
	lpincome	17243	9.088	3.268	0	14.407	对数化个人年收入
	edu_year	22212	11.465	4.122	0	23	受教育年限
	w_reimbursement	2156	0.503	0.297	0	1	报销比例

二、微观数据下的职工医保基金可持续性评估

从表4-30可以看出,第(1)列为未加入任何控制变量,第(2)—(7)列为逐步加入可能影响医疗费用支出的其他因素。当未加入任何控制变量,伴随着年龄每增加1岁,会使得个体医疗费用支出上升10.9%,且结果显著;而在加入可能影响个体医疗支出的其他因素之后,年龄每增加1岁,会使得个体医疗支出提高8.27%,且结果显著。而在加入的控制变量中,仅有报销比例对医疗支出的影响显著,即报销比例每提高1%,会使得个体医疗支出提高71.2%,其可能原因是个体的道德风险所

导致的，报销比例的提高意味着患者自付的医疗费用比例降低，对于患者而言，某种程度上代表着医疗服务的价格降低，进而造成对医疗服务的需求增加，从而带来医疗费用的上升。然而，本研究计量模型的拟合优度仅为5.3%，表明年龄并不是影响个体医疗支出的最主要因素，本研究用微观数据来测算精算模型中的相关参数，最主要的作用是将其与宏观数据下的基金运行情况进行对比，以考察结论的稳健性。

表4-30 计量结果

自变量	(1) lsum_medicost	(2) lsum_medicost	(3) lsum_medicost	(4) lsum_medicost	(5) lsum_medicost	(6) lsum_medicost	(7) lsum_medicost
age	0.0109*** (0.00141)	0.0102*** (0.00142)	0.0113*** (0.00150)	0.0109*** (0.00158)	0.00802*** (0.00198)	0.0101*** (0.00235)	0.00827*** (0.00247)
gender		0.153*** (0.0462)	0.131*** (0.0471)	0.132*** (0.0471)	0.0908 (0.0588)	0.0768 (0.0598)	0.0427 (0.0629)
marry			-0.0641** (0.0269)	-0.0637** (0.0269)	-0.0571 (0.0353)	-0.0532 (0.0356)	-0.0405 (0.0378)
hukou				-0.0589 (0.0710)	0.0481 (0.0823)	-0.0417 (0.0856)	0.00428 (0.0905)
lpincome					0.0118 (0.00868)	0.00891 (0.00883)	0.00373 (0.00925)
edu_year						0.0128* (0.00757)	0.0120 (0.00790)
w_reimbursement							0.712*** (0.0983)
_cons	8.399*** (0.0834)	8.361*** (0.0840)	8.452*** (0.0921)	8.481*** (0.0985)	8.460*** (0.154)	8.231*** (0.205)	8.062*** (0.217)
样本量	2528	2528	2528	2527	1584	1549	1381
拟合度	0.023	0.027	0.030	0.030	0.017	0.019	0.053

注：括号内为标准差；*代表p值小于0.1，**代表p值小于0.05，***代表p值小于0.01。

通过计量模型可知，利用微观数据分析年龄对个体医疗支出的影响时，年龄每增加1岁，会带来医疗支出上升8.27%。本研究根据这一计量结果，计算每一年各省(自治区、直辖市)职工医保参保职工的平均年龄，并依据计量结果和平均年龄的变动计算得出人口因素带来的人均医疗费用(人均统筹基金支出)增长率，非人口结构因素带来的人均医疗费用增长率仍如本章第二节所述。据此，本研究可以计算得到微观数据下的人均医疗费用(人均统筹基金)支出增长率。表4-31分别显示了宏观和微观数据下人均统筹基金支出增长率。可以看出，2022—2050年，在低方案下，宏观数据下人均统筹基金支出增长率为6.50%~9.33%，微观数据下人均统筹基金支出增长率为6.20%~8.26%；在中方案下，宏观数据下人均统筹基金支出增长率为6.41%~9.32%，微观数据下人均统筹基金支出增长率为6.17%~8.25%；在高方案下，宏观数据下的人均统筹基金支出增长率为6.32%~9.31%，微观数据下的人均统筹基金支出增长率为6.13%~8.23%。从表4-31中可以看出，无论在何种方案下，微观数据下的人均统筹基金支出增长率都略低于宏观数据下的人均统筹基金支出增长率。

表4-31 2022—2050年人均统筹基金支出增长率

单位:%

年份	宏观数据			微观数据			变化值		
	低方案	中方案	高方案	低方案	中方案	高方案	低方案	中方案	高方案
2022	8.86	8.85	8.85	8.07	8.06	8.05	-0.79	-0.79	-0.80
2023	9.17	9.16	9.16	8.26	8.25	8.23	-0.91	-0.91	-0.93
2024	8.89	8.88	8.87	8.15	8.15	8.13	-0.74	-0.73	-0.74
2025	9.14	9.14	9.13	8.20	8.19	8.17	-0.94	-0.95	-0.96
2026	8.78	8.78	8.77	8.18	8.17	8.15	-0.60	-0.61	-0.62
2027	9.16	9.16	9.15	8.13	8.12	8.10	-1.03	-1.04	-1.05
2028	9.33	9.32	9.31	8.23	8.22	8.20	-1.10	-1.10	-1.11
2029	9.06	9.06	9.05	8.18	8.17	8.14	-0.88	-0.89	-0.91
2030	9.12	9.12	9.12	8.23	8.21	8.19	-0.89	-0.91	-0.93
2031	7.99	7.99	7.99	7.21	7.19	7.18	-0.78	-0.80	-0.81
2032	7.83	7.66	7.48	7.17	7.13	7.09	-0.66	-0.53	-0.39
2033	8.12	7.94	7.76	7.16	7.13	7.08	-0.96	-0.81	-0.68
2034	8.07	7.89	7.72	7.14	7.10	7.06	-0.93	-0.79	-0.66
2035	8.14	7.95	7.78	7.11	7.07	7.03	-1.03	-0.88	-0.75
2036	7.93	7.75	7.58	7.12	7.08	7.04	-0.81	-0.67	-0.54
2037	8.02	7.87	7.73	7.11	7.08	7.04	-0.91	-0.79	-0.69

续表

年份	宏观数据			微观数据			变化值		
	低方案	中方案	高方案	低方案	中方案	高方案	低方案	中方案	高方案
2038	7.85	7.70	7.56	7.05	7.02	6.98	-0.80	-0.68	-0.58
2039	7.76	7.62	7.49	7.10	7.07	7.03	-0.66	-0.55	-0.46
2040	7.76	7.63	7.50	7.12	7.09	7.06	-0.64	-0.54	-0.44
2041	6.83	6.70	6.57	6.20	6.17	6.13	-0.63	-0.53	-0.44
2042	6.83	6.70	6.60	6.29	6.26	6.22	-0.54	-0.44	-0.38
2043	6.86	6.74	6.62	6.22	6.19	6.15	-0.64	-0.55	-0.47
2044	6.95	6.83	6.71	6.25	6.23	6.18	-0.70	-0.60	-0.53
2045	6.96	6.83	6.72	6.29	6.27	6.23	-0.67	-0.56	-0.49
2046	6.68	6.56	6.44	6.25	6.22	6.18	-0.43	-0.34	-0.26
2047	6.73	6.64	6.55	6.29	6.26	6.23	-0.44	-0.38	-0.32
2048	6.58	6.49	6.40	6.28	6.25	6.21	-0.30	-0.24	-0.19
2049	6.50	6.41	6.32	6.29	6.26	6.22	-0.21	-0.15	-0.10
2050	6.52	6.43	6.34	6.33	6.30	6.26	-0.19	-0.13	-0.08

表4-32给出了微观数据下的职工医保统筹基金财务运行状况。在低方案下，全国平均当期赤字时点为2030年，早于或等于全国当期赤字时点的省（自治区、直辖市）共有20个，分别为天津、辽宁、吉林、黑龙江、浙江、安徽、江西、山东、河南、湖北、湖南、广东、广西、重庆、贵州、云南、陕西、甘肃、青海和新疆，其余省（自治区、直辖市）当期赤字时点均晚于全国。全国的累计赤字时点为2037年，早于或等于全国累计赤字时点的省（自治区、直辖市）共有20个，分别为天津、辽宁、吉林、黑龙江、浙江、安徽、江西、山东、河南、湖北、湖南、广东、广西、重庆、贵州、云南、陕西、甘肃、青海和新疆，其余省（自治区、直辖市）累计赤字时点均晚于全国。在全国31个省（自治区、直辖市）中，重庆最早出现累计赤字（2024年），海南、西藏和宁夏最晚（测算期内未出现累计赤字）。2050年时累计赤字规模最大的为广东（52316.80亿元），最小的为海南（仍存留累计结余4527.60亿元）。

在中方案下，全国平均当期赤字时点为2030年，早于或等于全国当期赤字时点的省（自治区、直辖市）共有20个，分别为辽宁、吉林、黑龙江、浙江、安徽、江西、山东、河南、湖北、湖南、广东、广西、重庆、四川、贵州、云南、陕西、甘肃、青海和新疆，其余省（自治区、直辖市）当期赤字时点均晚于全国。全国的累计赤字时点为2038年，早于或等于全国累计赤字时点的省(自治区、直辖市)共有 19 个,分别为辽宁、吉林、黑龙江、浙江、安徽、江西、山东、河南、湖北、湖南、广东、广西、重庆、贵州、云南、陕西、甘肃、青海和新疆,其余省(自治区、直辖市)累计赤字时点均晚于全国。在全国 31 个省(自治区、直辖市)中,重庆最早出现累计赤字(2024 年),海南、西藏和宁夏最晚(测算期内未出现累计赤字)。2050 年时累计赤字规模最大的为广东(54402.02 亿元),最小的为海南(仍存留累计结余 5095.48 亿元)。

在高方案下,全国平均当期赤字时点为 2030 年,早于或等于全国当期赤字时点的省(自治区、直辖市)共有 20 个,分别为辽宁、吉林、黑龙江、浙江、安徽、江西、山东、河南、湖北、湖南、广东、广西、重庆、四川、贵州、云南、陕西、甘肃、青海和新疆,其余省(自治区、直辖市)当期赤字时点均晚于全国。全国的累计赤字时点为 2038 年,早于或等于全国累计赤字时点的省(自治区、直辖市)共有 20 个,分别为天津、辽宁、吉林、黑龙江、浙江、安徽、江西、山东、河南、湖北、湖南、广东、广西、重庆、贵州、云南、陕西、甘肃、青海和新疆,其余省(自治区、直辖市)累计赤字时点均晚于全国。在全国 31 个省(自治区、直辖市)中,重庆最早出现累计赤字(2024 年),海南、西藏和宁夏最晚(测算期内未出现累计赤字)。2050 年时累计赤字规模最大的仍为广东(56463.48 亿元),最小的为海南(仍存留累计结余 5678.31 亿元)。

表 4-33 分别显示了采用宏观数据库和微观数据预测下,全国及 31 个省(自治区、直辖市)的基金财务运行状况。从中可以看出,在低方案下,与宏观数据结果相比,当期赤字和累计赤字时点均向后推迟或保持不变,假设医疗保险基金实现全国统筹,则基金当期赤字时点推迟 2 年,累计赤字时点推迟 3 年。同样地,各省(自治区、直辖市)的累计赤字规模均减少,从全国层面来看,微观数据下预测的 2050 年累计赤字比宏观数据减少 264814.84 亿元。在中方案下,各省(自治区、直辖市)当期赤字和累计赤字时点均推迟或保持不变,累计赤字规模均减少,从全国层面来看,当期赤字时点推迟了 2 年,累计赤字时点推迟了 4 年,2050 年时累计赤字规模减小 274428.65 亿元。在高方案下,当期赤字和累计赤字时点仍推迟或保持不变,2050 年累计赤字规模均降低,从全国层面来看,当期赤字时点推迟 2 年,累计赤字时点推迟 4 年,2050 年时基金累计赤字规模减小 270330.03 亿元。

然而,由于微观数据的测算结果的拟合度仅为 5.3%,所以采用微观数据测算得出的基金财务运行状况结果的拟合度并不高。

表4-32 全国及各省(自治区、直辖市)微观数据下的职工医保统筹基金财务运行状况

地区	低方案 当期赤字时点(年)	低方案 累计赤字时点(年)	低方案 累计赤字(亿元)	低方案 累计赤字率(%)	中方案 当期赤字时点(年)	中方案 累计赤字时点(年)	中方案 累计赤字(亿元)	中方案 累计赤字率(%)	高方案 当期赤字时点(年)	高方案 累计赤字时点(年)	高方案 累计赤字(亿元)	高方案 累计赤字率(%)
全国	2030	2037	397897.53	659.96	2030	2038	380127.04	548.97	2030	2038	373866.14	483.01
北京	2035	2043	20589.68	380.16	2036	2044	20288.64	323.95	2036	2044	19933.93	278.99
天津	2030	2037	10507.40	749.72	2032	2039	10636.59	514.44	2031	2038	10418.93	563.82
河北	2035	2044	5859.52	215.32	2036	2045	4864.63	156.40	2037	2046	3858.44	110.19
山西	2031	2039	12056.30	447.93	2031	2039	11706.30	381.15	2032	2040	11323.87	327.04
内蒙古	2032	2039	12728.47	508.24	2032	2039	12475.09	431.43	2032	2040	12157.13	364.43
辽宁	2022	2027	19860.63	1318.70	2022	2027	19871.22	1170.88	2022	2027	19870.16	1049.75
吉林	2024	2031	6849.56	1532.32	2025	2031	6840.23	1263.54	2024	2031	6681.29	1208.46
黑龙江	2022	2025	15635.42	2428.71	2022	2025	15526.38	2147.39	2022	2025	15408.95	1917.84
上海	2036	2045	18344.49	299.46	2036	2045	17871.73	255.29	2037	2046	17352.27	219.42
江苏	2033	2042	27052.53	404.48	2033	2043	26080.68	340.73	2034	2043	25042.07	289.45
浙江	2028	2036	37154.08	855.88	2028	2036	38874.07	780.09	2029	2036	40577.85	717.95
安徽	2027	2033	5842.11	1014.70	2026	2032	5755.52	1094.63	2025	2031	5837.10	1390.84
福建	2036	2044	7526.78	302.02	2037	2045	7219.28	252.80	2037	2045	6888.64	213.19
江西	2026	2032	6380.81	1662.84	2025	2032	5974.20	1503.93	2025	2031	5605.54	1404.91
山东	2028	2035	29701.53	919.67	2028	2035	29160.57	793.48	2028	2035	28606.23	693.64
河南	2022	2029	9631.83	1126.55	2022	2029	9045.25	965.36	2022	2028	8482.22	842.08

续表

地区	低方案 当期赤字时点(年)	低方案 累计赤字时点(年)	低方案 累计赤字(亿元)	低方案 累计赤字率(%)	中方案 当期赤字时点(年)	中方案 累计赤字时点(年)	中方案 累计赤字(亿元)	中方案 累计赤字率(%)	高方案 当期赤字时点(年)	高方案 累计赤字时点(年)	高方案 累计赤字(亿元)	高方案 累计赤字率(%)
湖北	2022	2026	22744.68	1666.87	2022	2026	21998.46	1419.32	2022	2026	21246.27	1227.97
湖南	2022	2025	8683.42	2255.72	2022	2025	8232.59	1980.57	2022	2025	7809.34	1793.87
广东	2029	2037	52316.80	877.11	2029	2037	54402.02	793.57	2029	2037	56463.48	725.81
广西	2027	2035	4360.71	476.06	2027	2034	3964.56	379.71	2026	2034	3571.56	305.67
海南	—	—	-4527.60	-645.03	—	—	-5095.48	-629.45	—	—	-5678.31	-616.68
重庆	2022	2024	13785.71	1974.61	2022	2024	13354.51	1713.57	2022	2024	12920.31	1505.81
四川	2031	2042	5039.34	538.95	2030	2041	4543.89	444.65	2030	2041	4069.53	369.30
贵州	2030	2037	3989.91	471.03	2029	2037	3606.80	372.39	2029	2037	3214.74	294.71
云南	2030	2037	8053.46	456.17	2030	2037	7953.39	393.08	2030	2037	7840.89	342.64
西藏	2049	—	-954.86	-745.27	2050	—	-1058.46	-725.41	—	—	-1164.30	-708.71
陕西	2026	2033	6640.22	661.32	2026	2033	6425.35	563.11	2026	2034	6204.94	484.97
甘肃	2023	2029	4502.14	1341.64	2023	2028	4417.26	1166.01	2022	2028	4330.98	1026.24
青海	2022	2028	2670.08	863.75	2022	2028	2701.17	763.61	2022	2028	2731.40	683.70
宁夏	2044	—	-1326.18	-164.34	2045	—	-1714.80	-184.10	2047	—	-2129.84	-200.43
新疆	2029	2036	12377.62	587.58	2030	2037	12578.54	517.66	2030	2037	12763.67	461.32

注："—"是指基金在2050年及以前不出现当期赤字或累计赤字。

表4-33 全国及各省（自治区、直辖市）采用宏观数据和微观数据预测下的基金财务运行情况的对比

地区	低方案 当期赤字时点（年）	低方案 累计赤字时点（年）	低方案 累计赤字（亿元）	低方案 累计赤字率（%）	中方案 当期赤字时点（年）	中方案 累计赤字时点（年）	中方案 累计赤字（亿元）	中方案 累计赤字率（%）	高方案 当期赤字时点（年）	高方案 累计赤字时点（年）	高方案 累计赤字（亿元）	高方案 累计赤字率（%）
全国	2	3	-264814.84	-439.23	2	4	-274428.65	-396.33	2	4	-270330.03	-349.25
北京	3	4	-18469.97	-341.03	4	4	-19154.80	-305.84	3	4	-19819.07	-277.39
天津	2	3	-5508.66	-393.05	3	3	-5973.69	-288.92	3	3	-5491.51	-297.17
河北	3	3	-4470.32	-164.27	4	4	-3713.27	-119.38	4	3	-2942.14	-84.03
山西	2	4	-10461.73	-388.68	2	4	-10274.96	-334.54	3	5	-10054.70	-290.39
内蒙古	2	3	-7170.70	-286.32	2	3	-6907.84	-238.89	2	3	-6219.11	-186.43
辽宁	0	1	-5643.92	-374.74	0	1	-5435.96	-320.30	0	1	-5213.22	-275.42
吉林	1	2	-2654.57	-593.86	1	1	-2598.20	-479.95	0	1	-2451.41	-443.39
黑龙江	0	1	-4372.14	-679.14	0	1	-4140.72	-572.69	0	1	-3897.43	-485.08
上海	3	4	-20007.04	-326.60	3	4	-21067.61	-300.94	4	5	-22143.40	-280.01
江苏	3	5	-28189.57	-421.48	3	5	-28285.81	-369.54	4	5	-28333.22	-327.49
浙江	2	4	-27752.16	-639.30	2	3	-28952.29	-580.99	3	3	-30119.82	-532.91
安徽	1	1	-2325.75	-403.95	1	1	-2013.96	-383.03	1	1	-1897.36	-452.10
福建	3	4	-9857.38	-395.53	4	5	-9896.40	-346.55	4	4	-9916.06	-306.89
江西	1	1	-2547.68	-663.93	1	2	-2197.42	-553.17	1	1	-1892.76	-474.38
山东	1	2	-16525.62	-511.69	1	2	-15651.69	-425.89	1	2	-14754.19	-357.76
河南	0	1	-2747.30	-321.33	0	1	-2218.47	-236.77	0	1	-1723.34	-171.09

第四章 基于收支平衡视角的我国职工医保基金可持续性评估

续表

地区	低方案 当期赤字时点(年)	低方案 累计赤字时点(年)	低方案 累计赤字(亿元)	低方案 累计赤字率(%)	中方案 当期赤字时点(年)	中方案 累计赤字时点(年)	中方案 累计赤字(亿元)	中方案 累计赤字率(%)	高方案 当期赤字时点(年)	高方案 累计赤字时点(年)	高方案 累计赤字(亿元)	高方案 累计赤字率(%)
湖北	0	0	-7549.53	-553.28	0	1	-6675.40	-430.69	0	1	-5804.09	-335.46
湖南	0	0	-1754.71	-455.83	0	0	-1449.98	-348.83	0	1	-1184.86	-272.17
广东	3	4	-47001.92	-788.01	3	4	-48443.07	-706.64	2	4	-49820.45	-640.42
广西	1	2	-1415.30	-154.51	1	1	-980.89	-93.95	1	1	-550.45	-47.11
海南	—	—	-1437.14	-204.75	—	—	-1423.93	-175.90	—	—	-1407.23	-152.83
重庆	0	0	-4360.86	-624.63	0	0	-3889.67	-499.10	0	1	-3418.56	-398.42
四川	1	3	-3408.73	-364.56	1	2	-2987.33	-292.33	1	3	-2578.73	-234.01
贵州	2	3	-2644.07	-312.15	1	3	-2260.17	-233.35	1	3	-1864.07	-170.89
云南	2	3	-3923.34	-222.23	2	2	-3638.35	-179.82	2	2	-3335.70	-145.77
西藏	6	—	-479.73	-374.43	6	—	-492.27	-337.38	—	—	-504.47	-307.07
陕西	1	1	-2316.21	-230.68	1	1	-2035.63	-178.40	1	2	-1747.80	-136.61
甘肃	1	1	-1478.68	-440.65	1	0	-1326.51	-350.16	0	0	-1172.56	-277.84
青海	0	1	-669.34	-216.53	0	1	-598.35	-169.15	0	0	-524.27	-131.23
宁夏	6	—	-2229.54	-276.29	6	—	-2222.99	-238.65	7	—	-2197.70	-206.82
新疆	1	2	-7721.86	-366.56	2	3	-7840.76	-322.68	2	3	-7944.54	-287.14

注：对比结果=微观结果下的结果-宏观结果下的结果；如果某省(自治区、直辖市)在2050年及以前不出现累计赤字，在计算对比结果时会显示为"—"。

第五节 小 结

通过以上对职工医保统筹基金财务运行状况的模拟测算与分析，本章可以得出以下结论：

第一，虽然我国职工医保统筹基金累计结余很高，但是在人口老龄化程度加深及参保退休职工不缴费的背景下，职工医保统筹基金仍会出现当期赤字和累计赤字，因而职工医保统筹基金在未来并不具备可持续性。所以，从收支平衡的视角来看，我国职工医保基金并不可持续。

第二，根据人口高、中、低方案的测算，当职工医保基金为全国统筹时，统筹基金将在2028年左右出现当期赤字，2028年当期赤字为668.09亿—863.25亿元，之后当期赤字逐年扩大，至2034年左右将出现累计赤字，如果不采取有效措施，累计赤字金额将会逐年扩大，2050年累计赤字金额为644196.16亿—662712.37亿元，2050年累计赤字率为832.26%~1099.19%，因此全国职工医保统筹基金还可持续运行12年，2034年及以后就不能应付高额的医疗保险费用支出。

第三，根据人口高、中、低方案的测算，当职工医保基金为省(自治区、直辖市)级统筹时，大部分东部省(直辖市)的职工医保统筹基金出现当期赤字的时点将在2026—2032年，出现累计赤字的时点在2026—2039年；大部分中部省的职工医保统筹基金出现当期赤字的时点在2022—2027年，出现累计赤字的时点将在2025—2039年；大部分西部省(自治区、直辖市)的职工医保统筹基金出现当期赤字的时点将在2022—2030年，出现累计赤字的时点将在2024—2034年。

第四，根据人口高、中、低方案的测算，东部11个省(直辖市)职工医保统筹基金的平均可持续运行时间为15.3—15.9年，中部8个省职工医保统筹基金的平均可持续运行时间为6.13—6.75年，西部12个省(自治区、直辖市)职工医保统筹基金的平均可持续运行时间为13—13.25年，所以，平均来看，东部省(直辖市)职工医保统筹基金的可持续运行能力最强，西部省(自治区、直辖市)次之，中部省最差。

第五，如果使用2010—2020年中国家庭追踪调查数据公布的微观数据来预测人均医疗费用，并带入精算模型进行预测，全国职工医保统筹基金将分别于2030年和2037年出现当期赤字和累计赤字。根据人口高、中、低方案的测算，大部分省(自治区、直辖市)职工医保统筹基金出现累计赤字的时点微观数据较宏观数据延迟1—7年，这是因为微观数据预测的人均医疗费用增长率较宏观数据预测的人均医疗费用增长率低0.08%~1.11%，但微观数据的拟合度仅为5.3%，这并不影响本研究的总体结论。

从以上分析可以看出，无论是采用宏观数据还是微观数据，从收支平衡视角来看，我国职工医保基金不具备可持续性，需寻找有效方案来改善职工医保基金的财务运行状况，以推迟职工医保基金出现累计赤字的时点，减少职工医保基金的累计赤字率。

第五章　基于收支平衡视角的政策调整对职工医保基金可持续性的影响

通过第四章的模拟和分析，本研究发现我国和除海南、西藏与以外的省（自治区、直辖市）的职工医保基金并不具备可持续性，即未来职工医保（统筹）基金并不具备充足的支付能力，会出现累计赤字现象，那么如何保证职工医保基金的可持续性呢？如何加强职工医保基金的支付能力呢？根据影响职工医保基金财务运行状况的因素和近期与职工医保相关的改革，本研究提出如下提高职工医保统筹基金可持续性的政策调整方案：(1)延迟退休年龄（政策1）；(2)社会保险费征收体制改革（政策2），以下简称"社保征收体制改革"；(3)调整缴费政策（政策3）；(4)扩大职工医保的覆盖面（政策4）；(5)个人账户与统筹基金合并（政策5）。前3项政策仅影响职工医保基金的收入，因此本研究将延迟退休年龄、社会保险费征收体制改革和调整缴费政策称为"影响收入端的政策调整方案"。后2项政策既影响职工医保基金的收入，又影响职工医保基金的支出，因此本研究将扩大职工医保的覆盖面、个人账户与统筹基金合并称为"影响收支两端的政策调整方案"。

在后文的分析中，本研究将运用医疗保险精算模型分析以上5种政策调整方案对职工医保基金可持续性（或职工医保基金支付能力）的影响，并考虑这5种政策互相组合所带来的效果，以期找出能提高职工医保基金支付能力（即推迟职工医保统筹基金出现累计赤字的时点和减少职工医保统筹基金的累计赤字金额或不能推迟职工医保统筹基金出现累计赤字的时点但能减少职工医保统筹基金的累计赤字金额）的政策调整方案。本研究首先在第五章分析影响收入端的政策调整方案。

第一节　延迟退休年龄对职工医保基金可持续性的影响

我国现行的退休年龄仍执行的是1978年政策规定①，即男性于60岁、女干部于55岁、女工人于50岁退休。然而，1981年至2015年我国人口预期寿命②从67.77岁增至76.34岁，其中男性人口预期寿命从66.28岁增至73.64岁，女性人口预期寿命从69.27岁增至79.43岁；③不仅如此，根据2015年1%人口抽样调查数据编制生命表，60岁城镇男性人口的预期剩余寿命为23.84岁，55岁城镇年女性人口的预期剩余寿命为31.78岁，也就是说60岁城镇男性人口和55岁城镇女性人口分别可预期存活至83.84岁（=60+23.84）和86.78岁（=55+31.78）④。可见，我国人口预期寿命不断延长，人口高龄化趋势日渐明显，已执行40余年的退休年龄政策与现有的人口预期寿命和人口预期剩余寿命不相符，延迟退休年龄势在必行。

关于延迟退休年龄的政策效果，国内外学者主要关注延迟退休年龄对个人财富、经济增长、养老保险基金财务运行状况的影响程度。第一，延迟退休年龄对个人财富的影响。文森索（Vincenzo，2008）认为各国为应对人口老龄化的挑战都将在2050前实施延迟退休年龄政策，这将减少未来个人的养老财富保障。⑤阳义南等（2014）指出个人养老金资产与退休年龄两者间呈倒U形关系，延迟退休年龄能够增加所有女性与33岁及以后参保男性的个人财富。⑥杨华磊等（2019）基于代际支付视角研究发现延迟退休年龄会增加个人财富。⑦第二，延迟退休年龄对经济发展的影响。鲁

---

① 《国务院关于安置老弱病残干部的暂行办法》和《国务院关于工人退休、退职的暂行办法》。
② 根据精算学理论，人口预期寿命事实上是0岁人口的预期剩余寿命。当编制生命表之后，可获得每个年龄段人口的预期剩余寿命和人口预期寿命（=年龄+对应的预期剩余寿命），呈现的趋势是，随着年龄的增加，人口预期寿命也在不断增加，这符合"适者生存、劣者淘汰"的理论思想。
③ 数据来源：2019年《中国统计年鉴》。
④ 50岁城镇女性人口的预期剩余寿命为36.55岁，即50岁城镇女性人口可预期存活至86.55岁（=50+36.55）。
⑤ VINCENZO G. Postponing retirement: the political effect of aging [J]. Journal of public economics, 2008(10): 2157-2169.
⑥ 阳义南，曾燕，瞿婷婷. 推迟退休会减少职工个人的养老金财富吗？[J]. 金融研究，2014(1): 58-70.
⑦ 杨华磊，沈政，沈盈希. 延迟退休、全要素生产率与老年人福利[J]. 南开经济研究，2019(5): 122-144.

元平等(2016)发现实施延迟退休年龄政策使得劳动力增加,同时引起消费和投资的增加,进而带来经济增长。[1] 景鹏和郑伟(2020)认为在确定的预期寿命下,实施延迟退休年龄政策有利于促进国民经济总产值的增加。[2] 也有学者得到相反的结论,凡蒂(Fanti, 2014)实证发现延迟退休年龄政策在短期内对国民经济起促进作用,但在长期内会引起经济下降。[3] 第三,延迟退休年龄政策对养老保险基金可持续性的影响。克莱莫和帕斯塔(Cremer & Pestieau, 2003)[4]、费尔(Fehr, 2012)[5]、于文广等(2018)[6]、刘(Liu, 2019)[7]等认为延迟退休年龄能减少养老保险基金支付缺口。袁磊(2014)分析三类延迟退休年龄方案的政策效果,发现尽早实施延迟退休年龄政策对减小养老保险基金缺口的效果最佳。[8] 邓大松和仙蜜花(2015)对比11种延迟退休年龄方案发现,如果采取男女同时延迟退休年龄至70岁的方案,养老保险基金能够实现收大于支。[9] 布莱克和梅休(Blake & Mayhew, 2010)[10]、余立人(2012)[11]则认为延迟退休年龄的效果并不确定。

《"十四五"规划纲要》指出,"逐步延迟法定退休年龄"。可见,我国最晚应于"十四五"末期(即2025年)延迟退休年龄。针对人口老龄化带来的职工医保统筹基金的支付危机,延迟退休年龄能否从根本上解决问题?延迟退休年龄使得城镇职工基本医疗保险参保在职职工人数(缴费人数)

---

[1] 鲁元平,朱跃序,张克中. 渐进式延迟退休年龄的经济增长及产业效应——基于动态CGE模型的分析[J]. 财贸经济, 2016(10): 30-44.

[2] 景鹏,郑伟. 预期寿命延长、延迟退休与经济增长[J]. 财贸经济, 2020, 41(2): 39-53.

[3] FANTI L. Raising the mandatory retirement age and its effect on long-run income and pay-as-you-go (PAYG) pensions [J]. Metroeconomica, 2014, 65(4): 619-645.

[4] CREMER H, PESTIEAU P. The double dividend of postponing retirement [J]. Asia-pacific financial markets, 2003, 10(4): 419-434.

[5] FEHR H, KALLWEIT M, KINDERMANN F. Pension reform with variable retirement age: a simulation analysis for germany [J]. Journal of pension economics & finance, 2012, 11(3): 389-417.

[6] 于文广,李倩,王琦,等. 基于年龄与工资水平差异的延迟退休对我国养老保险基金收支平衡的影响[J]. 中国软科学, 2018(2): 54-67+102.

[7] LIU Y, YANG M, ZHENG H, et al. Modelling a flexible retirement age to narrow pension gap: the case of china[J]. The singapore economic review, 2019(369).

[8] 袁磊. 延迟退休能解决养老保险资金缺口问题吗?——72种假设下三种延迟方案的模拟[J]. 人口与经济, 2014(4): 82-93.

[9] 邓大松,仙蜜花. 延长退休年龄对基本养老保险统筹基金收支平衡的影响研究[J]. 江西财经大学学报, 2015(5): 48-61.

[10] BLAKE D, MAYHEW L. On the sustainability of the UK state pension system in the light of population ageing and declining fertility [J]. The economic journal, 2006, 116(512): 286-305.

[11] 余立人. 延长退休年龄能提高社会养老保险基金的支付能力吗?[J]. 南方经济, 2012(6): 74-84.

增加，但是享受医疗保险待遇(参保总人数)不变，从而城镇职工基本医疗保险基金收入增加且基金支出不变，进而城镇职工基本医疗保险基金的财务运行状况得以改善。本研究对两种延迟退休年龄政策进行模拟。从表5-1可以看出，在现行退休年龄政策下，低方案中职工医保的系统内退职比从2022年的0.3062上升至2050年的1.1206，即在职职工的负担越来越重，2050年1位在职职工需要抚养1.1206位退休职工；中方案中职工医保的系统内退职比从2022年的0.3005上升至2050年的1.0148，高方案下这一数值则从2022年的0.2958上升至2050年的0.9336，可见相较于低方案与中方案的情况，高方案下在职职工的负担相对减轻。本研究将分别对男女退休年龄分别延迟至65岁和60岁以及男女退休年龄分别延迟至65岁这两项政策进行模拟。为了分析的方便，本研究假设这两种延迟退休年龄的政策于2022年正式实施。

表5-1 未延迟退休年龄下的退职比(2022—2050年)

年份	低方案	中方案	高方案
2022	0.3062	0.3005	0.2958
2023	0.3289	0.3228	0.3178
2024	0.3469	0.3404	0.3352
2025	0.3689	0.3622	0.3568
2026	0.3896	0.3825	0.3769
2027	0.4082	0.4009	0.3952
2028	0.4338	0.4261	0.4200
2029	0.4572	0.4491	0.4427
2030	0.4851	0.4766	0.4700
2031	0.5099	0.5011	0.4941
2032	0.5326	0.5214	0.5122
2033	0.5562	0.5423	0.5309
2034	0.5790	0.5623	0.5484
2035	0.5992	0.5796	0.5632
2036	0.6209	0.5982	0.5793
2037	0.6428	0.6170	0.5955
2038	0.6642	0.6351	0.6109
2039	0.6871	0.6544	0.6274
2040	0.7110	0.6747	0.6447
2041	0.7403	0.6999	0.6666
2042	0.7795	0.7341	0.6967
2043	0.8134	0.7629	0.7216

续表

年份	低方案	中方案	高方案
2044	0.8520	0.7957	0.7501
2045	0.8950	0.8321	0.7816
2046	0.9323	0.8628	0.8075
2047	0.9762	0.8989	0.8379
2048	1.0198	0.9341	0.8672
2049	1.0667	0.9717	0.8981
2050	1.1206	1.0148	0.9336

注：退职比=参保退休职工人数/参保在职职工人数，该数值越高，说明人口老龄化程度越高。

一、政策1.1：男女退休年龄分别延迟至65岁和60岁

（一）男女退休年龄分别延迟至65岁和60岁对退职比的影响

当男女退休年龄分别延迟至65岁和60岁时，在职职工人口增加，那么这样会改变职工医保系统内的退职比。从表5-2可以看出，与未延迟退休年龄下的状况相比，延迟退休年龄后低、中、高方案下在职职工的负担均有所减轻。至2050年，低方案下1位在职职工抚养0.6821位退休职工，中方案下1位在职职工抚养0.6291位退休职工，高方案下1位在职职工则抚养0.5877位退休职工。

表5-2 男女退休年龄分别延迟至65岁和60岁对退职比的影响

年份	退职比 低方案	退职比 中方案	退职比 高方案	变化值 低方案	变化值 中方案	变化值 高方案
2022	0.1866	0.1825	0.1790	-0.1196	-0.1180	-0.1168
2023	0.1959	0.1914	0.1878	-0.1330	-0.1313	-0.1300
2024	0.2015	0.1969	0.1931	-0.1454	-0.1436	-0.1421
2025	0.2088	0.2040	0.2002	-0.1601	-0.1581	-0.1566
2026	0.2142	0.2094	0.2055	-0.1754	-0.1732	-0.1715
2027	0.2242	0.2192	0.2153	-0.1840	-0.1817	-0.1799
2028	0.2429	0.2376	0.2334	-0.1909	-0.1885	-0.1867
2029	0.2584	0.2528	0.2484	-0.1988	-0.1963	-0.1944
2030	0.2769	0.2711	0.2665	-0.2082	-0.2055	-0.2035
2031	0.2939	0.2879	0.2832	-0.2159	-0.2132	-0.2110
2032	0.3093	0.3023	0.2968	-0.2233	-0.2190	-0.2154
2033	0.3295	0.3214	0.3149	-0.2268	-0.2209	-0.2160
2034	0.3479	0.3386	0.3310	-0.2311	-0.2237	-0.2174

续表

年份	退职比 低方案	退职比 中方案	退职比 高方案	变化值 低方案	变化值 中方案	变化值 高方案
2035	0.3684	0.3576	0.3488	-0.2308	-0.2219	-0.2144
2036	0.3871	0.3749	0.3647	-0.2338	-0.2233	-0.2146
2037	0.4040	0.3897	0.3779	-0.2388	-0.2273	-0.2177
2038	0.4219	0.4054	0.3918	-0.2423	-0.2296	-0.2191
2039	0.4394	0.4207	0.4052	-0.2477	-0.2338	-0.2222
2040	0.4560	0.4350	0.4178	-0.2550	-0.2397	-0.2269
2041	0.4738	0.4506	0.4316	-0.2665	-0.2493	-0.2350
2042	0.4920	0.4665	0.4454	-0.2875	-0.2676	-0.2513
2043	0.5094	0.4815	0.4586	-0.3040	-0.2814	-0.2630
2044	0.5279	0.4974	0.4724	-0.3241	-0.2984	-0.2777
2045	0.5457	0.5124	0.4855	-0.3493	-0.3197	-0.2962
2046	0.5675	0.5312	0.5020	-0.3648	-0.3316	-0.3055
2047	0.5967	0.5565	0.5245	-0.3795	-0.3423	-0.3134
2048	0.6213	0.5775	0.5427	-0.3985	-0.3567	-0.3245
2049	0.6494	0.6013	0.5634	-0.4174	-0.3704	-0.3347
2050	0.6821	0.6291	0.5877	-0.4385	-0.3857	-0.3460

注：变化值=政策1.1下的退职比-无政策干预下的退职比。

(二) 精算模型

当男女退休年龄分别延迟至65岁和60岁时，缴费人口增加，那么职工医保统筹基金收入的预测模型将会有所改变，具体表达式如下：

$$(AI)_t = \Big(\sum_{x=20}^{64} N_{t,x}^m + \sum_{x=20}^{59} N_{t,x}^{fm} \sum_{x=20}^{59} N_{t,x}^{fw}\Big) \times \bar{w}_t \times R_t^1 \times zj_t \times R_t^2$$

$$= \Big(\sum_{x=20}^{64} N_{t,x}^m + \sum_{x=20}^{59} N_{t,x}^{fm} \sum_{x=20}^{59} N_{t,x}^{fw}\Big) \times \bar{w}_{2021} \times \prod_{s=2022}^{t}(1+k_s^1) \times R_t^1 \times zj_t \times R_t^2$$

(5-1)

虽然缴费人口增加，但并不会改变统筹基金的支出，因此统筹基金支出的预测模型和统筹基金累计结余额的预测模型不变，具体可参照第四章。预测模型中的参数仍参照第四章中的基准假设。

(三) 男女退休年龄分别延迟至65岁和60岁对全国职工医保基金可持续性的影响

从表5-3可以看出，当男女退休年龄分别延迟至65岁和60岁时，由于统筹基金收入增加，使得统筹基金的财务状况得到好转，低方案下统筹基金在2032年出现当期赤字，当期赤字为347.05亿元，此后当期赤字逐年扩大，统筹基金在 2040 年出现累计赤字，累计赤字规模为 13769.16 亿元，此后累计赤字规模逐年扩大，2050 年的累计赤字规模为 417564.56 亿元，累计赤字率为 542.70%，即 2050 年统筹基金的累计赤字规模为统筹基金收入的 5.43 倍。

中方案下统筹基金出现当期赤字及累计赤字时点未发生变化，仍在 2032 年出现当期赤字，当期赤字金额为 122.04 亿元，在 2040 年出现累计赤字，累计赤字金额为 7745.28 亿元，至 2050 年累计赤字规模达到 403350.71 亿元，累计赤字率为 466.15%。

高方案下统筹基金出现当期赤字时点推后至 2033 年，当期赤字规模为 1363.26 亿元，出现累计赤字时点仍为 2040 年，累计赤字金额为 2980.07 亿元，此后累计赤字规模逐年扩大，至 2050 年累计赤字为 389311.74 亿元，累计赤字率为 409.40%。

可见，男女退休年龄分别延迟至 65 岁和 60 岁能够使低、中方案下全国职工医保统筹基金出现当期赤字的时点推迟 4 年（=2032-2028），高方案下这一时点则推迟了 5 年（=2033-2028），而三种方案下出现累计赤字的时点均推迟 6 年（=2040-2034）。

表 5-3　全国职工医保统筹基金的运行状况：政策 1.1

单位：亿元

年份	低方案 收支差	低方案 累计结余	低方案 累计结余率(%)	中方案 收支差	中方案 累计结余	中方案 累计结余率(%)	高方案 收支差	高方案 累计结余	高方案 累计结余率(%)
2022	4472.20	24455.79	142.30	4647.62	24792.89	140.47	4788.22	25063.64	138.99
2023	4442.39	29042.67	155.57	4632.98	29573.00	154.06	4781.96	29994.83	152.82
2024	4454.78	33664.94	165.56	4661.21	34405.38	164.36	4818.61	34987.51	163.36
2025	4338.06	38193.01	173.31	4553.91	39154.09	172.45	4716.50	39902.53	171.67
2026	4255.87	42661.12	178.46	4481.70	43853.97	177.92	4649.50	44774.79	177.35
2027	3930.66	46824.75	181.55	4161.39	48255.44	181.32	4329.77	49350.09	180.94
2028	3259.21	50334.37	182.49	3489.47	52003.63	182.53	3651.59	53266.69	182.33
2029	2593.42	53192.43	179.84	2822.13	55099.89	180.19	2976.61	56524.52	180.17
2030	1695.64	55162.52	174.93	1910.40	57295.34	175.62	2050.15	58867.54	175.80
2031	701.90	56143.74	168.06	895.92	58482.21	169.12	1015.37	60182.33	169.49
2032	-347.05	56075.67	158.34	-122.04	58651.98	159.51	29.57	60512.96	159.83
2033	-1796.26	54550.81	145.89	-1542.17	57395.35	147.35	-1363.26	59445.45	147.81
2034	-3382.09	51424.56	130.12	-3096.88	54569.96	132.10	-2887.44	56840.79	132.87
2035	-5294.32	46360.89	111.27	-4983.78	49834.11	114.02	-4744.23	52357.04	115.33

续表

年份	低方案 收支差	低方案 累计结余	低方案 累计结余率(%)	中方案 收支差	中方案 累计结余	中方案 累计结余率(%)	高方案 收支差	高方案 累计结余	高方案 累计结余率(%)
2036	-7269.07	39287.28	89.28	-6929.00	43119.64	93.09	-6654.84	45930.71	95.17
2037	-9474.16	29962.18	64.42	-9063.58	34226.34	69.58	-8714.86	37401.93	72.68
2038	-11899.87	18152.62	37.01	-11414.28	22926.11	43.98	-10985.44	26548.57	48.48
2039	-14522.60	3648.18	7.05	-13960.58	9010.37	16.31	-13452.44	13161.62	22.60
2040	-17348.84	-13769.16	-25.28	-16717.12	-7745.28	-13.26	-16126.86	-2980.07	-4.82
2041	-20380.66	-34320.58	-60.50	-19694.70	-27577.18	-45.12	-19043.38	-22133.57	-34.09
2042	-23702.12	-58312.81	-98.79	-22972.59	-50802.52	-79.53	-22224.23	-44579.59	-65.39
2043	-27290.16	-86030.98	-140.10	-26516.10	-77705.22	-116.40	-25711.06	-70642.10	-98.81
2044	-31308.31	-117925.99	-184.87	-30497.74	-108743.97	-156.09	-29634.75	-100778.23	-134.60
2045	-35613.61	-154307.29	-232.93	-34777.82	-144239.40	-198.45	-33863.75	-135315.19	-172.62
2046	-40173.90	-195453.60	-284.98	-39316.61	-184473.79	-244.02	-38354.28	-174537.82	-213.33
2047	-45486.35	-242144.64	-342.82	-44668.27	-230287.77	-294.50	-43711.59	-219340.66	-258.07
2048	-50792.64	-294401.96	-403.72	-50008.44	-281697.69	-347.04	-49042.44	-269725.01	-304.78
2049	-56534.72	-352691.37	-469.71	-55803.80	-339189.00	-403.77	-54834.56	-326182.37	-354.77
2050	-62795.76	-417564.56	-542.70	-62154.99	-403350.71	-466.15	-61192.49	-389311.74	-409.40

(四)男女退休年龄分别延迟至65岁和60岁对各省(自治区、直辖市)职工医保基金可持续性的影响

从以上的分析可以得出,男女退休年龄分别延迟至65岁和60岁能够使全国职工医保统筹基金的可持续运行时间增加6年,那么男女退休年龄分别延迟至65岁和60岁对各省(自治区、直辖市)职工医保统筹基金的运行状况产生什么影响呢?

从表5-4可以看出,低方案下男女退休年龄分别延迟至65岁和60岁能够使28个省(自治区、直辖市)职工医保统筹基金出现累计赤字的时点推迟4—8年,即使得各省(自治区、直辖市)职工医保统筹基金的可持续运行时间增加4—8年,其中能使4个省(自治区、直辖市)职工医保统筹基金出现累计赤字的时点推迟4年(即黑龙江、安徽、湖南和广东),能使9个省(自治区、直辖市)职工医保统筹基金出现累计赤字的时点推迟5年(分别为山西、浙江、江西、山东、河南、湖北、重庆、贵州和新疆),能使8个省(自治区、直辖市)职工医保统筹基金出现累计赤字的时点推迟6年(分别为内蒙古、辽宁、吉林、上海、江苏、福建、甘肃和青海),能使5个省(自治区、直辖市)职工医保统筹基金出现累计赤字的时点推迟7年(分别为北京、广西、四川、云南和陕西),能使2个省(自治区、直辖市)职工医保统筹基金出现累计赤字的时点推迟8年(分别为天津和河北)。其余3个省(自治区、直辖市)职工医保统筹基金在预测期内则不会出现累计赤字(即海南、西藏和宁夏)。此外,低方案下男女退休年龄分别延迟至65岁和60岁使得31个省(自治区、直辖市)至2050年的职工医保统筹基金累计赤字率显著降低,降幅为183.31%~1183.90%,其中降幅最大的省(自治区、直辖市)为黑龙江,降幅最小的省(自治区、直辖市)为海南。

中方案下男女退休年龄分别延迟至65岁和60岁能够使河北、海南、西藏和宁夏4个省(自治区、直辖市)的职工医保统筹基金在预测期内不出现累计赤字,使得其他27个省(自治区、直辖市)的累计赤字时点推迟3—8年,其中能使1个省(自治区、直辖市)职工医保统筹基金出现累计赤字的时点推迟3年(即湖南),能使4个省(自治区、直辖市)职工医保统筹基金出现累计赤字的时点推迟4年(即黑龙江、浙江、安徽和广东),能使6个省(自治区、直辖市)职工医保统筹基金出现累计赤字的时点推迟5年(即吉林、江西、山东、河南、重庆和新疆),能使8个省(自治区、直辖市)职工医保统筹基金出现累计赤字的时点推迟6年(即北京、山西、上海、江苏、福建、湖北、贵州和甘肃),能使6个省(自治区、直辖市)职工医保统筹基金出现累计赤字的时点推迟7年(即内蒙古、辽宁、广西、四川、云南和青海),能使2个省(自治区、直辖市)职工医保统筹基金出现累计赤字的时点推迟8年(即天津和陕西)。低方案下男女退休年龄分别延迟至65岁和60岁使得31个省(自治区、直辖市)至2050年的职工医保统筹基金累计赤字率降低,降幅为164.04%~991.59%,降幅最大和最小的省(自治区、直辖市)仍为黑龙江和海南。

高方案下至2050年职工医保统筹基金未出现累计赤字的省(自治区、直辖市)仍为河北、海南、西藏和宁夏,其他27个省(自治区、直辖市)的累计赤字时点推迟3—8年,其中安徽、湖南、广东和上海职工医保统筹基金出现累计赤字的时点分别变为推迟3年、4年、5年和7年,内蒙古、重庆、青海和新疆4个省(自治区、直辖市)职工医保统筹基金出现累计赤字的时点变为推迟6年,广西和四川职工医保统筹基金出现累计赤字的时点则变为推迟8年,其余17个省(自治区、直辖市)职工医保统筹基金出现累计赤字的时点均与中方案相同。高方案下至2050年的职工医保统筹基金累计赤字率降幅最大和最小的省(自治区、直辖市)仍为黑龙江(841.63%)和海南(148.53%)。

第五章 基于收支平衡视角的政策调整对职工医保基金可持续性的影响 147

表 5-4 各省(自治区、直辖市)职工医保统筹基金的运行状况：政策 1.1

地区	基金财务运行状况							变化值			
	低方案		中方案		高方案		低方案		中方案		高方案
	累计赤字时点	累计赤字率(%)	累计赤字时点	累计赤字率(%)	累计赤字时点	累计赤字率(%)	累计赤字时点	累计赤字率(%)	累计赤字时点	累计赤字率(%)	累计赤字时点	累计赤字率(%)
北京	2046	240.62	2046	201.02	2046	168.75	7	-480.57	6	-428.77	6	-387.63
天津	2042	437.70	2044	286.30	2043	319.50	8	-705.08	8	-517.06	8	-541.50
河北	2049	40.71	—	-6.35	—	-45.17	8	-338.88	—	-282.13	—	-239.39
山西	2040	421.98	2041	358.55	2041	305.48	5	-414.63	6	-357.14	6	-311.96
内蒙古	2042	382.90	2043	317.71	2043	254.14	6	-411.66	7	-352.61	6	-296.72
辽宁	2032	943.36	2033	836.81	2033	746.80	6	-750.08	7	-654.37	7	-578.37
吉林	2035	1177.09	2035	985.07	2035	940.80	6	-949.09	5	-758.42	5	-711.06
黑龙江	2028	1923.94	2028	1728.49	2028	1561.29	4	-1183.90	4	-991.59	4	-841.63
上海	2047	171.37	2047	141.01	2048	116.33	6	-454.70	6	-415.22	7	-383.10
江苏	2043	337.93	2044	282.72	2044	237.00	6	-488.03	6	-427.54	6	-379.94
浙江	2037	879.08	2037	808.84	2037	750.16	5	-616.11	4	-552.23	4	-500.70
安徽	2036	983.26	2035	1164.10	2033	1613.46	4	-435.40	4	-313.56	3	-229.48
福建	2046	242.11	2046	198.14	2047	161.74	6	-455.44	6	-401.21	6	-358.34
江西	2036	1473.12	2035	1394.34	2034	1358.19	5	-853.65	5	-662.76	4	-521.10
山东	2038	788.47	2038	680.81	2038	591.64	5	-642.89	5	-538.56	5	-459.75
河南	2033	836.29	2033	728.38	2032	640.43	5	-611.58	5	-473.75	5	-372.73

续表

地区	基金财务运行状况							变化值					
	低方案		中方案		高方案		低方案		中方案		高方案	
	累计赤字时点	累计赤字率(%)	累计赤字时点	累计赤字率(%)	累计赤字时点	累计赤字率(%)	累计赤字时点	累计赤字率(%)	累计赤字时点	累计赤字率(%)	累计赤字时点	累计赤字率(%)
湖北	2031	1367.08	2031	1183.78	2031	1032.14	5	-853.07	6	-666.22	6	-531.29
湖南	2029	1764.80	2028	1618.20	2028	1519.57	4	-946.74	3	-711.20	4	-546.46
广东	2037	919.72	2037	840.39	2038	774.27	4	-745.40	4	-659.82	5	-591.96
广西	2040	305.75	2040	220.42	2041	151.22	7	-324.82	7	-253.24	8	-201.56
海南	—	-623.60	—	-617.59	—	-612.39	—	-183.31	—	-164.04	—	-148.53
重庆	2029	1722.43	2029	1524.58	2029	1356.86	5	-876.81	5	-688.09	6	-547.37
四川	2046	292.57	2046	235.90	2046	187.72	7	-610.94	7	-501.08	8	-415.59
贵州	2039	463.83	2040	357.80	2040	270.36	5	-319.34	6	-247.94	6	-195.24
云南	2041	321.76	2042	265.95	2042	219.99	7	-356.64	7	-306.95	7	-268.42
西藏	—	-658.70	—	-651.39	—	-644.83	—	-287.86	—	-263.35	—	-243.20
陕西	2039	383.72	2040	313.69	2040	255.21	7	-508.29	8	-427.82	8	-366.37
甘肃	2034	1034.75	2034	901.17	2034	789.15	6	-747.53	6	-615.00	6	-514.93
青海	2033	650.17	2034	565.18	2034	495.37	6	-430.11	7	-367.59	6	-319.56
宁夏	—	-138.36	—	-163.74	—	-185.56	—	-250.30	—	-218.30	—	-191.94
新疆	2039	534.27	2039	470.52	2040	418.19	5	-419.87	5	-369.82	6	-330.28

注：累计赤字率为2050年的累计赤字率；变化值=政策1.1下的数值-无政策干预下的数值；如果某省（自治区、直辖市）在2050年及以前末出现累计赤字，在计算变化值时会显示为"—"。

二、政策1.2：男女退休年龄均延迟至65岁

(一) 男女退休年龄均延迟至65岁对退职比的影响

当男女退休年龄均延迟至65岁时，在职职工人数增加，这样会改变职工医保系统内的退职比。从表5-5可以看出，与未延迟退休年龄的状况相比，在职职工的负担已经有所减轻，例如，至2050年低方案下1位在职职工抚养0.5416位退休职工，中方案下1位在职职工抚养0.5002位退休职工，高方案下1位在职职工则抚养0.4677位退休职工。

表5-5 男女退休年龄均延迟至65岁对退职比的影响

年份	退职比 低方案	退职比 中方案	退职比 高方案	变化值 低方案	变化值 中方案	变化值 高方案
2022	0.1591	0.1554	0.1525	-0.1472	-0.1451	-0.1433
2023	0.1630	0.1592	0.1561	-0.1659	-0.1636	-0.1617
2024	0.1639	0.1600	0.1568	-0.1830	-0.1804	-0.1784
2025	0.1668	0.1627	0.1595	-0.2021	-0.1994	-0.1973
2026	0.1668	0.1627	0.1594	-0.2228	-0.2199	-0.2176
2027	0.1749	0.1706	0.1672	-0.2334	-0.2304	-0.2280
2028	0.1907	0.1861	0.1824	-0.2431	-0.2400	-0.2376
2029	0.2030	0.1981	0.1943	-0.2542	-0.2510	-0.2485
2030	0.2166	0.2115	0.2075	-0.2686	-0.2651	-0.2624
2031	0.2297	0.2245	0.2204	-0.2802	-0.2766	-0.2738
2032	0.2403	0.2345	0.2298	-0.2923	-0.2869	-0.2824
2033	0.2584	0.2517	0.2463	-0.2978	-0.2906	-0.2846
2034	0.2748	0.2671	0.2608	-0.3043	-0.2952	-0.2876
2035	0.2952	0.2864	0.2791	-0.3040	-0.2932	-0.2841
2036	0.3133	0.3032	0.2949	-0.3076	-0.2950	-0.2844
2037	0.3313	0.3195	0.3098	-0.3115	-0.2975	-0.2857
2038	0.3490	0.3354	0.3241	-0.3151	-0.2997	-0.2868
2039	0.3656	0.3500	0.3371	-0.3215	-0.3045	-0.2902
2040	0.3809	0.3634	0.3489	-0.3300	-0.3113	-0.2958

续表

年份	退职比			变化值		
	低方案	中方案	高方案	低方案	中方案	高方案
2041	0.3965	0.3769	0.3608	−0.3438	−0.3230	−0.3058
2042	0.4082	0.3866	0.3688	−0.3713	−0.3475	−0.3279
2043	0.4225	0.3988	0.3793	−0.3909	−0.3641	−0.3423
2044	0.4379	0.4119	0.3907	−0.4141	−0.3838	−0.3594
2045	0.4517	0.4236	0.4007	−0.4433	−0.4086	−0.3809
2046	0.4677	0.4372	0.4127	−0.4646	−0.4256	−0.3948
2047	0.4899	0.4566	0.4299	−0.4863	−0.4423	−0.4080
2048	0.5062	0.4704	0.4419	−0.5136	−0.4638	−0.4253
2049	0.5229	0.4844	0.4540	−0.5438	−0.4872	−0.4441
2050	0.5416	0.5002	0.4677	−0.5790	−0.5146	−0.4660

注：变化值=政策1.2下的退职比-无政策干预下的退职比。

(二) 精算模型

当男女退休年龄均延迟至65岁时，缴费人口增加，那么职工医保统筹基金收入的预测模型将会有所改变，具体表达式如下：

$$(AI)_t = \left(\sum_{x=20}^{64} N_{t,x}^m + \sum_{x=20}^{64} N_{t,x}^{fm} + \sum_{x=20}^{64} N_{t,x}^{fw} \right) \times \bar{w}_t \times R_t^1 \times zj_t \times R_t^2$$

$$= \left(\sum_{x=20}^{64} N_{t,x}^m + \sum_{x=20}^{64} N_{t,x}^{fm} + \sum_{x=20}^{64} N_{t,x}^{fw} \right) \times \bar{w}_{2021} \times \prod_{s=2022}^{t} (1 + k_s^1) \times R_t^1 \times zj_t \times R_t^2 \quad (5-2)$$

虽然缴费人口增加，但并不会改变统筹基金的支出，因此统筹基金支出的预测模型和统筹基金累计结余额的预测模型不变，具体可参照第四章。预测模型中的参数假设仍参照第四章中的基准假设。

(三) 男女退休年龄均延迟至65岁对全国职工医保基金可持续性的影响

从表5-6可以看出，当男女退休年龄均延迟至65岁时，由于统筹基金收入增加，使得统筹基金的财务状况得到好转。低、中、高方案下统筹基金均在2034年出现当期赤字，当期赤字分别为1098.87亿元、750.72亿元和491.02亿元，此后当期赤字逐年扩大。三种方案下统筹基金均在2042年出现累计赤字，累计赤字分别为16865.59亿元、8129.44

亿元和 914.21 亿元，此后累计赤字逐年扩大，2050 年三种方案下的累计赤字规模分别为 332777.52 亿元、314904.55 亿元和 297846.47 亿元，累计赤字率分别为 396.31%、335.13% 和 289.56%，即 2050 年统筹基金的累计赤字规模分别为统筹基金收入的 3.96、3.35 和 2.90 倍。可见，低、中、高方案下男女退休年龄均延迟至 65 岁将使得全国职工医保统筹基金出现当期赤字的时点推迟 6 年（=2034-2028），出现累计赤字的时点推迟 8 年（=2042-2034）。

表 5-6　全国职工医保统筹基金的运行状况：政策 1.2

单位：亿元

年份	低方案 收支差	低方案 累计结余	低方案 累计结余率(%)	中方案 收支差	中方案 累计结余	中方案 累计结余率(%)	高方案 收支差	高方案 累计结余	高方案 累计结余率(%)
2022	4890.39	25243.83	143.40	5069.60	25587.06	141.59	5213.33	25862.91	140.12
2023	4978.12	30373.06	158.16	5175.02	30915.89	156.63	5329.22	31348.10	155.38
2024	5118.41	35668.93	169.87	5334.08	36431.22	168.62	5499.14	37031.47	167.58
2025	5139.33	41012.30	179.57	5368.15	42008.36	178.61	5541.47	42785.80	177.76
2026	5236.50	46480.04	186.77	5480.09	47725.90	186.09	5662.58	48690.62	185.42
2027	5024.23	51761.79	192.53	5276.89	53267.80	192.10	5463.41	54424.81	191.58
2028	4477.43	56520.41	196.25	4734.81	58292.63	196.03	4919.35	59640.88	195.66
2029	3964.99	60787.83	196.41	4226.28	62831.50	196.45	4407.61	64368.73	196.23
2030	3270.36	64378.48	194.44	3524.38	66687.66	194.78	3696.31	68405.37	194.71
2031	2458.77	67171.43	191.03	2697.94	69732.53	191.67	2854.19	71615.86	191.76
2032	1634.70	69150.17	184.91	1911.70	72002.45	185.56	2105.40	74089.18	185.52
2033	328.20	69825.75	176.71	639.40	73005.06	177.49	864.22	75328.85	177.47
2034	-1098.87	69070.52	165.23	-750.72	72615.61	166.33	-491.02	75212.03	166.49
2035	-2924.64	66476.60	150.96	-2547.38	70418.57	152.61	-2254.91	73321.90	153.12
2036	-4778.91	62006.18	133.36	-4367.04	66381.79	135.80	-4036.27	69632.06	136.86
2037	-6915.48	55366.15	112.83	-6429.78	60251.77	116.26	-6022.21	63927.89	118.05
2038	-9228.84	46367.99	89.65	-8660.85	51848.88	94.47	-8167.28	56039.42	97.33
2039	-11703.43	34837.88	63.88	-11047.77	41005.11	70.52	-10465.29	45802.00	74.80
2040	-14366.41	20573.82	35.81	-13625.27	27516.74	44.73	-12946.77	33019.50	50.78

续表

年份	低方案 收支差	低方案 累计结余	低方案 累计结余率(%)	中方案 收支差	中方案 累计结余	中方案 累计结余率(%)	高方案 收支差	高方案 累计结余	高方案 累计结余率(%)
2041	-17213.74	3376.89	5.64	-16397.43	11174.91	17.35	-15638.89	17467.52	25.56
2042	-20158.57	-16865.59	-26.95	-19263.90	-8129.44	-12.03	-18377.18	-914.21	-1.27
2043	-23503.95	-40571.39	-62.23	-22537.35	-30820.12	-43.57	-21569.27	-22595.90	-29.88
2044	-27279.66	-68190.30	-100.55	-26249.85	-57355.32	-77.60	-25203.66	-48038.56	-60.57
2045	-31287.41	-99975.10	-141.66	-30205.76	-87998.89	-113.91	-29085.40	-77509.58	-93.20
2046	-35475.63	-136127.98	-185.76	-34344.41	-122955.01	-152.61	-33152.03	-111214.92	-127.81
2047	-40391.48	-177402.05	-234.26	-39273.58	-163039.73	-194.94	-38063.17	-150024.47	-165.52
2048	-45191.54	-223706.56	-284.89	-44077.24	-208152.56	-238.98	-42836.76	-193825.54	-204.66
2049	-50277.66	-275354.14	-338.51	-49180.18	-258619.40	-285.36	-47906.67	-242940.88	-245.72
2050	-55767.77	-332777.52	-396.31	-54718.46	-314904.55	-335.13	-53423.76	-297846.47	-289.56

（四）男女退休年龄均延迟至65岁对各省（自治区、直辖市）职工医保基金可持续性的影响

从以上的分析可以得出，男女退休年龄均延迟至65岁能够使得全国职工医保统筹基金的可持续运行时间增加11年，那么男女退休年龄均延迟至65岁对各省（自治区、直辖市）职工医保统筹基金的运行状况会产生什么影响呢？

从表5-7可以看出，低、中、高三种方案下男女退休年龄均延迟至65岁能够使得河北、海南、西藏、宁夏4省（自治区）职工医保统筹基金在2050年以前不出现累计赤字。低方案下其他27个省（自治区、直辖市）职工医保统筹基金出现累计赤字的时点推迟6—10年，即使得各省（自治区、直辖市）职工医保统筹基金的可持续运行时间增加6—10年，其中能使7个省职工医保统筹基金出现累计赤字的时点推迟6年（即黑龙江、浙江、安徽、江西、山东、湖南和广东），能使6个省（自治区、直辖市）职工医保统筹基金出现累计赤字的时点推迟7年（分别为山西、河南、湖北、重庆、贵州和新疆），能使7个省（自治区、直辖市）职工医保统筹基金出现累计赤字的时点推迟8年（分别为内蒙古、吉林、上海、江苏、福建、甘肃和青海），能使4个省（直辖市）职工医保统筹基金出现累计赤字的时点推迟9年（分别为北京、辽宁、四川和云南），能使3个省

(自治区、直辖市)职工医保统筹基金出现累计赤字的时点推迟10年(即天津、广西和陕西)。此外,低方案下男女退休年龄均延迟至65岁使得31个省(自治区、直辖市)至2050年的职工医保统筹基金累计赤字率显著降低,降幅为221.17%~1545.84%,其中降幅最大的省为黑龙江,降幅最小的省为海南。

中方案下其他27个省(自治区、直辖市)职工医保统筹基金出现累计赤字的时点推迟5—11年,其中3个省出现累计赤字的时点推迟5年(即浙江、安徽和湖南),2个省出现累计赤字的时点推迟6年(即黑龙江和广东),5个省(自治区)出现累计赤字的时点推迟7年(即吉林、江西、山东、河南和新疆),7个省(自治区、直辖市)出现累计赤字的时点推迟8年(即北京、山西、江苏、福建、湖北、贵州和甘肃),6个省(自治区、直辖市)出现累计赤字的时点推迟9年(即内蒙古、辽宁、上海、重庆、云南和青海),3个省(直辖市)出现累计赤字的时点推迟10年(即天津、四川和陕西),1个自治区出现累计赤字的时点推迟11年(即广西)。31个省(自治区、直辖市)至2050年职工医保统筹基金累计赤字率降幅为199.20%~1311.18%,其中降幅最大和最小的省仍为黑龙江和海南。

高方案下其他27个省(自治区、直辖市)职工医保统筹基金出现累计赤字的时点推迟5—12年,其中2个省出现累计赤字的时点推迟5年(即安徽和湖南),4个省出现累计赤字的时点推迟6年(即黑龙江、浙江、江西和广东),5个省(直辖市)出现累计赤字的时点推迟7年(即吉林、山东、河南、湖北和重庆),6个省(自治区)出现累计赤字的时点推迟8年(即山西、福建、贵州、甘肃、青海和新疆),4个省(直辖市)出现累计赤字的时点推迟9年(即北京、内蒙古、上海和江苏),3个省(自治区、直辖市)出现累计赤字的时点推迟10年(即天津、辽宁和云南),2个省出现累计赤字的时点推迟11年(即四川和陕西),1个自治区出现累计赤字的时点推迟12年(即广西)。31个省(自治区、直辖市)至2050年职工医保统筹基金累计赤字率降幅为181.47%~1126.36%,其中降幅最大和最小的省仍为黑龙江和海南。

表 5-7 各省（自治区、直辖市）职工医保统筹基金的运行状况：政策 1.2

地区	基金财务运行状况							变化值					
	低方案		中方案		高方案		低方案		中方案		高方案	
	累计赤字时点	累计赤字率(%)	累计赤字时点	累计赤字率(%)	累计赤字时点	累计赤字率(%)	累计赤字时点	累计赤字率(%)	累计赤字时点	累计赤字率(%)	累计赤字时点	累计赤字率(%)
北京	2048	124.99	2048	94.94	2049	70.40	9	-596.20	8	-534.84	9	-485.98
天津	2044	285.88	2046	169.95	2045	194.15	10	-856.90	10	-633.41	10	-666.85
河北	—	-42.27	—	-79.65	—	-110.83	—	-421.85	—	-355.43	—	-305.05
山西	2042	313.73	2043	261.12	2043	216.86	7	-522.88	8	-454.57	8	-400.57
内蒙古	2044	264.66	2045	211.90	2046	158.52	8	-529.90	9	-458.42	9	-392.33
辽宁	2035	725.74	2035	640.62	2036	568.22	9	-967.71	9	-850.56	10	-756.94
吉林	2037	903.75	2037	754.21	2037	719.10	8	-1222.43	7	-989.28	7	-932.76
黑龙江	2030	1562.00	2030	1408.90	2030	1276.56	6	-1545.84	6	-1311.18	6	-1126.36
上海	2049	55.95	2050	33.54	2050	15.40	8	-570.11	9	-522.69	9	-484.03
江苏	2045	213.03	2046	169.43	2047	133.13	8	-612.92	8	-540.83	9	-483.81
浙江	2038	711.33	2038	654.22	2039	606.34	6	-783.85	5	-706.85	6	-644.52
安徽	2038	810.66	2036	1000.63	2035	1455.51	6	-607.99	5	-477.03	5	-387.43
福建	2048	134.84	2048	100.35	2049	71.65	8	-562.71	8	-499.00	8	-448.43
江西	2037	1185.63	2037	1136.34	2036	1121.60	6	-1141.14	7	-920.76	6	-757.69
山东	2039	607.06	2040	521.15	2040	449.27	6	-824.30	7	-698.22	7	-602.12
河南	2035	662.33	2035	578.73	2034	509.94	7	-785.55	7	-623.40	7	-503.23
湖北	2033	1121.75	2033	976.04	2032	853.84	7	-1098.39	8	-873.97	7	-709.59

第五章 基于收支平衡视角的政策调整对职工医保基金可持续性的影响　155

续表

地区	基金财务运行状况							变化值					
	低方案		中方案		高方案		低方案		中方案		高方案	
	累计赤字时点	累计赤字率(%)	累计赤字时点	累计赤字率(%)	累计赤字时点	累计赤字率(%)	累计赤字时点	累计赤字率(%)	累计赤字时点	累计赤字率(%)	累计赤字时点	累计赤字率(%)
湖南	2031	1442.73	2030	1341.05	2029	1275.84	6	-1268.81	5	-988.35	5	-790.20
广东	2039	745.56	2039	681.06	2039	627.03	6	-919.56	6	-819.15	6	-739.20
广西	2043	210.36	2044	139.31	2045	81.05	10	-420.21	11	-334.35	12	-271.73
海南	—	-661.46	—	-652.75	—	-645.32	—	-221.17	—	-199.20	—	-181.47
重庆	2031	1458.44	2033	1300.14	2030	1164.10	7	-1140.80	9	-912.53	7	-740.13
四川	2048	120.24	2049	81.55	2049	48.31	9	-783.27	10	-655.43	11	-555.00
贵州	2041	358.77	2042	269.08	2042	194.35	7	-424.40	8	-336.66	8	-271.24
云南	2043	229.44	2043	182.95	2045	144.46	9	-448.96	9	-389.95	10	-343.95
西藏	—	-713.85	—	-703.12	—	-693.69	—	-343.02	—	-315.09	—	-292.06
陕西	2042	266.79	2042	210.19	2043	162.48	10	-625.22	10	-531.32	11	-459.10
甘肃	2036	841.21	2036	732.29	2036	640.00	8	-941.08	8	-783.88	8	-664.08
青海	2035	534.18	2036	461.38	2036	401.30	8	-546.11	9	-471.39	8	-413.63
宁夏	—	-208.85	—	-228.06	—	-244.74	—	-320.80	—	-282.62	—	-251.13
新疆	2041	408.57	2041	356.13	2042	312.94	7	-545.57	7	-484.21	8	-435.53

注：累计赤字率为2050年的累计赤字率；变化值=政策1.2下的数值-无政策干预下的数值；如果某省（自治区、直辖市）在2050年及以前未出现累计赤字，在计算变化值时会显示为"—"。

第二节 社保征收体制改革对职工医保基金可持续性的影响

一、社保征收体制改革历程

1999年1月22日颁布的《社会保险费缴收暂行条例》规定，社会保险费的征收机构由省、自治区、直辖市人民政府规定，可以由税务机关征收，也可以由劳动保障行政部门按照国务院规定设立的社会保险经办机构征收。自该条例颁布后，医疗保险费的征收模式表现为税务机关征收和社保经办机构征收两种模式。如表5-8所示，截至2018年底，31个省（自治区、直辖市）、5个计划单列市和新疆生产建设兵团共37个统筹地区中，分别有19个和18个统筹地区实行税务机关征收和社保经办机构征收模式。[①] 2018年7月20日印发的《国税地税征管体制改革方案》指出，自2019年1月1日起社会保险费交由税务机关统一征收。然而，2019年4月4日发布的《国务院办公厅关于印发降低社会保险费率综合方案的通知》（国办发〔2019〕13号）指出，暂缓将企业职工社会保险费征收职责移交至税务机关，但该文件肯定"成熟一省（自治区、直辖市）、移交一省（自治区、直辖市）"。截至2020年11月25日，所有统筹地区的社会保险费均交由税务机关统一征收。[②] 表5-8显示截至2018年底的各省（自治区、直辖市）的医疗保险费征收模式。

如表5-8所示，随着各统筹地区的改革，税务机关征收模式又可细分为税务机关全责征收（以下简称"税务全征"）和税务机关代为征收（以下简称"税务代征"）两种类型，而社保经办机构征收模式专指社保经办机构全责征收（以下简称"社保全征"）。

---

① 元林君. 我国社会保险费征收体制现状、问题与改革趋势[J]. 科学经济社会，2018，36(2)：46-51+68.
② 例如，2020年10月30日上海市人力资源和社会保障局、上海市财政局、国家税务总局上海市税务局、上海市医疗保障局对外发布《关于企业社会保险费交由税务部门征收的公告》，自2020年11月1日起，上海市企业职工各项社会保险费交由税务部门统一征收。

表 5-8 各统筹地区医疗保险费的征收模式(截至 2018 年底)

改革地区	征收类型 税务代征	征收类型 税务全征	征收类型 社保全征	时点	文件号
广东	√			2000.1.1	《关于我省各级社会保险费统一由地方税务机关征收的通知》(粤府〔1999〕71号)
广东		√		2009.1.1	《关于印发广东省社会保险费地税全责征收实施办法(暂行)的通知》(粤劳社函〔2008〕1789号)
浙江	√			1998.1.1	《关于建立统一的企业职工基本养老保险制度的通知》(浙政〔1997〕15号)
浙江		√		2005.6.1	《浙江省社会保险费征缴办法》(浙江省人民政府令第188号,2005年3月16日)
河南	√			2017.1.1	《河南省人民政府关于改革社会保险费征缴体制加强社会保险费征缴管理的通知》(豫政〔2016〕77号)
内蒙古	√			2001.1.1	《内蒙古自治区社会保险费税务征缴暂行办法的通知》(内政字〔2000〕272号)
江苏	√			2000.7.1	《江苏省人民政府办公厅关于社会保险费改由地方税务部门征收的通知》(苏政办发〔2000〕56号)
海南		√		2000.11.1	《海南省社会保险费征缴若干规定》(海南省人民政府令第141号,2000年10月25日)
云南	√			2004.7.1	《云南省人民政府关于在全省范围内开展社会保险费由地方税务机关统一征收工作的通知》(云政发〔2004〕80号)
重庆	√			1998.7.1	《重庆市企业职工基本养老保险实施办法》(渝府发〔1998〕37号)
宁夏	√			2008.1.1	《宁夏回族自治区人民政府办公厅关于转发〈宁夏回族自治区社会保险费征收业务移交接收方案〉的通知》(宁政办发〔2007〕232号)
安徽	√			2001.1.1	《安徽省社会保险费征缴暂行规定》(安徽省人民政府令第128号,2000年11月2日)
湖北	√			2001.7.1	《关于全省社会保险费改由地方税务机关征收的通知》(鄂政发〔2001〕30号)
辽宁		√		2000.7.1	《辽宁省社会保险费征缴规定》(辽宁省人民政府政府令第116号,2000年6月27日)

续表

改革地区	征收类型 税务代征	征收类型 税务全征	征收类型 社保全征	时点	文件号
黑龙江	√			2000.10.1	《黑龙江省社会保险费征缴办法》(2000年9月28日经省人民政府第五十九次常务会议讨论通过)
陕西	√			2000.5.1	《陕西省人民政府关于印发税务征缴社会保险费暂行办法的通知》(陕政发〔2000〕11号)
湖南		√		2001.5.1	《湖南省实施〈社会保险费征缴暂行条例〉办法》(湖南省人民政府令第142号,2001年5月1日)
甘肃	√			2000.1.1	《甘肃省社会保险费征收管理暂行规定》
厦门	√			2001.6.25	《厦门市地方税务局印发〈厦门市地方税务局社会保险费征收管理规程〉的通知》(厦地税发〔2001〕103号)
大连	√			2010.4.2	《大连市人民政府办公厅关于印发〈大连市城镇企业职工社会保险费征收业务移交方案〉的通知》(大政办发〔2010〕66号)
宁波	√			2013.5.1	《宁波市人民政府关于印发〈宁波市社会保险费征缴管理暂行办法〉的通知》(甬政发〔2012〕139号)
其他15个省(自治区、直辖市)、2个计划单列市和新疆生产建设兵团			√	—	—

如图5-1所示,医疗保险费征收流程包含参保登记、缴费登记、缴费基数申报、缴费基数核定、征收等环节,① 社保全征是指所有环节均由社保经办机构(含医保经办机构)负责。虽然税务全征和税务代征同属于税务机关征收模式,但是在税务代征模式中,税务机关仅承担医疗保险费的征收职责,其他环节均由社保经办机构负责;在税务全征模式中,

---

① 社会保险费征收的完整流程包括社会保险参保登记、缴费登记、缴费基数申报、缴费基数核定、征收、追欠(追缴欠缴的社会保险费)、查处、记账共8个环节,图5-1仅列出前5个环节,这也是为了更加清晰地反映社保全征、税务代征和税务全征的联系和区别。在社保全征模式下,追欠、查处和记账均由社保经办机构负责,在税务代征和税务全征模式下,追欠、查处和记账均由税务机关负责。

图 5-1 各类社会保险费征收模式的对比图

社保经办机构仅承担参保登记职责,其他环节则均由税务机关负责。两者之间最大的不同在于:税务代征是社保经办机构核定缴费基数,税务机关按照社保经办机构确定的缴费基数来征收医疗保险费;而税务全征是税务机关核定缴费基数,按照自己核定的缴费基数来征收医疗保险费。从流程图来看,税务代征模式更接近社保全征模式,与税务全征模式相差甚远。那么,社保征收体制改革对我国职工医保征缴率的影响如何?

二、社保征收体制改革对职工医保征缴率的影响

本研究将职工医保征缴率作为因变量,以预测社保征收体制改革后的征缴率水平,并基于该征缴率水平对职工医保基金财务运行状况进行模拟测算。征缴率的计算公式如下:

征缴率=实际征缴收入/应征缴收入=实际征缴收入/(参保在职职工人数×法定缴费基数×法定缴费率)

(5-3)

如前文所述,由于税务机关征收模式可细分为税务全征和税务代征两种类型,且这两者之间的差别较大,因此如果仅将医疗保险费征收模式区分为税务机关征收和社保经办机构征收两种模式是不妥的。本研究将医疗保险费征收模式细分为税务全征、税务代征和社保全征,并以此建立3个自变量,分别为税务全征变量、税务代征变量和社保全征变量。税务全征变量是指如果该年该地区实行税务机关全征模式,赋值为1,反之赋值为0;税务代征变量是指如果该年该地区实行税务机关代征模式,赋值为1,反之赋值为0;社保全征变量是指如果该年该地区实行社保经办机构全征模式,赋值为1,反之赋值为0。在回归分析中,会引入2个自变量(税务全征变量和税务代征变量),将社保全征变量作为参照组。

除关键自变量外,本研究还引入影响城镇职工基本医疗保险征缴率的其他控制变量:

1. 城镇职工基本医疗保险法定缴费率:随着法定缴费率的提高,企

业的遵缴程度会下降,因而征收难度会加大,所以城镇职工基本医疗保险法定缴费率与征缴率之间可能是负相关。

2. 系统老龄化程度:该指标为城镇职工基本医疗保险参保退休职工人数与参保总人数之比,系统老龄化程度越高,代表基金支出压力越高,则需要更多的基金收入来应对基金支出,从而促进征缴率的提高。因此,系统老龄化程度可能对征缴率的影响为正。

3. 基金累计结余可支付月数:该指标为基金累计结余除以当期收入再乘以12,本年度基金累计结余可支付月数越高,代表基金的累计结余越多,则有可能下一年度征缴率会下降,但为了保证下一年度基金累计结余提高,也可能会促进下一年度征缴率的提高。

4. 国有经济占比:该指标为国有单位就业人数与城镇(总)就业人数之比,国有企业一般会遵循政府的规定来缴纳各项社会保险费,因而国有经济占比越高,征缴率也会越高。变量的计算方式如表5-9所示。

表 5-9 变量的计算方式

变量类型	变量名	计算方法
因变量	城镇职工基本医疗保险征缴率	城镇职工基本医疗保险实际征缴收入/应收缴收入
自变量	税务全征(=1,是)	该年该地区为税务全征模式,赋值为1,反之为0
	税务代征(=1,是)	该年该地区为税务代征模式,赋值为1,反之为0
	参照组:社保全征(=1,是)	该年该地区为社保全征模式,赋值为1,反之为0
控制变量	政策缴费率	各省(自治区、直辖市)城镇职工基本医疗保险政策缴费率为该省(自治区、直辖市)各地级市城镇职工基本医疗保险政策缴费率的加权平均值
	系统老龄化程度	城镇职工基本医疗保险参保退休职工人数/参保总职工人数
	养老保险基金累计结余可支付月数	城镇职工基本医疗保险基金累计结余/基金支出×12
	国有经济占比	国有单位就业人数/城镇就业人数

以上内容全部来源于《中国统计年鉴》《中国劳动统计年鉴》《中国人口和就业统计年鉴》和《中国城市统计年鉴》。本研究采用2002—2019年31个省(自治区、直辖市)城镇职工基本医疗保险征缴率的相关数据,考虑到上一年度的征缴率会影响本年度的征缴率,[①] 故本研究运用计量模型

---

① 封进. 中国城镇职工社会保险制度的参与激励[J]. 经济研究,2013,48(7):104-117.

中的动态面板数据模型(Dynamic Panel Data)进行分析,具体回归等式如下:

$$Y_{it} = Y_{it-1}\beta + X_{it}^{'}\beta_1 + C_{it}^{'}\beta_2 + u_i + \xi_{it}, \quad i=1,\cdots,n, \quad t=1,\cdots,T \quad (5-4)$$

其中 i 代表个体[即 31 个省(自治区、直辖市)],t 代表时间(2002—2019 年),Y 代表被解释变量(即城镇职工基本医疗保险征缴率),X 代表解释变量(即税务全征变量和税务代征变量),β 为滞后一期的被解释变量的系数,β_1 为解释变量的系数,为本研究最关心的系数,可估计税务全征和税务代征对城镇职工基本医疗保险征缴率的影响程度,C 代表控制变量[包括政策缴费率、养老保险省(自治区、直辖市)级统筹,系统老龄化程度,基金累计结余可支付月数,国有经济占比],β_2 为控制变量的系数,$u_i + \xi_{it}$ 为复合扰动项。本研究的自变量为 0—1 哑变量,衡量的是该年该省(自治区、直辖市)是否实行税务全征或税务代征,这也借用了渐进双重差分法的思想,因而 β_1 事实上也是社保征收体制改革的政策效应。变量的描述性统计结果如表 5-10 所示。

表 5-10 变量的描述性统计结果

变量名	样本数量	平均值	标准差	最小值	最大值
城镇职工基本医疗保险征缴率	557	0.9485	0.2948	0.3787	2.7853
税务全征(=1,是)	558	0.1434	0.3508	0	1
税务代征(=1,是)	558	0.2975	0.4576	0	1
社保全征(=1,是)	558	0.5591	0.4969	0	1
法定缴费率	558	0.0912	0.0104	0.0791	0.1200
系统老龄化程度	557	0.2803	0.0548	0.1014	0.4317
养老保险基金累计结余可支付月数	557	17.1289	6.4473	1.6424	51.3298
国有经济占比	558	0.5269	0.1779	0.1320	0.9610

运用计量模型,本研究实证检验了社保征收体制改革对职工医保征缴率的影响。从表 5-11 可以看出,无论是实行税务全征模式,还是实行税务代征模式,与实行社保全征模式相比,征缴率并未发生显著变化。也就是说,社保征收体制改革并不会对职工医保征缴率产生影响,这一结论在加入控制变量后仍然显著,结果是稳健的。

表5-11 征收体制改革对职工医保征缴率影响的实证结果

项	系数	标准差	T值	P值	95%置信区间下限	95%置信区间上限
征缴率(滞后一期)	0.095872	0.046872	2.05	0.041	0.004004	0.18774
参照组：社保全征(=1,是)			—			
税务全征(=1,是)	-0.11073	0.086402	-1.28	0.2	-0.28007	0.058616
税务代征(=1,是)	-0.04409	0.056949	-0.77	0.439	-0.15571	0.067528
法定缴费率	-6.53963	2.476714	-2.64	0.008	-11.3939	-1.68536
系统老龄化程度	3.02897	0.397202	7.63	0	2.250469	3.807471
养老保险基金累计结余可支付月数	0.007504	0.002463	3.05	0.002	0.002676	0.012332
国有经济占比	0.166794	0.15609	1.07	0.285	-0.13914	0.472725
2004年	0.022452	0.03344	0.67	0.502	-0.04309	0.087993
2005年	-0.00707	0.03556	-0.2	0.842	-0.07676	0.062628
2006年	0.009477	0.036144	0.26	0.793	-0.06136	0.080319
2007年	-0.00083	0.038247	-0.02	0.983	-0.0758	0.074129
2008年	0.003278	0.039833	0.08	0.934	-0.07479	0.081349
2009年	-0.04167	0.041929	-0.99	0.32	-0.12385	0.040506
2010年	-0.07342	0.041884	-1.75	0.08	-0.15551	0.008675
2011年	-0.07038	0.04221	-1.67	0.095	-0.15311	0.012345
2012年	-0.0459	0.04392	-1.05	0.296	-0.13198	0.040183
2013年	-0.02064	0.05292	-0.39	0.697	-0.12436	0.083084
2014年	-0.02748	0.053771	-0.51	0.609	-0.13287	0.077908
2015年	-0.0145	0.054702	-0.27	0.791	-0.12171	0.092717
2016年	-0.02006	0.052706	-0.38	0.703	-0.12337	0.083238
2017年	0.595134	0.057058	10.43	0	0.483303	0.706965
2018年	-0.04139	0.06881	-0.6	0.548	-0.17625	0.093479
2019年	-0.00364	0.060428	-0.06	0.952	-0.12207	0.114801
个体效应	控制					
常数项	0.408337	0.310148	1.32	0.188	-0.19954	1.016215

三、征收体制改革对职工医保基金可持续性的影响

在加入了控制变量的前提下，社保征收体制改革不会对职工医保征缴率产生任何影响，因此如果实行社保征收体制改革，全国和31个省（自治区、直辖市）职工医保基金财务运行状况和可持续性不会发生变化，与第四章第三节的结论一致，具体如表5-12所示，此处不再赘述。

表5-12 社保征收体制改革下全国及各省(自治区、直辖市)职工医保基金可持续状况

地区	低方案 累计赤字时点	低方案 累计赤字	低方案 累计赤字率	中方案 累计赤字时点	中方案 累计赤字	中方案 累计赤字率	高方案 累计赤字时点	高方案 累计赤字	高方案 累计赤字率
全国	2034	662712.37	1099.19%	2034	654555.69	945.30%	2034	644196.16	832.26%
北京	2039	39059.65	721.19%	2040	39443.44	629.79%	2040	39752.99	556.38%
天津	2034	16016.06	1142.78%	2036	16610.29	803.36%	2035	15910.45	861.00%
河北	2041	10329.84	379.58%	2041	8577.90	275.78%	2043	6800.59	194.22%
山西	2035	22518.03	836.61%	2035	21981.26	715.69%	2035	21378.56	617.43%
内蒙古	2036	19899.18	794.56%	2036	19382.93	670.32%	2037	18376.24	550.86%
辽宁	2026	25504.55	1693.45%	2026	25307.18	1491.18%	2026	25083.38	1325.16%
吉林	2029	9504.13	2126.18%	2030	9438.43	1743.49%	2030	9132.70	1651.86%
黑龙江	2024	20007.56	3107.85%	2024	19667.10	2720.08%	2024	19306.38	2402.92%
上海	2041	38351.54	626.07%	2041	38939.34	556.23%	2041	39495.67	499.43%
江苏	2037	55242.10	825.96%	2038	54366.49	710.27%	2038	53375.29	616.94%
浙江	2032	64906.23	1495.19%	2033	67826.36	1361.07%	2033	70697.68	1250.86%
安徽	2032	8167.85	1418.66%	2031	7769.49	1477.66%	2030	7734.46	1842.94%
福建	2040	17384.16	697.55%	2040	17115.68	599.35%	2041	16804.70	520.08%
江西	2031	8928.50	2326.77%	2030	8171.62	2057.10%	2030	7498.30	1879.30%
山东	2033	46227.15	1431.36%	2033	44812.26	1219.37%	2033	43360.42	1051.39%
河南	2028	12379.14	1447.88%	2028	11263.73	1202.13%	2027	10205.55	1013.17%
湖北	2026	30294.20	2220.14%	2025	28673.85	1850.01%	2025	27050.36	1563.43%
湖南	2025	10438.13	2711.54%	2025	9682.58	2329.40%	2024	8994.19	2066.04%
广东	2033	99318.72	1665.12%	2033	102845.09	1500.21%	2033	106283.93	1366.23%
广西	2033	5776.01	630.57%	2033	4945.45	473.66%	2033	4122.00	352.78%
海南	—	-3090.46	-440.29%	—	-3671.56	-453.55%	—	-4271.08	-463.85%
重庆	2024	18146.58	2599.24%	2024	17244.17	2212.67%	2023	16338.86	1904.23%
四川	2039	8448.07	903.51%	2039	7531.22	736.98%	2038	6648.26	603.31%
贵州	2034	6633.98	783.17%	2034	5866.98	605.74%	2034	5078.81	465.59%
云南	2034	11976.80	678.40%	2035	11591.74	572.90%	2035	11176.59	488.41%
西藏	—	-475.12	-370.84%	—	-566.19	-388.03%	—	-659.83	-401.64%
陕西	2032	8956.43	892.00%	2032	8460.98	741.51%	2032	7952.74	621.58%
甘肃	2028	5980.81	1782.29%	2028	5743.77	1516.17%	2028	5503.54	1304.08%
青海	2027	3339.43	1080.28%	2027	3299.52	932.77%	2028	3255.67	814.93%
宁夏	2048	903.36	111.95%	2049	508.19	54.56%	2050	67.86	6.39%
新疆	2034	20099.48	954.14%	2034	20419.30	840.34%	2034	20708.21	748.47%

第三节 变动缴费政策对职工医保基金可持续性的影响

一、政策3.1：提高缴费率

全国和绝大部分省(自治区、直辖市)职工医保统筹基金会在2050年以前出现累计赤字，因此全国和各省(自治区、直辖市)职工医保的(法定)缴费率需继续提高，那么全国和各省(自治区、直辖市)职工医保的缴费率需提高①至多少才能保证统筹基金在2050年前具备可持续性？本研究将通过精算模型予以回答。

(一) 精算模型

本研究的目标是保证职工医保统筹基金在2050年及以前具备可持续性，即 $F_{2050} \geq 0$，根据第五章的精算模型就可以求解出这一纵向平衡缴费率，那么 R_t^1 对应的表达式为：

$$R_t^1 \geq \frac{\left\{\sum_{m=2022}^{T'+X'-1}\left[(AC)_m \times (1+r)^{T'+X'-m}\right] + \sum_{m=T'+X'}^{2050}(AC)_m - F_{2021} \times (1+r)^{T'+X'-2021}\right\}/(R_t^2 \times zj_t)}{\sum_{m=2022}^{T'+X'-1}\left[\left(\sum_{x=20}^{59}N_{m,x}^m + \sum_{x=20}^{54}N_{m,x}^{fm} + \sum_{x=20}^{49}N_{m,x}^{fw}\right) \times \bar{w}_m \times (1+r)^{T'+X'-m}\right] + \sum_{m=T'+X'}^{2050}\left[\left(\sum_{x=20}^{59}N_{m,x}^m + \sum_{x=20}^{54}N_{m,x}^{fm} + \sum_{x=20}^{49}N_{m,x}^{fw}\right) \times \bar{w}_m\right]}$$

(5-5)

该等式中的符号意义可参见第四章中的精算模型，由于缴费率的提高会改变 T 和 X 的具体数值，因此该等式中采用 T' 和 X' 以示区别。

(二) 缴费率的变化情况

根据上述精算模型，本研究计算能保证职工医保统筹基金在2050年及以前具备可持续性的纵向平衡的缴费率。由表5-13可见，低方案下全国职工医保的缴费率必须提升至18.74%才能保证职工医保未来30年内(至2050年)具备可持续性，增加幅度达10.80%。具体而言，低方案下除海南、西藏无须提高缴费率，其他29个省(自治区、直辖市)职工医保的缴费率均需不同程度提高。其中，宁夏职工医保的缴费率需从0.81%提高至9.57%，14个省(自治区、直辖市)职工医保的缴费率需提高10%~20%，绝对值变化幅度为5.35%~12.42%，9个省(自治区、直辖市)职工医保的缴费率需提高至20%~30%，绝对值变化幅度为12.70%~18.16%，5个

---

① 此处指职工医保的缴费额仍然由用人单位和在职职工承担，退休职工不参与缴费；在下一小节中，本研究会模拟当退休职工参与缴费时的缴费率变化情况。

省(自治区、直辖市)职工医保的缴费率需提高30%~40%,绝对值变化幅度为20.12%~26.98%。

中方案下全国职工医保的缴费率必须提高至17.84%,才能保证职工医保基金在预测期内具备可持续性。具体到各省(自治区、直辖市)来看,海南、西藏职工医保的缴费率仍无须提高,宁夏职工医保的缴费率需从0.12%提高至8.88%,14个省(自治区、直辖市)职工医保的缴费率需提高10%~20%,绝对值变化幅度为4.15%~11.86%,10个省(自治区、直辖市)职工医保的缴费率需提高20%~30%,绝对值变化幅度为11.38%~22.14%,4个省(自治区、直辖市)职工医保的缴费率需提高30%~40%,绝对值变化幅度在18.51%~25.64%。

高方案下全国职工医保的缴费率必须提高至17.11%,才能保证职工医保基金在预测期内具备可持续性。海南、西藏和宁夏职工医保的缴费率均无须提高,其他28个省(自治区、直辖市)职工医保的缴费率均需提高至10%以上,其中15个省(自治区、直辖市)职工医保的缴费率需提高10%~20%,绝对值变化幅度为3.06%~11.39%,9个省(自治区、直辖市)职工医保的缴费率需提高20%~30%,绝对值变化幅度为10.20%~18.99%,4个省(自治区、直辖市)职工医保的缴费率需提高30%~40%,绝对值变化幅度为23.61%~31.66%。可以看到,三种方案下提高缴费率会显著增加用人单位和在职职工的压力,推行起来存在一定困难。

表5-13 全国及各省(自治区、直辖市)职工医保缴费率的变化情况:政策3.1

单位:%

地区	精算平衡缴费率			变化值		
	低方案	中方案	高方案	低方案	中方案	高方案
全国	18.74	17.84	17.11	10.80	9.90	9.17
北京	13.65	13.09	12.61	6.47	5.91	5.43
天津	18.83	16.92	17.21	10.45	8.54	8.83
河北	15.07	13.87	12.78	5.35	4.15	3.06
山西	17.00	16.11	15.31	9.35	8.46	7.66
内蒙古	17.95	16.93	15.85	9.60	8.58	7.50
辽宁	22.32	21.35	20.47	14.71	13.74	12.86
吉林	22.36	21.03	20.66	15.29	13.96	13.59
黑龙江	35.77	34.43	33.14	26.98	25.64	24.35
上海	13.80	13.33	12.93	5.81	5.34	4.94

续表

地区	精算平衡缴费率			变化值		
	低方案	中方案	高方案	低方案	中方案	高方案
江苏	15.50	14.78	14.13	7.86	7.14	6.49
浙江	19.56	19.00	18.51	12.42	11.86	11.37
安徽	25.62	29.60	39.12	18.16	22.14	31.66
福建	16.59	15.86	15.20	7.63	6.90	6.24
江西	24.25	24.01	24.02	16.62	16.38	16.39
山东	21.34	20.26	19.28	13.45	12.37	11.39
河南	22.00	20.96	20.00	14.35	13.31	12.35
湖北	30.80	29.15	27.61	22.18	20.53	18.99
湖南	33.48	32.91	32.59	24.62	24.05	23.73
广东	14.88	14.42	14.01	9.69	9.23	8.82
广西	18.58	17.00	15.55	9.25	7.67	6.22
海南	1.87	1.43	1.04	-5.83	-6.27	-6.66
重庆	35.75	34.18	32.67	26.69	25.12	23.61
四川	17.78	17.01	16.27	8.43	7.66	6.92
贵州	16.46	15.13	13.89	8.75	7.42	6.18
云南	25.21	23.89	22.71	12.70	11.38	10.20
西藏	5.00	4.59	4.22	-5.13	-5.54	-5.91
陕西	17.98	16.91	15.94	10.01	8.94	7.97
甘肃	26.93	25.63	24.42	17.84	16.54	15.33
青海	32.68	31.07	29.63	20.12	18.51	17.07
宁夏	9.57	8.88	8.24	0.81	0.12	-0.52
新疆	25.70	24.63	23.69	14.67	13.60	12.66

注：变化值=政策3.1下的精算平衡缴费率-原始(实际)缴费率。

二、政策3.2：退休职工参与缴费

与国际上的通行规定不同，我国退休职工不缴纳医疗保险费。[①] 通过计算，自2022年起退休职工消费的住院费用占职工消费的住院费用的比例开始呈现上升趋势(详见表5-14)，低方案下2022年该比例达到53.27%，2029年该比例超过60%，2041年该比例超过70%，至2050年该比例达到80.02%；中方案下2022年退休职工消费的住院费用占职工

[①] 李亚青，申曙光．退休人员不缴费政策与医保基金支付风险——来自广东省的证据[J]．人口与经济，2011(3)：70-77．

消费的住院费用的比例为42.41%，2029年该比例超过50%，2039年该比例超过60%，2048年该比例超过70%，至2050年该比例达到72.23%；高方案下2022年退休职工消费的住院费用占职工消费的住院费用的比例为33.55%，2028年该比例超过40%，2033年该比例超过50%，2046年该比例超过60%，至2050年该比例达到66.31%。也就是说三种方案下至2050年退休职工将花费至少一半的医疗费用，而这些医疗费用都由在职职工来承担，这样就存在严重的"代际转移"。如果退休职工参与缴费，缴费基数为退休职工的养老金，缴费率与在职职工一致，那么职工医保基金的收入来源就可以得到保证。既然退休职工参与缴费，那么职工医保的缴费率应如何变化呢？本研究仍将采用精算模型予以回答，计算精算平衡缴费率。

表5-14 2022—2050年退休职工消费的住院费用占职工消费的住院费用的比例

单位:%

年份	低方案	中方案	高方案
2022	53.27	42.41	33.55
2023	54.40	43.40	35.36
2024	55.24	44.27	36.52
2025	56.46	44.87	37.76
2026	57.46	46.23	38.88
2027	58.52	47.53	39.90
2028	59.69	49.35	41.90
2029	60.72	50.84	43.52
2030	61.71	52.37	45.50
2031	62.58	53.74	47.15
2032	63.14	54.91	48.66
2033	63.91	55.95	50.14
2034	64.65	56.87	51.35
2035	65.28	57.55	52.43
2036	66.11	58.38	53.46
2037	67.20	59.16	54.09
2038	68.02	59.88	54.91
2039	68.86	60.71	55.75
2040	69.77	61.90	56.48
2041	70.91	62.68	57.26

续表

年份	低方案	中方案	高方案
2042	72.26	63.33	58.21
2043	73.50	64.03	58.83
2044	74.93	64.92	59.39
2045	76.43	66.09	59.90
2046	77.32	67.33	60.82
2047	78.14	68.87	62.13
2048	78.92	70.51	63.26
2049	79.50	71.37	64.66
2050	80.02	72.23	66.31

(一) 精算模型

如果退休职工参与缴费，缴费基数为退休职工的养老金，缴费率与在职职工一致，那么职工统筹基金的收入预测模型变为：

$$
\begin{aligned}
(AI)_t &= \left(\sum_{x=20}^{59} N_{t,x}^m + \sum_{x=20}^{54} N_{t,x}^{fm} + \sum_{x=20}^{49} N_{t,x}^{fw} \right) \times \bar{w}_t \times R_t^1 \times zj_t \times R_t^2 + \\
&\quad \left(\sum_{x=60}^{100} N_{t,x}^m + \sum_{x=55}^{100} N_{t,x}^{fm} + \sum_{x=50}^{100} N_{t,x}^{fw} \right) \times \bar{P}_t \times R_t^1 \times zj_t \times R_t^2 \\
&= \left[\left(\sum_{x=20}^{59} N_{t,x}^m + \sum_{x=20}^{54} N_{t,x}^{fm} + \sum_{x=20}^{49} N_{t,x}^{fw} \right) \times \bar{w}_{2021} + \left(\sum_{x=60}^{100} N_{t,x}^m + \sum_{x=55}^{100} N_{t,x}^{fm} + \sum_{x=50}^{100} N_{t,x}^{fw} \right) \times \bar{P}_{2021} \right] \times \\
&\quad \prod_{m=2022}^{t} (1 + l_m^1) \times R_t^1 \times R_t^2 \times zj_t
\end{aligned}
\tag{5-6}
$$

其中 $\bar{P}_t$ 为 t 年退休职工领取的养老金，其他符号可参见第四章中的精算模型。

本研究的目标仍然是保证职工医保统筹基金在 2050 年及以前具备可持续性，即 $F_{2050} \geq 0$，那么根据上述统筹基金收入预测模型和第五章的统筹基金支出预测模型和统筹基金累计余额预测模型就可以求解出这一纵向平衡的缴费率，那么 R_t^1 对应的表达式为：

$$
R_t^1 \geq \frac{\left\{ \sum_{m=2022}^{T'+X'-1} \left[(AC)_m \times (1+r)^{T'+X'-m} \right] + \sum_{m=T'+X'}^{2050} (AC)_m - F_{2021} \times (1+r)^{T'+X'-2021} \right\} / (R_t^2 \times zj_t)}{\sum_{m=2022}^{T'+X'-1} \left[A \times (1+r)^{T'+X'-m} \right] + \sum_{m=T'+X'}^{2060} A}
\tag{5-7}
$$

其中

$$A = \left(\sum_{x=20}^{59} N_{t,x}^{m} + \sum_{x=20}^{54} N_{t,x}^{fm} + \sum_{x=20}^{49} N_{t,x}^{fw} \right) \times \bar{w}_t + \left(\sum_{x=60}^{100} N_{t,x}^{m} + \sum_{x=55}^{100} N_{t,x}^{fm} + \sum_{x=50}^{100} N_{t,x}^{fw} \right) \times \bar{P}_t$$

(5-8)

该等式中的符号意义可参见第四章中的精算模型，由于缴费率的提高会改变 T 和 X 的具体数值，因此该等式中采用 T' 和 X' 以示区别。

根据《国务院关于完善企业职工基本养老保险制度的决定》（国发〔2005〕38号），退休职工领取的基础养老金的计发基数为上年度职工月平均工资和指数化月平均缴费工资的平均值，缴费每满 1 年计发 1%，每月个人账户养老金等于个人账户储存额除以计发月数，其中男性每月个人账户养老金等于个人账户储存额除以 139，女性每月个人账户养老金等于个人账户储存额除以 170。平均来看，个人账户养老金的替代率①为 8%~12%，而男性基础养老金的替代率为 40%，女性基础养老金的替代率为 35%，因而养老金的替代率为 40%~60%，本研究取 50%，即令 $P_t = 0.5 w_t$。

（二）缴费率的变化情况

根据上述精算模型和参数设定，本研究计算退休职工参与缴费情况下的纵向平衡缴费率。由表 5-15 可以看到，低方案下全国职工医保的缴费率必须提升至 11.19% 才能保证职工医保未来 30 年内（至 2050 年）具备可持续性，增加幅度为 3.25%。黑龙江、湖北、重庆、云南、甘肃、青海和新疆需将职工医保的缴费率调整为 15%~21%，其余绝大部分省（自治区、直辖市）的缴费率只需调整为 8%~15% 即可保证职工医保统筹基金在预测期内具备可持续性，缴费率的调幅为 0.38%~9.17%。河北、海南、四川、西藏和宁夏还可以分别下调缴费率至 9.09%、1.17%、8.70%、3.17% 和 6.19%，缴费率的调幅为 0.63%~6.96%。中、高方案下全国职工医保的缴费率必须分别提升至 10.84% 和 10.56% 才能保证职工医保在预测期内具备可持续性，增加值分别为 2.90% 和 2.62%。

中方案下黑龙江、湖北、重庆、云南、青海和新疆需将职工医保的缴费率调整为 15%~20%，高方案下仅黑龙江、重庆、云南、青海和新疆需将其费率调为 15% 以上，其余绝大部分省（自治区、直辖市）的缴费率在两种方案下只需调整为 8%~15% 即可保证职工医保统筹基金在预测期内具备可持续性，中方案下缴费率的调增幅度为 0.22%~8.64%，高方案则为 0.09%~8.12%。此外，中、高方案下河北、海南、四川、西藏和宁

---

① 替代率=退休第一年领取的养老金/退休前一年领取的工资×100%。

夏费率仍存在下调空间，其中中方案下这5个省(自治区)职工医保缴费率下调幅度为0.95%~7.18%，高方案这一调幅则为1.25%~7.39%。

可以看到三种方案下即便调增职工医保缴费率，缴费率的增加值也在0.09%~9.17%，大部分省(自治区、直辖市)缴费率的增加值在5%以内，也就是说在退休职工参与缴费的情况下，大部分省(自治区、直辖市)的缴费率只需提高5%即可保证统筹基金在未来30年内具备可持续性。相较于仅提高在职职工的缴费率，退休职工参与缴费会减轻企业和个人的负担，然而，退休职工的反对会使该项政策的推行存在一定的困难。

表5-15 全国及各省(自治区、直辖市)职工医保缴费率的变化情况：政策3.2

单位:%

地区	精算平衡缴费率			变化值		
	低方案	中方案	高方案	低方案	中方案	高方案
全国	11.19	10.84	10.56	3.25	2.90	2.62
北京	8.35	8.14	7.95	1.17	0.96	0.77
天津	10.65	10.04	10.09	2.27	1.66	1.71
河北	9.09	8.54	8.02	-0.63	-1.18	-1.70
山西	10.34	9.98	9.64	2.69	2.33	1.99
内蒙古	10.70	10.29	9.82	2.35	1.94	1.47
辽宁	11.34	11.07	10.81	3.73	3.46	3.20
吉林	10.82	10.48	10.34	3.75	3.41	3.27
黑龙江	16.53	16.19	15.85	7.74	7.40	7.06
上海	8.37	8.21	8.08	0.38	0.22	0.09
江苏	9.36	9.07	8.81	1.72	1.43	1.17
浙江	12.66	12.45	12.26	5.52	5.31	5.12
安徽	9.70	10.19	11.25	2.24	2.73	3.79
福建	10.82	10.48	10.17	1.86	1.52	1.21
江西	11.78	11.59	11.46	4.15	3.96	3.83
山东	12.35	11.94	11.55	4.46	4.05	3.66
河南	11.36	10.94	10.55	3.71	3.29	2.90
湖北	15.89	15.34	14.80	7.27	6.72	6.18
湖南	14.92	14.64	14.41	6.06	5.78	5.55
广东	9.67	9.48	9.31	4.48	4.29	4.12
广西	11.14	10.42	9.74	1.81	1.09	0.41

续表

地区	精算平衡缴费率			变化值		
	低方案	中方案	高方案	低方案	中方案	高方案
海南	1.17	0.91	0.67	-6.53	-6.79	-7.03
重庆	18.23	17.70	17.18	9.17	8.64	8.12
四川	8.70	8.40	8.10	-0.65	-0.95	-1.25
贵州	9.99	9.39	8.81	2.28	1.68	1.10
云南	16.20	15.60	15.06	3.69	3.09	2.55
西藏	3.17	2.95	2.74	-6.96	-7.18	-7.39
陕西	10.30	9.89	9.49	2.33	1.92	1.52
甘肃	15.31	14.82	14.34	6.22	5.73	5.25
青海	20.06	19.42	18.83	7.50	6.86	6.27
宁夏	6.19	5.84	5.50	-2.57	-2.92	-3.26
新疆	15.98	15.57	15.20	4.95	4.54	4.17

注：变化值=政策3.2下的精算平衡缴费率-原始(实际)缴费率。

上一节分析的是影响收入端的政策调整对职工医保基金可持续性的效应，第五章分析影响收支两端的政策调整对职工医保基金可持续性的效应，包含扩大职工医保覆盖面(政策4)、个人账户与统筹基金合并(政策5)，并进一步分析政策调整方案的组合对职工医保基金可持续性的影响。

第四节 扩大医保覆盖面对职工医保基金可持续性的影响

从第三章的分析中可以看出，并非所有的城镇就业人口参加职工医保，这就造成一部分人口应参保而未参保，这部分人口选择参加城乡居民基本医疗保险，因缴费偏低，且待遇并不低，如果考虑将所有城镇就业人口都纳入职工医保的保障范围，会对职工医保统筹基金的可持续性产生什么影响？假设2022及以后我国所有城镇就业人口均参加职工医保，本研究采用第四章中的精算模型对该问题给予回答。

一、扩大医保覆盖面对职工医保参保人口和退职比的影响

按照第四章中的测算步骤和参数假设(这里假设参保率在2022年达到100%，其他条件不变)，本研究重新预测扩大医保覆盖面下2022—

2050年全国和各省(自治区、直辖市)职工医保的分年龄、性别的参保人数。表5-16显示低、中、高方案下全国职工医保参保人数的变化情况，可以看出：低方案下，职工医保参保总人数在2022年及以后呈上升趋势，直至2043年达到峰值，为628497540人，2044年及以后呈下降趋势，2050年的参保总人数为618267981人。参保在职职工人数在2022年及以后呈逐年下降趋势，直至2050年参保在职职工人数达到低谷，为284175644人。而参保退休职工人数在2022年及以后呈上升趋势，在2047年参保退休职工人数(317872795人)超过参保在职职工人数(307749567人)，至2050年参保退休职工人数达到峰值，为334092337人；中方案和高方案下，职工医保参保总人数均在2022年及以后呈上升趋势，分别在2047年和2049年达到峰值，分别为674381296人和721905564人，2050年的参保总人数分别为671764870人和721365160人。中方案和高方案下参保在职职工人数和退休职工人数的变化情况与低方案相同，中方案下2049年参保退休职工人数(340164772人)超过参保在职职工人数(333567676人)，中方案和高方案下，2050年参保在职职工人数达到谷点，分别为325797949人和365288695人，2050年参保退休职工人数达到峰值，分别为345966921人和356076465人。

表5-16同时显示了扩大医保覆盖面时，低、中、高方案下职工医保系统内退职比的变化，可以看出：在低方案下，2022年的退职比为0.3170，即2022年约3.1546(=1/0.3170)位在职职工抚养1位退休职工，2022年及以后退职比呈上升趋势，2023年及以后扩大医保覆盖面下的退职比与未扩大医保覆盖面下的退职比基本一致，这是因为按照本研究第四章中的参保率假设，2023年及以后大部分省(自治区、直辖市)在职职工的参保率达到100%；在中方案下，2022年的退职比为0.3121，即2022年约3.2041(=1/0.3121)位在职职工抚养1位退休职工，2022年及以后退职比呈上升趋势，同样地，2023年及以后扩大医保覆盖面下的退职比与未扩大医保覆盖面下的退职比基本一致；在高方案下，2022年的退职比为0.3081，即2022年约3.2457(=1/0.3081)位在职职工抚养1位退休职工，2022年及以后退职比呈上升趋势，同样地，2023年及以后扩大医保覆盖面下的退职比与未扩大医保覆盖面下的退职比基本一致。低、中、高方案下，2050年的退职比分别为1.1757、1.0619和0.9748，在职职工的抚养压力很重，所以即使扩大职工医保的覆盖面也不能显著减轻在职职工抚养退休职工的压力。

第五章　基于收支平衡视角的政策调整对职工医保基金可持续性的影响　173

表5-16　全国职工医保参保人数及退职比情况：政策4

单位：人

年份	低方案			中方案				高方案			
	参保城镇职工	参保在职职工	参保退休职工	退职比	参保城镇职工	参保在职职工	参保退休职工	退职比	参保城镇职工	参保在职职工	参保退休职工	退职比
2022	517667513	393060926	124606587	0.3170	527115821	401726896	125388925	0.3121	535225663	409162757	126062906	0.3081
2023	525762340	390964669	134797670	0.3448	535953652	400166023	135787629	0.3393	544634119	407993630	136640489	0.3349
2024	534269392	390642369	143627023	0.3677	545221999	400400710	144821290	0.3617	554487999	408639324	145848675	0.3569
2025	541668379	388537529	153130850	0.3941	553245556	398678740	154566816	0.3877	563036401	407237092	155799309	0.3826
2026	549087729	386956564	162131164	0.4190	561300887	397485894	163814994	0.4121	571626094	406368307	165257786	0.4067
2027	556457470	386115054	170342416	0.4412	569311766	397039616	172272150	0.4339	580175834	406251913	173923920	0.4281
2028	563919742	383708187	180211556	0.4697	577441439	395012680	182428759	0.4618	588838696	404513832	184324864	0.4557
2029	571248716	381897304	189351412	0.4958	585443689	393589892	191853798	0.4874	597378817	403388211	193990605	0.4809
2030	576656865	377723898	198932966	0.5267	591364273	389623379	201740893	0.5178	603756878	399623006	204133873	0.5108
2031	583055592	375191317	207864275	0.5540	598289421	387312502	210976919	0.5447	611149672	397523690	213625981	0.5374
2032	589071400	373034442	216036958	0.5791	606463080	387021312	219441768	0.5670	621431442	399094833	222336610	0.5571
2033	594863344	370608045	224255299	0.6051	614503915	386516200	227987715	0.5899	631603216	400441152	231162064	0.5773
2034	600438100	368342021	232096079	0.6301	622384696	386200467	236184229	0.6116	641677270	402013369	239663901	0.5962
2035	605687367	366608883	239078483	0.6521	629955733	386422144	243533590	0.6302	651490789	404161159	247329630	0.6120
2036	610583649	364408889	246174760	0.6755	637183635	386138324	251045311	0.6501	660975426	405771092	255204334	0.6289

续表

年份	低方案 参保城镇职工	低方案 参保在职职工	低方案 参保退休职工	低方案 退职比	中方案 参保城镇职工	中方案 参保在职职工	中方案 参保退休职工	中方案 退职比	高方案 参保城镇职工	高方案 参保在职职工	高方案 参保退休职工	高方案 退职比
2037	615003419	361958655	253044765	0.6991	643950532	385573707	258376825	0.6701	670018624	407075150	262943474	0.6459
2038	618940301	359539950	259400351	0.7215	650189187	385016908	265172278	0.6887	678462870	408337981	270124889	0.6615
2039	622663156	356906034	265757123	0.7446	656189605	384204235	271985370	0.7079	686631164	409311155	277320009	0.6775
2040	624946614	353383160	271563454	0.7685	660558217	382310055	278248162	0.7278	693071771	409090927	283980843	0.6942
2041	626680058	348578568	278101491	0.7978	664323004	379031543	285291462	0.7527	698860696	407394012	291466685	0.7154
2042	627932866	341787697	286145169	0.8372	667552883	373637814	293915069	0.7866	704072107	403467323	300604784	0.7451
2043	628497540	335921125	292576415	0.8710	670049182	369179477	300869704	0.8150	708418076	400411704	308006371	0.7692
2044	628495312	329133664	299361648	0.9095	671953577	362741514	308212063	0.8473	712078618	396255370	315823247	0.7970
2045	627903961	321617920	306286040	0.9523	673194776	357477861	315716915	0.8832	715030708	391212910	323817798	0.8277
2046	626941559	315162795	311778764	0.9893	673989058	352293846	321695213	0.9131	717463944	387260513	330203432	0.8527
2047	625622362	307749567	317872795	1.0329	674381296	346084901	328296396	0.9486	719462654	382235579	337227075	0.8822
2048	623834799	300482397	323352402	1.0761	674263222	340007560	334255662	0.9831	720912948	377332029	343580919	0.9106
2049	621683171	292898056	328785115	1.1225	673732448	333567676	340164772	1.0198	721905564	372027719	349877845	0.9405
2050	618267981	284175644	334092337	1.1757	671764870	325797949	345966921	1.0619	721365160	365288695	356076465	0.9748

注：退职比=参保退休职工人数/参保在职职工人数。

二、扩大医保覆盖面对人均统筹基金支出增长率的影响

扩大医保的覆盖面，改变参保人口的年龄结构分布，使得人均医保统筹基金支出增长率发生变化，从表5-17可以看出，扩大医保覆盖面后，低方案下，2038年及以前人均统筹基金支出较基准情况有所增加，当2022年参保率达到100%时，由于有年轻人口加入（这是相对于退休职工而说的，此时肯定也有54岁的未参保女性职工和59岁的未参保男性职工加入职工医保系统），使得2022年人均住院费用上升0.57%，此后由于不断有职工退休以及老年人口绝对数的增加，人均住院费用增长率高于现行政策下的人均住院费用增长率0.01%~0.57%，2039年及以后人均住院费率开始低于现行政策下的人均住院费用增长率，两者之间的差额不超过0.08%。高方案与中方案的情况与低方案类似，此处不再赘述。

表5-17 扩大医保覆盖面对人均医保统筹基金支出增长率的影响

单位:%

年份	基准情形 低方案	基准情形 中方案	基准情形 高方案	扩大医保覆盖面 低方案	扩大医保覆盖面 中方案	扩大医保覆盖面 高方案	变化值 低方案	变化值 中方案	变化值 高方案
2022	8.86	8.85	8.85	9.43	9.41	9.40	0.57	0.56	0.55
2023	9.17	9.16	9.16	9.62	9.61	9.59	0.45	0.44	0.43
2024	8.89	8.88	8.87	9.26	9.24	9.22	0.37	0.36	0.35
2025	9.14	9.14	9.13	9.45	9.44	9.43	0.31	0.30	0.29
2026	8.78	8.78	8.77	9.04	9.03	9.02	0.26	0.25	0.24
2027	9.16	9.16	9.15	9.41	9.39	9.37	0.24	0.23	0.22
2028	9.33	9.32	9.31	9.53	9.51	9.49	0.20	0.19	0.18
2029	9.06	9.06	9.05	9.22	9.21	9.19	0.16	0.15	0.14
2030	9.12	9.12	9.12	9.26	9.25	9.23	0.13	0.13	0.12
2031	7.99	7.99	7.99	8.09	8.09	8.08	0.10	0.10	0.09
2032	7.83	7.66	7.48	7.91	7.72	7.54	0.08	0.07	0.06
2033	8.12	7.94	7.76	8.18	7.99	7.81	0.06	0.05	0.05
2034	8.07	7.89	7.72	8.12	7.93	7.75	0.04	0.04	0.03
2035	8.14	7.95	7.78	8.16	7.98	7.80	0.03	0.02	0.02
2036	7.93	7.75	7.58	7.96	7.77	7.60	0.03	0.02	0.02
2037	8.02	7.87	7.73	8.03	7.88	7.73	0.01	0.00	0.00
2038	7.85	7.70	7.56	7.84	7.70	7.56	0.00	-0.01	-0.01
2039	7.76	7.62	7.49	7.73	7.59	7.45	-0.03	-0.04	-0.04
2040	7.76	7.63	7.50	7.72	7.58	7.45	-0.04	-0.05	-0.05

续表

年份	基准情形			扩大医保覆盖面			变化值		
	低方案	中方案	高方案	低方案	中方案	高方案	低方案	中方案	高方案
2041	6.83	6.70	6.57	6.77	6.64	6.51	-0.06	-0.06	-0.06
2042	6.83	6.70	6.60	6.76	6.63	6.53	-0.07	-0.07	-0.07
2043	6.86	6.74	6.62	6.79	6.66	6.54	-0.07	-0.07	-0.07
2044	6.95	6.83	6.71	6.87	6.75	6.63	-0.08	-0.08	-0.08
2045	6.96	6.83	6.72	6.87	6.75	6.63	-0.09	-0.09	-0.09
2046	6.68	6.56	6.44	6.61	6.49	6.37	-0.07	-0.07	-0.07
2047	6.73	6.64	6.55	6.66	6.57	6.48	-0.08	-0.08	-0.08
2048	6.58	6.49	6.40	6.51	6.42	6.33	-0.07	-0.07	-0.07
2049	6.50	6.41	6.32	6.43	6.34	6.25	-0.07	-0.07	-0.07
2050	6.52	6.43	6.34	6.44	6.36	6.26	-0.08	-0.08	-0.08

注：变化值=人均统筹基金支出增长率(政策4)-人均统筹基金支出增长率(无政策干预，即基准情形)。

三、扩大医保覆盖面对全国职工医保基金可持续性的影响

一方面，扩大医保覆盖面可以增加参保在职职工的人口数，从而增加职工医保统筹基金的收入；另一方面，扩大医保覆盖面改变职工医保参保人口的年龄结构分布，从而影响人均医疗费用增长率和人均统筹基金支出。从模拟情况来看，由于人均统筹基金支出增加，参保人口增加，那么职工医保统筹基金的支出也增加，从而使得效果变得不确定。从表5-18可以看出，在低方案下，从2022年开始统筹基金收支差逐年减少，直至2026年开始出现当期收不抵支，即统筹基金在2026年出现当期赤字，当期赤字为221.99亿元，此后当期赤字逐年扩大，累计结余率逐渐降低，统筹基金在2032年出现累计赤字，累计赤字额为3958.87亿元，该年累计结余率开始为负，此后累计赤字额度逐年加大，直至2050年累计赤字额为816056.59亿元，此时的累计结余率为-1325.40%。

在中方案下，从2022年开始统筹基金收支差逐年减少，直至2026年开始出现当期收不抵支，即统筹基金在2026年出现当期赤字，当期赤字为89.47亿元，此后当期赤字逐年扩大，累计结余率逐渐降低，统筹基金在2032年出现累计赤字，累计赤字额为2573.97亿元，该年累计结余率开始为负，此后累计赤字额度逐年加大，直至2050年累计赤字额为806496.60亿元，此时的累计结余率为-1140.97%。

在高方案下，从 2022 年开始统筹基金收支差逐年减少，直至 2027 年开始出现当期收不抵支，即统筹基金在 2027 年出现当期赤字，当期赤字为 1010.00 亿元，此后当期赤字逐年扩大，累计结余率逐渐降低，统筹基金在 2032 年出现累计赤字，累计赤字额为 1675.49 亿元，该年累计结余率开始为负，此后累计赤字额度逐年加大，直至 2050 年累计赤字额为 794772.22 亿元，此时的累计结余率为 -1006.01%。可见，扩大医保覆盖面并不能有效改善全国职工医保统筹基金的财务运行情况，基金仍会在 2050 年之前出现当期收不抵支和累计赤字。扩大医保覆盖面后，基金在 2032 年出现累计赤字，较无政策干预的情况提前了 2 年。

表 5-18 全国职工医保统筹基金的运行状况：政策 4

单位：亿元

年份	低方案 收支差	低方案 累计结余	低方案 累计结余率(%)	中方案 收支差	中方案 累计结余	中方案 累计结余率(%)	高方案 收支差	高方案 累计结余	高方案 累计结余率(%)
2022	2578.24	21077.92	119.07	2707.11	21329.49	117.76	2808.26	21527.77	116.67
2023	1976.47	23169.66	123.14	2110.36	23557.05	122.19	2211.61	23858.08	121.38
2024	1391.17	24683.64	122.89	1530.42	25212.91	122.34	1631.67	25617.19	121.81
2025	596.73	25406.77	119.04	732.91	26075.54	118.96	829.29	26578.72	118.74
2026	-221.99	25310.70	111.45	-89.47	26116.00	111.86	1.28	26712.90	111.97
2027	-1216.87	24214.31	100.02	-1091.73	25149.39	100.95	-1010.00	25831.42	101.41
2028	-2524.20	21798.55	84.83	-2411.21	22851.87	86.33	-2344.58	23604.27	87.15
2029	-3907.79	17980.21	65.82	-3809.60	19137.48	67.94	-3760.62	19942.86	69.16
2030	-5583.08	12459.12	43.18	-5512.37	13693.24	45.99	-5488.22	14526.91	47.63
2031	-7304.72	5180.18	17.08	-7267.63	6457.74	20.62	-7273.48	7289.70	22.71
2032	-9119.35	-3958.87	-12.40	-9018.91	-2573.97	-7.77	-8956.86	-1675.49	-4.91
2033	-11276.79	-15311.84	-45.64	-11110.12	-13752.52	-39.29	-10980.32	-12719.09	-35.14
2034	-13638.95	-29095.54	-82.46	-13402.34	-27290.63	-73.75	-13199.49	-26048.18	-67.76
2035	-16218.28	-45540.39	-122.55	-15910.06	-43416.69	-110.82	-15627.60	-41884.16	-102.43
2036	-19008.51	-64871.65	-165.97	-18626.72	-62353.63	-150.53	-18261.11	-60446.00	-139.17
2037	-22134.09	-87440.77	-212.85	-21702.81	-84476.72	-193.02	-21270.70	-82125.29	-178.14
2038	-25439.00	-113444.17	-262.78	-24954.40	-109978.28	-237.86	-24457.27	-107115.47	-218.97
2039	-29009.48	-143165.92	-315.69	-28471.59	-139142.12	-284.96	-27905.60	-135696.18	-261.52
2040	-32865.30	-176911.38	-372.24	-32286.80	-172286.06	-335.01	-31655.34	-168188.27	-306.43
2041	-36911.71	-214892.21	-437.13	-36313.58	-209642.64	-392.09	-35627.99	-204835.34	-357.38
2042	-41527.55	-257701.86	-509.83	-40930.37	-251825.87	-455.60	-40228.59	-246289.26	-413.76

续表

年份	低方案 收支差	低方案 累计结余	低方案 累计结余率(%)	中方案 收支差	中方案 累计结余	中方案 累计结余率(%)	高方案 收支差	高方案 累计结余	高方案 累计结余率(%)
2043	-46319.32	-305541.29	-586.53	-45724.06	-299037.68	-522.12	-44990.49	-292736.14	-472.57
2044	-51655.13	-358982.40	-670.74	-51080.08	-351868.34	-594.58	-50335.02	-344786.52	-536.36
2045	-57446.00	-418510.55	-763.02	-56911.39	-410823.63	-673.43	-56162.89	-402954.15	-605.37
2046	-63152.10	-484070.96	-858.60	-62641.42	-475832.37	-754.45	-61872.92	-467151.21	-675.87
2047	-69473.81	-556312.49	-963.33	-69043.41	-547600.16	-842.44	-68300.20	-538128.66	-751.90
2048	-75969.95	-635443.85	-1074.31	-75622.99	-626339.27	-934.82	-74900.88	-616094.70	-831.18
2049	-82825.94	-721861.14	-1193.47	-82577.72	-712461.58	-1033.04	-81878.49	-701463.06	-914.85
2050	-90135.46	-816056.59	-1325.40	-90022.60	-806496.60	-1140.97	-89355.07	-794772.22	-1006.01

四、扩大医保覆盖面对各省(自治区、直辖市)职工医保基金可持续性的影响

从以上的分析可以得出，扩大医保覆盖面并不能有效改善全国职工医保统筹基金出现赤字和累计赤字的时点，即扩大医保覆盖面并不能增强职工医保统筹基金的可持续运行能力，那么扩大医保覆盖面对各省(自治区、直辖市)职工医保统筹基金的运行状况产生什么影响呢？

从表5-19可以看出，低方案下，扩大医保覆盖面能够使得3个省(自治区)职工医保统筹基金出现累计赤字的时点提早1年(分别为江苏、青海和新疆)，使8个省(自治区、直辖市)职工医保统筹基金出现累计赤字的时点提前2年(分别为山西、安徽、湖北、重庆、云南、陕西、甘肃和宁夏)，使5个省(自治区)职工医保统筹基金出现累计赤字的时点提前3年(分别为内蒙古、江西、山东、广西和贵州)，使2个省职工医保统筹基金出现累计赤字的时点提前4年(分别为福建和四川)，使1个省职工医保统筹基金出现累计赤字的时点提前6年(即河北)，除西藏和海南外，对于剩余的10个省(自治区、直辖市)，扩大医保覆盖面并不能提前职工医保统筹基金出现累计赤字的时点。

中方案下，扩大医保覆盖面能够使得8个省(自治区、直辖市)职工医保统筹基金出现累计赤字的时点提早1年(分别为天津、山西、吉林、浙江、安徽、河南、湖北和新疆)，使6个省(自治区、直辖市)职工医保统筹基金出现累计赤字的时点提前2年(分别为江苏、江西、重庆、陕西、甘肃和宁夏)，使5个省(自治区)职工医保统筹基金出现累计赤字的

时点提前3年(分别为内蒙古、山东、广西、贵州和云南),使2个省职工医保统筹基金出现累计赤字的时点提前4年(分别为福建和四川),使1个省职工医保统筹基金出现累计赤字的时点提前6年(即河北),除西藏和海南外对于剩余的7个省(直辖市),扩大医保覆盖面并不能提前职工医保统筹基金出现累计赤字的时点。

高方案下,扩大医保覆盖面能够使得8个省(自治区、直辖市)职工医保统筹基金出现累计赤字的时点提早1年(分别为山西、吉林、浙江、安徽、湖北、重庆、青海和新疆),使4个省(自治区)职工医保统筹基金出现累计赤字的时点提前2年(分别为江苏、陕西、甘肃和宁夏),使6个省(自治区)职工医保统筹基金出现累计赤字的时点提前3年(分别为江西、山东、广西、四川、贵州和云南),使1个自治区职工医保统筹基金出现累计赤字的时点提前4年(即内蒙古),使1个省职工医保统筹基金出现累计赤字的时点提前5年(即福建),使1个省职工医保统筹基金出现累计赤字的时点提前8年(即河北),除西藏和海南外,对于剩余的8个省(直辖市),扩大医保覆盖面并不能提前职工医保统筹基金出现累计赤字的时点。由此可见,不管是哪一种方案,对于大部分省(自治区、直辖市)来说,并不能增强职工医保统筹基金的可持续运行能力。

从表5-19可以看出,虽然扩大医保覆盖面不能推迟各省(自治区、直辖市)职工医保统筹基金出现累计赤字的时点,但其是否能够降低各省(自治区、直辖市)职工医保统筹基金的累计赤字率呢?从表5-19可以看出,扩大医保覆盖面只能够使得2050年上海、天津和广东职工医保统筹基金的累计赤字率有所降低,低、中、高方案下,2050年上海市职工医保统筹基金的累计赤字率的下降幅度分别为0.32%、0.34%和0.36%,2050年广东省职工医保统筹基金的累计赤字率的下降幅度分别为7.64%、7.34%和7.07%,中、高方案下,2050年天津市职工医保统筹基金的累计赤字率的下降幅度分别为0.54%和0.20%;对于剩余的省(自治区、直辖市),扩大医保覆盖面反而增加2050年职工医保统筹基金的累计赤字率,其中低方案下增加幅度最大的为湖南(1556.31%),增加幅度最小的为北京(0.00%);中方案下增加幅度最大的为安徽(1426.02%),增加幅度最小的为北京(0.00%);高方案下增加幅度最大的为安徽(1677.31%),增加幅度最小的为北京(0.00%)。所以,扩大医保覆盖面不会降低职工医保基金的累计赤字率。

表 5-19 各省（自治区、直辖市）职工医保统筹基金的运行状况：政策 4

单位：亿元

地区	基金财务运行状况									变化值					
	低方案			中方案			高方案			低方案		中方案		高方案	
	累计赤字时点	累计赤字率(%)	累计赤字时点	累计赤字率(%)	累计赤字时点	累计赤字率(%)	累计赤字时点	累计赤字率(%)	累计赤字时点	累计赤字率(%)	累计赤字时点	累计赤字率(%)	累计赤字时点	累计赤字率(%)
北京	2039	721.19	2040	629.79	2040	556.38	0	0.00	0	0.00	0	0.00
天津	2034	1143.30	2035	802.82	2035	860.80	0	0.53	-1	-0.54	0	-0.20
河北	2035	937.42	2035	764.17	2035	628.25	-6	557.83	-6	488.39	-8	434.03
山西	2033	889.73	2034	762.79	2034	659.69	-2	53.12	-1	47.10	-1	42.26
内蒙古	2033	1149.59	2033	987.44	2033	833.65	-3	355.03	-3	317.12	-4	282.80
辽宁	2026	1700.10	2026	1496.79	2026	1329.92	0	6.65	0	5.61	0	4.76
吉林	2029	2190.09	2029	1795.64	2029	1702.93	-1	63.91	-1	52.15	-1	51.07
黑龙江	2024	3145.53	2024	2753.35	2024	2432.61	0	37.68	0	33.27	0	29.69
上海	2041	625.75	2041	555.89	2041	499.07	0	-0.32	0	-0.34	0	-0.36
江苏	2036	899.73	2036	775.79	2036	675.82	-1	73.77	-2	65.52	-2	58.88
浙江	2032	1547.79	2032	1407.46	2032	1292.21	0	52.60	-1	46.39	-1	41.35
安徽	2030	2803.73	2030	2903.68	2029	3520.25	-2	1385.07	-1	1426.02	-1	1677.31
福建	2036	1087.07	2036	950.76	2036	840.71	-4	389.52	-4	351.41	-5	320.63
江西	2028	3038.57	2028	2720.83	2027	2516.09	-3	711.80	-2	663.73	-3	636.80
山东	2030	1703.15	2030	1460.01	2030	1267.41	-3	271.79	-3	240.64	-3	216.01
河南	2028	2328.40	2027	1974.42	2027	1702.62	0	880.52	-1	772.29	0	689.46

续表

| 地区 | 基金财务运行状况 ||||||| 变化值 ||||||
| | 低方案 ||| 中方案 ||| 高方案 ||| 低方案 || 中方案 || 高方案 ||
	累计赤字时点	累计赤字率(%)	累计赤字时点	累计赤字率(%)	累计赤字时点	累计赤字率(%)	累计赤字时点	累计赤字率(%)	累计赤字时点	累计赤字率(%)	累计赤字时点	累计赤字率(%)
湖北	2024	2648.86	2024	2224.80	2024	1896.76	-2	428.71	-1	374.80	-1	333.33
湖南	2025	4267.85	2025	3704.09	2024	3315.87	0	1556.31	0	1374.69	0	1249.83
广东	2033	1657.48	2033	1492.87	2033	1359.16	0	-7.64	0	-7.34	0	-7.07
广西	2030	1443.49	2030	1173.32	2030	965.72	-3	812.91	-3	699.66	-3	612.94
海南	—	-441.12	—	-454.63	—	-465.13	—	-0.83	—	-1.08	—	-1.28
重庆	2022	3035.33	2022	2599.85	2022	2252.68	-2	436.09	-2	387.18	-1	348.45
四川	2035	1619.78	2035	1379.81	2035	1187.69	-4	716.27	-4	642.83	-3	584.38
贵州	2031	973.77	2031	772.31	2031	613.34	-3	190.60	-3	166.57	-3	147.74
云南	2032	1275.88	2032	1108.96	2032	975.20	-2	597.48	-3	536.05	-3	486.79
西藏	—	-351.30	—	-370.85	—	-386.38	—	19.54	—	17.18	—	15.26
陕西	2030	1496.30	2030	1278.40	2030	1104.83	-2	604.30	-2	536.89	-2	483.25
甘肃	2026	2298.40	2026	1974.23	2026	1716.01	-2	516.12	-2	458.06	-2	411.93
青海	2026	1759.13	2027	1540.81	2027	1366.35	-1	678.84	0	608.05	-1	551.42
宁夏	2046	197.55	2047	131.01	2048	75.33	-2	85.60	-2	76.45	-2	68.95
新疆	2033	974.51	2033	858.21	2033	764.32	-1	20.37	-1	17.87	-1	15.86

注：累计赤字率为2050年的累计赤字率；变化值＝政策4下的数值－无政策干预下的数值。如果某省（自治区、直辖市）在2050年及以前未出现累计赤字，在计算变化值时会显示为"—"。

第五节　个人账户与统筹基金合并对职工
医保基金可持续性的影响

如表 5-20 所示，截至 2020 年底，职工医保基金累计结余 25323.51 亿元，其中统筹基金和个人账户分别累计结余 15396.56 亿元和 9926.95 亿元[①]，个人账户累计结余占总累计结余的 39.20%，可见个人账户存在较多沉淀资金，个人账户基金未得到充分利用。为充分激活个人账户资金使用效率并提高参保职工门诊保障待遇，2021 年 4 月 13 日，《国务院办公厅关于建立健全职工基本医疗保险门诊共济保障机制的指导意见》（国办发〔2021〕14 号）颁布实施，单位缴费的 30% 不再划入个人账户，而是用于建立门诊共济保障基金，这标志着门诊共济改革即将问世。那么，门诊共济改革对职工医保基金的影响程度如何？是加强还是减弱职工医保基金可持续性？这是值得回答的实证问题。国办发〔2021〕14 号文件同样指出随着政策的完善，可以加大门诊共济保障基金，即有可能实施"完全门诊共济"，所有缴费均形成统筹基金，门诊费用和住院费用均由统筹基金报销。

表 5-20　城镇职工基本医疗保险基金累计结余情况

单位：亿元

年份	合计	统筹基金	个人账户	个人账户累计结余占总累计结余的比重
2007	2440.80	1558.00	883.00	36.18%
2008	3303.60	2161.18	1142.42	34.58%
2009	4055.20	2661.10	1394.10	34.38%
2010	4741.00	3007.00	1734.00	36.57%
2011	5683.00	3518.00	2165.00	38.10%
2012	6884.00	4187.00	2697.00	39.18%
2013	8129.30	4807.00	3323.00	40.88%
2014	9449.80	5537.00	3913.00	41.41%
2015	10997.10	6568.00	4429.00	40.27%
2016	12971.70	7772.00	5200.00	40.09%
2017	15851.00	9699.00	6152.00	38.81%
2018	18750.00	11466.00	7284.00	38.85%
2019	22554.00	14128.00	8426.00	37.36%
2020	25323.51	15396.56	9926.95	39.20%

数据来源：历年《人力资源和社会保障事业发展统计公报》《全国医疗保障事业发展统计公报》。

[①]　数据来源：《2020 年医疗保障事业发展统计快报》。

在国办发〔2021〕14号文件出台前，学术界一般称门诊共济改革为门诊统筹（共济）改革。门诊统筹（共济）改革于2008年上半年开始在新型农村合作医疗机构进行试点，其对医保基金的影响主要通过影响医疗费用和就诊次数来实现。冯毅（2015）认为在职工医保个人账户弊端突出的背景下，取消个人账户，将门诊资金统筹使用，能更好地体现保险的风险共济功能、增加门诊保障资金的使用效率、提高制度的公平性，而且有利于加强门诊医疗服务的管理；同时该文献也认为门诊统筹管理制度尚未成熟，改革阻力较大，建议可以根据预定筹资标准选择合适的职工医保门诊统筹筹资方案。[1] 张小娟等（2016）通过对比试点县城实行门诊统筹前后各一年（2010年和2011年）的数据发现，门诊统筹改革使得参保人对医疗服务利用减少，人均门诊和住院费用有所增加，个人账户和统筹基金配置和支出倒置情况有所缓解，但是门诊统筹对医保基金运行影响不乐观，个人账户和统筹基金结余率均明显下降，分别下降9.27%和21.18%。[2] 朱凤梅等（2021）认为门诊保障制度改革显著提高了参保患者对门诊服务的使用，同时减少了对住院服务的使用。[3] 可见，门诊统筹（共济）改革对医保基金的影响还未达成共识。本研究分析完全门诊共济改革对职工医保基金可持续性的影响，即个人账户与统筹基金合并对职工医保基金可持续性的影响。

一、精算模型

当个人账户与统筹基金合并后，我国职工医保的筹资模式和财务机制由部分积累式转为完全的现收现付式，因此这里的精算模型将不再区分统筹基金和个人账户，那么职工医保基金收入的预测模型将会有所改变，具体表达式如下：

$$(AI)_t = \left(\sum_{x=20}^{59} N_{t,x}^m + \sum_{x=20}^{54} N_{t,x}^{fm} + \sum_{x=20}^{49} N_{t,x}^{fw} \right) \times \bar{w}_t \times R_t^1 \times zj_t$$

$$= \left(\sum_{x=20}^{59} N_{t,x}^m + \sum_{x=20}^{54} N_{t,x}^{fm} + \sum_{x=20}^{49} N_{t,x}^{fw} \right) \times \bar{w}_{2021} \times \prod_{s=2022}^{t} (1 + k_s^1) \times R_t^1 \times zj_t \quad (5-9)$$

---

[1] 冯毅. 城镇职工医疗保险门诊统筹筹资模式选择分析[J]. 中国卫生经济, 2015, 34(4): 20-21.

[2] 张小娟, 穆辰, 田淼淼, 等. 城镇职工医保实施门诊统筹的影响分析——以江苏省B县为例[J]. 卫生经济研究, 2016(2): 9-12.

[3] 朱凤梅, 张小娟, 郝春鹏. 门诊保障制度改革："以门诊换住院"的政策效应分析——基于中国职工医保抽样数据的实证检验[J]. 保险研究, 2021(1): 73-90.

当个人账户与统筹基金合并后,门诊费用也将由职工医保基金进行报销,因此职工医保基金支出的预测模型也会有所改变,具体表达式如下:

$$(AC)_t = \sum_{x=20}^{100} (N_{t,x}^m + N_{t,x}^{fm} + N_{t,x}^{fw}) \times (PAC)_t$$

$$= \sum_{x=20}^{100} (N_{t,x}^m + N_{t,x}^{fm} + N_{t,x}^{fw}) \times (\bar{m}_{1,t} \times u_t + \bar{m}_{2,t} \times v_t)$$

$$= \sum_{x=20}^{100} (N_{t,x}^m + N_{t,x}^{fm} + N_{t,x}^{fw}) \times \left[\bar{m}_{1,2021} \times \prod_{s=2022}^{t} (1 + k_s^2) \times u_t \times f(u_t) + \bar{m}_{2,2021} \times \prod_{s=2022}^{t} (1 + k_s^3) \times v_t \times f(v_t) \right] \quad (5-10)$$

其中 $\bar{m}_{2,t}$ 为 t 年人均门诊费用,v_t 为 t 年门诊费用的报销比例,k_s^3 为 m 年人均门诊费用的增长率(相对于 $m-1$ 年的人均门诊费用),其余符号的具体含义可参见第四章。

基金累计结余额的预测模型不变,具体可参考第四章,不过预测基期基金的累计结余额应采用个人账户和统筹基金的合计累计结余额。

二、个人账户与统筹基金合并对全国职工医保基金可持续性的影响

(一)人均门诊费用增长率

$\bar{m}_{2,t} \times v_t$ 为职工医保基金报销的人均门诊费用,本研究按照 2018 年的人均个人账户支出(表 5-21)和人均门诊费用的增长率来设定未来的职工医保基金报销的人均门诊费用,这里假设门诊费用的报销比例不变,这是因为大部分地区个人账户支付门诊费用达 70% 及以上。

表 5-21 2018 年人均个人账户支出

地区	2018年基金收入(亿元)	2018年个人账户基金收入(亿元)	2018年个人账户累计结余(亿元)	2017年个人账户累计结余(亿元)	2018年个人账户当期结余(亿元)	2018年个人账户支出(亿元)	2018年参保职工人数(万人)	2018年人均个人账户支出(元)
北京	1209.00	483.60	1.30	1.00	0.30	483.30	1628.90	2967.03
天津	308.10	123.24	119.20	114.80	4.40	118.84	575.30	2065.70
河北	416.90	166.76	269.40	236.50	32.90	133.86	1030.20	1299.36
山西	246.50	98.60	209.40	177.60	31.80	66.80	686.60	972.91
内蒙古	215.60	86.24	114.40	87.50	26.90	59.34	505.30	1174.35

续表

地区	2018年基金收入(亿元)	2018年个人账户基金收入(亿元)	2018年个人账户累计结余(亿元)	2017年个人账户累计结余(亿元)	2018年个人账户当期结余(亿元)	2018年个人账户支出(亿元)	2018年参保职工人数(万人)	2018年人均个人账户支出(元)
辽宁	492.60	197.04	219.40	193.90	25.50	171.54	1567.90	1094.07
吉林	175.50	70.20	90.50	77.50	13.00	57.20	576.00	993.06
黑龙江	308.30	123.32	182.40	158.70	23.70	99.62	856.20	1163.51
上海	1119.30	447.72	904.00	780.50	123.50	324.22	1523.30	2128.41
江苏	1141.40	456.56	759.90	601.40	158.50	298.06	2752.60	1082.83
浙江	1011.20	404.48	515.60	446.80	68.80	335.68	2277.00	1474.22
安徽	309.50	123.80	164.00	129.80	34.20	89.60	854.60	1048.44
福建	325.00	130.00	343.00	303.00	40.00	90.00	853.10	1054.98
江西	214.20	85.68	108.60	83.70	24.90	60.78	573.70	1059.44
山东	873.40	349.36	168.70	147.90	20.80	328.56	2072.10	1585.64
河南	414.20	165.68	279.80	245.40	34.40	131.28	1265.10	1037.70
湖北	429.00	171.60	273.50	224.20	49.30	122.30	1054.00	1160.34
湖南	364.00	145.60	278.30	227.50	50.80	94.80	898.50	1055.09
广东	1345.60	538.24	726.50	602.00	124.50	413.74	4170.70	992.02
广西	234.30	93.72	177.60	148.70	28.90	64.82	588.50	1101.44
海南	78.90	31.56	8.30	8.30	0.00	31.56	225.70	1398.32
重庆	288.70	115.48	189.40	159.30	30.10	85.38	678.30	1258.74
四川	667.40	266.96	369.30	310.60	58.70	208.26	1667.70	1248.79
贵州	185.80	74.32	107.00	88.50	18.50	55.82	432.00	1292.13
云南	289.30	115.72	192.90	161.40	31.50	84.22	506.90	1661.47
西藏	37.60	15.04	20.70	17.40	3.30	11.74	43.90	2674.26
陕西	290.30	116.12	190.60	151.30	39.30	76.82	674.40	1139.09
甘肃	125.90	50.36	55.30	47.40	7.90	42.46	331.60	1280.46
青海	72.90	29.16	61.40	57.10	4.30	24.86	99.40	2501.01
宁夏	63.90	25.56	11.10	9.20	1.90	23.66	131.90	1793.78
新疆	283.70	113.48	143.30	152.90	-9.60	123.08	579.40	2124.27

数据来源：历年《中国劳动统计年鉴》。

注：个人账户基金收入=基金收入×40%；2018年个人账户当期结余=2018年个人账户累计结余-2017年个人账户累计结余；个人账户支出=个人账户基金收入-个人账户当期结余；人均个人账户支出=个人账户支出/参保职工人数。

(二)职工医保基金的运行状况

按照上述精算模型和参数假设,本研究重新模拟个人账户与统筹基金合并下职工医保基金的运行状况,本研究同样假设该项政策于2022年开始实施。由表5-22可见,在低方案下,从2022年开始统筹基金收支差逐年减少,直至2030年开始出现当期收不抵支,即统筹基金在2030年出现当期赤字,当期赤字为1667.86亿元,此后当期赤字逐年扩大,累计结余率逐渐降低,统筹基金在2037年出现累计赤字,累计赤字额为18556.12亿元,该年累计结余率开始为负,此后累计赤字额度逐年加大,直至2050年累计赤字额为881622.59亿元,此时的累计结余率为-877.37%。

在中方案下,从2022年开始统筹基金收支差逐年减少,直至2030年开始出现当期收不抵支,即统筹基金在2030年出现当期赤字,当期赤字为1504.63亿元,此后当期赤字逐年扩大,累计结余率逐渐降低,统筹基金在2037年出现累计赤字,累计赤字额为12998.03亿元,该年累计结余率开始为负,此后累计赤字额度逐年加大,直至2050年累计赤字额为861885.14亿元,此时的累计结余率为-746.83%。

在高方案下,从2022年开始统筹基金收支差逐年减少,直至2030年开始出现当期收不抵支,即统筹基金在2030年出现当期赤字,当期赤字为1447.17亿元,此后当期赤字逐年扩大,累计结余率逐渐降低,统筹基金在2037年出现累计赤字,累计赤字额为8968.22亿元,该年累计结余率开始为负,此后累计赤字额度逐年加大,直至2050年累计赤字额为841471.87亿元,此时的累计结余率为-652.28%。可见,当统筹基金与个人账户合并后,基金出现当期赤字的时点可以推迟2年(=2030-2028),出现累计赤字的时点可以推迟5年(=2037-2032)。

表5-22 全国职工医保基金的运行状况:政策5

单位:亿元

年份	低方案 收支差	低方案 累计结余	低方案 累计结余率(%)	中方案 收支差	中方案 累计结余	中方案 累计结余率(%)	高方案 收支差	高方案 累计结余	高方案 累计结余率(%)
2022	5832.33	37334.15	146.81	6071.20	37798.08	144.61	6256.64	38159.84	142.79
2023	5437.30	42985.31	157.05	5687.15	43702.66	155.15	5873.58	44253.59	153.54
2024	5086.47	48312.14	163.38	5347.88	49295.79	161.78	5534.88	50037.41	160.38
2025	4441.80	53017.71	167.04	4700.58	54266.35	165.78	4880.04	55192.04	164.58

续表

年份	低方案 收支差	低方案 累计结余	低方案 累计结余率(%)	中方案 收支差	中方案 累计结余	中方案 累计结余率(%)	高方案 收支差	高方案 累计结余	高方案 累计结余率(%)
2026	3777.23	57078.92	167.43	4032.30	58590.15	166.51	4202.63	59691.65	165.49
2027	2886.71	60265.45	164.57	3132.06	62030.82	163.98	3287.48	63294.02	163.14
2028	1560.59	62135.17	158.91	1788.59	64138.51	158.64	1918.41	65538.49	157.96
2029	150.24	62596.84	149.74	356.68	64817.67	149.81	456.46	66324.93	149.30
2030	-1667.86	61233.62	137.93	-1504.63	63629.60	138.39	-1447.17	65202.15	138.04
2031	-3582.74	57939.14	123.50	-3473.15	60457.24	124.35	-3466.91	62043.92	124.18
2032	-5619.57	52581.17	105.99	-5411.96	55320.50	107.10	-5304.13	57023.48	106.96
2033	-8123.35	44680.10	85.25	-7810.95	47747.10	87.07	-7601.16	49669.44	87.38
2034	-10906.86	33942.11	61.29	-10481.28	37452.15	64.31	-10159.17	39707.82	65.49
2035	-13977.24	20064.69	34.25	-13433.39	24138.85	38.98	-12985.84	26855.59	41.48
2036	-17346.27	2732.01	4.41	-16677.27	7498.90	11.41	-16095.44	10813.95	15.66
2037	-21195.82	-18556.12	-28.40	-20432.24	-12998.03	-18.64	-19737.55	-8968.22	-12.19
2038	-25337.26	-44112.85	-64.04	-24470.77	-37656.14	-50.95	-23663.93	-32795.30	-41.88
2039	-29890.26	-74373.13	-102.55	-28920.75	-66909.78	-85.54	-27997.16	-61096.43	-73.41
2040	-34873.80	-109793.16	-144.17	-33819.82	-101233.24	-122.66	-32781.87	-94347.69	-106.99
2041	-40310.07	-150853.75	-191.13	-39204.26	-141139.69	-164.18	-38071.07	-133080.86	-144.28
2042	-46648.19	-198489.45	-244.11	-45521.34	-187594.34	-210.72	-44342.42	-178310.39	-185.83
2043	-53252.52	-253000.68	-301.32	-52101.17	-240893.99	-260.67	-50858.62	-230314.86	-230.26
2044	-60711.33	-315280.56	-364.78	-59560.39	-301956.46	-315.65	-58285.55	-290043.41	-278.96
2045	-68889.86	-386091.27	-435.10	-67767.63	-371572.71	-376.16	-66470.55	-358296.53	-332.27
2046	-76927.53	-465333.90	-509.60	-75802.15	-449611.74	-439.48	-74452.38	-434912.65	-387.75
2047	-85934.24	-554024.48	-590.75	-84884.33	-537168.55	-508.55	-83545.00	-521049.94	-447.88
2048	-95241.47	-652512.28	-678.02	-94265.19	-634590.91	-581.82	-92925.11	-617044.93	-511.25
2049	-105138.13	-761438.66	-772.36	-104252.39	-742537.56	-660.25	-102910.68	-723555.39	-578.58
2050	-115797.75	-881622.59	-877.37	-115059.64	-861885.14	-746.83	-113730.05	-841471.87	-652.28

三、个人账户与统筹基金合并对各省(自治区、直辖市) 职工医保基金可持续性的影响

从以上的分析可以得出,个人账户与基金合并在低、中、高方案下均能够使全国职工医保基金的可持续运行时间增加5年,那么个人账户

与基金合并对各省(自治区、直辖市)职工医保基金的运行状况产生什么影响呢?

从表 5-23 可以看出,在低方案下,除北京、吉林、江西、山东、广东、海南、贵州、西藏和宁夏外,个人账户与基金合并能够使得其余 22 个省(自治区、直辖市)职工医保基金出现当期赤字的时点推迟 1—14 年,其中能使 4 个省(直辖市)职工医保基金出现当期赤字的时点推迟 2 年(分别为上海、浙江、安徽和福建),能使 1 个省职工医保基金出现当期赤字的时点推迟 3 年(即四川),能使 3 个省职工医保基金出现当期赤字的时点推迟 4 年(分别为河北、江苏和甘肃),能使 3 个省(自治区)职工医保基金出现当期赤字的时点推迟 5 年(分别为河南、广西和云南),能使 2 个省职工医保基金出现当期赤字的时点推迟 6 年(即黑龙江和湖南),能使 3 个省(直辖市)职工医保基金出现当期赤字的时点推迟 7 年(分别为天津、湖北和陕西),能使 3 个省职工医保基金出现当期赤字的时点推迟 9 年(即山西、辽宁和青海),能使 2 个自治区职工医保基金出现当期赤字的时点推迟 11 年(分别为内蒙古和新疆),能使 1 个直辖市职工医保基金出现当期赤字的时点推迟 14 年(即重庆)。

在中方案下,除北京、吉林、江西、山东、广东、海南、贵州、西藏和宁夏外,个人账户与基金合并能够使得其余 22 个省(自治区、直辖市)职工医保基金出现当期赤字的时点推迟 1—14 年,其中能使 1 个省职工医保基金出现当期赤字的时点推迟 1 年(即浙江),能使 3 个省(直辖市)职工医保基金出现当期赤字的时点推迟 2 年(分别为上海、安徽和福建),能使 1 个省职工医保基金出现当期赤字的时点推迟 3 年(即四川),能使 3 个省职工医保基金出现当期赤字的时点推迟 4 年(分别为江苏、河南和甘肃),能使 2 个省(自治区)职工医保基金出现当期赤字的时点推迟 5 年(即广西和云南),能使 3 个省职工医保基金出现当期赤字的时点推迟 6 年(分别为河北、黑龙江和湖南),能使 1 个直辖市职工医保基金出现当期赤字的时点推迟 7 年(即天津),能使 2 个省职工医保基金出现当期赤字的时点推迟 8 年(分别为湖北和陕西),能使 3 个省职工医保基金出现当期赤字的时点推迟 9 年(分别为山西、辽宁和青海),能使 2 个自治区职工医保基金出现当期赤字的时点推迟 12 年(分别为内蒙古和新疆),能使 1 个直辖市职工医保基金出现当期赤字的时点推迟 14 年(即重庆)。

在高方案下,除北京、吉林、江西、山东、广东、海南、贵州、西藏和宁夏外,个人账户与基金合并能够使得其余 22 个省(自治区、直辖市)职工医保基金出现当期赤字的时点推迟 1—15 年,其中能使 1 个省职工医保基金出现当期赤字的时点推迟1年(即浙江),能使4个省(直辖市)职工医保基金出现当期赤字的时点推迟2年(分别为上海、安徽、福建和甘肃),能使2个省职工医保基金出现当期赤字的时点推迟4年(分别为江苏和四川),能使3个省职工医保基金出现当期赤字的时点推迟5年(分别为河北、河南和云南),能使3个省(自治区)职工医保基金出现当期赤字的时点推迟6年(分别为黑龙江、湖南和广西),能使3个省(直辖市)职工医保基金出现当期赤字的时点推迟8年(分别为天津、湖北和陕西),能使2个省职工医保基金出现当期赤字的时点推迟9年(分别为辽宁和青海),能使1个省职工医保基金出现当期赤字的时点推迟10年(即山西),能使2个自治区职工医保基金出现当期赤字的时点推迟12年(分别为内蒙古和新疆),能使1个直辖市职工医保基金出现当期赤字的时点推迟15年(即重庆)。

  不仅如此,各种方案下,个人账户与统筹基金合并能够使得各省(自治区、直辖市)的累计赤字率发生变化。无论在何种方案下,2050年以前宁夏的职工医保基金不会出现累计赤字。在低方案下,个人账户与统筹基金合并能够使北京、吉林、江西、广东、海南、贵州和西藏这7个省(自治区、直辖市)2050年职工医保基金的累计赤字率上升,上升幅度在46.37%~840.84%,对于剩余的24个省(自治区、直辖市),个人账户与统筹基金合并使得职工医保基金的累计赤字率有所下降,下降幅度在24.86%~1691.78%,其中下降幅度最大的为重庆,下降幅度最小的为山东。在中方案下,个人账户与统筹基金合并能够使北京、吉林、江西、广东、海南、贵州和西藏这7个省(自治区、直辖市)2050年职工医保基金的累计赤字率上升,上升幅度在38.17%~769.32%,对于剩余的24个省(自治区、直辖市),个人账户与统筹基金合并使职工医保基金的累计赤字率有所下降,下降幅度在24.54%~1492.48%,其中下降幅度最大的为重庆,下降幅度最小的为山东。在高方案下,个人账户与统筹基金合并能够使北京、吉林、江西、广东、海南、贵州和西藏这7个省(自治区、直辖市)2050年职工医保基金的累计赤字率上升,上升幅度在31.73%~712.02%,对于剩余的24个省(自治区、直辖市),个人账户与统筹基金合并使得职工医保基金的累计赤字率有所下降,下降幅度在24.28%~1333.74%,其中下降幅度最大的为重庆,下降幅度最小的为山东。

表 5-23 各省（自治区、直辖市）职工医保基金的运行状况：政策 5

地区	基金财务运行状况						变化值					
	低方案		中方案		高方案		低方案		中方案		高方案	
	累计赤字时点	累计赤字率(%)	累计赤字时点	累计赤字率(%)	累计赤字时点	累计赤字率(%)	累计赤字时点	累计赤字率(%)	累计赤字时点	累计赤字率(%)	累计赤字时点	累计赤字率(%)
北京	2036	982.66	2036	873.21	2036	785.07	-3	261.47	-4	243.42	-4	228.69
天津	2041	654.93	2043	411.64	2043	448.14	7	-487.85	7	-391.72	8	-412.86
河北	2045	208.78	2047	121.04	2048	52.08	4	-170.81	6	-154.74	5	-142.14
山西	2044	327.22	2044	247.29	2045	182.36	9	-509.39	9	-468.40	10	-435.08
内蒙古	2047	175.00	2048	103.75	2049	35.46	11	-619.56	12	-566.57	12	-515.40
辽宁	2035	951.79	2035	810.09	2035	693.91	9	-741.65	9	-681.09	9	-631.26
吉林	2029	2184.23	2030	1793.64	2029	1696.84	0	58.05	0	50.15	-1	44.98
黑龙江	2030	2077.74	2030	1792.19	2030	1558.58	6	-1030.11	6	-927.89	6	-844.35
上海	2043	506.11	2043	443.81	2043	393.14	2	-119.96	2	-112.42	2	-106.29
江苏	2041	569.33	2042	472.90	2042	395.17	4	-256.63	4	-237.37	4	-221.77
浙江	2034	1358.36	2034	1232.20	2034	1128.45	2	-136.82	1	-128.87	1	-122.41
安徽	2034	1087.99	2033	1161.86	2032	1507.72	2	-330.66	2	-315.80	2	-335.22
福建	2042	582.83	2042	492.55	2043	419.67	2	-114.72	2	-106.80	2	-100.41
江西	2031	2455.17	2030	2164.65	2030	1971.13	0	128.40	0	107.55	0	91.84
山东	2033	1406.50	2033	1194.83	2033	1027.11	0	-24.86	0	-24.54	0	-24.28
河南	2033	1093.83	2032	886.36	2032	726.66	5	-354.05	4	-315.77	5	-286.50

续表

| 地区 | 基金财务运行状况 ||||||| 变化值 ||||||
| | 低方案 ||| 中方案 ||| 高方案 ||| 低方案 || 中方案 || 高方案 ||
	累计赤字时点	累计赤字率(%)	累计赤字时点	累计赤字率(%)	累计赤字时点	累计赤字率(%)	累计赤字时点	累计赤字率(%)	累计赤字时点	累计赤字率(%)	累计赤字时点	累计赤字率(%)		
湖北	2033	1409.64	2033	1139.87	2033	930.80	7	-810.51	8	-710.14	8	-632.62		
湖南	2031	1879.44	2031	1591.21	2030	1393.05	6	-832.11	6	-738.19	6	-672.99		
广东	2030	2060.87	2030	1866.84	2030	1709.08	-3	395.75	-3	366.63	-3	342.85		
广西	2038	433.14	2038	298.13	2039	194.00	5	-197.43	5	-175.53	6	-158.77		
海南	2042	400.55	2043	315.77	2044	248.17	—	840.84	—	769.32	—	712.02		
重庆	2038	907.46	2038	720.19	2038	570.49	14	-1691.78	14	-1492.48	15	-1333.74		
四川	2042	656.82	2042	514.04	2042	399.38	3	-246.69	3	-222.94	4	-203.93		
贵州	2034	829.55	2034	643.91	2034	497.32	0	46.37	0	38.17	0	31.73		
云南	2039	465.05	2040	376.68	2040	305.92	5	-213.35	5	-196.22	5	-182.49		
西藏	2047	287.57	2047	225.02	2048	174.09	—	658.40	—	613.05	—	575.73		
陕西	2039	537.87	2040	421.00	2040	327.84	7	-354.14	8	-320.51	8	-293.74		
甘肃	2032	1385.94	2032	1159.88	2030	979.67	4	-396.35	4	-356.29	2	-324.41		
青海	2036	617.46	2036	509.94	2037	424.11	9	-462.82	9	-422.83	9	-390.81		
宁夏	—	-590.45	—	-593.60	—	-596.44	—	-702.40	—	-648.15	—	-602.82		
新疆	2045	269.35	2046	204.60	2046	152.56	11	-684.79	12	-635.74	12	-595.91		

注：累计赤字率为2050年的累计赤字率；变化值=政策5下的数值－无政策干预下的数值；如果某省（自治区、直辖市）在2050年及以前未出现累计赤字，在计算变化值时会显示为"—"。

第六节　多种政策组合对职工医保基金可持续性的影响

以上延迟退休年龄、社会保险费征收体制改革、调整缴费政策、扩大职工医保的覆盖面、个人账户与统筹基金合并五项政策中，扩大职工医保覆盖面不仅不能降低2050年职工医保统筹基金的累计赤字率，反而会增加职工医保统筹基金的累计赤字率，因而从基金收支平衡视角，扩大职工医保覆盖面并不是一项可取的政策，但是这不符合《"十四五"规划》提出的"实现社会保险法定人群全覆盖"的政策目标；社会保险费征收体制改革对职工医保的征缴率没有影响，既不会增加也不会降低职工医保统筹基金的累计赤字率，虽不在推荐的政策范围之内，但符合国家的政策动向。其余的三项政策或不宜单独推行或只是延迟职工医保统筹基金出现累计赤字的年份，也都无法从根本上解决问题，所以本研究考虑将上述五项政策组合。本研究的目的是保证基金在2050年及以前具备充足的偿付能力，即 $F_{2050} \geq 0$。这五项政策的组合又可以细分为两个小类，详见表5-24，同时参照本研究第七章的结果，本研究不再纳入仅提高在职职工缴费率的方案。

表5-24　政策组合种类

序号	政策组合种类	具体政策
1	1.1+2+3.2+4+5	男、女性退休年龄分别延迟至65岁和60岁，实施社保征收体制改革，退休职工参与缴费，扩大医保覆盖面，个人账户与统筹基金合并
2	1.2+2+3.2+4+5	男、女性退休年龄均延迟至65岁，实施社保征收体制改革，退休职工参与缴费，扩大医保覆盖面，个人账户与统筹基金合并

注：1.1指男女退休年龄延迟至65岁和60岁，1.2指男女退休年龄均延迟至65岁；2指实施社保征收体制改革；3.2指退休职工参与缴费；4指扩大医保覆盖面；5指个人账户与统筹基金合并。

一、政策组合1下的精算平衡缴费率

按照基金纵向平衡原则，本研究参照第五章第三节第二部分中的计算公式，计算各类政策组合中职工医保的精算平衡缴费率。从表5-25可以看出，男、女退休年龄延迟至65岁和60岁，实施社保征收体制改

革，退休职工参与缴费，扩大医保覆盖面，个人账户与统筹基金合并时，在低方案下，全国职工医保的缴费率应为 8.63%，较现行政策下提高 0.69%；其中 17 个省（自治区、直辖市）缴费率的提高幅度为 0.28%~4.43%，其余 14 个省（自治区、直辖市）可以降低缴费率，降低幅度为 0.03%~9.90%。在中方案下，全国职工医保的缴费率应为 8.38%，较现行政策下提高 0.44%；其中 17 个省（自治区、直辖市）缴费率的提高幅度为 0.02%~4.39%，其余 14 个省（自治区、直辖市）可以降低缴费率，降低幅度为 0.33%~10.14%。在高方案下，全国职工医保的缴费率应为 8.16%，较现行政策下提高 0.22%；其中 16 个省（自治区、直辖市）缴费率的提高幅度为 0.48%~4.43%，其余 15 个省（自治区、直辖市）可以降低缴费率，降低幅度为 0.21%~10.87%。可以看出，大部分省（自治区、直辖市）的精算平衡缴费率还可以降低，即使缴费率需要提高，提高幅度并不大。

表 5-25 政策组合 1 方案下的精算平衡缴费率

单位：%

地区	精算平衡缴费率			变化值		
	低方案	中方案	高方案	低方案	中方案	高方案
全国	8.63	8.38	8.16	0.69	0.44	0.22
北京	8.08	7.92	7.78	0.90	0.74	0.60
天津	5.80	5.31	5.39	-2.58	-3.07	-2.99
河北	7.87	7.48	7.11	-1.85	-2.24	-2.61
山西	5.13	4.87	4.62	-2.52	-2.78	-3.03
内蒙古	5.51	5.22	4.90	-2.84	-3.13	-3.45
辽宁	6.44	6.22	6.02	-1.17	-1.39	-1.59
吉林	9.54	9.24	9.13	2.47	2.17	2.06
黑龙江	10.54	10.28	10.03	1.75	1.49	1.24
上海	5.85	5.74	5.63	-2.14	-2.25	-2.36
江苏	6.13	5.90	5.70	-1.51	-1.74	-1.94
浙江	10.15	9.98	9.84	3.01	2.84	2.70
安徽	8.81	9.45	10.47	1.35	1.99	3.01
福建	9.24	8.98	8.75	0.28	0.02	-0.21
江西	12.04	12.02	12.06	4.41	4.39	4.43
山东	11.08	10.75	10.43	3.19	2.86	2.54
河南	9.92	9.70	9.49	2.27	2.05	1.84
湖北	10.67	10.31	9.95	2.05	1.69	1.33

续表

地区	精算平衡缴费率			变化值		
	低方案	中方案	高方案	低方案	中方案	高方案
湖南	12.15	12.06	12.03	3.29	3.20	3.17
广东	9.62	9.47	9.34	4.43	4.28	4.15
广西	10.75	10.27	9.81	1.42	0.94	0.48
海南	5.77	5.52	5.28	-1.93	-2.18	-2.42
重庆	8.13	7.85	7.58	-0.93	-1.21	-1.48
四川	7.57	7.41	7.26	-1.78	-1.94	-2.09
贵州	9.70	9.23	8.76	1.99	1.52	1.05
云南	14.19	13.75	13.34	1.68	1.24	0.83
西藏	5.62	5.43	5.25	-4.51	-4.70	-4.88
陕西	7.94	7.64	7.36	-0.03	-0.33	-0.61
甘肃	12.39	12.04	11.70	3.30	2.95	2.61
青海	15.16	14.70	14.27	2.60	2.14	1.71
宁夏	-1.14	-1.38	-2.11	-9.90	-10.14	-10.87
新疆	6.92	6.62	6.35	-4.11	-4.41	-4.68

注：变化值=政策组合1下的精算平衡缴费率-原始(实际)缴费率。

二、政策组合2下的精算平衡缴费率

在男女退休年龄均延迟至65岁，实施社保征收体制改革，退休职工参与缴费，扩大医保覆盖面，个人账户与统筹基金合并时，从表5-26可以看出，在低方案下，全国职工医保的缴费率应为8.08%，较现行政策下提高0.14%；其中15个省(自治区、直辖市)缴费率的降低幅度为0.33%~10.47%，其余16个省(自治区、直辖市)可以提高缴费率，提高幅度为0.39%~4.09%。在中方案下，全国职工医保的缴费率应为7.84%，较现行政策下降低0.10%；其中15个省(自治区、直辖市)缴费率的降低幅度为0.58%~10.70%，其余16个省(自治区、直辖市)缴费率提高，提高幅度为0.24%~3.95%。在高方案下，全国职工医保的缴费率应为7.63%，较现行政策下降低0.31%；其中16个省(自治区、直辖市)缴费率的降低幅度为0.11%~11.42%，其余15个省(自治区、直辖市)缴费率提高，提高幅度为0.04%~3.92%。综合各省(自治区、直辖市)情况，在政策组合2下，企业和退休职工的缴费压力有所缓解，缴费率无须提高太多，或者可以降低。

表 5-26 政策组合 2 方案下的精算平衡缴费率

单位:%

地区	精算平衡缴费率			变化值		
	低方案	中方案	高方案	低方案	中方案	高方案
全国	8.08	7.84	7.63	0.14	-0.10	-0.31
北京	7.57	7.42	7.28	0.39	0.24	0.10
天津	5.24	4.76	4.84	-3.14	-3.62	-3.54
河北	7.22	6.83	6.47	-2.50	-2.89	-3.25
山西	4.64	4.38	4.15	-3.01	-3.27	-3.50
内蒙古	4.92	4.64	4.31	-3.43	-3.71	-4.04
辽宁	5.91	5.70	5.50	-1.70	-1.91	-2.11
吉林	9.03	8.74	8.62	1.96	1.67	1.55
黑龙江	9.91	9.65	9.41	1.12	0.86	0.62
上海	5.30	5.19	5.09	-2.69	-2.80	-2.90
江苏	5.60	5.38	5.18	-2.04	-2.26	-2.46
浙江	9.67	9.51	9.37	2.53	2.37	2.23
安徽	8.29	8.93	9.97	0.83	1.47	2.51
福建	8.63	8.38	8.15	-0.33	-0.58	-0.81
江西	11.52	11.51	11.55	3.89	3.88	3.92
山东	10.53	10.20	9.89	2.64	2.31	2.00
河南	9.42	9.20	9.00	1.77	1.55	1.35
湖北	10.07	9.72	9.38	1.45	1.10	0.76
湖南	11.52	11.44	11.42	2.66	2.58	2.56
广东	9.28	9.14	9.01	4.09	3.95	3.82
广西	10.14	9.67	9.22	0.81	0.34	-0.11
海南	5.28	5.03	4.80	-2.42	-2.67	-2.90
重庆	7.52	7.25	6.99	-1.54	-1.81	-2.07
四川	6.93	6.79	6.64	-2.42	-2.56	-2.71
贵州	9.24	8.78	8.32	1.53	1.07	0.61
云南	13.39	12.95	12.55	0.88	0.44	0.04
西藏	4.94	4.75	4.58	-5.19	-5.38	-5.55
陕西	7.41	7.12	6.84	-0.56	-0.85	-1.13
甘肃	11.80	11.46	11.12	2.71	2.37	2.03
青海	14.34	13.89	13.47	1.78	1.33	0.91
宁夏	-1.71	-1.94	-2.66	-10.47	-10.70	-11.42
新疆	6.18	5.89	5.63	-4.85	-5.14	-5.40

注：变化值=政策组合 2 下的精算平衡缴费率-原始(实际)缴费率。

第七节 微观数据的证据：政策调整效应分析

如第四章第四节，本研究开展完宏观数据的政策调整效应分析之后，同样采用微观数据对上述政策调整的效应进行模拟，也能得到如下结论：第一，延迟退休年龄能改善职工医保基金财务运行状况；第二，社保征收体制改革不会对职工医保基金财务运行状况产生影响；第三，为改善职工医保基金财务运行状况，需要提高职工医保缴费率；第四，扩大医保覆盖面反而会使得职工医保基金出现累计赤字时点提前；第五，个人账户与统筹基金合并能改善职工医保基金财务运行状况，此处不再赘述上述结论。本研究将重点介绍微观数据下的政策组合效应。

进一步使用微观数据，模拟在多种政策组合干预下，职工医保精算平衡缴费率的变化情况。从表5-27可知，当男性和女性退休年龄分别延迟至65岁和60岁并辅以其他政策干预，全国31个省（自治区、直辖市）在精算平衡下的缴费率均低于其政策缴费率。在低方案下，宁夏精算平衡下的缴费率最低，无须缴费即可实现精算平衡，青海精算平衡下的缴费率最高，为10.42%。当医疗保险实现全国统筹，全国层面精算平衡下的缴费率为5.93%，低于全国精算平衡缴费率的省（自治区、直辖市）有16个，分别为天津、河北、山西、内蒙古、辽宁、上海、江苏、安徽、福建、海南、重庆、四川、西藏、陕西、宁夏和新疆。高于全国精算平衡缴费率的省（自治区、直辖市）有15个，分别为北京、吉林、黑龙江、浙江、江西、山东、河南、湖北、湖南、广东、广西、贵州、云南、甘肃和青海。与宏观数据相比，大部分省（自治区、直辖市）微观数据下精算平衡缴费率都有所降低，只有吉林、江西、山东和广东上升。其中下降幅度最大的为宁夏，下降了11.53%，下降幅度最小的为甘肃，下降了0.03%。而上升幅度最大的为广东，上升了1.46%，上升幅度最小的为山东，上升0.03%。

在中方案下，宁夏精算平衡下的缴费率最低，无须缴费即可实现精算平衡，青海精算平衡下的缴费率最高，为10.21%。当医疗保险实现全国统筹，全国层面精算平衡下的缴费率为5.80%，低于全国精算平衡缴费率的省（自治区、直辖市）有15个，分别为天津、河北、山西、内蒙古、辽宁、上海、江苏、福建、海南、重庆、四川、西藏、陕西、宁夏和新疆。高于全国精算平衡缴费率的省（自治区、直辖市）有16个，分别为北京、吉林、黑龙江、浙江、安徽、江西、山东、河南、湖北、湖南、广东、广西、贵州、云南、甘肃和青海。与宏观数据相比，大部分省（自治区、直辖市）微观数据下精算平衡缴费率都有所降低，只有吉林、江西和广东上升。其中下降幅度最大的为宁夏，下降了11.68%，下降幅度最小的为山东，下降了0.11%。而上升幅度最大的为广东，上升了1.41%，上升幅度最小的为吉林，上升0.20%。

在高方案下，宁夏精算平衡下的缴费率最低，无须缴费即可实现精算平衡，青海精算平衡下的缴费率最高，为10.02%。当医疗保险实现全国统筹，全国层面精算平衡下的缴费率为5.70%，低于全国精算平衡缴费率的省（自治区、直辖市）有15个，分别为天津、河北、山西、内蒙古、辽宁、上海、江苏、福建、海南、重庆、四川、西藏、陕西、宁夏和新疆。高于全国精算平衡缴费率的省（自治区、直辖市）有16个，分别为北京、吉林、黑龙江、安徽、浙江、江西、山东、河南、湖北、湖南、广东、广西、贵州、云南、甘肃和青海。与宏观数据相比，大部分省（自治区、直辖市）微观数据下精算平衡缴费率有所降低，只有吉林、江西和广东上升。其中下降幅度最大的为宁夏，下降了11.98%，下降幅度最小的为山东，下降了0.24%。而上升幅度最大的为广东，上升了1.36%，上升幅度最小的为吉林，上升0.16%。可见，微观数据下的精算平衡缴费率低于宏观数据下的精算平衡缴费率。

表5－27 精算平衡缴费率（政策组合1）：微观数据

单位:%

地区	精算平衡缴费率			变化值		
	低方案	中方案	高方案	低方案	中方案	高方案
全国	5.93	5.80	5.70	-2.01	-2.14	-2.24
北京	6.20	6.09	6.00	-0.98	-1.09	-1.18
天津	4.28	3.92	4.02	-4.10	-4.46	-4.36
河北	4.92	4.74	4.56	-4.80	-4.98	-5.16
山西	3.12	2.98	2.86	-4.53	-4.67	-4.79
内蒙古	3.04	2.88	2.73	-5.31	-5.47	-5.62
辽宁	5.03	4.90	4.78	-2.58	-2.71	-2.83
吉林	7.44	7.27	7.23	0.37	0.20	0.16
黑龙江	8.13	8.01	7.88	-0.66	-0.78	-0.91
上海	4.19	4.09	4.01	-3.80	-3.90	-3.98

续表

地区	精算平衡缴费率			变化值		
	低方案	中方案	高方案	低方案	中方案	高方案
江苏	4.05	3.92	3.81	-3.59	-3.72	-3.83
浙江	7.04	6.96	6.88	-0.10	-0.18	-0.26
安徽	5.58	6.12	6.91	-1.88	-1.34	-0.55
福建	5.59	5.47	5.36	-3.37	-3.49	-3.60
江西	8.70	8.77	8.88	1.07	1.14	1.25
山东	7.92	7.78	7.65	0.03	-0.11	-0.24
河南	6.77	6.71	6.66	-0.88	-0.94	-0.99
湖北	7.69	7.54	7.41	-0.93	-1.08	-1.21
湖南	8.42	8.46	8.53	-0.44	-0.40	-0.33
广东	6.65	6.60	6.55	1.46	1.41	1.36
广西	6.98	6.80	6.62	-2.35	-2.53	-2.71
海南	3.80	3.67	3.55	-3.90	-4.03	-4.15
重庆	5.53	5.42	5.31	-3.53	-3.64	-3.75
四川	4.82	4.78	4.74	-4.53	-4.57	-4.61
贵州	7.05	6.86	6.68	-0.66	-0.85	-1.03
云南	9.03	8.83	8.66	-3.48	-3.68	-3.85
西藏	2.66	2.55	2.45	-7.47	-7.58	-7.68
陕西	5.20	5.06	4.93	-2.77	-2.91	-3.04
甘肃	9.06	8.92	8.78	-0.03	-0.17	-0.31
青海	10.42	10.21	10.02	-2.14	-2.35	-2.54
宁夏	-2.77	-2.92	-3.22	-11.53	-11.68	-11.98
新疆	4.32	4.14	3.98	-6.71	-6.89	-7.05

注：变化值=政策组合1下的精算平衡缴费率-原始(实际)缴费率。

从表5-28可知，当男性和女性退休年龄均延迟至65岁并辅以其他政策干预，全国31个省(自治区、直辖市)精算平衡下的缴费率均低于其政策缴费率。在低方案下，宁夏精算平衡下的缴费率最低，无须缴费即可实现精算平衡，青海精算平衡下的缴费率最高，为9.61%。当医疗保险实现全国统筹，全国层面精算平衡下的缴费率为5.38%，低于全国精算平衡缴费率的省(自治区、直辖市)有16个，分别为天津、河北、山西、内蒙古、辽宁、上海、江苏、安徽、福建、海南、重庆、四川、西藏、陕西、宁夏和新疆。高于全国精算平衡缴费率的省(自治区、直辖市)有15个，分别为北京、吉林、黑龙江、浙江、江西、山东、河南、湖北、湖南、广东、广西、贵州、云南、甘肃和青海。与宏观数据相比，大部分省（自治区、直辖市）微观数据下精算平衡缴费率都有所降低，只有江西和广东上升。其中下降幅度最大的为宁夏，下降了12.09%，下降幅度最小的为吉林，下降了0.14%。而上升幅度最大的为广东，上升了1.12%，上升幅度最小的为江西，上升了0.55%。

在中方案下，宁夏精算平衡下的缴费率最低，无须缴费即可实现精算平衡，青海精算平衡下的缴费率最高，为9.41%。当医疗保险实现全国统筹，全国层面精算平衡下的缴费率为5.26%，低于全国精算平衡缴费率的省（自治区、直辖市）有15个，分别为天津、河北、山西、内蒙古、辽宁、上海、江苏、福建、海南、重庆、四川、西藏、陕西、宁夏和新疆。高于全国精算平衡缴费率的省（自治区、直辖市）有16个，分别为北京、吉林、黑龙江、浙江、安徽、江西、山东、河南、湖北、湖南、广东、广西、贵州、云南、甘肃和青海。与宏观数据相比，大部分省（自治区、直辖市）微观数据下精算平衡缴费率有所降低，只有江西和广东上升。其中下降幅度最大的为宁夏，下降了12.23%，下降幅度最小的为吉林，下降了0.31%。而上升幅度最大的为广东，上升了1.07%，上升幅度最小的为江西，上升0.63%。

在高方案下，宁夏精算平衡下的缴费率最低，无须缴费即可实现精算平衡，青海精算平衡下的缴费率最高，为9.22%。当医疗保险实现全国统筹，全国层面精算平衡下的缴费率为5.17%，低于全国精算平衡缴费率的省（自治区、直辖市）有15个，分别为天津、河北、山西、内蒙古、辽宁、上海、江苏、福建、海南、重庆、四川、西藏、陕西、宁夏和新疆。高于全国精算平衡缴费率的省（自治区、直辖市）有16个，分别为北京、吉林、黑龙江、浙江、安徽、江西、山东、河南、湖北、湖南、广东、广西、贵州、云南、甘肃和青海。与宏观数据相比，大部分省（自治区、直辖市）微观数据下精算平衡缴费率都有所降低，只有江西和广东上升。其中下降幅度最大的为宁夏，下降了12.52%，下降幅度最小的为吉林，下降了0.34%。而上升幅度最大的为广东，上升了1.02%，上升幅度最小的为江西，上升0.74%。

可以看出，微观数据下的精算平衡缴费率低于宏观数据下的精算平衡缴费率。由于微观数据下的人均医疗费用增长率低于宏观数据下的人均医疗费用增长率，可以得出人均医疗费用增长率越低，精算平衡缴费率越低的结论，这也为后期的政策建议提供方向。

表 5-28 精算平衡缴费率(政策组合 2):微观数据

单位:%

地区	精算平衡缴费率			变化值		
	低方案	中方案	高方案	低方案	中方案	高方案
全国	5.38	5.26	5.17	-2.56	-2.68	-2.77
北京	5.69	5.59	5.50	-1.49	-1.59	-1.68
天津	3.72	3.37	3.47	-4.66	-5.01	-4.91
河北	4.26	4.09	3.93	-5.46	-5.63	-5.79
山西	2.63	2.50	2.38	-5.02	-5.15	-5.27
内蒙古	2.45	2.29	2.15	-5.90	-6.06	-6.20
辽宁	4.50	4.37	4.25	-3.11	-3.24	-3.36
吉林	6.93	6.76	6.73	-0.14	-0.31	-0.34
黑龙江	7.50	7.38	7.26	-1.29	-1.41	-1.53
上海	3.63	3.54	3.46	-4.36	-4.45	-4.53
江苏	3.53	3.41	3.30	-4.11	-4.23	-4.34
浙江	6.56	6.48	6.41	-0.58	-0.66	-0.73
安徽	5.05	5.59	6.40	-2.41	-1.87	-1.06
福建	4.98	4.86	4.76	-3.98	-4.10	-4.20
江西	8.18	8.26	8.37	0.55	0.63	0.74
山东	7.37	7.23	7.11	-0.52	-0.66	-0.78
河南	6.26	6.21	6.17	-1.39	-1.44	-1.48
湖北	7.09	6.96	6.83	-1.53	-1.66	-1.79
湖南	7.79	7.84	7.92	-1.07	-1.02	-0.94
广东	6.31	6.26	6.21	1.12	1.07	1.02
广西	6.37	6.20	6.03	-2.96	-3.13	-3.30
海南	3.31	3.19	3.07	-4.39	-4.51	-4.63
重庆	4.92	4.82	4.72	-4.14	-4.24	-4.34
四川	4.19	4.15	4.13	-5.16	-5.20	-5.22
贵州	6.58	6.41	6.25	-1.13	-1.30	-1.46
云南	8.22	8.04	7.87	-4.29	-4.47	-4.64
西藏	1.97	1.87	1.78	-8.16	-8.26	-8.35
陕西	4.67	4.54	4.41	-3.30	-3.43	-3.56
甘肃	8.47	8.34	8.21	-0.62	-0.75	-0.88
青海	9.61	9.41	9.22	-2.95	-3.15	-3.34
宁夏	-3.33	-3.47	-3.76	-12.09	-12.23	-12.52
新疆	3.59	3.41	3.26	-7.44	-7.62	-7.77

注:变化值=精算平衡缴费率-原始(实际)缴费率。

第八节 小 结

通过以上几种政策调整方案的模拟和分析，本研究可以得出以下结论：

第一，男女退休年龄分别延迟至65岁和60岁，能使全国和各省（自治区、直辖市）职工医保统筹基金出现累计赤字的时点分别推迟6年和3—8年，使2050年全国职工医保统筹基金累计赤字率由832.26%~1099.19%降至409.4%~542.7%；男女退休年龄均延迟至65岁能使全国和各省（自治区、直辖市）职工医保统筹基金出现累计赤字的时点分别推迟8年和5—12年，使2050年全国职工医保统筹基金累计赤字率由832.26%~1099.19%降至409.4%~542.7%。

第二，社会保险费征收体制改革对职工医保的征缴率没有显著影响，因此社会保险费征收体制改革不会对全国和各省（自治区、直辖市）职工医保基金的财务运行状况和可持续性产生任何影响。

第三，如果考虑提高缴费率（退休职工不参与缴费，仅提高在职职工的缴费率），全国和各省（自治区、直辖市）的实际缴费率必须分别提高至17.11%~18.74%和8.88%~35.77%，才能保证职工医保统筹基金在2050年前具备充足的偿付能力，这样全国和大部分省（自治区、直辖市）的实际缴费率需要提高0.5倍及以上，这对企业和在职职工的压力是很重的；如果考虑让退休职工参与缴费，全国和大部分省（自治区、直辖市）的实际缴费率必须提高10.56%~11.19%和8.08%~20.06%，才能保证职工医保统筹基金在2050年前具备充足的偿付能力。

第四，扩大职工医保覆盖面并不能推迟全国职工医保统筹基金出现累计赤字的时点，全国职工医保统筹基金出现累计赤字的时点提前2年，2050年累计赤字率由832.26%~1099.19%提高至1006.01%~1325.14%；对于各省（自治区、直辖市）来说，有21—24个省（自治区、直辖市）职工医保统筹基金出现累计赤字的时点提前1—8年，有7—10个省（自治区、直辖市）职工医保统筹基金出现累计赤字的时点未发生变化。

第五，个人账户与统筹基金合并能使全国和各省（自治区、直辖市）职工医保统筹基金出现累计赤字的时点分别推迟3年和1—15年，2050年全国职工医保基金的累计赤字率由832.26%~1099.19%降至652.28%~877.37%，这是一项值得推荐的政策。

第六，如果考虑将上述五项政策进行组合，政策效果非常好，比单独实施某一项政策的效果要好，而且企业、在职职工和退休职工的缴费压力也有所缓解，在中方案和高方案下，全国职工医保的缴费率可以降低 0.1—0.31 个百分点。

第七，如果采用微观数据重新进行模拟，本研究的主要结论并未发生变化：(1)延迟退休年龄能改善职工医保基金财务运行状况；(2)社保征收体制改革不会对职工医保基金财务运行状况产生影响；(3)为改善职工医保基金财务运行状况，需要提高职工医保缴费率；(4)扩大医保覆盖面反而会使得职工医保基金出现累计赤字时点提前；(5)个人账户与统筹基金合并能改善职工医保基金财务运行状况；(6)上述五项政策组合的效果好于单独实施某项政策的效果，而且企业、在职职工和退休职工的缴费压力也有所缓解。

以上是从收支平衡的视角考察职工医保基金可持续性和各项政策调整对职工医保基金可持续性的影响，本研究将会在第六章和第七章，从代际平衡这一视角考察职工医保基金的可持续性以及各项政策调整对职工医保基金代际平衡的影响。

第六章 基于代际平衡视角的我国职工医保基金可持续性评估

自 1998 年我国建立职工医保制度以来,退休职工一直不缴纳基本医疗保险费,但是随着人口老龄化程度的加深,参保退休职工占参保职工的比重不断提高。如表 6-1 所示,2002 年参保退休职工占参保职工的比重仅为 26.33%,即约 2.8 位在职职工抚养 1 位退休职工,此后随着国家提高职工医保的覆盖率,参保退休职工占参保职工的比重呈现下降趋势,至 2011 年,该比重下降至 24.89%,至 2020 年该比重提高至 26.22%,即 2.81 位在职职工需抚养 1 位退休职工。在这样一种情况下,退休职工消费 40% 甚至 70% 以上的医疗费用(这一结果详见第五章),而这些费用大多由在职职工和企业的缴费来支付,形成职工医保费用的"代际转移",因而本研究需要对职工医保基金进行代际核算(代际平衡分析),从而来分析代际间的负担是否公平,以此来确定我国的职工医保基金是否具备可持续性。

表 6-1 2002—2020 年参保退休职工人数占参保城镇职工人数的比重

单位:万人

年份	参保城镇职工人数	参保城镇在职职工人数	参保城镇退休职工人数	参保城镇退休职工占参保城镇职工的比重
2002	9401.20	6925.80	2475.40	26.33%
2003	10901.70	7974.90	2926.80	26.85%
2004	12403.60	9044.40	3359.20	27.08%
2005	13782.90	10021.70	3761.20	27.29%
2006	15731.80	11580.30	4151.50	26.39%
2007	18020.00	13420.00	4600.00	25.53%
2008	19995.63	14987.74	5007.89	25.04%
2009	21937.40	16410.50	5526.90	25.19%
2010	23734.67	17791.16	5943.51	25.04%

续表

年份	参保城镇职工人数	参保城镇在职职工人数	参保城镇退休职工人数	参保城镇退休职工占参保城镇职工的比重
2011	25227.10	18948.48	6278.62	24.89%
2012	26486.00	19861.00	6624.00	25.01%
2013	27443.10	20501.30	6941.80	25.30%
2014	28296.00	21041.30	7254.80	25.64%
2015	28893.10	21362.00	7531.20	26.07%
2016	29532.00	21720.00	7812.00	26.45%
2017	30322.70	22288.40	8034.30	26.50%
2018	31681.00	23308.00	8373.00	26.43%
2019	32925.00	24224.00	8700.00	26.42%
2020	34423.00	25398.00	9025.00	26.22%

数据来源：该结果根据第三章的分析结果和历年《中国劳动统计年鉴》整理得来。

此外，我国的城镇化率水平逐年提高，每年都有大量的农村人口向城镇迁移，迁移人口以15—49岁的人口为主(占比约为62%)，而有部分迁移人口会转化为参保在职职工，这部分人口转化为参保在职职工后，就需缴纳基本医疗保险费，承担退休职工的医疗费用，因而也形成了医保费用的"城乡转移"，同时也是医保费用的"代际转移"，这也是本研究进行职工医保基金代际核算的另一个重要原因。

医疗保险的代际平衡是指每代人经过生产增长率调整后向政府缴纳的医疗保险费减去从政府获得的医疗费用报销额的精算现值相等，简言之，就是每代人在医疗保险方面从政府获得一个相同大小的账单，这个账单可正可负。如果能够达到代际平衡，则现有的城镇职工基本医疗保险制度是公平和可持续的；而如果达不到代际平衡，那现有城镇职工基本医疗保险制度的公平性可持续性将受到质疑。因而，代际核算方法是精算模型外另一种衡量我国职工医保基金可持续性的方法。

第一节 代际核算方法的原理

一、代际核算方法的相关研究

奥尔巴赫等(Auerbach，1991)首次提出代际核算方法是现在分析代际平衡问题的主要方法。① 代际核算方法的基本框架是政府的代际预算约束式，即政府将来所有的消费的现值减去政府现在的净财富必须等于现存所有代的社会成员在其剩余的生命周期内所缴纳的净税支付总额的现值与未来所有代的社会成员在生命周期内缴纳的净税支付总额的现值之和。这种方法自从1991年被提出后，现在已经有近百个国家采用，建立了自己的代际核算体系。在已经建立代际核算体系的国家中，代际不平衡状况最严重的国家是日本，未来代成员的负担是现存代的2.7—4.4倍。代际核算方法已经被用来分析财政政策各方面的问题，除了分析财政政策是否能够实现代际平衡外，它已经被用来分析储蓄、养老、移民等各种和政府财政收支相关的问题。奥尔巴赫等探讨了如何通过代际核算方法讨论财政政策的改变影响不同代人之间的消费和储蓄倾向。② 富勒顿和罗杰斯(Fullerton & Rogers, 1993)对如何根据性别和收入水平建立子代际账户做了研究。③ 费舍尔和卡萨(Fisher & Kasa, 1997)研究了开放经济中代际核算情形。④ 古尔尼克等(Agulnik, 2000)用代际核算方法分析了英国和匈牙利养老保险体系的改革。⑤

任若恩等(2004)在国内首次采用代际核算方法分析我国财政政策的可持续性，并分析养老保险制度改革对整个财政政策代际平衡状况的影响。⑥ 蒋云赟和任若恩(2007)分析了人口结构变动对我国财政政策代际平衡状况的影响。⑦ 随后，张悦和蒋云赟(2010)⑧、蒋云赟(2011)⑨、蒋云

---

① AUERBACH A J, GOKHALE J, KOTLIKOFF L J. Generational accounts: a meaningful alternative to deficit accounting [J]. Tax policy and the economy, 1991(5): 55-110.

② AUERBACH A J, GOKHALE J, KOTLIKOFF L J. Generational accounts: a meaningful alternative to deficit accounting[J]. Tax policy and the economy, 1991(5): 55-110.

③ FULLERTON D, ROGERS D. Who bears the lifetime tax burden? [M]. Brookings institution, 1993.

④ FISHER E O, KASA K. Generational accounting in open economies[J]. Economic review-federal reserve bank of San francisco, 1997: 34-45.

⑤ AGULNIK P, CARDARELLI R, SEFTON J. The pensions green paper: a generational accounting perspective[J]. The economic journal, 2000, 110(467): 598-610.

⑥ 任若恩, 蒋云赟, 徐楠楠, 等. 中国代际核算体系的建立和对养老保险制度改革的研究[J]. 经济研究, 2004(9): 118-128.

⑦ 蒋云赟, 任若恩. 我国人口结构的变动对财政政策代际平衡状况的影响[J]. 财贸经济, 2007(5): 39-44+128.

⑧ 张悦, 蒋云赟. 我国事业单位养老保险的代际平衡分析[J]. 经济与管理研究, 2010(9): 70-79+87.

⑨ 蒋云赟. 我国新型农村养老保险对财政体系可持续性的影响研究——基于代际核算方法的模拟分析[J]. 财经研究, 2011, 37(12)4-15.

赟(2012)①、郑海涛等(2018)②运用代际核算方法,分析机关事业单位养老保险改革、新型农村社会养老保险改革和增值税扩围对财政体系可持续性的影响。蒋云赟(2009)运用代际平衡核算方法,首次建立我国企业职工基本养老保险代际核算模型,分析我国企业职工基本养老保险的代际平衡状况。③ 骆正清等(2015)运用蒋云赟提出的企业职工基本养老保险代际核算模型,分析生育政策调整对我国企业职工基本养老保险代际平衡状况的影响。④ 自 2014 年起,蒋云赟(2014)⑤、蒋云赟和刘剑(2015)⑥开始将代际核算方法应用于医疗保险的代际平衡问题分析,其运用代际核算方法探讨城乡居民大病保险制度、统筹城乡居民基本医疗保险对财政体系可持续性的影响。

本研究旨在借鉴奥尔巴赫等、任若恩等、蒋云赟和蒋云赟的研究成果,将代际核算方法用于职工医保基金可持续性的分析,探讨职工医保基金自身的代际平衡问题,并分析各项政策调整对职工医保基金代际平衡的影响。

二、代际核算方法分析

代际核算方法的基本依据是政府的代际预算约束式,即政府将来所有消费的现值减去政府现在的净财富必须等于现存所有代的社会成员在其剩余的生命周期内所缴纳的净税支付总额的现值与未来所有代的社会成员在生命周期内缴纳的净税支付总额的现值之和。这里同一年出生的男女为一代,净税支付总额指政府征收的各种类型的税收与政府各种转移支付的差。简单地说,代际预算约束式是指政府所有的消费必须由现有财富及现在和未来社会成员的净税支付共同分担。用公式表示为:

$$\sum_{s=0}^{D} N_{t,\,t-s} + \sum_{s=1}^{D} N_{t,\,t+s} = \sum_{s=t}^{D} G_s (1+i)^{t-s} - W_t^g \qquad (6-1)$$

---

① 蒋云赟. 我国增值税扩围对财政体系代际平衡状况的影响[J]. 财贸经济, 2012(3): 21-30.

② 郑海涛, 顾东芳, 蒋云赟, 等. 中国公共养老金体系的隐性负债及其财政承受能力研究[J]. 现代经济探讨, 2018(3): 1-8.

③ 蒋云赟. 我国企业基本养老保险的代际平衡分析[J]. 世界经济文汇, 2009(1): 58-69.

④ 骆正清, 江道正, 陈正光. 生育政策调整对我国城镇企业职工基本养老保险代际平衡的影响[J]. 广西财经学院学报, 2015, 28(3)94-99.

⑤ 蒋云赟. 我国城乡大病保险的财政承受能力研究[J]. 财经研究, 2014, 40(11): 4-16.

⑥ 蒋云赟, 刘剑. 我国统筹医疗保险体系的财政承受能力研究[J]. 财经研究, 2015, 41(12): 4-14.

$N_{t,k}$ 是 k 年出生的一代在 t 年的代际账户（Generational accounts），即 k 年出生的一代在 t 年以后（包括 t 年）所有剩余生命周期内净税支付额的精算现值。下标" k "可以替换为"t-s"和"t+s"，符号含义同前。D 是定义的最大寿命（100 岁）。因此公式（6-1）等号左边第一项是现存所有代的代际账户和，第二项是未来所有代的代际账户值，等号右边第一项是政府所有将来消费在 t 年的现值，第二项是政府在 t 年的净财富。该等式很好地反映了财政政策的零和性，任何一项财政支出必须由现存代或者未来代承担，因此利用这个等式来考虑福利支出在不同代之间的分配是比较合适的。这样本研究可以在现存的财政政策的框架下，求出现存各代的代际账户值，如果政府未来消费的现值也可以获得（在一定的假设下是可以做到的），政府的净财富也可以得到，这样本研究就可以得到未来所有代的代际账户和，假设未来各代的代际账户值按照生产率增长速度增长，本研究就可以求出未来各代的代际账户值，将其与现存代（最好是 t 年刚出生一代，因为 t 年出生的一代在 t 年的代际账户值是具完整生命周期的，如果和 t 年以前出生的各代比较就需要回溯计算）的代际账户值比较，就可以知道社会负担和福利在各代之间分配是否公平。

本研究将政府代际核算预算约束式的思想用于城镇职工基本医疗保险制度。如果不考虑政府对职工医保基金的资助①，那么职工医保基金也是一个封闭的系统，现存代的职工医保基金缺口将由未来代承担，用公式表示如下：

$$\sum_{s=0}^{D} M_{t,\,t-s} + \sum_{s=1}^{\square} M_{t,\,t+s} = \sum_{s=t}^{\square} G_s^h (1+i)^{t-s} - W_t^h \qquad (6-2)$$

$M_{t,k}$ 是职工中 k 年开始参保②（参加医疗保险）的一代在 t 年的基本医疗保险代际账户（Generational health insurance accounts），即 k 年开始参保的一代在 t 年以后（包括 t 年）所有剩余生命周期内净缴费（基本医疗保险的缴费减去获得的基本医疗费用报销额）的精算现值。下标" k "可以替换为"t-s"和"t+s"。D 是定义的最大总参保年限（即 80 年）。因此公式（6-2）等号左边第一项是现存所有代的基本医疗保险代际账户和，第二项是未来所有代的基本医疗保险代际账户值，等号右边第一项是政府未来对

---

① 现阶段，财政基本不对职工医保基金进行补助，财政只承担机关事业单位工作人员基本医疗保险的单位缴费部分。

② 与本研究第五章的假设一致，参加职工医保人口最初参加医保的年龄为 20 岁，对于 20 岁以下的人口，其参加的是城镇居民基本医疗保险和新型农村合作医疗，因而 20 岁以下的人口并不在代际核算的核算范围之内。

城镇职工基本医疗保险制度的补贴在 t 年的现值和,第二项是城镇职工基本医疗保险制度在 t 年的净财富(即累计结余额)。如果本研究假设等号右边第一项为零,就可以分析政府未来不对城镇职工基本医疗保险制度提供任何资助的情况下的城镇职工基本医疗保险的代际平衡状况;本研究假设职工未来各代的基本医疗保险的代际账户值按生产率增长速度增长,就可以求出职工未来各代人均基本医疗保险的代际账户值,将其与职工现存代(最好是 t 年开始参保的一代,因为 t 年开始参保的一代在 t 年的代际账户值是具完整生命周期的,如果和 t 年以前参保的各代比较就需要回溯计算)的基本医疗保险的代际账户值比较,可以知道在没有政府资助的情况下,本研究现行的城镇职工基本医疗保险制度是否能够实现代际平衡。

城镇职工基本医疗保险的代际账户值可由下式得到:

$$M_{t,k} = \sum_{s=\max\{t,k\}}^{k+D} T_{S,k} P_{S,k} (1+i)^{t-S} \qquad (6-3)$$

其中 $T_{S,k}$ 指对 k 年开始参保一代中的一个成员 S 年对基本医疗保险平均净缴费的预测值,$P_{S,k}$ 表明 k 年开始参保的人在 S 年的存活人数。$S = \max\{t,k\}$ 表明若成员在 t 年以前开始参保(即 $k \leq t$),剩余的生命周期从 t 年开始计算,若成员在 t 年以后开始参保(即 $k > t$),剩余的生命周期从 k 年开始计算。每年的净缴费都被折现到 t 年。在实际计算代际账户时,对 $T_{S,k}$ 还区分性别,但为表示简便,公式(6-3)中并没有表现出来。

不过由于我国职工医保个人账户并无共济性,不存在年轻人将自己缴纳的医疗保险费"转移"给老年人的情况,因而本研究代际平衡的分析对象仍为具有共济功能的职工医保的统筹基金部分。

三、假设和数据计算

为构建我国城镇职工基本医疗保险制度的代际核算体系,本研究同样运用队列要素方法,预测未来100年分年龄、分性别的城镇职工人数(包括参保在职职工人数和参保退休职工人数),并预测分年龄、分性别的职工医保的缴费和医疗保险的待遇支付以及各年的人均生产增长率增长情况(人均GDP增长率)和贴现率。这些数据已经在本研究第四章中进行详细的说明和计算,这里不再赘述,仅列出各项指标的具体取值情况。其中贴现率为3.5%,职工平均工资增长率详见图4-3,法定缴费率和征缴率详见表4-16,可以计算得出职工医保的缴费情况。

第二节 职工医保基金的代际平衡分析

在上述模型和参数假设的基础上,本研究利用 Matlab 软件建立我国职工医保基金的代际核算体系,以 2021 年为基年,2021 年及以前已加入职工医保体系的人为现存代,2022 年及以后加入职工医保体系的人为未来代。根据代际核算原理,人口高、中、低方案并不会改变现存代(20—100 岁人口)的职工医保人均代际账户数值,人口高、中、低方案只会改变未来代的职工医保人均代际账户数值,因而在下文的分析中,只有未来代存在高、中、低方案的人均代际账户数值。

一、全国职工医保基金的代际平衡状况

表 6-2 给出基准假设下(变量取值如上所述),参加职工医保人口的人均代际账户值。可以看出,2021 年开始参加职工医保的男性职工的人均代际账户值是-466239.24 元,也就是说,2021 年开始参加职工医保的男性职工以后仍然参保,他所缴纳的基本医疗保险费和获得的基本医疗费用补偿额的净现值(精算现值)是-466239.24 元;而同年龄段的女性职工基本医疗保险的代际账户值明显偏低,为-577800.38 元,这和我国女性职工的退休年龄过早有关(即 55 岁或 50 岁退休)。平均来说,现存所有代(即 2021 年及以前已经参加职工医保的人)的人均代际账户值均为负值,即 2021 年及以前已经参加职工医保的人在其剩余的生命周期内,缴纳的基本医疗保险费的精算现值小于获得的基本医疗费用补偿额的精算现值。

表 6-2 倒数第三行表明如果现行的职工医保政策持续下去,未来代的人口参加职工医保会面临的人均代际账户值,倒数第二行表明的是未来代的人均代际账户值与 2021 年开始参加职工医保人口的人均代际账户值的比例,最后一行表明的是未来代的人均代际账户值与 2021 年开始参加职工医保人口的人均代际账户值的差距。本研究可以看出,在低方案下,未来代男性和女性职工的人均代际账户值分别为 318748.51 元和 395018.26 元(即 2022 年及以后开始参加职工医保人口缴纳的基本医疗保险费的精算现值大于基本医疗费用补偿额的精算现值),为 2021 年开始参加职工医保人口的-68.37%,两者之间相差-168.37%。在中方案下,未来代男性和女性职工的人均代际账户值分别为 303570.01 元和

376207.87元，为2021年开始参加职工医保人口的-65.11%，两者之间相差-165.11%。在高方案下，未来代男性和女性职工的人均代际账户值分别为288391.51元和357397.48元，为2021年开始参加职工医保人口的-61.85%，两者之间相差-161.85%。这表明，我国现在的职工医保基金对未来代（即2022年及以后开始参加职工医保人口）是不利的。从代际平衡视角来说，我国职工医保基金不可持续。

表6-2 基准假设下全国职工医保基金的人均代际账户值

单位：元

年龄	男性	女性	年龄	男性	女性	年龄	男性	女性
20	-466239.24	-577800.38	47	-241457.35	-307057.88	74	-61877.16	-73678.04
21	-458256.08	-568682.03	48	-232846.21	-296179.98	75	-57586.89	-68367.72
22	-451861.89	-561154.01	49	-224381.54	-285438.29	76	-53605.90	-63411.50
23	-445244.41	-553380.70	50	-216156.09	-274899.96	77	-49897.07	-58734.22
24	-438432.65	-545379.55	51	-208184.84	-264603.94	78	-46332.35	-54301.50
25	-431436.59	-537162.52	52	-212076.78	-267872.87	79	-43050.09	-50207.47
26	-423919.96	-528397.77	53	-204150.28	-257640.84	80	-40062.78	-46435.81
27	-416193.90	-519360.31	54	-196387.85	-247625.95	81	-37239.68	-42928.34
28	-408272.57	-510063.82	55	-188855.68	-237881.90	82	-34720.44	-39749.92
29	-400175.17	-500520.89	56	-180817.60	-226166.95	83	-32332.09	-36771.16
30	-391913.24	-490739.87	57	-173075.98	-214826.36	84	-30136.87	-34023.29
31	-383521.89	-480760.00	58	-165601.32	-203852.27	85	-28081.37	-31443.26
32	-374983.51	-470592.18	59	-158429.33	-193267.10	86	-26208.45	-29071.30
33	-366328.82	-460261.48	60	-151532.42	-183050.55	87	-24451.76	-26837.86
34	-357577.54	-449794.95	61	-143438.18	-173239.09	88	-22846.52	-24793.44
35	-348767.43	-439241.35	62	-135742.54	-163860.96	89	-21276.22	-22817.91
36	-339929.25	-428604.39	63	-128321.30	-154829.11	90	-19845.31	-21035.61
37	-330811.22	-417630.45	64	-121304.15	-146223.74	91	-18567.16	-19370.22
38	-321673.97	-406562.98	65	-114615.09	-138007.98	92	-17456.71	-17847.69
39	-312521.56	-395420.52	66	-107416.12	-129307.37	93	-16239.13	-16370.27
40	-303397.31	-384233.77	67	-100540.79	-121004.60	94	-15070.31	-14925.33
41	-294331.51	-373061.67	68	-93935.11	-113025.17	95	-13694.00	-13476.81
42	-285320.25	-361905.39	69	-87772.39	-105512.33	96	-12224.32	-11877.69
43	-276379.86	-350802.92	70	-81896.05	-98355.88	97	-10514.91	-10149.98
44	-267535.78	-339770.79	71	-76404.94	-91601.57	98	-8459.67	-8170.00
45	-258818.74	-328861.88	72	-71295.69	-85292.88	99	-5937.19	-5809.42
46	-250264.96	-318102.76	73	-66418.37	-79302.65	100	-3101.57	-3101.57

续表

年龄	男性	女性	年龄	男性	女性	年龄	男性	女性
未来代(低方案)	318748.51	395018.26	未来代(中方案)	303570.01	376207.87	未来代(高方案)	288391.51	357397.48
比值(低方案)	-68.37%	-68.37%	比值(中方案)	-65.11%	-65.11%	比值(高方案)	-61.85%	-61.85%
差距(低方案)	-168.37%	-168.37%	差距(中方案)	-165.11%	-165.11%	差距(高方案)	-161.85%	-161.85%

注：比值=未来代的人均代际账户值/(现存代20岁)职工的人均代际账户值×100%，差距=比值-1，下同。

二、各省(自治区、直辖市)职工医保基金的代际平衡状况

表6-3汇总了各省(自治区、直辖市)职工医保基金的人均代际账户值，可以看出，所有省(自治区、直辖市)的职工医保基金存在很严重的代际不平衡，即各省(自治区、直辖市)职工医保基金的可持续性要受到质疑。所有省(自治区、直辖市)现存代(20岁)的人均代际账户值均为负值，即2021年及以前开始参加职工医保的人在其剩余的生命周期内，缴纳的基本医疗保险费的精算现值小于获得的基本医疗费用补偿额的精算现值。无论是高方案、中方案还是低方案，安徽、江西、河南和湖南这4个省未来代的人均代际账户值均为负值，[①] 而其余的27个省(自治区、直辖市)的人均代际账户值为正值。这表明，对于除安徽、江西、河南和湖南以外的27个省(自治区、直辖市)来说，职工医保基金对未来代是不公平的；而对于安徽、江西、河南和湖南这4个省来说，职工医保基金对现存代是不公平的，但由于现存代和未来代的人均代际账户值均为负值，因而在一定程度上来说，这4个省2021年及以前参保的职工并未存在任何损失。所以，分省(自治区、直辖市)来看，大部分省(自治区、直辖市)职工医保基金的运行是以未来代承受过大的负担为代价。

那么，下面本研究分析各项调整政策对职工医保基金代际平衡的影响，本研究的分析对象是全国和除安徽、江西、河南、湖北外的27个省(自治区、直辖市)，如果本研究没有进行特别说明，安徽、江西、河南和湖南这4个省的代际平衡状况将不再进行讨论。

[①] 这是因为这4个省属于人口迁出大省，而职工医保基金又存在高额的累计结余，所以职工医保基金并未让未来代承受过大的负担。

表6—3 基准假设下各省(自治区、直辖市)职工医保基金的人均代际账户值

单位:元

地区	现存代(20岁) 男性	未来代(男性) 低方案	未来代(男性) 中方案	未来代(男性) 高方案	比值 低方案	比值 中方案	比值 高方案	差距 低方案	差距 中方案	差距 高方案
北京	-1105459.14	719999.29	685713.61	651427.93	-65.13%	-62.03%	-58.93%	-165.13%	-162.03%	-158.93%
天津	-803079.59	624330.47	594600.45	564870.43	-77.74%	-74.04%	-70.34%	-177.74%	-174.04%	-170.34%
河北	-388212.93	318097.37	302949.88	287802.39	-81.94%	-78.04%	-74.14%	-181.94%	-178.04%	-174.14%
山西	-756776.52	344452.29	328049.80	311647.31	-45.52%	-43.35%	-41.18%	-145.52%	-143.35%	-141.18%
内蒙古	-8771150.65	422337.76	402226.44	382115.12	-48.15%	-45.86%	-43.56%	-148.15%	-145.86%	-143.56%
辽宁	-353199.16	903985.34	860938.42	817891.50	-255.94%	-243.75%	-231.57%	-355.94%	-343.75%	-331.57%
吉林	-308248.63	686785.68	654081.60	621377.52	-222.80%	-212.19%	-201.58%	-322.80%	-312.19%	-301.58%
黑龙江	-357172.21	2979734.74	2837842.61	2695950.48	-834.26%	-794.53%	-754.80%	-934.26%	-894.53%	-854.80%
上海	-706530.91	463527.36	441454.63	419381.90	-65.61%	-62.48%	-59.36%	-165.61%	-162.48%	-159.36%
江苏	-529017.94	244291.26	232658.34	221025.42	-46.18%	-43.98%	-41.78%	-146.18%	-143.98%	-141.78%
浙江	-324568.97	100859.80	96056.95	91254.10	-31.07%	-29.60%	-28.12%	-131.07%	-129.60%	-128.12%
安徽	-707481.10	-1529918.42	-1457065.16	-1384211.90	216.25%	205.95%	195.65%	116.25%	105.95%	95.65%
福建	-491647.92	156951.55	149477.67	142003.79	-31.92%	-30.40%	-28.88%	-131.92%	-130.40%	-128.88%
江西	-290965.48	-12194923.47	-11614212.83	-11033502.19	4191.19%	3991.61%	3792.03%	4091.19%	3891.61%	3692.03%
山东	-441651.40	345453.83	329003.65	312553.47	-78.22%	-74.49%	-70.77%	-178.22%	-174.49%	-170.77%
河南	-437643.12	-4599903.23	-4380860.22	-4161817.21	1051.06%	1001.01%	950.96%	951.06%	901.01%	850.96%

第六章 基于代际平衡视角的我国职工医保基金可持续性评估 213

续表

地区	现存代(20岁) 男性	未来代(男性) 低方案	未来代(男性) 中方案	未来代(男性) 高方案	比值 低方案	比值 中方案	比值 高方案	差距 低方案	差距 中方案	差距 高方案
湖北	-516561.78	985419.75	938495.00	891570.25	-190.77%	-181.68%	-172.60%	-290.77%	-281.68%	-272.60%
湖南	-433566.68	-1353928.89	-1289456.09	-1224983.29	312.28%	297.41%	282.54%	212.28%	197.41%	182.54%
广东	-210617.41	94012.45	89535.67	85058.89	-44.64%	-42.51%	-40.39%	-144.64%	-142.51%	-140.39%
广西	-336643.62	412747.20	393092.57	373437.94	-122.61%	-116.77%	-110.93%	-222.61%	-216.77%	-210.93%
海南	-473379.93	233727.42	222597.54	211467.66	-49.37%	-47.02%	-44.67%	-149.37%	-147.02%	-144.67%
重庆	-518892.11	930312.76	886012.15	841711.54	-179.29%	-170.75%	-162.21%	-279.29%	-270.75%	-262.21%
四川	-373488.86	11578148.53	11026808.12	10475467.71	-3100.00%	-2952.38%	-2804.76%	-3200.00%	-3052.38%	-2904.76%
贵州	-453723.98	319126.24	303929.75	288733.26	-70.33%	-66.99%	-63.64%	-170.33%	-166.99%	-163.64%
云南	-377366.02	186865.06	177966.72	169068.38	-49.52%	-47.16%	-44.80%	-149.52%	-147.16%	-144.80%
西藏	-261598.94	111636.54	106320.51	101004.48	-42.67%	-40.64%	-38.61%	-142.67%	-140.64%	-138.61%
陕西	-524196.00	735463.92	700441.83	665419.74	-140.30%	-133.62%	-126.94%	-240.30%	-233.62%	-226.94%
甘肃	-253761.23	404458.79	385198.85	365938.91	-159.39%	-151.80%	-144.21%	-259.39%	-251.80%	-244.21%
青海	-515385.59	413317.14	393635.37	373953.60	-80.20%	-76.38%	-72.56%	-180.20%	-176.38%	-172.56%
宁夏	-499770.89	133105.77	126767.40	120429.03	-26.63%	-25.37%	-24.10%	-126.63%	-125.37%	-124.10%
新疆	-653442.71	298377.65	284169.19	269960.73	-45.66%	-43.49%	-41.31%	-145.66%	-143.49%	-141.31%

注：比值＝未来代的人均代际账户值/(现存代20岁)职工的人均代际账户值×100%，差距＝比值-1；在后续的整理表中，仅显示现存代和未来代男性的人均代际账户值，下同。

三、微观数据的证据

与本研究第四章和第五章一致,本研究同样依据微观数据计算微观数据下的职工医保基金人均代际账户数值。

使用微观数据,其他条件不变,本研究再次核算全国和各省(自治区、直辖市)职工医保基金的代际平衡状况。从表6-4可以看出,未来代的人均代际账户值与2021年开始参加职工医保人口的人均代际账户值的比值和差距与基准假设下的结果(表6-2和表6-3)并无太大差异。所以,本研究仍可以得出全国和除安徽、江西、河南和湖南以外的27个省(自治区、直辖市)的职工医保基金的运行是以加重未来代的负担为代价,此处不再赘述。

第三节 小 结

通过以上的医疗保险的代际核算模拟和分析,本研究可以得出以下结论:

第一,即使从医疗保险代际平衡的视角,我国职工医保基金是不可持续的,也无法实现代际平衡。根据人口高、中、低方案的测算,未来代(即2022年及以后参加职工医保的人)的人均代际账户值(即他一生中医疗保险缴费和获得的基本医疗费用补偿额的精算现值)为288391.51—318748.51元,是现存代(2021年开始参加职工医保的人)的人均代际账户值(为-466239.24元)的-68.37%~-61.85%,两者之间相差-168.37%~-161.85%,也就是说,这套没有实现代际平衡的医疗保险基金虽然可以减轻财政的负担,却是以加重未来代的负担为代价。

第二,如果以各省(自治区、直辖市)为研究对象,除安徽、江西、河南和湖南外的现存代和未来代的人均代际账户均为负值,因而这4个省的职工医保参保人员并未承担任何的负担),其余27个省(自治区、直辖市)的职工医保基金也无法实现代际平衡,这27个省(自治区、直辖市)职工医保基金的运行也是以加重未来代的负担为代价。

第三,如果使用微观数据再次进行测算,上述结论并未发生太大的变化,故本研究结论较为稳健。

第六章 基于代际平衡视角的我国职工医保基金可持续性评估 215

表6-4 全国和各省(自治区、直辖市)职工医保基金的人均代际账户值:微观数据

单位:元

地区	现存代(20岁)男性	未来代(男性)低方案	未来代(男性)中方案	未来代(男性)高方案	比值 低方案	比值 中方案	比值 高方案	差距 低方案	差距 中方案	差距 高方案
全国	-435865.97	306009.69	291437.8	276865.91	-70.21%	-66.86%	-63.52%	-170.21%	-166.86%	-163.52%
北京	-1057868.73	697676.46	664453.77	631231.08	-65.95%	-62.81%	-59.67%	-165.95%	-162.81%	-159.67%
天津	-758616.5	602927.72	574216.88	545506.04	-79.48%	-75.69%	-71.91%	-179.48%	-175.69%	-171.91%
河北	-3553241.4	302047.37	287664.16	273280.95	-85.51%	-81.44%	-77.36%	-185.51%	-181.44%	-177.36%
山西	-715577.22	331909.63	316104.41	300299.19	-46.38%	-44.17%	-41.97%	-146.38%	-144.17%	-141.97%
内蒙古	-829415.37	407532.75	388126.43	368720.11	-49.13%	-46.80%	-44.46%	-149.13%	-146.80%	-144.46%
辽宁	-324482.73	866487.16	825225.87	783964.58	-267.04%	-254.32%	-241.60%	-367.04%	-354.32%	-341.60%
吉林	-284216.97	659233.90	627841.81	596449.72	-231.95%	-220.90%	-209.86%	-331.95%	-320.90%	-309.86%
黑龙江	-328438.34	2880027.48	2742883.31	2605739.14	-876.89%	-835.13%	-793.37%	-976.89%	-935.13%	-893.37%
上海	-666785.45	446933.96	425651.39	404368.82	-67.03%	-63.84%	-60.64%	-167.03%	-163.84%	-160.64%
江苏	-496023.83	234798.82	223617.92	212437.02	-47.34%	-45.08%	-42.83%	-147.34%	-145.08%	-142.83%
浙江	-305526.01	97121.71	92496.87	87872.03	-31.79%	-30.27%	-28.76%	-131.79%	-130.27%	-128.76%
安徽	-663282.88	-1471133.44	-1401079.47	-1331025.50	221.80%	211.23%	200.67%	121.80%	111.23%	100.67%
福建	-464211.64	151233.63	144032.03	136830.43	-32.58%	-31.03%	-29.48%	-132.58%	-131.03%	-129.48%
江西	-267619.51	-10732706.88	-10221625.6	-9710544.32	4010.44%	3819.46%	3628.49%	3910.44%	3719.46%	3528.49%
山东	-415497.27	332691.44	316848.99	301006.54	-80.07%	-76.26%	-72.44%	-180.07%	-176.26%	-172.44%

续表

地区	现存代(20岁) 男性	未来代(男性) 低方案	未来代(男性) 中方案	未来代(男性) 高方案	比值 低方案	比值 中方案	比值 高方案	差距 低方案	差距 中方案	差距 高方案
河南	-411898.96	-4359416.91	-4151825.63	-3944234.35	1058.37%	1007.97%	957.57%	958.37%	907.97%	857.57%
湖北	-484512.15	951358.93	906056.12	860753.31	-196.35%	-187.00%	-177.65%	-296.35%	-287.00%	-277.65%
湖南	-407196.05	-1302802.80	-1240764.57	-1178726.34	319.94%	304.71%	289.47%	219.94%	204.71%	189.47%
广东	-197800.7	90187.06	85892.44	81597.82	-45.59%	-43.42%	-41.25%	-145.59%	-143.42%	-141.25%
广西	-306841.87	392839.63	374132.98	355426.33	-128.03%	-121.93%	-115.83%	-228.03%	-221.93%	-215.83%
海南	-436761.9	222768.75	212160.71	201552.67	-51.00%	-48.58%	-46.15%	-151.00%	-148.58%	-146.15%
重庆	-478657.44	891902.38	849430.84	806959.30	-186.33%	-177.46%	-168.59%	-286.33%	-277.46%	-268.59%
四川	-338136.55	11691323.13	11134593.46	10577863.79	-3457.57%	-3292.93%	-3128.28%	-3557.57%	-3392.93%	-3228.28%
贵州	-420770.54	305776.67	291215.88	276655.09	-72.67%	-69.21%	-65.75%	-172.67%	-169.21%	-165.75%
云南	-342758.73	177224.10	168784.86	160345.62	-51.71%	-49.24%	-46.78%	-151.71%	-149.24%	-146.78%
西藏	-218529.79	101632.40	96792.76	91953.12	-46.51%	-44.29%	-42.08%	-146.51%	-144.29%	-142.08%
陕西	-485255.22	705799.93	672190.41	638580.89	-145.45%	-138.52%	-131.60%	-245.45%	-238.52%	-231.60%
甘肃	-230698.9	385665.79	367300.75	348935.71	-167.17%	-159.21%	-151.25%	-267.17%	-259.21%	-251.25%
青海	-469285.48	393839.21	375084.96	356330.71	-83.92%	-79.93%	-75.93%	-183.92%	-179.93%	-175.93%
宁夏	-460883.37	126748.61	120712.96	114677.31	-27.50%	-26.19%	-24.88%	-127.50%	-126.19%	-124.88%
新疆	-611947	287079.70	273409.24	259738.78	-46.91%	-44.68%	-42.44%	-146.91%	-144.68%	-142.44%

第七章 基于代际平衡视角的政策调整对职工医保基金可持续性的影响

我国的职工医保基金存在很严重的代际不平衡问题，那么本研究第五章所提出的五项政策和政策的组合能否缩小职工医保基金的代际不平衡，本章仍将采用代际核算方法进行分析。这五项政策调整分别为延迟退休年龄、实施社保征收体制改革、变动缴费政策、扩大职工医保覆盖面以及个人账户与统筹基金合并。

第一节 延迟退休年龄对职工医保基金代际平衡的影响

一、政策1.1：男女性退休年龄分别延迟至65岁和60岁

(一)全国职工医保基金的代际平衡状况

表7-1是男女性退休年龄分别延迟至65岁和60岁的情况下，参加职工医保人口的人均代际账户值。可以看出，2021年开始参加职工医保的男性职工的人均代际账户值为-444568.57元，而同年龄段的女性职工的人均代际账户值为-555495.5元，与基准假设相比，男性和女性职工的人均代际账户值均有所增加。虽然20岁的男女职工的人均代际账户值有所增加，但其缴纳的基本医疗保险费的精算现值仍小于基本医疗费用补偿额的精算现值。平均来说，现存所有代的人均代际账户值均为负值，即2021年及以前开始参加职工医保的人在其剩余的生命周期内，缴纳的基本医疗保险费的精算现值小于获得的基本医疗费用补偿额的精算现值。

从表7-1可以看出，根据人口高、中、低方案的测算，男女退休年龄分别延迟至65岁和60岁的情况下，未来代男性和女性职工的人均代际账户值分别为275285.05—304262.43元和343973.06—380180.76

元(与基准假设相比,男性和女性职工的人均代际账户值均有所下降),为2021年开始参加职工医保人口的-68.44%~-61.92%,两者之间相差-168.44%~-161.92%,与基准假设对应的数值相比,没有太大差别(基准假设下的比值为-68.37%~-61.85%,相差-168.44%~-161.92%)。这表明,即使男女性退休年龄分别延迟至65岁和60岁,我国现在的职工医保基金对未来代仍是不利的,而且代际之间的不平衡会有所增加,但是与基准假设相比,基本没有太大的变化,不会加剧代际不平衡状况。

表7-1 全国职工医保基金的人均代际账户值:政策1.1

单位:元

年龄	男性	女性	年龄	男性	女性	年龄	男性	女性
20	-444568.57	-555495.50	36	-322572.2	-412116.90	52	-200797.03	-258202.66
21	-436682.65	-546692.79	37	-313849.63	-401554.61	53	-193233.64	-248355.31
22	-430426.51	-539475.72	38	-305097.07	-390916.40	54	-185842.16	-238709.80
23	-423986.19	-532008.48	39	-296319.62	-380219.62	55	-178685.08	-229319.15
24	-417389.43	-524308.85	40	-287559.85	-369493.57	56	-171024.59	-219457.83
25	-410645.33	-516388.93	41	-278848.43	-358795.19	57	-163641.47	-209896.68
26	-403417.20	-507917.30	42	-270208.65	-348096.64	58	-156508.75	-200631.72
27	-395975.55	-499205.85	43	-261656.18	-337436.34	59	-149660.82	-191688.54
28	-388334.4	-490266.68	44	-253214.71	-326831.58	60	-143072.35	-183050.55
29	-380512.94	-481111.23	45	-244913.62	-316335.03	61	-136793.21	-173239.09
30	-372522.69	-471746.51	46	-236786.70	-305973.48	62	-130844.99	-163860.96
31	-364398.71	-462210.20	47	-228390.93	-295333.53	63	-125112.25	-154829.11
32	-356158.30	-452475.26	48	-220174.5	-284865.13	64	-119725.6	-146223.74
33	-347830.53	-442567.06	49	-212091.06	-274538.29	65	-114615.09	-138007.98
34	-339434.16	-432512.99	50	-204229.81	-264417.68	66	-107416.12	-129307.37
35	-331005.06	-422361.38	51	-196606.62	-254541.05	67	-100540.79	-121004.60

续表

年龄	男性	女性	年龄	男性	女性	年龄	男性	女性
68	-93935.11	-113025.17	79	-43050.09	-50207.47	90	-19845.31	-21035.61
69	-87772.39	-105512.33	80	-40062.78	-46435.81	91	-18567.16	-19370.22
70	-81896.05	-98355.88	81	-37239.68	-42928.34	92	-17456.71	-17847.69
71	-76404.94	-91601.57	82	-34720.44	-39749.92	93	-16239.13	-16370.27
72	-71295.69	-85292.88	83	-32332.09	-36771.16	94	-15070.31	-14925.33
73	-66418.37	-79302.65	84	-30136.87	-34023.29	95	-13694.00	-13476.81
74	-61877.16	-73678.04	85	-28081.37	-31443.26	96	-12224.32	-11877.27
75	-57586.89	-68367.72	86	-26208.45	-29071.30	97	-10514.91	-10149.98
76	-53605.9	-63411.05	87	-24451.76	-26837.86	98	-8459.67	-8170.00
77	-49897.07	-58734.22	88	-22846.52	-24793.44	99	-5937.19	-5809.42
78	-46332.35	-54301.5	89	-21276.22	-22817.91	100	-3101.57	-3101.57
未来代（低方案）	304262.43	380180.76	未来代（中方案）	289773.74	362076.91	未来代（高方案）	275285.05	343973.06
比值（低方案）	-68.44%	-68.44%	比值（中方案）	-65.18%	-65.18%	比值（高方案）	-61.92%	-61.92%
差距（低方案）	-168.44%	-168.44%	差距（中方案）	-165.18%	-165.18%	差距（高方案）	-161.92%	-161.92%

(二) 各省(自治区、直辖市)职工医保基金的代际平衡状况

从表7-2可以看出，男女性退休年龄分别延迟至65岁和60岁的情况下，大部分省(自治区、直辖市)职工医保基金的代际不平衡状况略有上升，但是总体看来，所有省(自治区、直辖市)职工医保基金的代际不平衡状况并未有太大的变化，与表7-1全国的情况基本一致。

表 7-2 各省（自治区、直辖市）职工医保基金的人均代际账户值：政策 1.1

单位：元

地区	现存代（20岁）男性	未来代（男性）低方案	未来代（男性）中方案	未来代（男性）高方案	比值 低方案	比值 中方案	比值 高方案	差距 低方案	差距 中方案	差距 高方案	变化值 低方案	变化值 中方案	变化值 高方案
北京	-1070664.38	696663.06	663488.63	630314.20	-65.07%	-61.97%	-58.87%	-165.07%	-161.97%	-158.87%	0.06%	0.06%	0.06%
天津	-769831.43	599996.01	571424.77	542853.53	-77.94%	-74.23%	-70.52%	-177.94%	-174.23%	-170.52%	-0.20%	-0.19%	-0.18%
河北	-362308	298834.96	284604.72	270374.48	-82.48%	-78.55%	-74.63%	-182.48%	-178.55%	-174.63%	-0.54%	-0.51%	-0.49%
山西	-722892.92	329650.17	313952.54	298254.91	-45.60%	-43.43%	-41.26%	-145.60%	-143.43%	-141.26%	-0.09%	-0.08%	-0.08%
内蒙古	-837088.76	404998.18	385712.55	366426.92	-48.38%	-46.08%	-43.77%	-148.38%	-146.08%	-143.77%	-0.23%	-0.22%	-0.21%
辽宁	-332837.14	857168.42	816350.88	775533.34	-257.53%	-245.27%	-233.01%	-357.53%	-345.27%	-333.01%	-1.59%	-1.52%	-1.44%
吉林	-290803.36	652602.53	621526.22	590449.91	-224.41%	-213.73%	-203.04%	-324.41%	-313.73%	-303.04%	-1.61%	-1.54%	-1.46%
黑龙江	-337015.2	2837287.13	2702178.22	2567069.31	-841.89%	-801.80%	-761.71%	-941.89%	-901.80%	-861.71%	-7.63%	-7.27%	-6.90%
上海	-678714.48	445311.53	424106.22	402900.91	-65.61%	-62.49%	-59.36%	-165.61%	-162.49%	-159.36%	0.00%	-0.01%	0.00%
江苏	-505040.96	233327.63	222216.79	211105.95	-46.20%	-44.00%	-41.80%	-146.20%	-144.00%	-141.80%	-0.02%	-0.02%	-0.02%
浙江	-313099.97	96882.30	92268.86	87655.42	-30.94%	-29.47%	-28.00%	-130.94%	-129.47%	-128.00%	0.13%	0.13%	0.12%
安徽	—	—	—	—	—	—	—	—	—	—	—	—	—
福建	-473758.91	150920.29	143733.61	136546.93	-31.86%	-30.34%	-28.82%	-131.86%	-130.34%	-128.82%	0.07%	0.06%	0.06%
江西	—	—	—	—	—	—	—	—	—	—	—	—	—
山东	-422998.09	331051.31	315286.96	299522.61	-78.26%	-74.54%	-70.81%	-178.26%	-174.54%	-170.81%	-0.04%	-0.05%	-0.04%
河南	—	—	—	—	—	—	—	—	—	—	—	—	—

第七章 基于代际平衡视角的政策调整对职工医保基金可持续性的影响 221

续表

地区	现存代(20岁) 男性	未来代(男性) 低方案	未来代(男性) 中方案	未来代(男性) 高方案	比值 低方案	比值 中方案	比值 高方案	差距 低方案	差距 中方案	差距 高方案	变化值 低方案	变化值 中方案	变化值 高方案
湖北	-491732.28	944601.28	899620.27	854639.26	-192.10%	-182.95%	-173.80%	-292.10%	-282.95%	-273.80%	-1.33%	-1.27%	-1.20%
湖南	—	—	—	—	—	—	—	—	—	—	—	—	—
广东	-202852.59	901101.18	85810.65	81520.12	-44.42%	-42.30%	-40.19%	-144.42%	-142.30%	-140.19%	0.22%	0.21%	0.20%
广西	-315632.77	390823.89	3722213.23	353602.57	-123.82%	-117.93%	-112.03%	-223.82%	-217.93%	-212.03%	-1.22%	-1.16%	-1.10%
海南	-444371.72	220791.46	210277.58	199763.70	-49.69%	-47.32%	-44.95%	-149.69%	-147.32%	-144.95%	-0.31%	-0.30%	-0.28%
重庆	-488197.23	884129.90	842028.48	799927.06	-181.10%	-172.48%	-163.85%	-281.10%	-272.48%	-263.85%	-1.81%	-1.73%	-1.64%
四川	-348063.28	11118678.23	10589217.4	10059756.49	-3194.44%	-3042.33%	-2890.21%	-3294.44%	-3142.33%	-2990.21%	-94.44%	-89.95%	-85.45%
贵州	-429043.68	303955.29	289481.23	275007.17	-70.84%	-67.47%	-64.10%	-170.84%	-167.47%	-164.10%	-0.51%	-0.48%	-0.46%
云南	-355109.8	176340.15	167943	159545.85	-49.66%	-47.29%	-44.93%	-149.66%	-147.29%	-144.93%	-0.14%	-0.13%	-0.13%
西藏	-236107.88	101366.32	96539.35	91712.38	-42.93%	-40.89%	-38.84%	-142.93%	-140.89%	-138.84%	-0.26%	-0.25%	-0.23%
陕西	-494087.92	698937.14	665654.42	632371.70	-141.46%	-134.72%	-127.99%	-241.46%	-234.72%	-227.99%	-1.16%	-1.10%	-1.05%
甘肃	-238492.86	382402.92	364193.26	345983.60	-160.34%	-152.71%	-145.07%	-260.34%	-252.71%	-245.07%	-0.96%	-0.91%	-0.86%
青海	-485127.29	391617.84	372969.37	354320.90	-80.72%	-76.88%	-73.04%	-180.72%	-176.88%	-173.04%	-0.53%	-0.50%	-0.48%
宁夏	-470438.3	125505.12	119528.69	113552.26	-26.68%	-25.41%	-24.14%	-126.68%	-125.41%	-124.14%	-0.04%	-0.04%	-0.04%
新疆	-623626.67	285887.42	272273.73	258660.04	-45.84%	-43.66%	-41.48%	-145.84%	-143.66%	-141.48%	-0.18%	-0.17%	-0.16%

注:变化值均是与第六章的情况相比;由于比值和差距均为负值,如果变化值为负值,代表代际不平衡状况加重,下同。

二、政策1.2：男女性退休年龄均延迟至65岁

(一)全国职工医保基金的代际平衡状况

表7-3是男女性退休年龄均延迟至65岁的情况下，参加职工医保人口的人均代际账户值。可以看出，2021年开始参加职工医保的男性职工的人均代际账户值为-444568.57元，而同年龄段的女性职工的人均代际账户值为-532669.99元，与基准假设相比，男性和女性职工的人均代际账户值均有所增加。虽然20岁的男女职工的人均代际账户值有所增加，但其缴纳的基本医疗保险费的精算现值仍小于基本医疗费用补偿额的精算现值。平均来说，现存所有代的人均代际账户值均为负值，即2021年及以前开始参加职工医保的人在剩余的生命周期内，其缴纳的基本医疗保险费的精算现值小于获得的基本医疗费用补偿额的精算现值。

从表7-3可以看出，男女性退休年龄均延迟至65岁的情况下，未来代男性和女性职工的人均代际账户值分别为274355.16—303234.65元和328724.90—363327.52元(与基准假设相比，男性和女性职工的人均代际账户值均有所下降)，为2021年开始参加职工医保人口的-68.21%~-61.71%，两者相差-168.21%~-161.71%，与基准假设相比，比值和差值没有太大的变化。这表明，即使男女性退休年龄均延迟至65岁，我国现在的职工医保基金对未来代仍是不利的，不过代际之间的不平衡会有所下降，所以与基准假设相比，基本没有太大的变化，不会加剧职工医保基金的代际不平衡。

表7-3 全国职工医保基金的人均代际账户值：政策1.2

单位：元

年龄	男性	女性	年龄	男性	女性	年龄	男性	女性
20	-444568.57	-532669.99	28	-388334.40	-469299.60	36	-322572.20	-393909.65
21	-436682.65	-523973.91	29	-380512.94	-460439.27	37	-313849.63	-383770.09
22	-430426.51	-516905.83	30	-372522.69	-451365.43	38	-305097.07	-373544.02
23	-423986.19	-509628.67	31	-364398.71	-442115.52	39	-296319.62	-363249.27
24	-417389.43	-502159.48	32	-356158.30	-432699.26	40	-287559.85	-352915.25
25	-410645.33	-494509.46	33	-347830.53	-423140.63	41	-278848.43	-342598.27
26	-403417.20	-486346.56	34	-339434.16	-413465.75	42	-270208.65	-332299.97
27	-395975.55	-477939.26	35	-331005.06	-403720.70	43	-261656.18	-322057.17

续表

年龄	男性	女性	年龄	男性	女性	年龄	男性	女性
44	-253214.71	-311886.07	63	-125112.25	-151612.39	82	-34720.44	-39749.92
45	-244913.62	-301837.19	64	-119725.60	-144645.20	83	-32332.09	-36771.16
46	-236786.70	-291935.77	65	-114615.09	-138007.98	84	-30136.87	-34023.29
47	-228390.93	-281740.78	66	-107416.12	-129307.37	85	-28081.37	-31443.26
48	-220174.50	-271700.74	67	-100540.79	-121004.60	86	-26208.45	-29071.30
49	-212091.06	-261788.13	68	-93935.11	-113025.17	87	-24451.76	-26837.86
50	-204229.81	-252066.31	69	-87772.39	-105512.33	88	-22846.52	-24793.44
51	-196606.62	-242573.04	70	-81896.05	-98355.88	89	-21276.22	-22817.91
52	-200797.03	-246590.28	71	-76404.94	-91601.57	90	-19845.31	-21035.61
53	-193233.64	-237140.45	72	-71295.69	-85292.88	91	-18567.16	-19370.22
54	-185842.16	-227898.86	73	-66418.37	-79302.65	92	-17456.71	-17847.69
55	-178685.08	-218915.97	74	-61877.16	-73678.04	93	-16239.13	-16370.27
56	-171024.59	-209464.41	75	-57586.89	-68367.72	94	-15070.31	-14925.33
57	-163641.47	-200294.54	76	-53605.90	-63411.50	95	-13694.00	-13476.81
58	-156508.75	-191403.70	77	-49897.07	-58734.22	96	-12224.32	-11877.27
59	-149660.82	-182817.07	78	-46332.35	-54301.50	97	-10514.91	-10149.98
60	-143072.35	-174519.71	79	-43050.09	-50207.47	98	-8459.67	-8170.00
61	-136793.21	-166550.70	80	-40062.78	-46435.81	99	-5937.19	-5809.42
62	-130844.99	-158941.65	81	-37239.68	-42928.34	100	-3101.57	-3101.57
未来代(低方案)	303234.65	363327.52	未来代(中方案)	288794.90	346026.21	未来代(高方案)	274355.16	328724.90
比值(低方案)	-68.21%	-68.21%	比值(中方案)	-64.96%	-64.96%	比值(高方案)	-61.71%	-61.71%
差距(低方案)	-168.21%	-168.21%	差距(中方案)	-164.96%	-164.96%	差距(高方案)	-161.71%	-161.71%

(二) 各省(自治区、直辖市)职工医保基金的代际平衡状况

从表7-4可以看出,男女性退休年龄均延迟至65岁的情况下,除四川外,其余的省(自治区、直辖市)职工医保基金的代际不平衡状况并未有太大的变化,此处不再赘述。

表 7-4 各省（自治区、直辖市）职工医保基金的人均代际账户值：政策 1.2

单位：元

地区	现存代（20岁）男性	未来代（男性）低方案	中方案	高方案	比值 低方案	中方案	高方案	差距 低方案	中方案	高方案	变化值 低方案	中方案	高方案
北京	-1070664.38	694815.08	661728.65	628642.22	-64.90%	-61.81%	-58.72%	-164.90%	-161.81%	-158.72%	0.24%	0.22%	0.21%
天津	-769831.43	598845.15	570328.71	541812.27	-77.79%	-74.08%	-70.38%	-177.79%	-174.08%	-170.38%	-0.05%	-0.04%	-0.04%
河北	-362308.00	297491.40	283325.14	269158.88	-82.11%	-78.20%	-74.29%	-182.11%	-178.20%	-174.29%	-0.17%	-0.16%	-0.15%
山西	-722892.92	328883.26	313222.15	297561.04	-45.50%	-43.33%	-41.16%	-145.50%	-143.33%	-141.16%	0.02%	0.02%	0.02%
内蒙古	-837088.76	404706.50	385434.76	366163.02	-48.35%	-46.04%	-43.74%	-148.35%	-146.04%	-143.74%	-0.20%	-0.18%	-0.18%
辽宁	-332837.14	850680.13	810171.55	769662.97	-255.58%	-243.41%	-231.24%	-355.58%	-343.41%	-331.24%	0.36%	0.34%	0.32%
吉林	-290803.36	649006.07	618101.02	587195.97	-223.18%	-212.55%	-201.92%	-323.18%	-312.55%	-301.92%	-0.37%	-0.36%	-0.34%
黑龙江	-337015.20	2793588.74	2660560.70	2527532.67	-828.92%	-789.45%	-749.98%	-928.92%	-889.45%	-849.98%	5.34%	5.08%	4.83%
上海	-678714.48	443878.73	422836.89	401695.05	-65.41%	-62.30%	-59.18%	-165.41%	-162.30%	-159.18%	0.19%	0.18%	0.17%
江苏	-505040.96	232549.76	221475.96	210402.16	-46.05%	-43.85%	-41.66%	-146.05%	-143.85%	-141.66%	0.13%	0.13%	0.12%
浙江	-313099.97	96514.08	91918.17	87322.26	-30.83%	-29.36%	-27.89%	-130.83%	-129.36%	-127.89%	0.25%	0.24%	0.23%
安徽	—	—	—	—	—	—	—	—	—	—	—	—	—
福建	-473758.91	150344.54	143185.28	136026.02	-31.73%	-30.22%	-28.71%	-131.73%	-130.22%	-128.71%	0.19%	0.18%	0.17%
江西	—	—	—	—	—	—	—	—	—	—	—	—	—
山东	-422998.09	329985.68	314272.08	298558.48	-78.01%	-74.30%	-70.58%	-178.01%	-174.30%	-170.58%	0.21%	0.19%	0.19%
河南	—	—	—	—	—	—	—	—	—	—	—	—	—

第七章 基于代际平衡视角的政策调整对职工医保基金可持续性的影响

续表

地区	现存代(20岁) 男性	未来代(男性) 低方案	未来代(男性) 中方案	未来代(男性) 高方案	比值 低方案	比值 中方案	比值 高方案	差距 低方案	差距 中方案	差距 高方案	变化值 低方案	变化值 中方案	变化值 高方案
湖北	-491732.28	940831.19	896029.70	851228.22	-191.33%	-182.22%	-173.11%	-291.33%	-282.22%	-273.11%	-0.56%	-0.54%	-0.51%
湖南													
广东	-202852.59	89766.77	85492.16	81217.55	-44.25%	-42.14%	-40.04%	-144.25%	-142.14%	-140.04%	0.38%	0.37%	0.35%
广西	-315632.77	389829.14	371265.85	352702.56	-123.51%	-117.63%	-111.74%	-223.51%	-217.63%	-211.74%	-0.90%	-0.86%	-0.81%
海南	-444371.72	220525.68	210024.46	199523.24	-49.63%	-47.26%	-44.90%	-149.63%	-147.26%	-144.90%	-0.25%	-0.24%	-0.23%
重庆	-488197.23	881817.33	839826.03	797834.73	-180.63%	-172.03%	-163.42%	-280.63%	-272.03%	-263.42%	-1.34%	-1.28%	-1.21%
四川	-348063.28	10284949.91	9795190.39	9305430.87	-2954.91%	-2814.20%	-2673.49%	-3054.91%	-2914.20%	-2773.49%	145.09%	138.18%	131.27%
贵州	-429043.68	303662.54	289202.42	274742.30	-70.78%	-67.41%	-64.04%	-170.78%	-167.41%	-164.04%	-0.44%	-0.42%	-0.40%
云南	-355109.80	175696.36	167329.87	158963.38	-49.48%	-47.12%	-44.76%	-149.48%	-147.12%	-144.76%	0.04%	0.04%	0.04%
西藏	-236107.88	101037.62	96226.30	91414.99	-42.79%	-40.76%	-38.72%	-142.79%	-140.76%	-138.72%	-0.12%	-0.12%	-0.11%
陕西	-494087.92	695509.01	662389.53	629270.05	-140.77%	-134.06%	-127.36%	-240.77%	-234.06%	-227.36%	-0.46%	-0.44%	-0.42%
甘肃	-238492.86	380678.98	362551.41	344423.84	-159.62%	-152.02%	-144.42%	-259.62%	-252.02%	-244.42%	-0.23%	-0.22%	-0.21%
青海	-485127.29	391047.26	372425.96	353804.66	-80.61%	-76.77%	-72.93%	-180.61%	-176.77%	-172.93%	-0.41%	-0.39%	-0.37%
宁夏	-470438.30	125150.70	119191.14	113231.58	-26.60%	-25.34%	-24.07%	-126.60%	-125.34%	-124.07%	0.03%	0.03%	0.03%
新疆	-623626.67	285705.48	272100.46	258495.44	-45.81%	-43.63%	-41.45%	-145.81%	-143.63%	-141.45%	-0.15%	-0.14%	-0.14%

注：变化值均是与第六章的情况相比；由于比值和差距均为负值，如果变化值为正值，代表代际不平衡状况加重，下同。

通过以上的模拟和分析，本研究发现，当延迟退休年龄后，全国和大部分省（自治区、直辖市）的职工医保基金对未来代仍然是不利的，即使延迟退休年龄，全国和所有省（自治区、直辖市）职工医保基金的代际不平衡状况基本没有变化，也就是说，延迟退休年龄并未加重职工医保基金的代际不平衡状况。

第二节　社保征收体制改革对职工医保基金代际平衡的影响

一、全国职工医保基金的代际平衡状况

由于社保征收体制改革对职工医保的征缴率和基金财务运行状况没有任何影响，所以社保征收体制改革对职工医保基金的代际平衡状况仍然没有影响。表7-5是社保征收体制改革的情况下，参加职工医保人口的人均代际账户值。可以看出，2021年开始参加职工医保的男性职工的人均代际账户值为-466239.24元，而同年龄段的女性职工的人均代际账户值为-577800.38元，与基准假设相比，男性和女性职工的人均代际账户值没有变化。平均来说，现存所有代的人均代际账户值均为负值，即2021年及以前开始参加职工医保的人在剩余的生命周期内，其缴纳的基本医疗保险费的精算现值小于其获得的基本医疗费用补偿额的精算现值，事实上是"赢利的"。

从表7-5可以看出，当实施社保征收体制改革，在低方案下，未来代男性和女性职工的人均代际账户值分别为318748.51元和395018.26元（即2022年及以后开始参加职工医保人口缴纳的基本医疗保险费的精算现值大于基本医疗费用补偿额的精算现值），为2021年开始参加职工医保人口的-68.37%，两者相差-168.37%。在中方案下，未来代男性和女性职工的人均代际账户值分别为303570.01元和376207.87元，为2021年开始参加职工医保人口的-65.11%，两者相差-165.11%。在高方案下，未来代男性和女性职工的人均代际账户值分别为288391.51元和357397.48元，为2021年开始参加职工医保人口的-61.85%，两者相差-161.85%。

这表明，即使实施社保征收体制改革，我国现在的职工医保基金对未来代也是不利的，与基准假设相比，没有变化。

表7-5　全国职工医保基金的人均代际账户值：政策2

单位：元

年龄	男性	女性	年龄	男性	女性	年龄	男性	女性
20	-466239.24	-577800.38	40	-303397.31	-384233.77	60	-151532.42	-183050.55
21	-458256.08	-568682.03	41	-294331.51	-373061.67	61	-143438.18	-173239.09
22	-451861.89	-561154.01	42	-285320.25	-361905.39	62	-135742.54	-163860.96
23	-445244.41	-553380.70	43	-276379.86	-350802.92	63	-128321.30	-154829.11
24	-438432.65	-545379.55	44	-267535.78	-339770.79	64	-121304.15	-146223.74
25	-431436.59	-537162.52	45	-258818.74	-328861.88	65	-114615.09	-138007.98
26	-423919.96	-528397.77	46	-250264.96	-318102.76	66	-107416.12	-129307.37
27	-416193.90	-519360.31	47	-241457.35	-307057.88	67	-100540.79	-121004.60
28	-408272.57	-510063.82	48	-232846.21	-296179.98	68	-93935.11	-113025.17
29	-400175.17	-500520.89	49	-224381.54	-285438.29	69	-87772.39	-105512.33
30	-391913.24	-490739.87	50	-216156.09	-274899.96	70	-81896.05	-98355.88
31	-383521.89	-480760.00	51	-208184.84	-264603.94	71	-76404.94	-91601.57
32	-374983.51	-470592.18	52	-212076.78	-267872.87	72	-71295.69	-85292.88
33	-366328.82	-460261.48	53	-204150.28	-257640.84	73	-66418.37	-79302.65
34	-357577.54	-449794.95	54	-196387.85	-247625.95	74	-61877.16	-73678.04
35	-348767.43	-439241.35	55	-188855.68	-237881.90	75	-57586.89	-68367.72
36	-339929.25	-428604.39	56	-180817.60	-226166.95	76	-53605.90	-63411.50
37	-330811.22	-417630.45	57	-173075.98	-214826.36	77	-49897.07	-58734.22
38	-321673.97	-406562.98	58	-165601.32	-203852.27	78	-46332.35	-54301.50
39	-312521.56	-395420.52	59	-158429.33	-193267.10	79	-43050.09	-50207.47

续表

年龄	男性	女性	年龄	男性	女性	年龄	男性	女性
80	-40062.78	-46435.81	87	-24451.76	-26837.86	94	-15070.31	-14925.33
81	-37239.68	-42928.34	88	-22846.52	-24793.44	95	-13694.00	-13476.81
82	-34720.44	-39749.92	89	-21276.22	-22817.91	96	-12224.32	-11877.27
83	-32332.09	-36771.16	90	-19845.31	-21035.61	97	-10514.91	-10149.98
84	-30136.87	-34023.29	91	-18567.16	-19370.22	98	-8459.67	-8170.00
85	-28081.37	-31443.26	92	-17456.71	-17847.69	99	-5937.19	-5809.42
86	-26208.45	-29071.30	93	-16239.13	-16370.27	100	-3101.57	-3101.57
未来代(低方案)	318748.51	395018.26	未来代(中方案)	303570.01	376207.87	未来代(高方案)	288391.51	357397.48
比值(低方案)	-68.37%	-68.37%	比值(中方案)	-65.11%	-65.11%	比值(高方案)	-61.85%	-61.85%
差距(低方案)	-168.37%	-168.37%	差距(中方案)	-165.11%	-165.11%	差距(高方案)	-161.85%	-161.85%

二、各省(自治区、直辖市)职工医保基金的代际平衡状况

从表7-6可以看出,与基准假设相比,所有省(自治区、直辖市)职工医保基金的人均代际账户值均未发生变化,这是因为社保征收体制改革不会对职工医保的征缴率产生任何影响,职工医保基金的代际不平衡状况也未发生变化,这项政策既不会加剧也不会减轻职工医保基金的代际不平衡状况。

第七章 基于代际平衡视角的政策调整对职工医保基金可持续性的影响 229

表7-6 各省(自治区、直辖市)职工医保基金的人均代际账户值:政策2

单位:元

地区	现存代(20岁)男性	未来代(男性) 低方案	未来代(男性) 中方案	未来代(男性) 高方案	比值 低方案	比值 中方案	比值 高方案	差距 低方案	差距 中方案	差距 高方案
北京	-1105459.14	719999.29	685713.61	651427.93	-65.13%	-62.03%	-58.93%	-165.13%	-162.03%	-158.93%
天津	-803079.59	624330.47	594600.45	564870.43	-77.74%	-74.04%	-70.34%	-177.74%	-174.04%	-170.34%
河北	-388212.93	318097.37	302949.88	287802.39	-81.94%	-78.04%	-74.14%	-181.94%	-178.04%	-174.14%
山西	-756776.52	344452.29	328049.80	311647.31	-45.52%	-43.35%	-41.18%	-145.52%	-143.35%	-141.18%
内蒙古	-877150.65	422337.76	402226.44	382115.12	-48.15%	-45.86%	-43.56%	-148.15%	-145.86%	-143.56%
辽宁	-353199.16	903985.34	860938.42	817891.50	-255.94%	-243.75%	-231.57%	-355.94%	-343.75%	-331.57%
吉林	-308248.63	686785.68	654081.60	621377.52	-222.80%	-212.19%	-201.58%	-322.80%	-312.19%	-301.58%
黑龙江	-357172.21	2979734.74	2837842.61	2695950.48	-834.26%	-794.53%	-754.80%	-934.26%	-894.53%	-854.80%
上海	-706530.91	463527.36	441454.63	419381.90	-65.61%	-62.48%	-59.36%	-165.61%	-162.48%	-159.36%
江苏	-529017.94	244291.26	232658.34	221025.42	-46.18%	-43.98%	-41.78%	-146.18%	-143.98%	-141.78%
浙江	-324568.97	100859.80	96056.95	91254.10	-31.07%	-29.60%	-28.12%	-131.07%	-129.60%	-128.12%
安徽	-707481.10	-1529918.42	-1457065.16	-1384211.90	216.25%	205.95%	195.65%	116.25%	105.95%	95.65%
福建	-491647.92	156951.55	149477.67	142003.79	-31.92%	-30.40%	-28.88%	-131.92%	-130.40%	-128.88%
江西	-290965.48	-12194923.47	-11614212.83	-11033502.19	4191.19%	3991.61%	3792.03%	4091.19%	3891.61%	3692.03%
山东	-441651.40	345453.83	329003.65	312553.47	-78.22%	-74.49%	-70.77%	-178.22%	-174.49%	-170.77%

续表

地区	现存代(20岁) 男性	未来代(男性) 低方案	未来代(男性) 中方案	未来代(男性) 高方案	比值 低方案	比值 中方案	比值 高方案	差距 低方案	差距 中方案	差距 高方案
河南	-437643.12	-4599903.23	-4380860.22	-4161817.21	1051.06%	1001.01%	950.96%	951.06%	901.01%	850.96%
湖北	-516561.78	985419.75	938495.00	891570.25	-190.77%	-181.68%	-172.60%	-290.77%	-281.68%	-272.60%
湖南	-433566.68	-1353928.89	-1289456.09	-1224983.29	312.28%	297.41%	282.54%	212.28%	197.41%	182.54%
广东	-210617.41	94012.45	89535.67	85058.89	-44.64%	-42.51%	-40.39%	-144.64%	-142.51%	-140.39%
广西	-336643.62	412747.20	393092.57	373437.94	-122.61%	-116.77%	-110.93%	-222.61%	-216.77%	-210.93%
海南	-473379.93	233727.42	222597.54	211467.66	-49.37%	-47.02%	-44.67%	-149.37%	-147.02%	-144.67%
重庆	-518892.11	930312.76	886012.15	841711.54	-179.29%	-170.75%	-162.21%	-279.29%	-270.75%	-262.21%
四川	-373488.86	11578148.53	11026808.12	10475467.71	-3100.00%	-2952.38%	-2804.76%	-3200.00%	-3052.38%	-2904.76%
贵州	-453723.98	319126.24	303929.75	288733.26	-70.33%	-66.99%	-63.64%	-170.33%	-166.99%	-163.64%
云南	-377366.02	186865.06	177966.72	169068.38	-49.52%	-47.16%	-44.80%	-149.52%	-147.16%	-144.80%
西藏	-261598.94	111636.54	106320.51	101004.48	-42.67%	-40.64%	-38.61%	-142.67%	-140.64%	-138.61%
陕西	-524196.00	735463.92	700441.83	665419.74	-140.30%	-133.62%	-126.94%	-240.30%	-233.62%	-226.94%
甘肃	-253761.23	404458.79	385198.85	365938.91	-159.39%	-151.80%	-144.21%	-259.39%	-251.80%	-244.21%
青海	-515385.59	413317.14	393635.37	373953.60	-80.20%	-76.38%	-72.56%	-180.20%	-176.38%	-172.56%
宁夏	-499770.89	133105.77	126767.40	120429.03	-26.63%	-25.37%	-24.10%	-126.63%	-125.37%	-124.10%
新疆	-653442.71	298377.65	284169.19	269960.73	-45.66%	-43.49%	-41.31%	-145.66%	-143.49%	-141.31%

第三节 变动缴费政策对职工医保基金代际平衡的影响

一、政策3.1：提高缴费率

(一) 全国职工医保基金的代际平衡状况

表 7-7 是提高缴费率的情况下（仅提高在职职工的缴费率，退休职工仍不参与缴费），参加职工医保人口的人均代际账户值。可以看出，2021年开始参加职工医保的男性职工的人均代际账户值为 -322339.38元，而同年龄段的女性职工的人均代际账户值为 -457586.41元，与基准假设相比，男性和女性职工的人均代际账户值均有所增加。虽然20岁的男女性职工的人均代际账户值有所增加，但其缴纳的基本医疗保险费的精算现值仍小于基本医疗费用补偿额的精算现值。平均来说，现存所有代的人均代际账户值均为负值，即2021年及以前开始参加职工医保的人在剩余的生命周期内，其缴纳的基本医疗保险费的精算现值小于获得的基本医疗费用补偿额的精算现值。

从表 7-7 可以看出，提高缴费率的情况下，未来代男性和女性职工的人均代际账户值分别为 231601.28—255980.36 元和 328776.45—363384.49 元（与基准假设相比，男性和女性职工的人均代际账户值均有所下降），为2021年开始参加职工医保人口的 -79.41%~-71.85%，两者相差 -179.41%~-171.85%，代际不平衡状况反而增加 10%~11.04%（较基准假设）。这表明，即使提高缴费率，我国现在的职工医保基金对未来代仍是不利的，而且代际之间的不平衡会有所增加。

表 7-7 全国职工医保基金的人均代际账户值：政策3.1

单位：元

年龄	男性	女性	年龄	男性	女性	年龄	男性	女性
20	-322339.38	-457586.41	26	-310832.84	-437256.26	32	-290064.66	-405252.58
21	-319682.91	-453492.17	27	-307984.45	-432780.43	33	-285786.71	-398873.26
22	-318539.75	-450915.50	28	-304869.71	-427937.22	34	-281308.31	-392265.07
23	-317095.06	-448020.62	29	-301508.40	-422742.67	35	-276668.09	-385476.69
24	-315377.92	-444827.36	30	-297912.60	-417207.82	36	-271897.87	-378516.50
25	-313400.95	-441349.00	31	-294117.55	-411373.30	37	-266751.80	-371098.61

续表

年龄	男性	女性	年龄	男性	女性	年龄	男性	女性
38	-261488.53	-363470.20	59	-156616.27	-193267.10	80	-40062.78	-46435.81
39	-256117.60	-355654.31	60	-151532.42	-183050.55	81	-37239.68	-42928.34
40	-250681.33	-347685.20	61	-143438.18	-173239.09	82	-34720.44	-39749.92
41	-245213.22	-339623.72	62	-135742.54	-163860.96	83	-32332.09	-36771.16
42	-239678.71	-331476.34	63	-128321.30	-154829.11	84	-30136.87	-34023.29
43	-234100.90	-323284.35	64	-121304.15	-146223.74	85	-28081.37	-31443.26
44	-228508.34	-315068.16	65	-114615.09	-138007.98	86	-26208.45	-29071.30
45	-222935.75	-306882.68	66	-107416.12	-129307.37	87	-24451.76	-26837.86
46	-217420.50	-298757.46	67	-100540.79	-121004.60	88	-22846.52	-24793.44
47	-211553.54	-290238.57	68	-93935.11	-113025.17	89	-21276.22	-22817.91
48	-205783.15	-281781.20	69	-87772.39	-105512.33	90	-19845.31	-21035.61
49	-200070.03	-273361.45	70	-81896.05	-98355.88	91	-18567.16	-19370.22
50	-194502.95	-265049.28	71	-76404.94	-91601.57	92	-17456.71	-17847.69
51	-189102.12	-256887.91	72	-71295.69	-85292.88	93	-16239.13	-16370.27
52	-195446.61	-262205.23	73	-66418.37	-79302.65	94	-15070.31	-14925.33
53	-189892.21	-253939.59	74	-61877.16	-73678.04	95	-13694.00	-13476.81
54	-184412.39	-245812.88	75	-57586.89	-68367.72	96	-12224.32	-11877.27
55	-179074.12	-237881.90	76	-53605.90	-63411.50	97	-10514.91	-10149.98
56	-173144.94	-226166.95	77	-49897.07	-58734.22	98	-8459.67	-8170.00
57	-167430.89	-214826.36	78	-46332.35	-54301.50	99	-5937.19	-5809.42
58	-161908.18	-203852.27	79	-43050.09	-50207.47	100	-3101.57	-3101.57
未来代(低方案)	255980.36	363384.49	未来代(中方案)	243790.82	346080.47	未来代(高方案)	231601.28	328776.45
比值(低方案)	-79.41%	-79.41%	比值(中方案)	-75.63%	-75.63%	比值(高方案)	-71.85%	-71.85%
差距(低方案)	-179.41%	-179.41%	差距(中方案)	-175.63%	-175.63%	差距(高方案)	-171.85%	-171.85%

(二)各省(自治区、直辖市)职工医保基金的代际平衡状况

从表7-8可以看出,提高缴费率的情况下,所有省(自治区、直辖市)职工医保基金的代际不平衡状况反而会加剧,增加幅度在1.83%~48.09%,其中增加幅度最大的省(自治区、直辖市)为四川,增加幅度最小的省(自治区、直辖市)为宁夏。

表7-8 各省(自治区、直辖市)职工医保基金的人均代际账户值：政策3.1

单位：元

地区	现存代(20岁)男性	未来代(男性) 低方案	未来代(男性) 中方案	未来代(男性) 高方案	比值 低方案	比值 中方案	比值 高方案	差距 低方案	差距 中方案	差距 高方案	变化值 低方案	变化值 中方案	变化值 高方案
北京	-721439.03	547760.99	521677.13	495593.27	-75.93%	-72.31%	-68.70%	-175.93%	-172.31%	-168.70%	-10.79%	-10.28%	-9.77%
天津	-578137.12	517684.11	493032.49	468380.87	-89.54%	-85.28%	-81.02%	-189.54%	-185.28%	-181.02%	-11.80%	-11.24%	-10.68%
河北	-295628.66	272556.89	259577.99	246599.09	-92.20%	-87.81%	-83.42%	-192.20%	-187.81%	-183.42%	-10.26%	-9.77%	-9.28%
山西	-565354.84	286336.44	272701.37	259066.30	-50.65%	-48.24%	-45.82%	-150.65%	-148.24%	-145.82%	-5.13%	-4.89%	-4.64%
内蒙古	-703223.73	369822.19	352211.61	334601.03	-52.59%	-50.09%	-47.58%	-152.59%	-150.09%	-147.58%	-4.44%	-4.23%	-4.02%
辽宁	-228450.86	726363.99	691775.23	657186.47	-317.95%	-302.81%	-287.67%	-417.95%	-402.81%	-387.67%	-62.01%	-59.06%	-56.10%
吉林	-206305.07	561348.55	534617.67	507886.79	-272.10%	-259.14%	-246.18%	-372.10%	-359.14%	-346.18%	-49.29%	-46.95%	-44.60%
黑龙江	-205102.73	2368394.33	2255613.65	2142832.97	-1154.74%	-1099.75%	-1044.76%	-1254.74%	-1199.75%	-1144.76%	-320.48%	-305.22%	-289.96%
上海	-481333.79	369558.98	351960.93	334362.88	-76.78%	-73.12%	-69.47%	-176.78%	-173.12%	-169.47%	-11.17%	-10.64%	-10.11%
江苏	-370344.12	197189.22	187799.26	178409.30	-53.24%	-50.71%	-48.17%	-153.24%	-150.71%	-148.17%	-7.07%	-6.73%	-6.39%
浙江	-195647.38	74504.94	70957.09	67409.24	-38.08%	-36.27%	-34.45%	-138.08%	-136.27%	-134.45%	-7.01%	-6.67%	-6.34%
安徽	—	—	—	—	—	—	—	—	—	—	—	—	—
福建	-316671.89	119729.22	114027.83	108326.44	-37.81%	-36.01%	-34.21%	-137.81%	-136.01%	-134.21%	-5.89%	-5.61%	-5.32%
江西	—	—	—	—	—	—	—	—	—	—	—	—	—
山东	-286005.64	267330.70	254600.67	241870.64	-93.47%	-89.02%	-84.57%	-193.47%	-189.02%	-184.57%	-15.25%	-14.53%	-13.80%
河南	—	—	—	—	—	—	—	—	—	—	—	—	—

续表

地区	现存代(20岁)男性	未来代(男性)低方案	未来代(男性)中方案	未来代(男性)高方案	比值 低方案	比值 中方案	比值 高方案	差距 低方案	差距 中方案	差距 高方案	变化值 低方案	变化值 中方案	变化值 高方案
湖北	-351592.74	806777.14	768359.18	729941.22	-229.46%	-218.54%	-207.61%	-329.46%	-318.54%	-307.61%	-38.70%	-36.86%	-35.01%
湖南	—	—	—	—	—	—	—	—	—	—	—	—	—
广东	-124997.73	66938.69	63751.13	60563.57	-53.55%	-51.00%	-48.45%	-153.55%	-151.00%	-148.45%	-8.92%	-8.49%	-8.07%
广西	-264514.1	362410.70	345153.05	327895.40	-137.01%	-130.49%	-123.96%	-237.01%	-230.49%	-223.96%	-14.40%	-13.72%	-13.03%
海南	-409961.38	214148.38	203950.84	193753.30	-52.24%	-49.75%	-47.26%	-152.24%	-149.75%	-147.26%	-2.86%	-2.73%	-2.59%
重庆	-377237.92	788752.25	751192.62	713632.99	-209.09%	-199.13%	-189.17%	-309.09%	-299.13%	-289.17%	-29.80%	-28.38%	-26.96%
四川	-252534.89	11723237.58	11164988.2	10606738.76	-4642.22%	-4421.17%	-4200.11%	-4742.22%	-4521.17%	-4300.11%	-1542.23%	-1468.79%	-1395.35%
贵州	-363297.16	281704.15	268289.67	254875.19	-77.54%	-73.85%	-70.16%	-177.54%	-173.85%	-170.16%	-7.21%	-6.86%	-6.52%
云南	-253847.03	149217.93	142112.31	135006.69	-58.78%	-55.98%	-53.18%	-158.78%	-155.98%	-153.18%	-9.26%	-8.82%	-8.38%
西藏	-194660.19	94023.99	89546.66	85069.33	-48.30%	-46.00%	-43.70%	-148.30%	-146.00%	-143.70%	-5.63%	-5.36%	-5.09%
陕西	-402888.71	639179.59	608742.47	578305.35	-158.65%	-151.09%	-143.54%	-258.65%	-251.09%	-243.54%	-18.35%	-17.47%	-16.60%
甘肃	-174377.44	333779.72	317885.45	301991.18	-191.41%	-182.30%	-173.18%	-291.41%	-282.30%	-273.18%	-32.03%	-30.50%	-28.98%
青海	-388897.06	356555.25	339576.43	322597.61	-91.68%	-87.32%	-82.95%	-191.68%	-187.32%	-182.95%	-11.49%	-10.94%	-10.39%
宁夏	-392169.59	114328.68	108884.46	103440.24	-29.15%	-27.76%	-26.38%	-129.15%	-127.76%	-126.38%	-2.52%	-2.39%	-2.28%
新疆	-510142.01	248240.79	236419.8	224598.81	-48.66%	-46.34%	-44.03%	-148.66%	-146.34%	-144.03%	-3.00%	-2.85%	-2.71%

注：变化值是与第六章的情况相比；由于比值和差距均为负值，如果变化值为正值，代表代际不平衡状况减轻，如果变化值为负值，代表代际不平衡状况加重，下同。

二、政策3.2：退休职工参与缴费

(一)全国职工医保基金的代际平衡状况

表7-9是退休职工参与缴费的情况下(即提高在职职工的缴费率，同时退休职工也按此缴费率缴费)，参加职工医保人口的人均代际账户值。可以看出，2021年开始参加职工医保的男性职工的人均代际账户值为-328370.36元，而同年龄段的女性职工的人均代际账户值为-403621.57元，与基准假设相比，男性和女性职工的人均代际账户值均有所增加。虽然20岁的男女职工的人均代际账户值有所增加，但其缴纳的基本医疗保险费的精算现值仍小于基本医疗费用补偿额的精算现值。平均来说，现存所有代的人均代际账户值均为负值，即2021年及以前开始参加职工医保的人在剩余的生命周期内，其缴纳的基本医疗保险费的精算现值小于获得的基本医疗费用补偿额的精算现值。

从表7-9可以看出，提高缴费率的情况下，未来代男性和女性职工的人均代际账户值分别为202247.94—223537.20元和248596.21—274764.23元(与基准假设相比，男性和女性职工的人均代际账户值均有所下降)，为2021年开始参加职工医保人口的-68.07%~-61.59%，两者之间-168.07%~-161.59%，代际不平衡状况下降0.26%~0.30%。这表明，即使退休职工开始参与缴费，我国现在的职工医保基金对未来代仍是不利的，不过代际之间的不平衡会有所下降，基本没有太大的变化。所以，退休职工参与缴费会略微减轻职工医保基金的代际不平衡状况。

表7-9 全国职工医保基金的人均代际账户值：政策3.2

单位：元

年龄	男性	女性	年龄	男性	女性	年龄	男性	女性
20	-328370.36	-403621.57	28	-289298.30	-357393.24	36	-240791.13	-299651.58
21	-322677.40	-397104.75	29	-283641.94	-350717.91	37	-234186.13	-291718.25
22	-318598.17	-392200.60	30	-277833.11	-343853.51	38	-227557.09	-283717.19
23	-314315.73	-387070.94	31	-271904.27	-336834.50	39	-220910.13	-275664.52
24	-309856.90	-381734.54	32	-265842.80	-329641.40	40	-214280.39	-267586.17
25	-305231.98	-376203.07	33	-259676.08	-322297.87	41	-207696.70	-259531.02
26	-300107.73	-370146.64	34	-253424.43	-314829.95	42	-201156.47	-251479.96
27	-294792.68	-363873.35	35	-247120.76	-307278.68	43	-194677.37	-243467.31

续表

年龄	男性	女性	年龄	男性	女性	年龄	男性	女性
44	-228508.34	-315068.16	63	-88455.64	-107997.27	82	-22238.56	-25547.44
45	-222935.75	-306882.68	64	-83498.71	-101769.93	83	-20641.23	-23544.23
46	-217420.50	-298757.46	65	-78808.82	-95864.05	84	-19179.45	-21706.10
47	-169416.18	-211883.24	66	-73518.75	-89388.93	85	-17818.17	-19991.21
48	-163150.98	-204004.40	67	-68496.47	-83245.50	86	-16582.70	-18422.73
49	-157010.71	-196252.78	68	-63703.00	-77380.02	87	-15428.65	-16953.65
50	-151064.45	-188679.44	69	-59252.93	-71887.35	88	-14377.85	-15615.20
51	-145327.47	-181316.73	70	-55036.41	-66687.97	89	-13355.28	-14329.53
52	-148852.91	-184652.96	71	-51116.74	-61809.36	90	-12426.61	-13174.38
53	-143140.10	-177311.11	72	-47487.69	-57276.69	91	-11598.27	-12099.55
54	-137576.71	-170154.50	73	-44046.32	-53000.90	92	-10878.36	-11120.18
55	-132211.44	-163223.44	74	-40859.05	-49010.10	93	-10095.73	-10175.06
56	-126301.87	-155783.91	75	-37866.50	-45266.62	94	-9348.08	-9256.21
57	-120640.91	-148606.79	76	-35104.44	-41793.64	95	-8477.95	-8342.13
58	-115207.88	-141689.73	77	-32545.20	-38537.72	96	-7556.73	-7341.25
59	-110026.33	-135049.37	78	-30103.10	-35473.82	97	-6491.63	-6265.81
60	-105076.70	-128673.72	79	-27865.80	-32660.04	98	-5217.67	-5038.76
61	-99245.29	-121445.35	80	-25838.41	-30082.07	99	-3658.40	-3579.61
62	-93733.67	-114573.60	81	-23933.34	-27698.14	100	-1910.09	-1910.09
未来代（低方案）	223537.20	274764.23	未来代（中方案）	212892.57	261680.22	未来代（高方案）	202247.94	248596.21
比值（低方案）	-68.07%	-68.07%	比值（中方案）	-64.83%	-64.83%	比值（高方案）	-61.59%	-61.59%
差距（低方案）	-168.07%	-168.07%	差距（中方案）	-164.83%	-164.83%	差距（高方案）	-161.59%	-161.59%

(二) 各省(自治区、直辖市)职工医保基金的代际平衡状况

从表7-10可以看出，退休职工参与缴费的情况下，20个省(自治区、直辖市)(分别为天津、河北、山西、内蒙古、辽宁、吉林、黑龙江、上海、江苏、广西、海南、重庆、四川、贵州、西藏、陕西、甘肃、青海、宁夏和新疆)职工医保基金的代际不平衡状况有所缓解；对于其余7个省(直辖市)来说，退休职工参与缴费并未使职工医保基金的代际不平衡状况加重太多。

第七章　基于代际平衡视角的政策调整对职工医保基金可持续性的影响　237

表7-10　各省(自治区、直辖市)职工医保基金的人均代际账户值:政策3.2

单位:元

地区	现存代(20岁) 男性	未来代(男性) 低方案	未来代(男性) 中方案	未来代(男性) 高方案	比值 低方案	比值 中方案	比值 高方案	差距 低方案	差距 中方案	差距 高方案	变化值 低方案	变化值 中方案	变化值 高方案
北京	-736154.95	482754.91	459766.58	436778.25	-65.58%	-62.46%	-59.33%	-165.58%	-162.46%	-159.33%	-0.45%	-0.43%	-0.40%
天津	-581365.27	447888.85	426560.81	405232.77	-77.04%	-73.37%	-69.70%	-177.04%	-173.37%	-169.70%	0.70%	0.67%	0.63%
河北	-294749.89	234697.16	223521.1	212345.05	-79.63%	-75.83%	-72.04%	-179.63%	-175.83%	-172.04%	2.31%	2.21%	2.09%
山西	-551001.28	246422.70	234688.29	222953.88	-44.72%	-42.59%	-40.46%	-144.72%	-142.59%	-140.46%	0.79%	0.76%	0.72%
内蒙古	-671604.95	314955.03	299957.17	284959.31	-46.90%	-44.66%	-42.43%	-146.90%	-144.66%	-142.43%	1.25%	1.20%	1.13%
辽宁	-257505.98	644348.41	613665.15	582981.89	-250.23%	-238.31%	-226.40%	-350.23%	-338.31%	-326.40%	5.72%	5.44%	5.17%
吉林	-230906.02	499409.11	475627.72	451846.33	-216.28%	-205.98%	-195.68%	-316.28%	-305.98%	-295.68%	6.52%	6.21%	5.90%
黑龙江	-253311.54	2095195.77	1995424.54	1895653.31	-827.12%	-787.74%	-748.35%	-927.12%	-887.74%	-848.35%	7.14%	6.79%	6.46%
上海	-492742.27	322336.54	306987.18	291637.82	-65.42%	-62.30%	-59.19%	-165.42%	-162.30%	-159.19%	0.19%	0.18%	0.17%
江苏	-375455.04	171474.50	163309.05	155143.60	-45.67%	-43.50%	-41.32%	-145.67%	-143.50%	-141.32%	0.51%	0.48%	0.46%
浙江	-206858.85	65895.57	62757.69	59619.81	-31.86%	-30.34%	-28.82%	-131.86%	-130.34%	-128.82%	-0.78%	-0.74%	-0.71%
安徽	—	—	—	—	—	—	—	—	—	—	—	—	—
福建	-324755.46	104716.71	99730.2	94743.69	-32.24%	-30.71%	-29.17%	-132.24%	-130.71%	-129.17%	-0.32%	-0.31%	-0.29%
江西	—	—	—	—	—	—	—	—	—	—	—	—	—
山东	-299147.92	236808.96	225532.34	214255.72	-79.16%	-75.39%	-71.62%	-179.16%	-175.39%	-171.62%	-0.94%	-0.90%	-0.85%
河南	—	—	—	—	—	—	—	—	—	—	—	—	—

续表

地区	现存代(20岁)	未来代(男性)			比值			差距			变化值		
	男性	低方案	中方案	高方案	低方案	中方案	高方案	低方案	中方案	高方案	低方案	中方案	高方案
湖北	-365268.39	704935.74	671367.37	637799.00	-192.99%	-183.80%	-174.61%	-292.99%	-283.80%	-274.61%	-2.23%	-2.12%	-2.01%
湖南	—	—	—	—	—	—	—	—	—	—	—	—	—
广东	-133953.28	60848.15	57950.62	55053.09	-45.42%	-43.26%	-41.10%	-145.42%	-143.26%	-141.10%	-0.79%	-0.75%	-0.71%
广西	-256789.28	311113.67	296298.73	281483.79	-121.16%	-115.39%	-109.62%	-221.16%	-215.39%	-209.62%	1.45%	1.38%	1.31%
海南	-388181.19	182643.39	173946.09	165248.79	-47.05%	-44.81%	-42.57%	-147.05%	-144.81%	-142.57%	2.32%	2.21%	2.10%
重庆	-392351.87	690269.36	657399.39	624529.42	-175.93%	-167.55%	-159.18%	-275.93%	-267.55%	-259.18%	3.36%	3.20%	3.04%
四川	-281406.3	8138271.80	7750735.05	7363198.30	-2892.00%	-2754.29%	-2616.57%	-2992.00%	-2854.29%	-2716.57%	208.00%	198.09%	188.19%
贵州	-345891.78	240252.55	228811.95	217371.35	-69.46%	-66.15%	-62.84%	-169.46%	-166.15%	-162.84%	0.88%	0.84%	0.79%
云南	-260604.55	130366.51	124158.58	117950.65	-50.02%	-47.64%	-45.26%	-150.02%	-147.64%	-145.26%	-0.51%	-0.48%	-0.46%
西藏	-217058.36	86176.98	82073.31	77969.64	-39.70%	-37.81%	-35.92%	-139.70%	-137.81%	-135.92%	2.97%	2.83%	2.69%
陕西	-399008.53	545824.55	519832.9	493841.26	-136.80%	-130.28%	-123.77%	-236.80%	-230.28%	-223.77%	3.51%	3.34%	3.17%
甘肃	-187647.47	294314.77	280299.78	266284.79	-156.84%	-149.38%	-141.91%	-256.84%	-249.38%	-241.91%	2.54%	2.42%	2.30%
青海	-390109.54	307260.94	292629.47	277998.00	-78.76%	-75.01%	-71.26%	-178.76%	-175.01%	-171.26%	1.43%	1.37%	1.30%
宁夏	-438303.74	110738.71	105465.44	100192.17	-25.27%	-24.06%	-22.86%	-125.27%	-124.06%	-122.86%	1.37%	1.31%	1.24%
新疆	-492840.75	221593.42	211041.35	200489.28	-44.96%	-42.82%	-40.68%	-144.96%	-142.82%	-140.68%	0.70%	0.67%	0.63%

注：变化值均是与第六章的情况相比；由于比值和差距均为负值，如果变化值为正值，代表代际不平衡状况减轻，如果变化值为负值，代表代际不平衡状况加重，下同。

从以上的分析可以看出，提高职工医保的缴费率可能会加剧职工医保基金的代际不平衡状况，而退休职工参与缴费可能会缩小职工医保基金的代际不平衡状况。

第四节 扩大医保覆盖面对职工医保基金代际平衡的影响

下面本研究来分析第四项政策——扩大职工医保覆盖面对职工医保基金代际平衡的影响。

一、全国职工医保基金的代际平衡状况

表7-11是扩大职工医保覆盖面的情况下，参加职工医保人口的人均代际账户值。可以看出，2021年开始参加职工医保的男性职工的人均代际账户值为-468227.66元，而同年龄段的女性职工的人均代际账户值为-579844.87元，与基准假设相比，男性和女性的人均代际账户值均有所增加。虽然20岁的男女职工的人均代际账户值有所增加，但其缴纳的基本医疗保险费的精算现值仍小于基本医疗费用补偿额的精算现值。平均来说，现存所有代的人均代际账户值均为负值，即2021年及以前开始参加职工医保的人在剩余的生命周期内，其缴纳的基本医疗保险费的精算现值小于获得的基本医疗费用补偿额的精算现值。

从表7-11可以看出，提高缴费率的情况下，未来代男性和女性职工的人均代际账户值分别为242382.35—267896.29元和300162.03—331758.03元（与基准假设相比，男性和女性职工的人均代际账户值均有所下降），为2021年开始参加职工医保人口的-57.21%~-51.77%，两者之间相差-157.21%~-151.77%，代际不平衡状况下降10.08%~11.16%（较基准假设）。这表明，即使扩大职工医保覆盖面，我国现在的职工医保基金对未来代仍是不利的，不过代际间的不平衡会有所下降。也就是说，扩大职工医保覆盖面会改善职工医保基金的代际不平衡状况。

表7-11 全国职工医保基金的人均代际账户值：政策4

单位：元

年龄	男性	女性	年龄	男性	女性	年龄	男性	女性
20	-468227.66	-579844.87	23	-447393.97	-555639.97	26	-426258.58	-530902.22
21	-460283.45	-570782.89	24	-440650.12	-547725.20	27	-418582.88	-521934.21
22	-453939.33	-563322.91	25	-433717.34	-539590.16	28	-410703.54	-512698.86

续表

年龄	男性	女性	年龄	男性	女性	年龄	男性	女性
29	-402639.17	-503208.12	53	-204865.32	-258758.73	77	-49047.40	-57810.63
30	-394400.53	-493469.45	54	-196976.70	-248603.76	78	-45505.13	-53393.53
31	-386022.29	-483521.56	55	-189315.41	-238714.76	79	-42248.00	-49319.57
32	-377487.03	-473375.50	56	-181144.24	-226848.99	80	-39286.76	-45571.31
33	-368824.15	-463054.84	57	-173266.48	-215352.70	81	-36492.74	-42090.83
34	-360070.53	-452603.75	58	-165654.84	-204220.51	82	-34001.89	-38940.75
35	-351248.42	-442055.45	59	-158345.11	-193475.13	83	-31644.59	-35993.92
36	-342387.72	-431412.47	60	-151310.12	-183096.90	84	-29480.92	-33279.92
37	-333234.95	-420419.51	61	-143077.50	-173122.57	85	-27457.82	-30736.68
38	-324050.69	-409319.72	62	-135240.70	-163578.25	86	-25616.71	-28402.41
39	-314838.60	-398131.07	63	-127751.11	-154453.23	87	-23892.59	-26208.90
40	-305641.65	-386883.70	64	-120671.78	-145760.82	88	-22319.24	-24204.44
41	-296490.31	-375636.73	65	-113927.30	-137464.65	89	-20781.32	-22270.63
42	-287380.45	-364390.80	66	-106679.46	-128690.62	90	-19379.01	-20527.56
43	-278328.14	-353183.66	67	-99762.41	-120321.85	91	-18126.87	-18901.03
44	-269389.41	-342062.30	68	-93122.75	-112284.56	92	-17040.46	-17417.47
45	-260567.66	-331052.18	69	-86932.08	-104721.27	93	-15854.96	-15982.33
46	-251897.76	-320178.36	70	-81034.79	-97522.35	94	-14721.91	-14584.11
47	-242962.88	-309005.42	71	-75528.61	-90733.18	95	13395.03	-13190.01
48	-234215.41	-297988.19	72	-70409.58	-84396.51	96	-11990.32	-11659.64
49	-225604.67	-287095.21	73	-65529.43	-78386.41	97	-10375.16	-10022.95
50	-217224.30	-276394.37	74	-60990.37	-72749.08	98	-8459.67	-8170.00
51	-209089.57	-265925.09	75	-56707.89	-67433.64	99	-5937.19	-5809.42
52	-212915.08	-269125.90	76	-52739.36	-62479.11	100	-3101.57	-3101.57
未来代(低方案)	267896.29	331758.03	未来代(中方案)	255139.32	315960.03	未来代(高方案)	242382.35	300162.03
比值(低方案)	-57.21%	-57.21%	比值(中方案)	-54.49%	-54.49%	比值(高方案)	-51.77%	-51.77%
差距(低方案)	-157.21%	-157.21%	差距(中方案)	-154.49%	-154.49%	差距(高方案)	-151.77%	-151.77%

二、各省(自治区、直辖市)职工医保基金的代际平衡状况

从表7-12可以看出,扩大职工医保覆盖面的情况下,所有省(自治区、直辖市)职工医保基金的代际不平衡状况有所缓解,其中下降幅度最大的省(自治区、直辖市)为四川,下降幅度最小的省(自治区、直辖市)为北京。因而,扩大职工医保覆盖面能减轻职工医保基金的代际不平衡状况。

第七章 基于代际平衡视角的政策调整对职工医保基金可持续性的影响 241

表 7-12 各省（自治区、直辖市）职工医保基金的人均代际账户值：政策 4

单位：元

地区	现存代（20 岁）男性	未来代（男性）			比值			差距			变化值		
		低方案	中方案	高方案	低方案	中方案	高方案	低方案	中方案	高方案	低方案	中方案	高方案
北京	-1105459.14	719999.29	685713.61	651427.93	-65.13%	-62.03%	-58.93%	-165.13%	-162.03%	-158.93%	0.00%	0.00%	0.00%
天津	-803070.5	624173.87	594451.3	564728.74	-77.72%	-74.02%	-70.32%	-177.72%	-174.02%	-170.32%	0.02%	0.02%	0.02%
河北	-396427.2	181851.85	173192.24	164532.63	-45.87%	-43.69%	-41.50%	-145.87%	-143.69%	-141.50%	36.07%	34.35%	32.63%
山西	-755759.09	327196.57	311615.78	296034.99	-43.29%	-41.23%	-39.17%	-143.29%	-141.23%	-139.17%	2.22%	2.12%	2.01%
内蒙古	-880396.4	327831.72	312220.69	296609.66	-37.24%	-35.46%	-33.69%	-137.24%	-135.46%	-133.69%	10.91%	10.40%	9.87%
辽宁	-353185.02	901650.10	858714.38	815778.66	-255.29%	-243.13%	-230.98%	-355.29%	-343.13%	-330.98%	0.65%	0.62%	0.59%
吉林	-307858.93	622919.10	593256.29	563593.48	-202.34%	-192.70%	-183.07%	-302.34%	-292.70%	-283.07%	20.46%	19.49%	18.51%
黑龙江	-357011.28	2559639.60	2437752	2315864.40	-716.96%	-682.82%	-648.68%	-816.96%	-782.82%	-748.68%	117.29%	111.71%	106.12%
上海	-671204.36	417174.63	397309.17	377443.71	-62.15%	-59.19%	-56.23%	-162.15%	-159.19%	-156.23%	3.45%	3.29%	3.12%
江苏	-528242.06	230235.17	219271.59	208308.01	-43.59%	-41.51%	-39.43%	-143.59%	-141.51%	-139.43%	2.59%	2.47%	2.35%
浙江	-324440.67	97334.17	92699.21	88064.25	-30.00%	-28.57%	-27.14%	-130.00%	-128.57%	-127.14%	1.07%	1.03%	0.97%
安徽											—	—	—
福建	-495034.01	122772.56	116926.25	111079.94	-24.80%	-23.62%	-22.44%	-124.80%	-123.62%	-122.44%	7.12%	6.78%	6.44%
江西											—	—	—
山东	-442073.41	287736.67	274034.92	260333.17	-65.09%	-61.99%	-58.89%	-165.09%	-161.99%	-158.89%	13.13%	12.50%	11.88%
河南											—	—	—

续表

地区	现存代(20岁)		未来代(男性)			比值			差距			变化值		
	男性		低方案	中方案	高方案	低方案	中方案	高方案	低方案	中方案	高方案	低方案	中方案	高方案
湖北	-516049.8		692187.75	659226.43	626265.11	-134.13%	-127.74%	-121.36%	-234.13%	-227.74%	-221.36%	56.63%	53.94%	51.24%
湖南	-210611.36		93771.54	89306.23	84840.92	—	—	—	—	—	—	0.11%	0.11%	0.10%
广东	-348062.2		174419.47	166113.78	157808.09	-44.52%	-42.40%	-40.28%	-144.52%	-142.40%	-140.28%	72.49%	69.04%	65.59%
广西	-472952.12		229825.86	218881.77	207937.68	-50.11%	-47.73%	-45.34%	-150.11%	-147.73%	-145.34%	0.78%	0.74%	0.71%
海南	-516773.05		672582.66	640554.91	608527.16	-48.59%	-46.28%	-43.97%	-148.59%	-146.28%	-143.97%	49.14%	46.80%	44.46%
重庆	-375919.34		985180.82	938267.45	891354.08	-130.15%	-123.95%	-117.76%	-230.15%	-223.95%	-217.76%	2837.93%	2702.79%	2567.65%
四川	-452069.16		274526.56	261453.87	248381.18	-262.07%	-249.59%	-237.11%	-362.07%	-349.59%	-337.11%	9.61%	9.16%	8.69%
贵州	-389545.76		103584.47	98651.88	93719.29	-60.73%	-57.83%	-54.94%	-160.73%	-157.83%	-154.94%	22.93%	21.84%	20.74%
云南	-260890.85		107775.36	102643.2	97511.04	-26.59%	-25.32%	-24.06%	-126.59%	-125.32%	-124.06%	1.36%	1.30%	1.23%
西藏	-537344.51		274937.48	261845.22	248752.96	-41.31%	-39.34%	-37.38%	-141.31%	-139.34%	-137.38%	89.14%	84.89%	80.65%
陕西	-253998.32		287138.18	273464.93	259791.68	-51.17%	-48.73%	-46.29%	-151.17%	-148.73%	-146.29%	46.34%	44.14%	41.93%
甘肃	-527560.74		251126.88	239168.46	227210.04	-113.05%	-107.66%	-102.28%	-213.05%	-207.66%	-202.28%	32.59%	31.05%	29.49%
青海	-498329.29		122917.60	117064.38	111211.16	-47.60%	-45.33%	-43.07%	-147.60%	-145.33%	-143.07%	1.97%	1.88%	1.78%
宁夏	-652889.18		292514.58	278585.31	264656.04	-24.67%	-23.49%	-22.32%	-124.67%	-123.49%	-122.32%	0.86%	0.82%	0.78%
新疆						-44.80%	-42.67%	-40.54%	-144.80%	-142.67%	-140.54%			

注：变化值均是与第六章的情况相比；由于比值和差距均为负值，如果变化值为正值，代表代际不平衡状况加重，下同。

第五节 个人账户与统筹基金合并对职工医保基金代际平衡的影响

一、全国职工医保基金的代际平衡状况

表 7-13 是个人账户与统筹基金合并的情况下，参加职工医保人口的人均代际账户值。可以看出，2021 年开始参加职工医保的男性职工的人均代际账户值为 -586614.18 元，而同年龄段的女性职工的人均代际账户值为 -739250.38 元，与基准假设相比，男性和女性职工的人均代际账户值均有所下降，这主要是因为个人账户与统筹基金合并后，门诊医疗费用也由统筹基金进行报销。虽然 20 岁的男女职工的人均代际账户值有所下降，但其缴纳的基本医疗保险费的精算现值仍小于基本医疗费用补偿额的精算现值。平均来说，现存所有代的人均代际账户值均为负值，即 2021 年及以前开始参加职工医保的人在剩余的生命周期内，其缴纳的基本医疗保险费的精算现值小于获得的基本医疗费用补偿额的精算现值。

从表 7-13 可以看出，个人账户与统筹基金合并的情况下，未来代男性和女性职工的人均代际账户值分别为 386188.39—426839.79 元和 486674.07—537902.91 元（与基准假设相比，男性和女性职工的人均代际账户值均有所增加），为 2021 年开始参加职工医保人口的 -72.76% ~ -65.83%，两者之间相差 -172.76% ~ -165.83%，代际不平衡状况增加 3.98% ~ 4.39%（较基准假设）。这表明，即使个人账户与统筹基金合并，我国现在的职工医保基金对未来代仍是不利的，而且代际之间的不平衡会有所加重。

表 7-13 全国职工医保基金的人均代际账户值：政策 5

单位：元

年龄	男性	女性	年龄	男性	女性	年龄	男性	女性
20	-586614.18	-739250.38	25	-553285.24	-699039.04	30	-512311.63	-649584.07
21	-578704.06	-730008.47	26	-545754.71	-690018.29	31	-503244.34	-638498.04
22	-573017.19	-722991.14	27	-537873.03	-680546.47	32	-493894.37	-627072.27
23	-566757.21	-715369.76	28	-529656.97	-670640.07	33	-484303.79	-615340.74
24	-560175.68	-707380.83	29	-521131.71	-660315.84	34	-474378.63	-603218.56

续表

年龄	男性	女性	年龄	男性	女性	年龄	男性	女性
35	-464297.36	-590898.86	57	-247518.06	-304188.38	79	-299445.75	-379643.22
36	-454102.05	-578386.95	58	-236485.06	-289034.25	80	-288861.59	-364747.99
37	-443522.89	-565400.43	59	-225869.48	-274382.17	81	-278455.92	-350144.31
38	-432836.19	-552192.86	60	-215633.43	-260206.65	82	-268324.05	-335908.00
39	-422048.34	-538789.93	61	-204327.21	-246562.45	83	-257741.06	-319810.02
40	-411219.39	-525234.77	62	-193557.32	-233493.10	84	-247518.06	-304188.38
41	-400393.20	-511610.23	63	-182620.98	-220344.27	85	-236485.06	-289034.25
42	-389557.30	-497918.96	64	-172250.40	-207784.34	86	-225869.48	-274382.17
43	-378736.98	-484215.18	65	-162336.69	-195761.27	87	-215633.43	-260206.65
44	-367753.24	-470306.68	66	-152077.86	-183420.16	88	-204327.21	-246562.45
45	-356875.05	-456493.07	67	-142260.24	-171616.87	89	-193557.32	-233493.10
46	-346153.87	-442812.17	68	-132809.29	-160248.07	90	-182620.98	-220344.27
47	-335153.36	-428795.19	69	-123974.82	-149521.03	91	-172250.40	-207784.34
48	-324352.16	-414924.41	70	-115537.94	-139283.01	92	-162336.69	-195761.27
49	-313682.83	-401158.70	71	-107639.12	-129600.94	93	-152077.86	-183420.16
50	-303278.18	-387595.20	72	-100275.22	-120538.64	94	-142260.24	-171616.87
51	-293163.60	-374292.59	73	-93234.85	-111916.85	95	-132809.29	-160248.07
52	-299445.75	-379643.22	74	-335153.36	-428795.19	96	-123974.82	-149521.03
53	-288861.59	-364747.99	75	-324352.16	-414924.41	97	-115537.94	-139283.01
54	-278455.92	-350144.31	76	-313682.83	-401158.70	98	-107639.12	-129600.94
55	-268324.05	-335908.00	77	-303278.18	-387595.20	99	-100275.22	-120538.64
56	-257741.06	-319810.02	78	-293163.60	-374292.59	100	-93234.85	-111916.85
未来代(低方案)	426839.79	537902.91	未来代(中方案)	406514.09	512288.49	未来代(高方案)	386188.39	486674.07
比值(低方案)	-72.76%	-72.76%	比值(中方案)	-69.30%	-69.30%	比值(高方案)	-65.83%	-65.83%
差距(低方案)	-172.76%	-172.76%	差距(中方案)	-169.30%	-169.30%	差距(高方案)	-165.83%	-165.83%

二、各省(自治区、直辖市)职工医保基金的代际平衡状况

从表7-14可以看出,个人账户与统筹基金合并的情况下,所有省(自治区、直辖市)职工医保基金的代际不平衡状况反而会加剧,其中增加幅度最大的省(自治区、直辖市)为四川,增加幅度最小的省(自治区、直辖市)为宁夏。因而,个人账户与统筹基金合并会加剧职工医保基金的代际不平衡状况。

第七章 基于代际平衡视角的政策调整对职工医保基金可持续性的影响 245

表7-14 各省(自治区、直辖市)职工医保基金的人均代际账户值：政策5

单位：元

地区	现存代(20岁) 男性	未来代(男性) 低方案	未来代(男性) 中方案	未来代(男性) 高方案	比值 低方案	比值 中方案	比值 高方案	差距 低方案	差距 中方案	差距 高方案	变化值 低方案	变化值 中方案	变化值 高方案
北京	-1492899.8	1019262.45	970726.14	922189.83	-68.27%	-65.02%	-61.77%	-168.27%	-165.02%	-161.77%	-3.14%	-2.99%	-2.84%
天津	-962486.94	794846.75	756996.9	719147.06	-82.58%	-78.65%	-74.72%	-182.58%	-178.65%	-174.72%	-4.84%	-4.61%	-4.38%
河北	-505833.03	446305.26	425052.63	403800.00	-88.23%	-84.03%	-79.83%	-188.23%	-184.03%	-179.83%	-6.29%	-5.99%	-5.69%
山西	-903901.12	434230.89	413553.23	392875.57	-48.04%	-45.75%	-43.46%	-148.04%	-145.75%	-143.46%	-2.52%	-2.40%	-2.28%
内蒙古	-1149730.86	585772.12	557878.21	529984.30	-50.95%	-48.52%	-46.10%	-150.95%	-148.52%	-146.10%	-2.80%	-2.66%	-2.53%
辽宁	-462877.62	1279502.72	1218574.02	1157645.32	-276.42%	-263.26%	-250.10%	-376.42%	-363.26%	-350.10%	-20.48%	-19.51%	-18.53%
吉林	-383572.13	925420.49	881352.85	837285.21	-241.26%	-229.77%	-218.29%	-341.26%	-329.77%	-318.29%	-18.46%	-17.58%	-16.70%
黑龙江	-432949.52	3939821.76	3752211.2	3564600.64	-910.00%	-866.66%	-823.33%	-1010.00%	-966.66%	-923.33%	-75.74%	-72.13%	-68.53%
上海	-793160.01	553034.10	526699.14	500364.18	-69.73%	-66.41%	-63.08%	-169.73%	-166.41%	-163.08%	-4.12%	-3.93%	-3.73%
江苏	-669166.77	328497.94	312855.18	297212.42	-49.09%	-46.75%	-44.42%	-149.09%	-146.75%	-144.42%	-2.91%	-2.77%	-2.63%
浙江	-427310.34	140914.67	134204.45	127494.23	-32.98%	-31.41%	-29.84%	-132.98%	-131.41%	-129.84%	-1.90%	-1.81%	-1.72%
安徽	—	—	—	—	—	—	—	—	—	—	—	—	—
福建	-553770.69	187424.03	178499.08	169574.13	-33.85%	-32.23%	-30.62%	-133.85%	-132.23%	-130.62%	-1.92%	-1.83%	-1.74%
江西	—	—	—	—	—	—	—	—	—	—	—	—	—
山东	-600009.85	497133.24	473460.23	449787.22	-82.85%	-78.91%	-74.96%	-182.85%	-178.91%	-174.96%	-4.64%	-4.42%	-4.19%
河南	—	—	—	—	—	—	—	—	—	—	—	—	—

续表

地区	现存代(20岁) 男性	未来代(男性) 低方案	未来代(男性) 中方案	未来代(男性) 高方案	比值 低方案	比值 中方案	比值 高方案	差距 低方案	差距 中方案	差距 高方案	变化值 低方案	变化值 中方案	变化值 高方案
湖北	-642888.44	1309477.71	1247121.63	1184765.55	-203.69%	-193.99%	-184.29%	-303.69%	-293.99%	-284.29%	-12.92%	-12.31%	-11.69%
湖南	-275393.46	—	—	—	—	—	—	—	—	—	—	—	—
广东	-399323.19	129868.71	123684.49	117500.27	-47.16%	-44.91%	-42.67%	-147.16%	-144.91%	-142.67%	-2.52%	-2.40%	-2.28%
广西	-687306.88	532354.46	507004.25	481654.04	-133.31%	-126.97%	-120.62%	-233.31%	-226.97%	-220.62%	-10.71%	-10.20%	-9.69%
海南	-693941.56	360608.73	343436.89	326265.05	-52.47%	-49.97%	-47.47%	-152.47%	-149.97%	-147.47%	-3.09%	-2.95%	-2.80%
重庆	-526692.15	1336148.01	1272521.91	1208895.81	-192.54%	-183.38%	-174.21%	-292.54%	-283.38%	-274.21%	-13.26%	-12.63%	-11.99%
四川	-557693.79	17840855.63	16991291.1	16141726.53	-3387.34%	-3226.04%	-3064.74%	-3487.34%	-3326.04%	-3164.74%	-287.34%	-273.66%	-259.98%
贵州	-449694.29	421008.04	400960.04	380912.04	-75.49%	-71.90%	-68.30%	-175.49%	-171.90%	-168.30%	-5.16%	-4.91%	-4.66%
云南	-382474.93	241307.06	229816.25	218325.44	-53.66%	-51.10%	-48.55%	-153.66%	-151.10%	-148.55%	-4.14%	-3.94%	-3.75%
西藏	-637641.86	175668.57	167303.4	158938.23	-45.93%	-43.74%	-41.56%	-145.93%	-143.74%	-141.56%	-3.25%	-3.10%	-2.94%
陕西	-333291.74	963128.84	917265.56	871402.28	-151.05%	-143.85%	-136.66%	-251.05%	-243.85%	-236.66%	-10.74%	-10.23%	-9.72%
甘肃	-582647.25	574788.08	547417.22	520046.36	-172.46%	-164.25%	-156.03%	-272.46%	-264.25%	-256.03%	-13.07%	-12.45%	-11.83%
青海	-650873.63	512649.81	488237.91	463826.01	-87.99%	-83.80%	-79.61%	-187.99%	-183.80%	-179.61%	-7.79%	-7.42%	-7.05%
宁夏	-843470.09	184810.69	176010.18	167209.67	-28.39%	-27.04%	-25.69%	-128.39%	-127.04%	-125.69%	-1.76%	-1.67%	-1.59%
新疆	-843470.09	410624.51	391070.96	371517.41	-48.68%	-46.36%	-44.05%	-148.68%	-146.36%	-144.05%	-3.02%	-2.87%	-2.73%

注：变化值均是与第六章的情况相比；由于比值和差距均为负值，如果变化值为正值，代表代际不平衡状况减轻，如果变化值为负值，代表代际不平衡状况加重，下同。

第六节 多种政策组合对职工医保基金代际平衡的影响

第五章分析了延迟退休年龄、实施社保征收体制改革、变动缴费政策、扩大职工医保覆盖面以及个人账户和统筹基金合并这5项政策对职工医保统筹基金的影响，本研究再次运用代际核算方法分析这5项政策的组合对职工医保基金代际平衡状况的影响。

从表7-15可以看出，当男女退休年龄延迟至65岁和60岁、实施社保征收体制改革、变动缴费政策、扩大职工医保覆盖面以及个人账户和统筹基金合并(政策组合1)时，未来代的人均代际账户值与现存代的人均代际账户值相差-160.28%~-154.54%，虽然这对未来代是不公平的，但职工医保基金的代际不平衡状况缩小7.31%~8.09%；虽然各省(自治区、直辖市)职工医保基金的运行对未来代也是不公平的，但各省(自治区、直辖市)职工医保基金的代际不平衡状况也有所减轻。

当男女退休年龄均延迟至65岁、实施社保征收体制改革、变动缴费政策、扩大职工医保覆盖面以及个人账户和统筹基金合并(政策组合2)时，未来代的人均代际账户值与现存代的人均代际账户值相差-160.17%~-154.44%，虽然这对未来代是不公平的，但职工医保基金的代际不平衡状况缩小7.42%~8.21%；虽然各省(自治区、直辖市)职工医保基金的运行对未来代也是不公平的，但各省(自治区、直辖市)职工医保基金的代际不平衡状况也有所减轻。可见，政策调整方案的组合能够减轻职工医保基金的代际不平衡状况，因而本研究赞同政策之间的组合。

表7-15 全国及各省(自治区、直辖市)职工医保基金的人均代账户值:政策组合

地区	政策组合1 低方案 差距	低方案 变化值	中方案 差距	中方案 变化值	高方案 差距	高方案 变化值	政策组合2 低方案 差距	低方案 变化值	中方案 差距	中方案 变化值	高方案 差距	高方案 变化值
全国	-160.28%	8.09%	-157.41%	7.70%	-154.54%	7.31%	-160.17%	8.21%	-157.30%	7.81%	-154.44%	7.42%
北京	-156.14%	8.99%	-153.47%	8.56%	-150.80%	8.13%	-156.06%	9.07%	-153.39%	8.64%	-150.72%	8.21%
天津	-168.27%	9.47%	-165.02%	9.02%	-161.77%	8.57%	-168.24%	9.50%	-164.99%	9.05%	-161.74%	8.60%
河北	-169.31%	12.63%	-166.01%	12.03%	-162.71%	11.43%	-169.16%	12.78%	-165.87%	12.17%	-162.58%	11.56%
山西	-141.62%	3.89%	-139.64%	3.71%	-137.66%	3.52%	-141.58%	3.94%	-139.60%	3.75%	-137.62%	3.56%
内蒙古	-144.16%	3.99%	-142.06%	3.80%	-139.96%	3.61%	-144.18%	3.96%	-142.08%	3.78%	-139.98%	3.59%
辽宁	-272.78%	83.16%	-264.55%	79.20%	-256.32%	75.24%	-272.38%	83.56%	-264.17%	79.58%	-255.96%	75.61%
吉林	-256.86%	65.94%	-249.39%	62.80%	-241.92%	59.66%	-256.78%	66.03%	-249.31%	62.88%	-241.84%	59.74%
黑龙江	-433.51%	500.75%	-417.63%	476.90%	-401.75%	453.06%	-432.48%	501.77%	-416.65%	477.88%	-400.82%	453.99%
上海	-158.28%	7.33%	-155.50%	6.98%	-152.73%	6.63%	-158.18%	7.43%	-155.41%	7.07%	-152.64%	6.72%
江苏	-143.11%	3.07%	-141.06%	2.92%	-139.01%	2.77%	-143.03%	3.15%	-140.98%	3.00%	-138.93%	2.85%
浙江	-130.43%	0.65%	-128.98%	0.62%	-127.53%	0.58%	-130.35%	0.73%	-128.90%	0.70%	-127.46%	0.66%
安徽	—	—	—	—	—	—	—	—	—	—	—	—
福建	-130.37%	1.56%	-128.92%	1.48%	-127.47%	1.41%	-130.28%	1.64%	-128.84%	1.56%	-127.40%	1.49%
江西	—	—	—	—	—	—	—	—	—	—	—	—
山东	-168.26%	9.96%	-165.01%	9.48%	-161.76%	9.01%	-168.12%	10.09%	-164.88%	9.61%	-161.64%	9.13%
河南	—	—	—	—	—	—	—	—	—	—	—	—

第七章 基于代际平衡视角的政策调整对职工医保基金可持续性的影响　249

续表

地区	政策组合 1 低方案 差距	政策组合 1 低方案 变化值	政策组合 1 中方案 差距	政策组合 1 中方案 变化值	政策组合 1 高方案 差距	政策组合 1 高方案 变化值	政策组合 2 低方案 差距	政策组合 2 低方案 变化值	政策组合 2 中方案 差距	政策组合 2 中方案 变化值	政策组合 2 高方案 差距	政策组合 2 高方案 变化值
湖北	-244.21%	46.56%	-237.34%	44.34%	-230.47%	42.12%	-243.94%	46.82%	-237.09%	44.59%	-230.24%	42.36%
湖南	—	—	—	—	—	—	—	—	—	—	—	—
广东	-141.59%	3.05%	-139.61%	2.90%	-137.63%	2.76%	-141.48%	3.16%	-139.50%	3.01%	-137.53%	2.86%
广西	-205.69%	16.91%	-200.66%	16.11%	-195.63%	15.30%	-205.58%	17.03%	-200.55%	16.22%	-195.52%	15.41%
海南	-147.85%	1.53%	-145.57%	1.45%	-143.29%	1.38%	-147.85%	1.53%	-145.57%	1.45%	-143.29%	1.38%
重庆	-231.67%	47.62%	-225.40%	45.35%	-219.13%	43.08%	-231.75%	47.53%	-225.48%	45.27%	-219.21%	43.01%
四川	-504.90%	2695.10%	-485.62%	2566.76%	-466.34%	2438.42%	-502.62%	2697.38%	-483.45%	2568.93%	-464.28%	2440.48%
贵州	-165.54%	4.79%	-162.42%	4.57%	-159.30%	4.34%	-165.53%	4.80%	-162.41%	4.58%	-159.29%	4.35%
云南	-145.13%	4.39%	-142.98%	4.18%	-140.83%	3.97%	-145.03%	4.48%	-142.89%	4.27%	-140.75%	4.06%
西藏	-141.39%	1.28%	-139.42%	1.22%	-137.45%	1.16%	-141.45%	1.22%	-139.48%	1.16%	-137.51%	1.10%
陕西	-199.51%	40.79%	-194.77%	38.85%	-190.03%	36.91%	-199.36%	40.94%	-194.63%	38.99%	-189.90%	37.04%
甘肃	-222.97%	36.42%	-217.11%	34.69%	-211.25%	32.95%	-222.79%	36.60%	-216.94%	34.86%	-211.09%	33.11%
青海	-171.21%	8.98%	-167.82%	8.56%	-164.43%	8.13%	-171.23%	8.96%	-167.84%	8.54%	-164.45%	8.11%
宁夏	-126.59%	0.05%	-125.32%	0.05%	-124.05%	0.04%	-126.55%	0.08%	-125.29%	0.08%	-124.03%	0.07%
新疆	-143.91%	1.75%	-141.82%	1.67%	-139.73%	1.58%	-143.92%	1.74%	-141.83%	1.66%	-139.74%	1.58%

注：变化值均是与第六章的情况相比，代表代际不平衡的情况，如果变化值为正值，代表代际不平衡状况加重，下同。由于比值和差距均为负值，代表代际不平衡状况减轻。

第七节 微观数据的证据

一、全国职工医保基金的代际平衡状况

表 7-16 是使用微观数据的情况下，政策组合 2 对参加职工医保人口的人均代际账户值的影响。可以看出，2021 年开始参加职工医保的男性职工的人均代际账户值为 -419030.49 元，而同年龄段的女性职工的人均代际账户值为 -520164.23 元，与基准假设相比，男性和女性职工的人均代际账户值均有所下降，这主要是支出减少的缘故。虽然 20 岁的男女职工的人均代际账户值有所下降，但其缴纳的基本医疗保险费的精算现值仍小于基本医疗费用补偿额的精算现值。平均来说，现存所有代的人均代际账户值均为负值，即 2021 年及以前开始参加职工医保的人在剩余的生命周期内，其缴纳的基本医疗保险费的精算现值小于获得的基本医疗费用补偿额的精算现值。

从表 7-16 可以看出，当引入政策组合 2，未来代男性和女性职工的人均代际账户值分别为 219680.10—242804.32 元和 272700.27—301405.57 元(与基准假设相比，男性和女性职工的人均代际账户值均有所下降)，为 2021 年开始参加职工医保人口的 -57.94%~-52.43%，两者相差 -157.94%~-152.43%，代际不平衡状况下降 11.09%~12.27%(较基准假设下的微观数据)。这表明，即使提高总和生育率，我国现在的职工医保基金对未来代仍是不利的，不过代际之间的不平衡有所减轻。

表 7-16 全国职工医保基金的人均代际账户值：微观数据与政策组合 2

单位：元

年龄	男性	女性	年龄	男性	女性	年龄	男性	女性
20	-419030.49	-520164.23	27	-383250.36	-478134.53	34	-336761.09	-422989.09
21	-413178.65	-513462.74	28	-377213.21	-471047.91	35	-329456.94	-414261.01
22	-408886.37	-508329.71	29	-370952.31	-463669.33	36	-322061.18	-405381.72
23	-404346.02	-502934.12	30	-364477.65	-456004.76	37	-314323.75	-396097.21
24	-399580.98	-497288.00	31	-357822.26	-448090.05	38	-306504.56	-386650.70
25	-394594.38	-491395.18	32	-350967.62	-439934.69	39	-298604.59	-377056.14
26	-389047.46	-484919.80	33	-343942.92	-431561.43	40	-290667.51	-367344.90

续表

年龄	男性	女性	年龄	男性	女性	年龄	男性	女性
41	−282725.08	−357575.82	61	−142561.76	−171914.12	81	−37239.03	−42927.49
42	−274774.52	−347751.99	62	−135022.58	−162767.99	82	−34719.92	−39749.25
43	−266834.19	−337912.31	63	−127735.73	−153937.07	83	−32331.70	−36770.66
44	−258923.85	−328067.57	64	−120832.75	−145504.04	84	−30136.56	−34022.91
45	−251074.79	−318269.50	65	−114239.75	−137434.31	85	−28081.14	−31442.98
46	−243325.08	−308546.94	66	−107120.62	−128856.03	86	−26208.27	−29071.10
47	−235261.03	−298467.79	67	−100311.36	−120654.89	87	−24451.63	−26837.72
48	−227334.37	−288486.18	68	−93759.76	−112758.88	88	−22846.43	−24793.34
49	−219499.14	−278575.05	69	−87640.50	−105313.31	89	−21276.16	−22817.84
50	−211849.06	−268803.12	70	−81798.90	−98210.49	90	−19845.27	−21035.57
51	−204402.24	−259211.91	71	−76335.07	−91498.16	91	−18567.14	−19370.20
52	−208360.49	−262579.70	72	−71246.84	−85221.54	92	−17456.70	−17847.67
53	−200907.05	−252988.81	73	−66385.35	−79255.14	93	−16239.12	−16370.26
54	−193573.58	−243559.90	74	−61855.54	−73647.53	94	−15070.31	−14925.33
55	−186427.12	−234347.48	75	−57573.73	−68349.53	95	−13694.00	−13476.81
56	−178734.07	−223112.57	76	−53598.69	−63401.75	96	−12224.32	−11877.27
57	−171299.26	−212203.47	77	−49893.72	−58729.75	97	−10514.91	−10149.98
58	−164096.08	−201615.13	78	−46330.98	−54299.66	98	−8459.67	−8170.00
59	−157162.74	−191372.78	79	−43049.02	−50206.05	99	−5937.19	−5809.42
60	−150474.65	−181459.42	80	−40061.93	−46434.70	100	−3101.57	−3101.57
未来代（低方案）	242804.32	301405.57	未来代（中方案）	231242.21	287052.92	未来代（高方案）	219680.10	272700.27
比值（低方案）	−57.94%	−57.94%	比值（中方案）	−55.19%	−55.19%	比值（高方案）	−52.43%	−52.43%
差距（低方案）	−157.94%	−157.94%	差距（中方案）	−155.19%	−155.19%	差距（高方案）	−152.43%	−152.43%

二、各省（自治区、直辖市）职工医保基金的代际平衡状况

从表7-17可以看出，提高总和生育率的情况下，所有省（自治区、直辖市）职工医保基金的代际不平衡状况有所缓解，其中下降幅度最大的省（自治区、直辖市）为四川，下降幅度最小的省（自治区、直辖市）为宁夏。所以，如果使用微观数据，政策组合能够减轻职工医保基金的代际不平衡状况。本研究的结论未发生变化。

表 7-17 各省（自治区、直辖市）职工医保基金的人均代际账户值：微观数据与政策组合 2

单位：元

地区	现存代(20岁)男性	未来代（男性）			比值			差距			变化值		
		低方案	中方案	高方案	低方案	中方案	高方案	低方案	中方案	高方案	低方案	中方案	高方案
北京	-977113.29	527449.92	502333.26	477216.60	-53.98%	-51.41%	-48.84%	-153.98%	-151.41%	-148.84%	11.97%	11.40%	10.83%
天津	-711443.86	468096.00	445805.71	423515.42	-65.80%	-62.66%	-59.53%	-165.80%	-162.66%	-159.53%	13.68%	13.03%	12.38%
河北	-348170.4	231479.78	220456.93	209434.08	-66.48%	-63.32%	-60.15%	-166.48%	-163.32%	-160.15%	19.03%	18.12%	17.21%
山西	-670820.83	263713.88	251156.08	238598.28	-39.31%	-37.44%	-35.57%	-139.31%	-137.44%	-135.57%	7.07%	6.73%	6.40%
内蒙古	-779215.33	324988.59	309512.94	294037.29	-41.71%	-39.72%	-37.74%	-141.71%	-139.72%	-137.74%	7.42%	7.08%	6.72%
辽宁	-292835.74	493298.79	469808.37	446317.95	-168.46%	-160.43%	-152.41%	-268.46%	-260.43%	-252.41%	98.58%	93.89%	89.19%
吉林	-248815.79	379303.32	361241.26	343179.20	-152.44%	-145.18%	-137.93%	-252.44%	-245.18%	-237.93%	79.51%	75.72%	71.93%
黑龙江	-288316.02	941251.67	896430.16	851608.65	-326.47%	-310.92%	-295.37%	-426.47%	-410.92%	-395.37%	550.42%	524.21%	498.00%
上海	-624896.16	349901.36	333239.39	316577.42	-55.99%	-53.33%	-50.66%	-155.99%	-153.33%	-150.66%	11.04%	10.51%	9.98%
江苏	-473498.48	193422.94	184212.32	175001.70	-40.85%	-38.90%	-36.96%	-140.85%	-138.90%	-136.96%	6.49%	6.18%	5.87%
浙江	-295764.04	83904.30	79908.86	75913.42	-28.37%	-27.02%	-25.67%	-128.37%	-127.02%	-125.67%	3.42%	3.25%	3.09%
安徽	—	—	—	—	—	—	—	—	—	—	—	—	—
福建	-444462.94	125546.75	119568.33	113589.91	-28.25%	-26.90%	-25.56%	-128.25%	-126.90%	-125.56%	4.33%	4.13%	3.92%
江西	—	—	—	—	—	—	—	—	—	—	—	—	—
山东	-395306.47	260705.81	248291.25	235876.69	-65.95%	-62.81%	-59.67%	-165.95%	-162.81%	-159.67%	14.12%	13.45%	12.77%
河南	—	—	—	—	—	—	—	—	—	—	—	—	—

续表

地区	现存代（20岁） 男性	未来代（男性） 低方案	未来代（男性） 中方案	未来代（男性） 高方案	比值 低方案	比值 中方案	比值 高方案	差距 低方案	差距 中方案	差距 高方案	变化值 低方案	变化值 中方案	变化值 高方案
湖北	-463506.17	652398.96	621332.34	590265.72	-140.75%	-134.05%	-127.35%	-240.75%	-234.05%	-227.35%	55.60%	52.95%	50.30%
湖南													
广东	-190089.91	75268.49	71684.28	68100.07	-39.60%	-37.71%	-35.83%	-139.60%	-137.71%	-135.83%	5.99%	5.71%	5.42%
广西	-316452.35	323926.81	308501.72	293076.63	-102.36%	-97.49%	-92.61%	-202.36%	-197.49%	-192.61%	25.67%	24.44%	23.22%
海南	-438073.07	198544.68	189090.17	179635.66	-45.32%	-43.16%	-41.01%	-145.32%	-143.16%	-141.01%	5.68%	5.42%	5.14%
重庆	-443983.98	566567.83	539588.41	512608.99	-127.61%	-121.53%	-115.46%	-227.61%	-221.53%	-215.46%	58.72%	55.93%	53.13%
四川	-310893.03	1224076.52	1165787.16	1107497.80	-393.73%	-374.98%	-356.23%	-493.73%	-474.98%	-456.23%	3063.84%	2917.95%	2772.05%
贵州	-427274.19	268554.21	255765.91	242977.61	-62.85%	-59.86%	-56.87%	-162.85%	-159.86%	-156.87%	9.82%	9.35%	8.88%
云南	-345476.59	147691.83	140658.89	133625.95	-42.75%	-40.71%	-38.68%	-142.75%	-140.71%	-138.68%	8.96%	8.53%	8.10%
西藏	-222301.34	85938.37	81846.07	77753.77	-38.66%	-36.82%	-34.98%	-138.66%	-136.82%	-134.98%	7.85%	7.47%	7.10%
陕西	-453241.83	435793.00	415040.95	394288.90	-96.15%	-91.57%	-86.99%	-196.15%	-191.57%	-186.99%	49.30%	46.95%	44.61%
甘肃	-219570.9	262445.63	249948.22	237450.81	-119.53%	-113.83%	-108.14%	-219.53%	-213.83%	-208.14%	47.64%	45.38%	43.11%
青海	-466150.55	318774.31	303594.58	288414.85	-68.38%	-65.13%	-61.87%	-168.38%	-165.13%	-161.87%	15.54%	14.80%	14.06%
宁夏	-455789.32	110992.02	105706.69	100421.36	-24.35%	-23.19%	-22.03%	-124.35%	-123.19%	-122.03%	3.15%	3.00%	2.85%
新疆	-602303.23	250155.05	238242.9	226330.76	-41.53%	-39.56%	-37.58%	-141.53%	-139.56%	-137.58%	5.38%	5.12%	4.86%

注：变化值均是与第六章的情况相比；由于比值和差距均为负值，如果变化值为正值，代表代际不平衡状况减轻，如果变化值为负值，代表代际不平衡状况加重，下同。

第八节 小 结

通过以上的职工医保基金的代际核算模拟和分析，本研究可以得出以下结论：

本研究模拟第五章中的五项调整政策对职工医保的代际平衡状况的影响，结果显示：延迟退休年龄对职工医保基金的代际不平衡状况基本没有影响；实施社保征收体制改革对职工医保基金的代际不平衡状况没有影响；提高现有职工医保的缴费率会加重职工医保基金的代际不平衡状况；退休职工参与缴费会减轻职工医保的代际不平衡状况，但是影响效应并不大；扩大职工医保覆盖面能够减轻职工医保的代际不平衡状况，而且其产生的效应是五项政策中最大的；个人账户与统筹基金合并不仅不会减轻职工医保的代际不平衡状况，反而会加重代际不平衡状况。

上述五项政策的组合能够缩小职工医保基金的代际不平衡状况，是值得推荐的。如果使用微观数据再次进行测算，上述结论并未发生太大的变化。

第八章 结论与启示

第一节 结 论

基于收支平衡的视角，在人口老龄化程度加深的背景下，如果我国职工医保基金仍然按照现行的政策规定运行，是不可持续的，具体情况如下：(1)根据人口高、中、低方案的测算，当职工医保基金为全国统筹时，统筹基金在2028年左右将出现当期赤字，之后当期赤字将逐年扩大，至2034年左右将出现累计赤字。如果不采取有效措施，2050年累计赤字金额将为644196.16亿—662712.37亿元，2050年累计赤字率将为832.26%~1099.19%，因此全国职工医保统筹基金还可持续运行12年。(2)当职工医保基金为省(自治区、直辖市)级统筹时，大部分东部省(直辖市)的职工医保统筹基金出现当期赤字的时点将在2026—2032年，出现累计赤字的时点将在2026—2039年；大部分中部省的职工医保统筹基金出现当期赤字的时点将在2022—2027年，出现累计赤字的时点将在2025—2039年；大部分西部省(自治区、直辖市)的职工医保统筹基金出现当期赤字的时点将在2022—2030年，出现累计赤字的时点将在2024—2034年。(3)东部省(直辖市)职工医保统筹基金的平均可持续运行时间为15.3—15.9年，中部省职工医保统筹基金的平均可持续运行时间为6.13—6.75年，西部省(自治区、直辖市)职工医保统筹基金的平均可持续运行时间为13—13.25年，所以，平均来看，东部省(直辖市)职工医保统筹基金的可持续运行能力最强，西部省(自治区、直辖市)次之，中部省最差。

基于收支平衡的视角分析，当引入政策调整方案，职工医保基金的可持续状况会发生变化：(1)男女退休年龄分别延迟至65岁和60岁能使全国和各省(自治区、直辖市)职工医保统筹基金出现累计赤字的时点分别推迟6年和3—8年；男女退休年龄均延迟至65岁能使全国和各省(自治区、直辖市)职工医保统筹基金出现累计赤字的时点分别推迟8年和5—12年。(2)实施社会保险费征收体制改革对职工医保的征缴率没有显著影响,因此社会保险费征收体制改革不会对全国和各省(自治区、直辖市)职工医保基金的财务运行状况和可持续性产生任何影响。(3)如果考虑提高缴费率,全国和各省(自治区、直辖市)的实际缴费率必须分别提高至17.11%~18.74%和8.88%~35.77%才能保证职工医保统筹基金在2050年前具备充足的偿付能力;如果考虑让退休职工参与缴费,全国和大部分省(自治区、直辖市)的实际缴费率必须提高至10.56%~11.19%和8.08%~20.06%才能保证职工医保统筹基金在2050年前具备充足的偿付能力。(4)扩大职工医保覆盖面将使全国职工医保统筹基金出现累计赤字的时点提前2年,2050年累计赤字率将由832.26%~1099.19%提高至1006.01%~1325.14%;对于各省(自治区、直辖市)来说,有21—24个省(自治区、直辖市)职工医保统筹基金出现累计赤字的时点将提前1—8年,其他7—10个省(自治区、直辖市)职工医保统筹基金出现累计赤字的时点未发生变化。(5)个人账户与统筹基金合并能使全国和各省(自治区、直辖市)职工医保统筹基金出现累计赤字的时点将分别推迟3年和1—15年。(6)如果考虑将上述五项政策进行组合,政策效果非常好,比单独实施某一项政策的效果要好,而且企业、在职职工和退休职工的缴费压力也有所缓解,在中方案和高方案下,全国职工医保的缴费率可以降低0.1%~0.31%。

即使从医疗保险代际负担平衡的视角来分析,我国职工医保基金仍是不可持续的,也无法实现代际平衡,具体如下:(1)从医疗保险代际平衡的视角看,根据人口高、中、低方案的测算,未来代(即2022年及以后参加职工医保的人)的人均代际账户值(即他一生中医疗保险缴费和获得的基本医疗费用补偿额的精算现值)为288391.51—318748.51元,是现存代(2021年开始参加职工医保的人)的人均代际账户值(为−466239.24元)的−68.37%~−61.85%,两者相差−168.37%~−161.85%,也就是说,这套没有实现代际平衡的医疗保险基金虽然可以减轻财政的负担,却是以加重未来参保人员的负担为代价。(2)如果以各省(自治区、直辖市)为研究对象,除安徽、江西、河南和湖南外(这四个省的现存代和未来代的人均代际账户均为负值,因而这四个省的职工医保参保人员并未承担任何的负担),其余27个省(自治区、直辖市)的职工医保基金也无法实现代际平衡,这27个省(自治区、直辖市)职工医保基金的运行也是以加重未来代的负担为代价。

延迟退休年龄对职工医保基金的代际不平衡状况基本没有影响；实施社保征收体制改革对职工医保基金的代际不平衡状况没有影响；提高现有职工医保的缴费率会加重职工医保基金的代际不平衡状况；退休职工参与缴费会减轻职工医保的代际不平衡状况，但是影响效应并不大；扩大职工医保覆盖面能够加重职工医保的代际不平衡状况，而且其产生的效应是五项政策中最大的；个人账户与统筹基金合并不仅不会减轻职工医保的代际不平衡状况，反而会加重代际不平衡状况。上述五项政策的组合能够减轻职工医保基金的代际不平衡状况，是值得推荐的。

当使用2010—2020年中国家庭追踪调查数据公布的微观数据来预测人均医疗费用，并带入精算模型进行预测时，可知全国职工医保统筹基金将分别于2030年和2037年左右出现当期赤字和累计赤字。根据人口高、中、低方案的测算，大部分省(自治区、直辖市)职工医保统筹基金出现累计赤字的时点较宏观数据延迟1—7年，这是因为微观数据预测的人均医疗费用增长率较宏观数据预测的人均医疗费用增长率低0.08%~1.11%。

再次采用微观数据从收支平衡视角分析政策调整对职工医保基金可持续性的影响，仍可以得到如下结论：(1)延迟退休年龄能改善职工医保基金财务运行状况；(2)实施社保征收体制改革不会对职工医保基金财务运行状况产生影响；(3)为改善职工医保基金财务运行状况，需要提高职工医保缴费率；(4)扩大医保覆盖面反而会使职工医保基金出现累计赤字时点提前；(5)个人账户与统筹基金合并能改善职工医保基金财务运行状况；(6)上述五项政策组合的效果好于单独实施某项政策的效果，而且企业、在职职工和退休职工的缴费压力也有所缓解；(7)从代际平衡视角分析，全国和各省(自治区、直辖市)职工医保基金仍不具备可持续性，五项政策组合可以减轻全国和各省(自治区、直辖市)职工医保基金的代际不平衡状况。

综上可以看出，虽然微观数据的拟合度仅为5.3%，但这并不影响本研究的总体结论，本研究的结论较为稳健，具有一定的可信度。

第二节 启示与研究展望

一、政策启示

通过上述模拟和分析，本研究可以得出以下政策启示：

第一，尽快提高"全面二孩"和"全面三孩"生育意愿。人口高方案下的职工医保基金可持续性强于人口中方案和低方案下的职工医保可持续性，所以我国应该尽快提高生育意愿。然而，随着生活成本提高和城市化的快速发展，抚养孩子的压力和成本越来越高，我国可以效仿欧洲一些国家的制度，通过相应的政策优惠提升生育意愿，打消民众对生育二孩和三孩的顾虑（如减免个人所得税、承担一部分抚养小孩的成本、减轻教育成本、增加产假和哺乳假等），以提高人们生育二孩和三孩的积极性。

第二，给予退休职工一定的政策保障。通过本研究第五章的政策模拟发现，延长退休年龄和退休职工参与缴费能对职工医保统筹基金产生比较大的影响，是本研究推荐的政策。不过推行这两项政策可能会损害退休职工的利益，因而本研究需要给予退休职工一定的政策保障，以利于上述两项政策的推行。具体的政策保障可以表现为：（1）提高退休职工的医保待遇，如降低退休职工的起付线，提高政策范围内的报销比例，提高封顶线，大力发展补充医疗保险和大病医疗保险，鼓励退休职工购买商业健康保险等；（2）目前，我国城镇退休职工养老金的平均替代率（=退休后第一年领取的养老金/退休前一年的工资）已经低于国际警戒线（50%），如果将退休职工养老金的一定比例划入职工医保基金，可能会影响退休职工晚年的基本生活，所以我国需要尽快完善养老保险体系，如大力发展企业年金计划、补充养老保险和个人储蓄计划等；（3）给予退休职工一定的税收优惠，如税收返还、减免个人所得税等。

第三，加大社会医疗保险费的征收力度。目前，我国大部分省（自治区、直辖市）的实际缴费率小于法定缴费率，这也是导致我国职工医保统筹基金（未来）出现累计赤字的一个原因（虽不是最重要的原因），所以我国需要加大对社会保险费的征收力度，例如，可以将信息管理系统应用于社会医疗保险费的征收中，随时跟踪企业的缴费情况，优化社会保险费征收体制。虽然所有省（自治区、直辖市）均由税务部门征收社会保险费（含社会医疗保险费），但是大多省（自治区、直辖市）实行的是税务代征模式，即社保经办机构（医保经办机构）核定缴费基数，税务部门征收保费，这时税务部门的征缴力度减弱。当改革为税务全征模式，即税务部门核定缴费基数，税务部门征收保费，税务部门的征缴力度会大大增强，建议尽快改革为税务全征模式。

第四，控制医疗费用的增长速度。微观数据下的人均医疗费用增长率慢于宏观数据下的人均医疗费用增长率，从而微观数据下的职工医保基金可持续性好于宏观数据下的职工医保基金可持续性，所以本研究认为应控制医疗费用的增长率,以减少医保基金的累计赤字金额和累计赤字率。然而,控制医疗费用的增长率并不是客观的政策,其需要借助主观和人为因素,例如监控医保费用的使用情况,筛选出可疑的费用;对违规使用医保资金的医院和医生进行教育和处罚;对于高端的医疗服务进行控制;实行医保预付费方式,如按病种付费(DRG)、按病种分值付费(DIP)、总额预付制、按床日付费、按人头付费等。

第五,进一步明确财政对医疗保险的责任。从社会医疗保险的基本原理出发,医疗保险基金由政府、用人单位和劳动者本人共同筹集,同时,各级政府对于同级社会医疗保险基金承担最后的责任。由于财政体制和干部管理体制等的缺陷,目前各级政府对于社会医疗保险的责任尚不清晰,以致医疗保险制度缺乏国家财政的保障,导致地区之间、人群之间存在一定的不公平性。其中与基本医疗保险系统老龄化有直接关系的是历史债务和提前退休问题。目前,需要尽快落实的财政责任主要有:因社会医疗保险制度转轨而显性化的历史债务;关闭、破产和困难企业及其职工的医疗保险费用;转制企业的有关医疗保险成本;部分政策性提前退休者的医疗保险成本。

二、研究展望

本研究的分析只在一个起点,还有诸多问题没有进行进一步的探讨和研究,在后续的研究中,笔者会从以下几个方面展开研究。

第一,本研究并未对居民医保基金进行系统的考察,这主要是因为居民医保基金的财政投入比较多,对筹资额的预测依赖于相关的政策规定,而且居民医保基金一旦出现累计赤字,财政会立刻补充资金,以保证这项制度的顺利运行,所以分析居民医保基金带来的财政压力是非常必要的,而且现有的研究很少对居民医保基金的财政支撑能力进行评估,未来笔者会对这一研究空白进行填补。

第二,在本研究的政策模拟分析中,基本只考虑能影响基金收入的政策方案,而未能全面考虑能影响基金支出的政策方案,比如支付方式的改革、限制医生的行为等。这主要是因为这些方案大都通过先影响医疗服务供给方的行为再影响医疗服务需求方的行为从而影响人均医疗费用的增长率,而供给方的行为又难以进行预测,从而限制了本研究对该问题进行进一步研究。在未来的研究中,笔者会重点研究支付方式的改革、限制医生的行为等能够影响供给方行为的政策方案对职工医保统筹基金可持续性影响等方面的内容。

附表：部分省（自治区、直辖市）人口死亡率情况

附表1　2010年北京分年龄、性别、城乡的死亡率情况

单位：%

年龄	低方案 城镇男性	低方案 城镇女性	低方案 农村男性	低方案 农村女性	中方案 城镇男性	中方案 城镇女性	中方案 农村男性	中方案 农村女性	高方案 城镇男性	高方案 城镇女性	高方案 农村男性	高方案 农村女性
0	0.1178	0.1207	0.2693	0.1995	0.1122	0.1150	0.2564	0.1900	0.1066	0.1092	0.2436	0.1805
1	0.0575	0.0176	0.1111	0.0285	0.0547	0.0167	0.1058	0.0271	0.0520	0.0159	0.1005	0.0258
2	0.0214	0.0176	0.0519	0.0285	0.0204	0.0167	0.0494	0.0271	0.0194	0.0159	0.0470	0.0258
3	0.0119	0.0176	0.0269	0.0285	0.0113	0.0167	0.0257	0.0271	0.0108	0.0159	0.0244	0.0258
4	0.0064	0.0176	0.0147	0.0285	0.0061	0.0167	0.0140	0.0271	0.0058	0.0159	0.0133	0.0258
5	0.0125	0.0113	0.0155	0.0205	0.0119	0.0108	0.0147	0.0195	0.0113	0.0102	0.0140	0.0186
6	0.0098	0.0088	0.0150	0.0142	0.0094	0.0084	0.0143	0.0135	0.0089	0.0080	0.0136	0.0128
7	0.0105	0.0078	0.0135	0.0095	0.0100	0.0074	0.0128	0.0090	0.0095	0.0070	0.0122	0.0086
8	0.0098	0.0072	0.0116	0.0087	0.0093	0.0069	0.0110	0.0083	0.0089	0.0066	0.0105	0.0079
9	0.0102	0.0068	0.0134	0.0078	0.0097	0.0065	0.0127	0.0074	0.0092	0.0062	0.0121	0.0070
10	0.0139	0.0093	0.0495	0.0231	0.0133	0.0089	0.0471	0.0220	0.0126	0.0085	0.0447	0.0209
11	0.0142	0.0096	0.0451	0.0214	0.0135	0.0091	0.0430	0.0203	0.0128	0.0087	0.0408	0.0193
12	0.0152	0.0094	0.0461	0.0194	0.0145	0.0090	0.0439	0.0185	0.0138	0.0085	0.0417	0.0176
13	0.0146	0.0081	0.0465	0.0207	0.0139	0.0078	0.0443	0.0197	0.0133	0.0074	0.0421	0.0187
14	0.0162	0.0089	0.0515	0.0199	0.0154	0.0084	0.0491	0.0189	0.0147	0.0080	0.0466	0.0180
15	0.0176	0.0077	0.0290	0.0262	0.0167	0.0073	0.0276	0.0250	0.0159	0.0069	0.0262	0.0237
16	0.0158	0.0069	0.0386	0.0290	0.0151	0.0066	0.0367	0.0276	0.0143	0.0063	0.0349	0.0263
17	0.0191	0.0082	0.0502	0.0334	0.0181	0.0078	0.0478	0.0318	0.0172	0.0074	0.0454	0.0302
18	0.0209	0.0086	0.0546	0.0344	0.0199	0.0082	0.0520	0.0328	0.0189	0.0078	0.0494	0.0311
19	0.0216	0.0073	0.0652	0.0346	0.0206	0.0070	0.0621	0.0329	0.0195	0.0066	0.0590	0.0313
20	0.0134	0.0028	0.0538	0.0228	0.0127	0.0027	0.0513	0.0217	0.0121	0.0026	0.0487	0.0206
21	0.0136	0.0040	0.0522	0.0209	0.0129	0.0038	0.0497	0.0200	0.0123	0.0036	0.0473	0.0190
22	0.0166	0.0063	0.0569	0.0228	0.0158	0.0060	0.0542	0.0217	0.0150	0.0057	0.0515	0.0207

附表：部分省(自治区、直辖市)人口死亡率情况

续表

年龄	低方案				中方案				高方案			
	城镇男性	城镇女性	农村男性	农村女性	城镇男性	城镇女性	农村男性	农村女性	城镇男性	城镇女性	农村男性	农村女性
23	0.0207	0.0074	0.0596	0.0243	0.0197	0.0071	0.0567	0.0232	0.0188	0.0067	0.0539	0.0220
24	0.0237	0.0083	0.0671	0.0273	0.0226	0.0079	0.0639	0.0260	0.0215	0.0075	0.0607	0.0247
25	0.0166	0.0067	0.0499	0.0346	0.0158	0.0064	0.0475	0.0330	0.0150	0.0061	0.0451	0.0313
26	0.0171	0.0078	0.0449	0.0331	0.0162	0.0074	0.0427	0.0315	0.0154	0.0070	0.0406	0.0299
27	0.0186	0.0096	0.0501	0.0383	0.0177	0.0091	0.0477	0.0365	0.0168	0.0087	0.0453	0.0347
28	0.0205	0.0104	0.0659	0.0385	0.0195	0.0099	0.0628	0.0366	0.0185	0.0094	0.0596	0.0348
29	0.0228	0.0109	0.0672	0.0438	0.0217	0.0104	0.0640	0.0417	0.0206	0.0099	0.0608	0.0396
30	0.0145	0.0077	0.0677	0.0361	0.0138	0.0074	0.0644	0.0344	0.0131	0.0070	0.0612	0.0327
31	0.0195	0.0097	0.0772	0.0391	0.0186	0.0092	0.0735	0.0372	0.0176	0.0087	0.0698	0.0354
32	0.0257	0.0113	0.0820	0.0381	0.0245	0.0108	0.0781	0.0362	0.0233	0.0102	0.0742	0.0344
33	0.0292	0.0123	0.0888	0.0407	0.0278	0.0117	0.0846	0.0388	0.0264	0.0111	0.0804	0.0368
34	0.0352	0.0178	0.1079	0.0566	0.0335	0.0169	0.1028	0.0539	0.0319	0.0161	0.0977	0.0512
35	0.0333	0.0219	0.1377	0.0557	0.0317	0.0208	0.1311	0.0531	0.0301	0.0198	0.1246	0.0504
36	0.0369	0.0255	0.1428	0.0607	0.0352	0.0243	0.1360	0.0578	0.0334	0.0231	0.1292	0.0549
37	0.0481	0.0302	0.1584	0.0670	0.0458	0.0288	0.1508	0.0638	0.0435	0.0273	0.1433	0.0606
38	0.0546	0.0337	0.1619	0.0696	0.0520	0.0321	0.1542	0.0663	0.0494	0.0305	0.1465	0.0630
39	0.0680	0.0381	0.1883	0.0797	0.0647	0.0363	0.1793	0.0759	0.0615	0.0345	0.1704	0.0721
40	0.0686	0.0316	0.1712	0.0965	0.0653	0.0301	0.1631	0.0919	0.0620	0.0285	0.1549	0.0873
41	0.0855	0.0373	0.1907	0.1056	0.0815	0.0356	0.1817	0.1006	0.0774	0.0338	0.1726	0.0956
42	0.0978	0.0442	0.2068	0.1122	0.0932	0.0421	0.1969	0.1068	0.0885	0.0400	0.1871	0.1015
43	0.1134	0.0494	0.2170	0.1158	0.1080	0.0471	0.2066	0.1103	0.1026	0.0447	0.1963	0.1048
44	0.1302	0.0606	0.2616	0.1413	0.1240	0.0578	0.2491	0.1345	0.1178	0.0549	0.2367	0.1278
45	0.1405	0.0591	0.2627	0.1523	0.1338	0.0563	0.2502	0.1451	0.1272	0.0535	0.2377	0.1378
46	0.1558	0.0634	0.2699	0.1552	0.1484	0.0604	0.2571	0.1478	0.1410	0.0573	0.2442	0.1404
47	0.1935	0.0835	0.3284	0.1850	0.1843	0.0795	0.3128	0.1762	0.1751	0.0755	0.2971	0.1674
48	0.2069	0.0885	0.3360	0.1909	0.1970	0.0843	0.3200	0.1818	0.1872	0.0801	0.3040	0.1727
49	0.2555	0.1090	0.3907	0.2254	0.2433	0.1038	0.3721	0.2147	0.2311	0.0986	0.3535	0.2039
50	0.2904	0.1126	0.4690	0.2265	0.2765	0.1072	0.4466	0.2157	0.2627	0.1019	0.4243	0.2049
51	0.2962	0.1229	0.4728	0.2364	0.2821	0.1171	0.4503	0.2251	0.2680	0.1112	0.4278	0.2138
52	0.3386	0.1376	0.5296	0.2612	0.3225	0.1311	0.5043	0.2487	0.3063	0.1245	0.4791	0.2363
53	0.3662	0.1535	0.5553	0.2847	0.3488	0.1462	0.5289	0.2712	0.3314	0.1388	0.5024	0.2576
54	0.4042	0.1805	0.6277	0.3300	0.3849	0.1719	0.5978	0.3143	0.3657	0.1633	0.5679	0.2986
55	0.3521	0.1676	0.6569	0.3694	0.3354	0.1596	0.6257	0.3518	0.3186	0.1516	0.5944	0.3342

续表

年龄	低方案 城镇男性	低方案 城镇女性	低方案 农村男性	低方案 农村女性	中方案 城镇男性	中方案 城镇女性	中方案 农村男性	中方案 农村女性	高方案 城镇男性	高方案 城镇女性	高方案 农村男性	高方案 农村女性
56	0.3915	0.1885	0.7083	0.4012	0.3729	0.1796	0.6746	0.3821	0.3542	0.1706	0.6408	0.3630
57	0.4571	0.2240	0.7803	0.4488	0.4353	0.2134	0.7432	0.4274	0.4136	0.2027	0.7060	0.4060
58	0.5073	0.2504	0.8450	0.4899	0.4831	0.2385	0.8048	0.4666	0.4590	0.2266	0.7645	0.4433
59	0.5941	0.2979	0.9805	0.5828	0.5658	0.2838	0.9339	0.5551	0.5375	0.2696	0.8872	0.5273
60	0.5765	0.2727	1.0881	0.6915	0.5491	0.2597	1.0363	0.6585	0.5216	0.2467	0.9845	0.6256
61	0.5980	0.2903	1.0978	0.7187	0.5696	0.2765	1.0455	0.6845	0.5411	0.2627	0.9932	0.6502
62	0.7355	0.3702	1.2709	0.8353	0.7005	0.3526	1.2104	0.7955	0.6654	0.3350	1.1498	0.7558
63	0.8245	0.4353	1.3974	0.9142	0.7852	0.4146	1.3309	0.8707	0.7460	0.3939	1.2643	0.8271
64	1.0119	0.5492	1.6866	1.1131	0.9637	0.5230	1.6063	1.0601	0.9155	0.4969	1.5260	1.0071
65	0.9809	0.5362	1.7948	1.1563	0.9342	0.5107	1.7094	1.1012	0.8875	0.4852	1.6239	1.0462
66	1.0373	0.5600	1.9034	1.2338	0.9879	0.5333	1.8127	1.1751	0.9385	0.5066	1.7221	1.1163
67	1.3117	0.7343	2.2995	1.4961	1.2493	0.6994	2.1900	1.4249	1.1868	0.6644	2.0805	1.3536
68	1.4412	0.8307	2.4770	1.6329	1.3726	0.7911	2.3590	1.5551	1.3040	0.7516	2.2411	1.4773
69	1.7307	1.0023	2.8995	1.9273	1.6482	0.9546	2.7614	1.8355	1.5658	0.9068	2.6234	1.7437
70	1.7968	1.1228	3.5705	2.5842	1.7112	1.0693	3.4004	2.4612	1.6256	1.0159	3.2304	2.3381
71	1.9569	1.2644	3.7774	2.7962	1.8637	1.2042	3.5976	2.6630	1.7705	1.1440	3.4177	2.5299
72	2.3198	1.5043	4.2755	3.1362	2.2093	1.4327	4.0719	2.9868	2.0988	1.3610	3.8683	2.8375
73	2.5948	1.7165	4.5901	3.3819	2.4712	1.6348	4.3715	3.2208	2.3477	1.5530	4.1529	3.0598
74	3.0278	2.0368	5.2398	3.7805	2.8836	1.9398	4.9903	3.6005	2.7395	1.8428	4.7408	3.4205
75	3.1208	1.9145	5.9926	4.6732	2.9722	1.8234	5.7072	4.4507	2.8236	1.7322	5.4219	4.2281
76	3.3421	2.1545	6.1066	4.8158	3.1829	2.0519	5.8158	4.5864	3.0238	1.9493	5.5250	4.3571
77	3.9282	2.6382	6.9530	5.4694	3.7411	2.5126	6.6219	5.2089	3.5540	2.3870	6.2908	4.9485
78	4.6385	3.1789	7.8334	6.0851	4.4176	3.0276	7.4604	5.7953	4.1967	2.8762	7.0874	5.5055
79	5.1086	3.6864	8.6890	6.7818	4.8653	3.5108	8.2752	6.4589	4.6220	3.3353	7.8614	6.1359
80	5.4564	4.0367	9.3547	7.6801	5.1965	3.8445	8.9092	7.3143	4.9367	3.6523	8.4637	6.9486
81	5.9762	4.5532	9.9086	8.1893	5.6916	4.3364	9.4368	7.7994	5.4071	4.1196	8.9649	7.4094
82	6.7715	5.2484	10.9489	9.0659	6.4490	4.9985	10.4275	8.6341	6.1266	4.7486	9.9061	8.2024
83	7.4743	5.8486	11.6474	9.6110	7.1184	5.5701	11.0928	9.1533	6.7625	5.2916	10.5381	8.6957
84	8.4279	6.6852	12.6617	10.4875	8.0266	6.3668	12.0587	9.9881	7.6253	6.0485	11.4558	9.4887
85	8.8724	6.7325	16.7933	13.6970	8.4499	6.4119	15.9936	13.0448	8.0274	6.0913	15.1940	12.3925
86	9.9186	7.7542	17.9831	14.7407	9.4463	7.3850	17.1267	14.0387	8.9740	7.0157	16.2704	13.3368
87	10.5641	8.4186	18.5229	15.4015	10.0611	8.0177	17.6408	14.6680	9.5580	7.6168	16.7588	13.9346
88	11.7871	9.7520	19.8913	16.6787	11.2258	9.2876	18.9441	15.8845	10.6646	8.8233	17.9969	15.0902

续表

年龄	低方案 城镇男性	低方案 城镇女性	低方案 农村男性	低方案 农村女性	中方案 城镇男性	中方案 城镇女性	中方案 农村男性	中方案 农村女性	高方案 城镇男性	高方案 城镇女性	高方案 农村男性	高方案 农村女性
89	13.2104	10.9018	21.7761	18.0315	12.5813	10.3826	20.7392	17.1729	11.9523	9.8635	19.7022	16.3142
90	17.5333	12.3316	30.6004	23.3470	16.6984	11.7444	29.1432	22.2352	15.8635	11.1572	27.6860	21.1234
91	17.6718	13.3603	30.8071	24.2252	16.8303	12.7241	29.3401	23.0717	15.9888	12.0879	27.8731	21.9181
92	18.8150	14.4854	32.0907	25.5427	17.9190	13.7956	30.5625	24.3264	17.0231	13.1058	29.0344	23.1101
93	18.4920	15.5715	32.4352	26.2651	17.6115	14.8300	30.8907	25.0143	16.7309	14.0885	29.3461	23.7636
94	19.1281	15.8514	32.3386	27.0626	18.2172	15.0965	30.7987	25.7739	17.3063	14.3417	29.2588	24.4852
95	26.6419	23.8610	42.7274	26.8105	25.3733	22.7248	40.6928	25.5338	24.1046	21.5885	38.6582	24.2571
96	25.7827	23.9672	42.2119	26.9115	24.5549	22.8259	40.2018	25.6300	23.3272	21.6846	38.1917	24.3485
97	23.3926	23.0267	40.9990	26.9997	22.2787	21.9302	39.0466	25.7140	21.1648	20.8337	37.0943	24.4283
98	22.2362	22.8823	41.2524	26.5787	21.1773	21.7927	39.2880	25.3131	20.1184	20.7030	37.3236	24.0474
99	24.0201	20.9165	40.1350	22.9352	22.8763	19.9205	38.2238	21.8430	21.7325	18.9245	36.3126	20.7509
100	100	100	100	100	100	100	100	100	100	100	100	100

附表2 2010年天津分年龄、性别、城乡的死亡率情况

单位:%

年龄	低方案 城镇男性	低方案 城镇女性	低方案 农村男性	低方案 农村女性	中方案 城镇男性	中方案 城镇女性	中方案 农村男性	中方案 农村女性	高方案 城镇男性	高方案 城镇女性	高方案 农村男性	高方案 农村女性
0	0.1818	0.1086	0.2076	0.1542	0.1731	0.1034	0.1977	0.1469	0.1644	0.0982	0.1878	0.1395
1	0.0154	0.0069	0.0309	0.0285	0.0146	0.0065	0.0294	0.0271	0.0139	0.0062	0.0279	0.0258
2	0.0154	0.0069	0.0309	0.0285	0.0146	0.0065	0.0294	0.0271	0.0139	0.0062	0.0279	0.0258
3	0.0154	0.0069	0.0309	0.0285	0.0146	0.0065	0.0294	0.0271	0.0139	0.0062	0.0279	0.0258
4	0.0154	0.0069	0.0309	0.0285	0.0146	0.0065	0.0294	0.0271	0.0139	0.0062	0.0279	0.0258
5	0.0078	0.0129	0.0317	0.0279	0.0075	0.0123	0.0302	0.0266	0.0071	0.0116	0.0287	0.0253
6	0.0052	0.0104	0.0313	0.0216	0.0049	0.0099	0.0298	0.0206	0.0047	0.0094	0.0283	0.0195
7	0.0059	0.0094	0.0298	0.0169	0.0056	0.0089	0.0284	0.0161	0.0053	0.0085	0.0270	0.0153
8	0.0051	0.0088	0.0279	0.0161	0.0049	0.0084	0.0266	0.0154	0.0046	0.0080	0.0252	0.0146
9	0.0055	0.0084	0.0297	0.0152	0.0052	0.0080	0.0283	0.0144	0.0050	0.0076	0.0268	0.0137
10	0.0148	0.0097	0.0530	0.0253	0.0141	0.0093	0.0504	0.0241	0.0134	0.0088	0.0479	0.0229
11	0.0150	0.0100	0.0486	0.0236	0.0143	0.0095	0.0463	0.0225	0.0136	0.0090	0.0440	0.0214
12	0.0161	0.0098	0.0496	0.0217	0.0153	0.0094	0.0473	0.0206	0.0146	0.0089	0.0449	0.0196
13	0.0155	0.0085	0.0500	0.0229	0.0148	0.0081	0.0476	0.0218	0.0140	0.0077	0.0453	0.0207
14	0.0171	0.0093	0.0550	0.0221	0.0162	0.0088	0.0524	0.0211	0.0154	0.0084	0.0498	0.0200

续表

年龄	低方案 城镇男性	低方案 城镇女性	低方案 农村男性	低方案 农村女性	中方案 城镇男性	中方案 城镇女性	中方案 农村男性	中方案 农村女性	高方案 城镇男性	高方案 城镇女性	高方案 农村男性	高方案 农村女性
15	0.0197	0.0088	0.0609	0.0328	0.0188	0.0084	0.0580	0.0312	0.0178	0.0080	0.0551	0.0296
16	0.0179	0.0081	0.0705	0.0355	0.0171	0.0077	0.0671	0.0339	0.0162	0.0073	0.0638	0.0322
17	0.0212	0.0094	0.0821	0.0399	0.0202	0.0089	0.0782	0.0380	0.0192	0.0085	0.0743	0.0361
18	0.0231	0.0098	0.0865	0.0409	0.0220	0.0093	0.0824	0.0390	0.0209	0.0089	0.0783	0.0370
19	0.0237	0.0085	0.0971	0.0411	0.0226	0.0081	0.0925	0.0391	0.0214	0.0077	0.0879	0.0372
20	0.0103	0.0058	0.0858	0.0270	0.0098	0.0055	0.0817	0.0257	0.0093	0.0052	0.0776	0.0244
21	0.0105	0.0069	0.0842	0.0251	0.0100	0.0066	0.0802	0.0239	0.0095	0.0063	0.0762	0.0227
22	0.0136	0.0093	0.0889	0.0270	0.0130	0.0088	0.0847	0.0257	0.0123	0.0084	0.0804	0.0244
23	0.0177	0.0104	0.0915	0.0285	0.0169	0.0099	0.0872	0.0271	0.0160	0.0094	0.0828	0.0258
24	0.0207	0.0112	0.0991	0.0314	0.0197	0.0107	0.0944	0.0299	0.0187	0.0101	0.0896	0.0285
25	0.0149	0.0108	0.1051	0.0273	0.0142	0.0103	0.1001	0.0260	0.0135	0.0098	0.0951	0.0247
26	0.0154	0.0118	0.1001	0.0257	0.0146	0.0113	0.0953	0.0245	0.0139	0.0107	0.0905	0.0233
27	0.0169	0.0137	0.1053	0.0310	0.0161	0.0130	0.1003	0.0295	0.0153	0.0124	0.0953	0.0280
28	0.0188	0.0145	0.1211	0.0311	0.0179	0.0138	0.1153	0.0296	0.0170	0.0131	0.1096	0.0282
29	0.0211	0.0150	0.1224	0.0365	0.0200	0.0143	0.1165	0.0347	0.0190	0.0135	0.1107	0.0330
30	0.0162	0.0132	0.0702	0.0502	0.0154	0.0126	0.0668	0.0479	0.0146	0.0119	0.0635	0.0455
31	0.0212	0.0151	0.0797	0.0532	0.0202	0.0144	0.0759	0.0507	0.0192	0.0137	0.0721	0.0481
32	0.0274	0.0168	0.0845	0.0522	0.0261	0.0160	0.0805	0.0497	0.0248	0.0152	0.0764	0.0472
33	0.0309	0.0178	0.0913	0.0548	0.0295	0.0169	0.0870	0.0522	0.0280	0.0161	0.0826	0.0496
34	0.0369	0.0232	0.1105	0.0707	0.0352	0.0221	0.1052	0.0673	0.0334	0.0210	0.0999	0.0640
35	0.0598	0.0568	0.1322	0.0519	0.0569	0.0541	0.1259	0.0494	0.0541	0.0514	0.1196	0.0469
36	0.0634	0.0605	0.1373	0.0568	0.0604	0.0576	0.1308	0.0541	0.0574	0.0547	0.1243	0.0514
37	0.0746	0.0651	0.1529	0.0632	0.0710	0.0620	0.1456	0.0602	0.0675	0.0589	0.1383	0.0572
38	0.0811	0.0686	0.1564	0.0658	0.0772	0.0654	0.1490	0.0626	0.0734	0.0621	0.1415	0.0595
39	0.0945	0.0730	0.1828	0.0758	0.0900	0.0695	0.1741	0.0722	0.0855	0.0661	0.1654	0.0686
40	0.0928	0.0612	0.1633	0.0990	0.0884	0.0583	0.1555	0.0943	0.0840	0.0554	0.1477	0.0896
41	0.1098	0.0670	0.1828	0.1081	0.1045	0.0638	0.1741	0.1030	0.0993	0.0606	0.1654	0.0978
42	0.1221	0.0738	0.1989	0.1146	0.1163	0.0703	0.1894	0.1092	0.1105	0.0668	0.1799	0.1037
43	0.1376	0.0791	0.2090	0.1183	0.1311	0.0753	0.1991	0.1127	0.1245	0.0716	0.1891	0.1070
44	0.1544	0.0903	0.2537	0.1437	0.1470	0.0860	0.2416	0.1369	0.1397	0.0817	0.2295	0.1301
45	0.1408	0.0832	0.2458	0.1386	0.1341	0.0793	0.2341	0.1320	0.1274	0.0753	0.2224	0.1254
46	0.1561	0.0875	0.2530	0.1414	0.1487	0.0833	0.2410	0.1347	0.1412	0.0792	0.2289	0.1280

续表

年龄	低方案 城镇男性	低方案 城镇女性	低方案 农村男性	低方案 农村女性	中方案 城镇男性	中方案 城镇女性	中方案 农村男性	中方案 农村女性	高方案 城镇男性	高方案 城镇女性	高方案 农村男性	高方案 农村女性
47	0.1938	0.1076	0.3115	0.1713	0.1846	0.1025	0.2967	0.1631	0.1753	0.0973	0.2818	0.1550
48	0.2072	0.1127	0.3191	0.1772	0.1973	0.1073	0.3039	0.1687	0.1874	0.1019	0.2887	0.1603
49	0.2558	0.1331	0.3739	0.2117	0.2436	0.1268	0.3561	0.2016	0.2314	0.1204	0.3383	0.1915
50	0.2596	0.1341	0.4262	0.2600	0.2472	0.1277	0.4059	0.2476	0.2349	0.1213	0.3856	0.2353
51	0.2654	0.1444	0.4301	0.2699	0.2528	0.1375	0.4096	0.2570	0.2402	0.1306	0.3891	0.2442
52	0.3078	0.1591	0.4869	0.2947	0.2932	0.1515	0.4637	0.2806	0.2785	0.1439	0.4405	0.2666
53	0.3355	0.1749	0.5126	0.3182	0.3195	0.1666	0.4882	0.3031	0.3035	0.1582	0.4638	0.2879
54	0.3734	0.2020	0.5850	0.3635	0.3556	0.1923	0.5572	0.3462	0.3378	0.1827	0.5293	0.3289
55	0.3181	0.1682	0.5707	0.3435	0.3029	0.1602	0.5435	0.3271	0.2878	0.1522	0.5164	0.3108
56	0.3575	0.1891	0.6221	0.3753	0.3405	0.1801	0.5925	0.3574	0.3234	0.1711	0.5629	0.3396
57	0.4231	0.2246	0.6942	0.4228	0.4029	0.2139	0.6611	0.4027	0.3828	0.2032	0.6281	0.3826
58	0.4733	0.2510	0.7589	0.4640	0.4507	0.2390	0.7228	0.4419	0.4282	0.2271	0.6867	0.4198
59	0.5601	0.2985	0.8946	0.5569	0.5334	0.2843	0.8520	0.5304	0.5068	0.2701	0.8094	0.5039
60	0.5709	0.3655	0.9452	0.6446	0.5437	0.3481	0.9002	0.6139	0.5166	0.3307	0.8552	0.5832
61	0.5925	0.3831	0.9549	0.6718	0.5642	0.3649	0.9095	0.6398	0.5360	0.3466	0.8640	0.6078
62	0.7299	0.4630	1.1282	0.7885	0.6952	0.4409	1.0745	0.7509	0.6604	0.4189	1.0208	0.7134
63	0.8189	0.5280	1.2550	0.8674	0.7799	0.5029	1.1952	0.8261	0.7409	0.4777	1.1355	0.7848
64	1.0063	0.6418	1.5445	1.0664	0.9584	0.6112	1.4710	1.0156	0.9105	0.5806	1.3974	0.9649
65	0.9781	0.7124	1.5825	1.3943	0.9315	0.6785	1.5071	1.3279	0.8849	0.6445	1.4318	1.2615
66	1.0345	0.7361	1.6912	1.4716	0.9852	0.7010	1.6107	1.4016	0.9360	0.6660	1.5301	1.3315
67	1.3089	0.9102	2.0882	1.7333	1.2466	0.8668	1.9888	1.6507	1.1842	0.8235	1.8893	1.5682
68	1.4384	1.0064	2.2660	1.8697	1.3699	0.9584	2.1581	1.7807	1.3014	0.9105	2.0502	1.6917
69	1.7278	1.1777	2.6894	2.1634	1.6456	1.1216	2.5614	2.0604	1.5633	1.0655	2.4333	1.9574
70	1.8721	1.4736	3.1783	2.7948	1.7829	1.4034	3.0270	2.6617	1.6938	1.3332	2.8756	2.5287
71	2.0321	1.6147	3.3861	3.0063	1.9353	1.5378	3.2249	2.8632	1.8385	1.4609	3.0636	2.7200
72	2.3947	1.8538	3.8861	3.3456	2.2807	1.7655	3.7010	3.1863	2.1667	1.6772	3.5160	3.0270
73	2.6696	2.0653	4.2019	3.5908	2.5424	1.9669	4.0018	3.4198	2.4153	1.8686	3.8017	3.2488
74	3.1023	2.3845	4.8541	3.9886	2.9545	2.2709	4.6230	3.7987	2.8068	2.1574	4.3918	3.6088
75	3.0612	2.3776	5.8811	4.7348	2.9154	2.2644	5.6010	4.5093	2.7697	2.1512	5.3210	4.2839
76	3.2826	2.6165	5.9952	4.8773	3.1263	2.4919	5.7097	4.6451	2.9700	2.3673	5.4243	4.4128
77	3.8690	3.0980	6.8426	5.5305	3.6848	2.9505	6.5167	5.2671	3.5005	2.8030	6.1909	5.0038
78	4.5797	3.6363	7.7239	6.1458	4.3617	3.4631	7.3561	5.8532	4.1436	3.2900	6.9883	5.5605

续表

年龄	低方案 城镇男性	低方案 城镇女性	低方案 农村男性	低方案 农村女性	中方案 城镇男性	中方案 城镇女性	中方案 农村男性	中方案 农村女性	高方案 城镇男性	高方案 城镇女性	高方案 农村男性	高方案 农村女性
79	5.0501	4.1414	8.5805	6.8421	4.8096	3.9442	8.1719	6.5163	4.5691	3.7470	7.7633	6.1905
80	5.0178	3.8891	9.8311	8.2138	4.7788	3.7040	9.3629	7.8227	4.5399	3.5188	8.8948	7.4315
81	5.5399	4.4064	10.3823	8.7203	5.2761	4.1966	9.8879	8.3050	5.0123	3.9867	9.3935	7.8898
82	6.3387	5.1026	11.4174	9.5920	6.0369	4.8596	10.8737	9.1352	5.7350	4.6166	10.3300	8.6785
83	7.0446	5.7037	12.1124	10.1342	6.7092	5.4321	11.5356	9.6516	6.3737	5.1605	10.9588	9.1690
84	8.0025	6.5415	13.1216	11.0059	7.6214	6.2300	12.4968	10.4818	7.2403	5.9185	11.8719	9.9577
85	7.0184	6.1543	16.0043	12.5712	6.6842	5.8613	15.2422	11.9726	6.3500	5.5682	14.4800	11.3740
86	8.0849	7.1820	17.2047	13.6278	7.6999	6.8400	16.3854	12.9788	7.3149	6.4980	15.5661	12.3299
87	8.7428	7.8504	17.7493	14.2967	8.3265	7.4765	16.9041	13.6159	7.9102	7.1027	16.0589	12.9351
88	9.9894	9.1916	19.1299	15.5897	9.5137	8.7539	18.2190	14.8473	9.0380	8.3162	17.3080	14.1050
89	11.4401	10.3481	21.0317	16.9592	10.8954	9.8554	20.0302	16.1516	10.3506	9.3626	19.0286	15.3440
90	11.3100	10.0240	22.8527	21.2322	10.7715	9.5467	21.7645	20.2212	10.0694	9.0694	20.6762	19.2101
91	11.4584	11.0784	23.0809	22.1333	10.9127	10.5508	21.9818	21.0793	10.3671	10.0233	20.8827	20.0253
92	12.6829	12.2315	24.4982	23.4849	12.0789	11.6490	23.3316	22.3665	11.4750	11.0666	22.1650	21.2482
93	12.3370	13.3446	24.8786	24.2259	11.7495	12.7091	23.6939	23.0723	11.1620	12.0737	22.5092	21.9187
94	13.0183	13.6314	24.7720	25.0441	12.3984	12.9823	23.5924	23.8515	11.7784	12.3332	22.4127	22.6590
95	12.9933	14.2144	34.1187	27.7217	12.3746	13.5375	32.4940	26.4016	11.7558	12.8607	30.8693	25.0815
96	11.9844	14.3333	33.5319	27.8214	11.4137	13.6507	31.9351	26.4966	10.8430	12.9682	30.3384	25.1718
97	9.1780	13.2809	32.1513	27.9086	8.7410	12.6485	30.6203	25.5796	8.3039	12.0161	29.0893	25.2506
98	7.8201	13.1194	32.4397	27.4926	7.4477	12.4946	30.8949	26.1834	7.0753	11.8699	29.3502	24.8742
99	9.9148	10.9199	31.1679	23.8915	9.4426	10.3999	29.6837	22.7538	8.9705	9.8799	28.1995	21.6161
100	100	100	100	100	100	100	100	100	100	100	100	100

附表3 2010年河北分年龄、性别、城乡的死亡率情况

单位:%

年龄	低方案 城镇男性	低方案 城镇女性	低方案 农村男性	低方案 农村女性	中方案 城镇男性	中方案 城镇女性	中方案 农村男性	中方案 农村女性	高方案 城镇男性	高方案 城镇女性	高方案 农村男性	高方案 农村女性
0	0.2491	0.2368	0.3307	0.2368	0.2373	0.2256	0.3150	0.2256	0.2254	0.2143	0.2992	0.2143
1	0.0635	0.0592	0.1105	0.0270	0.0604	0.0564	0.1052	0.0257	0.0574	0.0536	0.1000	0.0244
2	0.0274	0.0256	0.0513	0.0270	0.0261	0.0244	0.0489	0.0257	0.0248	0.0232	0.0465	0.0244
3	0.0179	0.0138	0.0264	0.0270	0.0170	0.0131	0.0251	0.0257	0.0162	0.0125	0.0238	0.0244
4	0.0124	0.0094	0.0141	0.0270	0.0118	0.0090	0.0135	0.0257	0.0112	0.0085	0.0128	0.0244

附表：部分省(自治区、直辖市)人口死亡率情况

续表

年龄	低方案				中方案				高方案			
	城镇男性	城镇女性	农村男性	农村女性	城镇男性	城镇女性	农村男性	农村女性	城镇男性	城镇女性	农村男性	农村女性
5	0.0186	0.0140	0.0398	0.0195	0.0177	0.0134	0.0379	0.0186	0.0168	0.0127	0.0360	0.0176
6	0.0159	0.0116	0.0393	0.0132	0.0152	0.0110	0.0375	0.0126	0.0144	0.0105	0.0356	0.0119
7	0.0166	0.0105	0.0378	0.0085	0.0158	0.0100	0.0360	0.0081	0.0150	0.0095	0.0342	0.0077
8	0.0159	0.0100	0.0359	0.0077	0.0151	0.0095	0.0342	0.0074	0.0144	0.0090	0.0325	0.0070
9	0.0163	0.0096	0.0377	0.0068	0.0155	0.0091	0.0359	0.0064	0.0147	0.0086	0.0341	0.0061
10	0.0230	0.0131	0.0419	0.0151	0.0219	0.0125	0.0399	0.0143	0.0208	0.0119	0.0379	0.0136
11	0.0232	0.0134	0.0376	0.0133	0.0221	0.0127	0.0358	0.0127	0.0210	0.0121	0.0340	0.0121
12	0.0243	0.0132	0.0385	0.0114	0.0231	0.0126	0.0367	0.0108	0.0220	0.0119	0.0349	0.0103
13	0.0237	0.0119	0.0389	0.0127	0.0226	0.0114	0.0371	0.0121	0.0214	0.0108	0.0352	0.0114
14	0.0252	0.0126	0.0439	0.0118	0.0240	0.0120	0.0418	0.0113	0.0228	0.0114	0.0397	0.0107
15	0.0335	0.0155	0.0885	0.0104	0.0319	0.0148	0.0843	0.0099	0.0303	0.0141	0.0801	0.0094
16	0.0317	0.0148	0.0981	0.0131	0.0302	0.0141	0.0934	0.0125	0.0287	0.0134	0.0887	0.0119
17	0.0349	0.0161	0.1097	0.0175	0.0333	0.0153	0.1044	0.0167	0.0316	0.0146	0.0992	0.0158
18	0.0368	0.0165	0.1141	0.0185	0.0351	0.0157	0.1087	0.0177	0.0333	0.0150	0.1032	0.0168
19	0.0375	0.0152	0.1247	0.0187	0.0357	0.0145	0.1188	0.0178	0.0339	0.0138	0.1128	0.0169
20	0.0479	0.0140	0.1107	0.0160	0.0456	0.0133	0.1054	0.0153	0.0433	0.0126	0.1001	0.0145
21	0.0481	0.0151	0.1091	0.0142	0.0458	0.0144	0.1039	0.0135	0.0435	0.0136	0.0987	0.0128
22	0.0512	0.0174	0.1137	0.0161	0.0488	0.0166	0.1083	0.0153	0.0463	0.0158	0.1029	0.0145
23	0.0553	0.0185	0.1164	0.0176	0.0527	0.0177	0.1108	0.0167	0.0500	0.0168	0.1053	0.0159
24	0.0583	0.0194	0.1239	0.0205	0.0555	0.0184	0.1180	0.0196	0.0527	0.0175	0.1121	0.0186
25	0.0593	0.0213	0.1218	0.0206	0.0565	0.0203	0.1160	0.0197	0.0537	0.0193	0.1102	0.0187
26	0.0598	0.0224	0.1168	0.0191	0.0569	0.0213	0.1113	0.0182	0.0541	0.0202	0.1057	0.0173
27	0.0613	0.0242	0.1220	0.0243	0.0584	0.0231	0.1162	0.0232	0.0555	0.0219	0.1104	0.0220
28	0.0632	0.0250	0.1378	0.0245	0.0602	0.0238	0.1313	0.0233	0.0572	0.0226	0.1247	0.0222
29	0.0655	0.0255	0.1391	0.0298	0.0624	0.0243	0.1325	0.0284	0.0592	0.0231	0.1259	0.0270
30	0.0608	0.0276	0.1346	0.0256	0.0579	0.0263	0.1282	0.0244	0.0550	0.0250	0.1218	0.0232
31	0.0659	0.0295	0.1441	0.0286	0.0627	0.0281	0.1373	0.0272	0.0596	0.0267	0.1304	0.0259
32	0.0721	0.0312	0.1489	0.0276	0.0687	0.0297	0.1418	0.0262	0.0652	0.0282	0.1348	0.0249
33	0.0756	0.0322	0.1558	0.0302	0.0720	0.0306	0.1484	0.0288	0.0684	0.0291	0.1409	0.0273
34	0.0816	0.0376	0.1749	0.0461	0.0777	0.0358	0.1666	0.0439	0.0738	0.0340	0.1582	0.0417
35	0.0995	0.0401	0.2058	0.0373	0.0948	0.0382	0.1960	0.0355	0.0900	0.0363	0.1862	0.0337
36	0.1031	0.0438	0.2110	0.0423	0.0982	0.0417	0.2009	0.0402	0.0933	0.0396	0.1909	0.0382

续表

年龄	低方案 城镇男性	低方案 城镇女性	低方案 农村男性	低方案 农村女性	中方案 城镇男性	中方案 城镇女性	中方案 农村男性	中方案 农村女性	高方案 城镇男性	高方案 城镇女性	高方案 农村男性	高方案 农村女性
37	0.1143	0.0484	0.2265	0.0486	0.1089	0.0461	0.2157	0.0463	0.1034	0.0438	0.2049	0.0440
38	0.1208	0.0519	0.2301	0.0512	0.1151	0.0495	0.2191	0.0488	0.1093	0.0470	0.2082	0.0463
39	0.1342	0.0563	0.2564	0.0612	0.1278	0.0536	0.2442	0.0583	0.1214	0.0509	0.2320	0.0554
40	0.1449	0.0676	0.2637	0.0630	0.1380	0.0644	0.2512	0.0600	0.1311	0.0612	0.2386	0.0570
41	0.1619	0.0734	0.2833	0.0721	0.1542	0.0699	0.2698	0.0686	0.1465	0.0664	0.2563	0.0652
42	0.1742	0.0803	0.2993	0.0786	0.1659	0.0765	0.2850	0.0749	0.1576	0.0726	0.2708	0.0711
43	0.1898	0.0855	0.3095	0.0823	0.1807	0.0814	0.2947	0.0784	0.1717	0.0774	0.2800	0.0744
44	0.2065	0.0967	0.3540	0.1077	0.1967	0.0921	0.3372	0.1026	0.1868	0.0875	0.3203	0.0974
45	0.2298	0.1124	0.3775	0.1045	0.2189	0.1070	0.3595	0.0995	0.2079	0.1017	0.3415	0.0946
46	0.2451	0.1167	0.3847	0.1074	0.2334	0.1111	0.3664	0.1023	0.2217	0.1055	0.3481	0.0971
47	0.2827	0.1367	0.4431	0.1372	0.2692	0.1302	0.4220	0.1307	0.2558	0.1237	0.4009	0.1242
48	0.2961	0.1418	0.4507	0.1431	0.2820	0.1351	0.4292	0.1363	0.2679	0.1283	0.4078	0.1295
49	0.3446	0.1622	0.5054	0.1776	0.3282	0.1545	0.4813	0.1691	0.3118	0.1468	0.4573	0.1607
50	0.4347	0.2142	0.6326	0.2017	0.4140	0.2040	0.6025	0.1921	0.3933	0.1938	0.5724	0.1825
51	0.4406	0.2244	0.6364	0.2115	0.4196	0.2138	0.6061	0.2015	0.3986	0.2031	0.5758	0.1914
52	0.4829	0.2391	0.6931	0.2363	0.4599	0.2278	0.6601	0.2251	0.4369	0.2164	0.6271	0.2138
53	0.5105	0.2550	0.7188	0.2599	0.4862	0.2428	0.6846	0.2475	0.4619	0.2307	0.6504	0.2352
54	0.5484	0.2820	0.7911	0.3052	0.5223	0.2686	0.7534	0.2907	0.4961	0.2551	0.7157	0.2762
55	0.6358	0.3299	0.9070	0.2989	0.6055	0.3142	0.8638	0.2846	0.5752	0.2985	0.8206	0.2704
56	0.6751	0.3509	0.9583	0.3307	0.6429	0.3341	0.9126	0.3149	0.6108	0.3174	0.8670	0.2992
57	0.7405	0.3863	1.0301	0.3783	0.7052	0.3679	0.9811	0.3602	0.6699	0.3495	0.9320	0.3422
58	0.7905	0.4126	1.0946	0.4195	0.7529	0.3930	1.0425	0.3995	0.7152	0.3733	0.9904	0.3795
59	0.8771	0.4601	1.2299	0.5124	0.8353	0.4382	1.1713	0.4880	0.7935	0.4163	1.1127	0.4636
60	1.0323	0.5954	1.4679	0.5425	0.9831	0.5670	1.3980	0.5167	0.9340	0.5387	1.3281	0.4908
61	1.0537	0.6129	1.4776	0.5698	1.0035	0.5837	1.4072	0.5426	0.9533	0.5546	1.3368	0.5155
62	1.1905	0.6926	1.6500	0.6866	1.1339	0.6596	1.5714	0.6539	1.0772	0.6267	1.4929	0.6212
63	1.2791	0.7575	1.7761	0.7656	1.2182	0.7214	1.6915	0.7291	1.1573	0.6854	1.6069	0.6926
64	1.4657	0.8710	2.0642	0.9648	1.3959	0.8295	1.9659	0.9188	1.3261	0.7881	1.8676	0.8729
65	1.7676	1.0483	2.3352	0.9098	1.6834	0.9984	2.2240	0.8665	1.5992	0.9484	2.1128	0.8232
66	1.8236	1.0719	2.4432	0.9875	1.7367	1.0209	2.3269	0.9405	1.6499	0.9698	2.2105	0.8935
67	2.0959	1.2454	2.8373	1.2504	1.9961	1.1861	2.7022	1.1909	1.8963	1.1268	2.5671	1.1313
68	2.2244	1.3413	3.0138	1.3875	2.1185	1.2774	2.8703	1.3214	2.0126	1.2136	2.7268	1.2553

附表：部分省(自治区、直辖市)人口死亡率情况

续表

年龄	低方案				中方案				高方案			
	城镇男性	城镇女性	农村男性	农村女性	城镇男性	城镇女性	农村男性	农村女性	城镇男性	城镇女性	农村男性	农村女性
69	2.5116	1.5121	3.4341	1.6826	2.3920	1.4401	3.2706	1.6025	2.2724	1.3681	3.1071	1.5223
70	3.0854	2.1026	4.5935	1.9496	2.9385	2.0024	4.3747	1.8567	2.7916	1.9023	4.1560	1.7639
71	3.2435	2.2428	4.7984	2.1628	3.0891	2.1360	4.5699	2.0598	2.9346	2.0292	4.3414	1.9568
72	3.6019	2.4805	5.2914	2.5049	3.4304	2.3623	5.0394	2.3856	3.2589	2.2442	4.7874	2.2663
73	3.8735	2.6907	5.6028	2.7521	3.6891	2.5625	5.3360	2.6211	3.5046	2.4344	5.0692	2.4900
74	4.3011	3.0080	6.2460	3.1532	4.0963	2.8647	5.9486	3.0031	3.8915	2.7215	5.6511	2.8529
75	4.9830	3.6558	7.0901	3.5392	4.7457	3.4817	6.7525	3.3707	4.5084	3.3077	6.4148	3.2022
76	5.2002	3.8917	7.2029	3.6834	4.9525	3.7064	6.8599	3.5080	4.7049	3.5211	6.5169	3.3326
77	5.7755	4.3673	8.0399	4.3444	5.5005	4.1593	7.6570	4.1375	5.2255	3.9514	7.2742	3.9306
78	6.4729	4.8989	8.9105	4.9671	6.1646	4.6656	8.4862	4.7305	5.8564	4.4323	8.0619	4.4940
79	6.9344	5.3977	9.7566	5.6717	6.6041	5.1407	9.2920	5.4016	6.2739	4.8836	8.8274	5.1315
80	7.9946	6.4798	11.3614	6.3416	7.6139	6.1712	10.8204	6.0397	7.2332	5.8627	10.2794	5.7377
81	8.5012	6.9838	11.9038	6.8579	8.0964	6.6512	11.3369	6.5313	7.6916	6.3187	10.7701	6.2048
82	9.2762	7.6622	12.9222	7.7465	8.8345	7.2973	12.3069	7.3776	8.3927	6.9324	11.6915	7.0087
83	9.9611	8.2479	13.6061	8.2991	9.4868	7.8551	12.9582	7.9039	9.0124	7.4624	12.3103	7.5087
84	10.8904	9.0642	14.5990	9.1877	10.3718	8.6326	13.9038	8.7502	9.8532	8.2009	13.2087	8.3127
85	11.2551	9.6243	15.6528	9.4361	10.7191	9.1660	14.9075	8.9868	10.1832	8.7077	14.1621	8.5374
86	12.2754	10.6160	16.8580	10.5285	11.6909	10.1104	16.0552	10.0271	11.1063	9.6049	15.2524	9.5258
87	12.9049	11.2608	17.4047	11.2201	12.2904	10.7246	16.5759	10.6858	11.6759	10.1884	15.7471	10.1515
88	14.0976	12.5550	18.7908	12.5569	13.4263	11.9571	17.8960	11.9590	12.7550	11.3593	17.0012	11.3610
89	15.4856	13.6709	20.7001	13.9729	14.7482	13.0199	19.7144	13.3075	14.0108	12.3689	18.7286	12.6421
90	18.1876	15.1010	24.2176	14.8841	17.3215	14.3819	23.0644	14.1753	16.4554	13.6628	21.9112	13.4666
91	18.3250	16.0990	24.4420	15.8534	17.4524	15.3324	23.2781	15.0985	16.5798	14.5657	22.1142	14.3435
92	19.4596	17.1904	25.8358	17.3074	18.5330	16.3718	24.6055	16.4833	17.6063	15.5532	23.3752	15.6591
93	19.1391	18.2440	26.2099	18.1046	18.2277	17.3753	24.9618	17.2425	17.3161	16.5065	23.7137	16.3804
94	19.7704	18.5156	26.1050	18.9849	18.8290	17.6339	24.8619	18.0808	17.8875	16.7522	23.6188	17.1768
95	24.3691	23.9552	32.3599	23.8102	23.2087	22.8144	30.8190	22.6764	22.0483	21.6737	29.2780	21.5426
96	23.4850	24.0613	31.7585	23.9150	22.3666	22.9155	30.2462	22.7762	21.2483	21.7697	28.7339	21.6374
97	21.0256	23.1219	30.3437	24.0066	20.0244	22.0208	28.8987	22.8634	19.0232	20.9198	27.4538	21.7203
98	19.8356	22.9776	30.6392	23.5695	18.8910	21.8834	29.1802	22.4472	17.9465	20.7893	27.7212	21.3248
99	21.6713	21.0141	29.3359	19.7861	20.6393	20.0134	27.9389	18.8439	19.6073	19.0128	26.5420	17.9017
100	100	100	100	100	100	100	100	100	100	100	100	100

附表4 2010年山西分年龄、性别、城乡的死亡率情况

单位:%

年龄	低方案 城镇男性	低方案 城镇女性	低方案 农村男性	低方案 农村女性	中方案 城镇男性	中方案 城镇女性	中方案 农村男性	中方案 农村女性	高方案 城镇男性	高方案 城镇女性	高方案 农村男性	高方案 农村女性
0	0.3212	0.3791	0.5358	0.5532	0.3059	0.3611	0.5103	0.5268	0.2906	0.3430	0.4848	0.5005
1	0.0657	0.0577	0.1186	0.1137	0.0626	0.0549	0.1129	0.1083	0.0595	0.0522	0.1073	0.1029
2	0.0297	0.0241	0.0594	0.0532	0.0283	0.0229	0.0566	0.0507	0.0269	0.0218	0.0538	0.0482
3	0.0202	0.0122	0.0344	0.0282	0.0192	0.0116	0.0328	0.0269	0.0182	0.0111	0.0312	0.0255
4	0.0146	0.0079	0.0222	0.0168	0.0139	0.0075	0.0211	0.0160	0.0132	0.0071	0.0201	0.0152
5	0.0155	0.0138	0.0444	0.0308	0.0148	0.0131	0.0423	0.0294	0.0141	0.0125	0.0402	0.0279
6	0.0129	0.0113	0.0440	0.0245	0.0123	0.0108	0.0419	0.0233	0.0116	0.0102	0.0398	0.0222
7	0.0136	0.0103	0.0425	0.0198	0.0129	0.0098	0.0405	0.0188	0.0123	0.0093	0.0384	0.0179
8	0.0128	0.0097	0.0406	0.0191	0.0122	0.0093	0.0386	0.0181	0.0116	0.0088	0.0367	0.0172
9	0.0132	0.0093	0.0424	0.0181	0.0126	0.0089	0.0403	0.0172	0.0120	0.0084	0.0383	0.0164
10	0.0182	0.0109	0.0398	0.0270	0.0173	0.0104	0.0379	0.0257	0.0165	0.0099	0.0360	0.0244
11	0.0185	0.0111	0.0355	0.0252	0.0176	0.0106	0.0338	0.0240	0.0167	0.0101	0.0321	0.0228
12	0.0195	0.0110	0.0365	0.0233	0.0186	0.0105	0.0348	0.0222	0.0177	0.0099	0.0330	0.0211
13	0.0189	0.0097	0.0369	0.0246	0.0180	0.0092	0.0351	0.0234	0.0171	0.0088	0.0334	0.0222
14	0.0205	0.0104	0.0419	0.0237	0.0195	0.0099	0.0399	0.0226	0.0185	0.0094	0.0379	0.0215
15	0.0238	0.0101	0.0645	0.0272	0.0227	0.0096	0.0614	0.0259	0.0215	0.0091	0.0583	0.0246
16	0.0220	0.0093	0.0741	0.0300	0.0210	0.0089	0.0705	0.0285	0.0199	0.0085	0.0670	0.0271
17	0.0253	0.0106	0.0857	0.0343	0.0241	0.0101	0.0816	0.0327	0.0229	0.0096	0.0775	0.0311
18	0.0272	0.0111	0.0901	0.0354	0.0259	0.0105	0.0858	0.0337	0.0246	0.0100	0.0815	0.0320
19	0.0278	0.0098	0.1007	0.0355	0.0265	0.0093	0.0959	0.0338	0.0252	0.0088	0.0911	0.0321
20	0.0337	0.0116	0.1080	0.0342	0.0321	0.0110	0.1029	0.0326	0.0305	0.0105	0.0978	0.0310
21	0.0339	0.0127	0.1064	0.0324	0.0323	0.0121	0.1014	0.0308	0.0307	0.0115	0.0963	0.0293
22	0.0370	0.0150	0.1111	0.0342	0.0352	0.0143	0.1058	0.0326	0.0335	0.0136	0.1006	0.0310
23	0.0411	0.0162	0.1138	0.0357	0.0391	0.0154	0.1084	0.0340	0.0372	0.0146	0.1029	0.0323
24	0.0441	0.0170	0.1213	0.0387	0.0420	0.0162	0.1155	0.0369	0.0399	0.0154	0.1098	0.0350
25	0.0469	0.0174	0.1150	0.0381	0.0447	0.0166	0.1095	0.0363	0.0425	0.0157	0.1040	0.0345
26	0.0474	0.0184	0.1100	0.0366	0.0451	0.0175	0.1047	0.0348	0.0429	0.0167	0.0995	0.0331
27	0.0489	0.0203	0.1152	0.0418	0.0466	0.0193	0.1097	0.0398	0.0443	0.0183	0.1042	0.0379
28	0.0508	0.0211	0.1310	0.0420	0.0484	0.0201	0.1247	0.0400	0.0460	0.0191	0.1185	0.0380
29	0.0531	0.0216	0.1322	0.0473	0.0506	0.0205	0.1259	0.0451	0.0480	0.0195	0.1197	0.0428
30	0.0617	0.0210	0.1478	0.0619	0.0587	0.0200	0.1408	0.0589	0.0558	0.0190	0.1337	0.0560

附表：部分省(自治区、直辖市)人口死亡率情况

续表

年龄	低方案				中方案				高方案			
	城镇男性	城镇女性	农村男性	农村女性	城镇男性	城镇女性	农村男性	农村女性	城镇男性	城镇女性	农村男性	农村女性
31	0.0667	0.0230	0.1573	0.0648	0.0635	0.0219	0.1498	0.0617	0.0604	0.0208	0.1423	0.0586
32	0.0729	0.0246	0.1621	0.0638	0.0695	0.0234	0.1544	0.0608	0.0660	0.0223	0.1467	0.0577
33	0.0764	0.0256	0.1690	0.0665	0.0728	0.0244	0.1609	0.0633	0.0691	0.0231	0.1529	0.0601
34	0.0824	0.0311	0.1881	0.0823	0.0785	0.0296	0.1791	0.0784	0.0746	0.0281	0.1702	0.0745
35	0.0868	0.0303	0.1953	0.0839	0.0826	0.0289	0.1860	0.0799	0.0785	0.0274	0.1767	0.0759
36	0.0904	0.0340	0.2005	0.0888	0.0861	0.0324	0.1909	0.0846	0.0818	0.0307	0.1814	0.0804
37	0.1016	0.0387	0.2160	0.0952	0.0967	0.0368	0.2057	0.0906	0.0919	0.0350	0.1954	0.0861
38	0.1081	0.0421	0.2196	0.0978	0.1029	0.0401	0.2091	0.0931	0.0978	0.0381	0.1986	0.0885
39	0.1214	0.0465	0.2459	0.1078	0.1157	0.0443	0.2342	0.1027	0.1099	0.0421	0.2225	0.0976
40	0.1334	0.0596	0.2444	0.1268	0.1271	0.0568	0.2328	0.1208	0.1207	0.0539	0.2211	0.1147
41	0.1504	0.0654	0.2639	0.1359	0.1432	0.0623	0.2514	0.1294	0.1361	0.0592	0.2388	0.1230
42	0.1627	0.0723	0.2799	0.1424	0.1550	0.0688	0.2666	0.1356	0.1472	0.0654	0.2533	0.1289
43	0.1783	0.0775	0.2901	0.1461	0.1698	0.0738	0.2763	0.1391	0.1613	0.0701	0.2625	0.1322
44	0.1950	0.0887	0.3347	0.1715	0.1857	0.0845	0.3188	0.1634	0.1764	0.0803	0.3028	0.1552
45	0.2053	0.1029	0.3339	0.1822	0.1956	0.0980	0.3180	0.1736	0.1858	0.0931	0.3021	0.1649
46	0.2206	0.1072	0.3411	0.1851	0.2101	0.1020	0.3249	0.1763	0.1996	0.0969	0.3086	0.1674
47	0.2583	0.1272	0.3996	0.2149	0.2460	0.1212	0.3805	0.2047	0.2337	0.1151	0.3615	0.1945
48	0.2716	0.1323	0.4071	0.2208	0.2587	0.1260	0.3878	0.2103	0.2457	0.1197	0.3684	0.1998
49	0.3202	0.1527	0.4619	0.2553	0.3050	0.1455	0.4399	0.2431	0.2897	0.1382	0.4179	0.2310
50	0.3770	0.2113	0.5742	0.3189	0.3591	0.2012	0.5468	0.3037	0.3411	0.1912	0.5195	0.2885
51	0.3829	0.2216	0.5780	0.3287	0.3646	0.2110	0.5505	0.3131	0.3464	0.2005	0.5230	0.2974
52	0.4252	0.2363	0.6347	0.3535	0.4050	0.2250	0.6045	0.3367	0.3847	0.2138	0.5743	0.3199
53	0.4528	0.2521	0.6604	0.3771	0.4313	0.2401	0.6290	0.3591	0.4097	0.2281	0.5975	0.3412
54	0.4907	0.2791	0.7327	0.4223	0.4673	0.2659	0.6978	0.4022	0.4440	0.2526	0.6629	0.3821
55	0.5907	0.3295	0.8213	0.5140	0.5625	0.3138	0.7822	0.4895	0.5344	0.2981	0.7431	0.4650
56	0.6300	0.3504	0.8726	0.5457	0.6000	0.3337	0.8310	0.5197	0.5700	0.3170	0.7895	0.4937
57	0.6954	0.3858	0.9445	0.5932	0.6623	0.3674	0.8995	0.5649	0.6292	0.3491	0.8546	0.5367
58	0.7455	0.4122	1.0091	0.6343	0.7100	0.3925	0.9610	0.6041	0.6745	0.3729	0.9130	0.5739
59	0.8321	0.4596	1.1444	0.7271	0.7924	0.4377	1.0899	0.6924	0.7528	0.4158	1.0354	0.6578
60	1.0425	0.6380	1.3804	0.8830	0.9929	0.6076	1.3147	0.8410	0.9432	0.5772	1.2490	0.7989
61	1.0639	0.6555	1.3901	0.9102	1.0133	0.6243	1.3239	0.8669	0.9626	0.5931	1.2577	0.8235
62	1.2008	0.7352	1.5627	1.0266	1.1436	0.7002	1.4882	0.9777	1.0864	0.6652	1.4138	0.9288

续表

年龄	低方案 城镇男性	低方案 城镇女性	低方案 农村男性	低方案 农村女性	中方案 城镇男性	中方案 城镇女性	中方案 农村男性	中方案 农村女性	高方案 城镇男性	高方案 城镇女性	高方案 农村男性	高方案 农村女性
63	1.2893	0.8000	1.6889	1.1054	1.2279	0.7619	1.6084	1.0527	1.1666	0.7238	1.5280	1.0001
64	1.4759	0.9135	1.9772	1.3039	1.4056	0.8700	1.8831	1.2418	1.3353	0.8265	1.7889	1.1797
65	1.9173	1.1605	2.1529	1.4634	1.8260	1.1053	2.0504	1.3937	1.7347	1.0500	1.9479	1.3240
66	1.9732	1.1841	2.2611	1.5407	1.8792	1.1277	2.1534	1.4674	1.7853	1.0714	2.0458	1.3940
67	2.2451	1.3575	2.6559	1.8022	2.1382	1.2928	2.5294	1.7164	2.0313	1.2282	2.4030	1.6306
68	2.3734	1.4533	2.8327	1.9386	2.2604	1.3840	2.6978	1.8462	2.1474	1.3148	2.5629	1.7539
69	2.6603	1.6238	3.2538	2.2321	2.5336	1.5465	3.0988	2.1258	2.4069	1.4692	2.9439	2.0195
70	3.2093	2.0273	4.1293	2.9488	3.0565	1.9308	3.9327	2.8084	2.9037	1.8343	3.7360	2.6680
71	3.3672	2.1677	4.3352	3.1600	3.2069	2.0645	4.1287	3.0095	3.0465	1.9613	3.9223	2.8590
72	3.7252	2.4055	4.8304	3.4988	3.5478	2.2910	4.6004	3.3321	3.3704	2.1764	4.3704	3.1655
73	3.9965	2.6159	5.1433	3.7436	3.8062	2.4913	4.8984	3.5653	3.6158	2.3668	4.6535	3.3871
74	4.4235	2.9334	5.7895	4.1408	4.2129	2.7937	5.5138	3.9436	4.0023	2.6540	5.2381	3.7464
75	5.0282	3.2015	6.2707	4.5585	4.7887	3.0490	5.9721	4.3414	4.5493	2.8966	5.6735	4.1244
76	5.2453	3.4385	6.3844	4.7013	4.9955	3.2747	6.0804	4.4774	4.7457	3.1110	5.7763	4.2535
77	5.8204	3.9162	7.2284	5.3556	5.5432	3.7297	6.8842	5.1006	5.2661	3.5432	6.5400	4.8455
78	6.5174	4.4501	8.1063	5.9720	6.2071	4.2382	7.7203	5.6876	5.8967	4.0263	7.3343	5.4032
79	6.9787	4.9512	8.9595	6.6695	6.6464	4.7154	8.5328	6.3519	6.3140	4.4796	8.1062	6.0343
80	8.0348	6.0529	10.1953	7.7838	7.6522	5.7647	9.7098	7.4131	7.2696	5.4765	9.2243	7.0424
81	8.5412	6.5591	10.7444	8.2925	8.1345	6.2468	10.2328	7.8976	7.7277	5.9344	9.7211	7.5027
82	9.3159	7.2404	11.7755	9.1681	8.8723	6.8956	11.2148	8.7315	8.4286	6.5509	10.6541	8.2949
83	10.0005	7.8287	12.4679	9.7126	9.5243	7.4559	11.8742	9.2501	9.0481	7.0831	11.2805	8.7876
84	10.9294	8.6485	13.4732	10.5882	10.4090	8.2367	12.8316	10.0840	9.8885	7.8248	12.1901	9.5798
85	10.7900	8.3487	13.8758	10.9830	10.2762	7.9512	13.2151	10.4600	9.7624	7.5536	12.5543	9.9370
86	11.8154	9.3536	15.1049	12.0576	11.2528	8.9082	14.3856	11.4835	10.6902	8.4628	13.6664	10.9093
87	12.4481	10.0071	15.6626	12.7381	11.8553	9.5306	14.9168	12.1315	11.2625	9.0541	14.1709	11.5249
88	13.6467	11.3186	17.0763	14.0533	12.9968	10.7796	16.2631	13.3841	12.3470	10.2406	15.4499	12.7149
89	15.0415	12.4494	19.0235	15.4463	14.3253	11.8566	18.1176	14.7108	13.6090	11.2638	17.2117	13.9752
90	15.5249	12.3889	21.2899	16.6211	14.7856	11.7989	20.2761	15.8296	14.0464	11.2090	19.2623	15.0381
91	15.6666	13.4169	21.5224	17.5717	14.9206	12.7780	20.4976	16.7350	14.1745	12.1391	19.4727	15.8982
92	16.8360	14.5413	22.9667	18.9977	16.0343	13.8489	21.8730	18.0930	15.2326	13.1564	20.7794	17.1884
93	16.5057	15.6267	23.3543	19.7795	15.7197	14.8826	22.2422	18.8376	14.9337	14.1384	21.1301	17.8958
94	17.1563	15.9064	23.2457	20.6428	16.3393	15.1490	22.1387	19.6598	15.5224	14.3915	21.0318	18.6768

续表

年龄	低方案				中方案				高方案			
	城镇男性	城镇女性	农村男性	农村女性	城镇男性	城镇女性	农村男性	农村女性	城镇男性	城镇女性	农村男性	农村女性
95	25.0194	21.7815	21.8477	21.4615	23.8280	20.7443	20.8074	20.4395	22.6366	19.7071	19.7670	19.4175
96	24.1424	21.8905	21.1593	21.5693	22.9928	20.8481	20.1517	20.5422	21.8431	19.8057	19.1441	19.5151
97	21.7029	20.9258	19.5397	21.6635	20.6694	19.9294	18.6093	20.6319	19.6359	18.9329	17.6788	19.6004
98	20.5225	20.7777	19.8781	21.2138	19.5452	19.7883	18.9315	20.2036	18.5679	18.7989	17.9849	19.1934
99	22.3433	18.7616	18.3861	17.3210	21.2793	17.8682	17.5105	16.4962	20.2154	16.9748	16.6350	15.6714
100	100	100	100	100	100	100	100	100	100	100	100	100

附表5 2010年内蒙古分年龄、性别、城乡的死亡率情况

单位:%

年龄	低方案				中方案				高方案			
	城镇男性	城镇女性	农村男性	农村女性	城镇男性	城镇女性	农村男性	农村女性	城镇男性	城镇女性	农村男性	农村女性
0	0.4247	0.2804	0.5907	0.5011	0.4045	0.2670	0.5626	0.4772	0.3843	0.2537	0.5345	0.4534
1	0.0644	0.0557	0.1292	0.1141	0.0613	0.0530	0.1231	0.1087	0.0582	0.0504	0.1169	0.1032
2	0.0283	0.0221	0.0701	0.0536	0.0269	0.0210	0.0668	0.0511	0.0256	0.0200	0.0634	0.0485
3	0.0188	0.0102	0.0451	0.0286	0.0179	0.0097	0.0430	0.0273	0.0170	0.0092	0.0408	0.0259
4	0.0133	0.0059	0.0329	0.0172	0.0126	0.0056	0.0313	0.0164	0.0120	0.0053	0.0298	0.0156
5	0.0159	0.0163	0.0322	0.0318	0.0151	0.0155	0.0307	0.0303	0.0144	0.0148	0.0292	0.0288
6	0.0132	0.0138	0.0318	0.0255	0.0126	0.0132	0.0303	0.0243	0.0119	0.0125	0.0288	0.0231
7	0.0139	0.0128	0.0303	0.0208	0.0132	0.0122	0.0288	0.0198	0.0126	0.0116	0.0274	0.0188
8	0.0132	0.0123	0.0284	0.0200	0.0125	0.0117	0.0270	0.0191	0.0119	0.0111	0.0257	0.0181
9	0.0136	0.0118	0.0302	0.0191	0.0129	0.0113	0.0287	0.0182	0.0123	0.0107	0.0273	0.0172
10	0.0165	0.0098	0.0405	0.0262	0.0157	0.0093	0.0386	0.0250	0.0149	0.0089	0.0367	0.0237
11	0.0167	0.0100	0.0362	0.0245	0.0159	0.0096	0.0345	0.0233	0.0151	0.0091	0.0328	0.0222
12	0.0178	0.0099	0.0372	0.0225	0.0169	0.0094	0.0354	0.0215	0.0161	0.0089	0.0337	0.0204
13	0.0172	0.0086	0.0376	0.0238	0.0164	0.0082	0.0358	0.0227	0.0156	0.0078	0.0340	0.0215
14	0.0188	0.0093	0.0426	0.0230	0.0179	0.0089	0.0406	0.0219	0.0170	0.0084	0.0385	0.0208
15	0.0198	0.0123	0.0736	0.0335	0.0188	0.0117	0.0701	0.0319	0.0179	0.0111	0.0666	0.0303
16	0.0180	0.0116	0.0831	0.0363	0.0172	0.0110	0.0792	0.0346	0.0163	0.0105	0.0752	0.0329
17	0.0213	0.0129	0.0947	0.0407	0.0202	0.0123	0.0902	0.0387	0.0192	0.0116	0.0857	0.0368
18	0.0231	0.0133	0.0992	0.0417	0.0220	0.0127	0.0945	0.0397	0.0209	0.0120	0.0897	0.0378
19	0.0238	0.0120	0.1098	0.0419	0.0227	0.0114	0.1046	0.0399	0.0215	0.0108	0.0993	0.0379

续表

年龄	低方案 城镇男性	低方案 城镇女性	低方案 农村男性	低方案 农村女性	中方案 城镇男性	中方案 城镇女性	中方案 农村男性	中方案 农村女性	高方案 城镇男性	高方案 城镇女性	高方案 农村男性	高方案 农村女性
20	0.0376	0.0127	0.1069	0.0439	0.0359	0.0121	0.1019	0.0418	0.0341	0.0114	0.0968	0.0397
21	0.0378	0.0138	0.1053	0.0420	0.0360	0.0131	0.1003	0.0400	0.0342	0.0125	0.0953	0.0380
22	0.0409	0.0161	0.1100	0.0439	0.0390	0.0154	0.1048	0.0418	0.0370	0.0146	0.0996	0.0397
23	0.0450	0.0172	0.1127	0.0454	0.0429	0.0164	0.1073	0.0433	0.0407	0.0156	0.1019	0.0411
24	0.0480	0.0181	0.1202	0.0484	0.0457	0.0172	0.1145	0.0461	0.0434	0.0163	0.1088	0.0438
25	0.0466	0.0193	0.1453	0.0531	0.0444	0.0183	0.1384	0.0506	0.0422	0.0174	0.1315	0.0480
26	0.0471	0.0203	0.1403	0.0515	0.0448	0.0193	0.1336	0.0491	0.0426	0.0184	0.1269	0.0466
27	0.0486	0.0221	0.1455	0.0568	0.0463	0.0211	0.1386	0.0541	0.0440	0.0200	0.1317	0.0514
28	0.0505	0.0229	0.1613	0.0569	0.0481	0.0218	0.1536	0.0542	0.0457	0.0207	0.1460	0.0515
29	0.0528	0.0234	0.1626	0.0623	0.0503	0.0223	0.1548	0.0593	0.0478	0.0212	0.1471	0.0564
30	0.0575	0.0233	0.1589	0.0597	0.0547	0.0222	0.1514	0.0568	0.0520	0.0211	0.1438	0.0540
31	0.0625	0.0252	0.1684	0.0626	0.0595	0.0240	0.1604	0.0596	0.0565	0.0228	0.1524	0.0567
32	0.0687	0.0269	0.1733	0.0616	0.0655	0.0256	0.1650	0.0587	0.0622	0.0243	0.1568	0.0557
33	0.0722	0.0278	0.1801	0.0643	0.0688	0.0265	0.1715	0.0612	0.0653	0.0252	0.1629	0.0581
34	0.0782	0.0333	0.1992	0.0801	0.0745	0.0317	0.1897	0.0763	0.0708	0.0301	0.1802	0.0725
35	0.0942	0.0338	0.2310	0.0815	0.0897	0.0322	0.2200	0.0776	0.0853	0.0306	0.2090	0.0738
36	0.0979	0.0375	0.2362	0.0865	0.0932	0.0357	0.2249	0.0824	0.0886	0.0339	0.2137	0.0783
37	0.1091	0.0422	0.2517	0.0928	0.1039	0.0401	0.2397	0.0884	0.0987	0.0381	0.2277	0.0840
38	0.1156	0.0457	0.2552	0.0954	0.1101	0.0435	0.2431	0.0909	0.1046	0.0413	0.2309	0.0863
39	0.1289	0.0500	0.2816	0.1055	0.1228	0.0476	0.2681	0.1005	0.1166	0.0453	0.2547	0.0954
40	0.1396	0.0515	0.3008	0.1155	0.1329	0.0491	0.2864	0.1100	0.1263	0.0466	0.2721	0.1045
41	0.1565	0.0573	0.3203	0.1246	0.1491	0.0546	0.3050	0.1186	0.1416	0.0518	0.2898	0.1127
42	0.1688	0.0641	0.3363	0.1311	0.1608	0.0611	0.3203	0.1249	0.1528	0.0580	0.3043	0.1186
43	0.1844	0.0694	0.3465	0.1348	0.1756	0.0661	0.3300	0.1284	0.1668	0.0628	0.3135	0.1219
44	0.2011	0.0806	0.3910	0.1602	0.1915	0.0768	0.3724	0.1526	0.1820	0.0729	0.3538	0.1449
45	0.2227	0.0846	0.4241	0.1880	0.2121	0.0806	0.4039	0.1791	0.2015	0.0766	0.3837	0.1701
46	0.2380	0.0889	0.4313	0.1909	0.2266	0.0846	0.4108	0.1818	0.2153	0.0804	0.3902	0.1727
47	0.2756	0.1090	0.4897	0.2207	0.2625	0.1038	0.4664	0.2102	0.2494	0.0986	0.4431	0.1997
48	0.2890	0.1140	0.4973	0.2266	0.2752	0.1086	0.4736	0.2158	0.2615	0.1032	0.4499	0.2050
49	0.3376	0.1345	0.5520	0.2611	0.3215	0.1281	0.5257	0.2486	0.3054	0.1217	0.4994	0.2362
50	0.3747	0.1571	0.6555	0.3182	0.3568	0.1496	0.6243	0.3031	0.3390	0.1421	0.5930	0.2879
51	0.3805	0.1674	0.6593	0.3281	0.3624	0.1594	0.6279	0.3125	0.3443	0.1514	0.5965	0.2968

附表：部分省(自治区、直辖市)人口死亡率情况

续表

年龄	低方案				中方案				高方案			
	城镇男性	城镇女性	农村男性	农村女性	城镇男性	城镇女性	农村男性	农村女性	城镇男性	城镇女性	农村男性	农村女性
52	0.4229	0.1821	0.7160	0.3529	0.4027	0.1734	0.6819	0.3361	0.3826	0.1647	0.6478	0.3193
53	0.4505	0.1979	0.7417	0.3764	0.4290	0.1885	0.7063	0.3585	0.4076	0.1791	0.6710	0.3406
54	0.4884	0.2250	0.8139	0.4217	0.4651	0.2142	0.7751	0.4016	0.4419	0.2035	0.7364	0.3815
55	0.5158	0.2502	0.8776	0.4765	0.4913	0.2383	0.8358	0.4538	0.4667	0.2264	0.7940	0.4311
56	0.5552	0.2711	0.9289	0.5082	0.5287	0.2582	0.8846	0.4840	0.5023	0.2453	0.8404	0.4598
57	0.6206	0.3066	1.0007	0.5557	0.5911	0.2920	0.9531	0.5292	0.5615	0.2774	0.9054	0.5028
58	0.6707	0.3330	1.0653	0.5968	0.6388	0.3171	1.0145	0.5684	0.6069	0.3012	0.9638	0.5400
59	0.7574	0.3804	1.2005	0.6896	0.7213	0.3623	1.1434	0.6568	0.6853	0.3442	1.0862	0.6240
60	0.8242	0.4404	1.3986	0.8376	0.7849	0.4194	1.3320	0.7977	0.7457	0.3985	1.2654	0.7578
61	0.8456	0.4580	1.4082	0.8647	0.8054	0.4362	1.3412	0.8236	0.7651	0.4144	1.2741	0.7824
62	0.9828	0.5378	1.5808	0.9812	0.9360	0.5122	1.5055	0.9345	0.8892	0.4866	1.4302	0.8878
63	1.0715	0.6028	1.7070	1.0600	1.0205	0.5741	1.6257	1.0095	0.9695	0.5454	1.5444	0.9590
64	1.2585	0.7165	1.9953	1.2586	1.1985	0.6823	1.9003	1.1987	1.1386	0.6482	1.8052	1.1388
65	1.4050	0.8301	2.2529	1.5098	1.3381	0.7906	2.1456	1.4379	1.2712	0.7510	2.0383	1.3660
66	1.4612	0.8538	2.3609	1.5871	1.3916	0.8131	2.2485	1.5115	1.3220	0.7725	2.1361	1.4359
67	1.7345	1.0276	2.7553	1.8484	1.6519	0.9787	2.6241	1.7604	1.5693	0.9298	2.4929	1.6724
68	1.8634	1.1237	2.9320	1.9847	1.7747	1.0702	2.7923	1.8902	1.6860	1.0167	2.6527	1.7957
69	2.1517	1.2948	3.3526	2.2781	2.0492	1.2332	3.1930	2.1696	1.9468	1.1715	3.0333	2.0611
70	2.3300	1.4072	3.8974	2.9522	2.2190	1.3402	3.7118	2.8116	2.1081	1.2732	3.5262	2.6710
71	2.4893	1.5484	4.1037	3.1634	2.3707	1.4747	3.9083	3.0127	2.2522	1.4009	3.7129	2.8621
72	2.8503	1.7877	4.6002	3.5022	2.7146	1.7025	4.3811	3.3354	2.5789	1.6174	4.1621	3.1686
73	3.1239	1.9993	4.9138	3.7470	2.9752	1.9041	4.6798	3.5685	2.8264	1.8089	4.4458	3.3901
74	3.5547	2.3187	5.5614	4.1442	3.3854	2.2083	5.2966	3.9468	3.2162	2.0979	5.0317	3.7495
75	3.3340	2.0168	5.8217	4.6450	3.1752	1.9208	5.5445	4.4238	3.0164	1.8247	5.2673	4.2026
76	3.5547	2.2565	5.9360	4.7876	3.3855	2.1491	5.6533	4.5596	3.2162	2.0416	5.3707	4.3316
77	4.1396	2.7398	6.7838	5.4414	3.9425	2.6093	6.4608	5.1823	3.7453	2.4788	6.1377	4.9231
78	4.8484	3.2799	7.6657	6.0572	4.6175	3.1237	7.3007	5.7688	4.3867	2.9675	6.9357	5.4804
79	5.3175	3.7868	8.5228	6.7542	5.0643	3.6065	8.1169	6.4326	4.8111	3.4262	7.7111	6.1109
80	4.7621	3.4745	9.3273	7.8711	4.5354	3.3091	8.8832	7.4963	4.3086	3.1436	8.4390	7.1214
81	5.2856	3.9939	9.8814	8.3793	5.0339	3.8037	9.4109	7.9803	4.7822	3.6135	8.9404	7.5813
82	6.0865	4.6929	10.9220	9.2541	5.7966	4.4695	10.4019	8.8135	5.5068	4.2460	9.8818	8.3728
83	6.7942	5.2965	11.6207	9.7982	6.4706	5.0443	11.0674	9.3316	6.1471	4.7921	10.5140	8.8650

续表

年龄	低方案				中方案				高方案			
	城镇男性	城镇女性	农村男性	农村女性	城镇男性	城镇女性	农村男性	农村女性	城镇男性	城镇女性	农村男性	农村女性
84	7.7544	6.1377	12.6353	10.6730	7.3852	5.8454	12.0336	10.1648	7.0159	5.5532	11.4319	9.6565
85	6.0492	4.9882	12.9409	11.1464	5.7611	4.7507	12.3246	10.6156	5.4731	4.5132	11.7084	10.0848
86	7.1262	6.0281	14.1826	12.2192	6.7868	5.7410	13.5072	11.6373	6.4475	5.4540	12.8319	11.0555
87	7.7906	6.7043	14.7560	12.8985	7.4196	6.3850	14.0438	12.2843	7.0487	6.0658	13.3416	11.6700
88	9.0495	8.0614	16.1741	14.2114	8.6186	7.6775	15.4039	13.5347	8.1877	7.2936	14.6337	12.8579
89	10.5146	9.2315	18.1413	15.6020	10.0139	8.7919	17.2774	14.8590	9.5132	8.3523	16.4136	14.1161
90	9.6575	7.9688	21.1095	17.0641	9.1977	7.5893	20.1043	16.2515	8.7378	7.2099	19.0991	15.4389
91	9.8085	9.0460	21.3426	18.0099	9.3414	8.6152	20.3263	17.1523	8.8744	8.1844	19.3100	16.2947
92	11.0546	10.2240	22.7899	19.4288	10.5282	9.7371	21.7047	18.5036	10.0018	9.2503	20.6195	17.5784
93	10.7026	11.3612	23.1784	20.2067	10.1930	10.8202	22.0747	19.2445	9.6833	10.2792	20.9709	18.2823
94	11.3959	11.6543	23.0695	21.0656	10.8532	11.0993	21.9710	20.0625	10.3106	10.5443	20.8724	19.0594
95	9.3952	10.4542	25.0945	21.4701	8.9478	9.9564	23.8995	20.4478	8.5004	9.4586	22.7045	19.4254
96	8.3468	10.5780	24.4329	21.5780	7.9493	10.0743	23.2695	20.5505	7.5519	9.5706	22.1060	19.5229
97	5.4307	9.4821	22.8766	21.6722	5.1721	9.0306	21.7872	20.6402	4.9135	8.5790	20.6978	19.6082
98	4.0197	9.3138	23.2017	21.2225	3.8283	8.8703	22.0969	20.2119	3.6369	8.4268	20.9920	19.2013
99	6.1963	7.0232	21.7680	17.3301	5.9012	6.6888	20.7314	16.5048	5.6061	6.3543	19.6948	15.6796
100	100	100	100	100	100	100	100	100	100	100	100	100

附表6 2010年辽宁分年龄、性别、城乡的死亡率情况

单位:%

年龄	低方案				中方案				高方案			
	城镇男性	城镇女性	农村男性	农村女性	城镇男性	城镇女性	农村男性	农村女性	城镇男性	城镇女性	农村男性	农村女性
0	0.3300	0.2448	0.3134	0.2486	0.3143	0.2331	0.2985	0.2367	0.2986	0.2215	0.2836	0.2249
1	0.0620	0.0549	0.1194	0.1043	0.0590	0.0523	0.1138	0.0994	0.0561	0.0497	0.1081	0.0944
2	0.0259	0.0213	0.0603	0.0439	0.0247	0.0203	0.0574	0.0418	0.0234	0.0193	0.0546	0.0397
3	0.0164	0.0094	0.0353	0.0189	0.0156	0.0090	0.0336	0.0180	0.0148	0.0085	0.0319	0.0171
4	0.0109	0.0051	0.0231	0.0074	0.0103	0.0049	0.0220	0.0071	0.0098	0.0046	0.0209	0.0067
5	0.0158	0.0127	0.0416	0.0331	0.0151	0.0121	0.0396	0.0315	0.0143	0.0115	0.0376	0.0300
6	0.0131	0.0102	0.0412	0.0268	0.0125	0.0098	0.0392	0.0255	0.0119	0.0093	0.0373	0.0242
7	0.0138	0.0092	0.0397	0.0221	0.0132	0.0088	0.0378	0.0210	0.0125	0.0083	0.0359	0.0200
8	0.0131	0.0087	0.0377	0.0213	0.0125	0.0083	0.0359	0.0203	0.0118	0.0079	0.0341	0.0193

附表：部分省（自治区、直辖市）人口死亡率情况

续表

年龄	低方案 城镇男性	低方案 城镇女性	低方案 农村男性	低方案 农村女性	中方案 城镇男性	中方案 城镇女性	中方案 农村男性	中方案 农村女性	高方案 城镇男性	高方案 城镇女性	高方案 农村男性	高方案 农村女性
9	0.0135	0.0082	0.0395	0.0204	0.0128	0.0079	0.0376	0.0194	0.0122	0.0075	0.0358	0.0184
10	0.0173	0.0146	0.0500	0.0234	0.0165	0.0139	0.0476	0.0223	0.0156	0.0132	0.0452	0.0212
11	0.0176	0.0148	0.0457	0.0217	0.0167	0.0141	0.0435	0.0206	0.0159	0.0134	0.0413	0.0196
12	0.0186	0.0147	0.0467	0.0197	0.0177	0.0140	0.0444	0.0188	0.0168	0.0133	0.0422	0.0178
13	0.0180	0.0134	0.0471	0.0210	0.0172	0.0127	0.0448	0.0200	0.0163	0.0121	0.0426	0.0190
14	0.0196	0.0141	0.0521	0.0202	0.0187	0.0134	0.0496	0.0192	0.0177	0.0127	0.0471	0.0182
15	0.0288	0.0145	0.0763	0.0345	0.0274	0.0138	0.0727	0.0328	0.0260	0.0131	0.0691	0.0312
16	0.0270	0.0138	0.0859	0.0373	0.0257	0.0131	0.0818	0.0355	0.0244	0.0125	0.0777	0.0337
17	0.0302	0.0151	0.0975	0.0416	0.0288	0.0144	0.0929	0.0396	0.0274	0.0136	0.0882	0.0376
18	0.0321	0.0155	0.1019	0.0426	0.0306	0.0148	0.0971	0.0406	0.0291	0.0140	0.0922	0.0386
19	0.0328	0.0142	0.1125	0.0428	0.0312	0.0135	0.1072	0.0408	0.0296	0.0128	0.1018	0.0387
20	0.0370	0.0141	0.1072	0.0369	0.0352	0.0134	0.1021	0.0351	0.0335	0.0127	0.0970	0.0334
21	0.0372	0.0152	0.1056	0.0350	0.0354	0.0145	0.1005	0.0334	0.0337	0.0137	0.0955	0.0317
22	0.0403	0.0175	0.1103	0.0369	0.0384	0.0167	0.1050	0.0352	0.0364	0.0159	0.0998	0.0334
23	0.0444	0.0187	0.1129	0.0384	0.0423	0.0178	0.1075	0.0366	0.0402	0.0169	0.1021	0.0347
24	0.0474	0.0195	0.1204	0.0414	0.0451	0.0185	0.1147	0.0394	0.0429	0.0176	0.1090	0.0374
25	0.0490	0.0212	0.1217	0.0535	0.0466	0.0202	0.1159	0.0509	0.0443	0.0192	0.1101	0.0484
26	0.0494	0.0222	0.1167	0.0519	0.0471	0.0211	0.1111	0.0494	0.0447	0.0201	0.1056	0.0470
27	0.0510	0.0240	0.1219	0.0572	0.0485	0.0229	0.1161	0.0544	0.0461	0.0218	0.1103	0.0517
28	0.0528	0.0248	0.1377	0.0573	0.0503	0.0237	0.1312	0.0546	0.0478	0.0225	0.1246	0.0519
29	0.0551	0.0254	0.1390	0.0627	0.0525	0.0241	0.1324	0.0597	0.0499	0.0229	0.1257	0.0567
30	0.0595	0.0266	0.1439	0.0613	0.0567	0.0253	0.1371	0.0584	0.0538	0.0241	0.1302	0.0555
31	0.0645	0.0285	0.1534	0.0643	0.0615	0.0272	0.1461	0.0612	0.0584	0.0258	0.1388	0.0581
32	0.0708	0.0302	0.1582	0.0632	0.0674	0.0287	0.1507	0.0602	0.0640	0.0273	0.1432	0.0572
33	0.0742	0.0312	0.1651	0.0659	0.0707	0.0297	0.1572	0.0628	0.0672	0.0282	0.1494	0.0596
34	0.0802	0.0366	0.1842	0.0818	0.0764	0.0349	0.1754	0.0779	0.0726	0.0331	0.1666	0.0740
35	0.1054	0.0408	0.2346	0.0874	0.1004	0.0389	0.2234	0.0832	0.0954	0.0369	0.2122	0.0791
36	0.1091	0.0445	0.2397	0.0924	0.1039	0.0424	0.2283	0.0880	0.0987	0.0402	0.2169	0.0836
37	0.1203	0.0491	0.2552	0.0987	0.1145	0.0468	0.2431	0.0940	0.1088	0.0445	0.2309	0.0893
38	0.1268	0.0526	0.2588	0.1013	0.1207	0.0501	0.2465	0.0965	0.1147	0.0476	0.2342	0.0916
39	0.1401	0.0570	0.2851	0.1113	0.1335	0.0543	0.2715	0.1060	0.1268	0.0516	0.2580	0.1007

续表

年龄	低方案 城镇男性	低方案 城镇女性	低方案 农村男性	低方案 农村女性	中方案 城镇男性	中方案 城镇女性	中方案 农村男性	中方案 农村女性	高方案 城镇男性	高方案 城镇女性	高方案 农村男性	高方案 农村女性
40	0.1955	0.0685	0.3144	0.1268	0.1862	0.0653	0.2995	0.1208	0.1769	0.0620	0.2845	0.1148
41	0.2124	0.0743	0.3340	0.1359	0.2023	0.0708	0.3181	0.1294	0.1922	0.0672	0.3022	0.1230
42	0.2247	0.0812	0.3500	0.1424	0.2140	0.0773	0.3333	0.1357	0.2033	0.0734	0.3166	0.1289
43	0.2403	0.0864	0.3602	0.1461	0.2288	0.0823	0.3430	0.1392	0.2174	0.0782	0.3259	0.1322
44	0.2570	0.0976	0.4047	0.1715	0.2448	0.0930	0.3854	0.1634	0.2325	0.0883	0.3661	0.1552
45	0.3125	0.1218	0.4419	0.1913	0.2976	0.1160	0.4208	0.1822	0.2827	0.1102	0.3998	0.1731
46	0.3277	0.1261	0.4491	0.1942	0.3121	0.1201	0.4277	0.1849	0.2965	0.1141	0.4063	0.1757
47	0.3653	0.1461	0.5075	0.2240	0.3479	0.1392	0.4833	0.2134	0.3305	0.1322	0.4591	0.2027
48	0.3787	0.1512	0.5150	0.2299	0.3606	0.1440	0.4905	0.2189	0.3426	0.1368	0.4660	0.2080
49	0.4272	0.1716	0.5697	0.2644	0.4069	0.1635	0.5426	0.2518	0.3865	0.1553	0.5154	0.2392
50	0.4991	0.2050	0.6887	0.3291	0.4753	0.1953	0.6559	0.3134	0.4516	0.1855	0.6231	0.2977
51	0.5049	0.2153	0.6925	0.3389	0.4809	0.2051	0.6596	0.3228	0.4569	0.1948	0.6266	0.3066
52	0.5472	0.2300	0.7492	0.3637	0.5212	0.2191	0.7135	0.3464	0.4951	0.2081	0.6778	0.3291
53	0.5748	0.2459	0.7749	0.3872	0.5475	0.2342	0.7380	0.3688	0.5201	0.2225	0.7011	0.3504
54	0.6127	0.2729	0.8471	0.4325	0.5835	0.2599	0.8068	0.4119	0.5543	0.2469	0.7664	0.3913
55	0.6287	0.2760	0.8525	0.4663	0.5988	0.2628	0.8119	0.4441	0.5688	0.2497	0.7713	0.4219
56	0.6680	0.2969	0.9037	0.4981	0.6362	0.2828	0.8607	0.4744	0.6044	0.2686	0.8177	0.4507
57	0.7334	0.3323	0.9756	0.5456	0.6985	0.3165	0.9292	0.5196	0.6636	0.3007	0.8827	0.4936
58	0.7835	0.3587	1.0402	0.5867	0.7462	0.3416	0.9906	0.5588	0.7088	0.3245	0.9411	0.5308
59	0.8700	0.4062	1.1755	0.6795	0.8286	0.3868	1.1195	0.6472	0.7872	0.3675	1.0635	0.6148
60	0.9126	0.4774	1.2430	0.7668	0.8691	0.4547	1.1838	0.7303	0.8257	0.4320	1.1247	0.6938
61	0.9340	0.4950	1.2527	0.7940	0.8896	0.4714	1.1931	0.7562	0.8451	0.4479	1.1334	0.7184
62	1.0711	0.5748	1.4255	0.9106	1.0201	0.5474	1.3576	0.8672	0.9690	0.5201	1.2898	0.8238
63	1.1598	0.6397	1.5519	0.9894	1.1045	0.6093	1.4780	0.9423	1.0493	0.5788	1.4041	0.8952
64	1.3465	0.7534	1.8406	1.1882	1.2824	0.7175	1.7530	1.1316	1.2183	0.6816	1.6653	1.0750
65	1.5034	0.8962	1.8988	1.4086	1.4318	0.8535	1.8084	1.3416	1.3602	0.8109	1.7180	1.2745
66	1.5595	0.9199	2.0072	1.4860	1.4852	0.8761	1.9116	1.4152	1.4110	0.8323	1.8161	1.3445
67	1.8325	1.0936	2.4030	1.7476	1.7452	1.0416	2.2886	1.6644	1.6580	0.9895	2.1741	1.5812
68	1.9614	1.1897	2.5802	1.8840	1.8680	1.1330	2.4574	1.7943	1.7746	1.0764	2.3345	1.7046
69	2.2493	1.3607	3.0024	2.1777	2.1422	1.2959	2.8594	2.0740	2.0351	1.2311	2.7164	1.9703
70	2.4985	1.6849	3.4307	2.7640	2.3795	1.6047	3.2674	2.6324	2.2606	1.5244	3.1040	2.5007

续表

年龄	低方案 城镇男性	低方案 城镇女性	低方案 农村男性	低方案 农村女性	中方案 城镇男性	中方案 城镇女性	中方案 农村男性	中方案 农村女性	高方案 城镇男性	高方案 城镇女性	高方案 农村男性	高方案 农村女性
71	2.6575	1.8257	3.6380	2.9755	2.5310	1.7388	3.4648	2.8338	2.4044	1.6518	3.2915	2.6921
72	3.0180	2.0643	4.1367	3.3149	2.8742	1.9660	3.9397	3.1571	2.7305	1.8677	3.7428	2.9992
73	3.2911	2.2754	4.4518	3.5602	3.1344	2.1670	4.2398	3.3907	2.9777	2.0587	4.0278	3.2211
74	3.7212	2.5940	5.1024	3.9581	3.5440	2.4704	4.8594	3.7697	3.3668	2.3469	4.6165	3.5812
75	4.0431	2.8210	5.5592	4.7439	3.8506	2.6867	5.2944	4.5180	3.6580	2.5523	5.0297	4.2921
76	4.2623	3.0588	5.6737	4.8864	4.0593	2.9132	5.4035	4.6537	3.8564	2.7675	5.1334	4.4210
77	4.8431	3.5383	6.5238	5.5395	4.6125	3.3698	6.2131	5.2758	4.3818	3.2013	5.9025	5.0120
78	5.5470	4.0743	7.4080	6.1548	5.2828	3.8802	7.0553	5.8617	5.0187	3.6862	6.7025	5.5686
79	6.0128	4.5772	8.2674	6.8511	5.7265	4.3593	7.8737	6.5248	5.4402	4.1413	7.4800	6.1986
80	6.0388	4.9549	9.2239	7.7607	5.7513	4.7189	8.7847	7.3911	5.4637	4.4830	8.3455	7.0215
81	6.5557	5.4666	9.7786	8.2695	6.2435	5.2063	9.3130	7.8757	5.9313	4.9460	8.8473	7.4819
82	7.3463	6.1555	10.8203	9.1453	6.9965	5.8624	10.3051	8.7098	6.6466	5.5693	9.7898	8.2743
83	8.0450	6.7503	11.5198	9.6900	7.6619	6.4288	10.9713	9.2286	7.2788	6.1074	10.4227	8.7671
84	8.9930	7.5792	12.5354	10.5658	8.5648	7.2183	11.9385	10.0627	8.1365	6.8574	11.3416	9.5595
85	9.6144	7.9567	12.5265	11.5535	9.1565	7.5778	11.9300	11.0033	8.6987	7.1989	11.3335	10.4531
86	10.6526	8.9656	13.7738	12.6216	10.1453	8.5387	13.1179	12.0206	9.6381	8.1118	12.4620	11.4196
87	11.2931	9.6218	14.3397	13.2980	10.7553	9.1636	13.6569	12.6647	10.2176	8.7054	12.9740	12.0315
88	12.5066	10.9386	15.7743	14.6052	11.9111	10.4177	15.0232	13.9097	11.3155	9.8968	14.2720	13.2142
89	13.9189	12.0740	17.7503	15.9897	13.2561	11.4991	16.9051	15.2283	12.5933	10.9241	16.0598	14.4669
90	16.5541	13.4246	22.1614	18.0160	15.7658	12.7854	21.1061	17.1581	14.9775	12.1461	20.0508	16.3002
91	16.6941	14.4412	22.3916	18.9516	15.8992	13.7535	21.3253	18.0492	15.1042	13.0659	20.2590	17.1467
92	17.8501	15.5530	23.8208	20.3551	17.0001	14.8124	22.6864	19.3858	16.1501	14.0718	21.5521	18.4165
93	17.5235	16.6263	24.2044	21.1246	16.6891	15.8345	23.0518	20.1187	15.8546	15.0428	21.8992	19.1127
94	18.1667	16.9029	24.0969	21.9743	17.3016	16.0980	22.9494	20.9279	16.4365	15.2931	21.8019	19.8815
95	23.0327	21.4079	32.3993	28.6522	21.9359	20.3885	30.8564	27.2878	20.8391	19.3691	29.3136	25.9234
96	22.1339	21.5174	31.7982	28.7507	21.0799	20.4927	30.2840	27.3817	20.0259	19.4681	28.7698	26.0126
97	19.6338	20.5484	30.3841	28.8369	18.6988	19.5699	28.9373	27.4637	17.7639	18.5914	27.4904	26.0905
98	18.4240	20.3996	30.6795	28.4259	17.5467	19.4282	29.2186	27.0722	16.6694	18.4568	27.7577	25.7186
99	20.2901	18.3744	29.3768	24.8681	19.3239	17.4995	27.9580	23.6839	18.3577	16.6245	26.5791	22.4997
100	100	100	100	100	100	100	100	100	100	100	100	100

附表7 2010年吉林分年龄、性别、城乡的死亡率情况

单位:%

年龄	低方案 城镇男性	低方案 城镇女性	低方案 农村男性	低方案 农村女性	中方案 城镇男性	中方案 城镇女性	中方案 农村男性	中方案 农村女性	高方案 城镇男性	高方案 城镇女性	高方案 农村男性	高方案 农村女性
0	0.1514	0.0984	0.2065	0.1939	0.1442	0.0937	0.1967	0.1846	0.1370	0.0890	0.1869	0.1754
1	0.0556	0.0530	0.1016	0.0360	0.0530	0.0505	0.0967	0.0343	0.0503	0.0480	0.0919	0.0326
2	0.0196	0.0195	0.0424	0.0360	0.0186	0.0185	0.0404	0.0343	0.0177	0.0176	0.0384	0.0326
3	0.0100	0.0076	0.0174	0.0360	0.0096	0.0072	0.0166	0.0343	0.0091	0.0069	0.0158	0.0326
4	0.0045	0.0032	0.0052	0.0360	0.0043	0.0031	0.0049	0.0343	0.0041	0.0029	0.0047	0.0326
5	0.0114	0.0112	0.0247	0.0257	0.0109	0.0107	0.0235	0.0245	0.0103	0.0101	0.0223	0.0233
6	0.0087	0.0087	0.0243	0.0194	0.0083	0.0083	0.0231	0.0185	0.0079	0.0079	0.0220	0.0176
7	0.0094	0.0077	0.0227	0.0147	0.0090	0.0073	0.0216	0.0140	0.0085	0.0070	0.0206	0.0133
8	0.0087	0.0072	0.0208	0.0139	0.0083	0.0068	0.0198	0.0133	0.0079	0.0065	0.0188	0.0126
9	0.0091	0.0067	0.0226	0.0130	0.0087	0.0064	0.0215	0.0124	0.0082	0.0061	0.0205	0.0117
10	0.0153	0.0093	0.0320	0.0201	0.0146	0.0089	0.0305	0.0191	0.0139	0.0084	0.0290	0.0182
11	0.0156	0.0095	0.0277	0.0184	0.0149	0.0091	0.0264	0.0175	0.0141	0.0086	0.0250	0.0166
12	0.0167	0.0094	0.0287	0.0164	0.0159	0.0089	0.0273	0.0156	0.0151	0.0085	0.0259	0.0149
13	0.0161	0.0081	0.0291	0.0177	0.0153	0.0077	0.0277	0.0169	0.0145	0.0073	0.0263	0.0160
14	0.0176	0.0088	0.0341	0.0169	0.0168	0.0084	0.0324	0.0161	0.0159	0.0080	0.0308	0.0153
15	0.0214	0.0127	0.0520	0.0316	0.0204	0.0121	0.0496	0.0301	0.0194	0.0115	0.0471	0.0286
16	0.0197	0.0120	0.0616	0.0344	0.0187	0.0114	0.0587	0.0327	0.0178	0.0108	0.0557	0.0311
17	0.0229	0.0133	0.0732	0.0387	0.0218	0.0126	0.0697	0.0369	0.0207	0.0120	0.0662	0.0350
18	0.0248	0.0137	0.0777	0.0397	0.0236	0.0130	0.0740	0.0379	0.0224	0.0124	0.0703	0.0360
19	0.0255	0.0124	0.0883	0.0399	0.0242	0.0118	0.0841	0.0380	0.0230	0.0112	0.0798	0.0361
20	0.0270	0.0123	0.0805	0.0380	0.0257	0.0117	0.0767	0.0362	0.0244	0.0111	0.0728	0.0344
21	0.0272	0.0134	0.0789	0.0362	0.0259	0.0128	0.0752	0.0345	0.0246	0.0121	0.0714	0.0327
22	0.0303	0.0157	0.0836	0.0381	0.0288	0.0150	0.0796	0.0363	0.0274	0.0142	0.0756	0.0344
23	0.0344	0.0169	0.0862	0.0396	0.0327	0.0161	0.0821	0.0377	0.0311	0.0153	0.0780	0.0358
24	0.0374	0.0177	0.0938	0.0425	0.0356	0.0169	0.0893	0.0405	0.0338	0.0160	0.0849	0.0385
25	0.0408	0.0189	0.0994	0.0433	0.0388	0.0180	0.0947	0.0412	0.0369	0.0171	0.0900	0.0391
26	0.0412	0.0199	0.0945	0.0417	0.0393	0.0190	0.0900	0.0397	0.0373	0.0180	0.0855	0.0378
27	0.0428	0.0218	0.0997	0.0470	0.0407	0.0207	0.0949	0.0447	0.0387	0.0197	0.0902	0.0425
28	0.0446	0.0226	0.1155	0.0471	0.0425	0.0215	0.1100	0.0449	0.0404	0.0204	0.1045	0.0426
29	0.0469	0.0231	0.1167	0.0525	0.0447	0.0220	0.1112	0.0500	0.0425	0.0209	0.1056	0.0475
30	0.0480	0.0212	0.1111	0.0479	0.0457	0.0202	0.1059	0.0456	0.0434	0.0192	0.1006	0.0433

续表

年龄	低方案 城镇男性	低方案 城镇女性	低方案 农村男性	低方案 农村女性	中方案 城镇男性	中方案 城镇女性	中方案 农村男性	中方案 农村女性	高方案 城镇男性	高方案 城镇女性	高方案 农村男性	高方案 农村女性
31	0.0530	0.0232	0.1206	0.0508	0.0505	0.0221	0.1149	0.0484	0.0479	0.0210	0.1091	0.0460
32	0.0592	0.0248	0.1255	0.0498	0.0564	0.0236	0.1195	0.0474	0.0536	0.0224	0.1135	0.0450
33	0.0627	0.0258	0.1323	0.0525	0.0597	0.0246	0.1260	0.0500	0.0567	0.0233	0.1197	0.0475
34	0.0687	0.0313	0.1514	0.0683	0.0654	0.0298	0.1442	0.0651	0.0622	0.0283	0.1370	0.0618
35	0.0910	0.0333	0.1751	0.0807	0.0867	0.0317	0.1667	0.0769	0.0823	0.0301	0.1584	0.0730
36	0.0947	0.0369	0.1802	0.0857	0.0901	0.0352	0.1716	0.0816	0.0856	0.0334	0.1631	0.0775
37	0.1058	0.0416	0.1957	0.0920	0.1008	0.0396	0.1864	0.0876	0.0957	0.0377	0.1771	0.0832
38	0.1123	0.0451	0.1993	0.0946	0.1070	0.0430	0.1898	0.0901	0.1016	0.0408	0.1803	0.0856
39	0.1257	0.0495	0.2256	0.1047	0.1197	0.0471	0.2149	0.0997	0.1137	0.0448	0.2042	0.0947
40	0.1388	0.0632	0.2461	0.1187	0.1322	0.0602	0.2344	0.1131	0.1256	0.0572	0.2226	0.1074
41	0.1557	0.0690	0.2656	0.1278	0.1483	0.0657	0.2530	0.1217	0.1409	0.0624	0.2403	0.1156
42	0.1681	0.0758	0.2816	0.1344	0.1601	0.0722	0.2682	0.1280	0.1521	0.0686	0.2548	0.1216
43	0.1836	0.0811	0.2918	0.1380	0.1749	0.0772	0.2779	0.1315	0.1661	0.0734	0.2640	0.1249
44	0.2003	0.0923	0.3364	0.1635	0.1908	0.0879	0.3204	0.1557	0.1813	0.0835	0.3043	0.1479
45	0.2445	0.1056	0.3809	0.1780	0.2328	0.1006	0.3628	0.1695	0.2212	0.0955	0.3446	0.1610
46	0.2597	0.1099	0.3881	0.1808	0.2473	0.1046	0.3696	0.1722	0.2350	0.0994	0.3512	0.1636
47	0.2973	0.1299	0.4466	0.2107	0.2832	0.1238	0.4253	0.2007	0.2690	0.1176	0.4040	0.1906
48	0.3107	0.1350	0.4541	0.2166	0.2959	0.1286	0.4325	0.2062	0.2811	0.1221	0.4109	0.1959
49	0.3593	0.1554	0.5088	0.2510	0.3422	0.1480	0.4846	0.2391	0.3251	0.1406	0.4604	0.2271
50	0.4127	0.2024	0.6061	0.3260	0.3930	0.1928	0.5773	0.3105	0.3734	0.1832	0.5484	0.2950
51	0.4185	0.2127	0.6100	0.3359	0.3986	0.2026	0.5809	0.3199	0.3787	0.1925	0.5519	0.3039
52	0.4609	0.2274	0.6667	0.3607	0.4389	0.2166	0.6349	0.3435	0.4170	0.2058	0.6032	0.3263
53	0.4885	0.2433	0.6924	0.3842	0.4652	0.2317	0.6594	0.3659	0.4419	0.2201	0.6264	0.3476
54	0.5263	0.2703	0.7646	0.4295	0.5013	0.2574	0.7282	0.4090	0.4762	0.2446	0.6918	0.3886
55	0.5799	0.2874	0.8407	0.5229	0.5523	0.2737	0.8006	0.4980	0.5246	0.2600	0.7606	0.4731
56	0.6192	0.3083	0.8919	0.5546	0.5897	0.2936	0.8494	0.5282	0.5602	0.2789	0.8070	0.5018
57	0.6846	0.3437	0.9638	0.6021	0.6520	0.3273	0.9179	0.5734	0.6194	0.3110	0.8720	0.5448
58	0.7347	0.3701	1.0284	0.6432	0.6997	0.3525	0.9794	0.6126	0.6647	0.3348	0.9304	0.5820
59	0.8213	0.4175	1.1637	0.7360	0.7822	0.3977	1.1083	0.7009	0.7431	0.3778	1.0529	0.6659
60	0.8431	0.4895	1.3300	0.9395	0.8029	0.4662	1.2667	0.8947	0.7628	0.4429	1.2034	0.8500
61	0.8645	0.5071	1.3397	0.9666	0.8234	0.4829	1.2759	0.9206	0.7822	0.4588	1.2121	0.8746
62	1.0016	0.5869	1.5124	1.0830	0.9539	0.5589	1.4404	1.0314	0.9062	0.5310	1.3683	0.9798

续表

年龄	低方案 城镇男性	低方案 城镇女性	低方案 农村男性	低方案 农村女性	中方案 城镇男性	中方案 城镇女性	中方案 农村男性	中方案 农村女性	高方案 城镇男性	高方案 城镇女性	高方案 农村男性	高方案 农村女性
63	1.0904	0.6518	1.6386	1.1617	1.0385	0.6208	1.5606	1.1063	0.9866	0.5897	1.4826	1.0510
64	1.2773	0.7654	1.9271	1.3601	1.2165	0.7290	1.8354	1.2953	1.1557	0.6925	1.7436	1.2306
65	1.3917	0.9251	2.0637	1.6555	1.3254	0.8811	1.9654	1.5767	1.2591	0.8370	1.8671	1.4978
66	1.4479	0.9488	2.1719	1.7327	1.3789	0.9036	2.0685	1.6502	1.3100	0.8584	1.9651	1.5677
67	1.7212	1.1225	2.5671	1.9937	1.6392	1.0690	2.4448	1.8987	1.5573	1.0156	2.3226	1.8038
68	1.8502	1.2185	2.7440	2.1298	1.7621	1.1605	2.6134	2.0284	1.6740	1.1024	2.4827	1.9269
69	2.1385	1.3894	3.1655	2.4228	2.0366	1.3233	3.0147	2.3074	1.9348	1.2571	2.8640	2.1920
70	2.2469	1.6253	3.4331	2.8667	2.1399	1.5479	3.2696	2.7301	2.0329	1.4705	3.1061	2.5936
71	2.4063	1.7662	3.6404	3.0780	2.2917	1.6821	3.4670	2.9314	2.1771	1.5980	3.2937	2.7848
72	2.7676	2.0049	4.1391	3.4171	2.6358	1.9095	3.9420	3.2543	2.5040	1.8140	3.7449	3.0916
73	3.0415	2.2161	4.4541	3.6621	2.8966	2.1106	4.2420	3.4877	2.7518	2.0051	4.0299	3.3133
74	3.4726	2.5349	5.1047	4.0596	3.3072	2.4142	4.8616	3.8663	3.1419	2.2935	4.6186	3.6730
75	3.4014	2.4765	5.0389	4.1413	3.2395	2.3586	4.7989	3.9441	3.0775	2.2406	4.5590	3.7469
76	3.6221	2.7152	5.1540	4.2846	3.4496	2.5859	4.9086	4.0806	3.2771	2.4566	4.6632	3.8766
77	4.2065	3.1963	6.0086	4.9417	4.0062	3.0441	5.7224	4.7064	3.8059	2.8919	5.4363	4.4711
78	4.9149	3.7340	6.8974	5.5607	4.6808	3.5562	6.5690	5.2959	4.4468	3.3784	6.2405	5.0311
79	5.3837	4.2387	7.7612	6.2611	5.1273	4.0368	7.3917	5.9630	4.8709	3.8350	7.0221	5.6648
80	4.6779	3.8963	7.5692	6.1919	4.4551	3.7108	7.2088	5.8970	4.2324	3.5253	6.8483	5.6022
81	5.2018	4.4136	8.1335	6.7089	4.9541	4.2034	7.7462	6.3895	4.7064	3.9932	7.3589	6.0700
82	6.0033	5.1097	9.1932	7.5988	5.7175	4.8664	8.7554	7.2370	5.4316	4.6231	8.3177	6.8751
83	6.7116	5.7108	9.9047	8.1523	6.3920	5.4388	9.4331	7.7641	6.0724	5.1669	8.9614	7.3759
84	7.6727	6.5485	10.9379	9.0423	7.3073	6.2367	10.4171	8.6117	6.9420	5.9248	9.8962	8.1811
85	5.6884	5.4104	9.6310	7.9912	5.4175	5.1528	9.1724	7.6107	5.1467	4.8951	8.7137	7.2301
86	6.7694	6.4459	10.9173	9.1001	6.4470	6.1389	10.3975	8.6667	6.1247	5.8320	9.8776	8.2334
87	7.4362	7.1192	11.5010	9.8022	7.0821	6.7802	10.9533	9.3354	6.7280	6.4412	10.4056	8.8686
88	8.6997	8.4706	12.9805	11.1592	8.2855	8.0672	12.3624	10.6278	7.8712	7.6638	11.7442	10.0964
89	10.1701	9.6358	15.0184	12.5966	9.6858	9.1769	14.3032	11.9967	9.2016	8.7181	13.5881	11.3969
90	9.4215	7.5210	13.9557	11.5228	8.9729	7.1629	13.2911	10.9741	8.5242	6.8047	12.6266	10.4254
91	9.5728	8.6031	14.2086	12.5283	9.1170	8.1935	13.5320	11.9317	8.6611	7.7838	12.8554	11.3351
92	10.8220	9.7866	15.7794	14.0365	10.3067	9.3206	15.0280	13.3681	9.7914	8.8545	14.2766	12.6997
93	10.4691	10.9290	16.2010	14.8635	9.9706	10.4086	15.4295	14.1557	9.4721	9.8882	14.6581	13.4479
94	11.1642	11.2235	16.0828	15.7765	10.6325	10.6890	15.3170	15.0253	10.1009	10.1546	14.5511	14.2740

续表

年龄	低方案				中方案				高方案			
	城镇男性	城镇女性	农村男性	农村女性	城镇男性	城镇女性	农村男性	农村女性	城镇男性	城镇女性	农村男性	农村女性
95	12.5372	10.7917	17.4508	15.8680	11.9402	10.2778	16.6198	15.1124	11.3432	9.7639	15.7889	14.3568
96	11.5233	10.9151	16.7260	15.9831	10.9746	10.3953	15.9295	15.2220	10.4259	9.8755	15.1331	14.4609
97	8.7031	9.8231	15.0208	16.0837	8.2886	9.3553	14.3055	15.3178	7.8742	8.8875	13.5902	14.5519
98	7.3384	9.6554	15.3770	15.6038	6.9890	9.1956	14.6448	14.8608	6.6395	8.7358	13.9125	14.1177
99	9.4435	7.3730	13.8061	11.4503	8.9938	7.0219	13.1487	10.9051	8.5441	6.6708	12.4912	10.3598
100	100	100	100	100	100	100	100	100	100	100	100	100

附表8 2010年黑龙江分年龄、性别、城乡的死亡率情况

单位:%

年龄	低方案				中方案				高方案			
	城镇男性	城镇女性	农村男性	农村女性	城镇男性	城镇女性	农村男性	农村女性	城镇男性	城镇女性	农村男性	农村女性
0	0.1525	0.1102	0.2083	0.1593	0.1453	0.1050	0.1983	0.1518	0.1380	0.0997	0.1884	0.1442
1	0.0548	0.0504	0.1020	0.0342	0.0522	0.0480	0.0972	0.0326	0.0496	0.0456	0.0923	0.0310
2	0.0187	0.0169	0.0429	0.0342	0.0179	0.0161	0.0408	0.0326	0.0170	0.0152	0.0388	0.0310
3	0.0092	0.0050	0.0179	0.0342	0.0088	0.0047	0.0170	0.0326	0.0083	0.0045	0.0162	0.0310
4	0.0037	0.0006	0.0057	0.0342	0.0035	0.0006	0.0054	0.0326	0.0033	0.0006	0.0051	0.0310
5	0.0146	0.0156	0.0220	0.0257	0.0139	0.0148	0.0210	0.0245	0.0132	0.0141	0.0199	0.0233
6	0.0119	0.0131	0.0216	0.0194	0.0113	0.0125	0.0205	0.0185	0.0107	0.0118	0.0195	0.0176
7	0.0126	0.0121	0.0200	0.0147	0.0120	0.0115	0.0191	0.0140	0.0114	0.0109	0.0181	0.0133
8	0.0118	0.0115	0.0181	0.0140	0.0113	0.0110	0.0173	0.0133	0.0107	0.0104	0.0164	0.0126
9	0.0122	0.0111	0.0199	0.0130	0.0116	0.0106	0.0190	0.0124	0.0111	0.0100	0.0180	0.0118
10	0.0165	0.0120	0.0349	0.0195	0.0157	0.0114	0.0332	0.0186	0.0150	0.0109	0.0316	0.0176
11	0.0168	0.0122	0.0306	0.0178	0.0160	0.0117	0.0291	0.0169	0.0152	0.0111	0.0277	0.0161
12	0.0179	0.0121	0.0316	0.0158	0.0170	0.0115	0.0301	0.0151	0.0162	0.0109	0.0286	0.0143
13	0.0173	0.0108	0.0320	0.0171	0.0164	0.0103	0.0304	0.0163	0.0156	0.0098	0.0289	0.0155
14	0.0188	0.0115	0.0369	0.0163	0.0179	0.0110	0.0352	0.0155	0.0170	0.0104	0.0334	0.0147
15	0.0221	0.0133	0.0533	0.0227	0.0211	0.0127	0.0508	0.0216	0.0200	0.0121	0.0482	0.0205
16	0.0204	0.0126	0.0629	0.0255	0.0194	0.0120	0.0599	0.0243	0.0184	0.0114	0.0569	0.0231
17	0.0236	0.0139	0.0745	0.0298	0.0225	0.0132	0.0710	0.0284	0.0214	0.0126	0.0674	0.0270
18	0.0255	0.0143	0.0790	0.0309	0.0243	0.0136	0.0752	0.0294	0.0231	0.0129	0.0714	0.0279
19	0.0261	0.0130	0.0895	0.0310	0.0249	0.0124	0.0853	0.0295	0.0236	0.0118	0.0810	0.0281

续表

年龄	低方案 城镇男性	低方案 城镇女性	低方案 农村男性	低方案 农村女性	中方案 城镇男性	中方案 城镇女性	中方案 农村男性	中方案 农村女性	高方案 城镇男性	高方案 城镇女性	高方案 农村男性	高方案 农村女性
20	0.0316	0.0140	0.0837	0.0353	0.0301	0.0133	0.0797	0.0336	0.0286	0.0127	0.0758	0.0319
21	0.0318	0.0151	0.0821	0.0334	0.0303	0.0144	0.0782	0.0318	0.0287	0.0137	0.0743	0.0302
22	0.0348	0.0175	0.0868	0.0353	0.0332	0.0167	0.0827	0.0336	0.0315	0.0158	0.0786	0.0319
23	0.0389	0.0186	0.0895	0.0368	0.0371	0.0177	0.0852	0.0350	0.0352	0.0168	0.0809	0.0333
24	0.0419	0.0194	0.0970	0.0397	0.0399	0.0185	0.0924	0.0379	0.0379	0.0176	0.0878	0.0360
25	0.0458	0.0210	0.0908	0.0380	0.0436	0.0200	0.0864	0.0362	0.0415	0.0190	0.0821	0.0344
26	0.0463	0.0220	0.0858	0.0365	0.0441	0.0210	0.0817	0.0347	0.0419	0.0199	0.0776	0.0330
27	0.0478	0.0238	0.0910	0.0417	0.0456	0.0227	0.0867	0.0397	0.0433	0.0216	0.0823	0.0377
28	0.0497	0.0246	0.1068	0.0418	0.0473	0.0235	0.1017	0.0399	0.0450	0.0223	0.0966	0.0379
29	0.0520	0.0252	0.1081	0.0472	0.0495	0.0240	0.1029	0.0450	0.0470	0.0228	0.0978	0.0427
30	0.0558	0.0251	0.1121	0.0475	0.0531	0.0239	0.1068	0.0452	0.0505	0.0227	0.1014	0.0430
31	0.0608	0.0270	0.1216	0.0504	0.0579	0.0257	0.1158	0.0480	0.0550	0.0245	0.1100	0.0456
32	0.0671	0.0287	0.1264	0.0494	0.0639	0.0273	0.1204	0.0471	0.0607	0.0259	0.1144	0.0447
33	0.0705	0.0296	0.1333	0.0521	0.0672	0.0282	0.1269	0.0496	0.0638	0.0268	0.1206	0.0471
34	0.0766	0.0351	0.1524	0.0680	0.0729	0.0334	0.1451	0.0647	0.0693	0.0318	0.1379	0.0615
35	0.1129	0.0365	0.1689	0.0661	0.1075	0.0348	0.1609	0.0630	0.1022	0.0330	0.1528	0.0598
36	0.1166	0.0402	0.1741	0.0711	0.1110	0.0382	0.1658	0.0677	0.1055	0.0363	0.1575	0.0643
37	0.1277	0.0448	0.1896	0.0774	0.1216	0.0427	0.1806	0.0737	0.1156	0.0406	0.1715	0.0700
38	0.1342	0.0483	0.1932	0.0800	0.1278	0.0460	0.1840	0.0762	0.1215	0.0437	0.1748	0.0724
39	0.1476	0.0527	0.2195	0.0901	0.1406	0.0502	0.2090	0.0858	0.1335	0.0477	0.1986	0.0815
40	0.1741	0.0745	0.2561	0.1142	0.1658	0.0709	0.2439	0.1087	0.1575	0.0674	0.2317	0.1033
41	0.1911	0.0802	0.2756	0.1232	0.1820	0.0764	0.2625	0.1174	0.1729	0.0726	0.2493	0.1115
42	0.2034	0.0871	0.2916	0.1298	0.1937	0.0829	0.2777	0.1236	0.1840	0.0788	0.2638	0.1174
43	0.2189	0.0923	0.3018	0.1335	0.2085	0.0879	0.2874	0.1271	0.1981	0.0835	0.2730	0.1207
44	0.2356	0.1035	0.3464	0.1589	0.2244	0.0986	0.3299	0.1513	0.2132	0.0937	0.3134	0.1438
45	0.2827	0.1225	0.3913	0.1585	0.2692	0.1167	0.3727	0.1509	0.2558	0.1108	0.3540	0.1434
46	0.2979	0.1268	0.3985	0.1613	0.2837	0.1207	0.3795	0.1537	0.2695	0.1147	0.3606	0.1460
47	0.3356	0.1468	0.4569	0.1912	0.3196	0.1399	0.4352	0.1821	0.3036	0.1329	0.4134	0.1730
48	0.3489	0.1519	0.4645	0.1971	0.3323	0.1447	0.4424	0.1877	0.3157	0.1374	0.4203	0.1783
49	0.3975	0.1723	0.5192	0.2315	0.3785	0.1641	0.4945	0.2205	0.3596	0.1559	0.4698	0.2095
50	0.4776	0.2181	0.6243	0.3269	0.4549	0.2077	0.5946	0.3113	0.4321	0.1973	0.5649	0.2957
51	0.4835	0.2284	0.6282	0.3367	0.4604	0.2175	0.5983	0.3207	0.4374	0.2066	0.5684	0.3046

附表：部分省(自治区、直辖市)人口死亡率情况   285

续表

年龄	低方案				中方案				高方案			
	城镇男性	城镇女性	农村男性	农村女性	城镇男性	城镇女性	农村男性	农村女性	城镇男性	城镇女性	农村男性	农村女性
52	0.5258	0.2431	0.6849	0.3615	0.5007	0.2315	0.6523	0.3443	0.4757	0.2199	0.6196	0.3271
53	0.5534	0.2589	0.7106	0.3850	0.5270	0.2466	0.6767	0.3667	0.5007	0.2342	0.6429	0.3484
54	0.5912	0.2859	0.7828	0.4303	0.5631	0.2723	0.7455	0.4098	0.5349	0.2587	0.7083	0.3893
55	0.6283	0.3308	0.8576	0.4995	0.5984	0.3150	0.8168	0.4757	0.5685	0.2993	0.7760	0.4519
56	0.6676	0.3517	0.9089	0.5313	0.6358	0.3349	0.8656	0.5060	0.6040	0.3182	0.8223	0.4807
57	0.7330	0.3871	0.9808	0.5787	0.6981	0.3686	0.9341	0.5512	0.6632	0.3502	0.8874	0.5236
58	0.7831	0.4134	1.0453	0.6199	0.7458	0.3937	0.9956	0.5903	0.7085	0.3741	0.9458	0.5608
59	0.8696	0.4609	1.1806	0.7126	0.8282	0.4389	1.1244	0.6787	0.7868	0.4170	1.0682	0.6448
60	1.0327	0.5950	1.4114	0.9082	0.9836	0.5666	1.3442	0.8650	0.9344	0.5383	1.2770	0.8217
61	1.0542	0.6125	1.4211	0.9354	1.0040	0.5834	1.3534	0.8909	0.9538	0.5542	1.2857	0.8463
62	1.1910	0.6922	1.5936	1.0518	1.1343	0.6593	1.5177	1.0017	1.0776	0.6263	1.4418	0.9516
63	1.2796	0.7571	1.7198	1.1305	1.2187	0.7211	1.6379	1.0767	1.1577	0.6850	1.5560	1.0228
64	1.4662	0.8706	2.0080	1.3290	1.3964	0.8292	1.9124	1.2657	1.3265	0.7877	1.8168	1.2025
65	1.8165	1.1152	2.2294	1.6205	1.7300	1.0621	2.1233	1.5433	1.6435	1.0090	2.0171	1.4661
66	1.8724	1.1388	2.3375	1.6977	1.7833	1.0846	2.2262	1.6168	1.6941	1.0303	2.1149	1.5360
67	2.1446	1.3122	2.7320	1.9588	2.0425	1.2497	2.6019	1.8655	1.9404	1.1872	2.4718	1.7722
68	2.2731	1.4080	2.9087	2.0949	2.1649	1.3410	2.7702	1.9951	2.0566	1.2739	2.6317	1.8954
69	2.5602	1.5787	3.3295	2.3880	2.4383	1.5035	3.1709	2.2743	2.3164	1.4283	3.0124	2.1606
70	2.9531	1.8458	3.7292	2.8053	2.8124	1.7579	3.5516	2.6717	2.6718	1.6700	3.3741	2.5382
71	3.1114	1.9864	3.9359	3.0168	2.9632	1.8918	3.7485	2.8731	2.8150	1.7972	3.5610	2.7295
72	3.4702	2.2246	4.4331	3.3561	3.3050	2.1187	4.2220	3.1963	3.1397	2.0128	4.0109	3.0364
73	3.7422	2.4354	4.7472	3.6012	3.5640	2.3194	4.5212	3.4298	3.3858	2.2034	4.2951	3.2583
74	4.1703	2.7534	5.3960	3.9990	3.9717	2.6223	5.1390	3.8086	3.7732	2.4912	4.8821	3.6182
75	4.0763	2.6782	5.2881	4.0296	3.8822	2.5506	5.0363	3.8377	3.6881	2.4231	4.7845	3.6458
76	4.2955	2.9163	5.4030	4.1731	4.0910	2.7775	5.1457	3.9744	3.8864	2.6386	4.8884	3.7757
77	4.8761	3.3965	6.2554	4.8309	4.6439	3.2348	5.9575	4.6008	4.4117	3.0730	5.6596	4.3708
78	5.5797	3.9332	7.1420	5.4505	5.3140	3.7459	6.8019	5.1910	5.0483	3.5586	6.4618	4.9314
79	6.0454	4.4368	8.0037	6.1517	5.7575	4.2256	7.6226	5.8588	5.4697	4.0143	7.2414	5.5659
80	5.4401	4.1386	7.6844	5.8352	5.1810	3.9415	7.3185	5.5573	4.9220	3.7444	6.9525	5.2794
81	5.9600	4.6546	8.2480	6.3541	5.6762	4.4329	7.8553	6.0515	5.3924	4.2113	7.4625	5.7489
82	6.7554	5.3491	9.3065	7.2472	6.4337	5.0943	8.8633	6.9021	6.1121	4.8396	8.4201	6.5570
83	7.4584	5.9487	10.0172	7.8027	7.1032	5.6654	9.5402	7.4312	6.7480	5.3821	9.0632	7.0596

续表

年龄	低方案 城镇男性	低方案 城镇女性	低方案 农村男性	低方案 农村女性	中方案 城镇男性	中方案 城镇女性	中方案 农村男性	中方案 农村女性	高方案 城镇男性	高方案 城镇女性	高方案 农村男性	高方案 农村女性
84	8.4121	6.7844	11.0491	8.6959	8.0116	6.4613	10.5230	8.2818	7.6110	6.1383	9.9968	7.8677
85	6.7873	5.0912	9.6298	7.0328	6.4641	4.8488	9.1713	6.6979	6.1408	4.6063	8.7127	6.3630
86	7.8562	6.1300	10.9162	8.1526	7.4821	5.8381	10.3964	7.7644	7.1080	5.5462	9.8766	7.3762
87	8.5157	6.8055	11.4998	8.8617	8.1102	6.4814	10.9522	8.4397	7.7047	6.1573	10.4046	8.0177
88	9.7653	8.1612	12.9794	10.2321	9.3002	7.7725	12.3613	9.7449	8.8352	7.3839	11.7433	9.2576
89	11.2194	9.3301	15.0173	11.6837	10.6851	8.8858	14.3022	11.1273	10.1509	8.4415	13.5871	10.5710
90	9.3494	7.4864	12.9544	8.8966	8.9042	7.1299	12.3375	8.4729	8.4590	6.7734	11.7206	8.0493
91	9.5008	8.5689	13.2101	9.9303	9.0484	8.1609	12.5810	9.4574	8.5960	7.7528	11.9520	8.9846
92	10.7510	9.7528	14.7981	11.4809	10.2390	9.2884	14.0935	10.9342	9.7271	8.8240	13.3888	10.3875
93	10.3978	10.8957	15.2244	12.3311	9.9027	10.3768	14.4994	11.7439	9.4075	9.8580	13.7744	11.1567
94	11.0933	11.1902	15.1049	12.2698	10.5651	10.6573	14.3856	12.6379	10.0368	10.1245	13.6664	12.0060
95	12.1013	10.3851	13.5268	11.9842	11.5251	9.8906	12.8827	11.4135	10.9488	9.3961	12.2386	10.8428
96	11.0827	10.5090	12.7695	12.1043	10.5549	10.0086	12.1615	11.5279	10.0272	9.5081	11.5534	10.9515
97	8.2491	9.4123	10.9879	12.2092	7.8563	8.9641	10.4646	11.6278	7.4635	8.5159	9.9414	11.0464
98	6.8780	9.2439	11.3601	11.7084	6.5505	8.8037	10.8191	11.1509	6.2230	8.3635	10.2781	10.5933
99	8.9930	6.9516	9.7188	7.3740	8.5648	6.6206	9.2560	7.0228	8.1365	6.2896	8.7932	6.6717
100	100	100	100	100	100	100	100	100	100	100	100	100

附表9　2010年上海分年龄、性别、城乡的死亡率情况

单位:%

年龄	低方案 城镇男性	低方案 城镇女性	低方案 农村男性	低方案 农村女性	中方案 城镇男性	中方案 城镇女性	中方案 农村男性	中方案 农村女性	高方案 城镇男性	高方案 城镇女性	高方案 农村男性	高方案 农村女性
0	0.4007	0.2904	0.2774	0.1495	0.3817	0.2766	0.2642	0.1424	0.3626	0.2628	0.2510	0.1353
1	0.0785	0.0695	0.1071	0.0153	0.0747	0.0662	0.1020	0.0146	0.0710	0.0629	0.0969	0.0138
2	0.0424	0.0359	0.0479	0.0153	0.0404	0.0342	0.0456	0.0146	0.0384	0.0325	0.0434	0.0138
3	0.0329	0.0241	0.0229	0.0153	0.0313	0.0229	0.0218	0.0146	0.0298	0.0218	0.0208	0.0138
4	0.0274	0.0197	0.0107	0.0153	0.0261	0.0188	0.0102	0.0146	0.0248	0.0179	0.0097	0.0138
5	0.0224	0.0158	0.0156	0.0217	0.0213	0.0150	0.0148	0.0206	0.0203	0.0143	0.0141	0.0196
6	0.0197	0.0133	0.0152	0.0153	0.0188	0.0127	0.0144	0.0146	0.0178	0.0120	0.0137	0.0139
7	0.0204	0.0123	0.0136	0.0106	0.0194	0.0117	0.0130	0.0101	0.0185	0.0111	0.0123	0.0096
8	0.0197	0.0117	0.0117	0.0099	0.0187	0.0112	0.0112	0.0094	0.0178	0.0106	0.0106	0.0089

续表

年龄	低方案 城镇男性	低方案 城镇女性	低方案 农村男性	低方案 农村女性	中方案 城镇男性	中方案 城镇女性	中方案 农村男性	中方案 农村女性	高方案 城镇男性	高方案 城镇女性	高方案 农村男性	高方案 农村女性
9	0.0201	0.0113	0.0135	0.0089	0.0191	0.0108	0.0129	0.0085	0.0182	0.0102	0.0122	0.0081
10	0.0170	0.0167	0.0330	0.0221	0.0162	0.0159	0.0314	0.0210	0.0154	0.0151	0.0298	0.0200
11	0.0172	0.0170	0.0287	0.0204	0.0164	0.0162	0.0273	0.0194	0.0156	0.0153	0.0259	0.0184
12	0.0183	0.0168	0.0297	0.0184	0.0174	0.0160	0.0282	0.0175	0.0166	0.0152	0.0268	0.0167
13	0.0177	0.0155	0.0301	0.0197	0.0169	0.0148	0.0286	0.0188	0.0160	0.0140	0.0272	0.0178
14	0.0193	0.0162	0.0350	0.0189	0.0183	0.0155	0.0334	0.0180	0.0174	0.0147	0.0317	0.0171
15	0.0216	0.0140	0.0104	0.0066	0.0206	0.0134	0.0099	0.0063	0.0196	0.0127	0.0094	0.0059
16	0.0199	0.0133	0.0200	0.0094	0.0189	0.0126	0.0191	0.0089	0.0180	0.0120	0.0181	0.0085
17	0.0231	0.0146	0.0316	0.0137	0.0220	0.0139	0.0301	0.0131	0.0209	0.0132	0.0286	0.0124
18	0.0250	0.0150	0.0361	0.0147	0.0238	0.0143	0.0344	0.0140	0.0226	0.0136	0.0326	0.0133
19	0.0256	0.0137	0.0467	0.0149	0.0244	0.0130	0.0444	0.0142	0.0232	0.0124	0.0422	0.0135
20	0.0190	0.0076	0.0150	0.0083	0.0181	0.0073	0.0143	0.0079	0.0172	0.0069	0.0136	0.0075
21	0.0192	0.0088	0.0134	0.0064	0.0183	0.0083	0.0128	0.0061	0.0174	0.0079	0.0122	0.0058
22	0.0223	0.0111	0.0181	0.0083	0.0212	0.0106	0.0173	0.0079	0.0201	0.0100	0.0164	0.0075
23	0.0264	0.0122	0.0208	0.0098	0.0251	0.0116	0.0198	0.0093	0.0239	0.0111	0.0188	0.0088
24	0.0294	0.0131	0.0283	0.0127	0.0280	0.0124	0.0270	0.0121	0.0266	0.0118	0.0256	0.0115
25	0.0223	0.0108	0.0219	0.0104	0.0212	0.0103	0.0209	0.0099	0.0202	0.0098	0.0199	0.0094
26	0.0228	0.0118	0.0170	0.0089	0.0217	0.0113	0.0161	0.0084	0.0206	0.0107	0.0153	0.0080
27	0.0243	0.0137	0.0222	0.0141	0.0231	0.0130	0.0211	0.0134	0.0220	0.0124	0.0201	0.0128
28	0.0262	0.0145	0.0380	0.0143	0.0249	0.0138	0.0362	0.0136	0.0237	0.0131	0.0344	0.0129
29	0.0285	0.0150	0.0393	0.0196	0.0271	0.0143	0.0374	0.0187	0.0257	0.0136	0.0355	0.0177
30	0.0198	0.0127	0.0201	0.0298	0.0188	0.0121	0.0192	0.0284	0.0179	0.0115	0.0182	0.0270
31	0.0248	0.0147	0.0296	0.0328	0.0236	0.0140	0.0282	0.0312	0.0224	0.0133	0.0268	0.0296
32	0.0310	0.0163	0.0344	0.0317	0.0295	0.0156	0.0328	0.0302	0.0281	0.0148	0.0312	0.0287
33	0.0345	0.0173	0.0413	0.0344	0.0329	0.0165	0.0393	0.0328	0.0312	0.0157	0.0374	0.0311
34	0.0405	0.0228	0.0604	0.0503	0.0386	0.0217	0.0575	0.0479	0.0367	0.0206	0.0547	0.0455
35	0.0314	0.0204	0.0419	0.0354	0.0299	0.0194	0.0399	0.0337	0.0284	0.0184	0.0379	0.0320
36	0.0351	0.0240	0.0470	0.0404	0.0334	0.0229	0.0448	0.0385	0.0317	0.0218	0.0425	0.0365
37	0.0463	0.0287	0.0625	0.0467	0.0441	0.0274	0.0596	0.0445	0.0418	0.0260	0.0566	0.0423
38	0.0528	0.0322	0.0661	0.0493	0.0503	0.0307	0.0630	0.0470	0.0477	0.0291	0.0598	0.0446
39	0.0661	0.0366	0.0925	0.0594	0.0630	0.0348	0.0881	0.0565	0.0598	0.0331	0.0837	0.0537

续表

年龄	低方案 城镇男性	低方案 城镇女性	低方案 农村男性	低方案 农村女性	中方案 城镇男性	中方案 城镇女性	中方案 农村男性	中方案 农村女性	高方案 城镇男性	高方案 城镇女性	高方案 农村男性	高方案 农村女性
40	0.0466	0.0293	0.0664	0.0523	0.0444	0.0279	0.0632	0.0498	0.0422	0.0265	0.0600	0.0473
41	0.0636	0.0351	0.0859	0.0614	0.0605	0.0334	0.0818	0.0584	0.0575	0.0317	0.0777	0.0555
42	0.0759	0.0419	0.1020	0.0679	0.0723	0.0399	0.0971	0.0647	0.0687	0.0379	0.0923	0.0614
43	0.0915	0.0472	0.1122	0.0716	0.0871	0.0449	0.1068	0.0682	0.0828	0.0427	0.1015	0.0648
44	0.1082	0.0584	0.1568	0.0970	0.1031	0.0556	0.1493	0.0924	0.0979	0.0528	0.1419	0.0878
45	0.1189	0.0754	0.1744	0.0920	0.1132	0.0718	0.1661	0.0876	0.1076	0.0682	0.1578	0.0832
46	0.1342	0.0797	0.1816	0.0948	0.1278	0.0759	0.1730	0.0903	0.1214	0.0721	0.1643	0.0858
47	0.1718	0.0998	0.2402	0.1247	0.1637	0.0950	0.2287	0.1188	0.1555	0.0903	0.2173	0.1128
48	0.1852	0.1048	0.2477	0.1306	0.1764	0.0998	0.2359	0.1244	0.1676	0.0948	0.2241	0.1181
49	0.2338	0.1253	0.3026	0.1651	0.2227	0.1193	0.2881	0.1572	0.2116	0.1133	0.2737	0.1494
50	0.2931	0.1385	0.3155	0.2136	0.2791	0.1319	0.3005	0.2034	0.2652	0.1253	0.2855	0.1933
51	0.2989	0.1488	0.3194	0.2235	0.2847	0.1417	0.3042	0.2128	0.2705	0.1347	0.2890	0.2022
52	0.3413	0.1635	0.3762	0.2483	0.3251	0.1558	0.3583	0.2364	0.3088	0.1480	0.3404	0.2246
53	0.3689	0.1794	0.4020	0.2718	0.3514	0.1708	0.3829	0.2589	0.3338	0.1623	0.3637	0.2460
54	0.4069	0.2064	0.4745	0.3171	0.3875	0.1966	0.4519	0.3020	0.3681	0.1868	0.4293	0.2869
55	0.3563	0.1651	0.4269	0.2305	0.3393	0.1572	0.4066	0.2195	0.3224	0.1493	0.3862	0.2085
56	0.3957	0.1860	0.4783	0.2623	0.3769	0.1771	0.4556	0.2498	0.3580	0.1683	0.4328	0.2373
57	0.4613	0.2215	0.5505	0.3099	0.4393	0.2109	0.5243	0.2952	0.4173	0.2004	0.4981	0.2804
58	0.5114	0.2479	0.6153	0.3511	0.4871	0.2361	0.5860	0.3344	0.4627	0.2243	0.5567	0.3177
59	0.5982	0.2954	0.7512	0.4442	0.5697	0.2813	0.7154	0.4230	0.5413	0.2673	0.6797	0.4019
60	0.5526	0.2453	0.6565	0.3053	0.5263	0.2336	0.6252	0.2908	0.5000	0.2219	0.5939	0.2763
61	0.5741	0.2629	0.6662	0.3327	0.5468	0.2504	0.6345	0.3168	0.5194	0.2379	0.6027	0.3010
62	0.7116	0.3429	0.8400	0.4497	0.6777	0.3265	0.8000	0.4283	0.6438	0.3102	0.7600	0.4069
63	0.8006	0.4080	0.9671	0.5289	0.7625	0.3885	0.9210	0.5037	0.7244	0.3691	0.8750	0.4785
64	0.9880	0.5219	1.2574	0.7286	0.9410	0.4970	1.1975	0.6939	0.8939	0.4722	1.1377	0.6592
65	0.8898	0.4671	1.0602	0.4991	0.8474	0.4448	1.0097	0.4753	0.8051	0.4226	0.9592	0.4516
66	0.9463	0.4908	1.1695	0.5771	0.9012	0.4675	1.1138	0.5497	0.8561	0.4441	1.0581	0.5222
67	1.2209	0.6653	1.5685	0.8411	1.1628	0.6337	1.4938	0.8010	1.1046	0.6020	1.4191	0.7610
68	1.3505	0.7618	1.7472	0.9787	1.2862	0.7255	1.6640	0.9321	1.2219	0.6892	1.5808	0.8855
69	1.6402	0.9335	2.1727	1.2749	1.5621	0.8890	2.0693	1.2142	1.4840	0.8446	1.9658	1.1535
70	1.8179	0.9753	2.2417	1.0296	1.7313	0.9288	2.1350	0.9806	1.6447	0.8824	2.0282	0.9315

续表

年龄	低方案 城镇男性	低方案 城镇女性	低方案 农村男性	低方案 农村女性	中方案 城镇男性	中方案 城镇女性	中方案 农村男性	中方案 农村女性	高方案 城镇男性	高方案 城镇女性	高方案 农村男性	高方案 农村女性
71	1.9779	1.1171	2.4514	1.2447	1.8837	1.0639	2.3347	1.1855	1.7895	1.0107	2.2180	1.1262
72	2.3408	1.3573	2.9560	1.5899	2.2293	1.2927	2.8152	1.5142	2.1178	1.2281	2.6744	1.4385
73	2.6157	1.5698	3.2747	1.8393	2.4912	1.4951	3.1188	1.7518	2.3666	1.4203	2.9628	1.6642
74	3.0487	1.8906	3.9329	2.2440	2.9035	1.8006	3.7457	2.1372	2.7583	1.7105	3.5584	2.0303
75	3.2663	1.9611	3.6532	2.0447	3.1108	1.8678	3.4792	1.9474	2.9552	1.7744	3.3052	1.8500
76	3.4872	2.2010	3.7699	2.1911	3.3211	2.0962	3.5904	2.0867	3.1551	1.9914	3.4109	1.9824
77	4.0725	2.6845	4.6363	2.8618	3.8785	2.5567	4.4155	2.7255	3.6846	2.4288	4.1947	2.5892
78	4.7818	3.2250	5.5375	3.4936	4.5541	3.0714	5.2738	3.3273	4.3264	2.9178	5.0101	3.1609
79	5.2512	3.7322	6.4132	4.2086	5.0011	3.5544	6.1079	4.0082	4.7511	3.3767	5.8025	3.8078
80	6.3021	4.0274	7.6683	4.7959	6.0020	3.8356	7.3031	4.5675	5.7019	3.6438	6.9380	4.3391
81	6.8176	4.5439	8.2320	5.3202	6.4929	4.3276	7.8400	5.0669	6.1683	4.1112	7.4480	4.8135
82	7.6061	5.2392	9.2906	6.2227	7.2439	4.9897	8.8482	5.9264	6.8817	4.7402	8.4058	5.6301
83	8.3029	5.8395	10.0015	6.7840	7.9075	5.5614	9.5252	6.4610	7.5122	5.2833	9.0489	6.1379
84	9.2484	6.6761	11.0336	7.6865	8.8080	6.3582	10.5082	7.3205	8.3676	6.0403	9.9828	6.9545
85	10.2495	8.0313	12.8691	9.4907	9.7614	7.6489	12.2563	9.0388	9.2734	7.2664	11.6435	8.5868
86	11.2808	9.0395	14.1118	10.5824	10.7436	8.6091	13.4398	10.0785	10.2064	8.1786	12.7678	9.5746
87	11.9170	9.6951	14.6756	11.2737	11.3496	9.2335	13.9768	10.7368	10.7821	8.7718	13.2779	10.2000
88	13.1225	11.0109	16.1049	12.6098	12.4976	10.4866	15.3380	12.0093	11.8728	9.9623	14.5711	11.4088
89	14.5254	12.1455	18.0736	14.0249	13.8337	11.5671	17.2130	13.3570	13.1420	10.9888	16.3523	12.6892
90	18.4913	14.9016	22.5631	16.6890	17.6107	14.1920	21.4887	15.8943	16.7302	13.4824	20.4143	15.0996
91	18.6283	15.9018	22.7922	17.6389	17.7412	15.1446	21.7068	16.7989	16.8541	14.3873	20.6215	15.9590
92	19.7589	16.9957	24.2144	19.0638	18.8180	16.1863	23.0614	18.1560	17.8771	15.3770	21.9083	17.2482
93	19.4395	18.0516	24.5962	19.8450	18.5138	17.1920	23.4249	18.9000	17.5881	16.3324	22.2537	17.9550
94	20.0686	18.3237	24.4892	20.7076	19.1129	17.4512	23.3230	19.7216	18.1573	16.5786	22.1569	18.7355
95	27.9747	27.0987	32.1383	34.7469	26.6426	25.8083	30.6079	33.0923	25.3105	24.5178	29.0775	31.4377
96	27.1301	27.2007	31.5350	34.8376	25.8382	25.9054	30.0334	33.1787	24.5463	24.6101	28.5317	31.5198
97	24.7807	26.2977	30.1159	34.9169	23.6007	25.0454	28.6818	33.2542	22.4206	23.7931	27.2477	31.5915
98	23.6439	26.1590	30.4123	34.5387	22.5180	24.9134	28.9641	32.8940	21.3921	23.6677	27.5159	31.2493
99	25.3975	24.2717	29.1050	31.2649	24.1881	23.1159	27.7190	29.7761	22.9787	21.9601	26.3331	28.2873
100	100	100	100	100	100	100	100	100	100	100	100	100

附表10 2010年江苏分年龄、性别、城乡的死亡率情况

单位:%

年龄	低方案				中方案				高方案			
	城镇男性	城镇女性	农村男性	农村女性	城镇男性	城镇女性	农村男性	农村女性	城镇男性	城镇女性	农村男性	农村女性
0	0.2396	0.2089	0.2504	0.2182	0.2281	0.1989	0.2385	0.2078	0.2167	0.1890	0.2266	0.1974
1	0.0676	0.0624	0.1315	0.1071	0.0643	0.0595	0.1252	0.1020	0.0611	0.0565	0.1189	0.0969
2	0.0315	0.0289	0.0723	0.0467	0.0300	0.0275	0.0689	0.0445	0.0285	0.0261	0.0654	0.0422
3	0.0220	0.0170	0.0473	0.0217	0.0209	0.0162	0.0451	0.0206	0.0199	0.0154	0.0428	0.0196
4	0.0165	0.0127	0.0351	0.0102	0.0157	0.0121	0.0334	0.0098	0.0149	0.0115	0.0318	0.0093
5	0.0193	0.0132	0.0389	0.0301	0.0184	0.0125	0.0371	0.0287	0.0175	0.0119	0.0352	0.0272
6	0.0166	0.0107	0.0385	0.0238	0.0158	0.0102	0.0367	0.0226	0.0150	0.0097	0.0348	0.0215
7	0.0173	0.0097	0.0370	0.0190	0.0165	0.0092	0.0352	0.0181	0.0157	0.0087	0.0335	0.0172
8	0.0166	0.0091	0.0351	0.0183	0.0158	0.0087	0.0334	0.0174	0.0150	0.0083	0.0317	0.0166
9	0.0170	0.0087	0.0369	0.0173	0.0162	0.0083	0.0351	0.0165	0.0153	0.0079	0.0333	0.0157
10	0.0195	0.0160	0.0480	0.0266	0.0186	0.0152	0.0457	0.0253	0.0177	0.0145	0.0434	0.0240
11	0.0198	0.0162	0.0436	0.0249	0.0189	0.0154	0.0416	0.0237	0.0179	0.0147	0.0395	0.0225
12	0.0209	0.0161	0.0446	0.0229	0.0199	0.0153	0.0425	0.0218	0.0189	0.0145	0.0404	0.0207
13	0.0203	0.0148	0.0450	0.0242	0.0193	0.0141	0.0429	0.0230	0.0183	0.0134	0.0407	0.0219
14	0.0218	0.0155	0.0500	0.0234	0.0208	0.0147	0.0476	0.0222	0.0197	0.0140	0.0453	0.0211
15	0.0219	0.0128	0.0437	0.0275	0.0209	0.0122	0.0416	0.0261	0.0199	0.0115	0.0395	0.0248
16	0.0202	0.0120	0.0533	0.0302	0.0192	0.0114	0.0507	0.0288	0.0182	0.0109	0.0482	0.0274
17	0.0234	0.0133	0.0649	0.0346	0.0223	0.0127	0.0618	0.0329	0.0212	0.0120	0.0587	0.0313
18	0.0253	0.0137	0.0693	0.0356	0.0241	0.0131	0.0660	0.0339	0.0229	0.0124	0.0627	0.0322
19	0.0259	0.0124	0.0799	0.0358	0.0247	0.0118	0.0761	0.0341	0.0235	0.0112	0.0723	0.0324
20	0.0217	0.0104	0.0798	0.0326	0.0207	0.0099	0.0760	0.0311	0.0197	0.0094	0.0722	0.0295
21	0.0219	0.0115	0.0782	0.0308	0.0209	0.0110	0.0745	0.0293	0.0199	0.0104	0.0708	0.0278
22	0.0250	0.0138	0.0829	0.0326	0.0238	0.0131	0.0790	0.0311	0.0226	0.0125	0.0750	0.0295
23	0.0291	0.0150	0.0856	0.0341	0.0277	0.0143	0.0815	0.0325	0.0264	0.0135	0.0774	0.0309
24	0.0321	0.0158	0.0931	0.0371	0.0306	0.0150	0.0887	0.0353	0.0291	0.0143	0.0842	0.0336
25	0.0337	0.0152	0.0982	0.0428	0.0321	0.0145	0.0935	0.0408	0.0305	0.0138	0.0889	0.0388
26	0.0342	0.0162	0.0932	0.0413	0.0325	0.0155	0.0888	0.0393	0.0309	0.0147	0.0844	0.0374
27	0.0357	0.0181	0.0984	0.0465	0.0340	0.0172	0.0938	0.0443	0.0323	0.0164	0.0891	0.0421
28	0.0376	0.0189	0.1143	0.0467	0.0358	0.0180	0.1088	0.0445	0.0340	0.0171	0.1034	0.0422
29	0.0399	0.0194	0.1155	0.0520	0.0380	0.0185	0.1100	0.0496	0.0361	0.0176	0.1045	0.0471
30	0.0381	0.0245	0.1281	0.0522	0.0363	0.0233	0.1220	0.0497	0.0345	0.0221	0.1159	0.0473

附表：部分省(自治区、直辖市)人口死亡率情况

续表

年龄	低方案 城镇男性	低方案 城镇女性	低方案 农村男性	低方案 农村女性	中方案 城镇男性	中方案 城镇女性	中方案 农村男性	中方案 农村女性	高方案 城镇男性	高方案 城镇女性	高方案 农村男性	高方案 农村女性
31	0.0431	0.0264	0.1376	0.0552	0.0411	0.0251	0.1310	0.0525	0.0390	0.0239	0.1245	0.0499
32	0.0494	0.0280	0.1424	0.0542	0.0470	0.0267	0.1356	0.0516	0.0447	0.0254	0.1288	0.0490
33	0.0528	0.0290	0.1492	0.0568	0.0503	0.0276	0.1421	0.0541	0.0478	0.0263	0.1350	0.0514
34	0.0589	0.0345	0.1684	0.0727	0.0561	0.0329	0.1603	0.0692	0.0532	0.0312	0.1523	0.0658
35	0.0697	0.0360	0.1843	0.0827	0.0663	0.0343	0.1755	0.0788	0.0630	0.0326	0.1667	0.0748
36	0.0733	0.0397	0.1894	0.0877	0.0698	0.0378	0.1804	0.0835	0.0663	0.0359	0.1714	0.0793
37	0.0845	0.0443	0.2049	0.0940	0.0805	0.0422	0.1952	0.0895	0.0764	0.0401	0.1854	0.0850
38	0.0910	0.0478	0.2085	0.0966	0.0867	0.0456	0.1986	0.0920	0.0823	0.0433	0.1886	0.0874
39	0.1044	0.0522	0.2348	0.1066	0.0994	0.0497	0.2236	0.1016	0.0944	0.0472	0.2125	0.0965
40	0.1062	0.0605	0.2536	0.1189	0.1011	0.0576	0.2415	0.1132	0.0961	0.0547	0.2295	0.1075
41	0.1232	0.0662	0.2731	0.1279	0.1173	0.0631	0.2601	0.1219	0.1114	0.0599	0.2471	0.1158
42	0.1355	0.0731	0.2892	0.1345	0.1290	0.0696	0.2754	0.1281	0.1226	0.0661	0.2616	0.1217
43	0.1510	0.0783	0.2993	0.1382	0.1438	0.0746	0.2851	0.1316	0.1366	0.0709	0.2708	0.1250
44	0.1678	0.0895	0.3439	0.1636	0.1598	0.0853	0.3275	0.1558	0.1518	0.0810	0.3112	0.1480
45	0.1577	0.0901	0.3332	0.1620	0.1502	0.0859	0.3174	0.1543	0.1427	0.0816	0.3015	0.1466
46	0.1729	0.0944	0.3405	0.1649	0.1647	0.0899	0.3242	0.1570	0.1565	0.0854	0.3080	0.1492
47	0.2106	0.1145	0.3989	0.1947	0.2006	0.1090	0.3799	0.1855	0.1906	0.1036	0.3609	0.1762
48	0.2240	0.1196	0.4065	0.2006	0.2133	0.1139	0.3871	0.1910	0.2027	0.1082	0.3678	0.1815
49	0.2726	0.1400	0.4612	0.2351	0.2596	0.1333	0.4392	0.2239	0.2466	0.1267	0.4173	0.2127
50	0.3592	0.1780	0.6075	0.2941	0.3421	0.1695	0.5785	0.2801	0.3250	0.1610	0.5496	0.2661
51	0.3650	0.1883	0.6113	0.3039	0.3476	0.1793	0.5822	0.2895	0.3303	0.1704	0.5531	0.2750
52	0.4074	0.2030	0.6680	0.3287	0.3880	0.1933	0.6362	0.3131	0.3686	0.1837	0.6044	0.2974
53	0.4350	0.2188	0.6937	0.3523	0.4143	0.2084	0.6607	0.3355	0.3936	0.1980	0.6276	0.3187
54	0.4729	0.2459	0.7660	0.3976	0.4504	0.2342	0.7295	0.3786	0.4279	0.2225	0.6930	0.3597
55	0.4837	0.2441	0.7388	0.3666	0.4606	0.2325	0.7037	0.3492	0.4376	0.2209	0.6685	0.3317
56	0.5230	0.2650	0.7901	0.3984	0.4981	0.2524	0.7525	0.3794	0.4732	0.2398	0.7149	0.3605
57	0.5885	0.3005	0.8621	0.4460	0.5605	0.2862	0.8211	0.4247	0.5324	0.2719	0.7800	0.4035
58	0.6386	0.3269	0.9267	0.4871	0.6082	0.3113	0.8826	0.4639	0.5778	0.2957	0.8385	0.4407
59	0.7253	0.3744	1.0622	0.5800	0.6908	0.3565	1.0116	0.5524	0.6562	0.3387	0.9610	0.5248
60	0.7784	0.4021	1.1097	0.5778	0.7414	0.3830	1.0568	0.5503	0.7043	0.3638	1.0040	0.5228
61	0.7999	0.4197	1.1193	0.6050	0.7618	0.3997	1.0660	0.5762	0.7237	0.3798	1.0127	0.5474
62	0.9371	0.4996	1.2924	0.7218	0.8925	0.4758	1.2308	0.6874	0.8478	0.4520	1.1693	0.6530

续表

年龄	低方案 城镇男性	城镇女性	农村男性	农村女性	中方案 城镇男性	城镇女性	农村男性	农村女性	高方案 城镇男性	城镇女性	农村男性	农村女性
63	1.0259	0.5646	1.4189	0.8008	0.9770	0.5377	1.3513	0.7626	0.9282	0.5108	1.2838	0.7245
64	1.2129	0.6783	1.7080	0.9999	1.1552	0.6460	1.6267	0.9523	1.0974	0.6137	1.5453	0.9047
65	1.3402	0.7551	1.6703	0.9478	1.2764	0.7192	1.5908	0.9027	1.2126	0.6832	1.5113	0.8575
66	1.3964	0.7788	1.7790	1.0255	1.3299	0.7417	1.6943	0.9767	1.2634	0.7046	1.6096	0.9278
67	1.6699	0.9528	2.1757	1.2883	1.5904	0.9075	2.0721	1.2269	1.5108	0.8621	1.9684	1.1656
68	1.7990	1.0490	2.3533	1.4253	1.7133	0.9990	2.2412	1.3574	1.6276	0.9491	2.1292	1.2896
69	2.0874	1.2202	2.7763	1.7203	1.9880	1.1621	2.6441	1.6384	1.8886	1.1040	2.5119	1.5565
70	2.3476	1.4543	2.9835	1.8880	2.2358	1.3851	2.8414	1.7981	2.1240	1.3158	2.6993	1.7082
71	2.5068	1.5955	3.1916	2.1013	2.3875	1.5195	3.0397	2.0013	2.2681	1.4435	2.8877	1.9012
72	2.8678	1.8346	3.6925	2.4436	2.7313	1.7473	3.5167	2.3273	2.5947	1.6599	3.3409	2.2109
73	3.1414	2.0462	4.0090	2.6910	2.9918	1.9487	3.8181	2.5629	2.8422	1.8513	3.6272	2.4347
74	3.5721	2.3654	4.6625	3.0924	3.4020	2.2528	4.4404	2.9451	3.2319	2.1402	4.2184	2.7979
75	4.0649	2.5782	4.9179	3.1928	3.8713	2.4554	4.6837	3.0408	3.6778	2.3326	4.4495	2.8887
76	4.2841	2.8166	5.0332	3.3375	4.0801	2.6825	4.7935	3.1786	3.8761	2.5483	4.5538	3.0196
77	4.8647	3.2972	5.8887	4.0007	4.6331	3.1402	5.6083	3.8102	4.4014	2.9831	5.3279	3.6197
78	5.5685	3.8344	6.7787	4.6255	5.3033	3.6518	6.4559	4.4053	5.0381	3.4692	6.1331	4.1850
79	6.0342	4.3386	7.6435	5.3325	5.7469	4.1320	7.2795	5.0786	5.4595	3.9254	6.9156	4.8247
80	7.0421	5.1354	8.7969	6.1341	6.7068	4.8909	8.3780	5.8420	6.3714	4.6463	7.9591	5.5499
81	7.5537	5.6463	9.3541	6.6515	7.1940	5.3774	8.9087	6.3348	6.8343	5.1085	8.4632	6.0180
82	8.3363	6.3339	10.4005	7.5419	7.9393	6.0323	9.9052	7.1828	7.5424	5.7307	9.4099	6.8237
83	9.0279	6.9276	11.1030	8.0957	8.5980	6.5977	10.5743	7.7102	8.1681	6.2678	10.0456	7.3247
84	9.9663	7.7550	12.1232	8.9862	9.4917	7.3857	11.5459	8.5583	9.0172	7.0165	10.9686	8.1304
85	11.5470	8.9584	13.5769	10.2909	10.9972	8.5318	12.9304	9.8009	10.4473	8.1052	12.2839	9.3108
86	12.5642	9.9570	14.8101	11.3735	11.9659	9.4828	14.1048	10.8319	11.3676	9.0087	13.3996	10.2903
87	13.1917	10.6063	15.3696	12.0590	12.5635	10.1013	14.6377	11.4847	11.9354	9.5962	13.9058	10.9105
88	14.3807	11.9095	16.7879	13.3839	13.6959	11.3424	15.9884	12.7465	13.0111	10.7753	15.1890	12.1092
89	15.7644	13.0332	18.7414	14.7871	15.0137	12.4126	17.8490	14.0830	14.2630	11.7920	16.9565	13.3788
90	18.7379	15.3930	22.5230	17.5341	17.8456	14.6600	21.4505	16.6991	16.9533	13.9270	20.3780	15.8642
91	18.8745	16.3877	22.7522	18.4749	17.9757	15.6073	21.6687	17.5951	17.0769	14.8270	20.5853	16.7154
92	20.0019	17.4756	24.1751	19.8862	19.0494	16.6434	23.0239	18.9392	18.0970	15.8113	21.8727	17.9922
93	19.6834	18.5258	24.5571	20.6599	18.7461	17.6436	23.3877	19.6761	17.8088	16.7614	22.2183	18.6923
94	20.3107	18.7964	24.4500	21.5143	19.3435	17.9014	23.2857	20.4898	18.3763	17.0063	22.1214	19.4653

续表

年龄	低方案				中方案				高方案			
	城镇男性	城镇女性	农村男性	农村女性	城镇男性	城镇女性	农村男性	农村女性	城镇男性	城镇女性	农村男性	农村女性
95	21.5073	22.1052	28.4556	26.7334	20.4831	21.0526	27.1005	25.4604	19.4590	20.0000	25.7455	24.1874
96	20.5917	22.2138	27.8219	26.8345	19.6112	21.1560	26.4970	25.5566	18.6306	20.0982	25.1722	24.2788
97	18.0451	21.2529	26.3310	26.9228	17.1858	20.2408	25.0771	25.6407	16.3265	19.2288	23.8233	24.3587
98	16.8128	21.1053	26.6424	26.5014	16.0122	20.1003	25.3737	25.2394	15.2116	19.0953	24.1050	23.9775
99	18.7136	19.0970	25.2690	22.8543	17.8225	18.1877	24.0657	21.7660	16.9314	17.2783	22.8624	20.6777
100	100	100	100	100	100	100	100	100	100	100	100	100

附表11　2010年浙江分年龄、性别、城乡的死亡率情况

单位:%

年龄	低方案				中方案				高方案			
	城镇男性	城镇女性	农村男性	农村女性	城镇男性	城镇女性	农村男性	农村女性	城镇男性	城镇女性	农村男性	农村女性
0	0.4341	0.3915	0.4719	0.4511	0.4134	0.3728	0.4494	0.4296	0.3927	0.3542	0.4269	0.4081
1	0.1069	0.0876	0.1481	0.1338	0.1018	0.0834	0.1411	0.1275	0.0967	0.0793	0.1340	0.1211
2	0.0708	0.0540	0.0890	0.0734	0.0674	0.0515	0.0847	0.0699	0.0641	0.0489	0.0805	0.0664
3	0.0613	0.0422	0.0640	0.0484	0.0584	0.0402	0.0610	0.0461	0.0555	0.0382	0.0579	0.0438
4	0.0558	0.0378	0.0518	0.0369	0.0531	0.0360	0.0493	0.0352	0.0505	0.0342	0.0468	0.0334
5	0.0282	0.0214	0.0430	0.0409	0.0269	0.0204	0.0410	0.0389	0.0255	0.0193	0.0389	0.0370
6	0.0255	0.0189	0.0426	0.0346	0.0243	0.0180	0.0406	0.0329	0.0231	0.0171	0.0385	0.0313
7	0.0262	0.0179	0.0411	0.0298	0.0250	0.0170	0.0391	0.0284	0.0237	0.0162	0.0372	0.0270
8	0.0255	0.0173	0.0392	0.0291	0.0243	0.0165	0.0373	0.0277	0.0231	0.0157	0.0354	0.0263
9	0.0259	0.0169	0.0410	0.0281	0.0247	0.0161	0.0390	0.0268	0.0234	0.0153	0.0371	0.0255
10	0.0218	0.0123	0.0414	0.0262	0.0208	0.0118	0.0394	0.0249	0.0197	0.0112	0.0375	0.0237
11	0.0221	0.0126	0.0371	0.0245	0.0210	0.0120	0.0353	0.0233	0.0200	0.0114	0.0336	0.0221
12	0.0231	0.0124	0.0381	0.0225	0.0220	0.0118	0.0363	0.0214	0.0209	0.0112	0.0345	0.0204
13	0.0225	0.0111	0.0385	0.0238	0.0214	0.0106	0.0366	0.0226	0.0204	0.0101	0.0348	0.0215
14	0.0241	0.0119	0.0435	0.0230	0.0229	0.0113	0.0414	0.0219	0.0218	0.0107	0.0393	0.0208
15	0.0282	0.0134	0.0612	0.0300	0.0268	0.0128	0.0582	0.0285	0.0255	0.0122	0.0553	0.0271
16	0.0264	0.0127	0.0707	0.0328	0.0252	0.0121	0.0674	0.0312	0.0239	0.0115	0.0640	0.0296
17	0.0297	0.0140	0.0823	0.0371	0.0282	0.0133	0.0784	0.0353	0.0268	0.0127	0.0745	0.0336
18	0.0315	0.0144	0.0868	0.0382	0.0300	0.0137	0.0826	0.0363	0.0285	0.0130	0.0785	0.0345
19	0.0322	0.0131	0.0974	0.0383	0.0307	0.0125	0.0927	0.0365	0.0291	0.0119	0.0881	0.0346

续表

年龄	低方案 城镇男性	低方案 城镇女性	低方案 农村男性	低方案 农村女性	中方案 城镇男性	中方案 城镇女性	中方案 农村男性	中方案 农村女性	高方案 城镇男性	高方案 城镇女性	高方案 农村男性	高方案 农村女性
20	0.0355	0.0121	0.0726	0.0373	0.0338	0.0115	0.0692	0.0355	0.0321	0.0109	0.0657	0.0337
21	0.0357	0.0132	0.0710	0.0354	0.0340	0.0126	0.0677	0.0337	0.0323	0.0120	0.0643	0.0320
22	0.0388	0.0156	0.0757	0.0373	0.0369	0.0148	0.0721	0.0355	0.0351	0.0141	0.0685	0.0337
23	0.0429	0.0167	0.0784	0.0388	0.0408	0.0159	0.0746	0.0369	0.0388	0.0151	0.0709	0.0351
24	0.0459	0.0175	0.0859	0.0418	0.0437	0.0167	0.0818	0.0398	0.0415	0.0158	0.0777	0.0378
25	0.0386	0.0150	0.0859	0.0450	0.0367	0.0143	0.0818	0.0428	0.0349	0.0135	0.0777	0.0407
26	0.0390	0.0160	0.0809	0.0434	0.0372	0.0152	0.0770	0.0414	0.0353	0.0145	0.0732	0.0393
27	0.0406	0.0178	0.0861	0.0487	0.0387	0.0170	0.0820	0.0464	0.0367	0.0161	0.0779	0.0440
28	0.0425	0.0186	0.1019	0.0488	0.0404	0.0177	0.0971	0.0465	0.0384	0.0169	0.0922	0.0442
29	0.0447	0.0191	0.1032	0.0542	0.0426	0.0182	0.0983	0.0516	0.0405	0.0173	0.0933	0.0490
30	0.0451	0.0189	0.1130	0.0623	0.0429	0.0180	0.1076	0.0593	0.0408	0.0171	0.1023	0.0564
31	0.0501	0.0208	0.1225	0.0652	0.0477	0.0198	0.1167	0.0621	0.0453	0.0188	0.1109	0.0590
32	0.0563	0.0225	0.1274	0.0642	0.0536	0.0214	0.1213	0.0612	0.0510	0.0203	0.1152	0.0581
33	0.0598	0.0234	0.1342	0.0669	0.0569	0.0223	0.1278	0.0637	0.0541	0.0212	0.1214	0.0605
34	0.0658	0.0289	0.1533	0.0828	0.0627	0.0275	0.1460	0.0788	0.0595	0.0262	0.1387	0.0749
35	0.0577	0.0230	0.1658	0.0771	0.0550	0.0219	0.1579	0.0734	0.0522	0.0208	0.1500	0.0697
36	0.0614	0.0267	0.1709	0.0820	0.0585	0.0254	0.1628	0.0781	0.0555	0.0241	0.1546	0.0742
37	0.0726	0.0314	0.1864	0.0884	0.0691	0.0299	0.1775	0.0842	0.0657	0.0284	0.1687	0.0800
38	0.0791	0.0349	0.1900	0.0910	0.0753	0.0332	0.1809	0.0866	0.0716	0.0315	0.1719	0.0823
39	0.0924	0.0392	0.2163	0.1010	0.0880	0.0374	0.2060	0.0962	0.0836	0.0355	0.1957	0.0914
40	0.0813	0.0408	0.2326	0.1139	0.0774	0.0389	0.2215	0.1085	0.0736	0.0369	0.2104	0.1031
41	0.0983	0.0466	0.2521	0.1230	0.0936	0.0444	0.2401	0.1171	0.0889	0.0422	0.2281	0.1113
42	0.1106	0.0534	0.2681	0.1295	0.1053	0.0509	0.2554	0.1234	0.1001	0.0484	0.2426	0.1172
43	0.1262	0.0587	0.2783	0.1332	0.1201	0.0559	0.2651	0.1269	0.1141	0.0531	0.2518	0.1205
44	0.1429	0.0699	0.3229	0.1586	0.1361	0.0666	0.3075	0.1511	0.1293	0.0632	0.2922	0.1435
45	0.1266	0.0658	0.3285	0.1556	0.1206	0.0627	0.3128	0.1482	0.1146	0.0595	0.2972	0.1408
46	0.1419	0.0701	0.3357	0.1584	0.1351	0.0667	0.3197	0.1509	0.1284	0.0634	0.3037	0.1434
47	0.1796	0.0902	0.3942	0.1883	0.1710	0.0859	0.3754	0.1793	0.1625	0.0816	0.3566	0.1704
48	0.1929	0.0952	0.4017	0.1942	0.1837	0.0907	0.3826	0.1849	0.1746	0.0862	0.3635	0.1757
49	0.2416	0.1157	0.4565	0.2287	0.2301	0.1102	0.4347	0.2178	0.2186	0.1046	0.4130	0.2069
50	0.3114	0.1353	0.6003	0.2715	0.2966	0.1289	0.5717	0.2586	0.2817	0.1224	0.5431	0.2457
51	0.3173	0.1456	0.6041	0.2814	0.3021	0.1387	0.5753	0.2680	0.2870	0.1318	0.5466	0.2546

附表：部分省(自治区、直辖市)人口死亡率情况

续表

年龄	低方案 城镇男性	低方案 城镇女性	低方案 农村男性	低方案 农村女性	中方案 城镇男性	中方案 城镇女性	中方案 农村男性	中方案 农村女性	高方案 城镇男性	高方案 城镇女性	高方案 农村男性	高方案 农村女性
52	0.3596	0.1603	0.6608	0.3062	0.3425	0.1527	0.6293	0.2916	0.3254	0.1451	0.5979	0.2770
53	0.3873	0.1762	0.6865	0.3297	0.3688	0.1678	0.6538	0.3140	0.3504	0.1594	0.6211	0.2983
54	0.4252	0.2032	0.7588	0.3750	0.4049	0.1936	0.7226	0.3572	0.3847	0.1839	0.6865	0.3393
55	0.4162	0.1920	0.7221	0.3270	0.3964	0.1829	0.6877	0.3114	0.3766	0.1737	0.6533	0.2959
56	0.4556	0.2129	0.7734	0.3588	0.4339	0.2028	0.7366	0.3417	0.4122	0.1927	0.6997	0.3246
57	0.5211	0.2484	0.8454	0.4064	0.4963	0.2366	0.8051	0.3870	0.4715	0.2247	0.7649	0.3677
58	0.5712	0.2748	0.9100	0.4476	0.5440	0.2617	0.8667	0.4263	0.5168	0.2486	0.8233	0.4049
59	0.6580	0.3223	1.0455	0.5405	0.6267	0.3070	0.9957	0.5148	0.5953	0.2916	0.9459	0.4890
60	0.6318	0.3041	1.0411	0.5013	0.6017	0.2896	0.9916	0.4774	0.5717	0.2751	0.9420	0.4536
61	0.6533	0.3217	1.0508	0.5286	0.6222	0.3064	1.0008	0.5034	0.5911	0.2911	0.9508	0.4782
62	0.7907	0.4016	1.2240	0.6454	0.7531	0.3825	1.1657	0.6147	0.7154	0.3634	1.1074	0.5840
63	0.8796	0.4667	1.3506	0.7245	0.8378	0.4445	1.2863	0.6900	0.7959	0.4222	1.2220	0.6555
64	1.0669	0.5805	1.6399	0.9237	1.0161	0.5529	1.5618	0.8798	0.9653	0.5252	1.4837	0.8358
65	1.0234	0.5481	1.6022	0.7827	0.9746	0.5220	1.5259	0.7454	0.9259	0.4959	1.4496	0.7081
66	1.0798	0.5718	1.7110	0.8605	1.0283	0.5446	1.6295	0.8195	0.9769	0.5173	1.5480	0.7785
67	1.3540	0.7462	2.1079	1.1237	1.2896	0.7106	2.0075	1.0702	1.2251	0.6751	1.9071	1.0167
68	1.4835	0.8425	2.2856	1.2609	1.4129	0.8024	2.1768	1.2009	1.3422	0.7623	2.0679	1.1409
69	1.7728	1.0141	2.7090	1.5564	1.6884	0.9658	2.5800	1.4823	1.6040	0.9175	2.4510	1.4082
70	1.9721	1.0939	2.7820	1.6894	1.8781	1.0418	2.6495	1.6089	1.7842	0.9897	2.5170	1.5285
71	2.1319	1.2356	2.9906	1.9032	2.0304	1.1767	2.8482	1.8125	1.9288	1.1179	2.7057	1.7219
72	2.4942	1.4755	3.4925	2.2461	2.3754	1.4053	3.3262	2.1392	2.2566	1.3350	3.1598	2.0322
73	2.7688	1.6878	3.8095	2.4940	2.6369	1.6074	3.6281	2.3752	2.5051	1.5271	3.4467	2.2565
74	3.2010	2.0082	4.4643	2.8961	3.0486	1.9126	4.2517	2.7582	2.8962	1.8169	4.0391	2.6203
75	3.3223	2.0556	4.4527	3.0504	3.1641	1.9577	4.2406	2.9051	3.0059	1.8598	4.0286	2.7599
76	3.5431	2.2952	4.5685	3.1953	3.3744	2.1859	4.3509	3.0431	3.2056	2.0766	4.1334	2.8910
77	4.1280	2.7783	5.4280	3.8594	3.9314	2.6460	5.1695	3.6757	3.7349	2.5137	4.9111	3.4919
78	4.8369	3.3182	6.3221	4.4851	4.6066	3.1602	6.0211	4.2715	4.3763	3.0022	5.7200	4.0580
79	5.3061	3.8250	7.1910	5.1931	5.0534	3.6428	6.8485	4.9458	4.8007	3.4607	6.5061	4.6985
80	6.3104	4.7345	8.2518	6.2729	6.0099	4.5091	7.8588	5.9742	5.7094	4.2836	7.4659	5.6755
81	6.8258	5.2474	8.8121	6.7896	6.5007	4.9976	8.3925	6.4663	6.1757	4.7477	7.9729	6.1429
82	7.6142	5.9378	9.8644	7.6788	7.2517	5.6551	9.3947	7.3131	6.8891	5.3723	8.9249	6.9475
83	8.3110	6.5339	10.5710	8.2318	7.9153	6.2228	10.0676	7.8398	7.5195	5.9116	9.5642	7.4478

续表

年龄	低方案 城镇男性	低方案 城镇女性	低方案 农村男性	低方案 农村女性	中方案 城镇男性	中方案 城镇女性	中方案 农村男性	中方案 农村女性	高方案 城镇男性	高方案 城镇女性	高方案 农村男性	高方案 农村女性
84	9.2565	7.3647	11.5969	9.1210	8.8157	7.0140	11.0447	8.6867	8.3749	6.6633	10.4924	8.2523
85	10.5742	8.9307	13.7332	11.0414	10.0706	8.5055	13.0792	10.5156	9.5671	8.0802	12.4252	9.9898
86	11.6019	9.9296	14.9642	12.1154	11.0494	9.4567	14.2516	11.5385	10.4970	8.9839	13.5390	10.9616
87	12.2360	10.5791	15.5227	12.7954	11.6533	10.0754	14.7835	12.1861	11.0707	9.5716	14.0444	11.5768
88	13.4373	11.8827	16.9386	14.1098	12.7975	11.3169	16.1320	13.4379	12.1576	10.7510	15.3254	12.7660
89	14.8354	13.0067	18.8888	15.5020	14.1289	12.3874	17.9894	14.7638	13.4225	11.7680	17.0899	14.0256
90	19.1207	16.1114	23.8985	20.3854	18.2102	15.3442	22.7605	19.4146	17.2997	14.5770	21.6225	18.4439
91	19.2567	17.0981	24.1239	21.2955	18.3397	16.2839	22.9751	20.2814	17.4228	15.4697	21.8263	19.2674
92	20.3792	18.1773	25.5231	22.6608	19.4087	17.3117	24.3077	21.5817	18.4383	16.4461	23.0923	20.5026
93	20.0621	19.2191	25.8967	23.4093	19.1067	18.3039	24.6654	22.2946	18.1514	17.3887	23.4321	21.1798
94	20.6866	19.4876	25.7934	24.2358	19.7015	18.5596	24.5651	23.0817	18.7164	17.6316	23.3369	21.9276
95	26.8281	25.1484	34.6576	34.0657	25.5506	23.9509	33.0072	32.4435	24.2731	22.7533	31.3568	30.8213
96	25.9709	25.2530	34.0752	34.1573	24.7342	24.0505	32.4526	32.5307	23.4975	22.8479	30.8299	30.9042
97	23.5866	24.3274	32.7051	34.2373	22.4634	23.1689	31.1477	32.6069	21.3402	22.0105	29.5903	30.9766
98	22.4329	24.1853	32.9913	33.8554	21.3646	23.0336	31.4203	32.2432	20.2964	21.8819	29.8493	30.6311
99	24.2125	22.2507	31.7292	30.5499	23.0596	21.1911	30.2183	29.0952	21.9066	20.1316	28.7073	27.6404
100	100	100	100	100	100	100	100	100	100	100	100	100

附表12 2010年安徽分年龄、性别、城乡的死亡率情况

单位:%

年龄	低方案 城镇男性	低方案 城镇女性	低方案 农村男性	低方案 农村女性	中方案 城镇男性	中方案 城镇女性	中方案 农村男性	中方案 农村女性	高方案 城镇男性	高方案 城镇女性	高方案 农村男性	高方案 农村女性
0	0.4387	0.4522	0.5325	0.5443	0.4178	0.4307	0.5072	0.5183	0.3969	0.4091	0.4818	0.4924
1	0.0682	0.0593	0.1309	0.1082	0.0650	0.0565	0.1247	0.1030	0.0617	0.0537	0.1184	0.0979
2	0.0322	0.0258	0.0718	0.0477	0.0306	0.0245	0.0683	0.0454	0.0291	0.0233	0.0649	0.0432
3	0.0226	0.0139	0.0468	0.0227	0.0216	0.0132	0.0445	0.0216	0.0205	0.0126	0.0423	0.0205
4	0.0171	0.0095	0.0345	0.0113	0.0163	0.0091	0.0329	0.0107	0.0155	0.0086	0.0313	0.0102
5	0.0212	0.0151	0.0394	0.0318	0.0202	0.0143	0.0375	0.0302	0.0191	0.0136	0.0356	0.0287
6	0.0185	0.0126	0.0389	0.0254	0.0176	0.0120	0.0371	0.0242	0.0167	0.0114	0.0352	0.0230
7	0.0192	0.0116	0.0374	0.0207	0.0183	0.0110	0.0356	0.0197	0.0173	0.0105	0.0338	0.0187
8	0.0184	0.0110	0.0355	0.0200	0.0176	0.0105	0.0338	0.0190	0.0167	0.0100	0.0321	0.0181

续表

年龄	低方案				中方案				高方案			
	城镇男性	城镇女性	农村男性	农村女性	城镇男性	城镇女性	农村男性	农村女性	城镇男性	城镇女性	农村男性	农村女性
9	0.0188	0.0106	0.0373	0.0190	0.0179	0.0101	0.0355	0.0181	0.0170	0.0096	0.0337	0.0172
10	0.0218	0.0127	0.0471	0.0266	0.0208	0.0121	0.0448	0.0253	0.0198	0.0114	0.0426	0.0240
11	0.0221	0.0129	0.0427	0.0249	0.0211	0.0123	0.0407	0.0237	0.0200	0.0117	0.0387	0.0225
12	0.0232	0.0127	0.0437	0.0229	0.0221	0.0121	0.0416	0.0218	0.0210	0.0115	0.0396	0.0207
13	0.0226	0.0114	0.0441	0.0242	0.0215	0.0109	0.0420	0.0230	0.0204	0.0104	0.0399	0.0219
14	0.0241	0.0122	0.0491	0.0234	0.0230	0.0116	0.0468	0.0222	0.0218	0.0110	0.0444	0.0211
15	0.0252	0.0139	0.0597	0.0322	0.0240	0.0133	0.0568	0.0307	0.0228	0.0126	0.0540	0.0291
16	0.0234	0.0132	0.0692	0.0350	0.0223	0.0125	0.0660	0.0333	0.0212	0.0119	0.0627	0.0316
17	0.0266	0.0145	0.0809	0.0393	0.0254	0.0138	0.0770	0.0375	0.0241	0.0131	0.0732	0.0356
18	0.0285	0.0149	0.0853	0.0404	0.0272	0.0142	0.0812	0.0384	0.0258	0.0135	0.0772	0.0365
19	0.0292	0.0136	0.0959	0.0405	0.0278	0.0129	0.0913	0.0386	0.0264	0.0123	0.0868	0.0367
20	0.0282	0.0133	0.1174	0.0456	0.0268	0.0127	0.1118	0.0435	0.0255	0.0121	0.1062	0.0413
21	0.0284	0.0145	0.1158	0.0438	0.0270	0.0138	0.1103	0.0417	0.0257	0.0131	0.1048	0.0396
22	0.0314	0.0168	0.1205	0.0457	0.0299	0.0160	0.1148	0.0435	0.0284	0.0152	0.1090	0.0413
23	0.0355	0.0179	0.1231	0.0472	0.0338	0.0171	0.1173	0.0449	0.0322	0.0162	0.1114	0.0427
24	0.0385	0.0187	0.1307	0.0501	0.0367	0.0179	0.1245	0.0478	0.0349	0.0170	0.1182	0.0454
25	0.0462	0.0197	0.1314	0.0499	0.0440	0.0187	0.1252	0.0475	0.0418	0.0178	0.1189	0.0451
26	0.0467	0.0207	0.1265	0.0484	0.0445	0.0197	0.1204	0.0461	0.0422	0.0187	0.1144	0.0437
27	0.0482	0.0225	0.1317	0.0536	0.0459	0.0215	0.1254	0.0510	0.0436	0.0204	0.1191	0.0485
28	0.0501	0.0233	0.1475	0.0537	0.0477	0.0222	0.1404	0.0512	0.0453	0.0211	0.1334	0.0486
29	0.0524	0.0238	0.1487	0.0591	0.0499	0.0227	0.1416	0.0563	0.0474	0.0216	0.1346	0.0535
30	0.0608	0.0286	0.1614	0.0766	0.0579	0.0272	0.1537	0.0729	0.0550	0.0258	0.1461	0.0693
31	0.0658	0.0305	0.1709	0.0795	0.0627	0.0291	0.1628	0.0757	0.0595	0.0276	0.1546	0.0719
32	0.0720	0.0322	0.1757	0.0785	0.0686	0.0306	0.1674	0.0748	0.0652	0.0291	0.1590	0.0710
33	0.0755	0.0331	0.1826	0.0812	0.0719	0.0315	0.1739	0.0773	0.0683	0.0300	0.1652	0.0734
34	0.0815	0.0386	0.2017	0.0970	0.0776	0.0368	0.1921	0.0924	0.0737	0.0349	0.1825	0.0878
35	0.0874	0.0424	0.2088	0.0950	0.0832	0.0404	0.1989	0.0904	0.0790	0.0383	0.1889	0.0859
36	0.0910	0.0460	0.2140	0.0999	0.0867	0.0439	0.2038	0.0952	0.0823	0.0417	0.1936	0.0904
37	0.1022	0.0507	0.2295	0.1062	0.0973	0.0483	0.2185	0.1012	0.0924	0.0459	0.2076	0.0961
38	0.1087	0.0542	0.2330	0.1089	0.1035	0.0516	0.2219	0.1037	0.0983	0.0491	0.2108	0.0985
39	0.1220	0.0586	0.2594	0.1189	0.1162	0.0558	0.2470	0.1132	0.1104	0.0530	0.2347	0.1076

续表

年龄	低方案 城镇男性	低方案 城镇女性	低方案 农村男性	低方案 农村女性	中方案 城镇男性	中方案 城镇女性	中方案 农村男性	中方案 农村女性	高方案 城镇男性	高方案 城镇女性	高方案 农村男性	高方案 农村女性
40	0.1165	0.0608	0.2729	0.1310	0.1109	0.0579	0.2599	0.1248	0.1054	0.0550	0.2469	0.1186
41	0.1335	0.0666	0.2925	0.1401	0.1271	0.0634	0.2785	0.1334	0.1207	0.0602	0.2646	0.1268
42	0.1458	0.0734	0.3085	0.1466	0.1388	0.0699	0.2938	0.1397	0.1319	0.0664	0.2791	0.1327
43	0.1613	0.0787	0.3187	0.1503	0.1536	0.0749	0.3035	0.1432	0.1460	0.0712	0.2883	0.1360
44	0.1781	0.0899	0.3632	0.1757	0.1696	0.0856	0.3459	0.1674	0.1611	0.0813	0.3286	0.1590
45	0.1745	0.0929	0.3279	0.1634	0.1662	0.0885	0.3123	0.1557	0.1579	0.0841	0.2967	0.1479
46	0.1898	0.0972	0.3351	0.1663	0.1808	0.0926	0.3192	0.1584	0.1717	0.0879	0.3032	0.1504
47	0.2275	0.1173	0.3936	0.1961	0.2166	0.1117	0.3749	0.1868	0.2058	0.1061	0.3561	0.1775
48	0.2408	0.1223	0.4012	0.2020	0.2294	0.1165	0.3821	0.1924	0.2179	0.1107	0.3630	0.1828
49	0.2894	0.1428	0.4559	0.2365	0.2757	0.1360	0.4342	0.2252	0.2619	0.1292	0.4125	0.2140
50	0.3272	0.1841	0.6318	0.3332	0.3116	0.1753	0.6017	0.3173	0.2960	0.1666	0.5716	0.3014
51	0.3330	0.1944	0.6356	0.3430	0.3172	0.1851	0.6053	0.3267	0.3013	0.1759	0.5751	0.3103
52	0.3754	0.2091	0.6923	0.3678	0.3575	0.1991	0.6593	0.3502	0.3396	0.1892	0.6263	0.3327
53	0.4030	0.2249	0.7180	0.3913	0.3838	0.2142	0.6838	0.3727	0.3646	0.2035	0.6496	0.3540
54	0.4409	0.2520	0.7902	0.4366	0.4199	0.2400	0.7526	0.4158	0.3989	0.2280	0.7150	0.3950
55	0.4478	0.2444	0.7345	0.3971	0.4265	0.2327	0.6996	0.3781	0.4052	0.2211	0.6646	0.3592
56	0.4872	0.2653	0.7859	0.4288	0.4640	0.2527	0.7484	0.4084	0.4408	0.2400	0.7110	0.3880
57	0.5527	0.3007	0.8578	0.4764	0.5264	0.2864	0.8170	0.4537	0.5001	0.2721	0.7761	0.4310
58	0.6028	0.3271	0.9225	0.5175	0.5741	0.3115	0.8785	0.4929	0.5454	0.2960	0.8346	0.4682
59	0.6895	0.3746	1.0579	0.6104	0.6567	0.3568	1.0075	0.5813	0.6239	0.3389	0.9572	0.5523
60	0.7766	0.3779	1.1721	0.6005	0.7396	0.3599	1.1163	0.5719	0.7026	0.3419	1.0605	0.5433
61	0.7980	0.3955	1.1818	0.6277	0.7600	0.3767	1.1255	0.5978	0.7220	0.3578	1.0692	0.5679
62	0.9352	0.4754	1.3547	0.7444	0.8907	0.4527	1.2902	0.7090	0.8462	0.4301	1.2257	0.6735
63	1.0240	0.5404	1.4812	0.8234	0.9753	0.5146	1.4106	0.7842	0.9265	0.4889	1.3401	0.7450
64	1.2111	0.6541	1.7701	1.0225	1.1534	0.6230	1.6858	0.9738	1.0957	0.5918	1.6015	0.9251
65	1.2662	0.6707	1.8145	1.0153	1.2059	0.6387	1.7281	0.9669	1.1456	0.6068	1.6417	0.9186
66	1.3224	0.6944	1.9230	1.0929	1.2595	0.6613	1.8314	1.0409	1.1965	0.6283	1.7398	0.9888
67	1.5961	0.8685	2.3191	1.3555	1.5201	0.8272	2.2087	1.2910	1.4441	0.7858	2.0982	1.2264
68	1.7252	0.9648	2.4965	1.4925	1.6431	0.9188	2.3776	1.4214	1.5609	0.8729	2.2587	1.3503
69	2.0139	1.1362	2.9189	1.7873	1.9180	1.0820	2.7799	1.7022	1.8221	1.0279	2.6409	1.6171
70	2.4682	1.3790	3.4130	2.1210	2.3507	1.3134	3.2505	2.0200	2.2331	1.2477	3.0879	1.9190

续表

年龄	低方案 城镇男性	低方案 城镇女性	低方案 农村男性	低方案 农村女性	中方案 城镇男性	中方案 城镇女性	中方案 农村男性	中方案 农村女性	高方案 城镇男性	高方案 城镇女性	高方案 农村男性	高方案 农村女性
71	2.6272	1.5203	3.6203	2.3338	2.5021	1.4479	3.4479	2.2227	2.3770	1.3755	3.2755	2.1116
72	2.9878	1.7596	4.1191	2.6754	2.8455	1.6758	3.9229	2.5480	2.7032	1.5920	3.7268	2.4206
73	3.2611	1.9713	4.4342	2.9222	3.1058	1.8774	4.2230	2.7830	2.9505	1.7836	4.0119	2.6439
74	3.6912	2.2908	5.0849	3.3226	3.5155	2.1817	4.8428	3.1644	3.3397	2.0726	4.6007	3.0062
75	3.9176	2.3696	5.3107	3.4892	3.7311	2.2567	5.0578	3.3230	3.5445	2.1439	4.8049	3.1569
76	4.1371	2.6085	5.4255	3.6334	3.9401	2.4842	5.1672	3.4604	3.7431	2.3600	4.9088	3.2874
77	4.7186	3.0901	6.2777	4.2947	4.4939	2.9429	5.9788	4.0902	4.2692	2.7958	5.6799	3.8857
78	5.4234	3.6284	7.1642	4.9177	5.1651	3.4556	6.8230	4.6835	4.9069	3.2828	6.4819	4.4494
79	5.8898	4.1335	8.0257	5.6227	5.6093	3.9367	7.6435	5.3549	5.3289	3.7399	7.2613	5.0872
80	6.4289	4.8890	9.0793	6.5634	6.1227	4.6562	8.6469	6.2508	5.8166	4.4234	8.2146	5.9383
81	6.9436	5.4012	9.6348	7.0785	6.6130	5.1440	9.1760	6.7414	6.2823	4.8868	8.7172	6.4043
82	7.7312	6.0905	10.6781	7.9650	7.3630	5.8005	10.1696	7.5858	6.9949	5.5105	9.6611	7.2065
83	8.4271	6.6856	11.3786	8.5164	8.0258	6.3673	10.8368	8.1109	7.6245	6.0489	10.2949	7.7054
84	9.3714	7.5151	12.3958	9.4030	8.9251	7.1573	11.8055	8.9553	8.4789	6.7994	11.2152	8.5075
85	8.7774	7.0767	11.7019	8.7879	8.3594	6.7397	11.1446	8.3694	7.9415	6.4028	10.5874	7.9509
86	9.8247	8.0948	12.9603	9.8876	9.3569	7.7094	12.3431	9.4168	8.8890	7.3239	11.7260	8.9459
87	10.4709	8.7569	13.5313	10.5840	9.9723	8.3399	12.8869	10.0800	9.4736	7.9229	12.2426	9.5760
88	11.6951	10.0857	14.9787	11.9299	11.1382	9.6054	14.2654	11.3618	10.5813	9.1251	13.5521	10.7937
89	13.1197	11.2314	16.9343	13.3554	12.4950	10.6966	16.1641	12.7194	11.8702	10.1617	15.3559	12.0835
90	13.3939	10.7443	18.5424	13.3164	12.7561	10.2327	17.6594	12.6823	12.1183	9.7211	16.7764	12.0482
91	13.5390	11.7907	18.7826	14.3026	12.8943	11.2292	17.8881	13.6215	12.2496	10.6677	16.9937	12.9405
92	14.7363	12.9350	20.2742	15.7819	14.0345	12.3191	19.3088	15.0304	13.3328	11.7031	18.3433	14.2789
93	14.3980	14.0397	20.6746	16.5930	13.7124	13.3711	19.6901	15.8029	13.0268	12.7026	18.7056	15.0127
94	15.0642	14.3244	20.5624	17.4885	14.3468	13.6423	19.5832	16.6558	13.6295	12.9601	18.6040	15.8230
95	16.5994	14.6444	22.4070	19.0836	15.8090	13.9471	21.3400	18.1748	15.0185	13.2497	20.2730	17.2661
96	15.6300	14.7627	21.7232	19.1945	14.8858	14.0597	20.6887	18.2804	14.1415	13.3567	19.6543	17.3664
97	12.9337	13.7154	20.1145	19.2914	12.3178	13.0622	19.1566	18.3728	11.7019	12.4091	18.1988	17.4541
98	11.6290	13.5545	20.4505	18.8289	11.0752	12.9091	19.4767	17.9322	10.5215	12.2636	18.5029	17.0356
99	13.6415	11.3655	18.9686	14.8252	12.9920	10.8243	18.0653	14.1193	12.3424	10.2831	17.1620	13.4133
100	100	100	100	100	100	100	100	100	100	100	100	100

附表13 2010年福建分年龄、性别、城乡的死亡率情况

单位:%

年龄	低方案 城镇男性	低方案 城镇女性	低方案 农村男性	低方案 农村女性	中方案 城镇男性	中方案 城镇女性	中方案 农村男性	中方案 农村女性	高方案 城镇男性	高方案 城镇女性	高方案 农村男性	高方案 农村女性
0	0.2632	0.2575	0.4448	0.5229	0.2507	0.2452	0.4236	0.4980	0.2381	0.2329	0.4024	0.4731
1	0.0606	0.0569	0.1269	0.1154	0.0577	0.0541	0.1209	0.1099	0.0548	0.0514	0.1149	0.1044
2	0.0245	0.0233	0.0678	0.0549	0.0234	0.0222	0.0646	0.0523	0.0222	0.0211	0.0613	0.0497
3	0.0150	0.0114	0.0428	0.0299	0.0143	0.0109	0.0408	0.0285	0.0136	0.0103	0.0387	0.0271
4	0.0095	0.0071	0.0306	0.0185	0.0090	0.0067	0.0291	0.0176	0.0086	0.0064	0.0277	0.0167
5	0.0173	0.0138	0.0359	0.0376	0.0165	0.0131	0.0342	0.0358	0.0157	0.0125	0.0324	0.0340
6	0.0146	0.0113	0.0354	0.0313	0.0139	0.0107	0.0337	0.0298	0.0132	0.0102	0.0321	0.0283
7	0.0153	0.0103	0.0339	0.0265	0.0146	0.0098	0.0323	0.0253	0.0139	0.0093	0.0307	0.0240
8	0.0146	0.0097	0.0320	0.0258	0.0139	0.0093	0.0305	0.0246	0.0132	0.0088	0.0289	0.0233
9	0.0150	0.0093	0.0338	0.0248	0.0143	0.0088	0.0322	0.0236	0.0136	0.0084	0.0306	0.0225
10	0.0177	0.0138	0.0519	0.0306	0.0168	0.0132	0.0495	0.0291	0.0160	0.0125	0.0470	0.0277
11	0.0179	0.0141	0.0476	0.0289	0.0171	0.0134	0.0453	0.0275	0.0162	0.0127	0.0431	0.0261
12	0.0190	0.0139	0.0486	0.0269	0.0181	0.0132	0.0463	0.0256	0.0172	0.0126	0.0440	0.0243
13	0.0184	0.0126	0.0490	0.0282	0.0175	0.0120	0.0467	0.0268	0.0166	0.0114	0.0443	0.0255
14	0.0200	0.0133	0.0540	0.0274	0.0190	0.0127	0.0514	0.0261	0.0181	0.0121	0.0488	0.0248
15	0.0289	0.0121	0.0820	0.0391	0.0275	0.0115	0.0781	0.0373	0.0262	0.0109	0.0742	0.0354
16	0.0271	0.0113	0.0916	0.0419	0.0258	0.0108	0.0872	0.0399	0.0246	0.0103	0.0828	0.0379
17	0.0304	0.0126	0.1032	0.0463	0.0289	0.0120	0.0983	0.0441	0.0275	0.0114	0.0933	0.0419
18	0.0323	0.0131	0.1076	0.0473	0.0307	0.0124	0.1025	0.0451	0.0292	0.0118	0.0974	0.0428
19	0.0329	0.0117	0.1182	0.0474	0.0313	0.0112	0.1126	0.0452	0.0298	0.0106	0.1069	0.0429
20	0.0228	0.0097	0.1229	0.0509	0.0217	0.0093	0.1170	0.0484	0.0206	0.0088	0.1112	0.0460
21	0.0230	0.0109	0.1213	0.0490	0.0219	0.0104	0.1155	0.0467	0.0208	0.0098	0.1097	0.0443
22	0.0261	0.0132	0.1259	0.0509	0.0248	0.0126	0.1199	0.0485	0.0236	0.0120	0.1139	0.0460
23	0.0302	0.0143	0.1286	0.0524	0.0287	0.0137	0.1225	0.0499	0.0273	0.0130	0.1163	0.0474
24	0.0332	0.0152	0.1361	0.0553	0.0316	0.0144	0.1296	0.0527	0.0300	0.0137	0.1232	0.0501
25	0.0373	0.0177	0.1409	0.0606	0.0355	0.0168	0.1342	0.0577	0.0337	0.0160	0.1275	0.0548
26	0.0378	0.0187	0.1359	0.0591	0.0360	0.0178	0.1295	0.0563	0.0342	0.0169	0.1230	0.0534
27	0.0393	0.0206	0.1411	0.0643	0.0374	0.0196	0.1344	0.0613	0.0356	0.0186	0.1277	0.0582
28	0.0412	0.0214	0.1569	0.0645	0.0392	0.0203	0.1495	0.0614	0.0372	0.0193	0.1420	0.0583
29	0.0435	0.0219	0.1582	0.0698	0.0414	0.0208	0.1507	0.0665	0.0393	0.0198	0.1431	0.0632
30	0.0413	0.0259	0.1646	0.0768	0.0393	0.0246	0.1567	0.0731	0.0374	0.0234	0.1489	0.0695

附表：部分省(自治区、直辖市)人口死亡率情况

续表

年龄	低方案 城镇男性	低方案 城镇女性	低方案 农村男性	低方案 农村女性	中方案 城镇男性	中方案 城镇女性	中方案 农村男性	中方案 农村女性	高方案 城镇男性	高方案 城镇女性	高方案 农村男性	高方案 农村女性
31	0.0463	0.0278	0.1741	0.0797	0.0441	0.0265	0.1658	0.0760	0.0419	0.0252	0.1575	0.0722
32	0.0526	0.0295	0.1789	0.0787	0.0501	0.0281	0.1704	0.0750	0.0476	0.0267	0.1619	0.0712
33	0.0560	0.0304	0.1857	0.0814	0.0534	0.0290	0.1769	0.0775	0.0507	0.0275	0.1680	0.0736
34	0.0620	0.0359	0.2048	0.0973	0.0591	0.0342	0.1951	0.0926	0.0561	0.0325	0.1853	0.0880
35	0.0645	0.0309	0.2234	0.1029	0.0615	0.0294	0.2127	0.0980	0.0584	0.0280	0.2021	0.0931
36	0.0682	0.0346	0.2285	0.1079	0.0649	0.0329	0.2176	0.1027	0.0617	0.0313	0.2067	0.0976
37	0.0794	0.0393	0.2440	0.1142	0.0756	0.0374	0.2324	0.1088	0.0718	0.0355	0.2208	0.1033
38	0.0859	0.0428	0.2476	0.1168	0.0818	0.0407	0.2358	0.1113	0.0777	0.0387	0.2240	0.1057
39	0.0992	0.0471	0.2739	0.1269	0.0945	0.0449	0.2608	0.1208	0.0898	0.0426	0.2478	0.1148
40	0.0974	0.0479	0.3028	0.1300	0.0928	0.0456	0.2884	0.1238	0.0881	0.0433	0.2739	0.1176
41	0.1144	0.0536	0.3223	0.1391	0.1089	0.0511	0.3069	0.1325	0.1035	0.0485	0.2916	0.1259
42	0.1267	0.0605	0.3383	0.1456	0.1207	0.0576	0.3222	0.1387	0.1146	0.0547	0.3061	0.1318
43	0.1423	0.0657	0.3485	0.1493	0.1355	0.0626	0.3319	0.1422	0.1287	0.0595	0.3153	0.1351
44	0.1590	0.0769	0.3930	0.1747	0.1514	0.0733	0.3743	0.1664	0.1439	0.0696	0.3556	0.1581
45	0.1753	0.0814	0.3982	0.1717	0.1669	0.0775	0.3792	0.1635	0.1586	0.0736	0.3602	0.1553
46	0.1905	0.0856	0.4054	0.1745	0.1815	0.0816	0.3861	0.1662	0.1724	0.0775	0.3668	0.1579
47	0.2282	0.1057	0.4638	0.2044	0.2173	0.1007	0.4417	0.1946	0.2065	0.0957	0.4196	0.1849
48	0.2416	0.1108	0.4714	0.2102	0.2301	0.1055	0.4489	0.2002	0.2186	0.1002	0.4265	0.1902
49	0.2902	0.1312	0.5261	0.2447	0.2764	0.1250	0.5010	0.2331	0.2625	0.1187	0.4760	0.2214
50	0.3978	0.1550	0.6895	0.2976	0.3789	0.1476	0.6567	0.2835	0.3599	0.1402	0.6239	0.2693
51	0.4037	0.1653	0.6934	0.3075	0.3845	0.1574	0.6604	0.2928	0.3652	0.1495	0.6273	0.2782
52	0.4460	0.1800	0.7500	0.3322	0.4248	0.1714	0.7143	0.3164	0.4035	0.1628	0.6786	0.3006
53	0.4736	0.1958	0.7757	0.3558	0.4511	0.1865	0.7388	0.3389	0.4285	0.1771	0.7018	0.3219
54	0.5115	0.2228	0.8479	0.4011	0.4871	0.2122	0.8075	0.3820	0.4628	0.2016	0.7672	0.3629
55	0.5406	0.2174	0.8493	0.3662	0.5148	0.2071	0.8089	0.3488	0.4891	0.1967	0.7684	0.3313
56	0.5799	0.2384	0.9006	0.3980	0.5523	0.2270	0.8577	0.3791	0.5247	0.2157	0.8148	0.3601
57	0.6453	0.2738	0.9725	0.4456	0.6146	0.2608	0.9261	0.4243	0.5839	0.2477	0.8798	0.4031
58	0.6954	0.3002	1.0370	0.4867	0.6623	0.2859	0.9876	0.4636	0.6292	0.2716	0.9382	0.4404
59	0.7821	0.3477	1.1723	0.5796	0.7448	0.3311	1.1165	0.5520	0.7076	0.3146	1.0607	0.5244
60	0.8451	0.3456	1.2884	0.6070	0.8049	0.3291	1.2270	0.5781	0.7646	0.3126	1.1657	0.5492
61	0.8666	0.3632	1.2980	0.6343	0.8253	0.3459	1.2362	0.6041	0.7840	0.3286	1.1744	0.5739
62	1.0037	0.4430	1.4708	0.7510	0.9559	0.4219	1.4007	0.7152	0.9081	0.4008	1.3307	0.6795

续表

年龄	低方案 城镇男性	低方案 城镇女性	低方案 农村男性	低方案 农村女性	中方案 城镇男性	中方案 城镇女性	中方案 农村男性	中方案 农村女性	高方案 城镇男性	高方案 城镇女性	高方案 农村男性	高方案 农村女性
63	1.0924	0.5081	1.5971	0.8300	1.0404	0.4839	1.5210	0.7904	0.9884	0.4597	1.4450	0.7509
64	1.2793	0.6218	1.8857	1.0290	1.2184	0.5922	1.7959	0.9800	1.1575	0.5626	1.7061	0.9310
65	1.3070	0.6776	1.9132	1.0239	1.2448	0.6453	1.8221	0.9751	1.1826	0.6131	1.7310	0.9264
66	1.3633	0.7013	2.0216	1.1015	1.2984	0.6679	1.9253	1.0491	1.2334	0.6345	1.8290	0.9966
67	1.6368	0.8754	2.4173	1.3641	1.5589	0.8338	2.3022	1.2992	1.4809	0.7921	2.1871	1.2342
68	1.7659	0.9717	2.5945	1.5010	1.6818	0.9254	2.4710	1.4296	1.5977	0.8791	2.3474	1.3581
69	2.0544	1.1430	3.0166	1.7958	1.9566	1.0886	2.8729	1.7103	1.8588	1.0342	2.7293	1.6248
70	2.4119	1.3298	3.2774	1.9497	2.2970	1.2665	3.1213	1.8568	2.1822	1.2031	2.9652	1.7640
71	2.5710	1.4711	3.4849	2.1629	2.4486	1.4010	3.3190	2.0599	2.3262	1.3310	3.1530	1.9569
72	2.9318	1.7105	3.9844	2.5050	2.7922	1.6291	3.7947	2.3857	2.6525	1.5476	3.6049	2.2664
73	3.2052	1.9223	4.2999	2.7522	3.0525	1.8308	4.0952	2.6212	2.8999	1.7392	3.8904	2.4901
74	3.6356	2.2420	4.9515	3.1533	3.4625	2.1352	4.7157	3.0032	3.2893	2.0285	4.4800	2.8530
75	3.8915	2.2672	5.2347	3.3670	3.7062	2.1592	4.9855	3.2067	3.5209	2.0513	4.7362	3.0464
76	4.1111	2.5063	5.3497	3.5115	3.9153	2.3870	5.0949	3.3443	3.7195	2.2676	4.8402	3.1770
77	4.6927	2.9884	6.2025	4.1736	4.4693	2.8461	5.9072	3.9748	4.2458	2.7038	5.6118	3.7761
78	5.3977	3.5272	7.0897	4.7973	5.1406	3.3593	6.7521	4.5689	4.8836	3.1913	6.4145	4.3404
79	5.8642	4.0329	7.9518	5.5031	5.5850	3.8409	7.5731	5.2411	5.3057	3.6488	7.1945	4.9790
80	6.2731	4.7995	8.6177	6.2209	5.9744	4.5709	8.2073	5.9246	5.6757	4.3424	7.7969	5.6284
81	6.7887	5.3121	9.1759	6.7378	6.4654	5.0591	8.7390	6.4169	6.1422	4.8062	8.3020	6.0961
82	7.5775	6.0020	10.2242	7.6274	7.2166	5.7162	9.7373	7.2642	6.8558	5.4304	9.2505	6.9010
83	8.2745	6.5977	10.9281	8.1807	7.8805	6.2835	10.4077	7.7912	7.4865	5.9694	9.8873	7.4016
84	9.2203	7.4279	11.9501	9.0704	8.7812	7.0742	11.3811	8.6385	8.3422	6.7205	10.8120	8.2066
85	9.4808	7.8899	12.1129	10.0312	9.0294	7.5142	11.5361	9.5536	8.5779	7.1385	10.9593	9.0759
86	10.5205	8.8996	13.3658	11.1168	10.0195	8.4758	12.7293	10.5874	9.5185	8.0520	12.0928	10.0581
87	11.1619	9.5561	13.9342	11.8041	10.6304	9.1011	13.2707	11.2420	10.0989	8.6460	12.6072	10.6799
88	12.3772	10.8738	15.3752	13.1327	11.7878	10.3560	14.6431	12.5073	11.1984	9.8382	13.9109	11.8819
89	13.7914	12.0101	17.3601	14.5398	13.1347	11.4382	16.5334	13.8474	12.4779	10.8662	15.7068	13.1550
90	16.5345	14.5160	20.7759	17.0495	15.7472	13.8247	19.7866	16.2376	14.9598	13.1335	18.7973	15.4257
91	16.6746	15.5204	21.0099	17.9955	15.8806	14.7814	20.0094	17.1386	15.0866	14.0423	19.0090	16.2816
92	17.8308	16.6190	22.4630	19.4146	16.9818	15.8276	21.3933	18.4901	16.1327	15.0362	20.3237	17.5656
93	17.5042	17.6795	22.8530	20.1926	16.6707	16.8376	21.7648	19.2311	15.8371	15.9957	20.6766	18.2695
94	18.1475	17.9528	22.7437	21.0517	17.2833	17.0979	21.6607	20.0492	16.4192	16.2430	20.5777	19.0468

续表

年龄	低方案				中方案				高方案			
	城镇男性	城镇女性	农村男性	农村女性	城镇男性	城镇女性	农村男性	农村女性	城镇男性	城镇女性	农村男性	农村女性
95	19.3982	21.0388	30.0152	26.5750	18.4745	20.0370	28.5859	25.3096	17.5508	19.0351	27.1566	24.0441
96	18.4596	21.1488	29.3944	26.6763	17.5805	20.1417	27.9946	25.4060	16.7015	19.1346	26.5949	24.1357
97	15.8485	20.1755	27.9338	26.7648	15.0939	19.2148	26.6037	25.4902	14.3392	18.2540	25.2735	24.2157
98	14.5852	20.0261	28.2389	26.3426	13.8906	19.0725	26.8942	25.0881	13.1961	18.1188	25.5495	23.8337
99	16.5340	17.9919	26.8935	22.6880	15.7467	17.1352	25.6129	21.6076	14.9593	16.2784	24.3322	20.5272
100	100	100	100	100	100	100	100	100	100	100	100	100

附表14 2010年江西分年龄、性别、城乡的死亡率情况

单位:%

年龄	低方案				中方案				高方案			
	城镇男性	城镇女性	农村男性	农村女性	城镇男性	城镇女性	农村男性	农村女性	城镇男性	城镇女性	农村男性	农村女性
0	0.4307	0.5843	0.3978	0.4583	0.4102	0.5564	0.3788	0.4365	0.3897	0.5286	0.3599	0.4147
1	0.0870	0.0912	0.1614	0.1516	0.0828	0.0869	0.1537	0.1444	0.0787	0.0825	0.1460	0.1372
2	0.0509	0.0576	0.1022	0.0912	0.0485	0.0549	0.0974	0.0869	0.0461	0.0521	0.0925	0.0825
3	0.0414	0.0458	0.0773	0.0662	0.0394	0.0436	0.0736	0.0631	0.0375	0.0414	0.0699	0.0599
4	0.0359	0.0414	0.0650	0.0548	0.0342	0.0395	0.0619	0.0522	0.0325	0.0375	0.0588	0.0496
5	0.0305	0.0203	0.0597	0.0413	0.0291	0.0193	0.0568	0.0393	0.0276	0.0184	0.0540	0.0374
6	0.0278	0.0178	0.0592	0.0350	0.0265	0.0170	0.0564	0.0333	0.0252	0.0161	0.0536	0.0317
7	0.0285	0.0168	0.0577	0.0303	0.0272	0.0160	0.0550	0.0288	0.0258	0.0152	0.0522	0.0274
8	0.0278	0.0163	0.0558	0.0295	0.0265	0.0155	0.0531	0.0281	0.0251	0.0147	0.0505	0.0267
9	0.0282	0.0158	0.0576	0.0286	0.0268	0.0151	0.0548	0.0272	0.0255	0.0143	0.0521	0.0259
10	0.0268	0.0143	0.0586	0.0332	0.0255	0.0137	0.0558	0.0316	0.0243	0.0130	0.0531	0.0300
11	0.0271	0.0146	0.0543	0.0315	0.0258	0.0139	0.0517	0.0300	0.0245	0.0132	0.0491	0.0285
12	0.0281	0.0144	0.0553	0.0295	0.0268	0.0137	0.0527	0.0281	0.0255	0.0130	0.0500	0.0267
13	0.0275	0.0131	0.0557	0.0308	0.0262	0.0125	0.0531	0.0293	0.0249	0.0119	0.0504	0.0279
14	0.0291	0.0138	0.0607	0.0300	0.0277	0.0132	0.0578	0.0285	0.0263	0.0125	0.0549	0.0271
15	0.0281	0.0160	0.0518	0.0334	0.0268	0.0152	0.0493	0.0318	0.0255	0.0145	0.0469	0.0302
16	0.0264	0.0153	0.0614	0.0362	0.0251	0.0145	0.0584	0.0345	0.0239	0.0138	0.0555	0.0328
17	0.0296	0.0166	0.0730	0.0406	0.0282	0.0158	0.0695	0.0386	0.0268	0.0150	0.0660	0.0367
18	0.0315	0.0170	0.0774	0.0416	0.0300	0.0162	0.0737	0.0396	0.0285	0.0154	0.0700	0.0376
19	0.0321	0.0157	0.0880	0.0418	0.0306	0.0149	0.0838	0.0398	0.0291	0.0142	0.0796	0.0378

续表

年龄	低方案 城镇男性	低方案 城镇女性	低方案 农村男性	低方案 农村女性	中方案 城镇男性	中方案 城镇女性	中方案 农村男性	中方案 农村女性	高方案 城镇男性	高方案 城镇女性	高方案 农村男性	高方案 农村女性
20	0.0327	0.0171	0.0816	0.0400	0.0311	0.0163	0.0777	0.0381	0.0296	0.0155	0.0738	0.0362
21	0.0329	0.0182	0.0800	0.0382	0.0313	0.0173	0.0762	0.0363	0.0298	0.0165	0.0724	0.0345
22	0.0360	0.0206	0.0847	0.0401	0.0343	0.0196	0.0807	0.0381	0.0325	0.0186	0.0766	0.0362
23	0.0401	0.0217	0.0873	0.0415	0.0382	0.0206	0.0832	0.0396	0.0363	0.0196	0.0790	0.0376
24	0.0431	0.0225	0.0949	0.0445	0.0410	0.0214	0.0904	0.0424	0.0390	0.0204	0.0858	0.0403
25	0.0555	0.0231	0.1133	0.0465	0.0529	0.0220	0.1079	0.0443	0.0502	0.0209	0.1025	0.0421
26	0.0560	0.0242	0.1083	0.0449	0.0533	0.0230	0.1032	0.0428	0.0507	0.0219	0.0980	0.0407
27	0.0575	0.0260	0.1135	0.0502	0.0548	0.0248	0.1081	0.0478	0.0521	0.0235	0.1027	0.0454
28	0.0594	0.0268	0.1293	0.0503	0.0566	0.0255	0.1232	0.0479	0.0538	0.0243	0.1170	0.0455
29	0.0617	0.0273	0.1306	0.0557	0.0588	0.0260	0.1244	0.0530	0.0558	0.0247	0.1182	0.0504
30	0.0768	0.0306	0.1507	0.0708	0.0731	0.0291	0.1435	0.0675	0.0695	0.0277	0.1363	0.0641
31	0.0818	0.0325	0.1602	0.0738	0.0779	0.0310	0.1526	0.0703	0.0740	0.0294	0.1449	0.0668
32	0.0881	0.0342	0.1650	0.0728	0.0839	0.0325	0.1572	0.0693	0.0797	0.0309	0.1493	0.0658
33	0.0915	0.0351	0.1719	0.0754	0.0872	0.0335	0.1637	0.0718	0.0828	0.0318	0.1555	0.0682
34	0.0975	0.0406	0.1910	0.0913	0.0929	0.0387	0.1819	0.0869	0.0882	0.0367	0.1728	0.0826
35	0.1029	0.0407	0.2071	0.0953	0.0980	0.0387	0.1972	0.0907	0.0931	0.0368	0.1874	0.0862
36	0.1065	0.0443	0.2122	0.1002	0.1014	0.0422	0.2021	0.0955	0.0964	0.0401	0.1920	0.0907
37	0.1177	0.0490	0.2277	0.1066	0.1121	0.0467	0.2169	0.1015	0.1065	0.0443	0.2060	0.0964
38	0.1242	0.0525	0.2313	0.1092	0.1183	0.0500	0.2203	0.1040	0.1124	0.0475	0.2093	0.0988
39	0.1376	0.0569	0.2576	0.1192	0.1310	0.0542	0.2454	0.1135	0.1245	0.0515	0.2331	0.1079
40	0.1451	0.0740	0.3099	0.1369	0.1382	0.0704	0.2951	0.1303	0.1312	0.0669	0.2804	0.1238
41	0.1620	0.0797	0.3294	0.1459	0.1543	0.0759	0.3137	0.1390	0.1466	0.0721	0.2980	0.1320
42	0.1743	0.0866	0.3454	0.1525	0.1660	0.0825	0.3290	0.1452	0.1577	0.0783	0.3125	0.1380
43	0.1899	0.0918	0.3556	0.1562	0.1808	0.0875	0.3386	0.1487	0.1718	0.0831	0.3217	0.1413
44	0.2066	0.1030	0.4001	0.1816	0.1968	0.0981	0.3811	0.1729	0.1869	0.0932	0.3620	0.1643
45	0.2095	0.1094	0.4136	0.1757	0.1996	0.1042	0.3939	0.1673	0.1896	0.0990	0.3742	0.1590
46	0.2248	0.1136	0.4208	0.1785	0.2141	0.1082	0.4008	0.1700	0.2034	0.1028	0.3807	0.1615
47	0.2624	0.1337	0.4792	0.2084	0.2499	0.1274	0.4564	0.1985	0.2375	0.1210	0.4336	0.1885
48	0.2758	0.1388	0.4868	0.2143	0.2627	0.1322	0.4636	0.2041	0.2495	0.1256	0.4404	0.1939
49	0.3244	0.1592	0.5415	0.2487	0.3089	0.1516	0.5157	0.2369	0.2935	0.1441	0.4899	0.2250
50	0.4020	0.1933	0.6536	0.2929	0.3829	0.1841	0.6225	0.2790	0.3637	0.1748	0.5914	0.2650
51	0.4079	0.2036	0.6575	0.3028	0.3884	0.1939	0.6262	0.2883	0.3690	0.1842	0.5949	0.2739

附表：部分省(自治区、直辖市)人口死亡率情况

续表

年龄	低方案				中方案				高方案			
	城镇男性	城镇女性	农村男性	农村女性	城镇男性	城镇女性	农村男性	农村女性	城镇男性	城镇女性	农村男性	农村女性
52	0.4502	0.2183	0.7141	0.3275	0.4287	0.2079	0.6801	0.3119	0.4073	0.1975	0.6461	0.2963
53	0.4778	0.2341	0.7398	0.3511	0.4550	0.2229	0.7046	0.3344	0.4323	0.2118	0.6694	0.3177
54	0.5157	0.2611	0.8121	0.3964	0.4911	0.2487	0.7734	0.3775	0.4666	0.2362	0.7347	0.3586
55	0.5670	0.2872	0.8269	0.4056	0.5400	0.2736	0.7875	0.3863	0.5130	0.2599	0.7481	0.3669
56	0.6063	0.3081	0.8781	0.4373	0.5774	0.2935	0.8363	0.4165	0.5485	0.2788	0.7945	0.3957
57	0.6717	0.3436	0.9501	0.4849	0.6397	0.3272	0.9048	0.4618	0.6077	0.3109	0.8596	0.4387
58	0.7218	0.3699	1.0146	0.5260	0.6874	0.3523	0.9663	0.5010	0.6530	0.3347	0.9180	0.4759
59	0.8084	0.4174	1.1500	0.6189	0.7699	0.3975	1.0952	0.5894	0.7314	0.3777	1.0404	0.5599
60	0.9883	0.4905	1.3866	0.6867	0.9413	0.4671	1.3206	0.6540	0.8942	0.4438	1.2546	0.6213
61	1.0097	0.5080	1.3963	0.7140	0.9617	0.4839	1.3298	0.6800	0.9136	0.4597	1.2633	0.6460
62	1.1467	0.5878	1.5688	0.8306	1.0921	0.5598	1.4941	0.7910	1.0375	0.5318	1.4194	0.7515
63	1.2353	0.6528	1.6950	0.9095	1.1765	0.6217	1.6143	0.8662	1.1176	0.5906	1.5336	0.8229
64	1.4219	0.7664	1.9834	1.1084	1.3542	0.7299	1.8889	1.0556	1.2865	0.6934	1.7945	1.0028
65	1.7625	1.0131	2.1529	1.1929	1.6786	0.9648	2.0503	1.1361	1.5947	0.9166	1.9478	1.0793
66	1.8185	1.0367	2.2610	1.2705	1.7319	0.9873	2.1533	1.2100	1.6453	0.9380	2.0457	1.1495
67	2.0908	1.2103	2.6558	1.5326	1.9913	1.1526	2.5293	1.4596	1.8917	1.0950	2.4029	1.3867
68	2.2194	1.3062	2.8326	1.6693	2.1137	1.2440	2.6977	1.5898	2.0080	1.1818	2.5628	1.5103
69	2.5066	1.4770	3.2537	1.9636	2.3873	1.4067	3.0988	1.8701	2.2679	1.3363	2.9438	1.7766
70	3.2358	1.9203	3.9373	2.3250	3.0817	1.8289	3.7498	2.2143	2.9276	1.7375	3.5623	2.1035
71	3.3936	2.0609	4.1435	2.5374	3.2320	1.9627	3.9462	2.4166	3.0704	1.8646	3.7489	2.2958
72	3.7515	2.2989	4.6398	2.8783	3.5728	2.1894	4.4188	2.7412	3.3942	2.0800	4.1979	2.6042
73	4.0227	2.5095	4.9532	3.1246	3.8311	2.3900	4.7174	2.9758	3.6396	2.2705	4.4815	2.8270
74	4.4497	2.8273	5.6006	3.5243	4.2378	2.6927	5.3339	3.3564	4.0259	2.5581	5.0672	3.1886
75	5.1365	3.0106	5.8700	3.8213	4.8919	2.8673	5.5905	3.6393	4.6473	2.7239	5.3110	3.4574
76	5.3533	3.2481	5.9842	3.9651	5.0984	3.0934	5.6992	3.7763	4.8435	2.9387	5.4143	3.5875
77	5.9278	3.7266	6.8316	4.6242	5.6455	3.5492	6.5063	4.4040	5.3633	3.3717	6.1810	4.1838
78	6.6241	4.2616	7.7131	5.2452	6.3086	4.0587	7.3458	4.9954	5.9932	3.8557	6.9785	4.7456
79	7.0849	4.7636	8.5697	5.9478	6.7475	4.5368	8.1616	5.6646	6.4101	4.3099	7.7536	5.3814
80	7.7561	5.4337	9.7780	6.6658	7.3867	5.1750	9.3124	6.3484	7.0174	4.9162	8.8468	6.0310
81	8.2639	5.9431	10.3295	7.1804	7.8704	5.6601	9.8376	6.8385	7.4769	5.3771	9.3458	6.4966
82	9.0408	6.6286	11.3652	8.0661	8.6103	6.3130	10.8240	7.6820	8.1798	5.9973	10.2828	7.2979
83	9.7274	7.2206	12.0606	8.6169	9.2642	6.8767	11.4863	8.2066	8.8010	6.5329	10.9120	7.7962

续表

年龄	低方案				中方案				高方案			
	城镇男性	城镇女性	农村男性	农村女性	城镇男性	城镇女性	农村男性	农村女性	城镇男性	城镇女性	农村男性	农村女性
84	10.6590	8.0455	13.0704	9.5026	10.1514	7.6624	12.4480	9.0501	9.6439	7.2793	11.8256	8.5976
85	11.2278	7.6195	12.7475	9.5810	10.6931	7.2567	12.1405	9.1247	10.1584	6.8939	11.5335	8.6685
86	12.2484	8.6320	13.9918	10.6717	11.6651	8.2210	13.3256	10.1635	11.0819	7.8099	12.6593	9.6553
87	12.8781	9.2904	14.5564	11.3623	12.2648	8.8480	13.8632	10.8212	11.6516	8.4056	13.1701	10.2801
88	14.0711	10.6118	15.9876	12.6971	13.4011	10.1065	15.2263	12.0925	12.7310	9.6011	14.4649	11.4878
89	15.4595	11.7512	17.9589	14.1109	14.7233	11.1916	17.1037	13.4389	13.9872	10.6320	16.2485	12.7670
90	16.0362	11.4778	19.9385	14.5938	15.2726	10.9313	18.9891	13.8989	14.5089	10.3847	18.0396	13.2039
91	16.1771	12.5160	20.1748	15.5662	15.4067	11.9200	19.2141	14.8250	14.6364	11.3240	18.2534	14.0837
92	17.3398	13.6515	21.6424	17.0249	16.5141	13.0014	20.6118	16.2142	15.6884	12.3513	19.5812	15.4035
93	17.0113	14.7475	22.0363	17.8247	16.2013	14.0453	20.9869	16.9759	15.3912	13.3430	19.9376	16.1271
94	17.6583	15.0300	21.9259	18.7078	16.8174	14.3143	20.8818	17.8169	15.9765	13.5986	19.8377	16.9261
95	17.2704	16.3926	23.5586	19.8944	16.4480	15.6120	22.4368	18.9470	15.6256	14.8314	21.3149	17.9997
96	16.3084	16.5086	22.8844	20.0042	15.5318	15.7225	21.7946	19.0516	14.7552	14.9364	20.7049	18.0991
97	13.6325	15.4816	21.2981	20.1002	12.9833	14.7443	20.2839	19.1431	12.3341	14.0071	19.2697	18.1859
98	12.3377	15.3238	21.6295	19.6421	11.7502	14.5941	20.5995	18.7067	11.1627	13.8644	19.5695	17.7714
99	14.3350	13.1771	20.1682	15.6762	13.6524	12.5497	19.2078	14.9297	12.9697	11.9222	18.2474	14.1832
100	100	100	100	100	100	100	100	100	100	100	100	100

附表15　2010年山东分年龄、性别、城乡的死亡率情况

单位:%

年龄	低方案				中方案				高方案			
	城镇男性	城镇女性	农村男性	农村女性	城镇男性	城镇女性	农村男性	农村女性	城镇男性	城镇女性	农村男性	农村女性
0	0.1701	0.1757	0.2507	0.2541	0.1620	0.1674	0.2387	0.2420	0.1539	0.1590	0.2268	0.2299
1	0.0632	0.0538	0.0979	0.0339	0.0602	0.0512	0.0932	0.0323	0.0572	0.0487	0.0885	0.0307
2	0.0272	0.0202	0.0387	0.0339	0.0259	0.0192	0.0369	0.0323	0.0246	0.0183	0.0350	0.0307
3	0.0177	0.0083	0.0137	0.0339	0.0168	0.0079	0.0131	0.0323	0.0160	0.0075	0.0124	0.0307
4	0.0122	0.0040	0.0015	0.0339	0.0116	0.0038	0.0014	0.0323	0.0110	0.0036	0.0013	0.0307
5	0.0166	0.0144	0.0291	0.0262	0.0158	0.0137	0.0277	0.0249	0.0150	0.0131	0.0263	0.0237
6	0.0139	0.0119	0.0287	0.0199	0.0133	0.0114	0.0273	0.0189	0.0126	0.0108	0.0259	0.0180
7	0.0146	0.0109	0.0271	0.0151	0.0139	0.0104	0.0258	0.0144	0.0132	0.0099	0.0246	0.0137
8	0.0139	0.0104	0.0252	0.0144	0.0132	0.0099	0.0240	0.0137	0.0126	0.0094	0.0228	0.0130

续表

年龄	低方案				中方案				高方案			
	城镇男性	城镇女性	农村男性	农村女性	城镇男性	城镇女性	农村男性	农村女性	城镇男性	城镇女性	农村男性	农村女性
9	0.0143	0.0100	0.0270	0.0134	0.0136	0.0095	0.0257	0.0128	0.0129	0.0090	0.0244	0.0122
10	0.0236	0.0125	0.0405	0.0221	0.0225	0.0119	0.0386	0.0210	0.0213	0.0113	0.0367	0.0200
11	0.0238	0.0127	0.0362	0.0204	0.0227	0.0121	0.0345	0.0194	0.0216	0.0115	0.0328	0.0184
12	0.0249	0.0125	0.0372	0.0184	0.0237	0.0119	0.0354	0.0175	0.0225	0.0113	0.0337	0.0167
13	0.0243	0.0113	0.0376	0.0197	0.0231	0.0107	0.0358	0.0187	0.0220	0.0102	0.0340	0.0178
14	0.0259	0.0120	0.0426	0.0189	0.0246	0.0114	0.0406	0.0180	0.0234	0.0108	0.0385	0.0171
15	0.0251	0.0119	0.0546	0.0315	0.0239	0.0113	0.0520	0.0300	0.0227	0.0108	0.0494	0.0285
16	0.0234	0.0112	0.0642	0.0343	0.0223	0.0106	0.0611	0.0327	0.0211	0.0101	0.0581	0.0311
17	0.0266	0.0125	0.0758	0.0387	0.0253	0.0119	0.0722	0.0368	0.0241	0.0113	0.0686	0.0350
18	0.0285	0.0129	0.0802	0.0397	0.0271	0.0123	0.0764	0.0378	0.0258	0.0116	0.0726	0.0359
19	0.0291	0.0116	0.0908	0.0399	0.0278	0.0110	0.0865	0.0380	0.0264	0.0105	0.0822	0.0361
20	0.0366	0.0156	0.0968	0.0383	0.0349	0.0148	0.0921	0.0365	0.0331	0.0141	0.0875	0.0347
21	0.0368	0.0167	0.0952	0.0364	0.0351	0.0159	0.0906	0.0347	0.0333	0.0151	0.0861	0.0330
22	0.0399	0.0190	0.0998	0.0383	0.0380	0.0181	0.0951	0.0365	0.0361	0.0172	0.0903	0.0347
23	0.0440	0.0202	0.1025	0.0398	0.0419	0.0192	0.0976	0.0379	0.0398	0.0182	0.0927	0.0360
24	0.0470	0.0210	0.1100	0.0428	0.0447	0.0200	0.1048	0.0408	0.0425	0.0190	0.0995	0.0387
25	0.0454	0.0184	0.1125	0.0437	0.0433	0.0176	0.1072	0.0417	0.0411	0.0167	0.1018	0.0396
26	0.0459	0.0195	0.1075	0.0422	0.0437	0.0185	0.1024	0.0402	0.0416	0.0176	0.0973	0.0382
27	0.0475	0.0213	0.1127	0.0474	0.0452	0.0203	0.1074	0.0452	0.0429	0.0193	0.1020	0.0429
28	0.0493	0.0221	0.1285	0.0476	0.0470	0.0211	0.1224	0.0453	0.0446	0.0200	0.1163	0.0431
29	0.0516	0.0226	0.1298	0.0529	0.0492	0.0215	0.1236	0.0504	0.0467	0.0205	0.1174	0.0479
30	0.0560	0.0253	0.1285	0.0650	0.0534	0.0241	0.1223	0.0619	0.0507	0.0229	0.1162	0.0588
31	0.0611	0.0273	0.1379	0.0680	0.0582	0.0260	0.1314	0.0647	0.0552	0.0247	0.1248	0.0615
32	0.0673	0.0289	0.1428	0.0669	0.0641	0.0275	0.1360	0.0638	0.0609	0.0262	0.1292	0.0606
33	0.0708	0.0299	0.1496	0.0696	0.0674	0.0285	0.1425	0.0663	0.0640	0.0270	0.1354	0.0630
34	0.0768	0.0354	0.1687	0.0855	0.0731	0.0337	0.1607	0.0814	0.0695	0.0320	0.1527	0.0773
35	0.0894	0.0396	0.1889	0.0857	0.0851	0.0377	0.1799	0.0816	0.0809	0.0358	0.1709	0.0776
36	0.0930	0.0432	0.1940	0.0907	0.0886	0.0412	0.1848	0.0864	0.0842	0.0391	0.1755	0.0821
37	0.1042	0.0479	0.2095	0.0970	0.0992	0.0456	0.1996	0.0924	0.0943	0.0433	0.1896	0.0878
38	0.1107	0.0514	0.2131	0.0996	0.1054	0.0490	0.2030	0.0949	0.1002	0.0465	0.1928	0.0901
39	0.1241	0.0558	0.2394	0.1097	0.1182	0.0531	0.2280	0.1044	0.1123	0.0505	0.2166	0.0992

续表

年龄	低方案 城镇男性	低方案 城镇女性	低方案 农村男性	低方案 农村女性	中方案 城镇男性	中方案 城镇女性	中方案 农村男性	中方案 农村女性	高方案 城镇男性	高方案 城镇女性	高方案 农村男性	高方案 农村女性
40	0.1289	0.0641	0.2345	0.1111	0.1227	0.0611	0.2233	0.1058	0.1166	0.0580	0.2122	0.1005
41	0.1458	0.0699	0.2540	0.1202	0.1389	0.0666	0.2419	0.1144	0.1319	0.0632	0.2298	0.1087
42	0.1582	0.0767	0.2701	0.1267	0.1506	0.0731	0.2572	0.1207	0.1431	0.0694	0.2443	0.1146
43	0.1737	0.0820	0.2802	0.1304	0.1654	0.0781	0.2669	0.1242	0.1572	0.0742	0.2535	0.1180
44	0.1904	0.0932	0.3248	0.1558	0.1814	0.0888	0.3093	0.1484	0.1723	0.0843	0.2939	0.1410
45	0.2195	0.1022	0.3422	0.1565	0.2091	0.0974	0.3259	0.1490	0.1986	0.0925	0.3096	0.1416
46	0.2348	0.1065	0.3494	0.1593	0.2236	0.1014	0.3328	0.1517	0.2124	0.0963	0.3161	0.1441
47	0.2724	0.1266	0.4079	0.1892	0.2595	0.1205	0.3884	0.1802	0.2465	0.1145	0.3690	0.1711
48	0.2858	0.1316	0.4154	0.1950	0.2722	0.1254	0.3957	0.1857	0.2586	0.1191	0.3759	0.1765
49	0.3344	0.1521	0.4702	0.2295	0.3185	0.1448	0.4478	0.2186	0.3025	0.1376	0.4254	0.2077
50	0.4246	0.1968	0.6288	0.3029	0.4043	0.1874	0.5989	0.2885	0.3841	0.1780	0.5689	0.2740
51	0.4304	0.2071	0.6326	0.3127	0.4099	0.1972	0.6025	0.2978	0.3894	0.1874	0.5724	0.2829
52	0.4727	0.2218	0.6893	0.3375	0.4502	0.2112	0.6565	0.3214	0.4277	0.2007	0.6237	0.3053
53	0.5003	0.2376	0.7150	0.3610	0.4765	0.2263	0.6810	0.3439	0.4527	0.2150	0.6469	0.3267
54	0.5382	0.2646	0.7873	0.4063	0.5126	0.2520	0.7498	0.3870	0.4869	0.2394	0.7123	0.3676
55	0.5893	0.2938	0.7783	0.3839	0.5612	0.2798	0.7413	0.3656	0.5332	0.2658	0.7042	0.3473
56	0.6286	0.3147	0.8296	0.4157	0.5986	0.2997	0.7901	0.3959	0.5687	0.2847	0.7506	0.3761
57	0.6940	0.3501	0.9016	0.4632	0.6609	0.3335	0.8586	0.4411	0.6279	0.3168	0.8157	0.4191
58	0.7441	0.3765	0.9662	0.5044	0.7086	0.3586	0.9202	0.4804	0.6732	0.3406	0.8741	0.4563
59	0.8307	0.4240	1.1016	0.5972	0.7911	0.4038	1.0491	0.5688	0.7515	0.3836	0.9966	0.5404
60	0.9169	0.4641	1.2507	0.6513	0.8732	0.4420	1.1912	0.6203	0.8296	0.4199	1.1316	0.5893
61	0.9383	0.4817	1.2604	0.6785	0.8937	0.4588	1.2004	0.6462	0.8490	0.4358	1.1404	0.6139
62	1.0753	0.5615	1.4332	0.7952	1.0241	0.5348	1.3649	0.7574	0.9729	0.5080	1.2967	0.7195
63	1.1640	0.6265	1.5596	0.8741	1.1086	0.5966	1.4853	0.8325	1.0532	0.5668	1.4110	0.7909
64	1.3508	0.7401	1.8483	1.0731	1.2865	0.7049	1.7603	1.0220	1.2222	0.6696	1.6722	0.9709
65	1.5185	0.8557	1.9070	1.1070	1.4462	0.8150	1.8162	1.0543	1.3739	0.7742	1.7254	1.0016
66	1.5746	0.8794	2.0154	1.1846	1.4996	0.8375	1.9194	1.1282	1.4247	0.7956	1.8235	1.0718
67	1.8476	1.0532	2.4112	1.4469	1.7596	1.0031	2.2963	1.3780	1.6716	0.9529	2.1815	1.3091
68	1.9765	1.1493	2.5884	1.5838	1.8823	1.0946	2.4651	1.5084	1.7882	1.0398	2.3419	1.4329
69	2.2644	1.3204	3.0105	1.8783	2.1565	1.2575	2.8671	1.7889	2.0487	1.1946	2.7238	1.6994
70	2.6009	1.6330	3.6194	2.3589	2.4771	1.5552	3.4470	2.2466	2.3532	1.4775	3.2747	2.1343

附表：部分省(自治区、直辖市)人口死亡率情况

续表

年龄	低方案 城镇男性	低方案 城镇女性	低方案 农村男性	低方案 农村女性	中方案 城镇男性	中方案 城镇女性	中方案 农村男性	中方案 农村女性	高方案 城镇男性	高方案 城镇女性	高方案 农村男性	高方案 农村女性
71	2.7598	1.7739	3.8263	2.5713	2.6284	1.6894	3.6441	2.4489	2.4969	1.6049	3.4619	2.3264
72	3.1199	2.0126	4.3240	2.9121	2.9713	1.9168	4.1181	2.7734	2.8227	1.8209	3.9122	2.6347
73	3.3928	2.2238	4.6385	3.1583	3.2312	2.1179	4.4176	3.0079	3.0696	2.0120	4.1967	2.8575
74	3.8224	2.5425	5.2879	3.5578	3.6404	2.4214	5.0361	3.3884	3.4584	2.3004	4.7843	3.2190
75	4.3271	2.7948	5.5568	3.7033	4.1211	2.6617	5.2922	3.5270	3.9150	2.5286	5.0276	3.3506
76	4.5458	3.0327	5.6713	3.8473	4.3293	2.8883	5.4013	3.6641	4.1128	2.7439	5.1312	3.4809
77	5.1249	3.5123	6.5215	4.5072	4.8809	3.3451	6.2109	4.2926	4.6368	3.1778	5.9004	4.0780
78	5.8268	4.0484	7.4057	5.1289	5.5493	3.8556	7.0531	4.8846	5.2719	3.6628	6.7004	4.6404
79	6.2913	4.5515	8.2650	5.8323	5.9917	4.3347	7.8715	5.5546	5.6922	4.1180	7.4779	5.2769
80	6.8199	5.1875	9.0449	6.3088	6.4952	4.9405	8.6142	6.0084	6.1704	4.6935	8.1835	5.7080
81	7.3327	5.6981	9.6007	6.8253	6.9835	5.4268	9.1435	6.5003	6.6343	5.1555	8.6863	6.1753
82	8.1171	6.3854	10.6443	7.7142	7.7305	6.0813	10.1374	7.3468	7.3440	5.7773	9.6306	6.9795
83	8.8103	6.9788	11.3451	8.2670	8.3907	6.6465	10.8049	7.8733	7.9712	6.3141	10.2646	7.4797
84	9.7508	7.8058	12.3626	9.1559	9.2865	7.4341	11.7739	8.7199	8.8222	7.0624	11.1852	8.2839
85	10.9445	8.4034	13.8407	9.7019	10.4234	8.0032	13.1816	9.2399	9.9022	7.6030	12.5225	8.7779
86	11.9683	9.4077	15.0703	10.7912	11.3983	8.9597	14.3526	10.2773	10.8284	8.5117	13.6350	9.7635
87	12.5998	10.0608	15.6281	11.4809	11.9998	9.5817	14.8840	10.9342	11.3999	9.1026	14.1398	10.3875
88	13.7965	11.3715	17.0424	12.8140	13.1395	10.8300	16.2308	12.2039	12.4825	10.2885	15.4193	11.5937
89	15.1891	12.5017	18.9903	14.2260	14.4658	11.9064	18.0860	13.5486	13.7425	11.3111	17.1817	12.8712
90	16.5878	13.7040	22.0943	15.7476	15.7979	13.0514	21.0422	14.9977	15.0080	12.3988	19.9901	14.2479
91	16.7278	14.7175	22.3246	16.7077	15.9312	14.0166	21.2615	15.9121	15.1347	13.3158	20.1985	15.1165
92	17.8833	15.8259	23.7550	18.1477	17.0317	15.0723	22.6238	17.2836	16.1801	14.3187	21.4926	16.4194
93	17.5569	16.8959	24.1389	18.9373	16.7208	16.0913	22.9894	18.0355	15.8848	15.2867	21.8400	17.1338
94	18.1998	17.1716	24.0313	19.8091	17.3331	16.3539	22.8870	18.8658	16.4665	15.5362	21.7426	17.9225
95	20.1202	20.2640	31.7024	25.2432	19.1621	19.2990	30.1928	24.0411	18.2040	18.3341	28.6832	22.8391
96	19.1894	20.3749	31.0956	25.3461	18.2756	19.4047	29.6149	24.1392	17.3618	18.4345	28.1341	22.9322
97	16.6004	19.3927	29.6679	25.4361	15.8099	18.4693	28.2552	24.2249	15.0194	17.5458	26.8424	23.0136
98	15.3477	19.2419	29.9662	25.0067	14.6169	18.3256	28.5392	23.8159	13.8860	17.4093	27.1123	22.6252
99	17.2801	17.1890	28.6510	21.2901	16.4572	16.3705	27.2867	20.2763	15.6344	15.5519	25.9223	19.2625
100	100	100	100	100	100	100	100	100	100	100	100	100

附表16 2010年河南分年龄、性别、城乡的死亡率情况

单位：%

年龄	低方案 城镇男性	低方案 城镇女性	低方案 农村男性	低方案 农村女性	中方案 城镇男性	中方案 城镇女性	中方案 农村男性	中方案 农村女性	高方案 城镇男性	高方案 城镇女性	高方案 农村男性	高方案 农村女性
0	0.1491	0.1561	0.1097	0.1028	0.1420	0.1487	0.1045	0.0979	0.1349	0.1412	0.0993	0.0930
1	0.0625	0.0603	0.1015	0.0316	0.0596	0.0575	0.0967	0.0301	0.0566	0.0546	0.0919	0.0286
2	0.0265	0.0268	0.0424	0.0316	0.0252	0.0255	0.0403	0.0301	0.0240	0.0242	0.0383	0.0286
3	0.0170	0.0149	0.0174	0.0316	0.0162	0.0142	0.0166	0.0301	0.0154	0.0135	0.0157	0.0286
4	0.0115	0.0105	0.0051	0.0316	0.0109	0.0100	0.0049	0.0301	0.0104	0.0095	0.0047	0.0286
5	0.0181	0.0147	0.0325	0.0248	0.0172	0.0140	0.0310	0.0236	0.0164	0.0133	0.0294	0.0224
6	0.0154	0.0122	0.0321	0.0185	0.0147	0.0117	0.0306	0.0176	0.0139	0.0111	0.0290	0.0167
7	0.0161	0.0112	0.0306	0.0137	0.0153	0.0107	0.0291	0.0131	0.0146	0.0102	0.0276	0.0124
8	0.0154	0.0107	0.0286	0.0130	0.0146	0.0102	0.0273	0.0124	0.0139	0.0097	0.0259	0.0118
9	0.0157	0.0102	0.0304	0.0121	0.0150	0.0098	0.0290	0.0115	0.0142	0.0093	0.0275	0.0109
10	0.0187	0.0113	0.0403	0.0176	0.0178	0.0108	0.0384	0.0167	0.0169	0.0102	0.0365	0.0159
11	0.0190	0.0115	0.0360	0.0158	0.0181	0.0110	0.0343	0.0151	0.0172	0.0104	0.0326	0.0143
12	0.0200	0.0114	0.0370	0.0139	0.0191	0.0108	0.0352	0.0132	0.0181	0.0103	0.0335	0.0126
13	0.0194	0.0101	0.0374	0.0152	0.0185	0.0096	0.0356	0.0144	0.0176	0.0091	0.0338	0.0137
14	0.0210	0.0108	0.0424	0.0143	0.0200	0.0103	0.0403	0.0137	0.0190	0.0098	0.0383	0.0130
15	0.0222	0.0099	0.0463	0.0196	0.0211	0.0095	0.0441	0.0187	0.0200	0.0090	0.0419	0.0177
16	0.0204	0.0092	0.0559	0.0224	0.0194	0.0088	0.0532	0.0213	0.0184	0.0083	0.0506	0.0203
17	0.0236	0.0105	0.0675	0.0267	0.0225	0.0100	0.0643	0.0255	0.0214	0.0095	0.0611	0.0242
18	0.0255	0.0109	0.0719	0.0278	0.0243	0.0104	0.0685	0.0265	0.0231	0.0099	0.0651	0.0251
19	0.0262	0.0096	0.0825	0.0279	0.0249	0.0092	0.0786	0.0266	0.0237	0.0087	0.0747	0.0253
20	0.0342	0.0131	0.0831	0.0311	0.0326	0.0124	0.0791	0.0296	0.0310	0.0118	0.0752	0.0282
21	0.0344	0.0142	0.0815	0.0293	0.0328	0.0135	0.0776	0.0279	0.0312	0.0128	0.0737	0.0265
22	0.0375	0.0165	0.0862	0.0312	0.0357	0.0157	0.0821	0.0297	0.0340	0.0150	0.0780	0.0282
23	0.0416	0.0176	0.0888	0.0326	0.0396	0.0168	0.0846	0.0311	0.0377	0.0160	0.0804	0.0295
24	0.0446	0.0185	0.0964	0.0356	0.0425	0.0176	0.0918	0.0339	0.0404	0.0167	0.0872	0.0322
25	0.0492	0.0200	0.1169	0.0371	0.0469	0.0190	0.1113	0.0353	0.0445	0.0181	0.1058	0.0335
26	0.0497	0.0210	0.1119	0.0355	0.0473	0.0200	0.1066	0.0338	0.0449	0.0190	0.1013	0.0321
27	0.0512	0.0228	0.1171	0.0408	0.0488	0.0217	0.1116	0.0388	0.0463	0.0207	0.1060	0.0369
28	0.0531	0.0236	0.1329	0.0409	0.0506	0.0225	0.1266	0.0390	0.0480	0.0214	0.1203	0.0370
29	0.0554	0.0241	0.1342	0.0463	0.0527	0.0230	0.1278	0.0441	0.0501	0.0218	0.1214	0.0419
30	0.0565	0.0239	0.1536	0.0584	0.0539	0.0228	0.1463	0.0556	0.0512	0.0216	0.1390	0.0528

附表：部分省（自治区、直辖市）人口死亡率情况

续表

年龄	低方案 城镇男性	低方案 城镇女性	低方案 农村男性	低方案 农村女性	中方案 城镇男性	中方案 城镇女性	中方案 农村男性	中方案 农村女性	高方案 城镇男性	高方案 城镇女性	高方案 农村男性	高方案 农村女性
31	0.0616	0.0258	0.1631	0.0613	0.0587	0.0246	0.1553	0.0584	0.0557	0.0234	0.1476	0.0555
32	0.0678	0.0275	0.1679	0.0603	0.0646	0.0262	0.1599	0.0574	0.0613	0.0249	0.1519	0.0546
33	0.0713	0.0285	0.1748	0.0630	0.0679	0.0271	0.1664	0.0600	0.0645	0.0258	0.1581	0.0570
34	0.0773	0.0339	0.1939	0.0789	0.0736	0.0323	0.1846	0.0751	0.0699	0.0307	0.1754	0.0713
35	0.0991	0.0366	0.2133	0.0883	0.0944	0.0349	0.2031	0.0841	0.0897	0.0331	0.1929	0.0799
36	0.1027	0.0403	0.2184	0.0933	0.0979	0.0384	0.2080	0.0889	0.0930	0.0365	0.1976	0.0844
37	0.1139	0.0450	0.2339	0.0996	0.1085	0.0428	0.2228	0.0949	0.1031	0.0407	0.2116	0.0901
38	0.1204	0.0485	0.2375	0.1022	0.1147	0.0462	0.2262	0.0974	0.1090	0.0439	0.2149	0.0925
39	0.1338	0.0528	0.2638	0.1123	0.1274	0.0503	0.2512	0.1069	0.1211	0.0478	0.2387	0.1016
40	0.1512	0.0603	0.2781	0.1219	0.1440	0.0574	0.2648	0.1161	0.1368	0.0546	0.2516	0.1103
41	0.1681	0.0661	0.2976	0.1310	0.1601	0.0629	0.2834	0.1247	0.1521	0.0598	0.2693	0.1185
42	0.1805	0.0729	0.3136	0.1375	0.1719	0.0695	0.2987	0.1310	0.1633	0.0660	0.2837	0.1244
43	0.1960	0.0782	0.3238	0.1412	0.1867	0.0745	0.3084	0.1345	0.1773	0.0707	0.2930	0.1277
44	0.2127	0.0894	0.3684	0.1666	0.2026	0.0851	0.3508	0.1587	0.1925	0.0809	0.3333	0.1507
45	0.2327	0.1063	0.3844	0.1788	0.2216	0.1012	0.3661	0.1703	0.2105	0.0962	0.3478	0.1617
46	0.2479	0.1106	0.3917	0.1816	0.2361	0.1053	0.3730	0.1730	0.2243	0.1000	0.3544	0.1643
47	0.2856	0.1306	0.4501	0.2115	0.2720	0.1244	0.4287	0.2014	0.2584	0.1182	0.4072	0.1913
48	0.2989	0.1357	0.4577	0.2173	0.2847	0.1292	0.4359	0.2070	0.2705	0.1228	0.4141	0.1966
49	0.3475	0.1561	0.5124	0.2518	0.3310	0.1487	0.4880	0.2398	0.3144	0.1413	0.4636	0.2278
50	0.4371	0.2304	0.6514	0.3520	0.4163	0.2195	0.6204	0.3353	0.3954	0.2085	0.5893	0.3185
51	0.4429	0.2407	0.6552	0.3619	0.4218	0.2293	0.6240	0.3446	0.4007	0.2178	0.5928	0.3274
52	0.4852	0.2554	0.7119	0.3866	0.4621	0.2433	0.6780	0.3682	0.4390	0.2311	0.6441	0.3498
53	0.5128	0.2712	0.7376	0.4102	0.4884	0.2583	0.7025	0.3907	0.4640	0.2454	0.6673	0.3711
54	0.5507	0.2983	0.8098	0.4554	0.5245	0.2841	0.7713	0.4337	0.4983	0.2699	0.7327	0.4121
55	0.6235	0.3276	0.8232	0.4638	0.5938	0.3120	0.7840	0.4417	0.5641	0.2964	0.7448	0.4196
56	0.6627	0.3485	0.8745	0.4955	0.6312	0.3319	0.8328	0.4719	0.5996	0.3153	0.7912	0.4483
57	0.7281	0.3840	0.9464	0.5430	0.6935	0.3657	0.9013	0.5172	0.6588	0.3474	0.8563	0.4913
58	0.7782	0.4103	1.0110	0.5842	0.7411	0.3908	0.9628	0.5563	0.7041	0.3712	0.9147	0.5285
59	0.8648	0.4578	1.1463	0.6770	0.8236	0.4360	1.0917	0.6447	0.7824	0.4142	1.0371	0.6125
60	1.0368	0.5772	1.3560	0.7826	0.9875	0.5497	1.2915	0.7454	0.9381	0.5222	1.2269	0.7081
61	1.0583	0.5947	1.3657	0.8098	1.0079	0.5664	1.3007	0.7713	0.9575	0.5381	1.2356	0.7327
62	1.1951	0.6745	1.5383	0.9264	1.1382	0.6423	1.4651	0.8822	1.0813	0.6102	1.3918	0.8381

续表

年龄	低方案 城镇男性	低方案 城镇女性	低方案 农村男性	低方案 农村女性	中方案 城镇男性	中方案 城镇女性	中方案 农村男性	中方案 农村女性	高方案 城镇男性	高方案 城镇女性	高方案 农村男性	高方案 农村女性
63	1.2837	0.7393	1.6645	1.0052	1.2226	0.7041	1.5853	0.9573	1.1614	0.6689	1.5060	0.9094
64	1.4703	0.8529	1.9530	1.2039	1.4002	0.8123	1.8600	1.1466	1.3302	0.7716	1.7670	1.0893
65	1.6903	0.9718	2.1155	1.2479	1.6099	0.9255	2.0147	1.1885	1.5294	0.8792	1.9140	1.1291
66	1.7464	0.9954	2.2236	1.3254	1.6632	0.9480	2.1178	1.2623	1.5801	0.9006	2.0119	1.1992
67	2.0189	1.1691	2.6186	1.5874	1.9228	1.1134	2.4939	1.5119	1.8266	1.0577	2.3692	1.4363
68	2.1475	1.2650	2.7955	1.7241	2.0453	1.2048	2.6623	1.6420	1.9430	1.1445	2.5292	1.5599
69	2.4350	1.4359	3.2167	2.0182	2.3190	1.3675	3.0635	1.9221	2.2031	1.2991	2.9103	1.8260
70	2.9110	1.7949	3.9820	2.5919	2.7724	1.7094	3.7923	2.4685	2.6338	1.6240	3.6027	2.3451
71	3.0694	1.9356	4.1881	2.8038	2.9232	1.8434	3.9887	2.6703	2.7771	1.7513	3.7892	2.5368
72	3.4284	2.1739	4.6841	3.1438	3.2651	2.0704	4.4611	2.9941	3.1019	1.9669	4.2380	2.8444
73	3.7004	2.3848	4.9974	3.3895	3.5242	2.2712	4.7595	3.2281	3.3480	2.1577	4.5215	3.0667
74	4.1288	2.7030	5.6445	3.7881	3.9322	2.5743	5.3758	3.6077	3.7356	2.4456	5.1070	3.4273
75	4.4369	2.7241	5.7972	3.5805	4.2256	2.5944	5.5211	3.4100	4.0143	2.4647	5.2450	3.2395
76	4.6553	2.9622	5.9114	3.7246	4.4336	2.8211	5.6299	3.5473	4.2119	2.6801	5.3484	3.3699
77	5.2338	3.4421	6.7595	4.3853	4.9845	3.2782	6.4376	4.1765	4.7353	3.1143	6.1157	3.9677
78	5.9349	3.9786	7.6416	5.0078	5.6523	3.7891	7.2777	4.7693	5.3697	3.5997	6.9138	4.5308
79	6.3989	4.4820	8.4989	5.7121	6.0942	4.2686	8.0942	5.4401	5.7895	4.0552	7.6894	5.1681
80	6.7806	4.8744	9.0150	5.8437	6.4577	4.6423	8.5857	5.5654	6.1348	4.4102	8.1564	5.2871
81	7.2936	5.3867	9.5709	6.3625	6.9462	5.1301	9.1151	6.0596	6.5989	4.8736	8.6594	5.7566
82	8.0783	6.0761	10.6149	7.2556	7.6936	5.7867	10.1094	6.9101	7.3089	5.4974	9.6039	6.5646
83	8.7717	6.6713	11.3159	7.8110	8.3540	6.3536	10.7770	7.4391	7.9363	6.0360	10.2382	7.0671
84	9.7127	7.5009	12.3337	8.7041	9.2501	7.1437	11.7464	8.2896	8.7876	6.7866	11.1591	7.8751
85	9.6502	6.6421	11.4701	7.1448	9.1907	6.3258	10.9239	6.8046	8.7311	6.0095	10.3777	6.4644
86	10.6880	7.6648	12.7316	8.2634	10.1791	7.2998	12.1254	7.8699	9.6701	6.9348	11.5191	7.4764
87	11.3283	8.3298	13.3040	8.9716	10.7888	7.9331	12.6705	8.5444	10.2494	7.5365	12.0370	8.1172
88	12.5414	9.6644	14.7550	10.3405	11.9442	9.2042	14.0524	9.8481	11.3470	8.7440	13.3498	9.3557
89	13.9531	10.8152	16.7536	11.7904	13.2887	10.3002	15.9558	11.2289	12.6243	9.7852	15.1580	10.6675
90	14.3253	9.8717	16.4774	10.3900	13.6431	9.4016	15.6928	9.8952	12.9610	8.9315	14.9081	9.4005
91	14.4689	10.9277	16.7233	11.4077	13.7799	10.4074	15.9270	10.8644	13.0909	9.8870	15.1306	10.3212
92	15.6540	12.0827	18.2506	12.9342	14.9085	11.5073	17.3815	12.3183	14.1631	10.9319	16.5125	11.7024
93	15.3192	13.1976	18.6605	13.7712	14.5897	12.5691	17.7719	13.1154	13.8602	11.9406	16.8833	12.4596
94	15.9786	13.4849	18.5456	14.6953	15.2177	12.8427	17.6625	13.9955	14.4568	12.2006	16.7794	13.2957

续表

年龄	低方案				中方案				高方案			
	城镇男性	城镇女性	农村男性	农村女性	城镇男性	城镇女性	农村男性	农村女性	城镇男性	城镇女性	农村男性	农村女性
95	16.8309	14.7285	20.0654	14.7897	16.0294	14.0272	19.1099	14.0854	15.2280	13.3258	18.1544	13.3812
96	15.8641	14.8467	19.3622	14.9062	15.1087	14.1397	18.4402	14.1964	14.3532	13.4327	17.5182	13.4865
97	13.1748	13.8003	17.7079	15.0079	12.5474	13.1432	16.8647	14.2933	11.9200	12.4860	16.0215	13.5786
98	11.8735	13.6397	18.0535	14.5223	11.3081	12.9902	17.1938	13.8308	10.7427	12.3407	16.3341	13.1392
99	13.8808	11.4527	16.5295	10.3186	13.2198	10.9073	15.7424	9.8272	12.5588	10.3619	14.9553	9.3358
100	100	100	100	100	100	100	100	100	100	100	100	100

附表17 2010年湖北分年龄、性别、城乡的死亡率情况

单位:%

年龄	低方案				中方案				高方案			
	城镇男性	城镇女性	农村男性	农村女性	城镇男性	城镇女性	农村男性	农村女性	城镇男性	城镇女性	农村男性	农村女性
0	0.2214	0.2258	0.4653	0.4823	0.2109	0.2151	0.4431	0.4594	0.2003	0.2043	0.4210	0.4364
1	0.0668	0.0667	0.1438	0.1264	0.0636	0.0635	0.1370	0.1204	0.0604	0.0603	0.1301	0.1144
2	0.0307	0.0331	0.0847	0.0660	0.0293	0.0315	0.0806	0.0628	0.0278	0.0300	0.0766	0.0597
3	0.0212	0.0213	0.0597	0.0410	0.0202	0.0202	0.0568	0.0390	0.0192	0.0192	0.0540	0.0371
4	0.0157	0.0169	0.0475	0.0296	0.0149	0.0161	0.0452	0.0281	0.0142	0.0153	0.0429	0.0267
5	0.0194	0.0155	0.0429	0.0348	0.0185	0.0147	0.0408	0.0331	0.0176	0.0140	0.0388	0.0315
6	0.0167	0.0130	0.0424	0.0285	0.0159	0.0124	0.0404	0.0271	0.0151	0.0117	0.0384	0.0257
7	0.0174	0.0120	0.0409	0.0237	0.0166	0.0114	0.0390	0.0226	0.0158	0.0108	0.0370	0.0215
8	0.0167	0.0114	0.0390	0.0230	0.0159	0.0109	0.0371	0.0219	0.0151	0.0103	0.0353	0.0208
9	0.0171	0.0110	0.0408	0.0220	0.0163	0.0105	0.0388	0.0210	0.0155	0.0099	0.0369	0.0199
10	0.0203	0.0117	0.0562	0.0308	0.0193	0.0112	0.0535	0.0294	0.0183	0.0106	0.0508	0.0279
11	0.0205	0.0120	0.0518	0.0291	0.0196	0.0114	0.0494	0.0277	0.0186	0.0108	0.0469	0.0264
12	0.0216	0.0118	0.0528	0.0272	0.0206	0.0112	0.0503	0.0259	0.0195	0.0107	0.0478	0.0246
13	0.0210	0.0105	0.0532	0.0284	0.0200	0.0100	0.0507	0.0271	0.0190	0.0095	0.0482	0.0257
14	0.0226	0.0112	0.0582	0.0276	0.0215	0.0107	0.0554	0.0263	0.0204	0.0102	0.0527	0.0250
15	0.0196	0.0100	0.0555	0.0312	0.0186	0.0095	0.0529	0.0297	0.0177	0.0091	0.0502	0.0282
16	0.0178	0.0093	0.0651	0.0340	0.0169	0.0088	0.0620	0.0324	0.0161	0.0084	0.0589	0.0308
17	0.0210	0.0106	0.0767	0.0384	0.0200	0.0101	0.0730	0.0365	0.0190	0.0096	0.0694	0.0347
18	0.0229	0.0110	0.0811	0.0394	0.0218	0.0105	0.0773	0.0375	0.0207	0.0099	0.0734	0.0356
19	0.0236	0.0097	0.0917	0.0395	0.0224	0.0092	0.0873	0.0377	0.0213	0.0088	0.0830	0.0358

续表

年龄	低方案 城镇男性	低方案 城镇女性	低方案 农村男性	低方案 农村女性	中方案 城镇男性	中方案 城镇女性	中方案 农村男性	中方案 农村女性	高方案 城镇男性	高方案 城镇女性	高方案 农村男性	高方案 农村女性
20	0.0239	0.0126	0.0972	0.0429	0.0227	0.0120	0.0926	0.0409	0.0216	0.0114	0.0880	0.0389
21	0.0241	0.0137	0.0956	0.0411	0.0229	0.0131	0.0911	0.0391	0.0218	0.0124	0.0865	0.0372
22	0.0271	0.0160	0.1003	0.0430	0.0259	0.0153	0.0956	0.0409	0.0246	0.0145	0.0908	0.0389
23	0.0312	0.0172	0.1030	0.0445	0.0298	0.0164	0.0981	0.0423	0.0283	0.0155	0.0932	0.0402
24	0.0342	0.0180	0.1105	0.0474	0.0326	0.0171	0.1053	0.0452	0.0310	0.0163	0.1000	0.0429
25	0.0424	0.0168	0.1133	0.0515	0.0404	0.0160	0.1079	0.0491	0.0384	0.0152	0.1025	0.0466
26	0.0429	0.0179	0.1083	0.0500	0.0409	0.0170	0.1032	0.0476	0.0388	0.0162	0.0980	0.0452
27	0.0444	0.0197	0.1136	0.0552	0.0423	0.0188	0.1082	0.0526	0.0402	0.0178	0.1027	0.0500
28	0.0463	0.0205	0.1294	0.0554	0.0441	0.0195	0.1232	0.0528	0.0419	0.0186	0.1170	0.0501
29	0.0486	0.0210	0.1306	0.0607	0.0463	0.0200	0.1244	0.0578	0.0440	0.0190	0.1182	0.0550
30	0.0459	0.0201	0.1388	0.0764	0.0437	0.0192	0.1322	0.0728	0.0415	0.0182	0.1256	0.0692
31	0.0509	0.0221	0.1483	0.0794	0.0485	0.0210	0.1413	0.0756	0.0461	0.0200	0.1342	0.0718
32	0.0572	0.0237	0.1532	0.0784	0.0544	0.0226	0.1459	0.0746	0.0517	0.0215	0.1386	0.0709
33	0.0606	0.0247	0.1600	0.0810	0.0577	0.0235	0.1524	0.0772	0.0549	0.0224	0.1448	0.0733
34	0.0666	0.0302	0.1791	0.0969	0.0635	0.0287	0.1706	0.0923	0.0603	0.0273	0.1621	0.0877
35	0.0677	0.0326	0.2217	0.1097	0.0645	0.0311	0.2111	0.1045	0.0612	0.0295	0.2006	0.0992
36	0.0713	0.0363	0.2268	0.1147	0.0679	0.0346	0.2160	0.1092	0.0645	0.0328	0.2052	0.1037
37	0.0825	0.0410	0.2423	0.1210	0.0786	0.0390	0.2308	0.1152	0.0747	0.0371	0.2193	0.1094
38	0.0890	0.0445	0.2459	0.1236	0.0848	0.0423	0.2342	0.1177	0.0806	0.0402	0.2225	0.1118
39	0.1024	0.0488	0.2722	0.1336	0.0975	0.0465	0.2593	0.1273	0.0926	0.0442	0.2463	0.1209
40	0.1002	0.0554	0.2611	0.1390	0.0955	0.0528	0.2487	0.1324	0.0907	0.0502	0.2362	0.1258
41	0.1172	0.0612	0.2806	0.1481	0.1116	0.0583	0.2673	0.1411	0.1060	0.0554	0.2539	0.1340
42	0.1295	0.0681	0.2966	0.1546	0.1234	0.0648	0.2825	0.1473	0.1172	0.0616	0.2684	0.1399
43	0.1451	0.0733	0.3068	0.1583	0.1382	0.0698	0.2922	0.1508	0.1313	0.0663	0.2776	0.1432
44	0.1618	0.0845	0.3514	0.1837	0.1541	0.0805	0.3347	0.1750	0.1464	0.0765	0.3179	0.1662
45	0.1622	0.0866	0.3474	0.1893	0.1545	0.0825	0.3308	0.1803	0.1467	0.0784	0.3143	0.1713
46	0.1774	0.0909	0.3546	0.1922	0.1690	0.0865	0.3377	0.1830	0.1605	0.0822	0.3208	0.1739
47	0.2151	0.1110	0.4130	0.2220	0.2049	0.1057	0.3934	0.2114	0.1946	0.1004	0.3737	0.2009
48	0.2285	0.1160	0.4206	0.2279	0.2176	0.1105	0.4006	0.2170	0.2067	0.1050	0.3805	0.2062
49	0.2771	0.1365	0.4753	0.2623	0.2639	0.1300	0.4527	0.2498	0.2507	0.1235	0.4301	0.2374
50	0.3477	0.1725	0.6043	0.3425	0.3311	0.1642	0.5755	0.3262	0.3146	0.1560	0.5467	0.3099
51	0.3536	0.1828	0.6081	0.3523	0.3367	0.1741	0.5792	0.3355	0.3199	0.1654	0.5502	0.3188

附表：部分省(自治区、直辖市)人口死亡率情况

续表

年龄	低方案 城镇男性	低方案 城镇女性	低方案 农村男性	低方案 农村女性	中方案 城镇男性	中方案 城镇女性	中方案 农村男性	中方案 农村女性	高方案 城镇男性	高方案 城镇女性	高方案 农村男性	高方案 农村女性
52	0.3959	0.1975	0.6648	0.3771	0.3771	0.1881	0.6332	0.3591	0.3582	0.1787	0.6015	0.3412
53	0.4235	0.2133	0.6905	0.4006	0.4034	0.2031	0.6577	0.3816	0.3832	0.1930	0.6248	0.3625
54	0.4614	0.2403	0.7628	0.4459	0.4395	0.2289	0.7265	0.4247	0.4175	0.2174	0.6902	0.4034
55	0.4380	0.2212	0.7653	0.4485	0.4171	0.2107	0.7289	0.4271	0.3963	0.2002	0.6925	0.4057
56	0.4774	0.2422	0.8166	0.4802	0.4546	0.2306	0.7778	0.4574	0.4319	0.2191	0.7389	0.4345
57	0.5429	0.2776	0.8886	0.5277	0.5170	0.2644	0.8463	0.5026	0.4912	0.2512	0.8040	0.4775
58	0.5930	0.3040	0.9532	0.5689	0.5648	0.2895	0.9078	0.5418	0.5365	0.2750	0.8624	0.5147
59	0.6797	0.3515	1.0886	0.6617	0.6474	0.3348	1.0368	0.6302	0.6150	0.3180	0.9849	0.5987
60	0.7471	0.3669	1.2822	0.7477	0.7115	0.3494	1.2212	0.7121	0.6759	0.3319	1.1601	0.6765
61	0.7685	0.3845	1.2919	0.7749	0.7319	0.3661	1.2304	0.7380	0.6953	0.3478	1.1689	0.7011
62	0.9058	0.4643	1.4646	0.8915	0.8626	0.4422	1.3949	0.8490	0.8195	0.4201	1.3251	0.8066
63	0.9946	0.5293	1.5910	0.9703	0.9472	0.5041	1.5152	0.9241	0.8999	0.4789	1.4394	0.8779
64	1.1817	0.6431	1.8796	1.1692	1.1254	0.6125	1.7901	1.1135	1.0691	0.5818	1.7006	1.0578
65	1.2397	0.6938	1.9712	1.2363	1.1806	0.6608	1.8773	1.1774	1.1216	0.6278	1.7834	1.1185
66	1.2959	0.7175	2.0795	1.3137	1.2342	0.6834	1.9805	1.2512	1.1725	0.6492	1.8815	1.1886
67	1.5696	0.8917	2.4750	1.5758	1.4949	0.8492	2.3572	1.5008	1.4202	0.8067	2.2393	1.4257
68	1.6988	0.9879	2.6521	1.7124	1.6179	0.9408	2.5258	1.6309	1.5370	0.8938	2.3995	1.5494
69	1.9875	1.1592	3.0740	2.0066	1.8929	1.1040	2.9276	1.9111	1.7982	1.0488	2.7812	1.8155
70	2.3390	1.3968	3.6908	2.4313	2.2276	1.3303	3.5151	2.3155	2.1162	1.2638	3.3393	2.1997
71	2.4982	1.5380	3.8976	2.6435	2.3793	1.4648	3.7120	2.5176	2.2603	1.3915	3.5264	2.3918
72	2.8592	1.7773	4.3950	2.9840	2.7231	1.6927	4.1857	2.8419	2.5869	1.6080	3.9764	2.6998
73	3.1328	1.9889	4.7092	3.2301	2.9837	1.8942	4.4850	3.0763	2.8345	1.7995	4.2607	2.9225
74	3.5636	2.3084	5.3582	3.6293	3.3939	2.1985	5.1031	3.4565	3.2242	2.0886	4.8479	3.2837
75	3.6735	2.3840	5.6402	3.8156	3.4986	2.2704	5.3716	3.6339	3.3237	2.1569	5.1030	3.4522
76	3.8936	2.6228	5.7546	3.9594	3.7082	2.4979	5.4806	3.7709	3.5228	2.3730	5.2066	3.5824
77	4.4765	3.1044	6.6040	4.6186	4.2633	2.9565	6.2895	4.3987	4.0502	2.8087	5.9751	4.1788
78	5.1829	3.6426	7.4876	5.2396	4.9361	3.4691	7.1310	4.9901	4.6893	3.2957	6.7745	4.7406
79	5.6505	4.1477	8.3462	5.9423	5.3814	3.9502	7.9487	5.6593	5.1123	3.7527	7.5513	5.3764
80	5.6510	4.5168	9.0296	6.9957	5.3819	4.3017	8.5996	6.6626	5.1128	4.0867	8.1697	6.3295
81	6.1698	5.0309	9.5855	7.5086	5.8760	4.7913	9.1290	7.1510	5.5822	4.5517	8.6726	6.7935
82	6.9635	5.7228	10.6293	8.3913	6.6319	5.4502	10.1231	7.9917	6.3003	5.1777	9.6170	7.5921
83	7.6650	6.3201	11.3302	8.9403	7.3000	6.0192	10.7906	8.5145	6.9350	5.7182	10.2511	8.0888

续表

年龄	低方案				中方案				高方案			
	城镇男性	城镇女性	农村男性	农村女性	城镇男性	城镇女性	农村男性	农村女性	城镇男性	城镇女性	农村男性	农村女性
84	8.6167	7.1527	12.3478	9.8230	8.2064	6.8121	11.7599	9.3552	7.7961	6.4715	11.1719	8.8874
85	8.1435	6.6299	12.4240	9.8950	7.7557	6.3142	11.8324	9.4238	7.3679	5.9985	11.2408	8.9526
86	9.1977	7.6527	13.6727	10.9821	8.7597	7.2883	13.0216	10.4592	8.3217	6.9239	12.3705	9.9362
87	9.8481	8.3178	14.2392	11.6704	9.3791	7.9217	13.5612	11.1147	8.9101	7.5257	12.8831	10.5590
88	11.0803	9.6526	15.6754	13.0009	10.5527	9.1930	14.9290	12.3818	10.0251	8.7333	14.1825	11.7627
89	12.5144	10.8036	17.6536	14.4100	11.9185	10.2891	16.8130	13.7238	11.3225	9.7747	15.9723	13.0376
90	11.1875	9.9845	17.7661	14.5731	10.6548	9.5091	16.9201	13.8791	10.1221	9.0336	16.0741	13.1852
91	11.3361	11.0393	18.0084	15.5457	10.7963	10.5136	17.1509	14.8055	10.2565	9.9879	16.2933	14.0652
92	12.5622	12.1929	19.5135	17.0048	11.9640	11.6123	18.5843	16.1950	11.3658	11.0317	17.6550	15.3853
93	12.2158	13.3065	19.9174	17.8047	11.6341	12.6728	18.9690	16.9569	11.0524	12.0392	18.0205	16.1090
94	12.8980	13.5934	19.8042	18.6880	12.2838	12.9461	18.8612	17.7981	11.6696	12.2798	17.9181	16.9082
95	10.1747	12.6532	17.2548	20.7188	9.6902	12.0507	16.4331	19.7322	9.2057	11.4481	15.6115	18.7456
96	9.1349	12.7741	16.5284	20.8276	8.6999	12.1658	15.7413	19.8358	8.2649	11.5575	14.9542	18.8440
97	6.2426	11.7037	14.8193	20.9227	5.9453	11.1464	14.1136	19.9264	5.6481	10.5891	13.4079	18.9300
98	4.8231	11.5393	15.1763	20.4690	4.6125	10.9898	14.4536	19.4942	4.3818	10.4403	13.7310	18.5195
99	7.0019	9.3020	13.6019	16.5415	6.6685	8.8591	12.9542	15.7538	6.3351	8.4161	12.3065	14.9661
100	100	100	100	100	100	100	100	100	100	100	100	100

附表18 2010年湖南分年龄、性别、城乡的死亡率情况

单位：%

年龄	低方案				中方案				高方案			
	城镇男性	城镇女性	农村男性	农村女性	城镇男性	城镇女性	农村男性	农村女性	城镇男性	城镇女性	农村男性	农村女性
0	0.1922	0.1877	0.3109	0.3190	0.1830	0.1788	0.2961	0.3038	0.1739	0.1698	0.2813	0.2886
1	0.0873	0.0806	0.1643	0.1448	0.0832	0.0768	0.1564	0.1379	0.0790	0.0729	0.1486	0.1310
2	0.0513	0.0470	0.1051	0.0843	0.0488	0.0448	0.1001	0.0803	0.0464	0.0426	0.0951	0.0763
3	0.0418	0.0352	0.0802	0.0593	0.0398	0.0335	0.0763	0.0565	0.0378	0.0318	0.0725	0.0537
4	0.0362	0.0308	0.0679	0.0479	0.0345	0.0294	0.0647	0.0456	0.0328	0.0279	0.0615	0.0433
5	0.0299	0.0159	0.0525	0.0396	0.0285	0.0151	0.0500	0.0377	0.0271	0.0144	0.0475	0.0359
6	0.0273	0.0134	0.0521	0.0333	0.0260	0.0128	0.0496	0.0317	0.0247	0.0121	0.0471	0.0301
7	0.0279	0.0124	0.0506	0.0286	0.0266	0.0118	0.0482	0.0272	0.0253	0.0112	0.0458	0.0259
8	0.0272	0.0119	0.0487	0.0279	0.0259	0.0113	0.0463	0.0265	0.0246	0.0107	0.0440	0.0252

附表：部分省(自治区、直辖市)人口死亡率情况　　317

续表

年龄	低方案				中方案				高方案			
	城镇男性	城镇女性	农村男性	农村女性	城镇男性	城镇女性	农村男性	农村女性	城镇男性	城镇女性	农村男性	农村女性
9	0.0276	0.0114	0.0504	0.0269	0.0263	0.0109	0.0480	0.0256	0.0250	0.0103	0.0456	0.0243
10	0.0231	0.0129	0.0529	0.0314	0.0220	0.0123	0.0504	0.0299	0.0209	0.0117	0.0478	0.0284
11	0.0234	0.0132	0.0486	0.0297	0.0223	0.0126	0.0462	0.0283	0.0211	0.0119	0.0439	0.0269
12	0.0244	0.0130	0.0495	0.0278	0.0233	0.0124	0.0472	0.0264	0.0221	0.0118	0.0448	0.0251
13	0.0238	0.0117	0.0499	0.0290	0.0227	0.0112	0.0476	0.0277	0.0216	0.0106	0.0452	0.0263
14	0.0254	0.0125	0.0549	0.0282	0.0242	0.0119	0.0523	0.0269	0.0230	0.0113	0.0497	0.0255
15	0.0252	0.0120	0.0585	0.0327	0.0240	0.0115	0.0557	0.0312	0.0228	0.0109	0.0529	0.0296
16	0.0234	0.0113	0.0681	0.0355	0.0223	0.0108	0.0648	0.0338	0.0212	0.0102	0.0616	0.0321
17	0.0267	0.0126	0.0797	0.0399	0.0254	0.0120	0.0759	0.0380	0.0241	0.0114	0.0721	0.0361
18	0.0286	0.0130	0.0841	0.0409	0.0272	0.0124	0.0801	0.0390	0.0258	0.0118	0.0761	0.0370
19	0.0292	0.0117	0.0947	0.0411	0.0278	0.0111	0.0902	0.0391	0.0264	0.0106	0.0857	0.0371
20	0.0409	0.0205	0.0839	0.0398	0.0389	0.0195	0.0799	0.0379	0.0370	0.0185	0.0759	0.0360
21	0.0411	0.0216	0.0823	0.0379	0.0391	0.0206	0.0783	0.0361	0.0371	0.0195	0.0744	0.0343
22	0.0441	0.0239	0.0869	0.0398	0.0420	0.0228	0.0828	0.0379	0.0399	0.0216	0.0787	0.0360
23	0.0482	0.0250	0.0896	0.0413	0.0459	0.0239	0.0853	0.0394	0.0436	0.0227	0.0811	0.0374
24	0.0512	0.0259	0.0971	0.0443	0.0488	0.0246	0.0925	0.0422	0.0463	0.0234	0.0879	0.0401
25	0.0592	0.0232	0.1022	0.0473	0.0564	0.0221	0.0973	0.0451	0.0536	0.0210	0.0925	0.0428
26	0.0597	0.0242	0.0972	0.0458	0.0569	0.0230	0.0926	0.0436	0.0540	0.0219	0.0880	0.0414
27	0.0612	0.0260	0.1024	0.0510	0.0583	0.0248	0.0975	0.0486	0.0554	0.0236	0.0927	0.0462
28	0.0631	0.0268	0.1182	0.0512	0.0601	0.0256	0.1126	0.0487	0.0571	0.0243	0.1070	0.0463
29	0.0654	0.0274	0.1195	0.0565	0.0623	0.0260	0.1138	0.0538	0.0592	0.0247	0.1081	0.0511
30	0.0670	0.0278	0.1341	0.0761	0.0639	0.0265	0.1278	0.0725	0.0607	0.0252	0.1214	0.0689
31	0.0721	0.0298	0.1436	0.0791	0.0687	0.0284	0.1368	0.0753	0.0652	0.0269	0.1300	0.0716
32	0.0783	0.0314	0.1485	0.0781	0.0746	0.0299	0.1414	0.0743	0.0708	0.0284	0.1343	0.0706
33	0.0818	0.0324	0.1553	0.0807	0.0779	0.0309	0.1479	0.0769	0.0740	0.0293	0.1405	0.0730
34	0.0878	0.0379	0.1744	0.0966	0.0836	0.0361	0.1661	0.0920	0.0794	0.0343	0.1578	0.0874
35	0.0825	0.0415	0.2039	0.1069	0.0785	0.0395	0.1942	0.1018	0.0746	0.0375	0.1845	0.0967
36	0.0861	0.0452	0.2091	0.1119	0.0820	0.0430	0.1991	0.1066	0.0779	0.0409	0.1892	0.1012
37	0.0973	0.0498	0.2246	0.1182	0.0927	0.0475	0.2139	0.1126	0.0880	0.0451	0.2032	0.1070
38	0.1038	0.0533	0.2281	0.1208	0.0989	0.0508	0.2173	0.1151	0.0939	0.0482	0.2064	0.1093
39	0.1172	0.0577	0.2545	0.1309	0.1116	0.0549	0.2424	0.1246	0.1060	0.0522	0.2302	0.1184

续表

年龄	低方案 城镇男性	低方案 城镇女性	低方案 农村男性	低方案 农村女性	中方案 城镇男性	中方案 城镇女性	中方案 农村男性	中方案 农村女性	高方案 城镇男性	高方案 城镇女性	高方案 农村男性	高方案 农村女性
40	0.1220	0.0683	0.2746	0.1463	0.1162	0.0650	0.2616	0.1393	0.1104	0.0618	0.2485	0.1323
41	0.1390	0.0741	0.2942	0.1554	0.1324	0.0705	0.2802	0.1480	0.1258	0.0670	0.2662	0.1406
42	0.1513	0.0809	0.3102	0.1619	0.1441	0.0771	0.2954	0.1542	0.1369	0.0732	0.2806	0.1465
43	0.1669	0.0862	0.3204	0.1656	0.1589	0.0821	0.3051	0.1577	0.1510	0.0780	0.2899	0.1498
44	0.1836	0.0974	0.3649	0.1910	0.1749	0.0927	0.3476	0.1819	0.1661	0.0881	0.3302	0.1728
45	0.1827	0.0974	0.3669	0.1934	0.1740	0.0928	0.3495	0.1842	0.1653	0.0882	0.3320	0.1750
46	0.1980	0.1017	0.3742	0.1963	0.1886	0.0969	0.3564	0.1869	0.1791	0.0920	0.3385	0.1776
47	0.2357	0.1218	0.4326	0.2261	0.2244	0.1160	0.4120	0.2153	0.2132	0.1102	0.3914	0.2046
48	0.2490	0.1269	0.4402	0.2320	0.2372	0.1208	0.4192	0.2209	0.2253	0.1148	0.3982	0.2099
49	0.2976	0.1473	0.4949	0.2664	0.2835	0.1403	0.4713	0.2538	0.2693	0.1333	0.4478	0.2411
50	0.3978	0.2154	0.6553	0.3734	0.3788	0.2051	0.6241	0.3556	0.3599	0.1949	0.5929	0.3378
51	0.4036	0.2257	0.6591	0.3832	0.3844	0.2149	0.6277	0.3649	0.3652	0.2042	0.5963	0.3467
52	0.4460	0.2404	0.7158	0.4080	0.4247	0.2289	0.6817	0.3885	0.4035	0.2175	0.6476	0.3691
53	0.4736	0.2562	0.7415	0.4315	0.4510	0.2440	0.7062	0.4109	0.4285	0.2318	0.6709	0.3904
54	0.5115	0.2832	0.8137	0.4767	0.4871	0.2697	0.7750	0.4540	0.4628	0.2562	0.7362	0.4313
55	0.5294	0.2856	0.7850	0.4559	0.5042	0.2720	0.7476	0.4342	0.4790	0.2584	0.7103	0.4125
56	0.5688	0.3065	0.8363	0.4877	0.5417	0.2919	0.7965	0.4644	0.5146	0.2773	0.7567	0.4412
57	0.6342	0.3419	0.9083	0.5352	0.6040	0.3257	0.8650	0.5097	0.5738	0.3094	0.8218	0.4842
58	0.6843	0.3683	0.9728	0.5763	0.6517	0.3508	0.9265	0.5489	0.6192	0.3332	0.8802	0.5214
59	0.7710	0.4158	1.1082	0.6691	0.7343	0.3960	1.0555	0.6373	0.6975	0.3762	1.0027	0.6054
60	0.8206	0.4678	1.1556	0.6914	0.7815	0.4455	1.1006	0.6585	0.7424	0.4232	1.0456	0.6256
61	0.8421	0.4854	1.1653	0.7187	0.8020	0.4623	1.1098	0.6844	0.7619	0.4392	1.0543	0.6502
62	0.9792	0.5652	1.3383	0.8353	0.9326	0.5383	1.2745	0.7955	0.8859	0.5113	1.2108	0.7557
63	1.0680	0.6301	1.4647	0.9142	1.0171	0.6001	1.3950	0.8706	0.9663	0.5701	1.3252	0.8271
64	1.2549	0.7438	1.7537	1.1131	1.1952	0.7084	1.6702	1.0601	1.1354	0.6729	1.5867	1.0071
65	1.3974	0.8858	1.7884	1.1654	1.3309	0.8436	1.7032	1.1099	1.2643	0.8014	1.6181	1.0544
66	1.4536	0.9095	1.8969	1.2429	1.3844	0.8662	1.8066	1.1837	1.3152	0.8228	1.7163	1.1245
67	1.7269	1.0833	2.2931	1.5051	1.6447	1.0317	2.1840	1.4335	1.5624	0.9801	2.0748	1.3618
68	1.8559	1.1793	2.4706	1.6419	1.7675	1.1231	2.3529	1.5637	1.6792	1.0670	2.2353	1.4855
69	2.1442	1.3503	2.8932	1.9363	2.0421	1.2860	2.7554	1.8440	1.9400	1.2217	2.6176	1.7518
70	2.3341	1.4995	3.1011	2.1110	2.2230	1.4281	2.9535	2.0104	2.1118	1.3567	2.8058	1.9099

附表：部分省(自治区、直辖市)人口死亡率情况

续表

年龄	低方案 城镇男性	低方案 城镇女性	低方案 农村男性	低方案 农村女性	中方案 城镇男性	中方案 城镇女性	中方案 农村男性	中方案 农村女性	高方案 城镇男性	高方案 城镇女性	高方案 农村男性	高方案 农村女性
71	2.4934	1.6406	3.3091	2.3238	2.3746	1.5624	3.1515	2.2132	2.2559	1.4843	2.9939	2.1025
72	2.8544	1.8796	3.8094	2.6654	2.7185	1.7901	3.6280	2.5385	2.5825	1.7006	3.4466	2.4116
73	3.1280	2.0910	4.1255	2.9123	2.9791	1.9915	3.9290	2.7736	2.8301	1.8919	3.7326	2.6349
74	3.5588	2.4102	4.7782	3.3127	3.3893	2.2954	4.5507	3.1550	3.2198	2.1806	4.3231	2.9972
75	3.7889	2.4732	4.9210	3.4356	3.6085	2.3554	4.6867	3.2720	3.4280	2.2377	4.4524	3.1084
76	4.0087	2.7119	5.0363	3.5799	3.8178	2.5827	4.7965	3.4095	3.6269	2.4536	4.5567	3.2390
77	4.5909	3.1930	5.8919	4.2416	4.3723	3.0409	5.6113	4.0396	4.1537	2.8889	5.3307	3.8376
78	5.2966	3.7307	6.7818	4.8649	5.0444	3.5531	6.4588	4.6332	4.7921	3.3754	6.1359	4.4016
79	5.7636	4.2354	7.6466	5.5702	5.4891	4.0337	7.2825	5.3050	5.2147	3.8320	6.9184	5.0397
80	5.6076	4.3024	7.7266	5.7305	5.3406	4.0975	7.3586	5.4576	5.0735	3.8926	6.9907	5.1848
81	6.1267	4.8175	8.2900	6.2500	5.8349	4.5881	7.8952	5.9524	5.5432	4.3587	7.5004	5.6548
82	6.9207	5.5109	9.3480	7.1441	6.5912	5.2484	8.9028	6.8039	6.2616	4.9860	8.4577	6.4637
83	7.6225	6.1095	10.0584	7.7001	7.2595	5.8186	9.5794	7.3335	6.8965	5.5276	9.1004	6.9668
84	8.5746	6.9439	11.0899	8.5942	8.1663	6.6132	10.5618	8.1850	7.7580	6.2825	10.0337	7.7757
85	8.5902	6.2560	11.4060	8.4882	8.1811	5.9581	10.8629	8.0840	7.7721	5.6602	10.3197	7.6798
86	9.6395	7.2826	12.6684	9.5914	9.1805	6.9359	12.0652	9.1346	8.7215	6.5891	11.4619	8.6779
87	10.2869	7.9503	13.2412	10.2899	9.7971	7.5717	12.6107	9.7999	9.3072	7.1931	11.9801	9.3099
88	11.5135	9.2902	14.6932	11.6400	10.9652	8.8478	13.9935	11.0857	10.4170	8.4054	13.2938	10.5314
89	12.9409	10.4455	16.6932	13.0700	12.3247	9.9481	15.8983	12.4476	11.7085	9.4507	15.1034	11.8252
90	12.6966	9.8449	18.0591	13.4950	12.0920	9.3761	17.1992	12.8524	11.4874	8.9073	16.3392	12.2097
91	12.8427	10.9013	18.3007	14.4792	12.2312	10.3821	17.4292	13.7897	11.6196	9.8630	16.5577	13.1003
92	14.0491	12.0565	19.8006	15.9557	13.3801	11.4824	18.8578	15.1959	12.7111	10.9083	17.9149	14.4361
93	13.7083	13.1717	20.2032	16.7651	13.0555	12.5445	19.2412	15.9668	12.4028	11.9173	18.2791	15.1685
94	14.3795	13.4591	20.0904	17.6590	13.6948	12.8182	19.1337	16.8180	13.0100	12.1773	18.1770	15.9771
95	13.6312	13.8686	23.1177	20.2138	12.9821	13.2082	22.0168	19.2513	12.3330	12.5478	20.9160	18.2887
96	12.6293	13.9879	22.4398	20.3233	12.0279	13.3218	21.3712	19.3555	11.4265	12.6557	20.3027	18.3877
97	9.8424	12.9316	20.8449	20.4189	9.3737	12.3158	19.8523	19.4466	8.9051	11.7000	18.8597	18.4743
98	8.4939	12.7694	21.1781	19.9625	8.0895	12.1613	20.1696	19.0119	7.6850	11.5532	19.1611	18.0613
99	10.5741	10.5615	19.7089	16.0115	10.0705	10.0586	18.7703	15.2490	9.5670	9.5556	17.8318	14.4866
100	100	100	100	100	100	100	100	100	100	100	100	100

附表 19　2010 年广东分年龄、性别、城乡的死亡率情况

单位:%

年龄	低方案 城镇男性	低方案 城镇女性	低方案 农村男性	低方案 农村女性	中方案 城镇男性	中方案 城镇女性	中方案 农村男性	中方案 农村女性	高方案 城镇男性	高方案 城镇女性	高方案 农村男性	高方案 农村女性
0	0.3171	0.3400	0.2904	0.3209	0.3020	0.3238	0.2766	0.3056	0.2869	0.3076	0.2627	0.2904
1	0.0761	0.0718	0.1182	0.1138	0.0725	0.0684	0.1126	0.1084	0.0689	0.0650	0.1069	0.1029
2	0.0401	0.0382	0.0590	0.0533	0.0382	0.0364	0.0562	0.0508	0.0363	0.0346	0.0534	0.0482
3	0.0305	0.0264	0.0340	0.0283	0.0291	0.0251	0.0324	0.0270	0.0276	0.0239	0.0308	0.0256
4	0.0250	0.0220	0.0218	0.0169	0.0238	0.0210	0.0208	0.0161	0.0226	0.0199	0.0197	0.0153
5	0.0204	0.0162	0.0375	0.0290	0.0195	0.0154	0.0357	0.0277	0.0185	0.0146	0.0339	0.0263
6	0.0178	0.0137	0.0371	0.0227	0.0169	0.0131	0.0353	0.0216	0.0161	0.0124	0.0336	0.0206
7	0.0184	0.0127	0.0356	0.0180	0.0176	0.0121	0.0339	0.0171	0.0167	0.0115	0.0322	0.0163
8	0.0177	0.0121	0.0336	0.0173	0.0169	0.0116	0.0320	0.0164	0.0160	0.0110	0.0304	0.0156
9	0.0181	0.0117	0.0354	0.0163	0.0172	0.0112	0.0338	0.0155	0.0164	0.0106	0.0321	0.0147
10	0.0194	0.0135	0.0438	0.0225	0.0185	0.0129	0.0417	0.0214	0.0176	0.0122	0.0396	0.0204
11	0.0197	0.0137	0.0395	0.0208	0.0187	0.0131	0.0376	0.0198	0.0178	0.0124	0.0357	0.0188
12	0.0207	0.0136	0.0405	0.0188	0.0197	0.0129	0.0385	0.0179	0.0188	0.0123	0.0366	0.0170
13	0.0201	0.0123	0.0409	0.0201	0.0192	0.0117	0.0389	0.0191	0.0182	0.0111	0.0370	0.0182
14	0.0217	0.0130	0.0459	0.0193	0.0207	0.0124	0.0437	0.0184	0.0196	0.0118	0.0415	0.0174
15	0.0286	0.0163	0.0457	0.0231	0.0272	0.0156	0.0435	0.0220	0.0258	0.0148	0.0414	0.0209
16	0.0268	0.0156	0.0553	0.0259	0.0255	0.0149	0.0526	0.0247	0.0242	0.0141	0.0500	0.0235
17	0.0300	0.0169	0.0669	0.0303	0.0286	0.0161	0.0637	0.0288	0.0272	0.0153	0.0605	0.0274
18	0.0319	0.0173	0.0713	0.0313	0.0304	0.0165	0.0679	0.0298	0.0289	0.0157	0.0645	0.0283
19	0.0326	0.0160	0.0819	0.0315	0.0310	0.0153	0.0780	0.0300	0.0295	0.0145	0.0741	0.0285
20	0.0264	0.0121	0.0808	0.0365	0.0252	0.0115	0.0769	0.0347	0.0239	0.0109	0.0731	0.0330
21	0.0266	0.0132	0.0792	0.0346	0.0254	0.0126	0.0754	0.0330	0.0241	0.0120	0.0716	0.0313
22	0.0297	0.0156	0.0839	0.0365	0.0283	0.0148	0.0799	0.0348	0.0269	0.0141	0.0759	0.0330
23	0.0338	0.0167	0.0865	0.0380	0.0322	0.0159	0.0824	0.0362	0.0306	0.0151	0.0783	0.0344
24	0.0368	0.0175	0.0940	0.0410	0.0350	0.0167	0.0896	0.0390	0.0333	0.0158	0.0851	0.0371
25	0.0321	0.0154	0.1059	0.0436	0.0305	0.0147	0.1008	0.0415	0.0290	0.0139	0.0958	0.0394
26	0.0325	0.0164	0.1009	0.0421	0.0310	0.0157	0.0961	0.0401	0.0294	0.0149	0.0913	0.0381
27	0.0341	0.0183	0.1061	0.0473	0.0324	0.0174	0.1010	0.0451	0.0308	0.0165	0.0960	0.0428
28	0.0359	0.0191	0.1219	0.0475	0.0342	0.0182	0.1161	0.0452	0.0325	0.0173	0.1103	0.0429
29	0.0382	0.0196	0.1232	0.0528	0.0364	0.0187	0.1173	0.0503	0.0346	0.0177	0.1114	0.0478
30	0.0372	0.0193	0.1361	0.0650	0.0355	0.0184	0.1297	0.0620	0.0337	0.0175	0.1232	0.0589

附表：部分省(自治区、直辖市)人口死亡率情况

续表

年龄	低方案				中方案				高方案			
	城镇男性	城镇女性	农村男性	农村女性	城镇男性	城镇女性	农村男性	农村女性	城镇男性	城镇女性	农村男性	农村女性
31	0.0423	0.0213	0.1456	0.0680	0.0403	0.0203	0.1387	0.0648	0.0382	0.0192	0.1318	0.0615
32	0.0485	0.0229	0.1505	0.0670	0.0462	0.0218	0.1433	0.0638	0.0439	0.0207	0.1361	0.0606
33	0.0520	0.0239	0.1573	0.0696	0.0495	0.0228	0.1498	0.0663	0.0470	0.0216	0.1423	0.0630
34	0.0580	0.0294	0.1764	0.0855	0.0552	0.0280	0.1680	0.0814	0.0525	0.0266	0.1596	0.0774
35	0.0628	0.0313	0.2125	0.0924	0.0598	0.0298	0.2024	0.0880	0.0568	0.0283	0.1922	0.0836
36	0.0664	0.0350	0.2176	0.0973	0.0633	0.0333	0.2073	0.0927	0.0601	0.0316	0.1969	0.0881
37	0.0776	0.0396	0.2331	0.1036	0.0739	0.0378	0.2220	0.0987	0.0702	0.0359	0.2109	0.0938
38	0.0841	0.0431	0.2367	0.1063	0.0801	0.0411	0.2254	0.1012	0.0761	0.0390	0.2142	0.0961
39	0.0975	0.0475	0.2630	0.1163	0.0928	0.0452	0.2505	0.1108	0.0882	0.0430	0.2380	0.1052
40	0.0947	0.0507	0.2955	0.1217	0.0902	0.0482	0.2815	0.1159	0.0857	0.0458	0.2674	0.1101
41	0.1117	0.0564	0.3150	0.1308	0.1064	0.0538	0.3000	0.1246	0.1011	0.0511	0.2850	0.1183
42	0.1240	0.0633	0.3311	0.1373	0.1181	0.0603	0.3153	0.1308	0.1122	0.0573	0.2995	0.1242
43	0.1396	0.0685	0.3412	0.1410	0.1329	0.0653	0.3250	0.1343	0.1263	0.0620	0.3087	0.1276
44	0.1563	0.0797	0.3858	0.1664	0.1489	0.0759	0.3674	0.1585	0.1414	0.0722	0.3490	0.1506
45	0.1708	0.0916	0.3949	0.1766	0.1627	0.0872	0.3761	0.1682	0.1545	0.0829	0.3573	0.1598
46	0.1860	0.0959	0.4022	0.1795	0.1772	0.0913	0.3830	0.1709	0.1683	0.0867	0.3639	0.1624
47	0.2237	0.1160	0.4606	0.2093	0.2131	0.1104	0.4386	0.1994	0.2024	0.1049	0.4167	0.1894
48	0.2371	0.1210	0.4681	0.2152	0.2258	0.1153	0.4458	0.2050	0.2145	0.1095	0.4235	0.1947
49	0.2857	0.1414	0.5228	0.2497	0.2721	0.1347	0.4979	0.2378	0.2585	0.1280	0.4730	0.2259
50	0.3900	0.1868	0.6917	0.3034	0.3714	0.1779	0.6587	0.2889	0.3528	0.1690	0.6258	0.2745
51	0.3958	0.1971	0.6955	0.3132	0.3770	0.1877	0.6624	0.2983	0.3581	0.1783	0.6292	0.2834
52	0.4382	0.2118	0.7521	0.3380	0.4173	0.2017	0.7163	0.3219	0.3964	0.1916	0.6805	0.3058
53	0.4658	0.2276	0.7778	0.3616	0.4436	0.2168	0.7408	0.3443	0.4214	0.2060	0.7037	0.3271
54	0.5037	0.2547	0.8500	0.4068	0.4797	0.2425	0.8096	0.3875	0.4557	0.2304	0.7691	0.3681
55	0.5443	0.2496	0.8905	0.3887	0.5184	0.2377	0.8481	0.3702	0.4925	0.2258	0.8057	0.3517
56	0.5836	0.2705	0.9417	0.4205	0.5558	0.2576	0.8969	0.4004	0.5280	0.2448	0.8520	0.3804
57	0.6491	0.3060	1.0136	0.4680	0.6182	0.2914	0.9653	0.4457	0.5872	0.2768	0.9170	0.4234
58	0.6992	0.3323	1.0781	0.5091	0.6659	0.3165	1.0268	0.4849	0.6326	0.3007	0.9754	0.4607
59	0.7858	0.3798	1.2134	0.6020	0.7484	0.3617	1.1556	0.5734	0.7110	0.3437	1.0978	0.5447
60	0.8625	0.4186	1.3918	0.6585	0.8214	0.3987	1.3255	0.6271	0.7803	0.3787	1.2593	0.5958
61	0.8839	0.4362	1.4015	0.6857	0.8418	0.4154	1.3347	0.6530	0.7997	0.3946	1.2680	0.6204
62	1.0210	0.5160	1.5740	0.8024	0.9724	0.4914	1.4991	0.7642	0.9238	0.4669	1.4241	0.7259

续表

年龄	低方案 城镇男性	低方案 城镇女性	低方案 农村男性	低方案 农村女性	中方案 城镇男性	中方案 城镇女性	中方案 农村男性	中方案 农村女性	高方案 城镇男性	高方案 城镇女性	高方案 农村男性	高方案 农村女性
63	1.1097	0.5810	1.7002	0.8813	1.0569	0.5533	1.6193	0.8393	1.0040	0.5257	1.5383	0.7973
64	1.2966	0.6947	1.9885	1.0803	1.2349	0.6616	1.8939	1.0288	1.1731	0.6285	1.7992	0.9774
65	1.4439	0.7243	2.1418	1.0557	1.3751	0.6899	2.0398	1.0055	1.3063	0.6554	1.9378	0.9552
66	1.5000	0.7480	2.2500	1.1333	1.4286	0.7124	2.1428	1.0794	1.3572	0.6768	2.0357	1.0254
67	1.7732	0.9221	2.6448	1.3959	1.6888	0.8782	2.5189	1.3294	1.6043	0.8343	2.3929	1.2629
68	1.9021	1.0183	2.8217	1.5327	1.8116	0.9698	2.6873	1.4598	1.7210	0.9213	2.5529	1.3868
69	2.1903	1.1896	3.2428	1.8274	2.0860	1.1329	3.0884	1.7404	1.9817	1.0763	2.9340	1.6534
70	2.5037	1.3659	3.6881	2.0281	2.3845	1.3008	3.5125	1.9315	2.2652	1.2358	3.3368	1.8349
71	2.6627	1.5071	3.8948	2.2411	2.5359	1.4354	3.7094	2.1344	2.4091	1.3636	3.5239	2.0277
72	3.0231	1.7465	4.3923	2.5830	2.8792	1.6633	4.1831	2.4600	2.7352	1.5801	3.9740	2.3370
73	3.2963	1.9582	4.7065	2.8300	3.1393	1.8649	4.4824	2.6953	2.9823	1.7717	4.2583	2.5605
74	3.7263	2.2777	5.3555	3.2308	3.5489	2.1693	5.1005	3.0770	3.3714	2.0608	4.8455	2.9231
75	4.1724	2.4136	5.5399	3.1862	3.9737	2.2986	5.2761	3.0344	3.7750	2.1837	5.0123	2.8827
76	4.3913	2.6523	5.6545	3.3308	4.1822	2.5260	5.3852	3.1722	3.9731	2.3997	5.1159	3.0136
77	4.9714	3.1337	6.5047	3.9941	4.7346	2.9845	6.1950	3.8039	4.4979	2.8353	5.8852	3.6137
78	5.6744	3.6718	7.3891	4.6190	5.4041	3.4970	7.0373	4.3990	5.1339	3.3221	6.6854	4.1791
79	6.1396	4.1768	8.2486	5.3260	5.8472	3.9779	7.8558	5.0724	5.5549	3.7790	7.4630	4.8188
80	6.7776	4.6664	8.5902	5.6914	6.4549	4.4442	8.1811	5.4204	6.1321	4.2220	7.7721	5.1494
81	7.2906	5.1797	9.1486	6.2111	6.9434	4.9330	8.7129	5.9153	6.5962	4.6864	8.2773	5.6196
82	8.0753	5.8706	10.1972	7.1055	7.6908	5.5910	9.7116	6.7672	7.3062	5.3115	9.2260	6.4288
83	8.7688	6.4670	10.9012	7.6618	8.3512	6.1591	10.3821	7.2970	7.9337	5.8511	9.8630	6.9321
84	9.7098	7.2984	11.9236	8.5563	9.2474	6.9508	11.3558	8.1488	8.7850	6.6033	10.7880	7.7414
85	9.5967	7.6365	11.7562	8.5035	9.1397	7.2729	11.1964	8.0985	8.6827	6.9092	10.6366	7.6936
86	10.6351	8.6488	13.0139	9.6065	10.1286	8.2369	12.3942	9.1490	9.6222	7.8251	11.7745	8.6916
87	11.2757	9.3071	13.5846	10.3049	10.7388	8.8639	12.9377	9.8142	10.2018	8.4207	12.2908	9.3235
88	12.4895	10.6282	15.0311	11.6548	11.8948	10.1221	14.3154	11.0998	11.3000	9.6160	13.5996	10.5448
89	13.9020	11.7674	17.0236	13.0845	13.2400	11.2071	16.2130	12.4615	12.5780	10.6467	15.4023	11.8384
90	14.2644	12.5405	18.3813	14.2106	13.5852	11.9434	17.5060	13.5339	12.9059	11.3462	16.6307	12.8572
91	14.4081	13.5669	18.6220	15.1872	13.7220	12.9209	17.7352	14.4640	13.0359	12.2748	16.8485	13.7408
92	15.5940	14.6895	20.1164	16.6520	14.8514	13.9900	19.1585	15.8591	14.1089	13.2905	18.2006	15.0661
93	15.2590	15.7731	20.5175	17.4552	14.5324	15.0220	19.5405	16.6240	13.8058	14.2709	18.5635	15.7928
94	15.9188	16.0523	20.4051	18.3420	15.1608	15.2880	19.4334	17.4686	14.4027	14.5236	18.4618	16.5952

续表

年龄	低方案				中方案				高方案			
	城镇男性	城镇女性	农村男性	农村女性	城镇男性	城镇女性	农村男性	农村女性	城镇男性	城镇女性	农村男性	农村女性
95	14.9739	18.4350	23.6207	21.6567	14.2609	17.5571	22.4959	20.6255	13.5478	16.6793	21.3711	19.5942
96	13.9867	18.5483	22.9469	21.7643	13.3207	17.6650	21.8542	20.7279	12.6547	16.7818	20.7615	19.6915
97	11.2408	17.5449	21.3619	21.8583	10.7055	16.7094	20.3446	20.8175	10.1702	15.8740	19.3274	19.7766
98	9.9121	17.3908	21.6930	21.4097	9.4401	16.5627	20.6600	20.3902	8.9681	15.7346	19.6270	19.3707
99	11.9617	15.2936	20.2328	17.5259	11.3921	14.5653	19.2693	16.6914	10.8225	13.8371	18.3059	15.8568
100	100	100	100	100	100	100	100	100	100	100	100	100

附表20　2010年广西分年龄、性别、城乡的死亡率情况

单位:%

年龄	低方案				中方案				高方案			
	城镇男性	城镇女性	农村男性	农村女性	城镇男性	城镇女性	农村男性	农村女性	城镇男性	城镇女性	农村男性	农村女性
0	0.2548	0.2538	0.4762	0.5058	0.2427	0.2417	0.4535	0.4818	0.2306	0.2296	0.4308	0.4577
1	0.0711	0.0660	0.1455	0.1318	0.0677	0.0629	0.1386	0.1255	0.0643	0.0597	0.1316	0.1192
2	0.0351	0.0325	0.0864	0.0713	0.0334	0.0309	0.0822	0.0679	0.0317	0.0294	0.0781	0.0645
3	0.0255	0.0206	0.0614	0.0463	0.0243	0.0196	0.0585	0.0441	0.0231	0.0186	0.0555	0.0419
4	0.0200	0.0162	0.0492	0.0349	0.0191	0.0155	0.0468	0.0332	0.0181	0.0147	0.0445	0.0316
5	0.0267	0.0165	0.0530	0.0398	0.0254	0.0157	0.0505	0.0379	0.0242	0.0150	0.0479	0.0360
6	0.0240	0.0141	0.0526	0.0335	0.0229	0.0134	0.0501	0.0319	0.0217	0.0127	0.0476	0.0303
7	0.0247	0.0130	0.0510	0.0287	0.0235	0.0124	0.0486	0.0274	0.0224	0.0118	0.0462	0.0260
8	0.0240	0.0125	0.0491	0.0280	0.0228	0.0119	0.0468	0.0267	0.0217	0.0113	0.0444	0.0253
9	0.0244	0.0121	0.0509	0.0270	0.0232	0.0115	0.0485	0.0258	0.0220	0.0109	0.0461	0.0245
10	0.0192	0.0123	0.0456	0.0313	0.0183	0.0117	0.0434	0.0298	0.0174	0.0111	0.0413	0.0283
11	0.0195	0.0125	0.0413	0.0295	0.0186	0.0119	0.0393	0.0281	0.0177	0.0113	0.0374	0.0267
12	0.0206	0.0124	0.0423	0.0276	0.0196	0.0118	0.0403	0.0263	0.0186	0.0112	0.0383	0.0249
13	0.0200	0.0111	0.0427	0.0289	0.0190	0.0106	0.0407	0.0275	0.0181	0.0100	0.0386	0.0261
14	0.0215	0.0118	0.0477	0.0280	0.0205	0.0112	0.0454	0.0267	0.0195	0.0107	0.0431	0.0254
15	0.0270	0.0115	0.0743	0.0309	0.0257	0.0109	0.0708	0.0294	0.0244	0.0104	0.0672	0.0279
16	0.0252	0.0107	0.0839	0.0336	0.0240	0.0102	0.0799	0.0320	0.0228	0.0097	0.0759	0.0304
17	0.0284	0.0120	0.0955	0.0380	0.0271	0.0115	0.0909	0.0362	0.0257	0.0109	0.0864	0.0344
18	0.0303	0.0125	0.0999	0.0390	0.0289	0.0119	0.0952	0.0372	0.0274	0.0113	0.0904	0.0353
19	0.0310	0.0112	0.1105	0.0392	0.0295	0.0106	0.1052	0.0373	0.0280	0.0101	0.1000	0.0354

续表

年龄	低方案 城镇男性	低方案 城镇女性	低方案 农村男性	低方案 农村女性	中方案 城镇男性	中方案 城镇女性	中方案 农村男性	中方案 农村女性	高方案 城镇男性	高方案 城镇女性	高方案 农村男性	高方案 农村女性
20	0.0368	0.0117	0.1337	0.0453	0.0350	0.0111	0.1274	0.0431	0.0333	0.0106	0.1210	0.0410
21	0.0370	0.0128	0.1321	0.0434	0.0352	0.0122	0.1258	0.0414	0.0335	0.0116	0.1195	0.0393
22	0.0401	0.0151	0.1368	0.0453	0.0382	0.0144	0.1303	0.0432	0.0362	0.0137	0.1238	0.0410
23	0.0442	0.0163	0.1395	0.0468	0.0421	0.0155	0.1328	0.0446	0.0400	0.0147	0.1262	0.0423
24	0.0472	0.0171	0.1470	0.0498	0.0449	0.0163	0.1400	0.0474	0.0427	0.0155	0.1330	0.0450
25	0.0500	0.0177	0.1555	0.0505	0.0477	0.0169	0.1481	0.0481	0.0453	0.0160	0.1407	0.0457
26	0.0505	0.0188	0.1505	0.0490	0.0481	0.0179	0.1433	0.0467	0.0457	0.0170	0.1362	0.0443
27	0.0521	0.0206	0.1557	0.0542	0.0496	0.0196	0.1483	0.0517	0.0471	0.0186	0.1409	0.0491
28	0.0539	0.0214	0.1715	0.0544	0.0514	0.0204	0.1633	0.0518	0.0488	0.0194	0.1552	0.0492
29	0.0562	0.0219	0.1728	0.0597	0.0535	0.0209	0.1645	0.0569	0.0509	0.0198	0.1563	0.0540
30	0.0726	0.0237	0.2289	0.0706	0.0691	0.0226	0.2180	0.0672	0.0657	0.0215	0.2071	0.0639
31	0.0776	0.0257	0.2383	0.0736	0.0739	0.0244	0.2270	0.0701	0.0702	0.0232	0.2156	0.0666
32	0.0838	0.0273	0.2432	0.0725	0.0799	0.0260	0.2316	0.0691	0.0759	0.0247	0.2200	0.0656
33	0.0873	0.0283	0.2500	0.0752	0.0832	0.0269	0.2381	0.0716	0.0790	0.0256	0.2262	0.0680
34	0.0933	0.0338	0.2691	0.0911	0.0889	0.0321	0.2563	0.0867	0.0844	0.0305	0.2435	0.0824
35	0.1036	0.0349	0.3228	0.1044	0.0986	0.0333	0.3074	0.0994	0.0937	0.0316	0.2921	0.0944
36	0.1072	0.0386	0.3279	0.1093	0.1021	0.0368	0.3123	0.1041	0.0970	0.0349	0.2967	0.0989
37	0.1184	0.0433	0.3434	0.1157	0.1127	0.0412	0.3271	0.1101	0.1071	0.0391	0.3107	0.1046
38	0.1249	0.0468	0.3470	0.1183	0.1189	0.0445	0.3305	0.1126	0.1130	0.0423	0.3140	0.1070
39	0.1383	0.0511	0.3733	0.1283	0.1317	0.0487	0.3555	0.1222	0.1251	0.0463	0.3377	0.1161
40	0.1582	0.0654	0.4127	0.1510	0.1507	0.0623	0.3930	0.1438	0.1431	0.0591	0.3734	0.1366
41	0.1751	0.0712	0.4322	0.1600	0.1668	0.0678	0.4116	0.1524	0.1585	0.0644	0.3910	0.1448
42	0.1875	0.0780	0.4482	0.1666	0.1785	0.0743	0.4268	0.1586	0.1696	0.0706	0.4055	0.1507
43	0.2030	0.0832	0.4583	0.1703	0.1933	0.0793	0.4365	0.1621	0.1837	0.0753	0.4147	0.1540
44	0.2197	0.0945	0.5028	0.1957	0.2093	0.0900	0.4789	0.1864	0.1988	0.0855	0.4549	0.1770
45	0.2342	0.0876	0.5246	0.1880	0.2230	0.0834	0.4996	0.1791	0.2119	0.0793	0.4746	0.1701
46	0.2494	0.0919	0.5318	0.1909	0.2375	0.0875	0.5065	0.1818	0.2257	0.0831	0.4812	0.1727
47	0.2871	0.1119	0.5902	0.2207	0.2734	0.1066	0.5621	0.2102	0.2597	0.1013	0.5340	0.1997
48	0.3004	0.1170	0.5977	0.2266	0.2861	0.1114	0.5693	0.2158	0.2718	0.1059	0.5408	0.2050
49	0.3490	0.1374	0.6523	0.2611	0.3324	0.1309	0.6213	0.2486	0.3158	0.1244	0.5902	0.2362
50	0.4080	0.1730	0.8066	0.3012	0.3886	0.1647	0.7682	0.2868	0.3691	0.1565	0.7298	0.2725
51	0.4138	0.1833	0.8104	0.3110	0.3941	0.1745	0.7718	0.2962	0.3744	0.1658	0.7332	0.2814

续表

年龄	低方案 城镇男性	低方案 城镇女性	低方案 农村男性	低方案 农村女性	中方案 城镇男性	中方案 城镇女性	中方案 农村男性	中方案 农村女性	高方案 城镇男性	高方案 城镇女性	高方案 农村男性	高方案 农村女性
52	0.4562	0.1980	0.8670	0.3358	0.4345	0.1886	0.8257	0.3198	0.4127	0.1791	0.7844	0.3038
53	0.4838	0.2138	0.8927	0.3593	0.4607	0.2036	0.8502	0.3422	0.4377	0.1934	0.8077	0.3251
54	0.5217	0.2408	0.9648	0.4046	0.4968	0.2294	0.9189	0.3853	0.4720	0.2179	0.8729	0.3661
55	0.5911	0.2352	0.9625	0.3981	0.5630	0.2240	0.9167	0.3791	0.5348	0.2128	0.8708	0.3601
56	0.6304	0.2561	1.0137	0.4298	0.6004	0.2439	0.9654	0.4094	0.5704	0.2317	0.9172	0.3889
57	0.6958	0.2916	1.0855	0.4774	0.6627	0.2777	1.0338	0.4546	0.6296	0.2638	0.9821	0.4319
58	0.7459	0.3179	1.1500	0.5185	0.7104	0.3028	1.0952	0.4938	0.6749	0.2877	1.0405	0.4691
59	0.8325	0.3654	1.2852	0.6114	0.7929	0.3480	1.2240	0.5823	0.7532	0.3306	1.1628	0.5532
60	0.9251	0.3543	1.4286	0.6347	0.8810	0.3374	1.3606	0.6045	0.8370	0.3205	1.2925	0.5743
61	0.9465	0.3719	1.4382	0.6620	0.9015	0.3541	1.3697	0.6304	0.8564	0.3364	1.3013	0.5989
62	1.0835	0.4517	1.6107	0.7786	1.0319	0.4302	1.5340	0.7416	0.9803	0.4087	1.4573	0.7045
63	1.1722	0.5168	1.7369	0.8576	1.1164	0.4922	1.6542	0.8167	1.0606	0.4675	1.5715	0.7759
64	1.3590	0.6305	2.0251	1.0566	1.2943	0.6005	1.9287	1.0063	1.2295	0.5705	1.8322	0.9560
65	1.4943	0.6346	2.0441	0.9754	1.4231	0.6044	1.9467	0.9289	1.3520	0.5742	1.8494	0.8825
66	1.5504	0.6584	2.1523	1.0530	1.4766	0.6270	2.0498	1.0029	1.4028	0.5957	1.9473	0.9528
67	1.8235	0.8326	2.5476	1.3158	1.7366	0.7929	2.4262	1.2531	1.6498	0.7533	2.3049	1.1904
68	1.9523	0.9288	2.7245	1.4527	1.8594	0.8846	2.5948	1.3836	1.7664	0.8404	2.4651	1.3144
69	2.2403	1.1003	3.1461	1.7477	2.1336	1.0479	2.9963	1.6644	2.0270	0.9955	2.8465	1.5812
70	2.2766	1.1432	3.2913	1.8228	2.1682	1.0887	3.1346	1.7360	2.0598	1.0343	2.9779	1.6492
71	2.4360	1.2847	3.4989	2.0363	2.3200	1.2236	3.3323	1.9393	2.2040	1.1624	3.1657	1.8424
72	2.7972	1.5246	3.9983	2.3788	2.6640	1.4520	3.8079	2.2655	2.5308	1.3794	3.6175	2.1523
73	3.0709	1.7368	4.3138	2.6264	2.9247	1.6541	4.1083	2.5013	2.7785	1.5714	3.9029	2.3762
74	3.5019	2.0570	4.9653	3.0280	3.3352	1.9591	4.7288	2.8838	3.1684	1.8611	4.4924	2.7396
75	3.5517	1.8789	4.8604	2.7529	3.3826	1.7894	4.6289	2.6218	3.2135	1.6999	4.3975	2.4907
76	3.7720	2.1189	4.9757	2.8982	3.5924	2.0180	4.7388	2.7602	3.4128	1.9171	4.5019	2.6222
77	4.3556	2.6028	5.8318	3.5643	4.1482	2.4789	5.5541	3.3946	3.9408	2.3549	5.2764	3.2249
78	5.0630	3.1437	6.7223	4.1918	4.8219	2.9940	6.4022	3.9922	4.5808	2.8443	6.0821	3.7926
79	5.5310	3.6513	7.5876	4.9019	5.2677	3.4774	7.2263	4.6685	5.0043	3.3035	6.8650	4.4350
80	5.2290	3.3276	7.3876	4.7139	4.9800	3.1691	7.0358	4.4894	4.7310	3.0107	6.6840	4.2649
81	5.7501	3.8477	7.9530	5.2387	5.4762	3.6645	7.5743	4.9892	5.2024	3.4813	7.1955	4.7398
82	6.5471	4.5478	9.0146	6.1419	6.2354	4.3312	8.5854	5.8494	5.9236	4.1147	8.1561	5.5570
83	7.2516	5.1522	9.7275	6.7037	6.9063	4.9069	9.2643	6.3845	6.5609	4.6615	8.8011	6.0652

续表

年龄	低方案 城镇男性	低方案 城镇女性	低方案 农村男性	低方案 农村女性	中方案 城镇男性	中方案 城镇女性	中方案 农村男性	中方案 农村女性	高方案 城镇男性	高方案 城镇女性	高方案 农村男性	高方案 农村女性
84	8.2074	5.9947	10.7626	7.6069	7.8165	5.7092	10.2501	7.2447	7.4257	5.4237	9.7376	6.8825
85	7.9106	5.1544	10.4393	6.7554	7.5339	4.9090	9.9422	6.4337	7.1572	4.6635	9.4451	6.1120
86	8.9674	6.1926	11.7148	7.8784	8.5404	5.8977	11.1569	7.5032	8.1133	5.6028	10.5991	7.1281
87	9.6193	6.8676	12.2934	8.5894	9.1613	6.5406	11.7080	8.1804	8.7032	6.2136	11.1226	7.7714
88	10.8546	8.2225	13.7604	9.9638	10.3377	7.8309	13.1052	9.4893	9.8208	7.4394	12.4499	9.0149
89	12.2921	9.3907	15.7811	11.4195	11.7067	8.9435	15.0296	10.8757	11.1214	8.4963	14.2781	10.3319
90	12.0674	7.7486	14.8495	9.9094	11.4928	7.3796	14.1424	9.4375	10.9182	7.0106	13.4353	8.9656
91	12.2146	8.8281	15.1000	10.9322	11.6329	8.4078	14.3809	10.4116	11.0513	7.9874	13.6619	9.8910
92	13.4292	10.0089	16.6553	12.4665	12.7897	9.5322	15.8622	11.8728	12.1502	9.0556	15.0691	11.2792
93	13.0861	11.1486	17.0728	13.3077	12.4629	10.6178	16.2598	12.6740	11.8398	10.0869	15.4468	12.0403
94	13.7619	11.4424	16.9558	14.2365	13.1065	10.8975	16.1484	13.5586	12.4512	10.3526	15.3409	12.8806
95	15.1541	13.3055	20.3698	16.1374	14.4325	12.6719	19.3998	15.3690	13.7109	12.0383	18.4298	14.6005
96	14.1689	13.4255	19.6692	16.2521	13.4942	12.7862	18.7326	15.4782	12.8195	12.1469	17.7959	14.7043
97	11.4285	12.3627	18.0208	16.3524	10.8843	11.7740	17.1627	15.5737	10.3400	11.1853	16.3045	14.7950
98	10.1025	12.1995	18.3651	15.8740	9.6214	11.6185	17.4906	15.1181	9.1403	11.0376	16.6161	14.3622
99	12.1479	9.9780	16.8466	11.7330	11.5694	9.5028	16.0444	11.1743	10.9910	9.0277	15.2422	10.6156
100	100	100	100	100	100	100	100	100	100	100	100	100

附表 21 2010 年海南分年龄、性别、城乡的死亡率情况

单位:%

年龄	低方案 城镇男性	低方案 城镇女性	低方案 农村男性	低方案 农村女性	中方案 城镇男性	中方案 城镇女性	中方案 农村男性	中方案 农村女性	高方案 城镇男性	高方案 城镇女性	高方案 农村男性	高方案 农村女性
0	0.4040	0.4557	0.6931	0.9722	0.3848	0.4340	0.6601	0.9259	0.3656	0.4123	0.6270	0.8796
1	0.0892	0.0808	0.1594	0.1291	0.0849	0.0770	0.1519	0.1230	0.0807	0.0731	0.1443	0.1168
2	0.0531	0.0472	0.1003	0.0687	0.0506	0.0450	0.0955	0.0654	0.0481	0.0427	0.0908	0.0621
3	0.0436	0.0354	0.0753	0.0437	0.0416	0.0337	0.0718	0.0416	0.0395	0.0320	0.0682	0.0395
4	0.0381	0.0310	0.0631	0.0322	0.0363	0.0296	0.0601	0.0307	0.0345	0.0281	0.0571	0.0292
5	0.0210	0.0174	0.0499	0.0320	0.0200	0.0165	0.0475	0.0305	0.0190	0.0157	0.0451	0.0290
6	0.0183	0.0149	0.0494	0.0257	0.0175	0.0142	0.0471	0.0245	0.0166	0.0135	0.0447	0.0233
7	0.0190	0.0139	0.0479	0.0210	0.0181	0.0132	0.0456	0.0200	0.0172	0.0125	0.0433	0.0190
8	0.0183	0.0133	0.0460	0.0202	0.0174	0.0127	0.0438	0.0193	0.0166	0.0120	0.0416	0.0183

续表

年龄	低方案				中方案				高方案			
	城镇男性	城镇女性	农村男性	农村女性	城镇男性	城镇女性	农村男性	农村女性	城镇男性	城镇女性	农村男性	农村女性
9	0.0187	0.0129	0.0478	0.0193	0.0178	0.0123	0.0455	0.0184	0.0169	0.0117	0.0432	0.0174
10	0.0208	0.0148	0.0525	0.0340	0.0198	0.0141	0.0500	0.0324	0.0188	0.0134	0.0475	0.0308
11	0.0211	0.0151	0.0482	0.0323	0.0201	0.0144	0.0459	0.0308	0.0191	0.0136	0.0436	0.0293
12	0.0222	0.0149	0.0492	0.0304	0.0211	0.0142	0.0468	0.0289	0.0200	0.0135	0.0445	0.0275
13	0.0216	0.0136	0.0496	0.0316	0.0205	0.0130	0.0472	0.0301	0.0195	0.0123	0.0449	0.0286
14	0.0231	0.0143	0.0546	0.0308	0.0220	0.0137	0.0520	0.0294	0.0209	0.0130	0.0494	0.0279
15	0.0376	0.0109	0.0792	0.0298	0.0358	0.0104	0.0755	0.0284	0.0340	0.0099	0.0717	0.0269
16	0.0358	0.0102	0.0888	0.0326	0.0341	0.0097	0.0846	0.0310	0.0324	0.0092	0.0803	0.0295
17	0.0390	0.0115	0.1004	0.0369	0.0372	0.0109	0.0956	0.0352	0.0353	0.0104	0.0908	0.0334
18	0.0409	0.0119	0.1048	0.0380	0.0390	0.0113	0.0999	0.0361	0.0370	0.0108	0.0949	0.0343
19	0.0416	0.0106	0.1154	0.0381	0.0396	0.0101	0.1099	0.0363	0.0376	0.0096	0.1044	0.0345
20	0.0337	0.0116	0.1077	0.0368	0.0321	0.0111	0.1026	0.0351	0.0305	0.0105	0.0974	0.0333
21	0.0339	0.0128	0.1061	0.0350	0.0323	0.0122	0.1010	0.0333	0.0307	0.0116	0.0960	0.0316
22	0.0370	0.0151	0.1108	0.0368	0.0352	0.0144	0.1055	0.0351	0.0335	0.0137	0.1002	0.0333
23	0.0411	0.0162	0.1134	0.0383	0.0391	0.0155	0.1080	0.0365	0.0372	0.0147	0.1026	0.0347
24	0.0441	0.0171	0.1210	0.0413	0.0420	0.0163	0.1152	0.0393	0.0399	0.0154	0.1094	0.0374
25	0.0529	0.0189	0.1305	0.0595	0.0504	0.0180	0.1242	0.0567	0.0478	0.0171	0.1180	0.0539
26	0.0533	0.0200	0.1255	0.0580	0.0508	0.0190	0.1195	0.0552	0.0483	0.0181	0.1135	0.0525
27	0.0549	0.0218	0.1307	0.0632	0.0523	0.0208	0.1245	0.0602	0.0497	0.0197	0.1182	0.0572
28	0.0567	0.0226	0.1465	0.0634	0.0540	0.0215	0.1395	0.0604	0.0513	0.0205	0.1325	0.0574
29	0.0590	0.0231	0.1477	0.0687	0.0562	0.0220	0.1407	0.0655	0.0534	0.0209	0.1337	0.0622
30	0.0473	0.0238	0.1458	0.0488	0.0451	0.0226	0.1389	0.0465	0.0428	0.0215	0.1319	0.0442
31	0.0523	0.0257	0.1553	0.0518	0.0499	0.0245	0.1479	0.0493	0.0474	0.0233	0.1405	0.0468
32	0.0586	0.0274	0.1601	0.0508	0.0558	0.0261	0.1525	0.0483	0.0530	0.0248	0.1449	0.0459
33	0.0620	0.0283	0.1670	0.0534	0.0591	0.0270	0.1590	0.0509	0.0561	0.0256	0.1511	0.0483
34	0.0681	0.0338	0.1861	0.0693	0.0648	0.0322	0.1772	0.0660	0.0616	0.0306	0.1683	0.0627
35	0.0771	0.0260	0.2098	0.0771	0.0734	0.0248	0.1998	0.0734	0.0697	0.0236	0.1898	0.0697
36	0.0807	0.0297	0.2149	0.0820	0.0769	0.0283	0.2047	0.0781	0.0730	0.0269	0.1944	0.0742
37	0.0919	0.0344	0.2304	0.0884	0.0875	0.0327	0.2194	0.0842	0.0831	0.0311	0.2085	0.0799
38	0.0984	0.0379	0.2340	0.0910	0.0937	0.0361	0.2228	0.0866	0.0890	0.0343	0.2117	0.0823
39	0.1118	0.0422	0.2603	0.1010	0.1064	0.0402	0.2479	0.0962	0.1011	0.0382	0.2355	0.0914

续表

年龄	低方案				中方案				高方案			
	城镇男性	城镇女性	农村男性	农村女性	城镇男性	城镇女性	农村男性	农村女性	城镇男性	城镇女性	农村男性	农村女性
40	0.0994	0.0451	0.2853	0.1155	0.0947	0.0429	0.2717	0.1100	0.0899	0.0408	0.2582	0.1045
41	0.1164	0.0508	0.3048	0.1245	0.1108	0.0484	0.2903	0.1186	0.1053	0.0460	0.2758	0.1127
42	0.1287	0.0577	0.3209	0.1311	0.1226	0.0549	0.3056	0.1248	0.1164	0.0522	0.2903	0.1186
43	0.1443	0.0629	0.3310	0.1348	0.1374	0.0599	0.3153	0.1283	0.1305	0.0569	0.2995	0.1219
44	0.1610	0.0742	0.3756	0.1602	0.1533	0.0706	0.3577	0.1525	0.1457	0.0671	0.3398	0.1449
45	0.1522	0.0483	0.3377	0.1232	0.1449	0.0460	0.3217	0.1173	0.1377	0.0437	0.3056	0.1115
46	0.1674	0.0526	0.3450	0.1260	0.1595	0.0501	0.3285	0.1200	0.1515	0.0476	0.3121	0.1140
47	0.2051	0.0727	0.4034	0.1559	0.1953	0.0692	0.3842	0.1485	0.1856	0.0658	0.3650	0.1410
48	0.2185	0.0777	0.4110	0.1618	0.2081	0.0740	0.3914	0.1541	0.1977	0.0703	0.3718	0.1464
49	0.2671	0.0982	0.4657	0.1963	0.2544	0.0935	0.4435	0.1869	0.2417	0.0888	0.4214	0.1776
50	0.2655	0.1099	0.5306	0.2258	0.2529	0.1047	0.5054	0.2150	0.2402	0.0995	0.4801	0.2043
51	0.2714	0.1202	0.5345	0.2356	0.2585	0.1145	0.5090	0.2244	0.2455	0.1088	0.4836	0.2132
52	0.3138	0.1350	0.5912	0.2604	0.2988	0.1285	0.5631	0.2480	0.2839	0.1221	0.5349	0.2356
53	0.3414	0.1508	0.6169	0.2840	0.3252	0.1436	0.5876	0.2705	0.3089	0.1364	0.5582	0.2570
54	0.3794	0.1779	0.6893	0.3293	0.3613	0.1694	0.6564	0.3136	0.3432	0.1609	0.6236	0.2979
55	0.3952	0.1596	0.6978	0.2878	0.3763	0.1520	0.6646	0.2741	0.3575	0.1444	0.6313	0.2604
56	0.4345	0.1805	0.7491	0.3197	0.4138	0.1720	0.7135	0.3044	0.3932	0.1634	0.6778	0.2892
57	0.5001	0.2160	0.8211	0.3672	0.4763	0.2057	0.7820	0.3498	0.4524	0.1955	0.7429	0.3323
58	0.5502	0.2424	0.8858	0.4084	0.5240	0.2309	0.8436	0.3890	0.4978	0.2193	0.8014	0.3695
59	0.6370	0.2899	1.0213	0.5014	0.6067	0.2761	0.9726	0.4775	0.5763	0.2623	0.9240	0.4537
60	0.6930	0.3289	1.0558	0.4939	0.6600	0.3133	1.0055	0.4704	0.6270	0.2976	0.9552	0.4469
61	0.7145	0.3466	1.0654	0.5212	0.6805	0.3300	1.0147	0.4964	0.6464	0.3135	0.9640	0.4716
62	0.8518	0.4265	1.2386	0.6381	0.8112	0.4061	1.1796	0.6077	0.7707	0.3858	1.1206	0.5773
63	0.9407	0.4915	1.3652	0.7171	0.8959	0.4681	1.3002	0.6830	0.8511	0.4447	1.2352	0.6488
64	1.1278	0.6053	1.6544	0.9164	1.0741	0.5765	1.5756	0.8728	1.0204	0.5476	1.4969	0.8291
65	1.2031	0.5321	1.6586	0.6948	1.1458	0.5068	1.5796	0.6617	1.0885	0.4814	1.5007	0.6287
66	1.2594	0.5559	1.7673	0.7727	1.1995	0.5294	1.6831	0.7359	1.1395	0.5029	1.5990	0.6991
67	1.5332	0.7302	2.1640	1.0361	1.4602	0.6955	2.0610	0.9868	1.3872	0.6607	1.9579	0.9375
68	1.6625	0.8266	2.3417	1.1735	1.5833	0.7872	2.2301	1.1176	1.5041	0.7479	2.1186	1.0617
69	1.9513	0.9982	2.7648	1.4692	1.8583	0.9507	2.6331	1.3993	1.7654	0.9031	2.5015	1.3293
70	1.8311	0.8986	2.7029	1.3871	1.7439	0.8558	2.5742	1.3210	1.6567	0.8130	2.4455	1.2550

续表

年龄	低方案 城镇男性	低方案 城镇女性	低方案 农村男性	低方案 农村女性	中方案 城镇男性	中方案 城镇女性	中方案 农村男性	中方案 农村女性	高方案 城镇男性	高方案 城镇女性	高方案 农村男性	高方案 农村女性
71	1.9912	1.0405	2.9116	1.6015	1.8964	0.9909	2.7730	1.5252	1.8016	0.9414	2.6343	1.4490
72	2.3540	1.2809	3.4139	1.9455	2.2419	1.2199	3.2513	1.8528	2.1298	1.1589	3.0888	1.7602
73	2.6289	1.4936	3.7312	2.1940	2.5037	1.4225	3.5535	2.0896	2.3786	1.3513	3.3759	1.9851
74	3.0618	1.8146	4.3865	2.5973	2.9160	1.7282	4.1776	2.4737	2.7702	1.6418	3.9687	2.3500
75	2.6031	1.2216	3.6291	1.7984	2.4792	1.1635	3.4563	1.7128	2.3552	1.1053	3.2835	1.6271
76	2.8255	1.4632	3.7459	1.9451	2.6909	1.3935	3.5675	1.8524	2.5564	1.3238	3.3891	1.7598
77	3.4145	1.9502	4.6124	2.6174	3.2519	1.8573	4.3928	2.4927	3.0893	1.7645	4.1732	2.3681
78	4.1285	2.4945	5.5139	3.2507	3.9319	2.3757	5.2513	3.0959	3.7353	2.2569	4.9887	2.9411
79	4.6009	3.0053	6.3898	3.9674	4.3819	2.8622	6.0856	3.7785	4.1628	2.7191	5.7813	3.5896
80	4.2066	2.4042	5.7632	3.6068	4.0063	2.2897	5.4888	3.4351	3.8059	2.1752	5.2143	3.2633
81	4.7330	2.9290	6.3380	4.1374	4.5076	2.7895	6.0362	3.9404	4.2822	2.6501	5.7344	3.7434
82	5.5382	3.6354	7.4173	5.0506	5.2745	3.4623	7.0641	4.8101	5.0108	3.2892	6.7109	4.5696
83	6.2499	4.2454	8.1421	5.6186	5.9523	4.0432	7.7544	5.3510	5.6546	3.8410	7.3666	5.0835
84	7.2155	5.0955	9.1944	6.5318	6.8719	4.8528	8.7566	6.2207	6.5283	4.6102	8.3187	5.9097
85	5.9954	3.8292	7.9824	5.6693	5.7099	3.6468	7.6023	5.3994	5.4244	3.4645	7.2222	5.1294
86	7.0730	4.8810	9.2910	6.8048	6.7362	4.6486	8.8486	6.4807	6.3994	4.4162	8.4061	6.1567
87	7.7378	5.5651	9.8847	7.5237	7.3693	5.3001	9.4140	7.1654	7.0009	5.0351	8.9433	6.8071
88	8.9974	6.9379	11.3898	8.9132	8.5689	6.6075	10.8474	8.4888	8.1405	6.2771	10.3051	8.0643
89	10.4632	8.1216	13.4629	10.3850	9.9650	7.7349	12.8219	9.8904	9.4667	7.3481	12.1808	9.3959
90	9.0983	6.1110	12.4720	8.6027	8.6650	5.8200	11.8781	8.1930	8.2318	5.5290	11.2842	7.7834
91	9.2501	7.2088	12.7291	9.6395	8.8096	6.8655	12.1229	9.1805	8.3691	6.5222	11.5168	8.7215
92	10.5035	8.4094	14.3255	11.1949	10.0034	8.0089	13.6433	10.6618	9.5032	7.6085	12.9611	10.1287
93	10.1494	9.5683	14.7539	12.0477	9.6661	9.1127	14.0514	11.4740	9.1828	8.6571	13.3488	10.9003
94	10.8468	9.8670	14.6339	12.9893	10.3303	9.3972	13.9370	12.3707	9.8138	8.9273	13.2402	11.7522
95	13.9514	13.1236	16.9460	15.6509	13.2871	12.4987	16.1391	14.9057	12.6227	11.8738	15.3321	14.1604
96	12.9530	13.2439	16.2170	15.7663	12.3362	12.6133	15.4448	15.0155	11.7194	11.9826	14.6726	14.2647
97	10.1759	12.1790	14.5020	15.8671	9.6913	11.5990	13.8114	15.1115	9.2068	11.0191	13.1208	14.3559
98	8.8321	12.0154	14.8602	15.3861	8.4116	11.4433	14.1526	14.6534	7.9910	10.8711	13.4450	13.9207
99	10.9050	9.7895	13.2803	11.2225	10.3857	9.3234	12.6479	10.6881	9.8664	8.8572	12.0155	10.1537
100	100	100	100	100	100	100	100	100	100	100	100	100

附表22 2010年重庆分年龄、性别、城乡的死亡率情况

单位:%

年龄	低方案				中方案				高方案			
	城镇男性	城镇女性	农村男性	农村女性	城镇男性	城镇女性	农村男性	农村女性	城镇男性	城镇女性	农村男性	农村女性
0	0.2900	0.2142	0.5184	0.4934	0.2762	0.2040	0.4938	0.4699	0.2624	0.1938	0.4691	0.4464
1	0.0764	0.0685	0.1811	0.1497	0.0728	0.0653	0.1725	0.1425	0.0692	0.0620	0.1639	0.1354
2	0.0404	0.0350	0.1220	0.0892	0.0385	0.0333	0.1162	0.0850	0.0365	0.0316	0.1104	0.0807
3	0.0309	0.0231	0.0970	0.0642	0.0294	0.0220	0.0924	0.0612	0.0279	0.0209	0.0878	0.0581
4	0.0254	0.0188	0.0848	0.0528	0.0241	0.0179	0.0808	0.0503	0.0229	0.0170	0.0767	0.0478
5	0.0337	0.0280	0.0694	0.0569	0.0321	0.0267	0.0661	0.0542	0.0305	0.0253	0.0628	0.0515
6	0.0310	0.0255	0.0690	0.0506	0.0295	0.0243	0.0657	0.0482	0.0280	0.0231	0.0624	0.0458
7	0.0317	0.0245	0.0674	0.0459	0.0302	0.0233	0.0642	0.0437	0.0287	0.0222	0.0610	0.0415
8	0.0309	0.0239	0.0655	0.0452	0.0295	0.0228	0.0624	0.0430	0.0280	0.0217	0.0593	0.0409
9	0.0313	0.0235	0.0673	0.0442	0.0299	0.0224	0.0641	0.0421	0.0284	0.0213	0.0609	0.0400
10	0.0261	0.0124	0.0667	0.0321	0.0248	0.0119	0.0635	0.0305	0.0236	0.0113	0.0603	0.0290
11	0.0264	0.0127	0.0623	0.0303	0.0251	0.0121	0.0594	0.0289	0.0238	0.0115	0.0564	0.0275
12	0.0274	0.0125	0.0633	0.0284	0.0261	0.0119	0.0603	0.0270	0.0248	0.0113	0.0573	0.0257
13	0.0268	0.0112	0.0637	0.0297	0.0255	0.0107	0.0607	0.0282	0.0243	0.0102	0.0576	0.0268
14	0.0284	0.0120	0.0687	0.0288	0.0270	0.0114	0.0654	0.0275	0.0257	0.0108	0.0622	0.0261
15	0.0203	0.0122	0.0846	0.0530	0.0194	0.0116	0.0806	0.0505	0.0184	0.0110	0.0765	0.0479
16	0.0186	0.0115	0.0942	0.0558	0.0177	0.0109	0.0897	0.0531	0.0168	0.0104	0.0852	0.0505
17	0.0218	0.0128	0.1058	0.0601	0.0208	0.0122	0.1007	0.0573	0.0197	0.0115	0.0957	0.0544
18	0.0237	0.0132	0.1102	0.0612	0.0226	0.0126	0.1050	0.0583	0.0214	0.0119	0.0997	0.0553
19	0.0243	0.0119	0.1208	0.0613	0.0232	0.0113	0.1150	0.0584	0.0220	0.0107	0.1093	0.0555
20	0.0227	0.0093	0.1813	0.0741	0.0216	0.0089	0.1726	0.0706	0.0205	0.0084	0.1640	0.0670
21	0.0229	0.0105	0.1797	0.0722	0.0218	0.0100	0.1711	0.0688	0.0207	0.0095	0.1626	0.0654
22	0.0259	0.0128	0.1844	0.0741	0.0247	0.0122	0.1756	0.0706	0.0235	0.0116	0.1668	0.0671
23	0.0300	0.0139	0.1870	0.0756	0.0286	0.0133	0.1781	0.0720	0.0272	0.0126	0.1692	0.0684
24	0.0330	0.0147	0.1945	0.0786	0.0315	0.0140	0.1853	0.0748	0.0299	0.0133	0.1760	0.0711
25	0.0397	0.0201	0.2121	0.1074	0.0378	0.0192	0.2020	0.1022	0.0359	0.0182	0.1919	0.0971
26	0.0402	0.0211	0.2071	0.1058	0.0383	0.0201	0.1972	0.1008	0.0363	0.0191	0.1874	0.0957
27	0.0417	0.0230	0.2123	0.1111	0.0397	0.0219	0.2022	0.1058	0.0377	0.0208	0.1921	0.1005
28	0.0436	0.0238	0.2281	0.1112	0.0415	0.0227	0.2172	0.1059	0.0394	0.0215	0.2064	0.1006
29	0.0459	0.0243	0.2294	0.1166	0.0437	0.0231	0.2184	0.1110	0.0415	0.0220	0.2075	0.1055
30	0.0614	0.0256	0.3098	0.1365	0.0584	0.0244	0.2951	0.1300	0.0555	0.0231	0.2803	0.1235

附表：部分省(自治区、直辖市)人口死亡率情况

续表

年龄	低方案 城镇男性	低方案 城镇女性	低方案 农村男性	低方案 农村女性	中方案 城镇男性	中方案 城镇女性	中方案 农村男性	中方案 农村女性	高方案 城镇男性	高方案 城镇女性	高方案 农村男性	高方案 农村女性
31	0.0664	0.0275	0.3193	0.1394	0.0632	0.0262	0.3041	0.1328	0.0601	0.0249	0.2889	0.1262
32	0.0726	0.0292	0.3241	0.1384	0.0692	0.0278	0.3087	0.1318	0.0657	0.0264	0.2933	0.1252
33	0.0761	0.0301	0.3310	0.1411	0.0725	0.0287	0.3152	0.1344	0.0689	0.0273	0.2994	0.1277
34	0.0821	0.0356	0.3500	0.1569	0.0782	0.0339	0.3334	0.1495	0.0743	0.0322	0.3167	0.1420
35	0.0869	0.0369	0.3630	0.1621	0.0827	0.0351	0.3457	0.1544	0.0786	0.0333	0.3284	0.1467
36	0.0905	0.0405	0.3681	0.1671	0.0862	0.0386	0.3506	0.1592	0.0819	0.0367	0.3330	0.1512
37	0.1017	0.0452	0.3836	0.1734	0.0968	0.0430	0.3653	0.1652	0.0920	0.0409	0.3470	0.1569
38	0.1082	0.0487	0.3871	0.1760	0.1030	0.0464	0.3687	0.1676	0.0979	0.0441	0.3503	0.1593
39	0.1216	0.0531	0.4134	0.1861	0.1158	0.0505	0.3937	0.1772	0.1100	0.0480	0.3741	0.1684
40	0.1323	0.0638	0.4945	0.2202	0.1260	0.0607	0.4709	0.2098	0.1197	0.0577	0.4474	0.1993
41	0.1492	0.0695	0.5139	0.2293	0.1421	0.0662	0.4895	0.2184	0.1350	0.0629	0.4650	0.2075
42	0.1616	0.0764	0.5299	0.2358	0.1539	0.0727	0.5047	0.2246	0.1462	0.0691	0.4795	0.2134
43	0.1771	0.0816	0.5401	0.2395	0.1687	0.0777	0.5144	0.2281	0.1602	0.0739	0.4887	0.2167
44	0.1938	0.0928	0.5846	0.2649	0.1846	0.0884	0.5567	0.2523	0.1754	0.0840	0.5289	0.2397
45	0.1731	0.0857	0.6107	0.2585	0.1649	0.0816	0.5816	0.2462	0.1566	0.0776	0.5525	0.2339
46	0.1884	0.0900	0.6179	0.2614	0.1794	0.0857	0.5885	0.2489	0.1704	0.0814	0.5590	0.2365
47	0.2261	0.1101	0.6762	0.2912	0.2153	0.1048	0.6440	0.2773	0.2045	0.0996	0.6118	0.2635
48	0.2394	0.1151	0.6837	0.2971	0.2280	0.1096	0.6512	0.2829	0.2166	0.1042	0.6186	0.2688
49	0.2880	0.1356	0.7383	0.3315	0.2743	0.1291	0.7032	0.3157	0.2606	0.1226	0.6680	0.2999
50	0.4028	0.1586	0.9649	0.4461	0.3836	0.1510	0.9190	0.4248	0.3644	0.1435	0.8730	0.4036
51	0.4086	0.1689	0.9687	0.4559	0.3892	0.1608	0.9226	0.4342	0.3697	0.1528	0.8765	0.4125
52	0.4510	0.1836	1.0252	0.4806	0.4295	0.1748	0.9764	0.4577	0.4080	0.1661	0.9276	0.4349
53	0.4786	0.1994	1.0508	0.5042	0.4558	0.1899	1.0008	0.4802	0.4330	0.1804	0.9508	0.4561
54	0.5165	0.2265	1.1229	0.5494	0.4919	0.2157	1.0694	0.5232	0.4673	0.2049	1.0159	0.4970
55	0.4701	0.1956	0.9783	0.4953	0.4477	0.1863	0.9318	0.4717	0.4253	0.1770	0.8852	0.4481
56	0.5094	0.2165	1.0295	0.5271	0.4852	0.2062	0.9805	0.5020	0.4609	0.1959	0.9315	0.4769
57	0.5749	0.2520	1.1013	0.5745	0.5475	0.2400	1.0489	0.5472	0.5202	0.2280	0.9965	0.5198
58	0.6250	0.2784	1.1658	0.6157	0.5953	0.2651	1.1103	0.5864	0.5655	0.2519	1.0548	0.5570
59	0.7117	0.3259	1.3010	0.7084	0.6778	0.3104	1.2390	0.6747	0.6439	0.2948	1.1771	0.6410
60	0.7095	0.3277	1.2624	0.7392	0.6758	0.3121	1.2023	0.7040	0.6420	0.2964	1.1422	0.6688
61	0.7310	0.3453	1.2721	0.7664	0.6962	0.3288	1.2115	0.7299	0.6614	0.3124	1.1509	0.6934
62	0.8683	0.4252	1.4449	0.8830	0.8270	0.4049	1.3761	0.8409	0.7856	0.3847	1.3073	0.7989

续表

年龄	低方案 城镇男性	低方案 城镇女性	低方案 农村男性	低方案 农村女性	中方案 城镇男性	中方案 城镇女性	中方案 农村男性	中方案 农村女性	高方案 城镇男性	高方案 城镇女性	高方案 农村男性	高方案 农村女性
63	0.9572	0.4902	1.5712	0.9618	0.9116	0.4669	1.4964	0.9160	0.8660	0.4435	1.4216	0.8702
64	1.1443	0.6040	1.8599	1.1607	1.0898	0.5752	1.7713	1.1054	1.0353	0.5465	1.6828	1.0501
65	1.1131	0.5620	1.7577	1.2019	1.0601	0.5352	1.6740	1.1447	1.0071	0.5085	1.5903	1.0874
66	1.1694	0.5857	1.8663	1.2794	1.1138	0.5578	1.7774	1.2185	1.0581	0.5299	1.6885	1.1576
67	1.4435	0.7601	2.2626	1.5416	1.3747	0.7239	2.1548	1.4682	1.3060	0.6877	2.0471	1.3947
68	1.5728	0.8564	2.4401	1.6783	1.4979	0.8156	2.3239	1.5983	1.4230	0.7748	2.2077	1.5184
69	1.8619	1.0279	2.8628	1.9725	1.7732	0.9790	2.7264	1.8786	1.6846	0.9300	2.5901	1.7847
70	1.6787	1.0175	3.0669	2.1839	1.5987	0.9691	2.9208	2.0800	1.5188	0.9206	2.7748	1.9760
71	1.8390	1.1593	3.2749	2.3967	1.7514	1.1041	3.1189	2.2826	1.6638	1.0489	2.9630	2.1684
72	2.2023	1.3994	3.7754	2.7380	2.0974	1.3328	3.5956	2.6076	1.9925	1.2662	3.4158	2.4773
73	2.4776	1.6119	4.0915	2.9847	2.3597	1.5351	3.8967	2.8426	2.2417	1.4584	3.7019	2.7004
74	2.9111	1.9325	4.7445	3.3849	2.7725	1.8405	4.5186	3.2237	2.6339	1.7484	4.2926	3.0625
75	3.0103	1.7879	5.0619	3.7659	2.8670	1.7028	4.8208	3.5865	2.7236	1.6176	4.5798	3.4072
76	3.2318	2.0282	5.1770	3.9097	3.0779	1.9316	4.9305	3.7236	2.9240	1.8350	4.6839	3.5374
77	3.8185	2.5125	6.0313	4.5692	3.6367	2.3929	5.7441	4.3516	3.4548	2.2732	5.4569	4.1341
78	4.5296	3.0539	6.9200	5.1905	4.3139	2.9084	6.5905	4.9433	4.0982	2.7630	6.2609	4.6962
79	5.0002	3.5619	7.7836	5.8935	4.7621	3.3923	7.4129	5.6129	4.5240	3.2227	7.0423	5.3323
80	4.4841	3.1779	7.9582	6.4050	4.2706	3.0266	7.5792	6.1000	4.0570	2.8752	7.2003	5.7950
81	5.0090	3.6988	8.5202	6.9209	4.7705	3.5227	8.1145	6.5914	4.5320	3.3465	7.7088	6.2618
82	5.8121	4.3999	9.5757	7.8089	5.5353	4.1904	9.1197	7.4371	5.2585	3.9809	8.6637	7.0652
83	6.5217	5.0052	10.2844	8.3612	6.2112	4.7669	9.7947	7.9631	5.9006	4.5285	9.3050	7.5649
84	7.4847	5.8489	11.3135	9.2493	7.1283	5.5704	10.7747	8.8088	6.7718	5.2919	10.2360	8.3684
85	6.6776	5.2154	11.4566	9.8900	6.3597	4.9671	10.9110	9.4190	6.0417	4.7187	10.3655	8.9481
86	7.7478	6.2529	12.7183	10.9772	7.3789	5.9551	12.1127	10.4545	7.0099	5.6574	11.5071	9.9317
87	8.4080	6.9276	13.2908	11.6655	8.0077	6.5977	12.6579	11.1700	7.6073	6.2678	12.0250	10.5545
88	9.6590	8.2815	14.7420	12.9960	9.1990	7.8872	14.0400	12.3772	8.7391	7.4928	13.3380	11.7583
89	11.1147	9.4491	16.7409	14.4052	10.5854	8.9991	15.9437	13.7193	10.0562	8.5491	15.1465	13.0333
90	11.8540	9.9615	18.2620	16.1735	11.2895	9.4871	17.3923	15.4033	10.7251	9.0127	16.5227	14.6331
91	12.0015	11.0165	18.5029	17.1289	11.4300	10.4919	17.6218	16.3133	10.8585	9.9673	16.7408	15.4976
92	13.2189	12.1703	19.9994	18.5621	12.5894	11.5908	19.0471	17.6782	11.9600	11.0112	18.0947	16.7943
93	12.8750	13.2842	20.4011	19.3479	12.2619	12.6516	19.4296	18.4266	11.6488	12.0190	18.4581	17.5053
94	13.5523	13.5712	20.2885	20.2156	12.9070	12.9250	19.3224	19.2529	12.2616	12.2787	18.3563	18.2903

续表

年龄	低方案				中方案				高方案			
	城镇男性	城镇女性	农村男性	农村女性	城镇男性	城镇女性	农村男性	农村女性	城镇男性	城镇女性	农村男性	农村女性
95	16.5844	14.1794	24.8241	23.5705	15.7947	13.5042	23.6420	22.4481	15.0049	12.8290	22.4599	21.3257
96	15.6149	14.2983	24.1603	23.6757	14.8713	13.6174	23.0098	22.5482	14.1278	12.9365	21.8593	21.4208
97	12.9181	13.2456	22.5987	23.7675	12.3029	12.6148	21.5225	22.6357	11.6878	11.9841	20.4464	21.5039
98	11.6132	13.0839	22.9249	23.3291	11.0602	12.4609	21.8332	22.2182	10.5071	11.8378	20.7416	21.1073
99	13.6261	10.8836	21.4863	19.5346	12.9772	10.3653	20.4631	18.6044	12.3283	9.8470	19.4400	17.6741
100	100	100	100	100	100	100	100	100	100	100	100	100

附表23 2010年四川分年龄、性别、城乡的死亡率情况

单位:%

年龄	低方案				中方案				高方案			
	城镇男性	城镇女性	农村男性	农村女性	城镇男性	城镇女性	农村男性	农村女性	城镇男性	城镇女性	农村男性	农村女性
0	0.3304	0.2836	0.4351	0.4154	0.3147	0.2700	0.4144	0.3957	0.2990	0.2565	0.3937	0.3759
1	0.0804	0.0709	0.1993	0.1732	0.0765	0.0675	0.1898	0.1649	0.0727	0.0641	0.1803	0.1567
2	0.0443	0.0373	0.1402	0.1128	0.0422	0.0355	0.1335	0.1074	0.0401	0.0338	0.1268	0.1020
3	0.0348	0.0254	0.1152	0.0878	0.0332	0.0242	0.1097	0.0836	0.0315	0.0230	0.1043	0.0794
4	0.0293	0.0211	0.1030	0.0763	0.0279	0.0201	0.0981	0.0727	0.0265	0.0191	0.0932	0.0691
5	0.0274	0.0185	0.0740	0.0586	0.0261	0.0176	0.0704	0.0558	0.0248	0.0168	0.0669	0.0530
6	0.0247	0.0160	0.0735	0.0523	0.0235	0.0153	0.0700	0.0498	0.0223	0.0145	0.0665	0.0473
7	0.0254	0.0150	0.0720	0.0476	0.0242	0.0143	0.0686	0.0453	0.0230	0.0136	0.0652	0.0430
8	0.0247	0.0145	0.0701	0.0468	0.0235	0.0138	0.0668	0.0446	0.0223	0.0131	0.0634	0.0424
9	0.0250	0.0140	0.0719	0.0459	0.0239	0.0134	0.0685	0.0437	0.0227	0.0127	0.0650	0.0415
10	0.0230	0.0145	0.0736	0.0476	0.0219	0.0138	0.0701	0.0454	0.0208	0.0131	0.0666	0.0431
11	0.0232	0.0147	0.0692	0.0459	0.0221	0.0140	0.0659	0.0437	0.0210	0.0133	0.0626	0.0415
12	0.0243	0.0145	0.0702	0.0440	0.0231	0.0139	0.0669	0.0419	0.0220	0.0132	0.0635	0.0398
13	0.0237	0.0133	0.0706	0.0452	0.0226	0.0126	0.0673	0.0431	0.0214	0.0120	0.0639	0.0409
14	0.0253	0.0140	0.0756	0.0444	0.0241	0.0133	0.0720	0.0423	0.0229	0.0126	0.0684	0.0402
15	0.0196	0.0108	0.0885	0.0511	0.0186	0.0103	0.0843	0.0487	0.0177	0.0098	0.0800	0.0462
16	0.0178	0.0101	0.0980	0.0539	0.0170	0.0096	0.0934	0.0513	0.0161	0.0091	0.0887	0.0487
17	0.0210	0.0114	0.1096	0.0582	0.0200	0.0108	0.1044	0.0555	0.0190	0.0103	0.0992	0.0527
18	0.0229	0.0118	0.1141	0.0593	0.0218	0.0112	0.1087	0.0565	0.0207	0.0107	0.1032	0.0536
19	0.0236	0.0105	0.1247	0.0594	0.0225	0.0100	0.1187	0.0566	0.0213	0.0095	0.1128	0.0538

续表

年龄	低方案 城镇男性	低方案 城镇女性	低方案 农村男性	低方案 农村女性	中方案 城镇男性	中方案 城镇女性	中方案 农村男性	中方案 农村女性	高方案 城镇男性	高方案 城镇女性	高方案 农村男性	高方案 农村女性
20	0.0315	0.0134	0.1556	0.0773	0.0300	0.0128	0.1482	0.0736	0.0285	0.0121	0.1408	0.0700
21	0.0317	0.0145	0.1540	0.0755	0.0302	0.0138	0.1467	0.0719	0.0287	0.0131	0.1394	0.0683
22	0.0348	0.0169	0.1587	0.0773	0.0331	0.0161	0.1512	0.0737	0.0315	0.0153	0.1436	0.0700
23	0.0389	0.0180	0.1614	0.0788	0.0370	0.0171	0.1537	0.0751	0.0352	0.0163	0.1460	0.0713
24	0.0419	0.0188	0.1689	0.0818	0.0399	0.0179	0.1609	0.0779	0.0379	0.0170	0.1528	0.0740
25	0.0441	0.0181	0.1989	0.0970	0.0420	0.0173	0.1894	0.0923	0.0399	0.0164	0.1800	0.0877
26	0.0446	0.0192	0.1939	0.0954	0.0424	0.0183	0.1847	0.0909	0.0403	0.0173	0.1755	0.0863
27	0.0461	0.0210	0.1991	0.1007	0.0439	0.0200	0.1896	0.0959	0.0417	0.0190	0.1802	0.0911
28	0.0480	0.0218	0.2149	0.1008	0.0457	0.0208	0.2047	0.0960	0.0434	0.0197	0.1945	0.0912
29	0.0503	0.0223	0.2162	0.1062	0.0479	0.0213	0.2059	0.1011	0.0455	0.0202	0.1956	0.0960
30	0.0600	0.0280	0.2659	0.1317	0.0571	0.0266	0.2533	0.1255	0.0543	0.0253	0.2406	0.1192
31	0.0650	0.0299	0.2754	0.1347	0.0619	0.0285	0.2623	0.1283	0.0588	0.0271	0.2492	0.1218
32	0.0712	0.0316	0.2802	0.1336	0.0678	0.0301	0.2669	0.1273	0.0644	0.0286	0.2535	0.1209
33	0.0747	0.0325	0.2871	0.1363	0.0711	0.0310	0.2734	0.1298	0.0676	0.0294	0.2597	0.1233
34	0.0807	0.0380	0.3061	0.1522	0.0769	0.0362	0.2916	0.1449	0.0730	0.0344	0.2770	0.1377
35	0.0871	0.0381	0.3080	0.1466	0.0830	0.0363	0.2934	0.1396	0.0788	0.0345	0.2787	0.1326
36	0.0908	0.0418	0.3132	0.1516	0.0865	0.0398	0.2982	0.1443	0.0821	0.0378	0.2833	0.1371
37	0.1020	0.0464	0.3286	0.1579	0.0971	0.0442	0.3130	0.1504	0.0923	0.0420	0.2973	0.1428
38	0.1085	0.0499	0.3322	0.1605	0.1033	0.0476	0.3164	0.1528	0.0981	0.0452	0.3006	0.1452
39	0.1218	0.0543	0.3585	0.1705	0.1160	0.0517	0.3414	0.1624	0.1102	0.0491	0.3244	0.1543
40	0.1232	0.0562	0.3962	0.1906	0.1173	0.0535	0.3774	0.1816	0.1115	0.0508	0.3585	0.1725
41	0.1402	0.0620	0.4157	0.1997	0.1335	0.0590	0.3959	0.1902	0.1268	0.0561	0.3761	0.1807
42	0.1525	0.0688	0.4317	0.2062	0.1452	0.0655	0.4112	0.1964	0.1380	0.0623	0.3906	0.1866
43	0.1680	0.0741	0.4419	0.2099	0.1600	0.0705	0.4209	0.1999	0.1520	0.0670	0.3998	0.1899
44	0.1848	0.0853	0.4864	0.2353	0.1760	0.0812	0.4633	0.2241	0.1672	0.0771	0.4401	0.2129
45	0.1732	0.0794	0.5074	0.2385	0.1650	0.0756	0.4832	0.2271	0.1567	0.0718	0.4590	0.2158
46	0.1885	0.0837	0.5146	0.2413	0.1795	0.0797	0.4901	0.2298	0.1705	0.0757	0.4656	0.2183
47	0.2262	0.1037	0.5729	0.2712	0.2154	0.0988	0.5457	0.2582	0.2046	0.0939	0.5184	0.2453
48	0.2395	0.1088	0.5805	0.2770	0.2281	0.1036	0.5529	0.2638	0.2167	0.0985	0.5252	0.2506
49	0.2881	0.1292	0.6351	0.3115	0.2744	0.1231	0.6049	0.2966	0.2607	0.1169	0.5746	0.2818
50	0.3793	0.1745	0.8945	0.4610	0.3612	0.1662	0.8519	0.4390	0.3431	0.1579	0.8093	0.4171
51	0.3851	0.1848	0.8984	0.4708	0.3668	0.1760	0.8556	0.4484	0.3484	0.1672	0.8128	0.4260

续表

年龄	低方案 城镇男性	低方案 城镇女性	低方案 农村男性	低方案 农村女性	中方案 城镇男性	中方案 城镇女性	中方案 农村男性	中方案 农村女性	高方案 城镇男性	高方案 城镇女性	高方案 农村男性	高方案 农村女性
52	0.4274	0.1995	0.9549	0.4956	0.4071	0.1900	0.9094	0.4720	0.3867	0.1805	0.8640	0.4484
53	0.4551	0.2153	0.9805	0.5191	0.4334	0.2051	0.9339	0.4944	0.4117	0.1948	0.8872	0.4696
54	0.4930	0.2423	1.0526	0.5643	0.4695	0.2308	1.0025	0.5374	0.4460	0.2193	0.9524	0.5105
55	0.4830	0.2175	0.9808	0.5119	0.4600	0.2071	0.9341	0.4876	0.4370	0.1968	0.8874	0.4632
56	0.5224	0.2384	1.0320	0.5437	0.4975	0.2271	0.9829	0.5178	0.4726	0.2157	0.9337	0.4919
57	0.5878	0.2739	1.1038	0.5911	0.5598	0.2608	1.0513	0.5630	0.5319	0.2478	0.9987	0.5348
58	0.6380	0.3003	1.1683	0.6323	0.6076	0.2860	1.1127	0.6022	0.5772	0.2717	1.0570	0.5720
59	0.7247	0.3478	1.3034	0.7250	0.6901	0.3312	1.2414	0.6905	0.6556	0.3146	1.1793	0.6560
60	0.7181	0.3580	1.4013	0.8316	0.6840	0.3410	1.3345	0.7920	0.6498	0.3239	1.2678	0.7524
61	0.7396	0.3756	1.4109	0.8588	0.7044	0.3578	1.3437	0.8179	0.6692	0.3399	1.2766	0.7770
62	0.8769	0.4555	1.5835	0.9752	0.8351	0.4338	1.5081	0.9288	0.7934	0.4121	1.4327	0.8824
63	0.9658	0.5205	1.7097	1.0540	0.9198	0.4958	1.6282	1.0038	0.8738	0.4710	1.5468	0.9536
64	1.1529	0.6343	1.9980	1.2527	1.0980	0.6041	1.9028	1.1930	1.0431	0.5739	1.8077	1.1334
65	1.1014	0.6211	1.9670	1.2920	1.0489	0.5915	1.8733	1.2305	0.9965	0.5619	1.7797	1.1690
66	1.1577	0.6448	2.0753	1.3695	1.1026	0.6141	1.9765	1.3043	1.0475	0.5834	1.8777	1.2390
67	1.4318	0.8190	2.4709	1.6314	1.3636	0.7800	2.3532	1.5537	1.2954	0.7410	2.2355	1.4760
68	1.5612	0.9153	2.6480	1.7680	1.4868	0.8717	2.5219	1.6838	1.4125	0.8282	2.3958	1.5996
69	1.8503	1.0868	3.0698	2.0620	1.7621	1.0350	2.9236	1.9638	1.6740	0.9833	2.7775	1.8656
70	1.7752	1.1105	3.3274	2.3271	1.6906	1.0576	3.1689	2.2163	1.6061	1.0047	3.0105	2.1055
71	1.9353	1.2521	3.5349	2.5396	1.8431	1.1925	3.3665	2.4187	1.7510	1.1329	3.1982	2.2977
72	2.2983	1.4920	4.0341	2.8804	2.1889	1.4210	3.8420	2.7433	2.0794	1.3499	3.6499	2.6061
73	2.5734	1.7043	4.3495	3.1268	2.4509	1.6231	4.1423	2.9779	2.3283	1.5420	3.9352	2.8290
74	3.0065	2.0246	5.0007	3.5264	2.8633	1.9282	4.7626	3.3585	2.7202	1.8318	4.5245	3.1906
75	3.0765	1.9080	5.3301	3.8249	2.9300	1.8172	5.0763	3.6427	2.7835	1.7263	4.8225	3.4606
76	3.2978	2.1480	5.4450	3.9687	3.1408	2.0457	5.1857	3.7797	2.9837	1.9434	4.9264	3.5907
77	3.8841	2.6318	6.2970	4.6278	3.6992	2.5065	5.9971	4.4074	3.5142	2.3811	5.6973	4.1870
78	4.5948	3.1725	7.1833	5.2487	4.3760	3.0214	6.8412	4.9988	4.1572	2.8704	6.4992	4.7488
79	5.0651	3.6800	8.0446	5.9513	4.8239	3.5047	7.6615	5.6679	4.5827	3.3295	7.2784	5.3845
80	4.5539	3.5518	8.0881	6.2967	4.3370	3.3827	7.7029	5.9969	4.1202	3.2135	7.3178	5.6970
81	5.0785	4.0708	8.6493	6.8132	4.8366	3.8769	8.2375	6.4888	4.5948	3.6831	7.8256	6.1643
82	5.8810	4.7693	9.7034	7.7022	5.6009	4.5422	9.2413	7.3354	5.3209	4.3151	8.7793	6.9686
83	6.5901	5.3724	10.4112	8.2551	6.2763	5.1166	9.9154	7.8620	5.9625	4.8608	9.4196	7.4689

续表

年龄	低方案 城镇男性	低方案 城镇女性	低方案 农村男性	低方案 农村女性	中方案 城镇男性	中方案 城镇女性	中方案 农村男性	中方案 农村女性	高方案 城镇男性	高方案 城镇女性	高方案 农村男性	高方案 农村女性
84	7.5524	6.2130	11.4388	9.1441	7.1928	5.9171	10.8941	8.7086	6.8331	5.6213	10.3494	8.2732
85	7.2252	5.9093	11.5904	9.2624	6.8812	5.6279	11.0385	8.8213	6.5371	5.3465	10.4866	8.3803
86	8.2895	6.9395	12.8503	10.3567	7.8947	6.6091	12.2384	9.8636	7.5000	6.2786	11.6265	9.3704
87	8.9460	7.6095	13.4220	11.0496	8.5200	7.2472	12.7828	10.5235	8.0940	6.8848	12.1437	9.9973
88	10.1900	8.9541	14.8711	12.3889	9.7047	8.5277	14.1629	11.7990	9.2195	8.1013	13.4548	11.2090
89	11.6376	10.1135	16.8671	13.8074	11.0834	9.6319	16.0639	13.1499	10.5293	9.1503	15.2607	12.4924
90	12.2623	9.5910	17.8385	14.0931	11.6784	9.1343	16.9891	13.4220	11.0945	8.6776	16.1396	12.7509
91	12.4091	10.6501	18.0806	15.0709	11.8182	10.1430	17.2197	14.3532	11.2273	9.6358	16.3587	13.6356
92	13.6212	11.8085	19.5844	16.5377	12.9726	11.2462	18.6518	15.7502	12.3239	10.6839	17.7193	14.9627
93	13.2788	12.9267	19.9881	17.3419	12.6465	12.3111	19.0363	16.5161	12.0142	11.6956	18.0844	15.6903
94	13.9532	13.2148	19.8749	18.2298	13.2887	12.5856	18.9285	17.3617	12.6243	11.9563	17.9821	16.4937
95	14.8048	14.0906	21.3019	21.4713	14.0998	13.4196	20.2876	20.4489	13.3948	12.7487	19.2732	19.4264
96	13.8157	14.2097	20.6090	21.5792	13.1578	13.5330	19.6276	20.5516	12.4999	12.8564	18.6462	19.5240
97	11.0646	13.1559	18.9788	21.6734	10.5377	12.5294	18.0750	20.6413	10.0108	11.9029	17.1713	19.6093
98	9.7334	12.9941	19.3193	21.2237	9.2700	12.3753	18.3994	20.2131	8.8065	11.7566	17.4794	19.2024
99	11.7869	10.7916	17.8175	17.3313	11.2256	10.2777	16.9691	16.5060	10.6643	9.7638	16.1206	15.6807
100	100	100	100	100	100	100	100	100	100	100	100	100

附表 24 2010 年贵州分年龄、性别、城乡的死亡率情况

单位：%

年龄	低方案 城镇男性	低方案 城镇女性	低方案 农村男性	低方案 农村女性	中方案 城镇男性	中方案 城镇女性	中方案 农村男性	中方案 农村女性	高方案 城镇男性	高方案 城镇女性	高方案 农村男性	高方案 农村女性
0	0.6324	0.6890	1.8492	2.2670	0.6023	0.6562	1.7611	2.1591	0.5722	0.6234	1.6730	2.0511
1	0.0977	0.0802	0.2468	0.2133	0.0931	0.0764	0.2350	0.2031	0.0884	0.0726	0.2233	0.1930
2	0.0617	0.0467	0.1877	0.1529	0.0587	0.0444	0.1788	0.1456	0.0558	0.0422	0.1698	0.1383
3	0.0522	0.0348	0.1628	0.1279	0.0497	0.0331	0.1550	0.1218	0.0472	0.0315	0.1473	0.1157
4	0.0466	0.0305	0.1505	0.1165	0.0444	0.0290	0.1434	0.1109	0.0422	0.0276	0.1362	0.1054
5	0.0369	0.0270	0.0932	0.0703	0.0351	0.0258	0.0887	0.0670	0.0333	0.0245	0.0843	0.0636
6	0.0342	0.0246	0.0927	0.0640	0.0325	0.0234	0.0883	0.0609	0.0309	0.0222	0.0839	0.0579
7	0.0349	0.0235	0.0912	0.0593	0.0332	0.0224	0.0869	0.0564	0.0315	0.0213	0.0825	0.0536
8	0.0341	0.0230	0.0893	0.0585	0.0325	0.0219	0.0850	0.0558	0.0309	0.0208	0.0808	0.0530

续表

年龄	低方案 城镇男性	低方案 城镇女性	低方案 农村男性	低方案 农村女性	中方案 城镇男性	中方案 城镇女性	中方案 农村男性	中方案 农村女性	高方案 城镇男性	高方案 城镇女性	高方案 农村男性	高方案 农村女性
9	0.0345	0.0226	0.0911	0.0576	0.0329	0.0215	0.0867	0.0548	0.0312	0.0204	0.0824	0.0521
10	0.0325	0.0149	0.0767	0.0537	0.0310	0.0142	0.0730	0.0511	0.0294	0.0135	0.0694	0.0485
11	0.0328	0.0151	0.0724	0.0519	0.0312	0.0144	0.0689	0.0495	0.0296	0.0137	0.0655	0.0470
12	0.0338	0.0150	0.0734	0.0500	0.0322	0.0143	0.0699	0.0476	0.0306	0.0135	0.0664	0.0452
13	0.0332	0.0137	0.0738	0.0513	0.0316	0.0130	0.0702	0.0488	0.0301	0.0124	0.0667	0.0464
14	0.0348	0.0144	0.0787	0.0504	0.0331	0.0137	0.0750	0.0480	0.0315	0.0130	0.0712	0.0456
15	0.0502	0.0238	0.1386	0.0753	0.0478	0.0227	0.1320	0.0717	0.0454	0.0215	0.1254	0.0681
16	0.0484	0.0230	0.1482	0.0781	0.0461	0.0219	0.1412	0.0744	0.0438	0.0209	0.1341	0.0707
17	0.0516	0.0243	0.1598	0.0825	0.0492	0.0232	0.1522	0.0785	0.0467	0.0220	0.1446	0.0746
18	0.0535	0.0248	0.1642	0.0835	0.0510	0.0236	0.1564	0.0795	0.0484	0.0224	0.1486	0.0755
19	0.0542	0.0235	0.1748	0.0836	0.0516	0.0223	0.1665	0.0797	0.0490	0.0212	0.1582	0.0757
20	0.0685	0.0245	0.2702	0.1148	0.0652	0.0233	0.2573	0.1093	0.0620	0.0221	0.2445	0.1038
21	0.0687	0.0256	0.2686	0.1129	0.0654	0.0244	0.2558	0.1075	0.0621	0.0232	0.2430	0.1021
22	0.0718	0.0279	0.2733	0.1148	0.0683	0.0266	0.2603	0.1093	0.0649	0.0253	0.2473	0.1039
23	0.0759	0.0291	0.2759	0.1163	0.0723	0.0277	0.2628	0.1107	0.0686	0.0263	0.2496	0.1052
24	0.0789	0.0299	0.2834	0.1192	0.0751	0.0285	0.2700	0.1136	0.0713	0.0270	0.2565	0.1079
25	0.0817	0.0268	0.3115	0.1260	0.0778	0.0255	0.2967	0.1200	0.0739	0.0242	0.2818	0.1140
26	0.0821	0.0278	0.3065	0.1244	0.0782	0.0265	0.2919	0.1185	0.0743	0.0252	0.2773	0.1126
27	0.0837	0.0297	0.3117	0.1297	0.0797	0.0282	0.2969	0.1235	0.0757	0.0268	0.2820	0.1173
28	0.0856	0.0305	0.3275	0.1298	0.0815	0.0290	0.3119	0.1236	0.0774	0.0276	0.2963	0.1175
29	0.0878	0.0310	0.3288	0.1352	0.0837	0.0295	0.3131	0.1287	0.0795	0.0280	0.2975	0.1223
30	0.1052	0.0460	0.3687	0.1549	0.1002	0.0438	0.3511	0.1475	0.0952	0.0416	0.3336	0.1401
31	0.1102	0.0479	0.3782	0.1578	0.1050	0.0456	0.3602	0.1503	0.0997	0.0434	0.3422	0.1428
32	0.1164	0.0496	0.3830	0.1568	0.1109	0.0472	0.3647	0.1494	0.1053	0.0448	0.3465	0.1419
33	0.1199	0.0505	0.3898	0.1595	0.1142	0.0481	0.3712	0.1519	0.1085	0.0457	0.3527	0.1443
34	0.1259	0.0560	0.4089	0.1753	0.1199	0.0533	0.3894	0.1670	0.1139	0.0507	0.3699	0.1586
35	0.1318	0.0522	0.4448	0.1692	0.1255	0.0497	0.4236	0.1611	0.1192	0.0472	0.4024	0.1531
36	0.1354	0.0559	0.4499	0.1741	0.1290	0.0532	0.4285	0.1658	0.1225	0.0505	0.4071	0.1576
37	0.1466	0.0605	0.4654	0.1804	0.1396	0.0577	0.4432	0.1719	0.1326	0.0548	0.4211	0.1633
38	0.1531	0.0640	0.4690	0.1831	0.1458	0.0610	0.4466	0.1743	0.1385	0.0579	0.4243	0.1656
39	0.1665	0.0684	0.4952	0.1931	0.1585	0.0651	0.4716	0.1839	0.1506	0.0619	0.4481	0.1747

续表

年龄	低方案 城镇男性	低方案 城镇女性	低方案 农村男性	低方案 农村女性	中方案 城镇男性	中方案 城镇女性	中方案 农村男性	中方案 农村女性	高方案 城镇男性	高方案 城镇女性	高方案 农村男性	高方案 农村女性
40	0.1914	0.0790	0.5010	0.2208	0.1823	0.0753	0.4772	0.2103	0.1732	0.0715	0.4533	0.1998
41	0.2084	0.0848	0.5205	0.2299	0.1984	0.0808	0.4957	0.2189	0.1885	0.0767	0.4709	0.2080
42	0.2207	0.0917	0.5365	0.2364	0.2102	0.0873	0.5109	0.2252	0.1997	0.0829	0.4854	0.2139
43	0.2362	0.0969	0.5467	0.2401	0.2250	0.0923	0.5206	0.2287	0.2137	0.0877	0.4946	0.2172
44	0.2530	0.1081	0.5911	0.2655	0.2409	0.1030	0.5630	0.2528	0.2289	0.0978	0.5348	0.2402
45	0.2386	0.1098	0.5884	0.2448	0.2272	0.1046	0.5604	0.2331	0.2158	0.0993	0.5323	0.2215
46	0.2538	0.1141	0.5956	0.2476	0.2417	0.1086	0.5672	0.2358	0.2296	0.1032	0.5389	0.2240
47	0.2915	0.1341	0.6539	0.2774	0.2776	0.1278	0.6228	0.2642	0.2637	0.1214	0.5916	0.2510
48	0.3048	0.1392	0.6615	0.2833	0.2903	0.1326	0.6300	0.2698	0.2758	0.1259	0.5985	0.2563
49	0.3534	0.1596	0.7161	0.3178	0.3366	0.1520	0.6820	0.3026	0.3197	0.1444	0.6479	0.2875
50	0.4071	0.1949	0.8724	0.4087	0.3877	0.1856	0.8309	0.3893	0.3683	0.1764	0.7893	0.3698
51	0.4129	0.2052	0.8763	0.4186	0.3933	0.1954	0.8345	0.3986	0.3736	0.1857	0.7928	0.3787
52	0.4553	0.2199	0.9328	0.4433	0.4336	0.2094	0.8884	0.4222	0.4119	0.1990	0.8440	0.4011
53	0.4829	0.2357	0.9584	0.4668	0.4599	0.2245	0.9128	0.4446	0.4369	0.2133	0.8672	0.4224
54	0.5207	0.2628	1.0305	0.5121	0.4959	0.2503	0.9815	0.4877	0.4711	0.2377	0.9324	0.4633
55	0.5575	0.2594	0.9544	0.5036	0.5310	0.2471	0.9090	0.4796	0.5044	0.2347	0.8635	0.4556
56	0.5968	0.2803	1.0056	0.5353	0.5684	0.2670	0.9577	0.5098	0.5400	0.2536	0.9099	0.4843
57	0.6623	0.3158	1.0775	0.5828	0.6307	0.3007	1.0262	0.5550	0.5992	0.2857	0.9748	0.5273
58	0.7123	0.3421	1.1419	0.6239	0.6784	0.3258	1.0876	0.5942	0.6445	0.3096	1.0332	0.5645
59	0.7990	0.3896	1.2771	0.7167	0.7609	0.3711	1.2163	0.6825	0.7229	0.3525	1.1555	0.6484
60	0.8608	0.4202	1.4209	0.7986	0.8198	0.4002	1.3533	0.7606	0.7788	0.3802	1.2856	0.7226
61	0.8822	0.4378	1.4306	0.8258	0.8402	0.4170	1.3625	0.7865	0.7982	0.3961	1.2943	0.7472
62	1.0193	0.5176	1.6031	0.9423	0.9708	0.4930	1.5268	0.8975	0.9222	0.4683	1.4504	0.8526
63	1.1081	0.5826	1.7293	1.0211	1.0553	0.5549	1.6469	0.9725	1.0025	0.5271	1.5646	0.9239
64	1.2949	0.6963	2.0175	1.2199	1.2333	0.6632	1.9214	1.1618	1.1716	0.6300	1.8254	1.1037
65	1.3150	0.7339	2.0763	1.3377	1.2524	0.6990	1.9774	1.2740	1.1898	0.6640	1.8785	1.2103
66	1.3712	0.7576	2.1845	1.4151	1.3059	0.7216	2.0805	1.3478	1.2406	0.6855	1.9765	1.2804
67	1.6447	0.9317	2.5796	1.6769	1.5664	0.8873	2.4568	1.5971	1.4881	0.8430	2.3339	1.5172
68	1.7738	1.0279	2.7565	1.8135	1.6894	0.9789	2.6253	1.7271	1.6049	0.9300	2.4940	1.6407
69	2.0623	1.1991	3.1779	2.1073	1.9641	1.1420	3.0266	2.0070	1.8659	1.0849	2.8753	1.9066
70	2.2076	1.2667	3.5522	2.4755	2.1025	1.2063	3.3830	2.3576	1.9974	1.1460	3.2139	2.2397

续表

年龄	低方案 城镇男性	低方案 城镇女性	低方案 农村男性	低方案 农村女性	中方案 城镇男性	中方案 城镇女性	中方案 农村男性	中方案 农村女性	高方案 城镇男性	高方案 城镇女性	高方案 农村男性	高方案 农村女性
71	2.3671	1.4081	3.7592	2.6876	2.2544	1.3410	3.5802	2.5597	2.1417	1.2740	3.4012	2.4317
72	2.7286	1.6476	4.2573	3.0280	2.5986	1.5692	4.0546	2.8838	2.4687	1.4907	3.8519	2.7396
73	3.0025	1.8596	4.5720	3.2740	2.8595	1.7710	4.3543	3.1181	2.7166	1.6825	4.1366	2.9622
74	3.4338	2.1794	5.2218	3.6730	3.2703	2.0756	4.9732	3.4981	3.1068	1.9718	4.7245	3.3232
75	3.3862	2.1411	5.6220	4.1149	3.2249	2.0392	5.3543	3.9189	3.0637	1.9372	5.0866	3.7230
76	3.6068	2.3805	5.7365	4.2583	3.4351	2.2672	5.4633	4.0555	3.2633	2.1538	5.1901	3.8527
77	4.1914	2.8632	6.5860	4.9155	3.9918	2.7269	6.2724	4.6814	3.7922	2.5905	5.9588	4.4473
78	4.8999	3.4027	7.4697	5.5346	4.6665	3.2407	7.1140	5.2711	4.4332	3.0786	6.7583	5.0075
79	5.3687	3.9090	8.3285	6.2352	5.1131	3.7229	7.9319	5.9383	4.8574	3.5367	7.5353	5.6414
80	4.8608	3.7366	8.6540	6.7493	4.6293	3.5587	8.2419	6.4280	4.3979	3.3807	7.8298	6.1066
81	5.3838	4.2546	9.2120	7.2635	5.1274	4.0520	8.7733	6.9176	4.8710	3.8494	8.3347	6.5717
82	6.1838	4.9519	10.2599	8.1484	5.8893	4.7161	9.7713	7.7604	5.5949	4.4803	9.2828	7.3724
83	6.8908	5.5539	10.9635	8.6987	6.5627	5.2894	10.4414	8.2845	6.2346	5.0250	9.9194	7.8703
84	7.8501	6.3929	11.9852	9.5837	7.4763	6.0885	11.4145	9.1273	7.1025	5.7841	10.8437	8.6709
85	7.7907	6.5265	12.9462	10.1803	7.4197	6.2158	12.3297	9.6955	7.0487	5.9050	11.7132	9.2107
86	8.8487	7.5504	14.1879	11.2641	8.4274	7.1908	13.5122	10.7277	8.0060	6.8313	12.8366	10.1913
87	9.5015	8.2162	14.7512	11.9504	9.0490	7.8249	14.0488	11.3813	8.5966	7.4337	13.3463	10.8122
88	10.7382	9.5524	16.1793	13.2768	10.2269	9.0975	15.4088	12.6446	9.7155	8.6426	14.6384	12.0123
89	12.1775	10.7046	18.1464	14.6817	11.5976	10.1948	17.2822	13.9826	11.0177	9.6851	16.4181	13.2835
90	11.4761	9.8332	19.0631	15.3487	10.9297	9.3650	18.1553	14.6178	10.3832	8.8967	17.2475	13.8870
91	11.6242	10.8897	19.3018	16.3131	11.0707	10.3711	18.3827	15.5362	10.5172	9.8526	17.4635	14.7594
92	12.8466	12.0451	20.7845	17.7596	12.2348	11.4715	19.7947	16.9139	11.6231	10.8979	18.8050	16.0682
93	12.5013	13.1604	21.1824	18.5527	11.9060	12.5338	20.1737	17.6692	11.3107	11.9071	19.1651	16.7857
94	13.1813	13.4479	21.0709	19.4284	12.5537	12.8075	20.0675	18.5032	11.9260	12.1671	19.0641	17.5780
95	13.6680	13.3612	21.4545	20.1070	13.0171	12.7249	20.4328	19.1495	12.3663	12.0887	19.4112	18.1920
96	12.6665	13.4812	20.7628	20.2166	12.0633	12.8392	19.7741	19.2539	11.4601	12.1972	18.7854	18.2912
97	9.8807	12.4189	19.1355	20.3123	9.4102	11.8276	18.2243	19.3451	8.9397	11.2362	17.3131	18.3778
98	8.5327	12.2558	19.4755	19.8553	8.1264	11.6722	18.5481	18.9098	7.7201	11.0886	17.6207	17.9643
99	10.6120	10.0357	17.9764	15.8994	10.1067	9.5578	17.1204	15.1423	9.6014	9.0799	16.2644	14.3851
100	100	100	100	100	100	100	100	100	100	100	100	100

附表 25 2010 年云南分年龄、性别、城乡的死亡率情况

单位:%

年龄	低方案 城镇男性	低方案 城镇女性	低方案 农村男性	低方案 农村女性	中方案 城镇男性	中方案 城镇女性	中方案 农村男性	中方案 农村女性	高方案 城镇男性	高方案 城镇女性	高方案 农村男性	高方案 农村女性
0	0.9494	1.0565	1.7125	1.8930	0.9042	1.0062	1.6309	1.8029	0.8590	0.9559	1.5494	1.7128
1	0.1582	0.1496	0.3109	0.2920	0.1507	0.1425	0.2961	0.2781	0.1431	0.1354	0.2813	0.2642
2	0.1222	0.1161	0.2518	0.2317	0.1164	0.1105	0.2399	0.2206	0.1105	0.1050	0.2279	0.2096
3	0.1127	0.1042	0.2269	0.2067	0.1073	0.0992	0.2161	0.1968	0.1019	0.0943	0.2053	0.1870
4	0.1071	0.0999	0.2147	0.1953	0.1020	0.0951	0.2045	0.1860	0.0969	0.0904	0.1943	0.1767
5	0.0490	0.0247	0.0876	0.0638	0.0467	0.0235	0.0834	0.0608	0.0443	0.0223	0.0792	0.0578
6	0.0463	0.0222	0.0872	0.0575	0.0441	0.0211	0.0830	0.0548	0.0419	0.0201	0.0789	0.0520
7	0.0470	0.0212	0.0856	0.0528	0.0448	0.0202	0.0816	0.0503	0.0425	0.0191	0.0775	0.0478
8	0.0463	0.0206	0.0837	0.0521	0.0441	0.0196	0.0797	0.0496	0.0419	0.0187	0.0757	0.0471
9	0.0467	0.0202	0.0855	0.0511	0.0445	0.0192	0.0814	0.0487	0.0422	0.0183	0.0774	0.0462
10	0.0495	0.0283	0.0840	0.0525	0.0471	0.0269	0.0800	0.0500	0.0447	0.0256	0.0760	0.0475
11	0.0497	0.0285	0.0797	0.0508	0.0474	0.0272	0.0759	0.0484	0.0450	0.0258	0.0721	0.0459
12	0.0508	0.0284	0.0807	0.0488	0.0484	0.0270	0.0768	0.0465	0.0459	0.0257	0.0730	0.0442
13	0.0502	0.0271	0.0811	0.0501	0.0478	0.0258	0.0772	0.0477	0.0454	0.0245	0.0734	0.0453
14	0.0517	0.0278	0.0861	0.0493	0.0493	0.0265	0.0820	0.0469	0.0468	0.0252	0.0779	0.0446
15	0.0604	0.0256	0.1277	0.0675	0.0575	0.0244	0.1216	0.0643	0.0546	0.0232	0.1155	0.0611
16	0.0586	0.0249	0.1372	0.0703	0.0558	0.0237	0.1307	0.0669	0.0530	0.0225	0.1242	0.0636
17	0.0619	0.0262	0.1488	0.0746	0.0589	0.0249	0.1418	0.0711	0.0560	0.0237	0.1347	0.0675
18	0.0638	0.0266	0.1533	0.0757	0.0607	0.0253	0.1460	0.0721	0.0577	0.0240	0.1387	0.0685
19	0.0644	0.0253	0.1639	0.0758	0.0613	0.0241	0.1561	0.0722	0.0583	0.0229	0.1483	0.0686
20	0.0806	0.0322	0.1882	0.0899	0.0768	0.0307	0.1793	0.0856	0.0729	0.0291	0.1703	0.0814
21	0.0808	0.0333	0.1866	0.0881	0.0770	0.0317	0.1778	0.0839	0.0731	0.0302	0.1689	0.0797
22	0.0839	0.0357	0.1913	0.0899	0.0799	0.0340	0.1822	0.0857	0.0759	0.0323	0.1731	0.0814
23	0.0880	0.0368	0.1940	0.0914	0.0838	0.0350	0.1847	0.0871	0.0796	0.0333	0.1755	0.0827
24	0.0910	0.0376	0.2015	0.0944	0.0867	0.0358	0.1919	0.0899	0.0823	0.0340	0.1823	0.0854
25	0.1146	0.0407	0.2171	0.1063	0.1091	0.0387	0.2067	0.1012	0.1037	0.0368	0.1964	0.0962
26	0.1151	0.0417	0.2121	0.1047	0.1096	0.0397	0.2020	0.0998	0.1041	0.0377	0.1919	0.0948
27	0.1166	0.0435	0.2173	0.1100	0.1111	0.0415	0.2069	0.1047	0.1055	0.0394	0.1966	0.0995
28	0.1185	0.0443	0.2331	0.1101	0.1128	0.0422	0.2220	0.1049	0.1072	0.0401	0.2109	0.0996
29	0.1208	0.0449	0.2343	0.1155	0.1150	0.0427	0.2232	0.1100	0.1093	0.0406	0.2120	0.1045
30	0.1521	0.0593	0.2688	0.1296	0.1448	0.0565	0.2560	0.1234	0.1376	0.0537	0.2432	0.1173

附表：部分省（自治区、直辖市）人口死亡率情况

续表

年龄	低方案				中方案				高方案			
	城镇男性	城镇女性	农村男性	农村女性	城镇男性	城镇女性	农村男性	农村女性	城镇男性	城镇女性	农村男性	农村女性
31	0.1571	0.0613	0.2783	0.1326	0.1496	0.0584	0.2650	0.1263	0.1421	0.0554	0.2518	0.1199
32	0.1633	0.0629	0.2831	0.1315	0.1555	0.0599	0.2696	0.1253	0.1478	0.0569	0.2562	0.1190
33	0.1668	0.0639	0.2899	0.1342	0.1588	0.0609	0.2761	0.1278	0.1509	0.0578	0.2623	0.1214
34	0.1728	0.0694	0.3090	0.1501	0.1646	0.0661	0.2943	0.1429	0.1563	0.0628	0.2796	0.1358
35	0.2053	0.0761	0.3276	0.1427	0.1956	0.0725	0.3120	0.1359	0.1858	0.0688	0.2964	0.1291
36	0.2090	0.0798	0.3327	0.1476	0.1990	0.0760	0.3169	0.1406	0.1891	0.0722	0.3010	0.1336
37	0.2201	0.0844	0.3482	0.1539	0.2097	0.0804	0.3316	0.1466	0.1992	0.0764	0.3151	0.1393
38	0.2267	0.0879	0.3518	0.1565	0.2159	0.0837	0.3350	0.1491	0.2051	0.0796	0.3183	0.1416
39	0.2400	0.0923	0.3781	0.1666	0.2286	0.0879	0.3601	0.1587	0.2171	0.0835	0.3421	0.1507
40	0.2498	0.1128	0.4288	0.1848	0.2379	0.1074	0.4084	0.1760	0.2260	0.1021	0.3880	0.1672
41	0.2668	0.1186	0.4483	0.1939	0.2541	0.1129	0.4270	0.1846	0.2414	0.1073	0.4056	0.1754
42	0.2791	0.1254	0.4643	0.2004	0.2658	0.1194	0.4422	0.1909	0.2525	0.1135	0.4201	0.1813
43	0.2946	0.1307	0.4745	0.2041	0.2806	0.1244	0.4519	0.1944	0.2665	0.1182	0.4293	0.1846
44	0.3113	0.1419	0.5190	0.2295	0.2965	0.1351	0.4943	0.2185	0.2817	0.1284	0.4695	0.2076
45	0.3264	0.1741	0.5425	0.2527	0.3109	0.1658	0.5167	0.2407	0.2953	0.1575	0.4909	0.2287
46	0.3416	0.1783	0.5498	0.2556	0.3254	0.1699	0.5236	0.2434	0.3091	0.1614	0.4974	0.2312
47	0.3793	0.1984	0.6081	0.2854	0.3612	0.1890	0.5791	0.2718	0.3431	0.1795	0.5502	0.2582
48	0.3926	0.2035	0.6156	0.2913	0.3739	0.1938	0.5863	0.2774	0.3552	0.1841	0.5570	0.2635
49	0.4411	0.2239	0.6703	0.3257	0.4201	0.2132	0.6384	0.3102	0.3991	0.2026	0.6064	0.2947
50	0.5736	0.2828	0.8225	0.4470	0.5463	0.2693	0.7834	0.4257	0.5190	0.2559	0.7442	0.4044
51	0.5794	0.2931	0.8264	0.4568	0.5518	0.2791	0.7870	0.4351	0.5242	0.2652	0.7477	0.4133
52	0.6217	0.3078	0.8829	0.4816	0.5921	0.2931	0.8409	0.4587	0.5625	0.2785	0.7989	0.4357
53	0.6493	0.3236	0.9086	0.5051	0.6183	0.3082	0.8653	0.4811	0.5874	0.2928	0.8221	0.4570
54	0.6871	0.3506	0.9807	0.5503	0.6544	0.3339	0.9340	0.5241	0.6216	0.3172	0.8873	0.4979
55	0.7278	0.4204	1.0364	0.5675	0.6931	0.4004	0.9871	0.5405	0.6585	0.3804	0.9377	0.5135
56	0.7670	0.4413	1.0876	0.5992	0.7305	0.4203	1.0358	0.5707	0.6940	0.3993	0.9840	0.5422
57	0.8324	0.4767	1.1594	0.6467	0.7927	0.4540	1.1042	0.6159	0.7531	0.4313	1.0490	0.5851
58	0.8824	0.5030	1.2238	0.6878	0.8404	0.4790	1.1655	0.6550	0.7983	0.4551	1.1073	0.6223
59	0.9689	0.5504	1.3589	0.7805	0.9227	0.5242	1.2942	0.7433	0.8766	0.4980	1.2295	0.7062
60	1.2680	0.7025	1.6534	1.0312	1.2076	0.6690	1.5746	0.9821	1.1472	0.6356	1.4959	0.9330
61	1.2894	0.7200	1.6630	1.0583	1.2280	0.6857	1.5838	1.0079	1.1666	0.6514	1.5046	0.9575
62	1.4259	0.7996	1.8351	1.1746	1.3580	0.7616	1.7478	1.1186	1.2901	0.7235	1.6604	1.0627

续表

年龄	低方案 城镇男性	低方案 城镇女性	低方案 农村男性	低方案 农村女性	中方案 城镇男性	中方案 城镇女性	中方案 农村男性	中方案 农村女性	高方案 城镇男性	高方案 城镇女性	高方案 农村男性	高方案 农村女性
63	1.5143	0.8644	1.9610	1.2532	1.4422	0.8233	1.8676	1.1935	1.3701	0.7821	1.7743	1.1338
64	1.7004	0.9778	2.2486	1.4515	1.6195	0.9313	2.1415	1.3823	1.5385	0.8847	2.0345	1.3132
65	2.0025	1.2267	2.4120	1.5349	1.9071	1.1683	2.2971	1.4618	1.8118	1.1099	2.1822	1.3887
66	2.0583	1.2503	2.5198	1.6122	1.9603	1.1907	2.3998	1.5354	1.8623	1.1312	2.2799	1.4586
67	2.3300	1.4235	2.9137	1.8735	2.2191	1.3557	2.7749	1.7843	2.1081	1.2879	2.6362	1.6950
68	2.4583	1.5192	3.0900	2.0097	2.3412	1.4469	2.9429	1.9140	2.2242	1.3745	2.7957	1.8183
69	2.7449	1.6897	3.5100	2.3031	2.6141	1.6092	3.3429	2.1934	2.4834	1.5288	3.1757	2.0837
70	3.2577	2.1862	4.1624	2.8235	3.1026	2.0821	3.9642	2.6891	2.9475	1.9780	3.7660	2.5546
71	3.4156	2.3263	4.3682	3.0350	3.2529	2.2156	4.1602	2.8904	3.0903	2.1048	3.9522	2.7459
72	3.7734	2.5638	4.8633	3.3742	3.5937	2.4417	4.6317	3.2135	3.4140	2.3196	4.4001	3.0528
73	4.0445	2.7738	5.1761	3.6193	3.8519	2.6417	4.9296	3.4470	3.6593	2.5097	4.6831	3.2746
74	4.4714	3.0908	5.8220	4.0170	4.2585	2.9437	5.5448	3.8257	4.0455	2.7965	5.2675	3.6344
75	5.1693	3.4784	6.0457	4.3311	4.9231	3.3128	5.7578	4.1249	4.6770	3.1472	5.4699	3.9186
76	5.3860	3.7148	6.1597	4.4742	5.1296	3.5379	5.8664	4.2611	4.8731	3.3610	5.5731	4.0481
77	5.9603	4.1912	7.0056	5.1300	5.6765	3.9916	6.6720	4.8857	5.3927	3.7920	6.3384	4.6414
78	6.6564	4.7236	7.8856	5.7478	6.3394	4.4987	7.5101	5.4741	6.0224	4.2738	7.1346	5.2004
79	7.1170	5.2234	8.7407	6.4469	6.7781	4.9746	8.3244	6.1399	6.4392	4.7259	7.9082	5.8329
80	8.4336	6.2916	9.4213	7.2985	8.0320	5.9920	8.9727	6.9510	7.6304	5.6924	8.5240	6.6034
81	8.9379	6.7965	9.9749	7.8098	8.5123	6.4729	9.4999	7.4379	8.0867	6.1492	9.0249	7.0660
82	9.7094	7.4762	11.0144	8.6897	9.2470	7.1202	10.4899	8.2759	8.7847	6.7642	9.9654	7.8621
83	10.3912	8.0630	11.7125	9.2370	9.8964	7.6791	11.1547	8.7972	9.4015	7.2951	10.5970	8.3573
84	11.3163	8.8809	12.7260	10.1170	10.7774	8.4580	12.1200	9.6352	10.2385	8.0351	11.5140	9.1535
85	13.4719	10.2983	13.3530	10.7667	12.8303	9.8079	12.7172	10.2540	12.1888	9.3175	12.0813	9.7413
86	14.4681	11.2829	14.5892	11.8439	13.7791	10.7456	13.8945	11.2799	13.0902	10.2083	13.1998	10.7159
87	15.0827	11.9232	15.1501	12.5259	14.3645	11.3554	14.4286	11.9294	13.6462	10.7877	13.7072	11.3329
88	16.2472	13.2082	16.5718	13.8441	15.4735	12.5793	15.7827	13.1849	14.6998	11.9503	14.9936	12.5256
89	17.6023	14.3163	18.5302	15.2403	16.7641	13.6345	17.6478	14.5146	15.9259	12.9528	16.7654	13.7889
90	18.6097	15.7809	18.6667	15.3513	17.7235	15.0295	17.7778	14.6203	16.8373	14.2780	16.8889	13.8892
91	18.7465	16.7714	18.9065	16.3156	17.8538	15.9727	18.0062	15.5386	16.9611	15.1741	17.1059	14.7617
92	19.8756	17.8546	20.3960	17.7620	18.9291	17.0043	19.4248	16.9162	17.9827	16.1541	18.4535	16.0704
93	19.5566	18.9002	20.7958	18.5551	18.6254	18.0005	19.8055	17.6715	17.6941	17.1002	18.8153	16.7880
94	20.1848	19.1697	20.6838	19.4308	19.2237	18.2568	19.6988	18.5055	18.2625	17.3440	18.7139	17.5802

续表

年龄	低方案				中方案				高方案			
	城镇男性	城镇女性	农村男性	农村女性	城镇男性	城镇女性	农村男性	农村女性	城镇男性	城镇女性	农村男性	农村女性
95	21.7215	19.7996	21.4434	21.7752	20.6872	18.8568	20.4223	20.7383	19.6528	17.9139	19.4012	19.7013
96	20.8084	19.9112	20.7517	21.8826	19.8175	18.9630	19.7635	20.8406	18.8266	18.0149	18.7753	19.7986
97	18.2682	18.9236	19.1242	21.9765	17.3983	18.0225	18.2135	20.9300	16.5284	17.1213	17.3028	19.8835
98	17.0391	18.7719	19.4642	21.5285	16.2278	17.8780	18.5373	20.5033	15.4164	16.9841	17.6104	19.4781
99	18.9351	16.7078	17.9649	17.6502	18.0334	15.9122	17.1094	16.8098	17.1317	15.1166	16.2540	15.9693
100	100	100	100	100	100	100	100	100	100	100	100	100

附表26 2010年西藏分年龄、性别、城乡的死亡率情况

单位:%

年龄	低方案				中方案				高方案			
	城镇男性	城镇女性	农村男性	农村女性	城镇男性	城镇女性	农村男性	农村女性	城镇男性	城镇女性	农村男性	农村女性
0	1.3478	1.0500	1.4457	1.4917	1.2836	1.0000	1.3769	1.4207	1.2195	0.9500	1.3080	1.3497
1	0.2069	0.1941	0.3621	0.3641	0.1970	0.1849	0.3448	0.3468	0.1872	0.1756	0.3276	0.3294
2	0.1709	0.1606	0.3030	0.3038	0.1627	0.1529	0.2886	0.2893	0.1546	0.1453	0.2742	0.2748
3	0.1614	0.1487	0.2781	0.2788	0.1537	0.1416	0.2649	0.2656	0.1460	0.1346	0.2516	0.2523
4	0.1559	0.1444	0.2659	0.2674	0.1484	0.1375	0.2533	0.2547	0.1410	0.1306	0.2406	0.2420
5	0.0838	0.0713	0.0929	0.1188	0.0798	0.0679	0.0885	0.1132	0.0758	0.0645	0.0841	0.1075
6	0.0811	0.0688	0.0925	0.1125	0.0772	0.0655	0.0881	0.1072	0.0734	0.0622	0.0837	0.1018
7	0.0818	0.0678	0.0910	0.1078	0.0779	0.0645	0.0866	0.1027	0.0740	0.0613	0.0823	0.0975
8	0.0810	0.0672	0.0891	0.1071	0.0772	0.0640	0.0848	0.1020	0.0733	0.0608	0.0806	0.0969
9	0.0814	0.0668	0.0908	0.1061	0.0776	0.0636	0.0865	0.1011	0.0737	0.0604	0.0822	0.0960
10	0.0531	0.0548	0.1071	0.0945	0.0506	0.0522	0.1020	0.0900	0.0480	0.0496	0.0969	0.0855
11	0.0534	0.0550	0.1028	0.0928	0.0508	0.0524	0.0979	0.0884	0.0483	0.0498	0.0930	0.0840
12	0.0544	0.0549	0.1038	0.0909	0.0518	0.0523	0.0988	0.0865	0.0492	0.0497	0.0939	0.0822
13	0.0538	0.0536	0.1042	0.0921	0.0513	0.0510	0.0992	0.0878	0.0487	0.0485	0.0943	0.0834
14	0.0554	0.0543	0.1092	0.0913	0.0527	0.0517	0.1040	0.0870	0.0501	0.0491	0.0988	0.0826
15	0.0619	0.0752	0.0977	0.0929	0.0589	0.0716	0.0930	0.0885	0.0560	0.0680	0.0884	0.0840
16	0.0601	0.0744	0.1072	0.0957	0.0573	0.0709	0.1021	0.0911	0.0544	0.0674	0.0970	0.0866
17	0.0634	0.0757	0.1188	0.1000	0.0603	0.0721	0.1132	0.0953	0.0573	0.0685	0.1075	0.0905
18	0.0652	0.0762	0.1233	0.1011	0.0621	0.0725	0.1174	0.0962	0.0590	0.0689	0.1115	0.0914
19	0.0659	0.0749	0.1339	0.1012	0.0628	0.0713	0.1275	0.0964	0.0596	0.0677	0.1211	0.0916

续表

年龄	低方案				中方案				高方案			
	城镇男性	城镇女性	农村男性	农村女性	城镇男性	城镇女性	农村男性	农村女性	城镇男性	城镇女性	农村男性	农村女性
20	0.0628	0.0568	0.1591	0.1646	0.0598	0.0541	0.1515	0.1567	0.0568	0.0514	0.1439	0.1489
21	0.0630	0.0580	0.1575	0.1627	0.0600	0.0552	0.1500	0.1549	0.0570	0.0525	0.1425	0.1472
22	0.0660	0.0603	0.1622	0.1646	0.0629	0.0574	0.1544	0.1567	0.0598	0.0546	0.1467	0.1489
23	0.0701	0.0614	0.1648	0.1661	0.0668	0.0585	0.1569	0.1582	0.0635	0.0556	0.1491	0.1503
24	0.0731	0.0623	0.1723	0.1690	0.0697	0.0593	0.1641	0.1610	0.0662	0.0563	0.1559	0.1529
25	0.0894	0.0526	0.1834	0.1666	0.0852	0.0501	0.1747	0.1587	0.0809	0.0476	0.1659	0.1507
26	0.0899	0.0537	0.1784	0.1651	0.0856	0.0511	0.1699	0.1572	0.0813	0.0486	0.1614	0.1494
27	0.0914	0.0555	0.1836	0.1703	0.0871	0.0529	0.1749	0.1622	0.0827	0.0502	0.1661	0.1541
28	0.0933	0.0563	0.1994	0.1705	0.0889	0.0536	0.1899	0.1623	0.0844	0.0509	0.1804	0.1542
29	0.0956	0.0568	0.2007	0.1758	0.0910	0.0541	0.1911	0.1674	0.0865	0.0514	0.1816	0.1591
30	0.0956	0.0917	0.2294	0.2114	0.0911	0.0873	0.2184	0.2014	0.0865	0.0829	0.2075	0.1913
31	0.1007	0.0936	0.2388	0.2144	0.0959	0.0892	0.2275	0.2042	0.0911	0.0847	0.2161	0.1940
32	0.1069	0.0953	0.2437	0.2134	0.1018	0.0907	0.2321	0.2032	0.0967	0.0862	0.2205	0.1930
33	0.1104	0.0962	0.2505	0.2160	0.1051	0.0917	0.2386	0.2057	0.0998	0.0871	0.2266	0.1954
34	0.1164	0.1017	0.2696	0.2319	0.1108	0.0969	0.2567	0.2208	0.1053	0.0920	0.2439	0.2098
35	0.1200	0.1090	0.3059	0.2768	0.1143	0.1038	0.2913	0.2636	0.1086	0.0986	0.2768	0.2504
36	0.1237	0.1127	0.3110	0.2817	0.1178	0.1073	0.2962	0.2683	0.1119	0.1020	0.2814	0.2549
37	0.1349	0.1174	0.3265	0.2880	0.1284	0.1118	0.3110	0.2743	0.1220	0.1062	0.2954	0.2606
38	0.1414	0.1209	0.3301	0.2906	0.1346	0.1151	0.3144	0.2768	0.1279	0.1093	0.2986	0.2629
39	0.1547	0.1252	0.3564	0.3007	0.1473	0.1193	0.3394	0.2863	0.1400	0.1133	0.3224	0.2720
40	0.1219	0.1106	0.4197	0.3458	0.1161	0.1053	0.3997	0.3293	0.1103	0.1000	0.3797	0.3129
41	0.1388	0.1164	0.4391	0.3548	0.1322	0.1108	0.4182	0.3380	0.1256	0.1053	0.3973	0.3211
42	0.1511	0.1232	0.4551	0.3614	0.1440	0.1173	0.4335	0.3442	0.1368	0.1115	0.4118	0.3270
43	0.1667	0.1284	0.4653	0.3650	0.1588	0.1223	0.4432	0.3477	0.1508	0.1162	0.4210	0.3303
44	0.1834	0.1396	0.5098	0.3904	0.1747	0.1330	0.4855	0.3718	0.1660	0.1263	0.4613	0.3532
45	0.3424	0.2467	0.6451	0.4658	0.3261	0.2349	0.6144	0.4436	0.3098	0.2232	0.5837	0.4214
46	0.3577	0.2509	0.6523	0.4686	0.3406	0.2390	0.6213	0.4463	0.3236	0.2270	0.5902	0.4240
47	0.3953	0.2710	0.7106	0.4984	0.3765	0.2581	0.6768	0.4746	0.3576	0.2452	0.6429	0.4509
48	0.4086	0.2761	0.7181	0.5042	0.3892	0.2629	0.6839	0.4802	0.3697	0.2498	0.6497	0.4562
49	0.4571	0.2965	0.7727	0.5386	0.4354	0.2823	0.7359	0.5130	0.4136	0.2682	0.6991	0.4873
50	0.4308	0.3218	0.9781	0.6583	0.4103	0.3065	0.9315	0.6270	0.3898	0.2912	0.8849	0.5956
51	0.4367	0.3321	0.9819	0.6681	0.4159	0.3163	0.9352	0.6363	0.3951	0.3005	0.8884	0.6045

附表：部分省（自治区、直辖市）人口死亡率情况　345

续表

年龄	低方案 城镇男性	低方案 城镇女性	低方案 农村男性	低方案 农村女性	中方案 城镇男性	中方案 城镇女性	中方案 农村男性	中方案 农村女性	高方案 城镇男性	高方案 城镇女性	高方案 农村男性	高方案 农村女性
52	0.4790	0.3468	1.0384	0.6928	0.4562	0.3303	0.9890	0.6598	0.4334	0.3138	0.9395	0.6268
53	0.5066	0.3626	1.0640	0.7163	0.4825	0.3453	1.0134	0.6822	0.4584	0.3281	0.9627	0.6481
54	0.5445	0.3896	1.1360	0.7614	0.5186	0.3711	1.0819	0.7251	0.4926	0.3525	1.0278	0.6889
55	0.7791	0.6466	1.4377	1.0019	0.7420	0.6158	1.3692	0.9542	0.7049	0.5850	1.3008	0.9065
56	0.8183	0.6674	1.4887	1.0335	0.7793	0.6357	1.4178	0.9843	0.7404	0.6039	1.3469	0.9351
57	0.8836	0.7028	1.5602	1.0807	0.8415	0.6693	1.4859	1.0293	0.7994	0.6358	1.4116	0.9778
58	0.9336	0.7290	1.6243	1.1217	0.8891	0.6943	1.5470	1.0682	0.8447	0.6596	1.4696	1.0148
59	1.0200	0.7763	1.7589	1.2140	0.9714	0.7394	1.6751	1.1562	0.9229	0.7024	1.5914	1.0984
60	1.5959	1.3656	2.2872	1.6264	1.5199	1.3005	2.1783	1.5490	1.4439	1.2355	2.0694	1.4715
61	1.6172	1.3830	2.2968	1.6534	1.5402	1.3171	2.1874	1.5747	1.4632	1.2513	2.0780	1.4960
62	1.7533	1.4621	2.4678	1.7690	1.6698	1.3925	2.3503	1.6848	1.5863	1.3229	2.2328	1.6005
63	1.8414	1.5265	2.5929	1.8472	1.7537	1.4538	2.4695	1.7592	1.6660	1.3811	2.3460	1.6713
64	2.0270	1.6392	2.8788	2.0443	1.9304	1.5611	2.7417	1.9470	1.8339	1.4831	2.6046	1.8496
65	2.2196	1.4851	3.0486	2.2301	2.1139	1.4144	2.9034	2.1239	2.0082	1.3437	2.7582	2.0177
66	2.2754	1.5087	3.1558	2.3068	2.1670	1.4368	3.0055	2.1970	2.0587	1.3650	2.8552	2.0871
67	2.5465	1.6815	3.5471	2.5664	2.4252	1.6014	3.3782	2.4441	2.3040	1.5213	3.2093	2.3219
68	2.6745	1.7769	3.7224	2.7017	2.5471	1.6923	3.5451	2.5730	2.4198	1.6077	3.3679	2.4444
69	2.9604	1.9470	4.1398	2.9930	2.8195	1.8543	3.9427	2.8505	2.6785	1.7616	3.7455	2.7080
70	3.7869	2.5597	4.5165	3.3834	3.6066	2.4378	4.3014	3.2223	3.4263	2.3159	4.0863	3.0612
71	3.9440	2.6993	4.7215	3.5937	3.7562	2.5708	4.4967	3.4226	3.5683	2.4422	4.2718	3.2514
72	4.2999	2.9359	5.2149	3.9310	4.0951	2.7961	4.9666	3.7439	3.8904	2.6563	4.7182	3.5567
73	4.5696	3.1452	5.5266	4.1748	4.3520	2.9954	5.2634	3.9760	4.1344	2.8457	5.0002	3.7772
74	4.9943	3.4611	6.1702	4.5704	4.7564	3.2963	5.8764	4.3527	4.5186	3.1314	5.5826	4.1351
75	5.4232	3.1890	5.2067	4.1620	5.1650	3.0371	4.9587	3.9638	4.9067	2.8853	4.7108	3.7656
76	5.6394	3.4260	5.3216	4.3053	5.3709	3.2628	5.0682	4.1003	5.1023	3.0997	4.8148	3.8953
77	6.2123	3.9038	6.1747	4.9622	5.9164	3.7179	5.8807	4.7259	5.6206	3.5320	5.5866	4.4896
78	6.9065	4.4378	7.0621	5.5810	6.5777	4.2264	6.7258	5.3153	6.2488	4.0151	6.3895	5.0495
79	7.3660	4.9389	7.9244	6.2813	7.0152	4.7037	7.5471	5.9822	6.6645	4.4685	7.1697	5.6831
80	6.3902	4.0616	7.6601	5.4876	6.0859	3.8682	7.2954	5.2262	5.7816	3.6748	6.9306	4.9649
81	6.9052	4.5780	8.2239	6.0083	6.5764	4.3600	7.8323	5.7222	6.2476	4.1420	7.4407	5.4361
82	7.6930	5.2730	9.2826	6.9046	7.3267	5.0219	8.8406	6.5758	6.9604	4.7708	8.3986	6.2470
83	8.3892	5.8731	9.9935	7.4620	7.9898	5.5934	9.5176	7.1067	7.5903	5.3137	9.0418	6.7513

续表

年龄	低方案 城镇男性	低方案 城镇女性	低方案 农村男性	低方案 农村女性	中方案 城镇男性	中方案 城镇女性	中方案 农村男性	中方案 农村女性	高方案 城镇男性	高方案 城镇女性	高方案 农村男性	高方案 农村女性
84	9.3339	6.7094	11.0257	8.3583	8.8894	6.3899	10.5007	7.9603	8.4450	6.0704	9.9757	7.5623
85	7.1307	4.6180	9.1976	5.8740	6.7911	4.3981	8.7596	5.5943	6.4515	4.1782	8.3216	5.3145
86	8.1959	5.6617	10.4898	7.0070	7.8056	5.3921	9.9903	6.6734	7.4153	5.1225	9.4908	6.3397
87	8.8531	6.3404	11.0761	7.7245	8.4315	6.0385	10.5487	7.3566	8.0099	5.7366	10.0212	6.9888
88	10.0982	7.7025	12.5623	9.1111	9.6174	7.3357	11.9641	8.6773	9.1365	6.9689	11.3659	8.2434
89	11.5473	8.8770	14.6095	10.5799	10.9974	8.4543	13.9138	10.0761	10.4475	8.0316	13.2181	9.5723
90	6.3209	5.3612	10.7713	7.2269	6.0199	5.1059	10.2584	6.8827	5.7189	4.8506	9.7454	6.5386
91	6.4772	6.4673	11.0331	8.2785	6.1687	6.1593	10.5077	7.8843	5.8603	5.8514	9.9823	7.4901
92	7.7669	7.6770	12.6588	9.8561	7.3970	7.3114	12.0560	9.3868	7.0272	6.9458	11.4532	8.9174
93	7.4025	8.8447	13.0951	10.7210	7.0500	8.4236	12.4716	10.2105	6.6975	8.0024	11.8480	9.7000
94	8.1201	9.1457	12.9728	11.6761	7.7334	8.7102	12.3551	11.1201	7.3468	8.2747	11.7373	10.5641
95	0.0000	2.1015	10.9318	9.0530	0.0000	2.0014	10.4112	8.6219	0.0000	1.9013	9.8907	8.1908
96	0.0000	2.1015	10.1530	9.1768	0.0000	2.0014	9.6695	8.7399	0.0000	1.9013	9.1860	8.3029
97	0.0000	2.1015	8.3208	9.2851	0.0000	2.0014	7.9246	8.8429	0.0000	1.9013	7.5283	8.4008
98	0.0000	2.1015	8.7035	8.7686	0.0000	2.0014	8.2891	8.3510	0.0000	1.9013	7.8746	7.9335
99	0.0000	2.1015	7.0157	4.2975	0.0000	2.0014	6.6816	4.0928	0.0000	1.9013	6.3475	3.8882
100	100	100	100	100	100	100	100	100	100	100	100	100

附表27 2010年陕西分年龄、性别、城乡的死亡率情况

单位:%

年龄	低方案 城镇男性	低方案 城镇女性	低方案 农村男性	低方案 农村女性	中方案 城镇男性	中方案 城镇女性	中方案 农村男性	中方案 农村女性	高方案 城镇男性	高方案 城镇女性	高方案 农村男性	高方案 农村女性
0	0.1279	0.1421	0.2760	0.2542	0.1218	0.1353	0.2629	0.2421	0.1157	0.1286	0.2497	0.2300
1	0.0587	0.0549	0.1505	0.1370	0.0559	0.0523	0.1434	0.1305	0.0531	0.0497	0.1362	0.1240
2	0.0226	0.0213	0.0914	0.0766	0.0215	0.0203	0.0870	0.0729	0.0205	0.0193	0.0827	0.0693
3	0.0131	0.0095	0.0664	0.0516	0.0125	0.0090	0.0633	0.0491	0.0118	0.0086	0.0601	0.0466
4	0.0076	0.0051	0.0542	0.0401	0.0072	0.0049	0.0516	0.0382	0.0068	0.0046	0.0490	0.0363
5	0.0158	0.0153	0.0421	0.0402	0.0151	0.0146	0.0401	0.0383	0.0143	0.0139	0.0380	0.0363
6	0.0131	0.0129	0.0416	0.0339	0.0125	0.0122	0.0396	0.0323	0.0119	0.0116	0.0377	0.0306
7	0.0138	0.0118	0.0401	0.0291	0.0132	0.0113	0.0382	0.0277	0.0125	0.0107	0.0363	0.0264
8	0.0131	0.0113	0.0382	0.0284	0.0125	0.0108	0.0364	0.0271	0.0118	0.0102	0.0345	0.0257

续表

年龄	低方案 城镇男性	低方案 城镇女性	低方案 农村男性	低方案 农村女性	中方案 城镇男性	中方案 城镇女性	中方案 农村男性	中方案 农村女性	高方案 城镇男性	高方案 城镇女性	高方案 农村男性	高方案 农村女性
9	0.0135	0.0109	0.0400	0.0274	0.0128	0.0103	0.0381	0.0261	0.0122	0.0098	0.0362	0.0248
10	0.0163	0.0113	0.0467	0.0377	0.0155	0.0107	0.0445	0.0359	0.0147	0.0102	0.0423	0.0341
11	0.0166	0.0115	0.0424	0.0360	0.0158	0.0110	0.0404	0.0343	0.0150	0.0104	0.0383	0.0326
12	0.0176	0.0113	0.0434	0.0340	0.0168	0.0108	0.0413	0.0324	0.0159	0.0103	0.0392	0.0308
13	0.0170	0.0101	0.0438	0.0353	0.0162	0.0096	0.0417	0.0336	0.0154	0.0091	0.0396	0.0320
14	0.0186	0.0108	0.0488	0.0345	0.0177	0.0103	0.0464	0.0329	0.0168	0.0097	0.0441	0.0312
15	0.0219	0.0104	0.0679	0.0317	0.0208	0.0099	0.0647	0.0302	0.0198	0.0094	0.0614	0.0287
16	0.0201	0.0097	0.0775	0.0345	0.0192	0.0092	0.0738	0.0329	0.0182	0.0087	0.0701	0.0312
17	0.0234	0.0110	0.0891	0.0389	0.0222	0.0104	0.0848	0.0370	0.0211	0.0099	0.0806	0.0352
18	0.0252	0.0114	0.0935	0.0399	0.0240	0.0108	0.0891	0.0380	0.0228	0.0103	0.0846	0.0361
19	0.0259	0.0101	0.1041	0.0400	0.0247	0.0096	0.0992	0.0381	0.0234	0.0091	0.0942	0.0362
20	0.0270	0.0117	0.1160	0.0470	0.0257	0.0111	0.1105	0.0448	0.0244	0.0106	0.1050	0.0425
21	0.0272	0.0128	0.1144	0.0451	0.0259	0.0122	0.1090	0.0430	0.0246	0.0116	0.1035	0.0408
22	0.0303	0.0152	0.1191	0.0470	0.0288	0.0144	0.1134	0.0448	0.0274	0.0137	0.1078	0.0425
23	0.0344	0.0163	0.1217	0.0485	0.0327	0.0155	0.1159	0.0462	0.0311	0.0147	0.1101	0.0439
24	0.0374	0.0171	0.1293	0.0515	0.0356	0.0163	0.1231	0.0490	0.0338	0.0155	0.1170	0.0466
25	0.0423	0.0160	0.1516	0.0578	0.0402	0.0152	0.1444	0.0551	0.0382	0.0145	0.1371	0.0523
26	0.0427	0.0170	0.1466	0.0563	0.0407	0.0162	0.1396	0.0536	0.0387	0.0154	0.1326	0.0509
27	0.0443	0.0189	0.1518	0.0615	0.0422	0.0180	0.1446	0.0586	0.0400	0.0171	0.1374	0.0557
28	0.0461	0.0197	0.1676	0.0617	0.0439	0.0187	0.1596	0.0587	0.0417	0.0178	0.1516	0.0558
29	0.0484	0.0202	0.1689	0.0670	0.0461	0.0192	0.1608	0.0638	0.0438	0.0183	0.1528	0.0606
30	0.0456	0.0193	0.1898	0.0839	0.0434	0.0184	0.1807	0.0799	0.0412	0.0175	0.1717	0.0759
31	0.0506	0.0212	0.1993	0.0868	0.0482	0.0202	0.1898	0.0827	0.0458	0.0192	0.1803	0.0786
32	0.0568	0.0229	0.2041	0.0858	0.0541	0.0218	0.1944	0.0817	0.0514	0.0207	0.1847	0.0777
33	0.0603	0.0239	0.2109	0.0885	0.0574	0.0227	0.2009	0.0843	0.0546	0.0216	0.1908	0.0801
34	0.0663	0.0293	0.2300	0.1044	0.0632	0.0279	0.2191	0.0994	0.0600	0.0265	0.2081	0.0944
35	0.0754	0.0300	0.2392	0.1010	0.0718	0.0286	0.2278	0.0962	0.0682	0.0271	0.2164	0.0914
36	0.0790	0.0337	0.2443	0.1060	0.0753	0.0321	0.2327	0.1009	0.0715	0.0305	0.2210	0.0959
37	0.0902	0.0383	0.2598	0.1123	0.0859	0.0365	0.2474	0.1069	0.0816	0.0347	0.2351	0.1016
38	0.0967	0.0418	0.2634	0.1149	0.0921	0.0399	0.2509	0.1094	0.0875	0.0379	0.2383	0.1040
39	0.1101	0.0462	0.2897	0.1250	0.1048	0.0440	0.2759	0.1190	0.0996	0.0418	0.2621	0.1131

续表

年龄	低方案 城镇男性	低方案 城镇女性	低方案 农村男性	低方案 农村女性	中方案 城镇男性	中方案 城镇女性	中方案 农村男性	中方案 农村女性	高方案 城镇男性	高方案 城镇女性	高方案 农村男性	高方案 农村女性
40	0.1056	0.0560	0.2843	0.1649	0.1005	0.0533	0.2707	0.1571	0.0955	0.0506	0.2572	0.1492
41	0.1225	0.0618	0.3038	0.1740	0.1167	0.0588	0.2893	0.1657	0.1109	0.0559	0.2749	0.1574
42	0.1349	0.0686	0.3198	0.1806	0.1284	0.0653	0.3046	0.1720	0.1220	0.0621	0.2894	0.1634
43	0.1504	0.0739	0.3300	0.1842	0.1432	0.0703	0.3143	0.1755	0.1361	0.0668	0.2986	0.1667
44	0.1671	0.0851	0.3746	0.2096	0.1592	0.0810	0.3567	0.1997	0.1512	0.0770	0.3389	0.1897
45	0.1706	0.0980	0.3810	0.2095	0.1625	0.0933	0.3629	0.1995	0.1544	0.0887	0.3447	0.1895
46	0.1859	0.1022	0.3883	0.2123	0.1770	0.0974	0.3698	0.2022	0.1682	0.0925	0.3513	0.1921
47	0.2236	0.1223	0.4467	0.2421	0.2129	0.1165	0.4254	0.2306	0.2023	0.1107	0.4041	0.2191
48	0.2369	0.1274	0.4543	0.2480	0.2257	0.1213	0.4326	0.2362	0.2144	0.1153	0.4110	0.2244
49	0.2855	0.1478	0.5090	0.2825	0.2719	0.1408	0.4847	0.2690	0.2583	0.1337	0.4605	0.2556
50	0.3110	0.1983	0.5669	0.3709	0.2962	0.1888	0.5399	0.3533	0.2814	0.1794	0.5129	0.3356
51	0.3169	0.2085	0.5707	0.3808	0.3018	0.1986	0.5436	0.3626	0.2867	0.1887	0.5164	0.3445
52	0.3592	0.2232	0.6275	0.4055	0.3421	0.2126	0.5976	0.3862	0.3250	0.2020	0.5677	0.3669
53	0.3869	0.2391	0.6532	0.4291	0.3684	0.2277	0.6221	0.4086	0.3500	0.2163	0.5910	0.3882
54	0.4248	0.2661	0.7255	0.4743	0.4046	0.2534	0.6909	0.4517	0.3843	0.2408	0.6564	0.4291
55	0.4462	0.3075	0.8106	0.5452	0.4249	0.2928	0.7720	0.5192	0.4037	0.2782	0.7334	0.4933
56	0.4855	0.3284	0.8618	0.5769	0.4624	0.3127	0.8208	0.5494	0.4393	0.2971	0.7798	0.5220
57	0.5510	0.3638	0.9338	0.6244	0.5248	0.3465	0.8893	0.5946	0.4986	0.3292	0.8448	0.5649
58	0.6012	0.3902	0.9983	0.6655	0.5726	0.3716	0.9508	0.6338	0.5439	0.3530	0.9033	0.6021
59	0.6879	0.4376	1.1337	0.7582	0.6551	0.4168	1.0797	0.7221	0.6224	0.3959	1.0257	0.6860
60	0.8109	0.5355	1.3607	0.9259	0.7723	0.5100	1.2959	0.8818	0.7336	0.4845	1.2311	0.8377
61	0.8323	0.5531	1.3704	0.9531	0.7927	0.5268	1.3051	0.9077	0.7531	0.5004	1.2399	0.8623
62	0.9695	0.6328	1.5430	1.0694	0.9233	0.6027	1.4695	1.0185	0.8772	0.5726	1.3961	0.9676
63	1.0583	0.6978	1.6692	1.1481	1.0079	0.6645	1.5898	1.0935	0.9575	0.6313	1.5103	1.0388
64	1.2452	0.8113	1.9577	1.3466	1.1859	0.7727	1.8644	1.2825	1.1266	0.7341	1.7712	1.2184
65	1.3164	0.9679	2.1407	1.6035	1.2537	0.9218	2.0388	1.5272	1.1910	0.8757	1.9368	1.4508
66	1.3726	0.9915	2.2489	1.6808	1.3073	0.9443	2.1418	1.6007	1.2419	0.8971	2.0347	1.5207
67	1.6461	1.1652	2.6437	1.9419	1.5678	1.1097	2.5178	1.8494	1.4894	1.0542	2.3919	1.7569
68	1.7752	1.2611	2.8205	2.0780	1.6907	1.2011	2.6862	1.9791	1.6062	1.1410	2.5519	1.8801
69	2.0637	1.4320	3.2417	2.3712	1.9654	1.3638	3.0873	2.2583	1.8672	1.2956	2.9329	2.1453
70	2.3030	1.6132	3.9738	3.0140	2.1934	1.5364	3.7846	2.8704	2.0837	1.4596	3.5953	2.7269

续表

年龄	低方案 城镇男性	低方案 城镇女性	低方案 农村男性	低方案 农村女性	中方案 城镇男性	中方案 城镇女性	中方案 农村男性	中方案 农村女性	高方案 城镇男性	高方案 城镇女性	高方案 农村男性	高方案 农村女性
71	2.4623	1.7542	4.1799	3.2250	2.3451	1.6706	3.9809	3.0714	2.2278	1.5871	3.7819	2.9178
72	2.8235	1.9929	4.6760	3.5636	2.6890	1.8980	4.4533	3.3939	2.5546	1.8031	4.2307	3.2242
73	3.0972	2.2042	4.9894	3.8082	2.9497	2.0992	4.7518	3.6269	2.8022	1.9942	4.5142	3.4455
74	3.5280	2.5229	5.6365	4.2052	3.3600	2.4028	5.3681	4.0050	3.1920	2.2827	5.0997	3.8047
75	3.4811	2.5999	6.1345	4.5737	3.3153	2.4761	5.8423	4.3559	3.1495	2.3523	5.5502	4.1381
76	3.7015	2.8383	6.2483	4.7164	3.5253	2.7031	5.9508	4.4918	3.3490	2.5679	5.6533	4.2672
77	4.2855	3.3188	7.0935	5.3707	4.0815	3.1607	6.7557	5.1149	3.8774	3.0027	6.4179	4.8592
78	4.9933	3.8559	7.9726	5.9870	4.7556	3.6723	7.5930	5.7019	4.5178	3.4886	7.2133	5.4168
79	5.4618	4.3599	8.8270	6.6844	5.2017	4.1523	8.4066	6.3661	4.9416	3.9447	7.9863	6.0478
80	5.3561	4.5917	10.2122	7.8562	5.1011	4.3731	9.7259	7.4821	4.8460	4.1544	9.2396	7.1080
81	5.8765	5.1054	10.7612	8.3645	5.5967	4.8623	10.2488	7.9662	5.3168	4.6192	9.7363	7.5679
82	6.6726	5.7968	11.7922	9.2394	6.3548	5.5207	11.2306	8.7995	6.0371	5.2447	10.6691	8.3595
83	7.3761	6.3937	12.4844	9.7836	7.0249	6.0892	11.8899	9.3177	6.6736	5.7848	11.2954	8.8518
84	8.3307	7.2256	13.4896	10.6586	7.9340	6.8816	12.8472	10.1510	7.5373	6.5375	12.2048	9.6435
85	7.6359	6.7229	13.2809	10.5263	7.2723	6.4028	12.6484	10.0250	6.9086	6.0826	12.0160	9.5238
86	8.6956	7.7447	14.5180	11.6062	8.2815	7.3759	13.8267	11.0535	7.8675	7.0071	13.1353	10.5008
87	9.3494	8.4092	15.0793	12.2899	8.9042	8.0087	14.3612	11.7047	8.4590	7.6083	13.6432	11.1195
88	10.5881	9.7427	16.5022	13.6115	10.0839	9.2788	15.7164	12.9634	9.5797	8.8148	14.9305	12.3152
89	12.0297	10.8926	18.4621	15.0113	11.4569	10.3739	17.5829	14.2965	10.8840	9.8552	16.7038	13.5817
90	12.3894	9.4978	19.1243	14.9997	11.7995	9.0456	18.2136	14.2855	11.2095	8.5933	17.3029	13.5712
91	12.5361	10.5580	19.3629	15.9678	11.9391	10.0553	18.4408	15.2074	11.3421	9.5525	17.5188	14.4471
92	13.7465	11.7175	20.8445	17.4200	13.0919	11.1595	19.8519	16.5904	12.4373	10.6015	18.8593	15.7609
93	13.4045	12.8368	21.2421	18.2161	12.7662	12.2255	20.2306	17.3487	12.1279	11.6142	19.2191	16.4813
94	14.0780	13.1252	21.1307	19.0952	13.4076	12.5002	20.1245	18.1860	12.7372	11.8752	19.1182	17.2767
95	12.1490	12.0783	20.2224	17.6329	11.5705	11.5031	19.2595	16.7933	10.9920	10.9280	18.2965	15.9536
96	11.1309	12.2000	19.5206	17.7457	10.6008	11.6190	18.5910	16.9007	10.0708	11.0381	17.6615	16.0556
97	8.2988	11.1229	17.8693	17.8443	7.9036	10.5932	17.0184	16.9945	7.5084	10.0636	16.1675	16.1448
98	6.9284	10.9575	18.2142	17.3739	6.5985	10.4357	17.3469	16.5466	6.2686	9.9139	16.4796	15.7193
99	9.0423	8.7063	16.6931	13.3027	8.6117	8.2917	15.8982	12.6692	8.1811	7.8771	15.1033	12.0358
100	100	100	100	100	100	100	100	100	100	100	100	100

附表28 2010年甘肃分年龄、性别、城乡的死亡率情况

单位:%

年龄	低方案				中方案				高方案			
	城镇男性	城镇女性	农村男性	农村女性	城镇男性	城镇女性	农村男性	农村女性	城镇男性	城镇女性	农村男性	农村女性
0	0.3733	0.4962	0.9213	1.1306	0.3555	0.4726	0.8775	1.0767	0.3378	0.4490	0.8336	1.0229
1	0.0708	0.0809	0.1838	0.1891	0.0674	0.0770	0.1751	0.1801	0.0641	0.0732	0.1663	0.1711
2	0.0348	0.0473	0.1247	0.1287	0.0331	0.0450	0.1188	0.1226	0.0314	0.0428	0.1128	0.1164
3	0.0252	0.0354	0.0998	0.1037	0.0240	0.0337	0.0950	0.0988	0.0228	0.0321	0.0903	0.0938
4	0.0197	0.0311	0.0875	0.0923	0.0188	0.0296	0.0834	0.0879	0.0178	0.0281	0.0792	0.0835
5	0.0368	0.0344	0.0462	0.0467	0.0350	0.0327	0.0440	0.0445	0.0333	0.0311	0.0418	0.0422
6	0.0341	0.0319	0.0458	0.0404	0.0325	0.0304	0.0436	0.0384	0.0309	0.0289	0.0415	0.0365
7	0.0348	0.0309	0.0443	0.0356	0.0331	0.0294	0.0422	0.0339	0.0315	0.0279	0.0401	0.0322
8	0.0341	0.0303	0.0424	0.0349	0.0324	0.0289	0.0404	0.0332	0.0308	0.0275	0.0383	0.0316
9	0.0345	0.0299	0.0442	0.0339	0.0328	0.0285	0.0421	0.0323	0.0312	0.0271	0.0400	0.0307
10	0.0372	0.0340	0.0532	0.0385	0.0354	0.0324	0.0506	0.0367	0.0336	0.0308	0.0481	0.0348
11	0.0374	0.0342	0.0488	0.0368	0.0357	0.0326	0.0465	0.0350	0.0339	0.0310	0.0442	0.0333
12	0.0385	0.0341	0.0498	0.0348	0.0367	0.0325	0.0475	0.0332	0.0348	0.0308	0.0451	0.0315
13	0.0379	0.0328	0.0502	0.0361	0.0361	0.0312	0.0478	0.0344	0.0343	0.0297	0.0454	0.0327
14	0.0395	0.0335	0.0552	0.0353	0.0376	0.0319	0.0526	0.0336	0.0357	0.0303	0.0500	0.0319
15	0.0255	0.0195	0.0643	0.0420	0.0243	0.0185	0.0612	0.0400	0.0231	0.0176	0.0581	0.0380
16	0.0237	0.0187	0.0738	0.0448	0.0226	0.0178	0.0703	0.0427	0.0215	0.0169	0.0668	0.0405
17	0.0270	0.0200	0.0854	0.0491	0.0257	0.0191	0.0814	0.0468	0.0244	0.0181	0.0773	0.0445
18	0.0289	0.0204	0.0899	0.0502	0.0275	0.0195	0.0856	0.0478	0.0261	0.0185	0.0813	0.0454
19	0.0295	0.0191	0.1005	0.0503	0.0281	0.0182	0.0957	0.0479	0.0267	0.0173	0.0909	0.0455
20	0.0301	0.0167	0.1385	0.0710	0.0287	0.0159	0.1319	0.0676	0.0273	0.0151	0.1253	0.0642
21	0.0303	0.0178	0.1369	0.0691	0.0289	0.0170	0.1304	0.0658	0.0275	0.0161	0.1239	0.0625
22	0.0334	0.0202	0.1416	0.0710	0.0318	0.0192	0.1349	0.0676	0.0302	0.0182	0.1281	0.0643
23	0.0375	0.0213	0.1443	0.0725	0.0357	0.0203	0.1374	0.0691	0.0340	0.0192	0.1305	0.0656
24	0.0405	0.0221	0.1518	0.0755	0.0386	0.0210	0.1446	0.0719	0.0367	0.0200	0.1373	0.0683
25	0.0414	0.0285	0.1618	0.0729	0.0394	0.0272	0.1541	0.0694	0.0374	0.0258	0.1464	0.0660
26	0.0419	0.0296	0.1568	0.0714	0.0399	0.0282	0.1494	0.0680	0.0379	0.0268	0.1419	0.0646
27	0.0434	0.0314	0.1620	0.0766	0.0413	0.0299	0.1543	0.0730	0.0393	0.0284	0.1466	0.0693
28	0.0453	0.0322	0.1778	0.0768	0.0431	0.0307	0.1694	0.0731	0.0410	0.0291	0.1609	0.0695
29	0.0476	0.0327	0.1791	0.0821	0.0453	0.0312	0.1706	0.0782	0.0430	0.0296	0.1620	0.0743
30	0.0530	0.0354	0.1961	0.1123	0.0505	0.0337	0.1867	0.1069	0.0480	0.0320	0.1774	0.1016

续表

年龄	低方案 城镇男性	低方案 城镇女性	低方案 农村男性	低方案 农村女性	中方案 城镇男性	中方案 城镇女性	中方案 农村男性	中方案 农村女性	高方案 城镇男性	高方案 城镇女性	高方案 农村男性	高方案 农村女性
31	0.0581	0.0373	0.2056	0.1152	0.0553	0.0356	0.1958	0.1097	0.0525	0.0338	0.1860	0.1043
32	0.0643	0.0390	0.2104	0.1142	0.0612	0.0371	0.2004	0.1088	0.0582	0.0353	0.1904	0.1033
33	0.0678	0.0399	0.2172	0.1169	0.0645	0.0380	0.2069	0.1113	0.0613	0.0361	0.1965	0.1057
34	0.0738	0.0454	0.2363	0.1327	0.0703	0.0433	0.2251	0.1264	0.0668	0.0411	0.2138	0.1201
35	0.0915	0.0476	0.2285	0.1016	0.0871	0.0453	0.2176	0.0968	0.0828	0.0431	0.2067	0.0920
36	0.0951	0.0513	0.2336	0.1066	0.0906	0.0488	0.2225	0.1015	0.0861	0.0464	0.2114	0.0965
37	0.1063	0.0559	0.2491	0.1129	0.1012	0.0533	0.2373	0.1075	0.0962	0.0506	0.2254	0.1022
38	0.1128	0.0594	0.2527	0.1155	0.1074	0.0566	0.2407	0.1100	0.1021	0.0538	0.2286	0.1045
39	0.1262	0.0638	0.2790	0.1256	0.1201	0.0608	0.2657	0.1196	0.1141	0.0577	0.2525	0.1136
40	0.1185	0.0631	0.2745	0.1476	0.1128	0.0601	0.2614	0.1406	0.1072	0.0571	0.2483	0.1335
41	0.1354	0.0689	0.2940	0.1567	0.1290	0.0656	0.2800	0.1492	0.1225	0.0623	0.2660	0.1418
42	0.1478	0.0758	0.3100	0.1632	0.1407	0.0721	0.2953	0.1554	0.1337	0.0685	0.2805	0.1477
43	0.1633	0.0810	0.3202	0.1669	0.1555	0.0771	0.3050	0.1589	0.1478	0.0733	0.2897	0.1510
44	0.1801	0.0922	0.3648	0.1923	0.1715	0.0878	0.3474	0.1831	0.1629	0.0834	0.3300	0.1740
45	0.1674	0.0994	0.3510	0.1959	0.1594	0.0947	0.3343	0.1866	0.1514	0.0900	0.3176	0.1773
46	0.1826	0.1037	0.3582	0.1988	0.1739	0.0988	0.3412	0.1893	0.1652	0.0938	0.3241	0.1798
47	0.2203	0.1238	0.4167	0.2286	0.2098	0.1179	0.3968	0.2177	0.1993	0.1120	0.3770	0.2068
48	0.2337	0.1288	0.4242	0.2345	0.2226	0.1227	0.4040	0.2233	0.2114	0.1166	0.3838	0.2122
49	0.2823	0.1493	0.4790	0.2690	0.2688	0.1422	0.4562	0.2561	0.2554	0.1351	0.4334	0.2433
50	0.3233	0.1916	0.6171	0.3938	0.3079	0.1825	0.5877	0.3751	0.2925	0.1733	0.5583	0.3563
51	0.3292	0.2019	0.6209	0.4037	0.3135	0.1923	0.5914	0.3845	0.2978	0.1827	0.5618	0.3652
52	0.3716	0.2166	0.6776	0.4284	0.3539	0.2063	0.6454	0.4080	0.3362	0.1960	0.6131	0.3876
53	0.3992	0.2324	0.7033	0.4520	0.3802	0.2213	0.6699	0.4304	0.3612	0.2103	0.6364	0.4089
54	0.4371	0.2594	0.7756	0.4972	0.4163	0.2471	0.7387	0.4735	0.3955	0.2347	0.7017	0.4498
55	0.4355	0.2597	0.8318	0.5856	0.4148	0.2473	0.7922	0.5577	0.3940	0.2349	0.7526	0.5298
56	0.4749	0.2806	0.8831	0.6173	0.4523	0.2672	0.8410	0.5879	0.4297	0.2539	0.7990	0.5585
57	0.5404	0.3160	0.9550	0.6647	0.5147	0.3010	0.9095	0.6331	0.4889	0.2859	0.8641	0.6014
58	0.5905	0.3424	1.0196	0.7058	0.5624	0.3261	0.9710	0.6722	0.5343	0.3098	0.9225	0.6386
59	0.6773	0.3899	1.1549	0.7985	0.6450	0.3713	1.0999	0.7605	0.6128	0.3528	1.0449	0.7225
60	0.7784	0.5214	1.4718	0.9989	0.7413	0.4966	1.4017	0.9514	0.7043	0.4717	1.3316	0.9038
61	0.7999	0.5390	1.4814	1.0261	0.7618	0.5133	1.4109	0.9772	0.7237	0.4876	1.3403	0.9283
62	0.9371	0.6187	1.6538	1.1423	0.8924	0.5892	1.5751	1.0880	0.8478	0.5598	1.4963	1.0336

续表

年龄	低方案 城镇男性	低方案 城镇女性	低方案 农村男性	低方案 农村女性	中方案 城镇男性	中方案 城镇女性	中方案 农村男性	中方案 农村女性	高方案 城镇男性	高方案 城镇女性	高方案 农村男性	高方案 农村女性
63	1.0259	0.6836	1.7799	1.2210	0.9770	0.6511	1.6952	1.1629	0.9282	0.6185	1.6104	1.1047
64	1.2129	0.7972	2.0680	1.4193	1.1551	0.7593	1.9696	1.3518	1.0974	0.7213	1.8711	1.2842
65	1.3175	0.8701	2.3521	1.7158	1.2548	0.8287	2.2401	1.6341	1.1920	0.7872	2.1281	1.5524
66	1.3737	0.8938	2.4601	1.7930	1.3083	0.8512	2.3429	1.7076	1.2429	0.8086	2.2258	1.6222
67	1.6472	1.0676	2.8541	2.0538	1.5688	1.0167	2.7182	1.9560	1.4903	0.9659	2.5823	1.8582
68	1.7763	1.1636	3.0306	2.1898	1.6917	1.1082	2.8862	2.0855	1.6072	1.0528	2.7419	1.9813
69	2.0648	1.3347	3.4508	2.4826	1.9665	1.2711	3.2865	2.3644	1.8682	1.2076	3.1222	2.2462
70	2.0912	1.5088	4.2316	3.1102	1.9916	1.4370	4.0301	2.9621	1.8920	1.3651	3.8286	2.8140
71	2.2509	1.6499	4.4372	3.3210	2.1437	1.5713	4.2259	3.1629	2.0365	1.4928	4.0146	3.0047
72	2.6127	1.8889	4.9320	3.6593	2.4883	1.7989	4.6972	3.4850	2.3639	1.7090	4.4623	3.3108
73	2.8870	2.1003	5.2446	3.9037	2.7495	2.0003	4.9948	3.7178	2.6120	1.9003	4.7451	3.5320
74	3.3188	2.4194	5.8901	4.3003	3.1607	2.3042	5.6096	4.0956	3.0027	2.1890	5.3291	3.8908
75	3.5703	2.5532	6.4186	4.8232	3.4003	2.4316	6.1130	4.5935	3.2303	2.3100	5.8073	4.3638
76	3.7906	2.7916	6.5322	4.9656	3.6101	2.6587	6.2211	4.7291	3.4296	2.5258	5.9101	4.4927
77	4.3741	3.2724	7.3749	5.6182	4.1658	3.1166	7.0237	5.3506	3.9575	2.9607	6.6726	5.0831
78	5.0813	3.8097	8.2515	6.2330	4.8393	3.6283	7.8586	5.9362	4.5973	3.4469	7.4657	5.6393
79	5.5493	4.3140	9.1034	6.9287	5.2850	4.1086	8.6699	6.5987	5.0208	3.9031	8.2364	6.2688
80	5.3865	4.4210	10.0416	7.9707	5.1300	4.2105	9.5634	7.5912	4.8735	4.0000	9.0853	7.2116
81	5.9067	4.9356	10.5916	8.4785	5.6254	4.7005	10.0872	8.0747	5.3442	4.4655	9.5829	7.6710
82	6.7026	5.6281	11.6244	9.3524	6.3834	5.3601	11.0709	8.9070	6.0642	5.0921	10.5173	8.4617
83	7.4059	6.2260	12.3179	9.8959	7.0532	5.9296	11.7313	9.4246	6.7005	5.6331	11.1448	8.9534
84	8.3602	7.0594	13.3248	10.7698	7.9620	6.7233	12.6903	10.2569	7.5639	6.3871	12.0558	9.7441
85	6.9634	6.2852	13.4382	10.7007	6.6318	5.9859	12.7983	10.1911	6.3002	5.6866	12.1584	9.6816
86	8.0305	7.3116	14.6732	11.7786	7.6481	6.9634	13.9745	11.2177	7.2657	6.6152	13.2757	10.6568
87	8.6888	7.9790	15.2335	12.4611	8.2750	7.5991	14.5081	11.8677	7.8613	7.2191	13.7827	11.2743
88	9.9361	9.3185	16.6540	13.7803	9.4629	8.8747	15.8609	13.1241	8.9898	8.4310	15.0679	12.4679
89	11.3876	10.4735	18.6105	15.1775	10.8453	9.9747	17.7243	14.4547	10.3030	9.4760	16.8381	13.7320
90	10.9889	9.2213	17.7086	14.7838	10.4657	8.7822	16.8653	14.0798	9.9424	8.3431	16.0221	13.3758
91	11.1378	10.2846	17.9511	15.7542	10.6074	9.7948	17.0963	15.0040	10.0771	9.3051	16.2415	14.2538
92	12.3665	11.4474	19.4572	17.2098	11.7776	10.9023	18.5306	16.3903	11.1887	10.3572	17.6041	15.5708
93	12.0194	12.5699	19.8614	18.0079	11.4470	11.9714	18.9156	17.1504	10.8747	11.3728	17.9698	16.2929
94	12.7030	12.8592	19.7481	18.8891	12.0981	12.2469	18.8077	17.9896	11.4932	11.6345	17.8673	17.0901

续表

年龄	低方案				中方案				高方案			
	城镇男性	城镇女性	农村男性	农村女性	城镇男性	城镇女性	农村男性	农村女性	城镇男性	城镇女性	农村男性	农村女性
95	10.9524	9.6196	16.7085	14.7490	10.4308	9.1616	15.9129	14.0467	9.9093	8.7035	15.1172	13.3444
96	9.9211	9.7445	15.9776	14.8655	9.4487	9.2805	15.2167	14.1577	8.9762	8.8165	14.4559	13.4498
97	7.0525	8.6389	14.2579	14.9674	6.7166	8.2276	13.5789	14.2546	6.3808	7.8162	12.9000	13.5419
98	5.6644	8.4692	14.6171	14.4815	5.3947	8.0659	13.9211	13.7919	5.1250	7.6626	13.2250	13.1023
99	7.8056	6.1584	13.0329	10.2759	7.4339	5.8651	12.4123	9.7865	7.0622	5.5719	11.7917	9.2972
100	100	100	100	100	100	100	100	100	100	100	100	100

附表29 2010年青海分年龄、性别、城乡的死亡率情况

单位:%

年龄	低方案				中方案				高方案			
	城镇男性	城镇女性	农村男性	农村女性	城镇男性	城镇女性	农村男性	农村女性	城镇男性	城镇女性	农村男性	农村女性
0	0.7167	0.5438	1.4248	1.3466	0.7544	0.5724	1.4998	1.4175	0.7921	0.6011	1.5748	1.4884
1	0.1962	0.1940	0.3938	0.3615	0.2065	0.2043	0.4145	0.3805	0.2169	0.2145	0.4353	0.3996
2	0.1636	0.1637	0.3404	0.3069	0.1723	0.1723	0.3584	0.3231	0.1809	0.1809	0.3763	0.3393
3	0.1550	0.1530	0.3179	0.2844	0.1632	0.1610	0.3346	0.2994	0.1714	0.1691	0.3514	0.3143
4	0.1501	0.1491	0.3069	0.2741	0.1580	0.1569	0.3230	0.2885	0.1658	0.1648	0.3392	0.3029
5	0.1498	0.1049	0.1627	0.1500	0.1577	0.1104	0.1713	0.1579	0.1656	0.1159	0.1798	0.1658
6	0.1474	0.1027	0.1623	0.1443	0.1551	0.1081	0.1709	0.1519	0.1629	0.1135	0.1794	0.1595
7	0.1480	0.1017	0.1609	0.1400	0.1558	0.1071	0.1694	0.1474	0.1636	0.1124	0.1779	0.1548
8	0.1473	0.1012	0.1592	0.1394	0.1551	0.1066	0.1676	0.1467	0.1629	0.1119	0.1760	0.1541
9	0.1477	0.1009	0.1608	0.1385	0.1555	0.1062	0.1693	0.1458	0.1632	0.1115	0.1777	0.1531
10	0.0978	0.0879	0.1306	0.1066	0.1029	0.0925	0.1375	0.1122	0.1081	0.0971	0.1444	0.1179
11	0.0980	0.0881	0.1267	0.1051	0.1032	0.0927	0.1334	0.1106	0.1083	0.0974	0.1401	0.1161
12	0.0990	0.0880	0.1276	0.1033	0.1042	0.0926	0.1344	0.1087	0.1094	0.0972	0.1411	0.1142
13	0.0984	0.0868	0.1280	0.1045	0.1036	0.0914	0.1347	0.1100	0.1088	0.0959	0.1415	0.1155
14	0.0998	0.0875	0.1325	0.1037	0.1051	0.0921	0.1395	0.1092	0.1103	0.0967	0.1465	0.1146
15	0.1102	0.1057	0.1533	0.0978	0.1160	0.1113	0.1613	0.1030	0.1218	0.1168	0.1694	0.1081
16	0.1086	0.1050	0.1619	0.1003	0.1143	0.1106	0.1705	0.1056	0.1200	0.1161	0.1790	0.1109
17	0.1115	0.1062	0.1724	0.1043	0.1174	0.1118	0.1815	0.1098	0.1233	0.1174	0.1906	0.1153
18	0.1132	0.1066	0.1764	0.1052	0.1192	0.1122	0.1857	0.1108	0.1251	0.1178	0.1950	0.1163
19	0.1138	0.1054	0.1860	0.1054	0.1198	0.1110	0.1958	0.1109	0.1258	0.1165	0.2056	0.1164

续表

年龄	低方案 城镇男性	低方案 城镇女性	低方案 农村男性	低方案 农村女性	中方案 城镇男性	中方案 城镇女性	中方案 农村男性	中方案 农村女性	高方案 城镇男性	高方案 城镇女性	高方案 农村男性	高方案 农村女性
20	0.1187	0.1010	0.2377	0.1610	0.1250	0.1063	0.2502	0.1695	0.1312	0.1116	0.2628	0.1779
21	0.1189	0.1020	0.2363	0.1593	0.1252	0.1074	0.2487	0.1677	0.1314	0.1127	0.2612	0.1761
22	0.1217	0.1041	0.2405	0.1610	0.1281	0.1096	0.2532	0.1695	0.1345	0.1151	0.2658	0.1779
23	0.1254	0.1051	0.2429	0.1624	0.1320	0.1107	0.2557	0.1709	0.1386	0.1162	0.2685	0.1794
24	0.1281	0.1059	0.2497	0.1650	0.1348	0.1114	0.2629	0.1737	0.1416	0.1170	0.2760	0.1824
25	0.1309	0.1271	0.2430	0.1886	0.1378	0.1337	0.2558	0.1985	0.1447	0.1404	0.2686	0.2084
26	0.1314	0.1280	0.2385	0.1872	0.1383	0.1347	0.2511	0.1970	0.1452	0.1415	0.2636	0.2069
27	0.1328	0.1297	0.2432	0.1919	0.1398	0.1365	0.2560	0.2020	0.1467	0.1433	0.2688	0.2121
28	0.1345	0.1304	0.2575	0.1921	0.1415	0.1372	0.2710	0.2022	0.1486	0.1441	0.2846	0.2123
29	0.1365	0.1308	0.2586	0.1969	0.1437	0.1377	0.2722	0.2073	0.1509	0.1446	0.2859	0.2176
30	0.1324	0.1238	0.2461	0.1749	0.1394	0.1303	0.2590	0.1841	0.1463	0.1369	0.2720	0.1933
31	0.1369	0.1256	0.2546	0.1775	0.1442	0.1322	0.2680	0.1869	0.1514	0.1388	0.2814	0.1962
32	0.1426	0.1271	0.2590	0.1766	0.1501	0.1338	0.2726	0.1859	0.1576	0.1404	0.2863	0.1952
33	0.1457	0.1279	0.2652	0.1790	0.1534	0.1347	0.2791	0.1885	0.1611	0.1414	0.2931	0.1979
34	0.1511	0.1329	0.2824	0.1934	0.1591	0.1399	0.2973	0.2036	0.1671	0.1469	0.3122	0.2137
35	0.1504	0.1044	0.3119	0.1960	0.1583	0.1099	0.3283	0.2063	0.1662	0.1154	0.3447	0.2167
36	0.1537	0.1077	0.3165	0.2005	0.1618	0.1134	0.3332	0.2111	0.1699	0.1191	0.3498	0.2216
37	0.1638	0.1120	0.3305	0.2062	0.1724	0.1179	0.3479	0.2171	0.1810	0.1238	0.3653	0.2279
38	0.1697	0.1151	0.3338	0.2086	0.1786	0.1212	0.3513	0.2196	0.1876	0.1273	0.3689	0.2305
39	0.1818	0.1191	0.3575	0.2177	0.1913	0.1254	0.3764	0.2291	0.2009	0.1316	0.3952	0.2406
40	0.1759	0.0947	0.4060	0.2463	0.1851	0.0997	0.4273	0.2593	0.1944	0.1047	0.4487	0.2722
41	0.1912	0.0999	0.4236	0.2545	0.2013	0.1052	0.4459	0.2679	0.2113	0.1104	0.4682	0.2813
42	0.2023	0.1061	0.4381	0.2604	0.2130	0.1117	0.4611	0.2741	0.2236	0.1173	0.4842	0.2878
43	0.2164	0.1109	0.4473	0.2637	0.2278	0.1167	0.4708	0.2776	0.2392	0.1225	0.4943	0.2915
44	0.2315	0.1210	0.4875	0.2867	0.2437	0.1274	0.5132	0.3018	0.2559	0.1337	0.5388	0.3169
45	0.2209	0.1018	0.4739	0.2747	0.2325	0.1071	0.4989	0.2891	0.2441	0.1125	0.5238	0.3036
46	0.2347	0.1056	0.4805	0.2772	0.2470	0.1112	0.5058	0.2918	0.2594	0.1167	0.5310	0.3064
47	0.2687	0.1238	0.5333	0.3042	0.2829	0.1303	0.5613	0.3202	0.2970	0.1368	0.5894	0.3362
48	0.2808	0.1284	0.5401	0.3095	0.2956	0.1351	0.5685	0.3258	0.3104	0.1419	0.5969	0.3421
49	0.3248	0.1468	0.5895	0.3407	0.3419	0.1546	0.6205	0.3586	0.3590	0.1623	0.6516	0.3765
50	0.3544	0.2051	0.8870	0.5594	0.3731	0.2159	0.9337	0.5888	0.3917	0.2267	0.9804	0.6183
51	0.3597	0.2144	0.8905	0.5683	0.3786	0.2257	0.9373	0.5982	0.3976	0.2370	0.9842	0.6281

续表

年龄	低方案 城镇男性	低方案 城镇女性	低方案 农村男性	低方案 农村女性	中方案 城镇男性	中方案 城镇女性	中方案 农村男性	中方案 农村女性	高方案 城镇男性	高方案 城镇女性	高方案 农村男性	高方案 农村女性
52	0.3980	0.2277	0.9416	0.5906	0.4189	0.2397	0.9911	0.6217	0.4399	0.2517	1.0407	0.6528
53	0.4230	0.2420	0.9648	0.6119	0.4452	0.2548	1.0155	0.6441	0.4675	0.2675	1.0663	0.6763
54	0.4573	0.2665	1.0299	0.6527	0.4813	0.2805	1.0841	0.6871	0.5054	0.2945	1.1383	0.7214
55	0.4572	0.2854	1.0940	0.8017	0.4813	0.3004	1.1516	0.8439	0.5053	0.3154	1.2092	0.8861
56	0.4928	0.3043	1.1403	0.8303	0.5187	0.3203	1.2003	0.8740	0.5447	0.3363	1.2603	0.9177
57	0.5520	0.3364	1.2051	0.8731	0.5811	0.3541	1.2685	0.9190	0.6101	0.3718	1.3319	0.9650
58	0.5974	0.3602	1.2633	0.9102	0.6288	0.3792	1.3298	0.9581	0.6603	0.3981	1.3963	1.0060
59	0.6758	0.4031	1.3853	0.9938	0.7114	0.4244	1.4582	1.0461	0.7469	0.4456	1.5311	1.0984
60	0.7507	0.4892	1.9143	1.2506	0.7902	0.5150	2.0150	1.3165	0.8297	0.5407	2.1158	1.3823
61	0.7701	0.5051	1.9230	1.2751	0.8106	0.5317	2.0242	1.3422	0.8512	0.5583	2.1254	1.4093
62	0.8942	0.5773	2.0780	1.3799	0.9412	0.6076	2.1874	1.4526	0.9883	0.6380	2.2967	1.5252
63	0.9745	0.6360	2.1914	1.4508	1.0258	0.6695	2.3067	1.5272	1.0771	0.7029	2.4220	1.6035
64	1.1436	0.7387	2.4504	1.6296	1.2038	0.7776	2.5794	1.7154	1.2640	0.8165	2.7084	1.8012
65	1.2967	0.6737	2.5852	2.0382	1.3650	0.7092	2.7213	2.1455	1.4332	0.7446	2.8574	2.2528
66	1.3475	0.6952	2.6824	2.1076	1.4184	0.7317	2.8236	2.2186	1.4894	0.7683	2.9648	2.3295
67	1.5947	0.8526	3.0372	2.3424	1.6786	0.8975	3.1970	2.4657	1.7626	0.9424	3.3569	2.5890
68	1.7114	0.9396	3.1960	2.4648	1.8014	0.9891	3.3643	2.5945	1.8915	1.0385	3.5325	2.7243
69	1.9721	1.0946	3.5744	2.7284	2.0759	1.1522	3.7625	2.8720	2.1797	1.2098	3.9507	3.0156
70	1.7500	1.1246	4.8465	3.7679	1.8421	1.1838	5.1016	3.9662	1.9342	1.2430	5.3567	4.1645
71	1.8947	1.2526	5.0305	3.9566	1.9944	1.3185	5.2953	4.1649	2.0941	1.3845	5.5600	4.3731
72	2.2226	1.4694	5.4732	4.2595	2.3396	1.5467	5.7612	4.4837	2.4565	1.6241	6.0493	4.7079
73	2.4711	1.6612	5.7528	4.4784	2.6012	1.7486	6.0556	4.7141	2.7312	1.8360	6.3584	4.9498
74	2.8624	1.9506	6.3303	4.8335	3.0130	2.0533	6.6635	5.0879	3.1637	2.1560	6.9967	5.3423
75	2.5764	1.7358	6.8614	5.2977	2.7120	1.8271	7.2225	5.5765	2.8476	1.9185	7.5836	5.8553
76	2.7771	1.9529	6.9629	5.4251	2.9233	2.0556	7.3293	5.7107	3.0695	2.1584	7.6958	5.9962
77	3.3088	2.3905	7.7163	6.0095	3.4830	2.5163	8.1225	6.3258	3.6571	2.6421	8.5286	6.6421
78	3.9532	2.8797	8.5001	6.5600	4.1613	3.0312	8.9475	6.9053	4.3693	3.1828	9.3948	7.2506
79	4.3797	3.3388	9.2617	7.1830	4.6102	3.5145	9.7492	7.5610	4.8407	3.6902	10.2367	7.9391
80	3.7049	2.9219	9.6760	7.6691	3.8999	3.0756	10.1852	8.0728	4.0949	3.2294	10.6945	8.4764
81	4.1817	3.3929	10.1701	8.1261	4.4017	3.5715	10.7054	8.5538	4.6218	3.7500	11.2407	8.9815
82	4.9110	4.0269	11.0982	8.9127	5.1695	4.2389	11.6823	9.3818	5.4280	4.4508	12.2664	9.8509
83	5.5556	4.5743	11.7213	9.4019	5.8480	4.8151	12.3382	9.8967	6.1404	5.0558	12.9551	10.3915

续表

年龄	低方案				中方案				高方案			
	城镇男性	城镇女性	农村男性	农村女性	城镇男性	城镇女性	农村男性	农村女性	城镇男性	城镇女性	农村男性	农村女性
84	6.4302	5.3372	12.6261	10.1884	6.7686	5.6182	13.2906	10.7247	7.1071	5.8991	13.9551	11.2609
85	6.4870	5.4637	12.3862	9.5246	6.8284	5.7513	13.0381	10.0259	7.1698	6.0389	13.6900	10.5272
86	7.4504	6.3947	13.5005	10.5016	7.8425	6.7312	14.2111	11.0543	8.2346	7.0678	14.9216	11.6071
87	8.0447	7.0000	14.0061	11.1202	8.4682	7.3685	14.7433	11.7055	8.8916	7.7369	15.4804	12.2908
88	9.1709	8.2150	15.2877	12.3160	9.6535	8.6473	16.0923	12.9642	10.1362	9.0797	16.8970	13.6124
89	10.4814	9.2626	17.0531	13.5824	11.0330	9.7501	17.9506	14.2973	11.5847	10.2376	18.8481	15.0122
90	9.0276	7.3216	14.2696	12.0395	9.5028	7.7069	15.0207	12.6731	9.9779	8.0922	15.7717	13.3068
91	9.1638	8.2949	14.4939	12.9318	9.6461	8.7314	15.2568	13.6124	10.1284	9.1680	16.0196	14.2931
92	10.2874	9.3594	15.8868	14.2704	10.8288	9.8520	16.7229	15.0215	11.3703	10.3446	17.5590	15.7725
93	9.9700	10.3870	16.2606	15.0043	10.4947	10.9336	17.1164	15.7940	11.0195	11.4803	17.9722	16.5837
94	10.5952	10.6518	16.1558	15.8146	11.1528	11.2124	17.0061	16.6470	11.7104	11.7730	17.8564	17.4793
95	11.1370	8.6104	15.3374	19.7902	11.7232	9.0636	16.1446	20.8318	12.3093	9.5168	16.9518	21.8734
96	10.2174	8.7235	14.6778	19.8873	10.7552	9.1826	15.4504	20.9340	11.2929	9.6418	16.2229	21.9807
97	7.6594	7.7221	13.1262	19.9722	8.0626	8.1286	13.8171	21.0233	8.4657	8.5350	14.5079	22.0745
98	6.4217	7.5684	13.4503	19.5673	6.7597	7.9667	14.1583	20.5971	7.0977	8.3650	14.8662	21.6270
99	8.3310	5.4754	12.0210	16.0626	8.7695	5.7636	12.6536	16.9080	9.2079	6.0518	13.2863	17.7534
100	100	100	100	100	100	100	100	100	100	100	100	100

附表30 2010年宁夏分年龄、性别、城乡的死亡率情况

单位:%

年龄	低方案				中方案				高方案			
	城镇男性	城镇女性	农村男性	农村女性	城镇男性	城镇女性	农村男性	农村女性	城镇男性	城镇女性	农村男性	农村女性
0	0.7701	0.6254	1.2705	1.1941	0.8106	0.6583	1.3374	1.2569	0.8512	0.6913	1.4042	1.3197
1	0.1224	0.1036	0.1940	0.1978	0.1288	0.1091	0.2042	0.2082	0.1352	0.1145	0.2144	0.2186
2	0.0898	0.0732	0.1405	0.1431	0.0945	0.0771	0.1479	0.1507	0.0992	0.0810	0.1553	0.1582
3	0.0812	0.0625	0.1179	0.1205	0.0854	0.0658	0.1242	0.1269	0.0897	0.0691	0.1304	0.1332
4	0.0762	0.0586	0.1069	0.1102	0.0802	0.0617	0.1125	0.1160	0.0842	0.0648	0.1181	0.1218
5	0.0456	0.0263	0.0684	0.0465	0.0480	0.0277	0.0720	0.0489	0.0504	0.0291	0.0757	0.0514
6	0.0432	0.0240	0.0681	0.0408	0.0454	0.0253	0.0716	0.0429	0.0477	0.0266	0.0752	0.0451
7	0.0438	0.0231	0.0667	0.0365	0.0461	0.0243	0.0702	0.0384	0.0484	0.0255	0.0737	0.0403
8	0.0431	0.0226	0.0649	0.0358	0.0454	0.0238	0.0684	0.0377	0.0477	0.0250	0.0718	0.0396

附表：部分省(自治区、直辖市)人口死亡率情况　357

续表

年龄	低方案 城镇男性	低方案 城镇女性	低方案 农村男性	低方案 农村女性	中方案 城镇男性	中方案 城镇女性	中方案 农村男性	中方案 农村女性	高方案 城镇男性	高方案 城镇女性	高方案 农村男性	高方案 农村女性
9	0.0435	0.0222	0.0666	0.0350	0.0458	0.0234	0.0701	0.0368	0.0481	0.0246	0.0736	0.0386
10	0.0420	0.0260	0.0845	0.0404	0.0442	0.0274	0.0890	0.0425	0.0464	0.0288	0.0934	0.0446
11	0.0423	0.0262	0.0806	0.0388	0.0445	0.0276	0.0849	0.0409	0.0467	0.0290	0.0891	0.0429
12	0.0432	0.0261	0.0815	0.0371	0.0455	0.0275	0.0858	0.0390	0.0478	0.0288	0.0901	0.0410
13	0.0427	0.0249	0.0819	0.0382	0.0449	0.0262	0.0862	0.0402	0.0472	0.0276	0.0905	0.0422
14	0.0441	0.0256	0.0864	0.0375	0.0464	0.0269	0.0909	0.0394	0.0487	0.0283	0.0955	0.0414
15	0.0558	0.0238	0.1113	0.0456	0.0587	0.0251	0.1171	0.0480	0.0616	0.0263	0.1230	0.0504
16	0.0542	0.0231	0.1199	0.0481	0.0570	0.0244	0.1262	0.0507	0.0599	0.0256	0.1325	0.0532
17	0.0571	0.0243	0.1304	0.0521	0.0601	0.0256	0.1373	0.0548	0.0631	0.0269	0.1441	0.0575
18	0.0588	0.0247	0.1344	0.0530	0.0619	0.0260	0.1415	0.0558	0.0650	0.0273	0.1486	0.0586
19	0.0594	0.0235	0.1440	0.0531	0.0625	0.0248	0.1516	0.0559	0.0656	0.0260	0.1592	0.0587
20	0.0731	0.0384	0.1905	0.0691	0.0769	0.0404	0.2005	0.0727	0.0808	0.0424	0.2105	0.0764
21	0.0733	0.0394	0.1890	0.0674	0.0771	0.0415	0.1990	0.0710	0.0810	0.0435	0.2089	0.0745
22	0.0760	0.0415	0.1933	0.0691	0.0800	0.0437	0.2035	0.0728	0.0840	0.0459	0.2136	0.0764
23	0.0798	0.0425	0.1957	0.0705	0.0840	0.0448	0.2060	0.0742	0.0881	0.0470	0.2163	0.0779
24	0.0825	0.0433	0.2025	0.0732	0.0868	0.0455	0.2131	0.0770	0.0911	0.0478	0.2238	0.0809
25	0.0790	0.0247	0.2206	0.0920	0.0831	0.0260	0.2322	0.0968	0.0873	0.0273	0.2438	0.1016
26	0.0794	0.0256	0.2161	0.0906	0.0836	0.0270	0.2274	0.0953	0.0877	0.0283	0.2388	0.1001
27	0.0808	0.0273	0.2208	0.0953	0.0850	0.0287	0.2324	0.1003	0.0893	0.0302	0.2440	0.1054
28	0.0825	0.0280	0.2351	0.0955	0.0868	0.0295	0.2474	0.1005	0.0912	0.0310	0.2598	0.1055
29	0.0845	0.0285	0.2362	0.1003	0.0890	0.0300	0.2486	0.1056	0.0934	0.0315	0.2611	0.1109
30	0.0881	0.0416	0.2310	0.1078	0.0928	0.0438	0.2431	0.1135	0.0974	0.0460	0.2553	0.1192
31	0.0927	0.0434	0.2395	0.1105	0.0976	0.0456	0.2521	0.1163	0.1025	0.0479	0.2647	0.1221
32	0.0983	0.0448	0.2439	0.1096	0.1035	0.0472	0.2567	0.1153	0.1087	0.0496	0.2696	0.1211
33	0.1015	0.0457	0.2501	0.1120	0.1068	0.0481	0.2632	0.1179	0.1121	0.0505	0.2764	0.1237
34	0.1069	0.0507	0.2673	0.1263	0.1125	0.0533	0.2814	0.1330	0.1182	0.0560	0.2955	0.1396
35	0.1197	0.0511	0.2469	0.1132	0.1260	0.0538	0.2599	0.1191	0.1322	0.0565	0.2729	0.1251
36	0.1229	0.0544	0.2516	0.1177	0.1294	0.0573	0.2648	0.1239	0.1359	0.0602	0.2781	0.1300
37	0.1331	0.0587	0.2656	0.1234	0.1401	0.0618	0.2796	0.1299	0.1471	0.0648	0.2936	0.1364
38	0.1389	0.0618	0.2689	0.1257	0.1463	0.0651	0.2830	0.1324	0.1536	0.0683	0.2972	0.1390
39	0.1510	0.0658	0.2927	0.1348	0.1590	0.0692	0.3081	0.1419	0.1669	0.0727	0.3235	0.1490

续表

年龄	低方案 城镇男性	低方案 城镇女性	低方案 农村男性	低方案 农村女性	中方案 城镇男性	中方案 城镇女性	中方案 农村男性	中方案 农村女性	高方案 城镇男性	高方案 城镇女性	高方案 农村男性	高方案 农村女性
40	0.1777	0.0707	0.2896	0.1104	0.1871	0.0745	0.3048	0.1162	0.1964	0.0782	0.3201	0.1220
41	0.1930	0.0760	0.3072	0.1186	0.2032	0.0800	0.3234	0.1248	0.2134	0.0840	0.3396	0.1311
42	0.2042	0.0822	0.3217	0.1245	0.2149	0.0865	0.3387	0.1311	0.2257	0.0908	0.3556	0.1376
43	0.2182	0.0869	0.3309	0.1278	0.2297	0.0915	0.3484	0.1346	0.2412	0.0961	0.3658	0.1413
44	0.2334	0.0971	0.3712	0.1508	0.2457	0.1022	0.3908	0.1588	0.2579	0.1073	0.4103	0.1667
45	0.2460	0.1110	0.3846	0.1718	0.2590	0.1168	0.4049	0.1808	0.2719	0.1227	0.4251	0.1899
46	0.2598	0.1148	0.3912	0.1744	0.2735	0.1209	0.4118	0.1835	0.2871	0.1269	0.4324	0.1927
47	0.2938	0.1330	0.4440	0.2014	0.3093	0.1400	0.4674	0.2120	0.3248	0.1470	0.4908	0.2225
48	0.3059	0.1376	0.4509	0.2067	0.3220	0.1448	0.4746	0.2175	0.3381	0.1521	0.4983	0.2284
49	0.3499	0.1561	0.5003	0.2378	0.3683	0.1643	0.5267	0.2504	0.3867	0.1725	0.5530	0.2629
50	0.4249	0.2065	0.6003	0.3575	0.4473	0.2174	0.6319	0.3763	0.4696	0.2283	0.6635	0.3951
51	0.4302	0.2159	0.6037	0.3664	0.4528	0.2272	0.6355	0.3856	0.4755	0.2386	0.6673	0.4049
52	0.4685	0.2292	0.6550	0.3888	0.4931	0.2412	0.6895	0.4092	0.5178	0.2533	0.7239	0.4297
53	0.4934	0.2435	0.6782	0.4101	0.5194	0.2563	0.7139	0.4316	0.5454	0.2691	0.7496	0.4532
54	0.5277	0.2679	0.7436	0.4510	0.5554	0.2820	0.7827	0.4747	0.5832	0.2961	0.8219	0.4985
55	0.5638	0.3372	0.7355	0.4829	0.5934	0.3550	0.7742	0.5083	0.6231	0.3727	0.8129	0.5337
56	0.5993	0.3561	0.7818	0.5116	0.6308	0.3749	0.8230	0.5385	0.6624	0.3936	0.8641	0.5654
57	0.6585	0.3882	0.8469	0.5545	0.6931	0.4086	0.8915	0.5837	0.7278	0.4290	0.9361	0.6129
58	0.7038	0.4120	0.9053	0.5917	0.7408	0.4337	0.9530	0.6229	0.7778	0.4553	1.0006	0.6540
59	0.7821	0.4549	1.0278	0.6756	0.8232	0.4788	1.0819	0.7112	0.8644	0.5028	1.1360	0.7468
60	0.9461	0.5774	1.2764	0.8873	0.9959	0.6078	1.3436	0.9340	1.0457	0.6382	1.4108	0.9807
61	0.9655	0.5933	1.2852	0.9119	1.0163	0.6245	1.3528	0.9599	1.0671	0.6557	1.4205	1.0079
62	1.0893	0.6653	1.4413	1.0171	1.1466	0.7004	1.5171	1.0707	1.2039	0.7354	1.5930	1.1242
63	1.1694	0.7240	1.5554	1.0883	1.2310	0.7621	1.6373	1.1456	1.2925	0.8002	1.7192	1.2029
64	1.3382	0.8267	1.8162	1.2678	1.4086	0.8702	1.9118	1.3345	1.4791	0.9137	2.0074	1.4012
65	1.5201	1.0875	2.0684	1.5340	1.6001	1.1447	2.1773	1.6148	1.6801	1.2020	2.2861	1.6955
66	1.5708	1.1088	2.1661	1.6038	1.6535	1.1672	2.2801	1.6882	1.7361	1.2256	2.3941	1.7726
67	1.8174	1.2656	2.5229	1.8399	1.9130	1.3322	2.6557	1.9367	2.0087	1.3988	2.7884	2.0335
68	1.9338	1.3522	2.6826	1.9629	2.0355	1.4234	2.8238	2.0663	2.1373	1.4946	2.9650	2.1696
69	2.1939	1.5065	3.0631	2.2279	2.3093	1.5858	3.2243	2.3452	2.4248	1.6651	3.3856	2.4624
70	2.7014	1.8863	3.9442	3.0893	2.8436	1.9856	4.1518	3.2519	2.9858	2.0849	4.3594	3.4145

续表

年龄	低方案 城镇男性	低方案 城镇女性	低方案 农村男性	低方案 农村女性	中方案 城镇男性	中方案 城镇女性	中方案 农村男性	中方案 农村女性	高方案 城镇男性	高方案 城镇女性	高方案 农村男性	高方案 农村女性
71	2.8446	2.0132	4.1300	3.2795	2.9943	2.1192	4.3474	3.4521	3.1440	2.2251	4.5647	3.6247
72	3.1692	2.2283	4.5771	3.5847	3.3360	2.3456	4.8180	3.7733	3.5028	2.4628	5.0589	3.9620
73	3.4152	2.4185	4.8595	3.8052	3.5949	2.5458	5.1153	4.0054	3.7747	2.6731	5.3711	4.2057
74	3.8024	2.7056	5.4428	4.1629	4.0025	2.8480	5.7293	4.3820	4.2027	2.9904	6.0157	4.6011
75	4.7476	3.3072	6.4626	5.2738	4.9975	3.4813	6.8027	5.5513	5.2473	3.6554	7.1429	5.8289
76	4.9436	3.5207	6.5646	5.4013	5.2038	3.7060	6.9101	5.6856	5.4640	3.8913	7.2556	5.9698
77	5.4628	3.9510	7.3215	5.9858	5.7503	4.1589	7.7068	6.3009	6.0378	4.3668	8.0921	6.6159
78	6.0920	4.4319	8.1088	6.5365	6.4127	4.6651	8.5355	6.8805	6.7333	4.8984	8.9623	7.2245
79	6.5085	4.8832	8.8738	7.1596	6.8510	5.1402	9.3409	7.5364	7.1936	5.3973	9.8079	7.9132
80	6.6929	6.3125	11.5692	9.5883	7.0451	6.6447	12.1781	10.0929	7.3974	6.9769	12.7870	10.5976
81	7.1541	6.7662	12.0524	10.0352	7.5306	7.1223	12.6867	10.5634	7.9071	7.4784	13.3210	11.0916
82	7.8596	7.3768	12.9598	10.8045	8.2732	7.7651	13.6419	11.3732	8.6869	8.1533	14.3240	11.9418
83	8.4831	7.9041	13.5691	11.2829	8.9295	8.3201	14.2833	11.8768	9.3760	8.7361	14.9974	12.4706
84	9.3290	8.6389	14.4538	12.0522	9.8200	9.0936	15.2145	12.6865	10.3110	9.5483	15.9753	13.3209
85	11.3468	9.6189	14.3200	13.9132	11.9440	10.1252	15.0737	14.6454	12.5412	10.6315	15.8274	15.3777
86	12.2573	10.5067	15.4082	14.8400	12.9025	11.0596	16.2192	15.6211	13.5476	11.6126	17.0301	16.4022
87	12.8191	11.0840	15.9020	15.4269	13.4938	11.6673	16.7389	16.2388	14.1684	12.2507	17.5759	17.0508
88	13.8834	12.2425	17.1536	16.5612	14.6141	12.8868	18.0564	17.4329	15.3448	13.5312	18.9593	18.3045
89	15.1219	13.2415	18.8776	17.7627	15.9178	13.9384	19.8712	18.6976	16.7137	14.6353	20.8648	19.6324
90	16.7280	14.9926	20.3673	16.5069	17.6084	15.7817	21.4393	17.3757	18.4889	16.5708	22.5113	18.2445
91	16.8520	15.8808	20.5747	17.3512	17.7389	16.7166	21.6575	18.2644	18.6258	17.5524	22.7404	19.1776
92	17.8749	16.8521	21.8623	18.6177	18.8157	17.7391	23.0129	19.5976	19.7565	18.6260	24.1636	20.5774
93	17.5860	17.7898	22.2079	19.3121	18.5115	18.7261	23.3767	20.3285	19.4371	19.6624	24.5456	21.3449
94	18.1551	18.0315	22.1110	20.0788	19.1107	18.9805	23.2748	21.1355	20.0662	19.9295	24.4385	22.1923
95	13.8327	12.5848	19.6733	22.8633	14.5608	13.2472	20.7088	24.0666	15.2888	13.9095	21.7442	25.2700
96	12.9427	12.6927	19.0497	22.9564	13.6239	13.3607	20.0523	24.1647	14.3051	14.0288	21.0549	25.3729
97	10.4670	11.7374	17.5825	23.0378	11.0178	12.3552	18.5079	24.2503	11.5687	12.9729	19.4333	25.4628
98	9.2690	11.5907	17.8890	22.6494	9.7569	12.2008	18.8305	23.8415	10.2447	12.8108	19.7721	25.0336
99	11.1169	9.5940	16.5374	19.2879	11.7020	10.0990	17.4078	20.3031	12.2871	10.6039	18.2782	21.3182
100	100	100	100	100	100	100	100	100	100	100	100	100

附表31 2010年新疆分年龄、性别、城乡的死亡率情况

单位:%

年龄	低方案 城镇男性	低方案 城镇女性	低方案 农村男性	低方案 农村女性	中方案 城镇男性	中方案 城镇女性	中方案 农村男性	中方案 农村女性	高方案 城镇男性	高方案 城镇女性	高方案 农村男性	高方案 农村女性
0	0.3909	0.3127	1.0198	0.8613	0.4115	0.3291	1.0735	0.9067	0.4321	0.3456	1.1272	0.9520
1	0.0788	0.0705	0.2586	0.2182	0.0830	0.0742	0.2722	0.2296	0.0871	0.0779	0.2858	0.2411
2	0.0462	0.0401	0.2051	0.1635	0.0486	0.0422	0.2159	0.1721	0.0511	0.0443	0.2267	0.1807
3	0.0376	0.0294	0.1826	0.1409	0.0396	0.0309	0.1922	0.1483	0.0416	0.0324	0.2018	0.1558
4	0.0326	0.0254	0.1715	0.1306	0.0343	0.0268	0.1806	0.1375	0.0360	0.0281	0.1896	0.1443
5	0.0239	0.0156	0.0764	0.0508	0.0251	0.0165	0.0804	0.0534	0.0264	0.0173	0.0844	0.0561
6	0.0214	0.0134	0.0760	0.0451	0.0226	0.0141	0.0800	0.0474	0.0237	0.0148	0.0840	0.0498
7	0.0221	0.0125	0.0746	0.0408	0.0232	0.0131	0.0785	0.0429	0.0244	0.0138	0.0825	0.0451
8	0.0214	0.0120	0.0729	0.0401	0.0225	0.0126	0.0767	0.0422	0.0237	0.0132	0.0805	0.0444
9	0.0218	0.0116	0.0745	0.0393	0.0229	0.0122	0.0784	0.0413	0.0241	0.0128	0.0823	0.0434
10	0.0208	0.0131	0.0596	0.0500	0.0219	0.0138	0.0627	0.0526	0.0230	0.0145	0.0658	0.0553
11	0.0211	0.0133	0.0556	0.0484	0.0222	0.0140	0.0586	0.0510	0.0233	0.0147	0.0615	0.0535
12	0.0220	0.0132	0.0565	0.0467	0.0232	0.0139	0.0595	0.0491	0.0243	0.0146	0.0625	0.0516
13	0.0215	0.0120	0.0569	0.0478	0.0226	0.0126	0.0599	0.0503	0.0237	0.0133	0.0629	0.0529
14	0.0229	0.0127	0.0614	0.0471	0.0241	0.0133	0.0646	0.0496	0.0253	0.0140	0.0679	0.0520
15	0.0238	0.0190	0.0878	0.0594	0.0250	0.0200	0.0925	0.0625	0.0263	0.0210	0.0971	0.0657
16	0.0222	0.0183	0.0965	0.0619	0.0233	0.0192	0.1016	0.0652	0.0245	0.0202	0.1066	0.0685
17	0.0251	0.0195	0.1070	0.0659	0.0264	0.0205	0.1126	0.0693	0.0278	0.0215	0.1182	0.0728
18	0.0268	0.0198	0.1110	0.0668	0.0282	0.0209	0.1168	0.0703	0.0296	0.0219	0.1227	0.0739
19	0.0274	0.0187	0.1206	0.0669	0.0288	0.0196	0.1269	0.0705	0.0303	0.0206	0.1333	0.0740
20	0.0362	0.0191	0.1392	0.0757	0.0381	0.0201	0.1465	0.0797	0.0400	0.0211	0.1538	0.0837
21	0.0364	0.0201	0.1377	0.0740	0.0383	0.0212	0.1450	0.0779	0.0402	0.0222	0.1522	0.0818
22	0.0392	0.0222	0.1420	0.0758	0.0412	0.0234	0.1494	0.0797	0.0433	0.0245	0.1569	0.0837
23	0.0429	0.0232	0.1444	0.0771	0.0451	0.0244	0.1520	0.0812	0.0474	0.0257	0.1596	0.0852
24	0.0456	0.0240	0.1512	0.0798	0.0480	0.0252	0.1591	0.0840	0.0504	0.0265	0.1671	0.0882
25	0.0534	0.0241	0.1523	0.0883	0.0562	0.0253	0.1603	0.0930	0.0591	0.0266	0.1683	0.0976
26	0.0539	0.0250	0.1478	0.0869	0.0567	0.0263	0.1555	0.0915	0.0595	0.0276	0.1633	0.0961
27	0.0552	0.0267	0.1525	0.0917	0.0582	0.0281	0.1605	0.0965	0.0611	0.0295	0.1685	0.1013
28	0.0569	0.0274	0.1668	0.0918	0.0599	0.0288	0.1756	0.0966	0.0629	0.0303	0.1843	0.1015
29	0.0590	0.0279	0.1679	0.0966	0.0621	0.0293	0.1768	0.1017	0.0652	0.0308	0.1856	0.1068

附表：部分省（自治区、直辖市）人口死亡率情况

续表

年龄	低方案 城镇男性	低方案 城镇女性	低方案 农村男性	低方案 农村女性	中方案 城镇男性	中方案 城镇女性	中方案 农村男性	中方案 农村女性	高方案 城镇男性	高方案 城镇女性	高方案 农村男性	高方案 农村女性
30	0.0624	0.0284	0.1754	0.0995	0.0657	0.0299	0.1847	0.1048	0.0689	0.0314	0.1939	0.1100
31	0.0669	0.0302	0.1840	0.1022	0.0705	0.0318	0.1937	0.1076	0.0740	0.0334	0.2034	0.1130
32	0.0726	0.0317	0.1884	0.1013	0.0764	0.0334	0.1983	0.1066	0.0802	0.0350	0.2082	0.1119
33	0.0757	0.0326	0.1946	0.1037	0.0797	0.0343	0.2048	0.1092	0.0837	0.0360	0.2151	0.1146
34	0.0811	0.0375	0.2119	0.1180	0.0854	0.0395	0.2230	0.1243	0.0897	0.0415	0.2342	0.1305
35	0.0866	0.0304	0.2100	0.1130	0.0911	0.0320	0.2210	0.1189	0.0957	0.0336	0.2321	0.1249
36	0.0899	0.0338	0.2146	0.1175	0.0946	0.0355	0.2259	0.1236	0.0993	0.0373	0.2372	0.1298
37	0.1000	0.0380	0.2287	0.1232	0.1053	0.0400	0.2407	0.1297	0.1105	0.0420	0.2527	0.1361
38	0.1059	0.0411	0.2319	0.1255	0.1115	0.0433	0.2441	0.1321	0.1170	0.0455	0.2563	0.1387
39	0.1180	0.0451	0.2557	0.1346	0.1242	0.0475	0.2692	0.1417	0.1304	0.0498	0.2826	0.1488
40	0.1080	0.0440	0.2548	0.1392	0.1137	0.0464	0.2682	0.1465	0.1194	0.0487	0.2816	0.1539
41	0.1233	0.0493	0.2724	0.1474	0.1298	0.0519	0.2868	0.1552	0.1363	0.0544	0.3011	0.1629
42	0.1345	0.0555	0.2869	0.1533	0.1416	0.0584	0.3020	0.1614	0.1487	0.0613	0.3171	0.1695
43	0.1486	0.0602	0.2962	0.1566	0.1564	0.0634	0.3117	0.1649	0.1642	0.0665	0.3273	0.1731
44	0.1637	0.0703	0.3365	0.1796	0.1723	0.0741	0.3542	0.1891	0.1809	0.0778	0.3719	0.1985
45	0.1532	0.0691	0.3875	0.2520	0.1613	0.0727	0.4079	0.2652	0.1694	0.0764	0.4283	0.2785
46	0.1670	0.0729	0.3941	0.2545	0.1758	0.0768	0.4148	0.2679	0.1846	0.0806	0.4355	0.2813
47	0.2011	0.0911	0.4469	0.2815	0.2117	0.0959	0.4704	0.2963	0.2223	0.1007	0.4939	0.3111
48	0.2132	0.0957	0.4537	0.2868	0.2244	0.1007	0.4776	0.3019	0.2357	0.1058	0.5015	0.3170
49	0.2572	0.1142	0.5032	0.3180	0.2707	0.1202	0.5297	0.3347	0.2843	0.1262	0.5562	0.3514
50	0.2753	0.1421	0.6345	0.5297	0.2898	0.1496	0.6678	0.5575	0.3043	0.1570	0.7012	0.5854
51	0.2806	0.1514	0.6379	0.5385	0.2953	0.1594	0.6715	0.5669	0.3101	0.1673	0.7051	0.5952
52	0.3189	0.1647	0.6892	0.5609	0.3357	0.1734	0.7254	0.5904	0.3525	0.1820	0.7617	0.6199
53	0.3439	0.1790	0.7124	0.5822	0.3620	0.1885	0.7499	0.6128	0.3801	0.1979	0.7874	0.6434
54	0.3782	0.2035	0.7777	0.6230	0.3981	0.2142	0.8187	0.6558	0.4180	0.2249	0.8596	0.6886
55	0.3644	0.2327	1.0193	0.7899	0.3836	0.2450	1.0730	0.8315	0.4028	0.2572	1.1266	0.8731
56	0.4000	0.2516	1.0656	0.8186	0.4211	0.2649	1.1217	0.8617	0.4421	0.2781	1.1777	0.9047
57	0.4593	0.2837	1.1304	0.8614	0.4835	0.2986	1.1899	0.9067	0.5077	0.3136	1.2494	0.9520
58	0.5047	0.3076	1.1887	0.8984	0.5313	0.3238	1.2513	0.9457	0.5578	0.3399	1.3138	0.9930
59	0.5832	0.3505	1.3108	0.9821	0.6139	0.3690	1.3798	1.0338	0.6446	0.3874	1.4488	1.0855
60	0.6624	0.4098	1.6017	1.2870	0.6972	0.4313	1.6860	1.3547	0.7321	0.4529	1.7703	1.4225

续表

年龄	低方案 城镇男性	低方案 城镇女性	低方案 农村男性	低方案 农村女性	中方案 城镇男性	中方案 城镇女性	中方案 农村男性	中方案 农村女性	高方案 城镇男性	高方案 城镇女性	高方案 农村男性	高方案 农村女性
61	0.6818	0.4257	1.6104	1.3115	0.7177	0.4481	1.6951	1.3805	0.7536	0.4705	1.7799	1.4495
62	0.8060	0.4979	1.7659	1.4162	0.8484	0.5241	1.8589	1.4908	0.8908	0.5503	1.9518	1.5653
63	0.8864	0.5567	1.8797	1.4871	0.9330	0.5860	1.9786	1.5654	0.9797	0.6153	2.0775	1.6436
64	1.0557	0.6595	2.1396	1.6658	1.1112	0.6942	2.2522	1.7535	1.1668	0.7289	2.3648	1.8412
65	1.0036	0.6579	2.3032	1.9361	1.0564	0.6925	2.4245	2.0380	1.1092	0.7271	2.5457	2.1399
66	1.0546	0.6793	2.4007	2.0056	1.1101	0.7151	2.5271	2.1111	1.1656	0.7508	2.6534	2.2167
67	1.3025	0.8368	2.7566	2.2406	1.3711	0.8808	2.9016	2.3585	1.4396	0.9249	3.0467	2.4764
68	1.4196	0.9238	2.9159	2.3631	1.4943	0.9724	3.0694	2.4875	1.5690	1.0211	3.2228	2.6119
69	1.6811	1.0788	3.2954	2.6270	1.7696	1.1356	3.4689	2.7652	1.8581	1.1923	3.6423	2.9035
70	1.2645	0.9262	3.3028	3.0069	1.3310	0.9749	3.4767	3.1651	1.3976	1.0237	3.6505	3.3234
71	1.4099	1.0544	3.4900	3.1972	1.4841	1.1099	3.6736	3.3655	1.5583	1.1654	3.8573	3.5338
72	1.7395	1.2717	3.9402	3.5026	1.8311	1.3386	4.1476	3.6870	1.9226	1.4055	4.3550	3.8713
73	1.9893	1.4639	4.2246	3.7233	2.0940	1.5409	4.4470	3.9193	2.1987	1.6180	4.6693	4.1153
74	2.3826	1.7539	4.8120	4.0814	2.5080	1.8463	5.0653	4.2962	2.6334	1.9386	5.3185	4.5110
75	2.0647	1.3001	4.6138	4.1568	2.1734	1.3685	4.8567	4.3756	2.2821	1.4369	5.0995	4.5944
76	2.2666	1.5182	4.7180	4.2859	2.3859	1.5981	4.9663	4.5115	2.5051	1.6780	5.2146	4.7371
77	2.8012	1.9579	5.4906	4.8777	2.9486	2.0609	5.7796	5.1344	3.0961	2.1640	6.0686	5.3912
78	3.4492	2.4494	6.2944	5.4352	3.6307	2.5783	6.6257	5.7213	3.8122	2.7072	6.9569	6.0074
79	3.8780	2.9106	7.0754	6.0661	4.0821	3.0638	7.4478	6.3854	4.2862	3.2170	7.8202	6.7046
80	3.5621	2.1771	6.1601	5.2263	3.7496	2.2917	6.4844	5.5014	3.9370	2.4063	6.8086	5.7765
81	4.0396	2.6520	6.6747	5.6961	4.2522	2.7915	7.0260	5.9959	4.4648	2.9311	7.3773	6.2957
82	4.7701	3.2911	7.6409	6.5047	5.0212	3.4643	8.0431	6.8470	5.2723	3.6375	8.4452	7.1894
83	5.4157	3.8429	8.2897	7.0075	5.7008	4.0452	8.7261	7.3764	5.9858	4.2474	9.1624	7.7452
84	6.2917	4.6120	9.2318	7.8161	6.6228	4.8548	9.7177	8.2275	6.9540	5.0975	10.2036	8.6389
85	4.4242	2.9936	7.7409	6.0918	4.6571	3.1512	8.1483	6.4124	4.8899	3.3087	8.5557	6.7331
86	5.4101	3.9502	8.9179	7.1081	5.6948	4.1581	9.3872	7.4822	5.9795	4.3660	9.8566	7.8563
87	6.0183	4.5723	9.4519	7.7516	6.3350	4.8129	9.9493	8.1595	6.6518	5.0536	10.4468	8.5675
88	7.1706	5.8207	10.8056	8.9953	7.5480	6.1271	11.3743	9.4687	7.9254	6.4335	11.9430	9.9422
89	8.5117	6.8972	12.6702	10.3126	8.9597	7.2603	13.3370	10.8554	9.4077	7.6233	14.0039	11.3982
90	8.3178	4.0200	9.3208	6.7641	8.7556	4.2316	9.8113	7.1201	9.1933	4.4432	10.3019	7.4761
91	8.4550	5.0300	9.5588	7.7132	8.9000	5.2947	10.0619	8.1191	9.3450	5.5595	10.5650	8.5251

续表

年龄	低方案 城镇男性	低方案 城镇女性	低方案 农村男性	低方案 农村女性	中方案 城镇男性	中方案 城镇女性	中方案 农村男性	中方案 农村女性	高方案 城镇男性	高方案 城镇女性	高方案 农村男性	高方案 农村女性
92	9.5880	6.1346	11.0370	9.1368	10.0926	6.4574	11.6179	9.6177	10.5972	6.7803	12.1988	10.0986
93	9.2679	7.2009	11.4338	9.9174	9.7557	7.5798	12.0355	10.4394	10.2435	7.9588	12.6373	10.9614
94	9.8982	7.4757	11.3226	10.7793	10.4192	7.8691	11.9185	11.3466	10.9402	8.2626	12.5144	11.9139
95	9.6059	9.1583	13.2450	10.3848	10.1115	9.6403	13.9421	10.9314	10.6170	10.1223	14.6393	11.4780
96	8.6695	9.2707	12.5682	10.4941	9.1258	9.7586	13.2297	11.0464	9.5821	10.2465	13.8912	11.5987
97	6.0648	8.2757	10.9758	10.5895	6.3840	8.7112	11.5535	11.1469	6.7032	9.1468	12.1312	11.7042
98	4.8045	8.1229	11.3085	10.1340	5.0574	8.5504	11.9036	10.6674	5.3103	8.9779	12.4988	11.2007
99	6.7486	6.0432	9.8415	6.1910	7.1038	6.3612	10.3595	6.5168	7.4590	6.6793	10.8775	6.8427
100	100	100	100	100	100	100	100	100	100	100	100	100

参考文献

一、中文参考文献

[1]陈友华,胡小武.低生育率是中国的福音?——从第六次人口普查数据看中国人口发展现状与前景[J].南京社会科学,2011(8):53-59.

[2]陈友华.二孩政策地区经验的普适性及其相关问题——兼对"21世纪中国生育政策研究"的评价[J].人口与发展,2009(1):6-22.

[3]程杰,赵文.人口老龄化进程中的医疗卫生支出:WHO成员国的经验分析[J].中国卫生政策研究,2010(4):54-62.

[4]仇雨临.医疗保险[M].北京:中国劳动社会保障出版社,2008.

[5]邓大松,仙蜜花.延长退休年龄对基本养老保险统筹基金收支平衡的影响研究[J].江西财经大学学报,2015(5):48-61.

[6]邓大松,杨红艳.医疗保险与生育保险[M].北京:人民出版社,2013.

[7]邓大松,杨红燕.老龄化趋势下基本医疗保险筹资费率测算[J].财经研究,2003(12):36-44.

[8]翟振武,张现苓,靳永爱.立即全面放开二胎政策的人口学后果分析[J].人口研究,2014(2):3-17.

[9]范兆媛,周少甫.经济增长与老龄化对医疗费用增长的空间效应分析[J].中国卫生经济,2016(6):62-64.

[10]封进,王贞.延迟退休对城镇职工医保基金平衡的影响——基于政策模拟的研究[J].社会保障评论,2019(2):109-121.

[11]封进.中国城镇职工社会保险制度的参与激励[J].经济研究,2013,48(7):104-117.

[12]冯莉,杨晶.城镇职工基本医疗保险基金可持续性评估——基于延迟退休和全面二孩政策调整的考察[J].财经问题研究,2019(8):122-129.

[13]冯毅. 城镇职工医疗保险门诊统筹筹资模式选择分析[J]. 中国卫生经济, 2015, 34(4): 20-21.

[14]郭金龙, 周小燕. 长寿风险及管理研究综述[J]. 金融评论, 2013(2): 111-122.

[15]郭志刚. 中国的低生育率与被忽略的人口风险[J]. 国际经济评论, 2010(6): 112-126.

[16]郭志刚. 中国的低生育水平及相关人口研究问题[J]. 学海, 2010(1): 5-25.

[17]何文炯, 徐林荣, 傅可昂, 等. 基本医疗保险"系统老龄化"及其对策研究[J]. 中国人口科学, 2009(2): 74-83.

[18]蒋云赟, 易芬琳. 农民工加入城镇医疗保险体系的方案探讨[J]. 经济科学, 2014(5): 79-89.

[19]蒋云赟. 我国企业基本养老保险的代际平衡分析[J]. 世界经济文汇, 2009(1): 58-69.

[20]蒋正华. JPOP-1人口预测模型[J]. 西安交通大学学报, 1983(8): 111-114.

[21]景鹏, 郑伟. 预期寿命延长、延迟退休与经济增长[J]. 财贸经济, 2020, 41(2): 39-53.

[22]李乐乐, 杨燕绥. 人口老龄化对医疗费用的影响研究——基于北京市的实证分析[J]. 社会保障研究, 2017(3): 27-39.

[23]李亚青, 申曙光. 退休人员不缴费政策与医保基金支付风险——来自广东省的证据[J]. 人口与经济, 2011(3): 70-77.

[24]刘家强, 唐代盛. "普遍两孩"生育政策的调整依据、政策效应和实施策略[J]. 人口研究, 2015(6): 3-12.

[25]鲁元平, 朱跃序, 张克中. 渐进式延迟退休年龄的经济增长及产业效应——基于动态CGE模型的分析[J]. 财贸经济, 2016(10): 30-44.

[26]吕国营, 周万里, 王超群. 人口老龄化、临近死亡时间与医疗费用支出——基于中国老年人健康影响因素跟踪调查的实证分析[J]. 中国卫生政策研究, 2020, 13(5): 1-9.

[27]彭希哲, 胡湛. 公共政策视角下的中国人口老龄化[J]. 中国社会科学, 2011(3): 121-138.

[28]彭希哲. 实现全面二孩政策目标需要整体性的配套[J]. 探索, 2016(1): 71-74.

[29]彭雪梅,刘阳,林辉.征收机构是否会影响社会保险费的征收效果?——基于社保经办和地方税务征收效果的实证研究[J].管理世界,2015(6):63-71.

[30]任若恩,蒋云赟,徐楠楠,等.中国代际核算体系的建立和对养老保险制度改革的研究[J].经济研究,2004(9):118-128.

[31]史若丁,汪兵韬.人口老龄化对城镇基本医疗保险基金冲击的分析[J].改革与开放,2011(21):22-23.

[32]孙博,董克用,唐远志.生育政策调整对基本养老金缺口的影响研究[J].人口与经济,2011(2):101-107.

[33]唐运舒,吴爽爽."全面二孩"政策实施能有效破解城镇职工养老保险基金支付危机吗——基于不同人口政策效果情景的分析[J].经济理论与经济管理,2016(12):46-57.

[34]汪伟.计划生育政策的储蓄与增长效应:理论与中国的经验分析[J].经济研究,2010(10):63-77.

[35]王超群.中国人均卫生费用增长的影响因素分解[J].保险研究,2013(8):115-127.

[36]王广州,张丽萍.到底能生多少孩子?——中国人的政策生育潜力估计[J].社会学研究,2012(5):116-140.

[37]王华.人口老龄化与医疗卫生费用关系的地区间比较[J].医学与社会,2012(10):4-12.

[38]王晓燕,宋学锋.老龄化过程中的医疗保险基金:对使用现状及平衡能力的分析[J].预测,2004(6):5-9.

[39]王晓燕.老龄化过程中的医疗保险基金使用现状及平衡能力分析[J].统计与预测,2004(2):20-22.

[40]文裕慧.城镇职工基本医疗保险退休人员适当缴费研究[J].现代管理科学,2015(10):91-93.

[41]吴忠观等.人口学(修订本)[M].重庆:重庆大学出版社,2005.

[42]肖彩波,刘红卫.全面二孩政策对城乡居民基本养老保险制度实施的影响[J].经济与管理评论,2018,34(2):26-32.

[43]幸超.延迟退休对城镇职工医保基金收支平衡的影响——基于统筹基金的精算模型模拟分析[J].湖南农业大学学报(社会科学版),2018,19(3):84-91.

[44]闫坤,刘陈杰.我国"新常态"时期合理经济增速测算[J].财贸

经济，2015(1)：17-26.

[45]阳义南，曾燕，瞿婷婷. 推迟退休会减少职工个人的养老金财富吗？[J]. 金融研究，2014(1)：58-70.

[46]杨华磊，沈政，沈盈希. 延迟退休、全要素生产率与老年人福利[J]. 南开经济研究，2019(5)：122-144.

[47]杨昕，左学金，王美凤. 前瞻年龄视角下的人口老龄化及其对我国医疗费用的影响[J]. 人口研究，2018，42(2)：84-98.

[48]杨燕绥，于淼. 人口老龄化对医疗保险基金的影响分析[J]. 中国医疗保险，2014(10)：12-15.

[49]殷俊，田勇，薛惠元. 全面二孩、延迟退休对职工医保统筹基金收支平衡的影响——以生育保险和职工医保合并实施为背景[J]. 统计与信息论坛，2019，34(5)：60-68.

[50]尹文耀，李芬，姚引妹. 三论中国生育政策的系统模拟与比较选择——兼论"一代独生子女"政策"自着陆"[J]. 浙江大学学报(人文社会科学版)，2007(6)：154-167.

[51]于文广，李倩，王琦，等. 基于年龄与工资水平差异的延迟退休对我国养老保险基金收支平衡的影响[J]. 中国软科学，2018(2)：54-67+102.

[52]余立人. 延长退休年龄能提高社会养老保险基金的支付能力吗？[J]. 南方经济，2012(6)：74-84.

[53]余央央. 老龄化对中国医疗费用的影响——城乡差异的视角[J]. 世界经济文汇，2011(5)：64-79.

[54]虞斌. 人口老龄化背景下浙江省城镇职工基本医疗保险基金可持续性研究[J]. 财政研究，2015(6)：29-36.

[55]元林君. 我国社会保险费征收体制现状、问题与改革趋势[J]. 科学经济社会，2018，36(2)：46-51+68.

[56]袁磊. 延迟退休能解决养老保险资金缺口问题吗？——72种假设下三种延迟方案的模拟[J]. 人口与经济，2014(4)：82-93.

[57]袁涛，李冰健. 省级统筹视角下职工医保基金财务可持续性分析[J]. 学习与实践，2019(6)：96-106.

[58]曾益，李姝. 划转国有股能化解养老金支付危机吗？[J]. 财经理论与实践，2021，42(3)：28-34.

[59]曾益，任超然，李媛媛. 中国基本医疗保险制度财务运行状况的精算评估[J]. 财经研究，2012(12)：26-37.

[60] 曾益, 任超然, 刘倩. "单独二孩"政策对基本医疗保险基金的支付能力影响研究[J]. 保险研究, 2015(1): 112-127.

[61] 曾益, 周娅娜, 杨思琦, 等. 老龄化背景下城镇职工基本医疗保险基金财务运行状况的精算预测——对"全面二孩"政策效应的评估[J]. 中国卫生政策研究, 2019, 12(1): 9-18.

[62] 曾毅. 试论二孩晚育政策软着陆的必要性与可行性[J]. 中国社会科学, 2006(2): 93-109.

[63] 张鹏飞, 陶纪坤. 全面二孩政策对城镇职工基本养老保险收支的影响[J]. 人口与经济, 2017(1): 104-115.

[64] 张思锋, 王立剑, 张文学. 人口年龄结构变动对基本养老保险基金缺口的影响研究——以陕西省为例[J]. 预测, 2010(2): 34-41.

[65] 张小娟, 穆辰, 田淼淼, 等. 城镇职工医保实施门诊统筹的影响分析——以江苏省B县为例[J]. 卫生经济研究, 2016(2): 9-12.

[66] 张心洁, 周绿林, 曾益. 生育政策调整对提高新农合基金可持续运行能力的影响[J]. 经济管理, 2016, 38(4): 165-180.

[67] 张运刚. 人口老龄化背景下的中国养老保险制度[M]. 成都: 西南财经大学出版社, 2005.

[68] 赵建国, 刘子琼. 延迟退休、个人账户调整与城镇职工医疗保险基金可持续运行[J]. 社会保障研究, 2020(1): 11-22.

[69] 郑秉文. 从"高龄少子"到"全面两孩"政策: 人口均衡发展的必然选择——基于"人口转变"的国际比较[J]. 新疆师范大学学报(哲学社会科学版), 2016(4): 24-35.

[70] 中华人民共和国卫生部. 国家卫生服务研究——1993年国家卫生服务总调查分析报告[M]. 北京: 中国协和医科大学出版社, 1994.

[71] 中国卫生费用核算小组, 等. 中国卫生总费用历史回顾和发展预测[J]. 卫生软科学, 2000(5): 202-213.

[72] 周渭兵. 社会养老保险精算理论、方法及其应用[M]. 北京: 经济管理出版社, 2004.

[73] 周长洪. 关于现行生育政策微调的思考——兼论"单独家庭二孩生育政策"的必要性与可行性[J]. 人口与经济, 2005(2): 1-6.

[74] 朱凤梅, 张小娟, 郝春鹏. 门诊保障制度改革: "以门诊换住院"的政策效应分析——基于中国职工医保抽样数据的实证检验[J]. 保险研究, 2021(1): 73-90.

二、英文参考文献

[1] AUERBACH A J, J GOKHALE J, KOTLIKOFF L J. Generational accounts: a meaningful alternative to deficit accounting[J]. Tax policy and economy, 1991(5):55-110.

[2] ANDERSON G F, HUSSEY P S. Population aging: a comparison among industrialized countries[J]. Health affairs, 2000,19(3):191-203.

[3] BLAKE D, MAYHEW L. On the sustainability of the UK state pension system in the light of population ageing and declining fertility[J]. The economic journal, 2006,116(512):286-305.

[4] BOHN H. Will social security and medicare remain viable as the US population is aging?[R]. CESifo working paper No. 1062,2003.

[5] BONGAARTS J. Population aging and the rising cost of public pensions[J]. Population and development review, 2004,30(1):1-23.

[6] BUCHNER F, WASEM J. "Steeping" of health expenditure profiles [J]. Geneva papers on risk & insurance issues & practice,2006,31(4).

[7] CHESNAIS J. Fertility, family, and social policy in contemporary western europe[J]. Population & development review, 1996,22(4):726-739.

[8] CORBO V. Policy challenges of population aging and pension systems in Latin America[R]. Global demographic change: economic impacts and policy challenges, 2004.

[9] CREMER H, PESTIEAU P. The double dividend of postponing retirement[J]. Asia-Pacific financial markets, 2003,10(4):419-434.

[10] DE MEIJER C, WOUTERSE B, POLDER J, et al. The effect of population aging on health expenditure growth: a critical review[J]. European journal of ageing, 2013,10(4):353-361.

[11] DI MATTEO L. The macro determinants of health expenditure in the United States and Canada: assessing the impact of income, age distribution and time[J]. Health policy, 2005,71(1):23-42.

[12] FANTI L. Raising the mandatory retirement age and its effect on long-run income and pay-as-you-go (PAYG) pensions[J]. Metroeconomica, 2014,65(4):619-645.

[13] FEHR H, KALLWEIT M, KINDERMANN F. Pension reform with variable retirement age: A simulation analysis for germany[J]. Journal of pension economics & finance, 2012,11(3):389-417.

[14] FUTAGAMI K, NAKAJIMA T. Population aging and economic growth[J]. Journal of macroeconomics, 2001,1(23):31-44.

[15] GERDTHAM U G. The impact of aging on health care expenditure in Sweden[J]. Health policy, 1993,24(1):1-8.

[16] LIU Y, YANG M, ZHENG H, et al. Modelling a flexible retirement age to narrow pension gap: the case of china [J]. The singapore economic review,2019(369).

[17] MAYHEW L D. Health and elderly care expenditure in an aging world [R]. IIASA research report, 2000.

[18] MILLER T. Increasing longevity and medicare expenditures[J]. Demography, 2001,38(2):215-226.

[19] SCHNEIDER E L, GURALNIK J M. The aging of America: impact on health care costs[J]. JAMA, 1990, 263(17):2335-2340.

[20] VINCENZO GALASSO. Postponing retirement: the political effect of aging[J]. Journal of public economics, 2008(10):2157-2169.

[21] YASUSHI IWAMOTO. Issues in Japanese health policy and medical expenditure[C]. The second international forum of the collaboration projects, Tokyo, 2001, March 18-20.

[22] ZWEIFEL P, FELDER S, MEIERS M. Ageing of population and health care expenditure: A red herring? [J]. Health economics, 1999,8(6): 485-496.